Wissenschaftliche Untersuchungen
zum Neuen Testament · 2. Reihe

Begründet von Joachim Jeremias und Otto Michel
Herausgegeben von
Martin Hengel und Otfried Hofius

14

Der Hauptmann von Kafarnaum

(Mt 7,28a; 8,5-10.13 par Lk 7,1-10)
Ein Beitrag zur Q-Forschung

von

Uwe Wegner

J. C. B. Mohr (Paul Siebeck) Tübingen 1985

CIP-Kurztitelaufnahme der Deutschen Bibliothek

Wegner, Uwe:
Der Hauptmann von Kafarnaum: (Mt 7,28a; 8,5–10. 13 par Lk 7,1–10);
e. Beitr. zur Q-Forschung / von Uwe Wegner. – Tübingen:
Mohr, 1985.
    (Wissenschaftliche Untersuchungen zum Neuen Testament: Reihe 2; 14)
    ISBN 3-16-144894-4
NE: Wissenschaftliche Untersuchungen zum Neuen Testament / 02

VORWORT

Es handelt sich bei der vorliegenden Untersuchung um die
leicht überarbeitete und mit Registern versehene Fassung
meiner im Wintersemester 1982/83 von der Evangelisch-Theo-
logischen Fakultät der Universität Tübingen angenommenen
Dissertation.

Diese Arbeit war ursprünglich als Untersuchung über das
Verhältnis Jesu zu den Heiden innerhalb der matthäischen
und lukanischen Doppeltraditionen, die allgemein als Q
(Logienquelle) bezeichnet werden, gedacht. Der komplizierte
literarkritische Sachverhalt bei der Hauptmannsperikope nötigte aber im Laufe der Untersuchungen zu detaillierten sta-
tistisch-stilkritischen Analysen, wodurch eine zusätzliche
Behandlung weiterer, ebenfalls das erwähnte Verhältnis be-
treffender Texte, wie Mt 5,47; 6,32; 8,11f; 11,20-24; 12,38-
42 und 22,1-10 par Lk u.a. wegfallen mußte, da dies den Rahmen einer Dissertation überschritten hätte. Aus diesem Grunde
blieb die Untersuchung lediglich auf die Hauptmannsperikope
beschränkt. Um in bereits niedergeschriebene Arbeitsab-
schnitte nicht allzusehr eingreifen zu müssen, entschieden
wir uns, den zur Einleitung gehörenden forschungsgeschicht-
lichen Überblick nur auf die literarkritische Problematik zu
beziehen. Sofern es uns zweckmäßig schien, wurden Einblicke
in die Forschungslage zu den weiteren Fragekomplexen der Untersuchung kurz zu Beginn der jeweiligen Abschnitte angegeben; war das nicht der Fall, so versuchten wir die verschiedenen Positionen im Verlauf der Argumentation dementsprechend
zu berücksichtigen.

In der Arbeit wurde die Zwei-Quellen-Theorie vorausgesetzt. Während wir die Gründe, die zur Annahme einer Q-Quelle
führten, nochmals in einem Exkurs kurz darzulegen versuchten
(S. 277-286), schien uns eine gesonderte Stellungnahme zur
Berechtigung der Annahme der Mk-Priorität gegenüber dem Mt-
und Lk-Evangelium angesichts der derzeitigen Forschungslage
nicht notwendig zu sein.

IV

Mein Dank gilt in erster Linie Herrn Prof. Dr. Martin
Hengel, der die Untersuchung stets mit Interesse und Rat
begleitete, mir auch viel Geduld und Verständnis angesichts
der Dauer bei der Fertigstellung des Manuskripts entgegen-
brachte. Wertvolle Anregungen erhielt ich von den Doktoran-
den Beatrix Selk und Reinhard Feldmeier, mit denen gemeinsam einzelne Abschnitte der Arbeit gründlicher besprochen
werden konnten. Einige Theologiestudenten aus Tübingen stellten sich zur Verfügung, jeweils einzelne Teile der Untersuchung sprachlich zu korrigieren. Stellvertretend für viele
nenne ich Frau Vikarin Friederike Jetzschke-Heinzelmann, die
sich am Schluß bemüht hat, das gesamte Manuskript nochmals
auf die sprachliche Einheitlichkeit hin durchzusehen. Das
Schreiben des Manuskripts besorgte Frau Doris Schmid. An die
freundliche Zusammenarbeit mit ihr erinnere ich mich dankbar. Herrn Dr. F. Hüttenmeister danke ich für die Überprüfung der hebräischen und syrischen Eintragungen. Ich habe
mich gefreut, zu erfahren, daß Herr Prof. Dr. Martin Hengel
und Prof. Dr. O. F. Hofius die vorliegende Untersuchung in
die Reihe Wissenschaftliche Untersuchungen zum Neuen Testament aufgenommen haben. Dankbar bin ich nicht zuletzt dem
Kirchlichen Außenamt der EKD für das gewährte Auslandsstu-
dium und für einen Zuschuß zur Erstellung dieses Manuskripts.
    Die Untersuchung widme ich meiner Frau Barbara und unseren
Kindern Claudio, Glauco und Maraike, die mir stets mit Verständnis, Geduld und Ermutigung zur Seite standen.

São Leopoldo, den 20. November 1983   Uwe Wegner

INHALTSVERZEICHNIS

ABKÜRZUNGEN UND ALLGEMEINE HINWEISE

1. Abkürzungen

Die in der Arbeit benutzten Abkürzungen folgen S. Schwertner, Theologische Realenzyklopädie. Abkürzungsverzeichnis,
Berlin und New York 1976. Darin nicht enthalten sind:

BET   : Beiträge zur biblischen Exegese und Theologie,
            hg. v. J. Becker und G. Reventlow, Bd. Iff,
            Frankfurt und Bern 1976ff.

EKK   : Evangelisch-Katholischer Kommentar zum Neuen
            Testament, hg. v. J. Blank, R. Schnackenburg u.a.,
            Zürich usw., 1975ff.

EWNT   : Exegetisches Wörterbuch zum Neuen Testament, hg.
            v. H. Balz und G. Schneider, Bd. I-II, Stuttgart
            usw., 1980.1981.

NIDNTTh   : The New International Dictionary of New Testa-
            ment Theology, hg. v. C. Brown, Bd. I-III, Exeter
            1975-1978.

NIGTC   : The New International Greek Testament Commentary,
            hg. v. I.H. Marshall und W.W. Gasque, Exeter
            1978ff.

ÖTK   : Ökumenischer Taschenbuchkommentar zum Neuen
            Testament, hg. v. E. Gräßer und K. Kertelge,
            Gütersloh und Würzburg 1977ff.

SNTU   : Studien zum Neuen Testament und seiner Umwelt,
            Serie A und B, hg. v. A. Fuchs, Bd. Iff, 1976ff
            bzw. 1979ff.

Bei der Abkürzung der biblischen Bücher und Schreibung
der biblischen Namen folgen wir den "Loccumer Richtlinien".
Werke der griechischen Profanschriftsteller werden nach
Liddell/Scott/Jones, A Greek-English Lexikon xvi-xli, die
der griechischen Kirchenschriftsteller nach G.W.H. Lampe,
A Patristic Greek Lexicon (Oxford 1961) xiff abgekürzt.

Allgemeine Abkürzungen folgen ebenfalls S. Schwertner,
a.a.O. IX-XIII, sonst Balz/Schneider (Hg.), EWNT I, XXIX-
XXX. Folgende allgemeine Abkürzungen werden in dieser Arbeit öfter gebraucht:

acc   : übernimmt/übernommen von der Mk-Vorlage.
add   : fügt hinzu/hinzugefügt zur Mk-Vorlage.

(a)uSt   : (an) unsere(r) Stelle.
Bespr   : Besprechung.
diff   : im Unterschied zu.
Ev(v)   : Evangelium (-ien).
(im)gNT   : (im) gesamten Neuen Testament.
HP   : Die rekonstruierte Fassung der ursprünglichen
                  Hauptmannsperikope (s. dazu u.S. 269f).
Mt; Lk usw.: Die Endredaktoren der entsprechenden Evangelien.
mt; lk usw.: matthäisch; lukanisch usw.
MtEv; MkEv
usw.   : Matthäusevangelium, Markusevangelium usw.
mt (lk)
Mk-Stoff   : der von dem ersten oder dritten Evangelisten
                  verarbeitete Mk-Stoff.
o.ä.   : oder Ähnliches.
om   : läßt aus/ausgelassen von.
par   : in Übereinstimmung mit; dasselbe kann aber auch
                  durch einen diagonalen Strich (/) bezeichnet
                  werden.
Q   : Q-Überlieferung: Der Traditionsstoff der mt/lk
                  Doppelüberlieferungen, die entweder im MkEv
                  nicht oder nur in einer von dem Mt- und Lk-Text
                  abweichenden Textgestalt zu finden ist. Eine
                  Materialübersicht bietet Polag, Fragmenta Q.
                  Textheft zur Logienquelle, passim.
Q 7,28a;
8,5-10.13   : pe aus der Q-Quelle (s. dazu u.S. 269f).
QMt (QLk)   : Worte, die nur in der Q-Überlieferung des Mt
                  (oder Lk) zu finden sind, trotz Parallelüber-
                  lieferung bei Lk (oder Mt).
Red   : Redaktion; red: redaktionell.
Rez   : Rezensent bzw. Rezension
sek   : sekundär.
Sg   : Sondergut; lk (mt) Sg: Sg des Lk (oder des Mt).
s.o.(u.)   : siehe oben (unten); so.o.(u.) S.: siehe oben
                  (unten) auf Seite...
(im) SNT   : (im) sonstigen Neuen Testament.
Sv(v)   : Sondervers(e).
Stat   : Statistik; stat: statistisch.
Trad   : Tradition; trad: traditionell.
u.a.   : und andere; unter anderem.
u.E.   : unseres Erachtens.
u.M.n.   : unserer Meinung nach; s.M.n.: seiner Meinung
                  nach.
urspr   : ursprünglich.

Zum Akürzungsverfahren bei statistischen Angaben, siehe
die u.S. 98-101 gegebenen Hinweise.

2. Allgemeine Hinweise.

Die Literatur wird in der Regel schon bei ihrem ersten Vorkommen innerhalb der Anmerkungen kenntlich abgekürzt; wo es
uns zweckmäßig erschien, wurden aber auch in den Anmerkungen
genauere Angaben gemacht. Vollständige Angaben finden sich im
Literaturverzeichnis. In Fällen, die der Eindeutigkeit entbehren, wurde im Literaturverzeichnis auch noch nach der

vollständigen Angabe eines Werkes die entsprechende Abkürzung angegeben. Kommentare werden, falls im Literaturverzeichnis nicht anders vermerkt, lediglich mit dem Eigennamen des Autors und der Abkürzung der kommentierten Schrift
angegeben.

Nicht gesondert im Literaturverzeichnis wurden die griechischen christlichen Schriftsteller der ersten Jahrhunderte
angegeben. Sie wurden für die vorliegende Arbeit in den
Nachschlagewerken PG, SC und CGS (s. dazu beim Quellenver-
zeichnis s.v.) konsultiert.

EINLEITUNG

1. Einleitende Bemerkungen

Die Geschichte vom Hauptmann zu Kafarnaum liegt uns bei
Lk und Mt in zwei Fassungen vor: Mt 7,28a; 8,5-13 und Lk 7,1-
10. Beide Berichte stimmen im zentralen Gesprächsteil (Mt 8,8-
10/Lk 7,6c.7b.8f) weitgehend wörtlich überein. Anders verhält
es sich aber im Erzählteil. Abgesehen von vereinzelten Gemeinsamkeiten in der Begriffswahl (z.B. ἐλθών, παρακαλέω und
οἰκία) finden sich dort unterschiedliche, teilweise sogar entgegengesetzte Angaben. So ist z.B. die Beschreibung der Krankheit in Lk 7,2 anders als in Mt 8,6. Von den zwei Gesandtschaften, die nach Lk 7,3ff zu Jesus geschickt werden oder
von der Beteiligung des ἑκατοντάρχης am Synagogenbau (Lk 7,5)
berichtet der erste Evangelist nichts. Im Gegensatz zu Lk verhandelt bei ihm der Hauptmann mit Jesus direkt (Mt 8,5-9).
Entsprechend unterschiedlich ist auch der Schluß beider Berichte (Mt 8,13 und Lk 7,10).

Dieses Nebeneinander von großen Übereinstimmungen und Differenzen wurde in der Forschung auf die unterschiedlichste
Weise erklärt. Die geläufigste Erklärung nimmt eine *literarische* Beziehung beider Berichte im Stadium der vorevangelischen Tradierung an. Bereits Eichhorn und Weiße[1] haben diese
Deutung vertreten; heutzutage wird sie im Rahmen der Zwei-
Quellen-Theorie festgehalten, derzufolge unsere Erzählung der
Q-Quelle angehört. Ein anderer Deutungsversuch geht von einer Kenntnis des MtEv durch Lk aus. Doch - ist für die Deutung des Befundes die Annahme literarischer Beziehungen überhaupt angebracht? Könnten Gemeinsamkeiten und Unterschiede

---

1 Vgl. Eichhorn, Einleitung in das Neue Testament I, 344-
356 und Weiße, Evangelische Geschichte II, 51-57.

nicht einfach ihren Ursprung in der *mündlichen* Tradierung
gehabt haben?

Mit der Klärung dieser und ähnlicher Fragen wird sich der
erste Teil unserer Arbeit auseinanderzusetzen haben. Da Entscheidungen in diesem Fragenkomplex für die formgeschichtliche Analyse (u.S. 335ff), theologische Bewertung (u.S. 371ff)
und historische Beurteilung (u.S. 255ff. 408ff) der Geschichte weitreichende Folgen haben, wurde ihm besondere Aufmerksamkeit gewidmet. Die Frage der Abhängigkeit beider Berichte umfaßt daher den größeren Teil dieser Arbeit. Besonders ausführlich wurden in diesem Zusammenhang die Begriffswahl und der Stil beider Fassungen untersucht (u.S. 102ff).

Eine mit der Hauptmannsgeschichte Mt 8,5ff/Lk 7,1ff in
manchen Zügen ähnliche Erzählung findet sich auch im JohEv,
wo in Joh 4,46-54 von der Fernheilung des Sohnes eines βασιλικός die Rede ist. Da in der Forschung bis heute noch kein Konsens darüber besteht ob Joh 4,46-54 gegenüber Mt 8,5ff/Lk
7,1ff als selbständige Erzählung oder als Traditionsvariante
der Hauptmannsgeschichte zu beurteilen ist, wurde auch die
Analyse dieser joh Geschichte in die Arbeit einbezogen (u.S.
18ff). Es war uns nämlich von vornherein klar, daß, je nachdem wie Joh 4,46-54 im Bezug auf die mt/lk Hauptmannsperikope
gedeutet würde, damit auch und zugleich wichtige Entscheidungen, die in literarkritischer, historischer und theologischer
Hinsicht die mt/lk Perikope betreffen, gefällt werden müßten.
Bei der Analyse des joh Berichtes diente uns daher als Ziel
die Klärung der Frage, ob und inwieweit Joh 4,46-54 als eine
kritische Kontrollinstanz bei der Behandlung der Mt- und Lk-
Fassung der Hauptmannsperikope dienen könnte.

Was den Umfang der im folgenden zu behandelnden Perikope
betrifft, so soll vorab begründet werden, warum das propheti-
sche Wort Mt 8,11f par Lk 13,28f als mt Einschub in der weiteren Untersuchung nicht berücksichtigt wird.

2. Zur Abgrenzung der Hauptmannsperikope gegenüber Mt 8,11f par Lk 13,28f

Nur wenige Forscher sind der Meinung, das Logion Mt 8,11f
par Lk habe urspr zur Hauptmannsperikope gehört. Der Grund
dafür liegt vor allem darin, daß es sonst nur schwer zu erklären ist, weshalb Lk das Logion aus seinem urspr Kontext
entfernt hat. Eine andere Meinung vertreten etwa Wernle, Hauck
und Ernst. Sie seien im folgenden wörtlich zitiert:

Wernle: "Die Schlußworte des 'Hauptmanns von Kapernaum' sind
c 7 weggetrennt und c 13 mit andern zersprengten Sprüchen zu einer sehr losen Komposition vereinigt; hier
ist der Grund wohl der, daß ein so scharfes Wort gegen Israel dem Lc in c 7 verfrüht erschien"[2]

Hauck: "V 28f steht bei Mt als Schlußsentenz der Hauptmannsperikope. Der Platz ist so gut, daß man ihn schon für
Q annehmen möchte (Harnack: Sprüche 56f). Lk könnte
den Spruch deshalb abgetrennt haben, weil er das Drohwort in unserem eschatologischen Zusammenhang verwenden wollte"[3]

Ernst: "Das Droh- und Verheißungswort, das Mt an den Schluß
der Perikope gestellt hat (8,11f), mußte Lk fallen-
lassen (er bringt es statt dessen in dem eschatologischen Zusammenhang 13,28-30), weil er ja gerade an
der Überwindung des Gegensatzes zwischen Juden und
Heiden interessiert ist"[4]

Die angegebenen Argumente sind freilich nicht stichhaltig.
Gegen das Argument von Wernle machte bereits Schmid zu Recht
darauf aufmerksam, "daß derselbe Lk die Verwerfung Jesu in
seiner Vaterstadt ganz an den Anfang der galiläischen Periode

---

2 Vgl. Wernle, Synoptische Frage 89.

3 Vgl. Hauck, Lk 184. Sein Hinweis auf Harnack, Sprüche 56f
ist nicht korrekt, denn dort bevorzugt Harnack lediglich
die mt Reihenfolge der Vv 11 und 12, nicht aber zugleich
die Zugehörigkeit beider Verse zur urspr. Hauptmannsgeschichte: s. dazu Harnack, a.a.O. 126f.

4 Vgl. Ernst, Lk 238. Auch Soiron, Logia Jesu 88 meint, Mt
8,11f gehörten urspr. zur Hauptmannsperikope: eine Erklärung für die lk Deplazierung der Verse gibt er aber nicht!

stellt (4,16-30)"[5]. Dasselbe Argument ist auch gegen den
Deutungsversuch von Ernst geltend zu machen. Was schließlich
Hauck betrifft, so ist das von ihm angeführte Argument ebenfalls ungenügend, da es zwar rein hypothetisch eine Erklärung
für die jetzige Plazierung des Logions innerhalb der Komposition Lk 13,22-30, nicht aber auch zugleich eine Erklärung für
die lk Trennung des Logions von der Hauptmannsgeschichte gibt.

Diese Schwierigkeiten mit der Begründung einer sek-lk Ver-
setzung der Vv Lk 13,28f von der Hauptmannsperikope in den
jetzigen Zusammenhang Lk 13,22-30 haben ihren guten Grund, da
eine Reihe von Indizien dafür spricht, daß nicht Lk sie von
der Hauptmannsperikope getrennt, sondern der erste Evangelist
sie erst sek an diese Geschichte angeschlossen hat. Als solche Indizien seien folgende erwähnt:
1. Eine spätere Einfügung von Mt 8,11f in die Hauptmannsgeschichte paßt gut zu dem auch sonst von Mt benutzten Verfahren, von Haus aus urspr getrennte Traditionsstücke sek zu
kombinieren. Morgenthaler und Schmid[6] haben das Material, das
für den ersten Evangelisten hier in Frage kommt, übersichtlich zusammengestellt, so daß wir uns zu diesem Punkt mit einem bloßen Verweis auf beide Forscher begnügen können. Besondere Erwähnung verdienen in diesem Zusammenhang nur Mt 15,23f
und 21,43: Diese mt "Intarsien" (Morgenthaler) zeigen nämlich,
daß auch gegenüber seiner Mk-Vorlage der erste Evangelist andere Traditionsstücke, die die Problematik Juden und Heiden
in ihrem Verhältnis zu Jesus betreffen, sek eingefügt hat.
2. Die Vv Mt 8,11f stehen mit der Aussage in 8,10b sachlich
in Spannung. In V 10b ist zwar auch ein polemischer Ton
gegen Israel nicht zu überhören[7], doch setzt er immerhin -
zumindest implizit - noch den Glauben bei einigen Volksgenos-
sen Jesu voraus. In den Vv 11f findet sich demgegenüber aber
ein wesentlich schärferer Ton:
"Jesus redet hier (sc Mt 8,11f) noch schroffer als in V. 10
und den dort angeführten Worten. Hier wird Israel ganz von

---

5 Vgl. Schmid, Mt und Lk 255, Anm. 2.
6 Vgl. Morgenthaler, Statistische Synopse 220.223 und Schmid,
   a.a.O. 25-27.
7 S. dazu u.S. 397-399.

Gottes Herrschaft ausgeschlossen, und jede Hoffnung scheint
vernichtet. Ähnlich das Tempelwort Mk. 13,2 Par., ähnlich
manche Worte der Propheten, wie Micha 3,12; Amos 3,2."[8]

3. Obwohl Mt das Logion V 10b mit ἀμὴν λέγω ὑμῖν einleitet,
schließt er die Vv 11f erneut mit einer Einleitungswendung an (=λέγω δὲ ὑμῖν ὅτι), die jedoch insofern überflüssig
ist, als ja ein Adressatenwechsel nicht vorausgesetzt ist.
Da der erste Evangelist die Einleitungswendung λέγω δὲ ὑμῖν
(ὅτι) auch sonst red gebraucht[9], ist zu vermuten, daß sie zu
Beginn der Vv 11f ebenfalls aus seiner Hand stammt[10].

4. Als letztes Indiz könnte schließlich die joh Traditionsvariante zu unserer Erzählung angeführt werden (Joh 4,46-
54), die den Spruch Mt 8,11f par Lk nicht enthält. Der Verweis auf Joh 4,46-54 ist freilich insofern relativ, als auch
andere wichtige Erzählteile der von Lk und Mt gebotenen Geschichte dort nicht enthalten sind[11].

Aus dem Dargelegten ist zu schließen, daß Mt 8,11f/Lk
13,28f mit hoher Wahrscheinlichkeit nicht der urspr Hauptmannsperikope angehörten[12]. Diese Verse werden daher in der
folgenden Untersuchung nicht mit eingeschlossen.

---

8 Vgl. Schniewind, Mt 110.

9 Vgl. Mt 17,12 diff Mk 9,13; 19,9 diff Mk 10,11; ferner Mt
  26,29 (ohne ὅτι) diff Mk 14,25.

10 Vgl. dazu auch Neuhäusler, Anspruch und Antwort Gottes 200,
   Anm. 61 und Dupont, "Beaucoup viendront..." 155.

11 So z.B. Mt 8,8-10 par Lk 7,6c.7b.8f.

12 Da sich auch gegen die Ursprünglichkeit von Lk 13,28f im
   jetzigen Lk-Kontext starke Bedenken erheben (vgl. dazu Mußner, Gleichnis, passim, bes. 136-138; Hoffmann, πάντες
   ἐργάται ἀδικίας, passim, bes. 205ff und Schilton, God in
   strength 184-186), wird man sich wohl in Bezug auf die Frage nach der urspr. Plazierung dieses Jesuslogion mit einem
   non liquet zufrieden geben müssen.

3. Literarkritischer Forschungsüberblick

1) Der Befund im Mt- und LkEv

Die Mt-Fassung stimmt weitgehend mit Lk 7,1-10 in der Einleitung (Mt 7,28a/Lk 7,1) und im Gesprächsteil (Mt 8, 8bc.9f/
Lk 7,6c.7b.8f) überein. Demgegenüber zeigt aber der narrative
Teil der Erzählung (Mt 8,5b-8a.13/Lk 7,2-6ab.7a.10) einige
gewichtige Unterschiede. Es sind dies hauptsächlich folgende:
a. Während Mt in der Beschreibung der Krankheit konkret von
einer Paralyse berichtet (παραλυτικός: 8,6), erwähnt Lk den
Zustand des Erkrankten nur verallgemeinernd als κακῶς ἔχων:
7,2; außerdem ist bei Mt von einer Qual (δεινῶς βασανιζόμενος:
8,6), bei Lk jedoch von bereits eingetretener Todesgefahr
(ἤμελλεν τελευτᾶν: 7,2) die Rede.
b. Während in Mt Jesus und der Befehlshaber direkt miteinander reden, wird das Anliegen des letzteren in Lk durch die
Vermittlung zweier Gesandtschaften an Jesus herangebracht (Lk
7,3-6ab); ferner berichtet Lk von einer expliziten Bitte zur
Heilung (7,3), wogegen in Mt der Aussage Jesu in V 7 nur eine
Schilderung der Notlage vorausgeht (8,6).
c. Lk weiß von besonderen Verdiensten des Hauptmanns zu berichten (7,5), was von Mt aber mit keinem Wort erwähnt wird.
d. In bezug auf das Ende der Erzählung läßt Mt Jesus in V 13
noch ein in direkter Rede formuliertes Wort über den Glauben
des Hauptmanns aussprechen um danach das Eintreten der Heilung zu berichten; Lk weiß demgegenüber von einer Heimkehr
der zweiten Gesandtschaft und ihrer Begegnung mit dem geheilten δοῦλος zu erzählen.
e. Während in Mt 8,5ff der Erkrankte stets als παῖς gekennzeichnet wird (8,6.8.13), berichtet Lk - abgesehen von 7,7 -
von einem δοῦλος: 7,2.3.10.
f. In Mt 8,8/Lk 7,6c gebrauchen Mt und Lk gemeinsam ἱκανός,
wogegen nur Lk für die Selbsteinschätzung des Befehlshabers
noch zusätzlich die Begriffe ἄξιος/ἀξιοῦν (7,4.7a) verwendet.

Diese Gemeinsamkeiten und Unterschiede ergeben nach de
Solages folgenden statistischen Befund: Während die Lk-Fassung nur 36% identischer, 44,1% identisch- und äquivalenter,
und 46,7% identisch-, äquivalent- und synonymer Worte mit Mt
aufweist, so bietet die Mt-Perikope 50,8% identischer, 62,1%
identisch- und äquivalenter, und 65,8% identisch-, äquivalent-
und synonymer Worte im Vergleich mit Lk[13]. Ähnliche Pro-
zentsätze ermittelt auch Morgenthaler in seiner Statistischen
Synopse. Danach enthält die Hauptmannsperikope bei einer Gesamtzahl von 63 Q-Perikopen und Q-Perikopenfragmenten in Mt
den Rang 24 mit 59% ffi-Worte (=form- und folgeidentisch),
d.h. 79 ffi-Worte mit Lk aus einem Total von 135; in Lk aber,
den Rang 33, mit 47% ffi-Worte mit Mt, d.h., 79 aus einem Total von 169[14].

2) Die verschiedenen Deutungen des Befundes im Mt- und LkEv

Für die Erklärung der Unterschiede zwischen beiden Fassungen bieten die Forscher unterschiedliche Lösungsvorschläge
an. Während die überwiegende Mehrzahl die Unterschiede (1) redaktionsgeschichtlich erklärt, bietet sich für einige die Lösung (2) auf quellenkritischer Ebene an; eine dritte Gruppe
schließlich, die freilich weniger vertreten ist, gibt darüber
hinaus noch (3) andere, teilweise recht selbständige Erklärungen.

Ad 1 - Die Forscher, die die Unterschiede auf die Redaktionstätigkeit der Evangelisten zurückführen, gehen meistens davon
aus, daß die Hauptmannsperikope urspr der Q-Quelle angehörte.
Weniger Übereinstimmung besteht nun aber darin, ob der erste
oder dritte Evangelist für das Entstehen der Differenzen verantwortlich ist.

a) Solche, die meinen, die Unterschiede seien auf die mt Redaktionstätigkeit zurückzuführen, begründen es meistens mit
dem Verweis auf das Kürzungsverfahren des ersten Evangelisten,
das auch bei anderen Perikopen deutlich zur Anwendung komme[15].
Mt hätte demnach in 8,5ff die Erwähnung der zwei Gesandtschaften (vgl. Lk 7,3ff) übergangen, so daß nun bei ihm der Hauptmann und Jesus direkt miteinander ins Gespräch treten. Entschieden für diese Deutung traten etwa Levesque, Larfeld und

---

13 Vgl. de Solages, Synopse 639.

14 Vgl. Morgenthaler, Synopse 258.260.

15 Vgl. zur Übersicht des mt Kürzungsverfahrens Morgenthaler,
Synopse 233-235.

Schmid ein[16]; aber auch Zahn, Dausch und Hawkins[17] waren derselben Auffassung. Aus neuester Zeit wäre etwa auf Morgenthaler, Frankemölle, France, Ellis, Pesch/Kratz, Howard und
McKenzie zu verweisen[18].

Gegen die Wahrscheinlichkeit einer mt Kürzung wird jedoch
auf folgendes hingewiesen:

1. Die Kurzfassung von Mt entspricht besser dem Gesamtcharak-
ter von Q, das lange Erzählungen vermeidet und sich stark auf
Sprüche Jesu konzentriert.
2. Die Angaben von Lk 7,5, wonach der Befehlshaber "selbst"
eine Synagoge erbauen ließ, sind prinzipiell zwar historisch
nicht unmöglich, unterliegen andererseits aber zugleich manchen Bedenken[19].
3. Theologisch ist es zumindest bedenklich, daß Jesus nach der
Lk-Fassung "durch den Hinweis auf die guten Werke des Mannes
zu seiner Hilfe bewogen wird. Gegenüber dem Nachdruck, der
auf diese guten Werke fällt, die der Heide Israel gegenüber
vollbringt, gerät das Glaubenswort notwendig ins Hintertref-
fen"[20].
4. Das durch die zweite Gesandtschaft an Jesus gerichtete Wort
Mt 8,8bc/Lk 7,6c scheint eher auf den Hauptmann selbst, als
auf die (laut Lk) gesandten Freunde zurückzugehen[21].
5. Der stilistische Befund ist bei Lk, anders als in Mt, nicht
einheitlich: Lk hat in 7,7 mit Mt 8,8 παῖς, dagegen aber in
7,2.3.10 δοῦλος; in 7,6c mit Mt 8,8 ἱκανός, in 7,4.7a aber
ἄξιος/ἀξιοῦν; in 7,6 οἰκία, in 7,10 aber οἶκος. Dieser Befund
könnte auf eine sek Bearbeitung oder Quellenkombination hinweisen, es sei denn, man erklärte es aus der lk Vorliebe für
Abwechslung der Worte/Wendungen[22].
6. In der Lk-Fassung stehen die Vv 3-6ab in einer gewissen
Spannung mit Jesu Aussage in V 9 (vgl. Mt 8,10), was zutreffend Schürmann bemerkt: "Dagegen bekundet die Ausspielung des

---

16 Vgl. Levesque, Quelques procédés littéraires 11-13; Larfeld, Neutestamentliche Evangelien 275-284, bes. 283f und
   Schmid, Mt und Lk 253f.

17 Vgl. Zahn, Lk 303f; Dausch, Mt 145 und Hawkins, Horae synopticae 158-160.195 (sub b).

18 Vgl. Morgenthaler, a.a.O. (Anm. 15) 223.257; Frankemölle,
   Jahwebund 112f; France, Exegesis 254f; Ellis, Lk 117;
   Pesch/Kratz, So liest man synoptisch III/2, 77; Howard, Ego
   168-172 und McKenzie, Mt 76; ferner Grundmann, Mt 249 (mit
   Vorbehalt) und Schürmann, Lk 396.

19 Vgl. etwa Haenchen, Johanneische Probleme 85.

20 Vgl. Haenchen, a.a.O.

21 Vgl. etwa Haenchen, a.a.O. 84f und Klostermann, Mt 74; auch
   Joh 4,46ff weiß nichts von Gesandschaften zu berichten!

22 Letzteres wird von Cadbury, Four features 94 angenommen;
   vgl. aber dazu die Kritik von Schramm, Mk-Stoff 41 mit
   Anm. 1.

Glaubens dieses Heiden gegen den 'in Israel' vorfindlichen-
Mk 7,29 fehlt der Gegensatz noch - schon einen gewissen Abstand; der Ausspruch harmoniert in der vorliegenden Form nicht
mehr so gut mit der Fürsprache der jüdischen Ältesten VV 3ff
und scheint eine spätere Verschärfung erfahren zu haben"[23].
7. Schließlich stehen Lk 7,3-6a auch in einer gewissen Spannung mit der scharfen Polemik, die Q gegen Israel enthält:
vgl. vor allem Mt 8,11f; 10,15; 11,20-24; 12,38-42 (und vielleicht auch 22,1-10) par Lk; ferner Mt 11,16-19; 19,28 und
23,34-36.37-39 par Lk u.a.

b) Unter den Vertretern der Meinung, die Lk-Fassung sei sek
vom dritten Evangelisten erweitert worden, wird zuweilen mit
lk Beeinflussung durch die Perikopen von der Tochter des Jai-
rus und von der Bekehrung des Kornelius (vgl. Lk 8,40ff und
Apg 10,1ff) gerechnet; man verweist darüber hinaus auch auf
die spezifischen Anliegen der lk Theologie oder rechnet mit
der Möglichkeit, daß Lk durch die Kenntnis einer anderen, von
Mt 8,5ff differierenden, mündlichen Version der Erzählung beeinflußt worden sei. In dieser Richtung äußerten sich eine
beträchtliche Anzahl von Forschern: so etwa Weisse, de Wette,
Wernle, Holtzmann, Wellhausen, Patton, Loisy, Montefiore,
Bultmann, Klostermann, Creed, Stoevesandt, Manson, Leaney,
Stuhlmueller, Jeremias und Hahn[24]; aus neuester Zeit wäre etwa auf Blank, Schnider/Stenger, Wilson, Meyer, Lange, George,
Weiser, Achtemeier, Busse, Schulz, Schneider, Neirynck, Muhl-
ack, Sabourin und Nicol u.a. zu verweisen[25].

Folgende Einwände werden aber gegen die Annahme dieser Position vorgetragen:

1. Sachlich so gewichtige Veränderungen, wie es die Vv 2-6ab
gegenüber der Mt-Fassung darstellen, haben als lk Redaktion

---

23 Vgl. ders., Lk 397.

24 Vgl. Weiße, Geschichte II, 52ff; de Wette, Mt 115; Wernle,
   Frage 64f.86; Holtzmann, Lk 348; Wellhausen, Lk 27; Patton,
   Sources 143-145; Loisy, Évangiles I, 646ff; Montefiore, Lk
   424; Bultmann, GST 39.72; Klostermann, Lk 85; Creed, Lk
   100; Stoevesandt, Heidenmission 14; Manson, Lk 75; Leaney,
   Lk 141; Stuhlmueller, Lk 58; Jeremias, Verheißung 26 mit
   Anm. 97 und Hahn, Mission 25 mit Anm. 1.

25 Vgl. Blank, Zur Christologie 112; Schnider/Stenger, Synoptiker, 60ff; Wilson, Gentile mission 31f; Meyer, Gentile
   mission 410f; Lange, Erscheinen 42 mit Anm. 51; George,
   Guérison 72f; Weiser, Eine Heilung 68f; Achtemeier, Lucan
   perspective 549f; Busse, Wunder 145ff; Schulz, Q 236ff;
   Schneider, Lk 165; Neirynck, Jean et les synoptiques 109f;
   Muhlack, Parallelen 40ff; Sabourin, Miracles (BEB 5, 1975)
   154 und Nicol, Semeia 70f.

innerhalb des dritten Evangeliums keine Analogien[26]. Ähnlich
stellt Haenchen fest, Lukas greife "auch da mit behutsamer
Hand ein, wo er - wie z.B. in Lk 24,6 - das Überlieferte
stark" ändere[27]. Schlatter meint sogar, man würde - wäre Lk
für den Einschub der Vv 2ff verantwortlich zu machen - dem
dritten Evangelisten "wilde Willkür" zutrauen[28].
2. Für Schmid ist es fraglich, ob "gerade der Heidenchrist Lk"
den "'judaistischen' Zug, wonach der Nichtjude nur durch Vermittlung der Juden zu Jesus gelangen kann, eigens hinzugefügt hätte..." Dies wäre s.M.n. "selbst wenn er ihn in irgend
einer Sonderquelle gefunden hätte, ganz unwahrscheinlich..."[29]
3. Nach Haenchen ist die Heranziehung von Apg 10 für die redaktionelle Deutung von Lk 7,2ff nicht berechtigt: "Vor allem
besteht ein feiner und doch entscheidender Unterschied zwischen dieser Stelle (sc Lk 7,1ff) und einer wirklich von Lukas
stammenden Parallele, nämlich der Charakterisierung des Zenturio Kornelius Apg 10. Während dort mit 'viele Almosen spen-
dend und beständig zu Gott betend' ausdrücklich religiöse
Leistungen genannt werden, spricht unsere Stelle (sc Lk 7,1ff)
ausschließlich von Verdiensten gegen das Volk Israel: 'Er
liebt unser Volk und hat uns die Synagoge gebaut'"[30].
4. Da die Erwähnung der zwei Gesandtschaften in schriftstel-
lerischer Hinsicht nicht ohne gewisse Spannungen[31] durchführbar war, so meint Haenchen eben darin ein Indiz für Tradition sehen zu können, da man dem dritten Evangelisten "doch
ein erheblich größeres schriftstellerisches Vermögen zutrauen"
dürfe, als es die Komposition von Lk 7,1ff verrät[32].
5. Schließlich spricht auch der stilistische Befund gegen eine lk Bildung der in Lk 7,1-10 von Mt 8,5ff divergierenden
Teile, finden sich doch in diesen Partien mehrere Wendungen
und Konstruktionen, die kaum von Lk selbst stammen[33].
    Es dürfte angesichts dieser Einwände kaum zufällig sein,
daß die Forscher für den Anlaß der hypothetisch redaktionellen Bildung der Vv 2ff recht unterschiedliche Ansichten vertreten. So schreibt z.B. Creed: "It seems possible that the
symbolic character of the centurion, as typifying Gentile believers, has encouraged the expansion of the story as given
in Lk. Like later Gentile believers, the centurio never meets
Jesus in the flesh, but communicates with him and receives

---

26 Vgl. dazu Bussmann, Studien III, 102.

27 Vgl. ders., Johanneische Probleme 86.

28 Vgl. ders., Mt 281; dasselbe wäre nach ihm auch für Mt vorauszusetzen, falls die Unterschiede seiner Fassung gegenüber Lk 7,1ff auf ihn selbst zurückzuführen wären (ebd.).

29 Vgl. ders., Mt und Lk 253.

30 Vgl. ders., a.a.O. (Anm. 27).

31 Vgl. zu diesen Haenchen, Johanneische Probleme 84f.

32 Vgl. ders., a.a.O. 86.

33 Darauf weisen Schürmann, Lk 395 mit Anm. 47; Schmid, Mt
   und Lk 252; Bussmann, Studien II, 57f und Jeremias, Sprache 151-156 (jeweils unter "Trad") u.a. hin.

his benefits through intermediaries"[34]. Dagegen wendet jedoch
Geldenhuys ein: "The suggestion of Creed and others that Luke
for the sake of symbolism altered the original story is al-
together at variance with Luke's statement in i. 1-4 and is
devoid of proof"[35]. Das was sicherlich angenommen werden kann
ist s.M.n. "that Luke describes the incident in such detail
because in it he sees another proof that the salvation brought
by Christ was intended for Gentiles as well as for Jews"[36].
In einer fast entgegengesetzten Richtung meint demgegenüber
Jervell, der Anlaß der lk Erweiterungen sei aus dem Bestreben
des dritten Evangelisten zu verstehen, die Heidenmission nur
nachösterlich mit der Bekehrung des Kornelius (Apg 10f) beginnen zu lassen[37]. Für Busse widerspricht dieser Deutung
aber die Erzählung selbst: "Es ist gerade nicht Jesus oder
die Juden, die auf den Kontakt verzichten möchten (vgl. V 6).
Vielmehr beruft sich der Hauptmann auf seine Unwürdigkeit"[38].
Sein eigener Deutungsvorschlag geht in die Richtung, daß "der
Evangelist... die moralisch-religiösen Qualitäten des bereits
Gläubigen aus einer historischen Perspektive reflektieren"
wolle[39]. Wiederum anders argumentiert schließlich Wilson.
Nach ihm gilt: "Luke has added these details both to bring
into focus the personality of the centurion and his faith,
and to enhance the parallel with the narrative of Cornelius,
the first Gentile Christian", so daß "Jesus saw it (sc Lk 7,9)
as prophetic of the reception of Gentiles in Acts"[40].

c) Eine Mittelposition zwischen den o. unter a) und b) gegebenen Deutungen vertreten solche Forscher, die red Eingriffe
von beiden Evangelisten voraussetzen. Danach könnte die Erwähnung der ersten oder gar beider Gesandtschaften sehr wohl
urspr sein, vorausgesetzt man nähme an, der Hauptmann habe
die Worte Mt 8,8b.9 par Lk selbst ausgesprochen. Als Beispiel
für diese Position sei Gaechter zitiert:

"Lk 7,1-10 berichtet, wie der Centurio zweimal eine Abordnung
zu Jesus schickt, nach Mt kommt der Centurio selbst. Es
scheint, daß beide, sowohl Mt wie Lk, verkürzen. Mt läßt die
Gesandtschaften aus, die übrigens typisch orientalisch sind,
während die Erklärung in Mt 8,8-9 = Lk 7,6c-8 eine spontane
Äußerung ist, welche nur der Centurio selbst vorgebracht haben kann; hier verkürzt Lk. Mt geht bei seiner Darstellung
vom Grundsatz aus: Der Gesandte eines Menschen ist wie dieser
selbst; die Gesandten spielten keine wesentliche Rolle"[41].

---

34 Vgl. ders. Lk 100.

35 Vgl. ders., Lk 221.

36 Vgl. ders., a.a.O.

37 Vgl. ders., Luke and the people of God 113-132, 120f.

38 Vgl. ders., Wunder 158.

39 Vgl. ders., a.a.O. 159.

40 Vgl. ders., The gentiles 31f.

41 Vgl. ders., Mt 265.

In ähnlicher Weise äußern sich auch Theißen, Derrett, Siegman und (erwägend) Marshall[42].

Eine Variante dieser Position, die mit Eingriffen beider Evangelisten rechnet, vertreten Forscher, die für die urspr Fassung der Perikope einen gemeinsamen identischen Rahmen überhaupt bestreiten und daher als Grundbestand allein das Gespräch zwischen Jesus und dem Hauptmann Mt 8,8b-10/Lk 7, 6c.7b.8f annehmen. So schreibt z.B. Schweizer:

"Die Worte des Hauptmanns und die Jesu stimmen in V.8-10 fast wörtlich mit Lk.7,6-9 überein, nur daß Lukas in V.7a in dem für ihn typischen Stil eine Bemerkung zufügt. In der übrigen Erzählung ist aber außer der Bezeichnung 'Hauptmann' und der Ortsangabe 'hineingehen nach Kapernaum' (V.5) kein Wort gleich... In Q war also offenkundig nur der Dialog V.8-10 überliefert, wohl mit einer überschriftartigen Angabe über die Krankheit des 'Jungen' des 'Hauptmanns von Kapernaum'"[43].

Zu einem ähnlichen Schluß kam bereits Manson in seiner Analyse von Mt 8,5ff/Lk 7,1-10:

"The most probable conclusion of the whole matter would seem to be that the dialogue is the original kernel, which belonged to Q and probably stood later in the document. This original has been furnished with two different narrative settings, which appear in Mt. and Lk. These narrative settings agree in stating that the cure was effected; and this was probably implied in the original Q story"[44].

Diese Position, die auch Dibelius vorauszusetzen scheint[45], wird freilich von zahlreichen Forschern abgewiesen[46], wobei als Begründung meistens darauf hingewiesen wird, daß das Gespräch ohne den Rahmen seine Pointe verlieren würde: "But the dialogue must originally have been transmitted in some kind of framework, or else it would be meaningless"[47].

Ad 2 - Im Gegensatz zur redaktionsgeschichtlichen Deutung meinen verschiedene Forscher, die Differenzen zwischen Mt

---

42 Vgl. Theißen, Wundergeschichten 183; Derrett, Syro-phoenician and centurion 175; Siegman, St. John's use 189 und Marshall, Lk 277f.

43 Vgl. ders., Mt 137.

44 Vgl. ders. Sayings 65.

45 Vgl. ders., Formgeschichte 245 und 261, Anm. 3.

46 Vgl. etwa Schick, Formgeschichte 181; Perels, Wunderüberlieferung 94, Anm. 63; Lohmeyer/Schmauch, Mt 156; Albrecht, Zeugnis durch Wort 35; Pesch/Kratz, So liest man synoptisch III/2, 79 und Ernst, Lk 238 u.a.

47 Vgl. Marshall, Lk 277.

8,5ff und Lk 7,1-10 seien darauf zurückzuführen, daß der dritte Evangelist in seinem Bericht die Angaben zweier verschiedener Quellen kombiniere oder doch zumindest die Angaben der Q-
Quelle mit Material seines Sondergutes verbinde. Als Vertreter dieser Position wären etwa Weiss, Bussmann, Feine und
Müller zu nennen[48]. Ähnlich argumentieren auch Schlatter und
Rengstorf, für die Lk aber neben seiner Quelle des Sondergutes nicht Q, sondern die Vorlage des MtEv benutzt haben
soll[49]. Mit einer Verschmelzung von Angaben mehrerer Quellen
rechnet schließlich auch Parker. Freilich enthält nach ihm
nicht Mt, sondern Lk den urspr Text, wobei Mt eine in 8,5f.13
selbständige Erzählung sek mit dem Q-Text (=Mt 8,7ff) später
kombiniert habe[50]. Eine Variante dieser Position, wonach Lk
7,1-10 nicht unbedingt als Kombination zweier Quellen, sondern
lediglich als Verschmelzung von Material aus der Quelle Q mit
Sondergutüberlieferung zu deuten ist, wird etwa von Schramm,
Michaelis, Polag und Roloff vertreten[51].

    Gegen diese Position ließe sich das Argument Haenchens an-
führen, daß nämlich dem dritten Evangelisten "ein erheblich
größeres schriftstellerisches Vermögen" zuzutrauen sei, "als
es dieser auffallend ungeschickte Einschub" verrate[52]. Ein
zweites Argument führt Schürmann an: "Luk kombiniert unseres
Wissens im Korpus seines Evs in solcher Weise nirgends zwei
Überlieferungsstücke..."[53] Es wundert daher kaum, daß eine
weitere Anzahl von Forschern die Lk-Fassung zwar ebenfalls
für sek hält, doch gegen die zuletzt erwähnten, die in dem
Text gemachten Eingriffe und Änderungen eher einem noch vor-lk
Stadium der Überlieferung zuschreiben. Dafür plädieren etwa
Hirsch, Haenchen und Lührmann[54]. Da aber diese Position weit-

---

48 Vgl. Weiss, Quellen des Lukas 242f und ders., Quellen 15;
   Bussmann, Studien II, 56-59 und ders., Studien III, 101f;
   Feine, Vorkanonische Überlieferung 49ff und Müller, Zur
   Synopse 16ff.

49 Vgl. Schlatter, Lk 250ff.492f und Rengstorf, Lk 94.

50 Vgl. ders., Gospel before Mark 63-65.83.

51 Vgl. Schramm, Mk-Stoff 40ff; Michaelis, Mt 129f; Polag,
   Umfang 124a und Roloff, Kerygma 155, Anm. 175.

52 S. dazu o.S.10 (sub b. 4.).

53 Vgl. ders., Lk 396.

54 Vgl. Hirsch, Frühgeschichte II, 88f, auf welchen sich
   Grundmann, Lk 17.155 beruft; Haenchen, Faith and miracle
   495ff und ders., Johanneische Probleme 86 und Lührmann,
   Redaktion 57, auf welchen Lange, Erscheinen 42, Anm. 50
   verweist.

gehend die lk Redaktionstätigkeit beschränkt, wird sie gerade
von solchen abgewiesen, die der eigenständigen Arbeit des
dritten Evangelisten größere Zugeständnisse einräumen[55].

Ad 3 - Abschließend sei auf einige teilweise recht eigenständige Deutungen hingewiesen, die freilich in der Forschung
keine große Anhängerzahl haben.

Als erster sei Goulder erwähnt[56]. Die Hauptmannsperikope
ist s.M.n. ausschließliches Werk des ersten Evangelisten, und
zwar auf Grund seiner Kombination von Mk 7,24-30 mit 2,1ff;
darüber hinaus habe Mt diese Kombination auch noch durch von
ihm selbst geprägtes Material zusätzlich bereichert[57]. Was
die Lk-Fassung anbelangt, so sei sie durch eine literarische
Abhängigkeit von Mt zu erklären, wobei die Abweichungen sich
zureichend aus dem Einfluß der Kornelius- und Jairusgeschich-
te (Apg 10 und Mk 5,35) erklären lassen[58]. Diese Ansichten
Goulders erinnern stark an die bereits 1908 von Wendling vorgetragene Deutung von Mt 8,5ff/Lk 7,1-10[59]. Beide trauen der
Redaktionsarbeit von Mt ein sehr großes Maß an Freiheit zu.

Als zweites sei auf Orchard hingewiesen, der hier stellvertretend für weitere Anhänger der Griesbachschen Hypothese

---

55 Vgl. etwa Busse, Wunder 141ff und Schnider/Stenger, Synoptiker 60-63. Die von Schnider/Stenger vorgebrachten Argumente für die lk Verfasserschaft der Vv 2-6 u.a. könnten
   in folgenden Punkten zusammengefaßt werden:
   1. Literarkritisch ist der bei der Lk-Fassung zu beobachtenden Abwechslung der Termini kein quellenkritischer
   Wert beizumessen, denn auch die Joh-Fassung (Joh 4,46-54)
   wechselt die Begriffe, wie der Vergleich von Joh 4,46b.f.
   50.53 (υἱός) mit 4,49 (παιδίον) und 4,51 (παῖς) zeigt.
   2. Die Einführung von zwei Gesandtschaften verrät keineswegs ein Interesse judenchristlicher Kreise, sondern kann
   ebensogut aus dem lk Interesse an der Hervorhebung der Demut des Mannes verstanden werden, so daß von einer schriftstellerischen Ungeschicktheit nicht die Rede sein kann.
   3. In wortstatistischer Hinsicht liefern die von Mt 8,5ff
   differierenden Verse genügend Anhaltspunkte für die Annahme einer lk Komposition.

56 Vgl. Goulder, Midrash and lection in Matthew, bes. 319-
   321.

57 Vgl. ders., a.a.O.

58 Vgl. ders., a.a.O. 321.463.

59 Vgl. ZNW 9 (1908), 96-109.

genannt werden soll[60]. Da nach dieser Hypothese[61] der dritte
Evangelist vom ersten abhängig ist, meint Orchard, Lk 7,1-10
sei ebenfalls von Mt 8,5ff her zu interpretieren. Folgende
Gründe sprechen s.M.n. für diese Annahme:

1. Lk bietet zwar mehr Details als Mt, widerspricht jedoch
keineswegs den Grundaussagen seines Berichtes(!).
2. Die lk Details gehen teils auf eine andere, dem Lk vorgegebene Fassung der Erzählung, teils auf den dritten Evangelisten selbst zurück.
3. Δοῦλος ist klar eine in Lk 7,2f.10 gegebene Interpretation
für den von Mt gebrauchten Begriff παῖς, wie aus Lk 7,7 im
Vergleich mit Mt 8,8 hervorgeht.
4. Vor allem deuten die großen Übereinstimmungen im zentralen
Gesprächsteil Mt 8,8-10 par Lk 7,6c.7b.8f auf eine literarische Abhängigkeit des Lk von Mt hin.

Als dritter sei Boismard erwähnt, der eine Mehr-Quellen-
Theorie vertritt[62]. Nach ihm gehörte der urspr Grundbestand
der Hauptmannsperikope entweder einer Sammlung von Wundergeschichten an, oder einem von ihm postulierten "C"-Dokument[63],
das zu Beginn der evangelischen Traditionsbildung neben weiteren Dokumenten existierte[64]. Diese zunächst äußerst knapp
verfaßte Erzählung[65] sei später von einem Dokument "A" rezi-

---

60 Vgl. Orchard, The griesbach solution to the synoptic question I: Matthew, Luke & Mark, bes. 54-58.

61 Zur Griesbachschen Hypothese siehe Kümmel, Einleitung 21f
und Wikenhauser/Schmid, Einleitung 278. Diese Hypothese
wird neuerdings wieder von Farmer (Vgl. ders., The synoptic problem; auch ders., A fresh approach to Q) u.a. vertreten. Zur Kritik vgl. etwa Wikenhauser/Schmid. a.a.O.;
Fuchs, Die Wiederbelebung der Griesbachhypothese und Morgenthaler, Statistische Synopse 291-293.

62 Vgl. ders., Synopse des quatre Évangiles en français, II:
Commentaire 159-161; seine synoptische Theorie wird ebd.
15-55 dargelegt.

63 Vgl. ders., a.a.O. 160f. Zu seiner Vermutung von Wunder-
sammlungen im JohEv siehe ebd. 48 (sub II G 4).

64 Außer dem von ihm postulierten "C"-Dokument, gab es s.M.n.
auch noch ein "A"-, "B"- und "Q"-Dokument. Die Hauptmannsperikope gehört zu den wenigen Ausnahmen, in denen Boismard
Material der duplex traditio nicht zum "Q"-Dokument rechnet: vgl. seine Einschränkungen zu Q ebd. 16f (sub IB) und
54f (sub II K 2 b).

65 Entsprechend seiner Rekonstruktion des "récit primitiv",
lautete dieser folgendermaßen:
"Un fonctionnaire royal, dont le fils était malade, ayant
entendu (parler) de Jésus, vint à lui et il lui demandait
que, étant venu, il guérît son fils. Jésus lui dit: 'Va,
ton fils est guéri.' Et, étant revenu à sa maison, il
trouva son fils en bonne santé" (ebd. 161).

piert und erweitert worden, wobei diese Erweiterungen durch-
aus auf Traditionsmaterial beruhen könnten[66]. Spätere und sek
Zusätze seien schließlich durch die mt, proto-lk, lk und joh
Redaktion entstanden[67].

Als letztes wollen wir auf Ernst verweisen[68]. Nach ihm
sind die Differenzen beider Fassungen auf die Entwicklung
im mündlichen Stadium der Überlieferung zurückzuführen[69].
Auch bei den stark übereinstimmenden Teilen bestehe kein hin-
reichender Grund für die Annahme literarischer Beziehungen:
"Die unterschiedliche Gestaltung weist... zurück auf die Stufe der mündlichen Überlieferung... Die Übereinstimmung in der
Wortüberlieferung muß nicht auf literarische Abhängigkeit zurückgeführt werden; auch die mündliche Tradition hat sich in
einem sehr frühen Stadium stabilisiert"[70].

---

66 Die Erweiterungen im Dokument "A" betreffen nach ihm:
   1. Die Hinzufügung von Mt 8,8f; 2. die Verwandlung des königlichen Offiziers zu einem Hauptmann, und damit zu einem
   Heiden, und 3. die Hinzufügung der Angabe über Jesu Verwunderung in Mt 8,10 (vgl. ders., ebd. 49.55.161). Die Annahme einer Rezipierung der Perikope durch das von ihm postulierten Dokument "A" zwingt Boismard zur Annahme einer
   mk Kenntnis der Geschichte. Der zweite Evangelist habe sie
   aber ausgelassen, da er ja bereits Mk 7,24ff kannte: ebd.
   55 (sub K 2 b).

67 Vgl. ders., ebd. 159-161. Eine Kritik der Herleitung von
   Joh 4,46-54 aus dem von Boismard postulierten Dokument "C"
   findet sich bei Neirynck, Jean et les synoptiques 93ff;
   zur Gesamttheorie Boismards vgl. ferner Neirynck, a.a.O.
   und die Rezensionen von Murphy-O'Connor (RB 79, 1972, 431-
   435) und W. Wink (CBQ 35, 1973, 223-225).

68 Vgl. ders., Lk 238.

69 Ähnlich äußerte sich bereits Godet, Lk 240: "Den geschichtlichen Rahmen hatte die mündliche Erzählung mit mehr Freiheit behandelt".

70 Vgl. ders., a.a.O. Mit dieser Auffassung sind etwa die von
   Guthrie zusammengestellten Einwände gegen die "oral theory"
   zu vergleichen: vgl. ders., Introduction 127-129.

Zusammenfassung und Folgerungen:

Die literarkritische Forschungsübersicht zeigt, daß Forscher, die redaktionsgeschichtlich argumentieren, zwar in
der Mehrzahl Mt 8,5-10.13 par Lk für ein Q-Traditionsstück
halten, jedoch in der Erklärung der Differenzen beider Fassungen diametral entgegengesetzte Positionen vertreten. Quel-
lenkritisch konnte festgestellt werden, daß auch betreffs
einer Q-Zugehörigkeit beider Fassungen kein allgemeiner Konsens besteht. Angesichts dieser Forschungslage, stellten wir
uns als erstes Ziel der Arbeit, für die literarkritische Klärung der Probleme insofern beizutragen, als unter Berücksichtigung der verschiedenen Positionen versucht wurde für die
Erklärung des Befundes in Mt 8,5-10.13/Lk 7,1-10 eine möglichst befriedigende Antwort zu geben. Dabei mußten zwei
Schritte unternommen werden, ohne die bestimmte Urteile nur
mit einem ungenügenden Wahrscheinlichkeitsgrad hätten gefällt
werden können. Als erstes ist die Analyse von Joh 4,46-54 zu
erwähnen. Wenn dieses Traditionsstück tatsächlich - wie vielfach angenommen - als Traditionsvariante der Hauptmannsperikope in Mt und Lk verstanden werden kann, so ist ja von vornherein zu vermuten, daß es für literarkritische und traditionsgeschichtliche Urteile über Mt 8,5-10.13 par Lk von hoher
Bedeutung sein könnte. Als zweiter Schritt ergab sich die
Notwendigkeit Mt 8,5-10.13 par Lk, was Wortwahl und Stilan-
wendung betrifft, möglichst genau zu analysieren. Für die
Durchführung dieser Analyse bedienten wir uns der Methode des
statistischen Vergleichs. Die statistische Analyse, die daraus entstand, nimmt zwar im Rahmen unserer Arbeit einen großen Raum ein, doch schien sie uns für eine befriedigende Klärung der Alternative "entweder hat Mt in 8,5ff gekürzt oder
Lk in 7,1ff erweitert" von unerläßlicher Notwendigkeit zu
sein.

I. AUF DER SUCHE NACH DER URSPRÜNGLICHEN LITERARISCHEN FASSUNG DER HAUPTMANNSPERIKOPE: VON DEN EVANGELIEN BIS ZUR Q-QUELLE

1. Mt 8,5-10.13/Lk 7,1-10 im Vergleich mit Joh 4,46-54[1]

1.1. Joh 4,46-54 als Traditionsvariante zu Mt 8,5-10.13 par Lk[2]

Gewichtige Gründe sprechen dafür, daß Joh 4,46-54 auf dieselbe Begebenheit zurückzuführen ist, die auch in Mt 8,5-
10.13 und Lk 7,1-10 ihren Niederschlag fand. So haben (a) die

---

1 Zur Literatur, vgl. außer den Kommentaren noch:
  Betz/Grimm, Wunder 130-132.
  Boismard, Saint Luc et la rédaction du quatrième Évangile,
       Jn 4,46-54, RB 69 (1962), 185-211.
  Dodd, Historical Tradition 182-198.
  Erdozáin, La función del signo 9-36.
  Haenchen, Johanneische Probleme, in ders., Gott und Mensch,
       82-90.
  ders.,   Faith and miracle, St Ev, Texte und Untersuchun-
       gen 73, 495-498.
  Hoeferkamp, Relationship 62-65.105-110.
  Neirynck, Jean et les synoptiques 93-120.
  Schnackenburg, Zur Traditionsgeschichte von Joh 4,46-54, BZ
       8 (1964), 58-88.
  Schnider/Stenger, Johannes und die Synoptiker 54-88.
  Schniewind, Parallelperikopen 16-21.
  Schottroff, Der Glaubende 263-267.
  Schweizer, Die Heilung des Königlichen Joh 4,46-54, in:
       ders., Neotestamentica 407-415.
  Siegman, St. John's use of the synoptic material: 4,46-54,
       CBQ 30 (1968), 182-198.
  Temple, The two signs in the Fourth Gospel, JBL 81 (1962),
       169-174, und
  Wilkens, Zeichen und Werke 33-35.
  Zur weiteren Literatur siehe Haenchen, Joh 257.

2 Vgl. zum Folgenden außer den Kommentaren noch: Schniewind,
  a.a.O.; Schnackenburg, a.a.O. 70-76; Schnider/Stenger,
  a.a.O. 70-73 und Siegman, a.a.O. 186-194.

drei Berichte nicht nur verschiedene Einzelheiten gemeinsam,
sondern (b) Joh stimmt auch in mehreren Einzelzügen isoliert
mit Mt oder Lk überein.

Ad a. Alle drei Fassungen stimmen darin überein, daß

1. es sich bei dem Erkrankten um eine dem Fürbitter
nahestehende Person handelt, die zumindest 1x in jeder Fassung als παῖς des Fürbitters (Joh 4,51; Mt 8,6.8.13 und Lk
7,7) charakterisiert wird;

2. die Stationierung des Erkrankten in Kafarnaum vorausgesetzt wird (Joh 4,46; Mt 8,5 und Lk 7,1f);

3. die Heilung aus der Ferne geschah (Joh 4,50.53; Mt
8,8.13 und Lk 7,7.10);

4. der Fürbitter dem machtvollen Worte Jesu Vertrauen
schenkte (Joh 4,50; Mt 8,8 und Lk 7,7);

5. vom Haus (Joh 4,53; Mt 8,6 und Lk 7,6.10) und vom
Glauben (Joh 4,50.53: ἐπίστευσεν; Mt 8,10 und Lk 7,9: πίστις)
des Fürbitters (bzw. seines Hauses) die Rede ist[3].

Außer diesen allen drei Fassungen gemeinsamen Zügen, finden sich nun auch noch Gemeinsamkeiten zwischen Joh und Mt
einerseits, und Joh und Lk andererseits.

Ad b. Joh und Mt berühren sich in folgenden Punkten:

1. Der Fürbitter verhandelt mit Jesus direkt.

2. Beide Fassungen erwähnen ein Zuspruchswort Jesu an
den Fürbitter (Joh 4,50; Mt 8,13).

3. Nur Mt und Joh haben den Hinweis auf das "Stundenmotiv" (Mt 8,13; Joh 4,52f).

---

3 Gemeinsam ist den drei Berichten auch, daß die Initiative
  zur Heilung jeweils vom Fürbitter ausgeht, sei es, daß er
  Gesandtschaften aussendet (so Lk), sei es, daß er sich persönlich zu Jesus begibt (so Joh und Mt). Eine weitere Übereinstimmung zwischen den drei Fassungen besteht darin, daß
  sie das Ereignis gemeinsam auf einen Zeitpunkt "ziemlich
  frühzeitig in der galiläischen Wirksamkeit Jesu" verlegen
  (vgl. Schnackenburg, a.a.O. 71; auch ders., Joh I, 503).
  Obwohl darauf neuerdings wieder Schneider, Joh 122 Gewicht
  legt, wird dieses Argument jedoch dadurch relativiert, daß
  Mt und Lk die Hauptmannserzählung ja kaum nach chronologischen Gesichtspunkten in ihren Evangelien eingeordnet haben:
  so zu Recht Schnackenburg, a.a.O. 71 (auch ders., Joh I, 503)
  und Siegman, a.a.O. 186 (sub Nr. 1).

Demgegenüber tauchen folgende Berührungen zwischen Joh und Lk auf, die bei Mt fehlen:

1. In Joh (4,46b) und Lk (7,2) wird zuerst die Not des Erkrankten geschildert und nur danach Jesus persönlich in indirekter und direkter Rede vorgeführt; Mt formuliert dagegen die Schilderung der Not gleich in direkter Rede.

2. Nur Lk (7,2) und Joh (4,47.49) verweisen auf die tödliche Gefahr der Krankheit.

3. Nur Lk und Joh berichten von einem zuvor stattgefundenen "Hören" (ἀκούσας: vgl. Joh 4,47 und Lk 7,3) des Fürbitters über Jesus.

4. Während Mt die Geschichte mit einer neutralen Konstatierung der Heilung beendet (8,13), wissen Joh und Lk davon, daß die Heilung persönlich (in Joh 4,51 durch οἱ δοῦλοι; in Lk 7,10 durch οἱ πεμφθέντες) bestätigt werden konnte.

Mag auch die eine oder andere angeführte Übereinstimmung nicht unbedingt notwendig auf Traditionsidentität, sondern eher auf Zufall beruhen, so sprechen doch - kumulativ gesehen - die Indizien in hohem Maße dafür, daß allen drei Berichten die gleiche Begebenheit zugrundeliegt[4].

Bei dieser Annahme sollen nun aber die Differenzen zwischen Joh einerseits und Mt und Lk andererseits keineswegs heruntergespielt werden, zumal sie sich ja nicht lediglich auf Einzelheiten beschränken, sondern auch zentrale Aussagen der Berichte umfassen. Als solche seien genannt:

1. Bei Joh fehlt das in Mt und Lk zentrale Gespräch zwischen dem Fürbitter und Jesus: Mt 8,8b-10/Lk 7,6c.7b.8f. Damit hängt wohl zusammen, daß

2. bei Joh die heidnische Herkunft des Fürbitters weder betont noch vorausgesetzt wird.

3. Anders als in Mt und Lk, legt die joh Fassung großen Wert auf die Konstatierung der Heilung: Rund drei Verse (Joh 4,51-53) befassen sich mit diesem Motiv.

---

4 So auch die überwiegende Mehrzahl der evangelischen Ausleger. Anders freilich Zahn, Joh 273f und neuerdings wieder Morris, Joh 288: "Despite the verbal parallels the two stories are distinct." Über die Annahme einer Identität der Begebenheit unter den katholischen Forschern informiert Schnackenburg, Zur Traditionsgeschichte 70f.

4. Als Ort der Begegnung zwischen Jesus und dem Fürbitter wird nicht Kafarnaum, sondern Kana angegeben (Joh 4,46a).

5. Während in Mt und Lk der Fürbitter ein ἑκατοντάρχης ist, nennt ihn Joh 4,46 einen βασιλικός.

6. Nur in Joh (4,52) wird die Krankheit des παῖς als Fieber (πυρετός) beschrieben.

7. Anders als Mt, der nur von einem παῖς spricht, und Lk, der diesen als δοῦλος präzisiert, deutet die joh Fassung dieses Wort (Joh 4,51; vgl. auch 4,49: παιδίον!) auf einen Sohn (4,46f.50.53) hin. Schließlich steht

8. Joh 4,48 ohne Parallele in Mt und Lk.

Wenn auch mit hoher Wahrscheinlichkeit einige dieser Differenzen aus der red Tätigkeit des 4. Evangelisten stammen[5], so muß dennoch bei Annahme einer Identität der Begebenheiten mit einer sich in verschiedener Richtung entwickelnden Überlieferungsgeschichte gerechnet werden. Daß dies in der Tat angenommen werden kann, zeigen die beträchtlichen Unterschiede, die schon zwischen den Fassungen des Mt und Lk festgestellt werden können[6]. Die johanneische Fassung zeigt somit gegenüber Mt 8,5-10.13 und Lk 7,1-10, wie unter anderen geschichtlichen Bedingungen und bei verschiedenen Traditionsträgern eine bestimmte Tradition völlig neue Akzente und neue Aussageintention bekommen konnte. Diese im einzelnen herauszuarbeiten[7] würde freilich den Rahmen unserer Arbeit, deren primäres Anliegen in der Auswertung der Q-Tradition liegt, bei weitem überschreiten. Für unsere Zwecke dürfte vielmehr genügen (a) die dem Joh überkommene Trad herauszuarbeiten, (b) diese Trad auf ihre literarische Abhängigkeit von Mt 8,5-10.13 und Lk 7,1-10 zu überprüfen, um so (c) die Q-Überlieferung in historischer und überlieferungsgeschichtlicher Hinsicht möglichst genau bewerten zu können.

---

5 Vgl. dazu die anschließende Analyse sub 1.11.

6 Vgl. dazu Schnackenburg, Zur Traditionsgeschichte 75f; ders., Joh I, 505f.

7 Vgl. dazu Schnider/Stenger, Synoptiker 81-88; Schweizer, Heilung 409-414 und Siegman, St. John's use 191-193 u.a.

1.11. Tradition und Redaktion in Joh 4,46-54

a) Mit Bultmann, Erdozáin, Schnackenburg, Schnider/Stenger[8] u.a. halten wir V 46a für red Bildung des 4. Evangelisten. In stilistischer Hinsicht verweist Erdozáin auf folgende von Joh mit Vorliebe gebrauchte Wendungen, die seine Verfasserschaft dieses Versteils nahelegen: 1. der Gebrauch der οὖν historicum[9]. 2. Der Gebrauch von οὖν in unmittelbarer Voran- oder Nachstellung zu πάλιν[10]. 3. Das von Joh mehrfach gebrauchte ὅπου zum Verweis auf Orte, in denen nennenswerte Ereignisse stattfanden[11] (wie ja denn Joh überhaupt eine Vorliebe für Verweise auf Früheres zu haben scheint[12]).

Diese Indizien für joh Redaktion lassen vermuten, daß auch die geographische Angabe in V 46a - Κανὰ τῆς Γαλιλαίας - aus der Hand des 4. Evangelisten stammt[13]. Das wird nicht nur dadurch nahegelegt, daß in V 46a Joh deutlich Bezug auf das Kana-Wunder von Joh 2,1-11 nimmt, sondern auch dadurch, "daß weder ein Motiv für das Reiseziel angegeben, noch sonst etwas vom Aufenthalt in Kana erzählt wird"[14].

Stammt auch die Kana-Erwähnung wahrscheinlich aus der Hand des Redaktors, so gehen freilich über den Sinn ihrer Eintragung die Meinungen auseinander. Bultmann meint, Joh habe dadurch das Wunder der Fernheilung steigern wollen[15]. Eine an-

---

8 Vgl. Bultmann, Joh 79.151f; Erdozáin, Función 17f; Schnackenburg, Traditionsgeschichte 63f; ders., Joh I, 501 und Schnider/Stenger, Johannes und die Synoptiker 66-68.

9 Vgl. dazu Schweizer, Ego Eimi 89f; Ruckstuhl, Literarische Einheit 193f.203 (sub Nr. 2).

10 Nach Erdozáin, a.a.O. 18 erscheint die unmittelbare Verbindung des οὖν mit πάλιν ausschließlich im JohEv innerhalb des gesamten NT: vgl. außer uSt noch 8,12.21; 9,15; 10,7; 11,38; 18,7.27.33.40 und 20,10; ferner 10,39 (v.l.); 9,17 und 20, 21.

11 Erdozáin, ebd. verweist auf 1,28; 6,23; 7,42; 10,40; 12,1; 19,17f und 20,12. (13.15: ποῦ).

12 Joh verweist auf früher Gesagtes in 6,65; 13,33; 15,20; 16, 15; 18,9; auf bereits erwähnte Personen oder Sachen in 1,30; 7,50; 11,2; 15,40; 18,14 und 19,39: vgl. dazu Erdozáin, ebd.

13 Dieser Ausdruck erscheint innerhalb des NT nur im JohEv: vgl. außer uSt noch 2,1.11 und 21,2.

14 Vgl. Bultmann, Joh 152, Anm. 2.

15 Vgl. ders., a.a.O. 151. Zu den weiteren Forschern, die diese Auffassung teilen, vgl. Schnackenburg, Zur Traditionsgeschichte 64, Anm. 16; vgl. nun auch Becker, Joh 187.

dere Auffassung teilt Schnackenburg. Nach ihm "hätte der
Evangelist das Gespräch von sich aus an den Ort des ersten
Wunders verlegt (Kana)... weniger, um durch die größere Entfernung (auf die nicht direkt hingewiesen wird) die Größe des
Wunders zu steigern, als um die (in der Quelle aufeinanderfol-
genden) beiden Erzählungen deutlicher zu verknüpfen, was durch
die eingeschobene Reise nach und von Jerusalem notwendig wurde". S.M.n. erlangt durch diese Rahmung "zugleich der ganze
Abschnitt Kap. 2-4, der eine gewisse Exposition der gesamten
öffentlichen Wirksamkeit Jesu darstellt und die künftige Entwicklung ahnen läßt, eine Abrundung und Geschlossenheit"[16].
In einer ganz anderen Richtung argumentiert schließlich Betz.
Für ihn ist die sek Zerlegung der Fernheilung nach Kana aus
dem Einfluß der Eliatradition zu erklären, "denn auch die beiden ersten Eliawunder geschahen ja am gleichen Ort"[17].

Stammt V 46a aus der Red, so ist weiter zu fragen, ob Joh
für diesen Versteil eine andere Einleitung besaß. Von verschiedenen Forschern[18] wird dazu auf Joh 2,12 verwiesen: Μετὰ
τοῦτο κατέβη εἰς Καφαρναοὺμ αὐτὸς καὶ ἡ μήτηρ αὐτοῦ καὶ οἱ
ἀδελφοὶ [αὐτοῦ]καὶ οἱ μαθηταὶ αὐτοῦ καὶ ἐκεῖ ἔμειναν οὐ πολλὰς
ἡμέρας. Diese Bemerkung ist insofern merkwürdig, als in den
folgenden Versen auf Ereignisse in Kafarnaum mit keinem Wort
Bezug genommen wird, statt dessen im nachfolgenden V 13 sogleich Jesu Hinaufzug nach Jerusalem berichtet wird: "Und nahe war das Paschafest der Juden, und Jesus zog hinauf nach
Jerusalem". Dazu Schnider/Stenger:

"Warum wird in Vers 12 überhaupt von Kapharnaum gesprochen?
Nichts geschieht ja dort.Ist es bloße historische Reminiszenz?
Dann dürfte man wohl auch von Stationen des Weges nach Jerusalem hinauf erwarten, daß sie erwähnt würden. Doch das geschieht nicht. Ein kurzer Vers genügt für die achttägige Reise. Das Paschafest der Juden steht vor der Tür, und Jesus
steigt hinauf nach Jerusalem. Daß das eine stereotype Floskel
ist, erweist die Wiederholung in Joh 5,1; 7,10. Die Floskel
dient dazu, den Schauplatz zu wechseln, und die Vermutung
liegt nahe, daß Vers 13 in ein in Galiläa spielendes Geschehen eingreift, um den ganzen Komplex der Jerusalemreise unter-
zubringen. Vers 13 wäre nach dieser Vermutung nicht die alte
Fortsetzung von Vers 12 gewesen, sondern hätte etwas, was in
Kapharnaum geschehen war, abgeschnitten und die Jerusalemreise eingeschoben. Dann fällt es nicht schwer, Jo 4,46b an 2,12
anzuschließen. Dann wäre gemäß Jo 2,12 Jesus von Kana nach
Kapharnaum gegangen und hätte dort das Wunder der Heilung an
dem Sohn des Königlichen vollbracht"[19].

---

16 Vgl. zu beiden Zitaten Schnackenburg, a.a.O. 64.

17 Vgl. Betz, Das Problem des Wunders 41.

18 Vgl. dazu Schnackenburg, Joh I, 501 mit Anm. 2, der auf
   Wellhausen, Spitta und Bultmann verweist.

19 Vgl. Schnider/Stenger, a.a.O. 67.

Dieser Annahme von Schnider/Stenger, die schon früher öfter geäußert wurde[20], schließen wir uns an. Demnach muß damit gerechnet werden, daß urspr (a) Joh 2,12 als Einleitung zu 4,46b fungierte und (b) 2,1-11 (und 2,12); 4,46b-54   Joh wohl in unmittelbarer Aufeinanderfolge mündlich oder schriftlich bereits vorlagen. Letzteres legt sich auch insofern nahe, als (1) in stilistischer Hinsicht 2,1-11 und 4,46-54 recht wenig joh Stileigentümlichkeiten aufweisen[21], (2) die Erwähnung eines δεύτερον σημεῖον in 4,54 unter dieser Voraussetzung gut als Folge von Joh 2,11 (ἀρχὴν τῶν σημείων) passen würde, und (3) auffälligerweise weder 2,1-11 noch 4,46-54 als Basis für folgende Gespräche verwendet werden[22], obwohl Joh sonst seinen Wundergeschichten immer Gespräche Jesu folgen läßt (vgl. 5,1-16.17ff; 6,1-15.22ff; 9,1-7,8ff usw.).

b) Ist V 46a sek und kann als urspr Einleitung zu 4,46b-54 die Notiz in 2,12 angenommen werden, so hat dies zur Folge, daß auch die chronologischen und geographischen Angaben, die mit V 46a in engem Zusammenhang stehen, ebenfalls als red gedeutet werden müssen[23]: 1. Da Καφαρναούμ schon in 2,12 erwähnt wird, ist es nicht sicher, ob V 46b es urspr noch einmal erwähnte; vielleicht stand an seiner Stelle einfach ἐκεῖ. 2. In 4,47a wäre ἐκ τῆς Ἰουδαίας εἰς τὴν Γαλιλαίαν als Zusatz zu bewerten; dasselbe gilt für die Bemerkung ἐλθὼν ἐκ τῆς Ἰουδαίας εἰς τὴν Γαλιλαίαν von V 54. Ähnlich verhält es sich mit dem καταβῇ von V 47b, der durch das gegenüber Kafarnaum höher gelegene Kana motiviert zu sein scheint: An seiner Stelle könnte ein einfaches ἔρχεται gestanden haben. 3. Schließlich gehören auch das καταβαίνοντος des V 51a, das von

---

20 Vgl. oben S. 23, Anm. 18.

21 Vgl. dazu Schweizer, Ego Eimi 100 und Ruckstuhl, Literarische Einheit 217f.

22 Darauf wurde schon öfters hingewiesen: vgl. etwa Temple, Two signs 170 (sub II) und zuletzt Becker, Joh 186: "Auffällig ist, daß E - nur vergleichbar mit 2,1-11 - das Wunder (sc 4, 46-54) nicht zu einer Redekomposition verwendete".

23 Vgl. zum Folgenden Bultmann, Joh 151f; Schnackenburg, Traditionsgeschichte 63f; ders., Joh I, 501 und Schnider/Stenger, a.a.O. 66-68.

V 50b aus gesehen, ein urspr πορευομένου ersetzt haben
könnte, und das ἐχθές von V 52, das der Entfernung zwischen
Kana und Kafarnaum Rechnung trägt, der joh Red an.

c) Was V 47 betrifft, so zeigt der Vergleich mit Lk 7,2b.3,
daß er wohl der Trad zuzuweisen ist. Dies gilt auch für die
Wendung ἤμελλεν γὰρ ἀποθνήσκειν, die freilich, wie Joh 11,51;
12,33 und 18,32 zeigen, vom 4. Evangelisten stilisiert sein
könnte. Lediglich die Voranstellung des οὗτος, die dem JohEv
auch sonst geläufig ist[24], wird aus der Red des 4. Evangelisten stammen.

d) Aus der Red des 4. Evangelisten stammt mit hoher Wahrscheinlichkeit V 48. Mehrere Gründe sprechen dafür, daß dieser Vers als ganzer Joh zuzuschreiben ist: 1. In stilistischer Hinsicht erscheinen in V 48 zwei joh Stileigentümlichkeiten, nämlich (a) das οὖν historicum[25] und (b) die Verwendung von ἐὰν μή mit vor- oder nachgestellter Negation[26]. Was
letzteres betrifft, so ist vor allem auf die sehr ähnliche
Konstruktion in 20,25 zu verweisen: ἐὰν μὴ ἴδω... οὐ μὴ πιστεύσω (vgl. 4,48: ἐὰν μὴ ἴδητε... οὐ μὴ πιστεύσητε). Nicht
charakteristisch für Joh ist demgegenüber die Konstruktion
λέγειν/εἰπεῖν πρός + Akk. der Person, da das 4. Ev sonst eigentlich λέγειν/εἰπεῖν + Dat der Person bevorzugt. Immerhin
zeigt ihre Verwendung in Stellen wie 2,3; 3,4; 4,15.33; 6,5.
28.34; 7,3.35.50; 8,31.57; 11,21; 12,19; 16,17 und 19,24, daß
auch in V 48 (und 49) grundsätzliche Bedenken gegen eine joh
Verfasserschaft angesichts dieser Konstruktion nicht gerechtfertigt sind[27]. Lediglich die Formulierung σημεῖα καὶ τέρατα
ist auffällig, da sie sonst im 4. Ev nicht mehr erscheint[28].

---

24 Vgl. Schnackenburg, Joh I 498, der auf die ähnlichen Konstruktionen in 1,7; 3,2; 5,6 und 9,3 verweist.

25 S.o.S. 22, Anm. 9.

26 Vgl. dazu Schweizer, Ego Eimi 93 (sub Nr. 16) und Ruckstuhl,
   Literarische Einheit 205 (sub Nr. 44). Zu den Belegen vgl.
   außer uSt noch Joh 3,3.5.27; 5,19; 6,53; 13,8; 15,4bis und
   20,25.

27 Vgl. dazu Erdozáin, Función 21.

28 Sie kommt mehrmals im AT (=LXX) vor: vgl. Ex 7,3; Dtn 4,34
   u.ö. (s. Bauer, Joh 77 mit weiteren Belegen).

2. V 48 ist in der 2. Pers. Plur. formuliert (ἴδητε... πιστεύσητε) und hat daher, im Gegensatz zum persönlichen Gespräch zwischen Jesus und dem Fürbitter (vgl. die Vv [47]. 49f), eher generellen Charakter. 3. V 48 erscheint in seiner jetzigen Stellung unmotiviert, da der Königliche ja nicht seinen Glauben von den σημεῖα καὶ τέρατα abhängig machte; dem entspricht es, daß der Fürbitter denn auch in V 49 mit keinem Wort auf V 48 Bezug nimmt, sondern lediglich seine in V 47 geäußerte Bitte bekräftigend wiederholt, und 4. V 48 paßt inhaltlich gut zu anderen Stellen, wo der 4. Evangelist ebenfalls dem ungläubigen Verlangen nach äußeren σημεῖα kritisch gegenübersteht (vgl. etwa Joh 2,23-25; 7,1-9 und 20,24-29)[29].

e) Scheidet V 48 als Trad aus, so wird wohl auch V 49 der Red zuzuweisen sein, denn Joh, der von sich aus V 48 einfügte, könnte schwerlich unmittelbar danach Jesu Zuspruch in V 50a nachfolgen lassen. Dies legt sich in stilistischer Hinsicht auch insofern nahe, als Joh (1) auch sonst den Vokativ κύριε mehrmals gebraucht[30], und (2) πρίν + Inf. auch in 8,58 und 14,29 verwendet[31]. Außerdem (3) paßt V 49 als Wiederholung von V 47 gut zum joh Kompositionsverfahren, da Joh zu Wiederholungen eine besondere Vorliebe hat[32].

f) Was V 50a betrifft, so fällt auf, daß das Zuspruchswort Jesu hier mit dem Verb ζῆν konstruiert wird (ὁ υἱός σου ζῇ), da ja, wie Mt 8,13 und Lk 7,10 zeigen, eine Formulierung mit ἰᾶσθαι (vgl. dazu Joh 4,47) oder ὑγιαίνειν ebenfalls zu erwarten wäre. Die Wahl dieses Wortes steht bei Joh anscheinend bewußt in Kontrast zum ἀποθνῄσκειν des V 47 (vgl. auch das πρὶν ἀποθανεῖν in V 49) und könnte Joh bereits trad vorgelegen haben. Doch zeigt zugleich ein Blick in die Konkordanz,

---

29 Vgl. dazu den Überblick bei Hoeferkamp, Relationship 11-15, der freilich Joh 20,24-29 nicht als joh Kritik an einen falschen Wunderglauben auffaßt: ebd. 160-165, 163.

30 Nach der Computer-Konkordanz 1079 zählen wir 34 Belege.

31 Vgl. zu diesem Hinweis Erdozáin, a.a.O. 22.

32 Vgl. etwa 1,8 mit 1,7; 1,20 mit 1,7f.15-18; 1,30 mit 1,15; 1,31.33 mit 1,26; 2,25 mit 2,24; 4,10 mit 4,7 u.a. Weitere Beispiele dieser Art bietet Nicol, Semeia 24 (sub Nr. 76) mit Anm. 7.

daß der 4. Evangelist gegenüber den anderen Synoptikern ζάω und ζωή mit Bevorzugung verwendet[33]. Dies hat zur Folge, daß die dreimalige Verwendung dieses Verbs innerhalb von Joh 4,46-54 (vgl. V 50c,51 und 53) möglicherweise auf Joh selbst zurückzuführen sein wird[34], der es in diesem Falle wohl als Ersatz eines urspr ἰᾶσθαι, ὑγιαίνειν oder σῴζειν verwendet hätte[35], obgleich letzte Sicherheit hier nicht mehr möglich ist.

Für red halten wir V 50b: ἐπίστευσεν ὁ ἄνθρωπος τῷ λόγῳ ὃν εἶπεν αὐτῷ ὁ 'Ιησοῦς. Das Hauptargument für den sek Charakter dieses Versteiles dürfte in der inhaltlichen Spannung seiner Aussage gegenüber den Vv 51-53 liegen: Wird hier gesagt, daß der Fürbitter voraussetzungslos dem Worte Jesu glaubt, so stellen die Vv 51-53 seinen Glauben deutlich als Folge des Wunders heraus (vgl. V 53b)[36]. Darauf, daß der sek Einschub auf die Hand des 4. Evangelisten zurückgeht, weist folgendes hin: 1. Durch ὃν εἶπεν αὐτῷ 'Ιησοῦς wird auf früheres verwiesen. Wie wir bereits feststellten[37], ist der Verweis auf früheres von Joh sehr beliebt. 2. Die Hervorhebung des Glaubens an das Wort Jesu findet sich auch sonst inner-

---

33 Ζάω kommt 17x im JohEv, aber nur 18x im Mk-, Mt- und LkEv zusammen vor. Bei ζωή ist die Zahlendifferenz sogar noch höher: Das JohEv bringt es 36x, während das Mk-, Mt- und LkEv zusammen nur 16x.

34 Vgl. dazu Schnider/Stenger, a.a.O. 69f und Schnackenburg, Traditionsgeschichte 66f.

35 Für die joh Aussageintention hat die Annahme einer red Einfügung des Lebensmotivs insofern Konsequenzen, als in diesem Falle Joh nicht nur negativ gegen einen falschen Wunderglauben (vgl. die Vv 48 und 50a gegenüber den Vv 51-53), sondern auch positiv für die Betonung von Jesus als dem Lebensspender eingetreten wäre: vgl. dazu Schnackenburg, a.a.O. und ders., Joh I, 506f.

36 Diese Spannung wurde schon öfter beobachtet. Vgl. etwa Boismard, Synopse II, 161: "On notera que ce second (sc V 53) 'acte de foi' du père de l'enfant s'accorde mal avec le v. 50b, où il est dit que cet homme crut à la parole que Jésus lui avait dite, donc *avant* d'avoir pu constater l'efficacité de la parole de Jésus"; ähnlich auch Fortna, Gospel of signs 42.

37 Vgl. dazu oben S. 22, Anm. 12.

halb des JohEv: vgl. etwa 2,22; 4,41; 5,(24.)47 (17,20)[38].
3. V 50b paßt gut zur Aussage von V 48, deren red Charakter
bereits festgestellt wurde: Entgegen seiner Vorlage (vgl. Vv
51-53), die den Glauben vom Wunder abhängig zu machen drohte,
unterstreicht Joh durch die Vv 48 und 50b, daß die wahre Erkenntnis des Wunders ohne Glaube an Jesu Wort zum einfachen
Mirakelglauben degradiert wird[39], und 4. V 50a paßt auch
ohne V 50b gut zum folgenden V 50c.

g) Hinsichtlich der Vv 52f gehen die Meinungen der Forscher
weit auseinander. Spitta und neuerdings Betz/Grimm[40] halten
sie für red; so auch Boismard[41]. Ähnlich argumentiert Wilkens[42], der freilich V 53b der Trad zuschreibt. Demgegenüber
meint aber Fortna[43], beide Verse seien - abgesehen von V 53a
- trad. Schließlich ist noch auf Forscher wie Bultmann und
Schnackenburg zu verweisen, die für eine trad Bildung beider
Verse plädieren. Bultmann meint z.B., daß, mit Ausnahme von
ἐχθές in V 52, der gesamte Abschnitt Joh 4,51-53 der Trad zuzuweisen ist. Er bilde nach ihm ein dem Stil der Wundergeschichten gemäßen Abschluß, dessen Absicht in der Hervorhebung des Motivs der Beglaubigung liege[44]. Schnackenburg[45] bekräftigt dieses Urteil durch den Hinweis auf das Fehlen be-
deutender joh Stileigentümlichkeiten innerhalb des Abschnittes.

Dieser letzten, in einem gewissen Sinne konservativen Position, wollen auch wir uns anschließen. Dafür spricht vor
allem, daß mit der Streichung der Vv 52f der Anlaß für die

---

38 Vgl. vor allem die wörtliche Übereinstimmung mit 2,22:
   ἐπίστευσαν...τῷ λόγῳ, ὃν εἶπεν... ὁ Ἰησοῦς, worauf Schni-
   der/Stenger, a.a.O. 70, Anm. 18 hinweisen.

39 Diesen Zusammenhang zwischen V 48 und 50b wird sehr gut
   von Schnider/Stenger, a.a.O. 81f herausgearbeitet.

40 Vgl. Spitta, Das Johannes-Evangelium 67 und Betz/Grimm,
   Wunder 131f.

41 Vgl. ders., Synopse II, 160.

42 Vgl. ders., Zeichen und Werke 33f.

43 Vgl. ders., Gospel of signs 43.46.

44 Vgl. Bultmann, Joh 152.

45 Vgl. ders., Zur Traditionsgeschichte 63, Anm. 12-14; auch
   ders., Joh I, 501, Anm. 1.

joh red Bildung der Vv 48.50b letztlich unverständlich bliebe[46]. Gehörten aber die Vv 52f zum Grundbestand der joh Vorlage, so ergeben die Vv 48 und 50b als Korrektur zum Glaubensverständnis, der implizit in Joh 4,51-53 enthalten ist,
einen guten Sinn.

Stammt der Grundbestand beider Verse aus der Trad, so
sprechen doch folgende Indizien dafür, daß mindestens in
stilistischer Hinsicht Joh sie überarbeitet hat: 1. Das für
Joh charakteristische οὖν historicum erscheint 3x: 2x in V 52
und 1x in V 53[47]. 2. Die Formulierung ὥρα ἐν ᾗ, die in den Vv
52f vorkommt, erscheint innerhalb des JohEv noch 1x in 5,28,
sonst aber an keiner weiteren Stelle im NT[48]. Daß Joh darüber
hinaus noch tiefgreifendere Eingriffe in seiner Vorlage gemacht hat, darf bezweifelt werden. Dazu käme u.E. höchstens
V 53a in Frage, wofür Fortna[49] folgende Indizien joh Bearbeitung erkennen will: 1. Das οὖν historicum. 2. Der Gebrauch
von γινώσκειν[50]. 3. Die Verwendung von πατήρ[51] statt ἄνθρωπος (vgl. 4,50) oder βασιλικός (vgl. 4,46b.49), und 4. Die
von Joh auch sonst mehrfach gebrauchte emphatische Wiederholung von Worten Jesu[52]. Für seine Annahme könnte auch sprechen, daß V 53b sich gut an V 52 anschließt. Andererseits
fügt sich V 53a inhaltlich so gut in die Tendenz der Vv 51f
ein, daß es in seinem Grundbestand durchaus bereits trad
Joh vorgelegen haben könnte.

h) Was schließlich V 54a betrifft, so wird er meistens von
solchen Forschern für trad gehalten, die ihn in Zusammenhang

---

46 Vgl. dazu Nicol, Sēmeia 28f. 104f u.a.

47 Vgl. dazu o.S. 22, Anm. 9.

48 Vgl. zu ὥρα ἐν ᾗ als joh Stileigentümlichkeit Ruckstuhl,
   Literarische Einheit 199 und 205 (sub Nr. 49); ders., Johannine Language 133f. Zur Kritik, s. Fortna, a.a.O.
   (s. Anm. 43) 211.

49 Vgl. ders., a.a.O. (s. Anm. 43) 43.

50 Γινώσκειν kommt 57x im JohEv, dagegen nur 60x im Mt-, Mk-
   und LkEv zusammen vor: vgl. Aland, Vollständige Konkordanz
   II, 62.

51 Die Zahlen für πατήρ sind: JohEv: 136x; Mt-, Mk- und LkEv
   zusammen: 138x (vgl. Aland, a.a.O. 214).

52 Fortna, a.a.O. (s. Anm. 49) verweist auf Joh 5,11f; 7,33-
   36; 16,16-19 und 18,6-8a.

mit 2,1-11 (vgl. bes. 2,11) interpretieren und die Joh 4,
46-54 überhaupt als Bestandteil einer Joh vorgegebenen
und entweder durch mehrere Wunder[53] oder ausschließlich
durch die zwei "Kana"-Wunder (2,1-11; 4,46-54)[54] gekennzeich-
nete Quelle bzw. Traditionsschicht interpretieren. Ohne de-
taillierter auf den Problemkomplex der Quellen im JohEv eingehen zu können[55], scheint uns die Annahme, Joh verarbeite in
4,46-54 und in den weiteren Wundergeschichten seines Ev ein
von der Tradition ihm bereits schriftlich (oder mündlich) vorgegebenes Material, gut begründet zu sein[56]. Da nun gute Gründe dafür bestehen, daß 4,46-54 dem Joh schon im Zusammenhang
mit den Angaben von 2,12 vorgelegen hat[57], sind wir der Meinung, daß zumindest 2,1-11 und 4,46-54 bereits vor-joh eng
miteinander verbunden waren. Unter diesen Voraussetzungen
halten wir 4,54a (Τοῦτο [δὲ] πάλιν δεύτερον σημεῖον
ἐποίησεν ὁ 'Ιησοῦς) für trad, und zwar als Beschreibung des
zweiten, nach dem in 2,1-11 ersten (vgl. 2,11: Ταύτην ἐποίησεν
ἀρχὴν τῶν σημείων κτλ.) berichteten Wunders.

Offen kann bei dieser Annahme bleiben, ob es sich bei πάλιν
δεύτερον um Stilisierung des Joh handelt oder dem 4. Evangelisten auSt bereits trad vorlag. Für joh Stilisierung könnte
sprechen, daß die Wendung außer auSt und Joh 21,16 sonst im
NT nicht mehr vorkommt; Mt 26,42 und Apg 10,15 haben statt
dessen πάλιν ἐκ δευτέρου[58].

_____

53 So die Anhänger einer Semeia-Quelle: vgl. dazu etwa Bultmann, Joh 78.131.149f.151.155 u.ö.; Becker, Joh 112-120
   und Hoeferkamp, Relationship 29ff. Der Semeia-Quelle stimmen auch Vielhauer, Geschichte der urchristlichen Literatur 423ff und Schenke/Fischer, Einleitung II, 180f zu. Kritisch dagegen etwa Kümmel, Einleitung 178ff; Wikenhauser/
   Schmid, Einleitung 322f und Neirynck, Jean et les synoptiques 121-174, bes. 154ff u.a.

54 So etwa Barrett, Joh 245f und Temple, Joh 39-44.119ff.

55 Vgl. dazu Kümmel, Einleitung 177ff und Schenke/Fischer,
   Einleitung II,179ff.198ff.

56 Vgl. dazu Nicol, The Semeia 14-30 und Hoeferkamp, Relationship 29-55.

57 Vgl. dazu oben S. 23f.

58 Zu πάλιν δεύτερον als joh Stilmerkmal vgl. Ruckstuhl, Literarische Einheit 201.204 (sub Nr. 37); ders., Johannine
   Language 133. Zur Kritik an Ruckstuhl vgl. Fortna, a.a.O.
   211; Schnackenburg, Traditionsgeschichte 64 und Nicol,
   a.a.O. 18 (sub Nr. 37).

Zusammenfassung von 1.11.:

Aus der Analyse ergab sich, daß der joh Red mit hoher Wahrscheinlichkeit folgende Verse bzw. Versteile entstammen: Vv
46a.48.49.50b und 54b. Ebenfalls der joh Red wurden alle chronologischen und geographischen Angaben zugewiesen, die mit
der Verlegung der Begebenheit von Kafarnaum nach Kana durch
V 46a bedingt wurden[59]. Abgesehen von diesen red Eingriffen,
beschränkte sich die joh Bearbeitung des übrigen Stoffes auf
eine mehr oder weniger starke Stilisierung des im trad vorgegebenen Materials. Hierher werden gehören: 1. Die Verwendung des
οὖν historicum(Vv 52f). 2. Der Gebrauch des Verbs ζάω(V.50.51.
53.). 3. Die Wendung ἤμελλεν γὰρ ἀποθνήσκειν (V 47). 4. Die
Wendung ὥρα ἐν ᾗ (Vv 52f) und vielleicht auch die Konstruktion πάλιν δεύτερον (V 54a). Ob Joh V 53a stärker als andere
Teile stilisiert, ja von sich aus sogar gebildet hat, konnte
nicht mit letzter Sicherheit entschieden werden.

    Diese Ergebnisse zu 4,46-54 konnten noch dahin näher prä-
zisiert werden, als für den Anfang der Perikope statt V 46b
sich die in 2,12 enthaltene Notiz wahrscheinlich machen ließ.

    Joh 2,12 wird wohl in seiner jetzigen Form dem Joh bereits
weitgehend trad vorgelegen haben (vgl. Mt 4,13). Dafür sprechen folgende Indizien: 1. Die Mutter Jesu, die in 2,12 erwähnt wird, spielt in den folgenden Kapiteln keine Rolle; sie
wird lediglich am Schluß des Ev in der Passionsgeschichte
wieder genannt (19,25-27). 2. Auch die Brüder Jesu spielen in
den unmittelbar folgenden Kapiteln keine nennenswerte Rolle;
sie werden einmal innerhalb von 7,2-10 und sonst nur noch in
20,17 erwähnt[60]. Lediglich an zwei Stellen könnte demgegenüber joh Red vorliegen: 1. bei οὐ πολλὰς ἡμέρας, "um das
2,13ff. erzählte Auftreten Jesu in Jerusalem vorzubereiten"[61],
und 2. bei der Wendung μετὰ τοῦτο, die auffälligerweise außer
Apk 7,1 sonst im NT ausschließlich im JohEv vorkommt (vgl.
außer uSt noch 11,7.11 und 19,28) und daher als eine Stilisierung des 4. Evangelisten betrachtet werden kann[62].

---

59 S.o.S. 24f(sub b).

60 Die Erwähnung der Jünger (καὶ οἱ μαθηταὶ αὐτοῦ) fehlt zwar
   bei einigen Hss. (ℵ, 1010, pc, it), dürfte aber von 2,2
   her ebenfalls für urspr zu halten sein (vgl. zur Streichung Barrett, Joh 194).

61 Vgl. Bultmann, Joh 85, Anm. 5; ähnlich Schnackenburg, Joh
   I, 358.

62 Vgl. dazu Ruckstuhl, Literarische Einheit 201.205 (jeweils
   sub Nr. 43).

Nach den Ergebnissen der Analyse könnte die vor-joh Trad
folgenden Wortlaut gehabt haben:
(Einleitung: 2,12)

Μετὰ τοῦτο κατέβη εἰς Καφαρναοὺμ αὐτὸς καὶ ἡ μήτηρ αὐτοῦ
καὶ οἱ ἀδελφοὶ [αὐτοῦ] καὶ οἱ μαθηταὶ αὐτοῦ καὶ ἐκεῖ ἔμειναν.
(Erzählung: 4,46b.ff)

V 46b: Καὶ ἦν τις βασιλικὸς οὗ ὁ υἱὸς ἠσθένει [ἐκεῖ?] .

V 47 : οὗτος ἀκούσας ὅτι Ἰησοῦς ἥκει...ἀπῆλθεν πρὸς αὐτὸν
        καὶ ἠρώτα ἵνα [ἔρχηται?] καὶ ἰάσηται αὐτοῦ τὸν υἱόν,
        ἤμελλεν γὰρ ἀποθνῄσκειν.

V 50 : λέγει αὐτῷ ὁ Ἰησοῦς. πορεύου, ὁ υἱός σου ζῇ...καὶ
        ἐπορεύετο.

V 51 : ἤδη δὲ αὐτοῦ [πορευομένου?] οἱ δοῦλοι αὐτοῦ ὑπήντησαν
        αὐτῷ λέγοντες ὅτι ὁ παῖς αὐτοῦ ζῇ.

V 52 : ἐπύθετο οὖν τὴν ὥραν παρ'αὐτῶν ἐν ᾗ κομψότερον ἔσχεν.
        εἶπαν οὖν αὐτῷ ὅτι...ὥραν ἐβδόμην ἀφῆκεν αὐτὸν ὁ πυρε-
        τός.

V 53 : ἔγνω οὖν ὁ πατὴρ ὅτι [ἐν] ἐκείνῃ τῇ ὥρᾳ ἐν ᾗ εἶπεν
        αὐτῷ ὁ Ἰησοῦς· ὁ υἱός σου ζῇ, καὶ ἐπίστευσεν αὐτὸς
        καὶ ἡ οἰκία αὐτοῦ ὅλη.

V 54 : Τοῦτο [δὲ] πάλιν δεύτερον σημεῖον ἐποίησεν ὁ Ἰησοῦς[63].

1.12. Die literarischen Beziehungen zwischen Joh 4,46-54 und den Synoptikern

Wir wenden uns nun der Frage zu, ob es stichhaltige Indizien
dafür gibt, daß Joh 4,46-54 in literarischer Abhängigkeit zu
einem der drei ersten Evangelisten steht, wie es zuweilen
vertreten wurde (s.u.).

---

63 Bei diesem Rekonstruktionsversuch sind Worte in eckigen
   Klammern textkritisch unsicher und wurden in dieser Form
   aus Nestle-Aland, NTG[26] übernommen. Folgt einem Wort in
   eckigen Klammern ein Fragezeichen, so soll damit angedeutet werden, daß es von uns für den Rekonstruktionsversuch
   vorgeschlagen wird. Drei Auslassungspunkte deuten auf Auslassungen im Text von NTG[26]. Schließlich wird durch die
   Unterpunktierung einiger Wörter und Wendungen auf die
   Wahrscheinlichkeit einer joh Stilisierung hingewiesen.

1) Joh 4,46-54 und das MkEv

Eine literarische Abhängigkeit der Joh-Perikope vom MkEv
vertritt etwa Neirynck[64]. Entsprechend seiner These, wonach
"not traditions lying behind the Synoptic Gospels but the Synoptic Gospels themselves are the sources of the Fourth Evangelist"[65] verweist er in seiner Studie "Foi et miracle"[66] auf
eine Anzahl von Worten innerhalb von Joh 4,46ff hin, die unter dem Einfluß des MkEv entstanden sein könnten. So wird
beispielsweise für joh ἀπῆλθεν πρὸς αὐτόν (Joh 4,47a) auf Mk
7,24-30 und 5,24 verwiesen, wo sich ebenfalls das Verb ἀπέρχεσθαι findet[67]; joh καὶ ἠρώτα ἵνα (Joh 4,47) könnte aus Lk
7,3, aber auch aus Mk 7,26 (ἠρώτα αὐτὸν ἵνα) geschöpft worden
sein[68]; auf das ἀκούσας (Joh 4,47) schließlich könnten, abgesehen von Lk 7,3 oder 4,23, auch die Stellen Mk 7,25b oder
2,1 eingewirkt haben[69]. Diese Beispiele ließen sich leicht
mit Bezug auf Neiryncks Studie vermehren, was aber hier nicht
nötig ist. Für ihn sind es vor allem Mk 2,1ff; 5,21ff und besonders 7,24ff, die für Joh aus Mk, was Wortschatz und Struktur betrifft, Material für die Komposition von Joh 4,46ff abgegeben haben; den Einfluß anderer Stellen, wie z.B. Mk 13,22
(σημεῖα καὶ τέρατα) und 9,19 schließt er ebenfalls nicht
aus[70].

Neirynck bedient sich eines äußerst selektiven bzw. ekklek-
tizistischen Verfahrens in der Heranziehung von Texten und
Stellen, die seine These untermauern könnten. Wendet man dieses Verfahren aber konsequent an, so würde wohl kaum eine
Perikope innerhalb der vier Evv übrigbleiben, deren litera-

---

64 Vgl. ders., Jean et les synoptiques 93-120. Auf die Struk-
   turähnlichkeit von Joh 4,46ff und Mk 7,24ff machen besonders Dodd, Historical tradition 188-195 und Boismard, Synopse II, 160 aufmerksam.
65 Vgl. ders., John and the synoptics 106.
66 Vgl. ders., a.a.O. (s. Anm. 64).
67 Vgl. ders., a.a.O. (o. Anm. 64) 101.
68 Vgl. ders., a.a.O.
69 Vgl. ders., a.a.O. 98f.
70 Vgl. ders., a.a.O. 108 (zu Joh 4,48f).

rische Abhängigkeit von einem der vier Evangelisten nicht
postuliert werden könnte. Seine Hinweise lehnen wir daher
als nicht beweiskräftig ab.

2) Joh 4,46-54 und das LkEv

Mit einem lk Einfluß auf Joh 4,46ff rechnet vor allem
Boismard[71]. Nach ihm war es der dritte Evangelist, der eine
urspr durch Joh 4,46b-47.50 wiedergegebene Geschichte sek
durch die Vv 48f und 51-53 erweiterte[72]. Er verweist zum
Beweis seiner These auf folgende Berührungspunkte zwischen Joh 4,46ff und dem lk Doppelwerk[73]:

1. Joh 4,47 und Lk 7,3 entsprechen sich außer in der Struktur
   noch in der gleichzeitigen Anwendung folgender Begriffe:
   'Ιησοῦς; ἀκούσας; πρὸς αὐτόν; ἠρώτα (Lk: ἐρωτῶν) und
   ἤμελλεν (vgl. Lk 7,2).
2. Mit Joh 4,48 (ἐὰν μή...ἴδητε, οὐ πιστεύσητε) ist Lk 22,67
   zu vergleichen: ἐὰν ὑμῖν εἴπω, οὐ μὴ πιστεύσητε.
3. Zur Formel σημεῖα καὶ τέρατα lassen sich zahlreiche Belege der Apg heranziehen (vgl. Apg 4,30; 5,12; 14,3; 15,12
   und umgestellt 2,19.22.43; 4,3 und 7,36).
4. Joh 4,50f stimmt mehrfach wörtlich und stilistisch mit Lk
   7,6 überein:
   (Joh 4,50f) καὶ ἐπορεύετο...ἤδη δὲ αὐτοῦ καταβαίνοντος
   (Lk 7,6) ... ἐπορεύετο...ἤδη δὲ αὐτοῦ...ἀπέχοντος...
5. Joh 4,53c ([καὶ ἐπίστευσεν] αὐτὸς καὶ ἡ οἰκία αὐτοῦ ὅλη)
   findet sich ähnlich auch in Apg 10,2; 11,14; 16,15.34 und
   18,8 (vgl. Lk 19,9).

Macht auch diese kumulative Aufstellung zunächst einen
starken Eindruck, so hält bei näherer Prüfung die These einer
literarischen Abhängigkeit kaum stand. Gegen sie ließe sich
anführen[74]:

Ad 1 - Die Berührungen treffen allzu sehr vereinzelt auf der
       Wortebene, nicht aber auch auf der Satzebene zu. Außer-
dem geschieht das Kommen zu Jesus (πρὸς αὐτόν) und die an ihn
formulierte Bitte (ἠρώτα) in Joh durch den Hauptmann, in Lk
aber durch die Ältesten. Was schließlich ἤμελλεν betrifft, so
muß mit der Möglichkeit einer joh Red gerechnet werden, zumal die Wendung ἤμελλεν ἀποθνήσκειν mehrfach im JohEv vorkommt[75].

---

71 Vgl. ders., Saint Luc et la rédaction (s.o.S.18, Anm. 1),
   passim.

72 Vgl. ders., a.a.O. 188.206.

73 Vgl. zum Folgenden Boismard, a.a.O. 194-200.

74 Vgl. zum Folgenden Erdozáin, La función 17-24; Schniewind,
   Parallelperikopen 16-21 und Schnackenburg, Traditionsgeschichte 67-70.

75 S.o.S. 25(sub c).

Ad 2 - Die Wendung ἐὰν μὴ ἴδω...οὐ μὴ πιστεύσω in Joh 20,25
       zeigt, daß die Konstruktion ἐὰν μή...+ οὐ μή... nicht
unbedingt auf lk Einfluß beruhen muß. Joh bietet außerdem
noch mehrmals Konstruktionen mit ἐάν[76].
Ad 3 - Was die Wendung σημεῖα καὶ τέρατα betrifft, so begeg-
       net sie zwar gehäuft in der Apg, wird jedoch dort nie-
mals im negativen Sinne gebraucht[77]. Das weitere Vorkommen
der Formel in Röm 15,19; II Kor 12,12; II Thess 2,9; Hebr 2,4
und (synoptisch bei) Mk 13,22 par Mt 24,24 zeigt zudem, daß
auch Joh die Konstruktion unabhängig von Lk zuzutrauen ist.
Ad 4 - Zunächst muß betont werden, daß trotz wörtlicher Über-
       einstimmung, das ἐπορεύετο eigentlich nicht paralleli-
siert werden sollte, denn es bezieht sich in Joh und Lk auf
verschiedene Subjekte[78]. Was aber die Konstruktion ἤδη mit
dem Gen.abs. anbelangt, so begegnet sie auch an einer anderen
Stelle des 4. Ev (vgl. Joh 7,14) und braucht daher keinesfalls zwingend auf Lk 7,6 zurückgeführt werden[79].
Ad 5 - Die Ähnlichkeit von Joh 4,53b mit lk Wendungen in der
       Apg ist zwar nicht zu leugnen, doch muß zugleich be-
dacht werden, daß in Joh 4,53b statt οἶκος das Fem. οἰκία gebraucht wird; außerdem beschränken sich die Übereinstimmungen
lediglich auf die Wortebene[80].

Diese Einwände zeigen u.E., daß auch die Annahme einer literarischen Beziehung zwischen Joh 4,46ff und Lk 7,1-10 oder,
wie es Boismard will, zwischen Joh 4,46-54 und dem Verfasser
des lk Doppelwerkes, einer näheren Überprüfung nicht standhält. Es ist daher vielleicht gar nicht zufällig, daß Boismard in letzter Zeit bzgl. der Annahme einer direkten literarischen Beeinflussung von Joh 4,46ff durch Lk weit vorsichtiger urteilt. In seiner 1972 veröffentlichten "Synopse des
quatre Évangiles", Bd. II, heißt es nun:
"On peut donc se demander si le récit johannique n'aurait pas
subi l'influence du récit du proto-Lc"[81].

---

76 Vgl. dazu Schweizer, Ego eimi 93 (sub Nr. 16) und Ruckstuhl, Literarische Einheit 205 (sub Nr. 44).

77 Darauf weist Neirynck, Jean et les synoptiques 108, Anm.
   188 im Anschluß an Schnackenburg hin.

78 Darauf wies bereits Schniewind, a.a.O. (o. Anm. 74) 17 hin.

79 Vgl. zu diesem Hinweis Erdozáin, Función 23.

80 Erdozáin, a.a.O. bemerkt zusätzlich, daß in keinem der von
   Boismard aus der Apg herangezogenen Parallelen, wie in Joh
   4,53, auf den Glauben direkt Bezug genommen wird: dem widerspricht aber Apg. 18,8!

81 Vgl. ders., a.a.O. 161.

3) Joh 4,46-54 und das MtEv[82]

Literarisch stimmt die Joh-Fassung nur an wenigen Punkten mit Mt 8,5-10.13 überein. Vergleichspunkte mit Joh liefert hauptsächlich Mt 8,13[83]. Es entsprechen sich etwa:

(Mt 8,13)	(Joh 4,46ff)
καὶ εἶπεν ὁ 'Ιησοῦς τῷ ἐκατοντάρχῃ	λέγει αὐτῷ ὁ 'Ιησοῦς. (V 50a)
ὕπαγε, ὡς	πορεύου,... (V 50b)
ἐπίστευσας γενηθήτω σοι.	ἐπίστευσεν...καὶ ἐπίστευσεν αὐτός... (Vv 50c; 53c)
καὶ ἰάθη ὁ παῖς [αὐτοῦ]	ὁ υἱός σου ζῇ. (V 50b)
ἐν τῇ ὥρᾳ ἐκείνῃ.	ἔγνω...ὅτι [ἐν] ἐκείνῃ τῇ ὥρᾳ ἐν ᾗ... (V 53a).

Aus der Zusammenstellung geht hervor, daß die Entsprechungen sich vor allem auf die Motivebene beschränken: Beide Fassungen enthalten das Entlassungs-, Glaubens- und Stundenmotiv. Doch die für die Annahme einer literarischen Abhängigkeit notwendigen Übereinstimmungen in der Wortlaut-, Satz- und Syntaxebene fehlen fast ganz: Lediglich auf 'Ιησοῦς und ἐκείνῃ τῇ ὥρᾳ wäre zu verweisen, wobei aber bei Mt im Gegensatz zu Joh das ἐκείνῃ nachgestellt ist. Unter diesen Bedingungen scheint uns aber die Annahme einer literarischen Beziehung zwischen Joh 4,46ff und Mt 8,5-10.13 ausgeschlossen zu sein.

Zusammenfassung von 1.12

Dieser kurz skizzierte Vergleich zwischen Joh 4,46ff und den drei ersten Evv, besonders Lk 7,1-10 und Mt 8,5-10.13, ergab für die Annahme einer literarischen Abhängigkeit der joh Fassung von einem der drei ersten Evangelisten keinen zwingenden Grund[84]. Dagegen spricht, daß (a) die Übereinstimmungen sich

---

82 Für eine literarische Beeinflussung von Joh 4,46ff durch das MtEv tritt wiederum Neirynck in seiner oben erwähnten Studie "Foi et miracle" (s.o. Anm. 64) ein.

83 Vgl. aber auch Mt 8,5f mit Joh 4,46f und dazu de Solages, Jean et les synoptiques 163f.

84 Inwieweit diese in Bezug auf Joh 4,46ff gewonnene Erkenntnis einer literarischen Unabhängigkeit des JohEv von Mt, Mk und Lk auch für weitere Teile des vierten Ev beansprucht werden kann, darf offen bleiben: vgl. zum Problem Kümmel, Einleitung 167-169; Schenke/Fischer, Einleitung II, 183-185; Blinzler, Johannes und die Synoptiker, passim und de Solages, Jean et les synoptiques, passim u.a.

meist auf die Wortebene beschränken, (b) die in Frage kommenden Parallelüberlieferungen gelegentlich verschiedene Bezugs-
worte bzw. -sätze aufweisen und (c) ein beträchtlicher Teil
der herangezogenen Parallelen aus völlig anderen Kontexten
herangezogen werden[85]. Die Folgerung, die sich daraus ergibt,
ist, daß der Joh-Fassung der Hauptmannsperikope eine eigene
Traditions- und Überlieferungsgeschichte zugebilligt werden
muß. Dies bedeutet, daß bei dem Vergleich der divergierenden
Mt- und Lk-Fassungen die joh Traditionsvariante durchaus zu
Rate gezogen werden und eventuell überlieferungs- und traditionsgeschichtlich zur Erläuterung des Befundes in Mt 8,5-
10.13 par Lk beitragen kann. Unser nächster Arbeitsschritt
wird sich daher mit der Frage zu befassen haben, ob und inwieweit Angaben, die in Joh 2,12; 4,46-54 vom vierten Evangelisten rezipiert worden sind, zur Klärung des unterschiedlichen Befundes in Mt 8,5-10.13 und Lk 7,1-10 beitragen können.

1.2. Vergleich zwischen Joh 4,46-54 und Mt 8,5-10.13 par Lk

1) Im Bericht von Lk und Joh erscheint zunächst eine Schilderung der Not (Lk 7,2; Joh 4,46b), nach der jeweils die Bitte
des Hauptmanns (durch Stellvertreter: Lk!) in *indirekter und
direkter Rede* (Lk 7,3 und Joh 4,47 bzw. Lk 7,4 und Joh 4,49)
folgt. Bei Mt fallen dagegen die Schilderung der Not und die
Bitte zusammen, d.h. die Schilderung der Not erscheint bei ihm

---

85 Auch de Solages ist der Meinung, daß Joh 4,46ff nicht von
   Lk oder Mt literarisch abhängig ist. Eigenartig ist aber
   seine These, daß Joh 4,46ff von einem urspr aramäischen
   Exemplar der Q-Fassung abhängig sein könnte: "Sans doute
   aussi le miraculé est dit serviteur (δοῦλος) en Lc, fils
   (υἱός) en Jo; mais le mot employé par Mt (παῖς) a les deux
   sens, comme le mot araméen correspondant. Aussi y a-t-il
   toutes chances que Jean ait connu le texte de la *Quelle* en
   araméen; en effet le nombre des synonymes entre les textes
   (Lc et Jo, Mt et Jo) est considérable, signe que nous ne
   sommes pas chez Jean en présence d'une paraphrase mais
   plutôt du souvenir d'un texte en une autre langue(...)":
   vgl. ders., a.a.O. (s. Anm. 83), 168 (Hervorhebung im
   Original).

in Form einer Bitte (παρακαλῶν) vom Hauptmann selbst in direkter Rede (Mt 8,6) vorgetragen. Es fragt sich: Hat Mt zu-
sammengefaßt/gekürzt, oder muß bei Lk und Joh mit einer späteren,differenzierenden Erweiterung gerechnet werden?[1]
a. Die Verwendung von παρακαλεῖν ist in Mt 8,5 ein wenig befremdend, denn eigentlich erwartet man, dem Verb entsprechend,
die Formulierung einer konkreten Bitte; statt dessen wird
aber lediglich die Krankheit mit ihren Nebenwirkungen beschrieben (Mt 8,6)[2]. Es fällt nun freilich sofort auf, daß
beim ersten Evangelisten eine derartige Verwendung des Verbs
sonst an keiner anderen Stelle belegt ist. Vielmehr folgt dem
mt "παρακαλεῖν für *bittendes Ersuchen um Hilfe*"[3] überwiegend
in direkter (8,31; 18,29 und 26,53) oder indirekter (8,34 und
14,36) Rede der Inhalt der Bitte; ist das nicht der Fall, so
wird - wie in 18,32 - der Inhalt zumindest durch den unmittelbaren Kontext (vgl. 18,29) deutlich vorausgesetzt. In Anbetracht dieses Befundes wird man wohl sagen können, daß die
Verwendung von παρακαλεῖν mit Schilderung der Not *ohne konkrete Angabe des Inhalts der Bitte*, wie es in Mt 8,5f begegnet, kaum vom ersten Evangelisten selbst stammen wird. Diese
Annahme wird zusätzlich durch zwei weitere Beobachtungen erhärtet:
1. Daß den ersten Evangelisten die Verwendung von παρακαλεῖν
ohne unmittelbar folgende Angabe des Inhalts der Bitte tatsächlich befremdet hat, zeigt seine Bearbeitung von Mk 5,23,
wo ein ähnlicher Fall vorkommt. Dort heißt es:
καὶ παρακαλεῖ αὐτὸν πολλὰ λέγων ὅτι τὸ θυγάτριον μου ἐσχάτως
ἔχει, ἵνα ἐλθὼν ἐπιθῇς τὰς χεῖρας αὐτῇ ἵνα σωθῇ καὶ ζήσῃ.
Auch hier haben wir - wie in Mt 8,5f - ein Beispiel für die

---

1 Vgl. dazu etwa die entgegengesetzten Auffassungen von Boismard, Synopse II, 159, der die mt Fassung für sek hält,
  und Schulz, Q 237.

2 Grundmann, Mt 251 spricht daher folgerichtig von einer ver-
  hüllten Bitte; ähnlich auch Lohmeyer/Schmauch, Mt 157: "Seine (sc des Hauptmanns) Worte sind fast militärisch kurz;
  sie formulieren keine Bitte, sondern nur die Tatsachen, die
  eine Not begründen, und alles Flehen spricht sich nur in
  der Anrede aus: 'Herr'."

3 Vgl. Schmitz, Art. παρακαλέω κτλ., ThWNT V, 792.

Verwendung von παρακαλεῖν, dem unmittelbar eine Beschreibung
der Krankheit folgt, und zwar so, daß die konkrete Angabe des
Inhalts der Bitte nach der Beschreibung der Krankheit angegeben wird. Mt entgeht nun der seltenen Verwendung von παρακαλεῖν ohne unmittelbare Angabe des Inhalts der Bitte dadurch,
daß er auf die mk Einleitungswendung ganz verzichtet und Mk
5,23 lediglich mit λέγων ὅτι einleitet (Mt 9,18b).

Daß hier Mt in der Tat bewußt das παρακαλεῖν übergeht,
zeigt nicht zuletzt die Bearbeitung von Mk 5,23 durch Lk. Anders als der erste Evangelist nimmt Lk zwar das mk παρακαλεῖν
auf, vermeidet aber die seltsame Verwendung des Verbs in Mk
5,23 anscheinend dadurch, daß er die Reihenfolge der Motive
ändert, und zwar so, daß das mk παρακαλεῖν + Schilderung der
Not + Angabe der Bitte bei ihm nun in der Reihenfolge παρακαλεῖν + Angabe der Bitte + Schilderung der Not erscheint:
παρεκάλει αὐτὸν εἰσελθεῖν εἰς τὸν οἶκον αὐτοῦ, ὅτι θυγάτηρ
μονογενὴς ἦν αὐτῳ...καὶ αὐτὴ ἀπέθνῃσκεν (8,41c.42a). Diese lk
Bearbeitung von Mk 5,23 ist insofern von Bedeutung, als sie
zeigt, daß zumindest auch in bezug auf Lk 7,2f damit gerechnet werden muß, daß diese Verse gegenüber Mt 8,5b.6, wo Bitte
und Beschreibung der Not noch zusammenfallen, einer sek Über-
lieferungsstufe angehören könnten, deren Anliegen in einer
säuberlicheren Trennung von Schilderung der Not und Angabe
der Bitte beruhen könnte.

2. Wie aus der Wortstatistik zu entnehmen ist[4], zeigt der erste Evangelist keine besondere Vorliebe für die Verwendung
von παρακαλεῖν. Dies geht deutlich aus seiner Bearbeitung mk
Wundergeschichten hervor, bei denen er das Verb 2x ausläßt
und vor allem niemals red hinzufügt[5]. Interessant ist nun zu
beobachten, daß an beiden Stellen, an denen Mt das Verb gegenüber seiner Mk-Vorlage ausläßt - vgl. Mt 8,2 mit Mk 1,40
und 9,18 mit Mk 5,23 - er an die inhaltliche Angabe der Bitte,
wie sie ihm die Mk-Vorlage bietet, stets festhält: so in 9,18
durch ἀλλὰ ἐλθὼν ἐπίθες τὴν χεῖρα σου ἐπ'αὐτήν, καὶ ζήσεται
und in 8,2 durch κύριε, ἐὰν θέλῃς δύνασαί με καθαρίσαι. Ganz
ähnlich verfährt Mt auch mit Mk 7,26b, wo er ebenfalls ein
Verbum des Bittens - in diesem Falle ἐρωτᾶν - ausläßt, den
Inhalt der Bitte selbst jedoch durch κύριε, βοήθει μοι in
einer gegenüber der Mk-Vorlage veränderten Form wiedergibt

---

4 S.u.S. 129f sub Nr. (13).

5 Die Auslassung gegenüber Mk 7,32 (vgl. Mt 15,29f) braucht
  hier nicht mitberücksichtigt werden, da Mt die in Mk 7,31-
  37 berichtete Heilung durch ein Summarium (vgl. Mt 15,29-
  31) ersetzt.

(Mt 15,25). Wiederum zeigt sich, daß die Mt 8,5f erscheinende Verwendung von παρακαλεῖν + Schilderung der Not ohne konkrete Angabe des Inhalts der Bitte eine Konstruktion darstellt, die mit hoher Wahrscheinlichkeit nicht aus der Hand
des ersten Evangelisten stammt. Im Hinblick auf unsere Fragestellung heißt nun dies konkret: Die inhaltliche Angabe der
Bitte, wie sie bei Lk (vgl. 7,3 und 7,4) und Joh (vgl. 4,47
und 4,49) begegnet, hat Mt sehr wahrscheinlich in der von ihm
verarbeiteten Vorlage *nicht* gelesen.

b. Mt bringt - anders als Lk und Joh - die in Form einer Bitte
geschilderte Not ausschließlich in direkter Rede. Nun macht
Held darauf aufmerksam, daß bei Mt fast alle Heilungswunder
"nach kurzer formelhafter Einleitung mit einer direkten Rede"
einsetzen, und stellt fest, "daß die in direkter Rede an Jesus gerichtete Bitte ein wesentlicher Baustein der Wunderheilung im Matthäusevangelium ist"[6]. Es wäre demnach zu erwägen,
ob die direkte Anrede in Mt 8,6 nicht erst sek vom ersten
Evangelisten stammt, der dann etwa eine urspr, in Erzählform
erhaltene Angabe über die Natur der Krankheit später als direkte Anrede in den Mund des Hauptmanns gelegt hätte. Dafür
spräche, daß Mt auch sonst Erzählung durch Rede ersetzt[7]. Ein
gewichtiges Argument gegen diese Annahme liefert freilich die
Eingangswendung καὶ λέγων, die in diesem Falle von Mt stammen
müßte: Die stat Analyse zeigt nämlich, daß diese Konstruktion
nicht charakteristisch für den ersten Evangelisten ist, zumal er sie häufig in seiner Mk-Bearbeitung zugunsten des blo
ßen Partizips übergeht[8]. Stammt aber die Einleitungswendung
nicht von Mt, so ist die Wahrscheinlichkeit, daß die ihr folgende direkte Rede ebenfalls dem ersten Evangelisten bereits
trad vorlag, um so größer! In dieselbe Richtung weist übrigens

---

6 Vgl. ders., Matthäus als Interpret 222f.

7 Vgl. dazu Larfeld, Evangelien 294; Sanders, Tendencies 260f
  und Neirynck, Duality 65-67; zum entgegengesetzten Verfahren vgl. etwa Mt 8,18.26b; 14,7; 20,20.32; 21,3 und 24,1
  mit den entsprechenden Mk-Parallelen. Ein Vergleich zur unterschiedlichen Anwendung von direkter und indirekter Rede
  durch Mt und Lk gegenüber Q liefern de Solages, Composition
  195f (sub Nr. 99) und Cadbury, Style 82f. Letzterer (a.a.O.
  80) versteht Lk 7,3c als eine lk Kürzung von Mt 8,6f.

8 S.u.S. 135-137 sub Nr. (17b) und (17c).

der Befund in den anderen Wundergeschichten der Synoptiker,
denn auch bei ihnen erscheint die Bitte hilfesuchender
Personen an Jesus überwiegend in direkter Rede formuliert[9].

Zusammenfassend zu den Punkten a. und b. läßt sich folgendes sagen: Die besprochenen Differenzen zwischen Mt einerseits und Lk und Joh andererseits lösen sich nicht dadurch,
daß man annimmt, Mt habe eine urspr in indirekter Rede formulierte Bitte (vgl. etwa Lk 7,3; auch Joh 4,47) übergangen,
um sogleich durch die Anwendung der direkten Rede in V 6 auf
das Gespräch als dem gewichtigeren Teil der Geschichte aufmerksam zu machen. Vielmehr stellte es sich als wahrscheinlich heraus, daß der erste Evangelist eine konkrete Angabe
des Inhalts der Bitte, wie sie aus Lk 7,3 oder Joh 4,47 hervorgeht, in der von ihm benutzten Vorlage nicht vorfand;
außerdem schienen die seltsame Verwendung von παρακαλεῖν in
Mt 8,5 und die von Mt sonst eher vermiedene Einleitungswendung zu V 6 (= καὶ λέγων!) darauf hinzudeuten, daß der erste
Evangelist in den Vv 5b.6 auf Trad fußt. Ferner konnte noch
beobachtet werden, daß die Verwendung eines Verbums des Bittens ohne nachfolgende konkrete Angabe seines Inhalts, wie
beim mt παρακαλεῖν in 8,5, im Laufe der Überlieferung eher eine Tendenz aufweist, durch eben eine solche Angabe ergänzt zu
werden, als das Gegenteil. Es muß daher zumindest mit der
Möglichkeit gerechnet werden, daß Lk 7,3 überlieferungsgeschichtlich gegenüber Mt 8,5.(6) einem späteren Stadium zuzuweisen ist.

2) Das bei Mt für den Erkrankten einheitlich gebrauchte παῖς
findet sich zwar auch bei Lk und Joh[10], wird aber in Lk 7,2f.
10 als δοῦλος, in Joh 4,46b.f.50.53 als υἱός und 4,49 als
παιδίον variiert. In der Forschung gehen die Meinungen ent-

---

9 Die Belege stellt Perels, Wunderüberlieferung 12f auf. Die
  Fälle, wonach die Bittworte indirekt formuliert erscheinen,
  sind äußerst spärlich; vgl. etwa Mk 1,30 par Lk 4,38; 7,26.
  32; 8,22; Lk 7,3; 8,41 und dazu Perels, a.a.O. und Held,
  a.a.O. (Anm. 6), 222.

10 Vgl. Lk 7,7 und Joh 4,51. Gegen Kilpatrick's Vermutung
   (vgl. JThS 14, 1963, 393), in Joh 4,51 sei παῖς gegenüber
   dem nur schlecht bezeugten υἱός eine sek Harmonisierung
   mit Mt und Lk, wandte sich u.E. zu Recht Freed in JThS 16,
   1965, 448f.

sprechend auseinander: παῖς wird entweder im Sinne von Lk
als Bezeichnung des Standes aufgefaßt und dann meistens mit
dem dritten Evangelisten als Sklaven interpretiert[11] oder
aber, dem joh υἱός entsprechend, als Sohn aufgefaßt[12]. Es
fragt sich: Welche Deutung hat die größere Wahrscheinlichkeit
für sich?

Eine sichere Antwort ist dadurch erschwert, daß lexika-
lisch beide Verwendungen - παῖς als Bezeichnung des Standes
in der Bedeutung von "Arbeitsbursche", "Diener", "Knecht"
oder "Sklave" und als Bezeichnung der Abstammung in der Bedeutung "Sohn"/"Tochter" - in der Profangräzität gut belegt
sind[13]. Wendet man sich freilich der biblischen Gräzität zu,
so fällt - was die LXX anbelangt - sofort auf, daß die Verwendung von παῖς als Bezeichnung des Sohnes oder der Tochter
nur noch äußerst selten gebraucht wird[14]: Lediglich 2x gibt
LXX ein urspr בן durch παῖς wieder (vgl. Prov 4,1 und 20,7);
auch für urspr נער in der Bedeutung Sohn setzt LXX nur ganz
vereinzelt παῖς: vgl. Prov 29,15 und Hi 29,5. Ganz überwiegend

---

11 Vgl. etwa Schlatter, Mt 274; Klostermann, Mt 74; Lohmeyer/
   Schmauch, Mt 157, Anm. 2; Gaechter, Mt 265 und France,
   Exegesis 256 u.a.

12 Vgl. etwa Bultmann, GST 39, Anm. 1; Sparks, The centurion's
   παῖς 179; Manson, Sayings 64 und Loisy, Évangiles synoptiques I, 648 u.a.

13 Belege bei Lidell/Scott, Lexicon 1289; Passow, Handwörterbuch II/1, 628f; Oepke, ThWNT V, 637 und Bauer, Wörterbuch 1199; zu den Papyri vgl. Preisigke, WGPU II, 222 und
   Moulton/Milligan, Vocabulary 475, jeweils s.v. παῖς. Zum
   Wort in der Bedeutung "Sohn"/"Tochter" vgl. etwa Homer,
   Il 1,20.443 (Tochter); 2,205.609 (Sohn); 3,175 (Tochter);
   ferner Thucydides I, 4; Plato, Leg 7, 798e; Diodorus Siculus 20,22,1; Josephus, Ant 1,§295; 5,§31; 20,§140; Bell 2,
   § 25 (von einem θετὸς παῖς) u.a. Häufig auch in Wendungen
   wie παῖδες Ἑλλήνων (vgl. Josephus, Bell 2,§155); παῖδες
   Λυδῶν (vgl. Herodotus 1,27) o.ä. (vgl. dazu Renehan, Greek
   lexicographical notes 156f). Zu παῖς als Bezeichnung des
   sozialen Standes in der Bedeutung Diener/Knecht/Sklave
   vgl. etwa Aeschylus, Ch. 653; Aristophanes, Ach. 395; Ra.
   37; Nu 132; Plutarchus, Adulat.24 (Moralia 65c).31 (Moralia 70e); Josephus, Ant 18,§192; Bell 1,§82; vgl. auch unter den Papyri etwa P.Oxy.IV,724 (Z.8.10.13); P. Lips.10
   und 40; P. Strassb.I, 40 (Z.24); P. Iand.II, 20 (Z.7) und
   P. Lille 27: dazu Moulton/Milligan, a.a.O. und Preisigke,
   a.a.O.

14 Vgl. zum Folgenden Oepke, Art. παῖς κτλ., ThWNT V, 637
   (sub 2) und Cremer, Wörterbuch 833f s.v. παῖς.

steht παῖς demgegenüber für urspr עבד , nach Zahn[15] über
400x! Nur im vierten Makkabaerbuch ist παῖς als Bezeichnung
für Sohn geläufig: vgl. etwa IV Makk 15,12; 16,1.6. u.a.[16].
Diese in der LXX festzustellende Tendenz, den Gebrauch von
παῖς als Kennzeichnung der Abstammung zu meiden, setzt sich
im NT fort. Hier gibt es nur einen Beleg, in dem das Wort
eindeutig für "Sohn" gebraucht wird, nämlich Joh 4,51. Ob
παῖς auch in Mt 17,18 par Lk 9,42 als "Sohn" zu deuten ist,
darf gezweifelt werden[17], zumal in diesen Stellen anders als
in Mk 9,17 (vgl. die Parallelen Mt 17,15 und Lk 9,38) nicht
der Vater selbst, sondern lediglich der Erzähler zu Worte
kommt, so daß in diesem Falle die Überschrift der Perikope
durch Aland - "Heilung eines besessenen Knaben"[18] - sachlich
durchaus das Richtige treffen könnte. Zur Kennzeichnung des
Alters in der Bedeutung "Kind"/"Knabe"/"Jüngling" verwendet
das NT παῖς auch noch in Mt 2,16; 21,15; Lk 2,43 und Apg 20,12
(vgl. 20,9). Zur Charakterisierung des sozialen Standes und
in der Bedeutung "Knecht/Diener" erscheint der Begriff in Lk
12,45 und 15,26. Schließlich verwendet das NT auch 1x den Begriff zur Kennzeichnung von "Hofleuten", wie aus Mt 14,2 hervorgeht[19]. An den übrigen Stellen steht es zur Bezeichnung
des παῖς θεοῦ: so in Lk 1,69 und Apg 4,25 (von David), Lk
1,54 (von Israel) und Mt 12,18 und Apg 3,13.26; 4,27.30 (von
Jesus).

Was ergibt nun der Befund in der Profan- und biblischen
Gräzität für die Beurteilung des παῖς in Mt 8,6.8.13? U.E.
ist aus dem Befund zweierlei zu entnehmen: Erstens, eine Deutung des παῖς als Sohn, wie es bei Joh erscheint, kann prinzipiell nicht ausgeschlossen werden, auch wenn sie in der biblischen Gräzität nur äußerst selten belegt ist. Zweitens, die

---

15 Vgl. ders., Mt 338, Anm. 16.

16 Ferner Wendungen wie οἱ ᾿Αβραὰμ παῖδες o.ä.: vgl. IV Makk
   6,17.22 und 9,18; 18,1.23.

17 Für die Deutung des παῖς in Mt 17,18 als "Sohn" vgl. etwa
   Betz, Mattäus 8,5-13, 17 und Schnackenburg, Zur Traditionsgeschichte 74, Anm. 34. Cremer, Wörterbuch 833; Bauer, Wörterbuch 1198 und Oepke, Art. παῖς, ThWNT V, 637,10f treten übereinstimmend für die Deutung "Knabe" ein!

18 Vgl. ders., Synopsis quattuor evangeliorum 240.

19 Vgl. dazu Bauer, a.a.O. 1199 s.v. παῖς (sub 1.a.γ.).

lk Deutung des παῖς als δοῦλος hat gegenüber der johanneischen deutlich den Vorteil, daß sie mit der Tendenz der biblischen Gräzität, die Verwendung von παῖς als Bezeichnung
der Abstammung zu vermeiden, besser harmonisiert. Aus diesem
Grunde stimmen wir mit Bauer und Oepke überein, die ebenfalls
die Deutung als δοῦλος bevorzugen[20]. An weiteren Indizien,
die für die Richtigkeit dieser Deutung angeführt werden könnten, seien erwähnt:

1. Die Tatsache, daß weder Mt noch Lk an irgend einer Stelle
παῖς im Sinne von "Sohn" verwenden, ist von Wichtigkeit, was
besonders France[21] betont. Nun verwendet das MtEv und in ihm
die Q-Überlieferung den Begriff υἱός mit relativer Häufigkeit: Υἱός erscheint nämlich 90x im MtEv[22], davon 18x in der
mt Q-Überlieferung; der erste Evangelist hat es außerdem
auch 11x in seiner Bearbeitung des Mk-Stoffes hinzugefügt[23].
Falls Mt oder Q den Erkrankten tatsächlich für einen Sohn gehalten haben, wäre es kaum zu erklären, warum sie nicht auch
hier denselben Terminus υἱός verwendet haben sollten, den
sie ja so oft anderswo benutzten!

2. Beachtung verdient, daß in der urspr Erzählung der Begriff δοῦλος mit Sicherheit einmal verwendet wurde, und zwar
in der Antwort des Hauptmanns Mt 8,9/Lk 7,8. Von hier aus
dürfte der Grund, warum für den erkrankten Sklaven die Vokabel παῖς benutzt wurde, nicht schwer zu finden sein: Durch
diese Maßnahme konnte der Erzähler nämlich von vornherein
eine eventuelle Gleichsetzung des Erkrankten mit dem im Wort
des Befehlshabers zitierten δοῦλος vermeiden[24].

Stimmt diese Vermutung, dann verliert auch das von Schniewind, Loisy und Manson[25] angeführte Argument, Mt könne den
παῖς nicht als Sklaven aufgefaßt haben, eben weil er dafür in
8,8 einen anderen Begriff (=δοῦλος) benutzt, an Beweiskraft.

---

20 Vgl. Bauer, a.a.O. (sub 1.a.β. und γ.) und Oepke, a.a.O.
   637,14f.21f.
21 Vgl. ders., Exegesis 256.
22 Vgl. dazu Aland, Vollständige Konkordanz II, 282.
23 Zu diesen stat Angaben vgl. Gaston, Horae 83.
24 S. auch u.S.138 sub Nr. (19).
25 Vgl. Schniewind, Mt 108; Loisy, Évangiles synoptiques I,
   648 und Manson, Sayings 64.

Daß der urspr Erzähler freilich nicht etwa für den in Mt 8,9 erwähnten δοῦλος den Begriff παῖς und für den erkrankten Sklaven (V 6) den Begriff δοῦλος verwendete, könnte mit einer von Schlatter, Lohmeyer/Schmauch und Grundmann[26] geäußerten Vermutung im Zusammenhang stehen, wonach δοῦλος den Sklaven mehr nach der rechtlichen, παῖς ihn aber eher nach der persönlichen Beziehung kennzeichnet[27].

3. Überlieferungsgeschichtlich wird man wohl Haenchen darin zustimmen können, wenn er sagt: "Vermutlich ist der 'Knecht' - vielleicht irgendeine Ordonnanz des Hauptmanns - ursprünglich; später hat sich das 'normale' Vater-Sohn Verhältnis durchgesetzt"[28].

Gegen diese Annahme Haenchens ließen sich freilich dann berechtigte Zweifel erheben, wenn gezeigt werden könnte, daß Lk den Begriff δοῦλος von sich aus, d.h. red eingesetzt hätte. Dafür gibt aber die stat Analyse zu diesem Wort[29] keinerlei Anhaltspunkte. Ein Vergleich zwischen der lk Verwendung von παῖς und δοῦλος [30] zeigt vielmehr, daß vom dritten Evangelisten der erstere Begriff deutlich bevorzugt wird: Lk gebraucht παῖς nicht nur 3x red in seinem Ev (vgl. 8,51.54 und 9,42 mit den Mk-Parallelen), sondern auch 6x innerhalb der Apg (δοῦλος dage-

---

26 Vgl. Schlatter, Mt 274; Lohmeyer/Schmauch, Mt 157, Anm. 2 und Grundmann, Mt 251.

27 Ähnliches vermutete bereits Cremer, Wörterbuch 833: "Es (sc der Begriff παῖς) scheint ein milderer Ausdruck als δοῦλος u. seine Synon. zu sein u. nur d. Unterordnung zu betonen, wogegen δοῦλος d. Gebundenheit u. Unterwürfigkeit hervorhebt".

28 Vgl. ders., Weg Jesu 98. Ähnlich auch ders., Johanneische Probleme 84, Anm. 1: "Vielleicht begreift die übliche Deutung 'Sohn' nicht mehr, daß sich ein Centurio derart für einen seiner Leute einsetzt, und kehrt darum zum Regelfall zurück, den jeder versteht: zu dem um sein Kind besorgten Vater. Vielleicht sollte man sich auch hier des Sprüchleins von der Lectio difficilior erinnern". Von der Psychologie her könnte diese Ansicht Haenchens noch durch Überlegungen wie die von Godet erhärtet werden: "Die Bedeutung K n e c h t bei Matthäus ist wahrscheinlich, weil sich daraus das Bedenken des Hauptmanns, den Herrn zu belästigen, um so besser erklärt. Wäre es ein Sohn gewesen, so wäre er ohne Zweifel kühner aufgetreten" (vgl. ders., Lk 239). Ob dies stimmt, darf offen gelassen werden. Loisy vertritt auf jeden Fall eine Meinung, die dem diametral entgegengesetzt ist: "Le centurion parle de son 'enfant' avec un intérêt que est plutôt celui d'un père pour son fils que d'un maître pour son esclave" (vgl. ders., a.a.O. [Anm. 25]).

29 S.u.S. 142 sub Nr. (24).

30 S.u.S. 244 sub 3.c.

gen nur in Apg 2,18; 4,29 und 16,17)! Aus diesem Grunde können
wir der Erwägung von Schnider/Stenger nicht zustimmen, wenn
sie schreiben: "Wenn man bedenkt, daß bei Johannes das zwei-
deutige παῖς des Matthäus eindeutig als υἱός (Sohn) bezeichnet wird, läßt sich durchaus erwägen, daß Lukas in ähnlicher
Weise das mit Knecht oder Sohn übersetzbare παῖς in ein eindeutig mit Knecht zu übersetzendes δοῦλος verändert hat. Das
hätte zudem den Erfolg gehabt, die Gestalt des Centurio um
so tugendhafter erscheinen zu lassen, denn, daß sich jemand
um die Heilung seines eigenen Kindes bemüht, ist nicht mehr
als selbstverständlich; daß er sich aber so um seinen Knecht
sorgt, läßt ein gutes Licht auf seinen Charakter fallen"[31].
In Anbetracht derartiger Erwägungen schrieb u.E. bereits Nicolardot das Richtige: "Si Luc avait lu déjà le mot παῖς et
qu'il ait cru pouvoir adopter le sens de 'fils', il est dou-
teux qu'il s'en soit privé pour parler d'un esclave. Il n'a
pas coutume de négliger les détails qui rechaussent l'entérêt
du récit"[32].

Den Punkt 2) zusammenfassend, läßt sich folgendes behaup-
ten: Die Deutung des παῖς als "Sohn" ist zwar prinzipiell
nicht auszuschließen, doch sprechen mehrere Indizien dafür,
daß es im Sinne der Lk-Fassung urspr als "Sklave" gemeint
war. Trifft dies zu, so würde es in Übereinstimmung mit der
weiten Verbreitung der Sklaverei in- und außerhalb Palästinas
z.Z. des 1 Jh. n. Chr. stehen[33].

3) Während sich der lk Bericht mit einer Beschreibung des ern-
sten Charakters der Krankheit begnügt (vgl. 7,2:...κακῶς ἔχων
ἤμελλεν τελευτᾶν...), machen Mt und Joh konkrete Angaben über
dessen Natur. Joh spricht in 4,52 von πυρετός und verwendet
dabei dieselbe Formel wie auch Mk 1,31; Mt weiß dagegen von
einer παράλυσις zu berichten: βέβληται...παραλυτικός (vgl. Mt
8,6). Wie sind nun aber diese unterschiedliche Angaben entstanden bzw. welche von ihnen ist die ursprünglichere?

Es bestehen im Grunde drei Hauptmöglichkeiten: 1. Lk hat
sek generalisiert, so daß entweder Mt oder Joh urspr sein
könnten. 2. Die generelle Angabe bei Lk ist urspr, wodurch
dann entweder Mt und Joh oder bereits die Tradenten vor ihnen

---

31 Vgl. Schnider/Stenger, Johannes und die Synoptiker 60f.

32 Vgl. ders., Procédés de rédaction 69.

33 Vgl. dazu etwa Westermann, Art. Sklaverei, PRE, Suppl. VI,
   894-1067, bes. 994ff; Volkmann, Art. Sklaverei, KP V, 230-
   234; Ben-David, Talmudische Ökonomie 69-72 und Jeremias,
   Jerusalem 125-127.347ff.380ff. u.a.

sek konkretisiert haben. 3. Die Beschreibung der Krankheit
differenzierte sich bei allen drei Evangelien bereits im Zuge der vorevangelischen Tradierung. Eine Entscheidung für eine der genannten Möglichkeiten hängt stark davon ab, ob die
Wendungen, die jeweils von den einzelnen Evangelisten gebraucht werden, auf Trad oder Red zurückzuführen sind. Dieser
Frage soll daher im folgenden kurz nachgegangen werden.
1. Die Vermutung einer sek Generalisierung des Lk scheitert
an der Statistik: die Wendung κακῶς ἔχειν entpricht nicht lk
Terminologie[34]. Sollte der dritte Evangelist sek gegenüber
der mt Vorlage generalisiert haben, so entsteht für diese Annahme noch eine zusätzliche Schwierigkeit: Lk verwendet zwar
niemals das von Mt gebotene παραλυτικός, ersetzt es aber 2x
durch das Ptz. von παραλύομαι (παραλελυμένος) in seiner Bearbeitung der Mk-Vorlage (vgl. Lk 5,18.24 diff Mk; ferner auch
Apg 8,7 und 9,33). Von hier aus bliebe es unverständlich, warum er nicht auch in Lk 7,2 den entsprechenden Ersatz verwenden sollte, stünde παραλυτικός tatsächlich in der von ihm bearbeiteten Vorlage.

Vielleicht wäre auch noch auf die detaillierten Krankheitsangaben des Lk gegenüber Mk in Lk 6,6; 9,38ff und 22,50f zu
verweisen, wodurch noch ein zusätzliches Argument für die Un-
wahrscheinlichkeit einer sek Generalisierung seitens des dritten Evangelisten gegeben wäre. Dieses Argument ist freilich
insofern relativ, als sich auch Beispiele angeben lassen, in
denen Lk gerade Details, die von Mk mit Bezug auf Krankheiten
oder Kranken erwähnt werden, übergeht: vgl. etwa Lk 4,39 diff
Mk 1,31 und 9,6 diff Mk 6,13 u.a.[35]
2. Was den ersten Evangelisten betrifft, so verwendet er das
von ihm in 8,6 gebrauchte παραλυτικός noch 4x innerhalb seines Evangeliums: In Mt 4,24 innerhalb eines Summariums, hier
sehr wahrscheinlich red[36], und in 9,2 (bis).6 als Übernahme
von Mk 2, 3.5.10. Aus diesem stat Befund ist nicht mehr als
eine negative Feststellung zu entnehmen: In 8,6 ist ein red
Gebrauch von παραλυτικός nicht prinzipiell unmöglich; wahrscheinlich ist er aber keineswegs, da die Basis, die dafür
durch 4,24 gegeben ist, zu schmal ist. Vielleicht hat Mt be-

---

34 Vgl. dazu u.S. 142f sub Nr. (25) und Cadbury, Style 46 mit
   Anm. 64.
35 S. dazu Cadbury, Style 48f mit weiteren Beispielen.
36 So die überwiegende Mehrzahl der Kommentatoren.

wußt die παραλυτικοί bereits in 4,24 erwähnt, um so den Leser seines Evangeliums besser auf die ihm vorgegebenen und in
8,5-10.13 und 9,1-8 mitzuteilenden Erzählungen vorzubereiten.

Einige Forscher meinen demgegenüber, παραλυτικός könne
durchaus auch in 8,6 für red gehalten werden, wie beispielsweise Schürmann[37]: Nach ihm ist die Spezifizierung der Krankheit das Werk des Mt, eventuell im Hinblick auf πορεύεται und/
oder ἔρχεται in Mt 8,9 entstanden. Schürmann stützt sich auf
Mt 17,15 diff Mk 9,17 und 12,22 diff Lk 11,14, wo Mt angeb-
lich "Krankheitsangaben ändert"[38]. Beide genannten Stellen
ergeben jedoch kaum soviel, wie man aus ihnen meint entnehmen
zu können: Mt 17,15 ist gegenüber der Mk-Parallele[39] keine
willkürliche Änderung, sondern wird wohl am besten mit Klostermann als eine "Verdeutlichung auf Grund antiker Vorstellung vom Zusammenhang zwischen Epilepsie und Mondsüchtigkeit"
zu interpretieren sein[40]. In Mt 12,22 hat der erste Evangelist gewiß sehr wahrscheinlich den Begriff τυφλός (gegenüber
bloßes κωφός in Lk) red hinzugefügt: Die urspr Krankheitsan-
gabe aber, die von einem κωφός handelte, wurde gerade nicht
geändert!

Andere Forscher, wie z.B. Wendling, Lindars, Goulder und
Neirynck[41] plädieren ebenfalls für eine mt Red des παραλυτικός,
meinen aber im Gegensatz zu Schürmann, diese sei unter Einfluß von Mk 2,1-12 entstanden, da dieser Bericht mit Mt 8,5ff
sowohl in der Krankheits- wie auch in der Ortsangabe überein-
stimme. Diese Vermutung scheint uns aber äußerst hypothetisch,
so daß auf sie nicht näher eingegangen werden muß.

Man wird daher wohl sagen können, daß der Annahme, παραλυτικός stamme aus der mt Red, stichhaltige Indizien fehlen.
Angesichts dessen halten wir uns an dem Grundsatz "in dubio
pro traditione" fest. Dafür, daß Mt durch παραλυτικός tatsächlich Trad wiedergibt, spricht auch noch folgendes: Der
erste Evangelist zeigt keine Tendenz, die lk Wendung κακῶς
ἔχειν zu vermeiden[42], vielmehr übernahm er sie an allen Stellen, in denen seine Mk-vorlage sie enthielt (vgl. Mt 4,24;

---

37 Vgl. ders., Lk 391 mit Anm. 14; ferner Schnackenburg, Zur
   Traditionsgeschichte 74.

38 Vgl. Schürmann, a.a.O.

39 Gegenüber Mk 9,17b (διδάσκαλε, ἤνεγκα τὸν υἱόν μου πρὸς σέ,
   ἔχοντα πνεῦμα ἄλαλον.) schreibt Mt in 17,15b folgendes:
   κύριε, ἐλέησόν μου τὸν υἱόν, ὅτι σεληνιάζεται καὶ κακῶς
   πάσχει.

40 Vgl. ders., Mt 144.

41 Vgl. Wendling, Hauptmann 97; Lindars, Joh 202; Goulder,
   Midrash 319 und Neirynck, Rédaction et structure 70, Anm.
   111.

42 S. Näheres dazu u.S.142f sub Nr. (25).

8,16; 9,12 und 14,35 par Mk); ähnliches gilt auch gegenüber
dem joh πυρετός (vgl. Joh 4,52), einem Begriff, den Mt ebenfalls aus dem MkEv übernahm, wo er ihn vorfand (vgl. Mk 1,29-
31 par Mt 8,14f). Ist aber παραλυτικός red und κακῶς ἔχειν
(Lk!) oder πυρετός (Joh!) urspr, so müßte angenommen werden,
Mt hätte in 8,6 eine Wendung gegenüber seiner Vorlage übergangen, die er sonst aus dem MkEv stets übernahm, was recht
unwahrscheinlich ist.
3. Wenden wir uns abschließend dem joh Begriff zu (=πυρετός),
so ist festzustellen, daß dieser anderswo im JohEv nicht mehr
vorkommt. Dieser Befund hat zur Folge, daß für die Annahme
einer joh Red jegliche nähere Anhaltspunkte fehlen, so daß es
als trad angesehen werden kann.

Als Ergebnis der Punkte 1., 2. und 3. kann festgestellt
werden: Gewichtige Indizien, die zur Annahme von Red bei einem der drei Evangelisten führen könnten, konnten nicht ermittelt werden. Demgegenüber ließen sich einige Argumente
bringen, durch die die Annahme der Traditionalität aller Wendungen die höhere Wahrscheinlichkeit für sich hat. Die Differenzierung der Krankheitsangaben wird sich daher wohl bereits im Zuge der vorevangelischen Tradierung ereignet haben.
Diese Tatsache bedingt es auch, daß Versuche, eine nähere
Diagnose der Krankheit zu geben, kaum über Spekulationen hi-
nausführen können.

Auf letzteres weisen etwa Hengel und Loos[43] hin. Loos
stellt auch die verschiedenen Diagnosenvorschläge zusammen,
die in der Forschung gegeben wurden[44]. In neuester Zeit plädier-
ten Schnackenburg und Sabourin[45] dafür, daß der angegebenen Lebensgefahr sachlich wohl eher die joh Erwähnung des

---

43 Vgl. Hengel, Heilungen 343: "Da die Art der Krankheit
   selbst jeweils verschieden überliefert wird, ist es von
   vornherein aussichtslos, noch nachträglich eine Diagnose
   stellen zu wollen"; ähnlich auch Loos, Miracles 544: "...
   but one thing that ist certain is that a correct diagno-
   sis is out of the question".

44 An Diagnosenvorschläge, die in der Forschung gegeben wurden, nennt er folgende: "paralysis"; "hysterical paralysis"; "nervous disorder"; "paralysis with contraction of
   the joints"; "rheumatism" und "rheumatic fever": vgl.
   ders., a.a.O.

45 Vgl. Schnackenburg, Zur Traditionsgeschichte 74 und Sabourin, Miracles (1975) 153f.

Fiebers entspräche. Doch wäre zu fragen, ob das ἤμελλεν (γὰρ)
τελευτᾶν (ἀποθνῄσκειν) von Lk 7,2 bzw. Joh 4,47 nicht vielmehr traditionsgeschichtlich als sek zu beurteilen sei. Die
Hervorhebung des schrecklichen und/oder gefährlichen Charakters der Krankheit begegnet zwar mehrmals bei antiken Wundergeschichten mit dem Ziel, die Wundermacht des jeweiligen Wundertäters hervorzuheben[46], so daß es von hier aus durchaus
auch in der Hauptmannsgeschichte ein urspr Zug darstellen
könnte. Dennoch wäre es merkwürdig, wenn der Evangelist Mt,
bei dem Jesu Wunderkraft im Vergleich mit den anderen Evangelisten am deutlichsten hervorgehoben wird[47], solch einen
Zug, falls er urspr wäre, übergangen hätte[48]. ῞Ημελλεν (γὰρ)
τελευτᾶν (ἀποθνῄσκειν) wird daher wohl eher als sek zu gelten haben, wie ja auch bereits mehrmals vermutet wurde[49]. Hat
daher auch die Fieberdiagnose keineswegs die größere Wahrscheinlichkeit für sich, so wird es auch weiterhin dabei bleiben müssen, daß der urspr Charakter der Krankheit nicht mehr
mit Sicherheit festzustellen ist. Angesichts dessen wird man
wohl Hengel zustimmen können, wenn er schreibt: "Gerade die
teilweise Verschiedenheit der Überlieferung dieser Erzählung
bei Matthäus, Lukas und Johannes zeigt, daß die 'medizinische
Seite' dieses Wunders nur Rahmen ist und darum wechseln kann,
die wesentlichen Züge dagegen, die flehentliche Bitte des he-
rodianischen Beamten, sein 'Glaube' (...) und die Fernheilung
seines Sohnes bzw. Knechtes hat sich in allen drei Variatio-
nen erhalten"[50].

4) Nur Lk und Joh berichten von einem ἀκούειν περὶ Ἰησοῦ des
Hauptmanns[51]. Mt läßt ihn dagegen gleich die Bitte durch eine Schilderung der Not formulieren (Mt 8,5b.f). Hat der erste Evangelist die Erwähnung des ἀκούειν infolge seines Kürzungsverfahrens ausgelassen oder handelt es sich bei Lk und
Joh um erzählerische Zusätze?

    Indizien, die dafür sprechen, daß die Erwähnung des ἀκούειν
urspr sein könnte, sind folgende:
1. Die Q-Quelle, die diese Geschichte enthielt[52], benutzt
ἀκούειν keineswegs mit Zurückhaltung: Harnack rechnet mit 13

---

46 Vgl. Bultmann, GST 236.

47 Vgl. Bultmann, a.a.O. 243 und Nicol, Semeia 71.

48 Vgl. dazu u.S.144f und 241 sub 6.

49 Vgl. etwa Wendling, Hauptmann 102f; Loisy, Évangiles synoptiques I, 649; Hauck, Lk 44; Klostermann, Lk 86; Schulz,
   Q 236, Anm. 3 und zuletzt Ernst, Lk 239.

50 Vgl. ders., Heilungen 343.

51 Vgl. Lk 7,3a: ἀκούσας δὲ περὶ τοῦ Ἰησοῦ..., und Joh
   4,47a: οὗτος ἀκούσας ὅτι Ἰησοῦς ἥκει...

52 Vgl. dazu u.S. 290-296.

Belegen in dieser Quelle[53], von denen nach Gaston 10 gleichzeitig im Lk- und Mt-Text bezeugt sind[54]. Von der Stat her
wäre also innerhalb von Q die Verwendung von ἀκούειν am Anfang der Hauptmannsperikope durchaus möglich. Dies wird noch
zusätzlich dadurch erhärtet, daß auch in der Erzählung von
der Anfrage des Täufers und Jesu Antwort (Mt 11,2-6 par Lk
7,18-23) die Q-Tradenten sehr wahrscheinlich ebenfalls ἀκούειν
zu Beginn der Erzählung verwendeten, wie die Einleitung in Mt
11,2 nahelegt: ῾Ο δὲ ᾽Ιωάννης ἀκούσας ἐν τῷ δεσμωτηρίῳ τὰ
ἔργα τοῦ Χριστοῦ κτλ.![55]
2. Noch schwerwiegender ist, daß der erste Evangelist an 2/3
Stellen die Erwähnung eines ἀκούειν περὶ ᾽Ιησοῦ innerhalb der
von ihm bearbeiteten Mk-Vorlage überging: so unzweideutig gegenüber dem ἀλλ᾽εὐθὺς ἀκούσασα γυνὴ περὶ αὐτοῦ von Mk 7,25a
(vgl. Mt 15,22) und dem ἀκούσασα περὶ τοῦ ᾽Ιησοῦ von Mk 5,27a
(vgl. Mt 9,20); gegenüber dem καὶ ἀκούσας ὅτι ᾽Ιησοῦς ὁ Ναζα-
ρηνός ἐστιν von Mk 10,47a (vgl. Mt 9,27) gilt dasselbe, freilich nur insofern, als Mt 9,27-31 neben Mt 20,29-34 für eine
zweite mt Bearbeitung von Mk 10,46-52 zu gelten hat[56], also
nicht als mt Sondergut zu betrachten ist.
    Diese Indizien werden aber dadurch relativiert, daß das
Verbum ἀκούειν sowohl im JohEv (59x[57]) als auch im LkEv
(65x[58]) relativ gut belegt ist und daher eine red Bildung
durch beide Evangelisten nicht prinzipiell ausgeschlossen
werden kann. Dies gilt insbesondere für die Wendung ἀκούειν +

---

53 Vgl. ders., Sprüche 103.
54 Vgl. ders., Horae 68; zu den Belegen s. Edwards, Concordance 2.31.
55 Daß diese Einleitung als sehr wahrscheinlich gegenüber den
   Formulierungen in Lk 7,18 vorzuziehen ist, zeigt Harnack,
   a.a.O. (s. Anm. 53)64; vgl. auch Schulz, Q 190f und Jeremias, Sprache 160, der besonders auf den red Gebrauch von
   ἀπαγγέλλειν bei Lk hinweist.
56 Vgl. die Befürworter dieser Position bei Bultmann, GST.
   Ergänzungsheft 80.
57 Vgl. Aland, Vollständige Konkordanz II, 12.
58 Vgl. Aland, a.a.O. und die stat Analyse von ἀκούειν u.S.
   161f sub Nr. (36a); zur Wendung ἀκούειν + περί, auf die im
   folgenden Bezug genommen wird, s.u.S. 162 sub Nr. (36c).

περί (Lk 7,3), die der dritte Evangelist nicht nur 4x in der
Apg verwendet (vgl. Apg 9,13; 11,22; 24,24 und 28,15),sondern
auch noch 3x in seinem Ev, davon in Lk 9,9 deutlich in red
Bildung gegenüber Mk 6,16!

Zusammenfassend läßt sich sagen: Der lk und joh Hinweis
auf ein ἀκούειν περὶ ʼΙησοῦ des Hauptmanns könnte durchaus einen urspr Zug der Hauptmannsperikope dargestellt haben, den
der erste Evangelist sek ausließ; eine letzte Sicherheit ist
freilich deshalb nicht mehr erreichbar, weil ἀκούειν auch als
Hinzufügung von Lk oder/und Joh denkbar ist.

5) Allein Lk erwähnt die Existenz zweier Gesandtschaften, die
mit Jesus verhandeln (Lk 7,3-8); in Mt und Joh stehen sich
dagegen Jesus und der Hauptmann direkt gegenüber. Joh unterstützt in diesem Punkt somit deutlich die Kurzfassung des ersten Evangelisten. Dies ist um so bemerkenswerter, als sich
anderswo eher joh und lk Traditionsstränge zu berühren pfle-
gen[59]! Man wird sich also hüten müssen, die Erklärung für die
kürzere Fassung des Mt bzgl. dieser Erzählung allzu pauschal
auf die bei Mt gegenüber Mk mehrfach zu beobachtende "Ausschaltung von Mittelspersonen und vermittelnden Umständen"[60]
zurückzuführen. Bei dieser Erklärung bliebe die Tatsache, daß
die joh Fassung keine der beiden Gesandtschaften erwähnt,
recht merkwürdig[61].

---

59 Vgl. dazu etwa Grundmann, Lk 17-22 und Schnackenburg, Joh
   I, 15-32, bes. 20-23.

60 Vgl. Larfeld, Evangelien 282f (Das Zitat auf S. 282 steht
   im Original gesperrt!), der nach dieser Tendenz des ersten
   Evangelisten den Bericht Mt 8,5-10.13 gegenüber Lk 7,1-
   10 für sek-verkürzt hält (ebd. 283f).

61 Die Position Helds ist nicht ganz klar: In seiner Studie
   "Matthäus als Interpret" 221 wird Mt 8,5-13 als Beispiel
   für den Fortfall von Nebenpersonen und Nebenhandlungen angeführt, während ebd. 183 Lk 7,2-6a als Einschub aus anderer Quelle gewertet wird! Theißen (vgl. ders., Wundergeschichten 183), der mit der Ursprünglichkeit der ersten
   Gesandtschaft rechnet, versucht, davon eine joh Reminiszenz beim Auftreten der δοῦλοι in Joh 4,51 zu postulieren.
   Er muß dabei mit einer Verschiebung des Gesandtschaftsmo-
   tivs auf kompositioneller Ebene rechnen (vgl. ebd. 188).
   Diese Vermutung scheint aber wegen der unterschiedlichen
   Zusammenstellung der Gesandtschaften bei beiden Evangelisten (Lk: πρεσβύτεροι und φίλοι; Joh: δοῦλοι) allzu belastet.

6) Nach Jesu Wort über den großen Glauben folgt in der Lk-
Fassung keine Anrede Jesu mehr an den Befehlshaber; in V 10
wird lediglich berichtet, daß die Gesandten zurückkehrten
und den erkrankten δοῦλος gesund vorfanden. Dies ist in Mt
und Joh insofern anders, als beide Evangelisten innerhalb der
Antwort Jesu an den Hauptmann noch von einem besonderen Zuspruchswort Jesu an jenen berichten (vgl. Mt 8,13: ὕπαγε, ὡς
ἐπίστευσας γενηθήτω σοι.; Joh 4,50: πορεύου, ὁ υἱός σου ζῇ.).
Wiederum muß gefragt werden: Haben Mt und Joh diesen Zug sek
hinzugefügt oder ist er als urspr anzusehen und daher in der
Lk-Fassung übergangen worden?

Da Lk 7,10 durch οἱ πεμφθέντες direkt auf V 6 (ἔπεμψεν φίλους κτλ.) Bezug nimmt, hängt eine Entscheidung für die lk
oder die mt/joh Ursprünglichkeit bzgl. des Zuspruchsmotivs in
Joh 4,50/Mt 8,13 von der Ursprünglichkeit der Gesandtschaften
in der Lk-Fassung ab. Da ein möglichst sicheres Urteil in dieser Frage eine genauere statistisch-stilkritische Untersuchung voraussetzt, und diese nur später[62] gegeben werden kann,
kann ein endgültiges Urteil an dieser Stelle noch nicht gefällt werden. Ohne späteren Ergebnissen vorgreifen zu wollen,
kann jedoch schon folgendes festgestellt werden:
1. Wer auch an diesem Punkt die Lk-Fassung für urspr hält,
muß dem Zufall u.E. einen allzu großen Spielraum einräumen,
denn in diesem Fall müßten Mt und Joh unabhängig voneinander
gemeinsam nicht nur das 2mal in der Lk-Fassung erscheinende
Motiv der Gesandtschaften übergangen, sondern zugleich auch
das Zuspruchsmotiv aufgenommen haben.
2. Für die mt bzw. joh Fassung könnte die Tatsache sprechen,
daß das Zuspruchsmotiv auch mehrfach in anderen ntl. Wundergeschichten erscheint (vgl. Mk 2,5; 5,36 und 6,50 u.a.[63]).
3. Noch gewichtiger aber ist, daß auch mehrere Fernheilungen
dasselbe Motiv enthalten. So heißt es z.B. in Mk 7,29: διὰ
τοῦτον τὸν λόγον ὕπαγε, ἐξελήλυθεν ἐκ τῆς θυγατρός σου τὸ
δαιμόνιον. Ähnliches steht auch bei Philostratus, VA 3,38:

---

62 S.u.S. 161ff.
63 S. dazu mit weiteren Beispielen Theißen, Wundergeschichten
   68f und Betz/Grimm, Wunder 49f.

θάρσει...οὐ γὰρ ἀποκτενεῖ αὐτὸν ἀναγνοὺς ταῦτα...Weitere Beispiele finden sich in II Reg 5,10[64] und b Ber 34b[65].

7) Während das "Stundenmotiv" bei Mt nur beiläufig erwähnt
wird (vgl. 8,13: ἐν τῇ ὥρᾳ ἐκείνῃ), in der Joh-Fassung aber
weit mehr ausgestaltet erscheint (vgl. Joh 4,52f), kommt es
dagegen bei Lk gar nicht zur Sprache. Wie ist nun dieser Tatbestand zu deuten?

Nach Bultmann und Dibelius[66] entspricht das Stundenmotiv
ganz der Topik antiker Wundergeschichten, wobei es von Dibelius für einen "novellistischen" Zug gehalten wird[67]. Das Motiv ist zwar dadurch in seiner Historizität relativiert, doch
ob es in der Lk-Fassung ausgelassen wurde oder erst später
durch Joh und Mt hinzugefügt wurde, wird uns von beiden Forschern nicht gesagt. Eine klare Äußerung zu dieser Frage finden wir dagegen bei Siegman, der entschieden für die Ursprünglichkeit des Stundenmotivs eintritt:

"Quite spontaneously the father asks at what time his son got
better; he learns that the change took place at the very time
when Jesus spoke the healing word. This is all so natural
that we are surprised both by the discussion of earlier commentators about the official's deficiency in faith...and by
the judgment of some form critics that we have nothing more
than a stereotyped conclusion to a miracle story with its motiv of precise verification"[68].

Demnach wäre das Motiv als urspr anzusehen, wobei Lk es sek
ausgelassen hätte. Diese Position ist freilich nur dann annehmbar, wenn weder in der Mt- noch in der Joh-Fassung eine
sek Hinzufügung des Motivs vertretbar wäre. Das Gegenteil ist

---

64 II Reg 5,10 enthält einen Zuspruchswort des Elischa an
   Naaman: "Geh und bade dich sieben mal im Jordan, so wird
   dein Fleisch zu dir wiederkommen und rein werden".

65 In b Ber 34b wird von einem Zuspruchswort des Rabi Hanina
   b. Dosa an zwei zu ihm von Rabi Gamaliel entsandten
   Schriftgelehrten berichtet: "Geht, denn die Hitze ist von
   ihm (sc den erkrankten Sohn) gewichen" (zum Text und Übersetzung s.u.S. 354f).

66 Vgl. Bultmann, Joh 153f; ders., GST 240 und Dibelius, FE
   88-90. Mit dem Letzterwähnten stimmt weitgehend Nicol,
   Semeia 41-48 überein.

67 Vgl. ders., a.a.O. 88f.

68 Vgl. Siegman, St. John's use 193f.

jedoch der Fall, was vor allem bei Mt deutlich wird, hat doch
der erste Evangelist nicht weniger als 3mal dieses Motiv nachweisbar in seiner Bearbeitung des Mk-Stoffes hinzugefügt: vgl.
Mt 9,22; 15,28 und 17,18 mit den entsprechenden Mk-Parallelen.
Von diesen Belegen ist für unsere Frage vor allem Mt 15,28
wichtig, da es eine sek-mt Eintragung des Motivs in eine Fernheilung bezeugt. Die Belege zeigen somit, daß das Stundenmotiv von der mt Red mit Vorliebe angewendet wird und daher
auch in Mt 8,13 durchaus sek sein könnte. Ähnliches gilt in
Bezug auf Joh 4,51-53. Die breite Ausprägung des Stundenmotivs in diesen Versen erklärt sich wohl am besten mit der Ge-
samttendenz, welche die Wunderberichte des JohEv aufweisen,
die sich bekanntlich dadurch kennzeichnen, daß in ihnen das
Wunderbare aufs Höchste stilisiert wird[69]. Das aber bedeutet:
Joh 4,51-53 gehört einem Tradentenkreis von Wundergeschichten
Jesu an, dem es u.a. von Bedeutung war, Jesu wunderbare Hei-
lungsmacht hervorzuheben. Es legt sich daher nahe, die Ausprägung des Stundenmotivs in Joh 4,51-53 als einen Ausdruck
eben dieses Anliegens zu verstehen und nicht etwa als die protokollartige Niederschrift von tatsächlich stattgefundenen historischen Details.

Zusammenfassend läßt sich sagen: Obwohl Fernheilungen geradezu als der "Haftpunkt" des Stundenmotivs betrachtet werden können[70], und dieses Motiv daher auch in der uns beschäf-
tigenden Erzählung urspr sein könnte, paßt es doch so gut zu
der mt Red und zur Tendenz der joh Wundererzählungen, das
Wunderbare hervorzuheben, daß es von uns für einen sek Zug
gehalten wird.

8) Anders als Lk 7,6c.7b.f/Mt 8,8b.f enthält die Joh-Fassung
keine ausführliche Argumentation des Fürbitters. Dieser in
der joh Traditionsvariante fehlende Zug hat gelegentlich[71] zu
der Annahme geführt, eine urspr mehr auf das Wunder konzen-
trierte Erzählung sei möglicherweise erst sek im Zuge des Tradierungsprozesses durch einen ausführlicheren Gesprächsteil

---

69 Vgl. dazu etwa Dibelius, FE 88-90 und Nicol, Semeia 41-43.
70 Vgl. dazu Theißen, Wundergeschichten 75.138.
71 Vgl. etwa Boismard, Synopse II, 159-161 und Lührmann, Redaktion 57.

erweitert worden. Diese Annahme hält aber einer näheren Überprüfung nicht stand. Dagegen läßt sich anführen:

1. Auch in der Fernheilung Mk 7,24ff gehört der Dialog wesentlich zur Erzählung[72].

2. Vertrauensäußerungen, wie die des Hauptmanns, begegnen
auch außerhalb von Fernheilungen mehrmals als urspr Züge ntl.
Wundergeschichten[73].

3. Mit anderen Wundergeschichten des JohEv hat Joh 4,46ff gemeinsam, daß in diesem Bericht eine Tendenz zur Hervorhebung
des Wunders bzw. Wundertäters zu erkennen ist (s.o.). Diese
Tendenz aber, das Wunderbare hervorzuheben, macht es u.E.
durchaus verständlich, daß im Laufe des Tradierungsprozesses
ausführlichere Dialogszenen um der breiteren Beschreibung des
Wundersvorgangs willen (vgl. Joh 4,51-53) ausfallen konnten.

Was Letzteres betrifft, so setzen wir hier voraus, daß das
entscheidende Vertrauenswort des Befehlshabers und die darauf
erfolgte Antwort Jesu, wie sie die von Mt und Lk bearbeiteten
Vorlagen boten (vgl. Mt 8,8b-10 par Lk), bereits vor-joh aus
der Erzählung Joh 4,46-54 herausgefallen sind[74]. Dies legt
sich insofern nahe, als kaum anzunehmen ist, daß vor-joh Tradenten, deren Interesse anscheinend am Glauben als Folge des
Wunders lag (vgl. Joh 4,53!), einen Vers wie Joh 4,53 gleichzeitig neben einer Aussage wie die von Mt 8,10/Lk 7,9, in der
im Gegensatz zum joh Vers gerade ein voraussetzungsloser Glaube sich der Anerkennung Jesu erfreut, weitertradiert hätten.
Andernfalls bliebe übrigens auch recht unverständlich, wieso
Joh, dessen Intention (vgl. Joh 4,48.50a) ein Wort wie Mt 8,8b

---

72 Anders freilich Boismard, der hier gegenüber seiner Position zur Hauptmannsperikope konsequent ist: "Le dialogue
   entre Jésus et la femme, aux vv.27-28, semble aussi un
   ajout" (vgl. ders., Synopse II, 235). Als Gegenposition zu
   Boismard sei auf Schenke, Wundererzählungen 259-261 verwiesen, der mehrere Argumente gegen Trennungsversuche der
   Vv 27f von Mk 7,24-30 zusammenstellt.

73 Vgl. Mk 1,40; 9,24; 10,51 u.a. und dazu Theißen, a.a.O.
   (s. Anm. 70) 64f.

74 Vgl. auch Schnider/Stenger, Synoptiker 70-73 und Haenchen,
   Johanneische Probleme 87f.

par Lk beispielsweise völlig entsprechen würde, so wenig aus
dem Wortlaut von Mt 8,8b.f par Lk übernommen hat[75].

9) Während Mt und Lk als Fürbittenden einen Militär (ἑκατοντάρχης) bezeugen, der von Mt 8,10/Lk 7,9 her als Heide zu verstehen ist, wird dieser in der Joh-Fassung durch den Begriff
βασιλικός wiedergegeben und zwar so, daß von einer heidnischen Abstammung nichts mehr zu spüren ist. Um diesen Differenzen besser nachgehen zu können, ist es nötig beide Begriffe
- βασιλικός und ἑκατοντάρχης - zunächst einmal näher ins Auge
zu fassen, wozu der folgende Exkurs dienen soll.

Exkurs: βασιλικός und ἑκατοντάρχης[1]

A. Βασιλικός

Dieses Adjektiv begegnet substantiviert in Bezug auf Personen nur in Joh 4,46.49 innerhalb des NT. In den übrigen
Stellen, in denen es im NT vorkommt, wird es als Bezeichnung
für ein königliches Land (χώρα: Apg 12,20), Gewand (ἐσθής:
Apg 12,21) und Gesetz (νόμος: Jak 2,8) verwendet.

Außerhalb des NT kann es, auf Personen angewendet, verschiedene Bedeutung haben:
1. Βασιλικός kann, absolut gebraucht, in der Bedeutung "aus
königlichem Geblüt" verwendet werden, obwohl sich für die

---

75 An dieser Stelle könnte auch gefragt werden, ob nicht ein
   Zusammenhang zwischen der Wahl des Begriffes βασιλικός und
   der Tatsache besteht, daß in der Joh-Fassung mit keinem
   Wort auf die Thematik "Der Glaube der Heiden und Jesus"
   eingegangen wird. Das wäre durchaus denkbar, wenn dieser
   Begriff a priori die Möglichkeit einer heidnischen Abstammung des Fürbittenden ausschließen würde. Das ist aber,
   wie gleich festzustellen sein wird (s.u.), wegen der verschiedenen Bedeutung, in der es gebraucht werden kann,
   nicht der Fall. Aus diesem Grunde wird die Frage wohl zu
   verneinen sein.

1 Es kann sich im folgenden Exkurs nicht um eine Analyse handeln, die alle Einzelheiten, die mit beiden Begriffen verbunden sind, berücksichtigt. Von uns werden vielmehr nur
   solche Aspekte berücksichtigt, die irgendeine Relevanz für
   die bessere Erfassung der Fragen und Probleme zeigen, die
   bei der Analyse der Hauptmannsgeschichte auftauchen. Das
   bedeutet, daß hinsichtlich des ἑκατοντάρχης auch Aspekte
   wie die des Soldes und der para-militärischen Verwendung
   mitberücksichtigt werden.

Verwendung in diesem Sinne nur vereinzelte Belege anführen
lassen[2]: vgl. etwa Lucianus, DDeor 20,1; Salt. 8 und Plutarchus, de sui laude 19 (Moralia 546e)[3]. Weit häufiger tritt
jedoch demgegenüber βασιλικός in der Bedeutung "aus königlichem Geblüt" mit dem Begriff γένος verbunden auf[4].
2. Eine breitere Verwendung findet der Begriff als Bezeichnung für Personen, die im königlichen Dienst stehen, wie etwa seine Gesandte, Beamte oder Hofleute.

Einige Beispiele mögen dies veranschaulichen. In Josephus,
Bell 5,§474 wird ein Diener der Mariamme[5] mit folgenden Wor-
ten erwähnt:...καὶ Μαγάσσαρος τῶν βασιλικῶν Μαριάμμης θεράπων.
In Josephus, Bell 7,§105 werden βασιλικοί die Abgesandten des

---

2 Zu den folgenden Belegen vgl. die Angaben bei Zahn, Joh
  269, Anm. 60; Bauer, Joh 77 und Lagrange Joh 125.

3 In DDeor 20,1 enthält Hermes von Zeus den Auftrag sich nach
  Phrygien zu einem gewissen Paris, Sohn des Priamus, zu be-
  geben, damit er entscheide,wer unter den drei Göttinnen -
  Aphrodite, Hera und Athena - die schönste sei. Von Paris
  heißt es an dieser Stelle: ὁ δὲ νεανίας οὗτος ὁ φρὺξ ἐφ ' ὃν
  ἄπιτε βασιλικὸς μέν ἐστι... Daß βασιλικός hier tatsächlich
  die Bedeutung "aus königlichem Geblüt" zukommt, geht aus
  20,12 her, wo es vom Königtum seines Vaters Priamus heißt:
  εἰρήνη γάρ, ὡς ὁρᾶς, τὰ νῦν ἐπέχει τὴν φρυγίαν τε καὶ Λυδίαν
  καὶ ἀπολέμητος ἡμῖν ἡ τοῦ πατρὸς ἀρχή. Im zweiten Beleg,
  Salt. 8, wird auf die Beziehung der Kreter zur Tanzkunst
  eingegangen, wobei festgestellt wird, dieses Volk habe
  ἄριστοι ὀρχησταί gehabt, und zwar οὐχ οἱ ἰδιῶται μόνον,
  ἀλλὰ καὶ οἱ βασιλικώτεροι καὶ πρωτεύειν ἀξιοῦντες (nicht nur
  die gewöhnliche Menschen, sondern auch die aus königlichem
  Geblüt und die, welche Führerrolle beanspruchen). In Plutarchus, de sui laude 19 schließlich heißt es vom Selbstlob
  derer, die von Trinkgelagen hoher Staatsbeamter oder von
  wichtigen Geschäften zurückkehren: μεμνημένοι γὰρ ἀνδρῶν
  ἐπιφανῶν καὶ βασιλικῶν συγκαταπλέκουσι περὶ αὐτῶν εὐφημίας
  τινὰς ὑπ'ἐκείνων εἰρημένας, καὶ νομίζουσιν οὐχ αὐτοὺς ἐπαι-
  νεῖν ἀλλ'ἑτέρων ἐπαίνους διηγεῖσθαι περὶ αὐτῶν γενομένους
  (Bei der Erwähnung angesehener und aus königlichem Geblüt
  stammender Personen bringen sie gleichzeitig auch einige
  ihnen von diesen erteilten Lobsprüche an und meinen nicht
  (dadurch) sich selbst zu loben, sondern (lediglich) die Lobsprüche zu berichten,die ihnen von anderen erteilt worden
  sind).

4 Vgl. etwa Aeschylus, Pr. 869; Plato, Plt. 279a; Josephus,
  Bell 4,§140f; Ant 8,§200; 10,§160.164; 11,§185; 20,§214;
  Vita §52 und Dan 1,3 (LXX) u.a.

5 Es handelt sich nach Michel/Bauernfeind, De bello judaico
  II/1, 270, Anm. 194 wahrscheinlich um die in Bell 2,§220
  erwähnte Tochter Agrippas I und Schwester Agrippas II.

Königs Vologeses zu Titus genannt. Auf "Diener" des Königs
bezieht sich wohl Josephus, Ant 10, §123, wonach einem Aethio-
pen der Befehl gegeben wird, dreißig τῶν βασιλικῶν für die Errettung Jeremias aus einer Grube mitzunehmen[6]. In Polybius'Geschichte (8,10,8.10) heißen βασιλικοί die σύνεργοι καὶ φίλοι
Alexanders. Deutlich auf Hofbeamte bezieht sich der Begriff
in Plutarchus, Sol. 27, wo Solons Begegnung mit Kroisos folgendermaßen beschrieben wird:...καὶ πολλοὺς ὁρῶντι (sc Solon)
τῶν βασιλικῶν κεκοσμημένους πολυτελῶς καὶ σοβοῦντας ἐν ὄχλῳ
προπομπῶν καὶ δορυφόρων ἕκαστος ἐδόκει Κροῖσος εἶναι...(...
und während er viele von den Königlichen sah, die prächtig
geschmückt waren und inmitten einer Schar von Begleitern und
Bewachern hochfahrend einhergingen, hielt er einen jeden für
Kroisos...). Als letztes Beispiel sei Josephus, Bell 2, §595ff
angeführt, wo es von Ptolemäus, dem Verräter des Agrippa und
der Berenike heißt, daß er von Räubern überfallen wurde und
an diese sein ganzes Gepäck verlor. Als aber die Räuber die
Beute zu Josephus brachten, habe dieser den Akt verurteilt,
wobei Ptolemäus als ein βασιλικός erwähnt wird: ὁ δὲ μεμψά-
μενος (sc Josephus) αὐτῶν τὸ πρὸς τοὺς βασιλικοὺς βίαιον τίθη-
σιν τὰ κομισθέντα παρά...'Ανναίῳ...(Er - sc Josephus - aber
verurteilte ihren Gewalttakt gegen den Königlichen und hinter-
legte das Herbeigeschaffene bei...Annäus...)[7].

3. Sehr geläufig bei Josephus ist der Gebrauch von βασιλικοί
als Bezeichnung für die Soldaten bzw. Truppen der Herodianer
und des Kaisers[8].

4. In den Papyri schließlich taucht es ganz überwiegend als
Amtsbezeichnung für den königlichen Schreiber, den βασιλικὸς
γραμματεύς[9] auf.

---

6 Unsicher bleibt die Bedeutung des Begriffes in Josephus,
  Ant 15, §289, wo berichtet wird, zehn Verschwörer gegen Hero-
  des seien von βασιλικῶν weggeführt und hingerichtet worden:
  Während Marcus/Wikgren (vgl. ders., Josephus, Bd. 8, 137
  [LCL 410]) das Wort neutral durch "the king's men" wieder-
  geben, übersetzt Clementz (vgl. ders., Des Flavius Josephus
  Jüdische Altertümer II, 340) mit "Soldaten des Königs".

7 Zahn, Joh 269, Anm. 60 verweist noch auf Eusebius, v. C.
  1,16, wo unter allen βασιλικοί Konstantius' die ἐξ αὐτῶν
  οἰκείων μέχρι καὶ τῶν ἐπ ' ἐξουσίας ἀρχόντων gerechnet werden.

8 Vgl. etwa ders., Bell 1, §45; 2, §§52.55.58.423.426.429.431.
  437.483; 3, §69; 5, §47; Ant 13, §262; 17, §§266.270.275.281.
  283 und Vita, §§400.402.

9 In dieser Bedeutung kann βασιλικός sowohl absolut (vgl. etwa P. Oxy. III, 513, Z.33; ÄgU.G I, 82, Z.7 und 168,Z.20.
  23) als auch - so überwiegend - in Verbindung mit γραμματεύς
  (vgl. etwa P. Oxy. 513, Z.13f; ÄgU.G I, 12, Z.17f und 108,
  Z.4) verwendet werden. Zu den zahlreichen Belegen vgl. Moul-
  ton/Milligan, Vocabulary 105 s.v. βασιλικός; Preisigke,
  WGPU III, 102f; ebd., Supplement 1 (hg. v. E. Kießling),
  371 s.v. γραμματεύς und SGUÄ IX, 64 s.v. γραμματεύς und
  ebd. XI s.v. βασιλικὸς γραμματεύς.

Aus dem Befund ist zu entnehmen, daß βασιλικός in unterschiedlicher Weise verwendbar war. Von daher kann seine Deutung im konkreten Fall von Joh 4,46.49 auch nicht prinzipiell
nur auf eine einzige Möglichkeit eingeengt werden[10].

B. ῾Εκατοντάρχης[11]

a. Allgemeine Angaben über den ἑκατοντάρχης im römischen
Heer, insbesondere in den römischen Legionen

῾Εκατοντάρχης entspricht, wie Mk 15,39 und die Parallelen
(vgl. Mt 27,54 und Lk 23,47) zeigen, dem lateinischen "centurio"[12] (gräzisiert: κεντυρίων). Wörtlich bedeutet es "Hundertschaftsführer" (ἑκατόν + ἀρχή), obwohl die centuria[13], die
als militärische Einheit von dem centurio kommandiert wurde[14],
hinsichtlich der Mannstärke eine variable Größe darstellte:
Während es zur Zeit des Polybius Zenturien mit 30 und 60 Mann

---

10 Dies spiegelt sich auch im Urteil der Kommentatoren wider,
    die in der Regel ebenfalls auf mehrere Deutungsmöglichkei-
    ten hinweisen (vgl. etwa Bauer, Joh 77; Schnackenburg, Joh
    I, 497f und Haenchen, Joh 258 u.a.) und kein endgültiges
    Urteil fällen. Anders etwa bei Bultmann, Lagrange und Hos-
    kyns: Während die zwei ersten den Begriff als Bezeichnung
    für einen herodianischen Hofbeamten deuten (vgl. Bultmann,
    Joh 152, Anm. 3 und Lagrange, Joh 125), meint Hoskyns ihn
    auf Grund der Parallelität von Joh 4,46ff mit Mt 8,5-10.13
    par Lk als einen militärischen Offizier deuten zu können
    (vgl. ders., Joh 261). Ganz anders klingt freilich demge-
    genüber das Urteil Schlatters: "Über die Weise, wie der
    Mann am herodeischen Staatsbetrieb beteiligt war, sagt
    βασιλικός nichts" (vgl. ders., Joh 137).

11 Die epigraphischen Belege, auf die im Rahmen dieses Ab-
    schnittes hingewiesen wird, gehören in ihrer überwiegen-
    den Mehrzahl der Kaiserzeit an. Für den von uns hier ver-
    folgten Zweck genügt dieser allgemeine Hinweis, so daß auf
    Datierungshinweise für die einzelnen Inschriften verzich-
    tet werden kann: Vgl. aber dazu die Studien von Dobson/
    Breeze (="The rome cohorts and the legionary centurionate")
    und Zwicky (="Zur Verwendung des Militärs in der Verwaltung
    der römischen Kaiserzeit"), auf die ständig verwiesen
    wird.

12 Zum "centurio" vgl. Domaszewski, Art. Centurio, PRE III,
    1962-1964 und Neumann, Art. Centuria.Centurio, KP I, 1111f.

13 Vgl. zur "centuria" Domaszewski, Art. Centuria, PRE III,
    1952-1960 und Neumann, a.a.O. (s. Anm. 12).

14 Vgl. Polybius VI, 24.

gab[15], betraf ihre Sollstärke zur Augusteischen Zeit ca. 80
Mann bei den cohortes der Legionen und den cohortes "quinge-
naria", aber ca. 100 Mann bei den Auxiliarkohorten
"milliaria"[16].

In der Zeit zwischen Claudius und Severus betrug die Gesamtzahl der Legionszenturionen nach Dobson[17] ca. 1800, abgesehen von den etwa 150 Zenturionen in Rom. Zu diesem Posten
gelangte man normalerweise auf Grund jahrelanger[18] persönlicher Anstrengung und Tüchtigkeit als normaler Soldat[19]. Es
gab freilich auch andere Wege, durch die man ins Zenturionat
eintreten konnte. Aus den Inschriften geht hervor, daß auch
die sogenannten "evocati"[20] zum Zenturionat befördert werden
konnten, und zwar sowohl zum Zenturionat der Legionskohor-
ten[21] als auch der Kohorten Roms[22]; ferner zeugen mehrere Inschriften davon, daß unter den Zenturionen sich auch Repräsentanten des Ritterstandes befanden[23], wie aus der Angabe

---

15 Vgl. dazu Polybius VI, 21,9 mit Kromayer/Veith, Heerwesen
   269.

16 Vgl. dazu Kromayer/Veith, a.a.O. 488-496.

17 Vgl. ders., The significance of the centurion and 'primipilaris' 427.

18 Die genaue Jahreszahl ist jedoch umstritten: vgl. dazu
   Dobson/Breeze, The rome cohorts 103, die für 15 bis 20
   Jahre plädieren.

19 Vgl. dazu Polybius VI, 24,1, was durch zahlreiche Inschriften bestätigt wird, wo die Laufbahn vom "miles" zum centurio erwähnt wird: vgl. etwa CIL III,12411 (=Dessau, ILS
   2666b); VIII,217 (=ILS 2658); XII,2234 (=ILS 2342) und
   XIII,7556 (=ILS 2649) u.a. (weitere Beispiele bei Dobson/
   Breeze, a.a.O. 102f).

20 Vgl. zu den "evocati" Neumann, Art. Evocati, KP II,471f
   und Kromayer/Veith, a.a.O. 490f.

21 Vgl. dazu etwa CIL III,6359 (=ILS 2665), 7334 (=ILS 2080);
   V, 7160 (=ILS 2086) und XI,19 (=ILS 2664) u.a. (weitere
   Beispiele bei Dobson/Breeze, a.a.O. 105 und Domaszewski,
   Rangordnung 78, Anm. 2).

22 Vgl. dazu etwa CIL X,5064 (=ILS 2667) und XI,395 (=ILS
   2648), 5646 (=ILS 2081) u.a. (weitere Beispiele bei Dob-
   son/Breeze, a.a.O. 106 und Domaszewski, a.a.O. 78, Anm. 3.).

23 Zu den "equites romani" vgl. Schrot, Art. Equites romani,
   KP II, 339f.

"ex equite romano" hervorgeht[24]. Dies hatte zur Folge, daß,
sozial betrachtet, die Klasse der Zenturionen keine Einheit
bildete[25].

Was die Rangordnung der Zenturionen innerhalb der Legionen
betrifft, so läßt sich - trotz mancher Unsicherheiten in diesem Gebiet[26] - folgendes sagen: In den Legionen war der Rang
der Zenturionen von der Kohorte, in der sie standen (1 Legion = 10 Kohorten)[27] und, innerhalb der Kohorte, von der
Gruppe (Triarii, principes oder hastati),der sie angehörten,
abhängig[28]. Dabei wurden nach Veith folgende Grundsätze für
die Beförderung eingehalten:

"1. Ein Durchlaufen a l l e r 60 Stellen war theoretisch
und praktisch ausgeschlossen.
2. Kein Prior konnte, auch in höherer Klasse, wieder Poste-
rior werden.
3. Kein Triarier konnte, auch in höherer Kohorte, nochmals
Princeps, ebenso kein Princeps Hastatus werden"[29].

Diese Grundsätze galten nach Nischer auch bis in die Augustei-
sche Epoche hinein[30]. Die höchste Rangstufe, die erreicht
werden konnte, war auf alle Fälle das Kommando der Triarii
der ersten Kohorte, d.h., das Primipilat[31].

---

24 Vgl. etwa CIL III,1480 (=ILS 4664); V,7865 (=ILS 2654);
   VI,3584 (ILS 2656); VIII,14698 (ILS 2655) und die weiteren
   Beispiele bei Dobson/Breeze, a.a.O. 109 und Zwicky, Zur
   Verwendung des Militärs 90 mit Anm. 3 und 4.

25 Vgl. dazu Dobson, The centurionate and social mobility,
   passim,bes. 99-102.

26 Vgl. dazu die Bemerkungen von Dobson bei Domaszewski,
   Rangordnung XXIII-XXV.

27 In der ersten Kohorte dienten dabei die ranghöchsten Zenturionen: "Die bevorzugte Stellung der ersten Kohorte, die
   schon unter Caesar hervortritt, leitete sich aus dem Rang
   der jetzt in ihr vereinigten drei höchsten Priores ab, die
   nach wie vor als 'primi ordines' im Kriegsrat saßen und
   ohne Zweifel nur unter sich avancieren konnten" (vgl.
   Kromayer/Veith, a.a.O. 400f, mit Hervorhebung im Original).

28 Ausführlich dazu bei Kromayer/Veith, a.a.O. 317-323.400f
   und 514-516; s. auch Domaszewski, a.a.O. 90-97.

29 Vgl. ders. in Kromayer/Veith, a.a.O. 400 (mit Sperrung im
   Original).

30 Vgl. ders. in Kromayer/Veith, a.a.O. 514.

31 Vgl. dazu Dobson, a.a.O. (Anm. 25) 102ff und Domaszewski,
   Rangordnung 112-122 (vgl. auch ebd. XXIXf: Dobson!). Abgesehen von dem unterschiedlichen Rang der Zenturionen in

Hinsichtlich des Jahressoldes der Zenturionen gelangen
Domaszewski und Dobson zu gleichwertigen Summen[32]. Nach ihren
Berechnungen verdiente ein gewöhnlicher centurio legionis
z. Zt. des Augustus 3750 Denare (=15.000 Sesterzen), die pri-
miordines aber das Doppelte, d.h. 7500 Denare (=30.000 Sesterzen). Demgegenüber verdienten die einfachen Soldaten zur selben Zeit 75 (auxiliarius), 225 (miles legionis), 375 (urbani-
cianus) und 750 (praetorianus) Denare[33].

Zenturionen hatten keineswegs ausschließlich militärische
Aufgaben, sondern wurden oftmals auch für para-militärische
Zwecke eingesetzt bzw. verwendet. Domaszewski, Zwicky und
Davies geben in ihren Studien[34] zahlreiche Beispiele dafür,
auf welche im folgenden kurz hingewiesen werden soll. Zenturionen fungierten oft als[35]
1. Vorsteher von Sonderkommandos in Wach-, Polizei- und Be-
satzungsdienst[36];
2. Vorsteher bei Bauarbeiten[37];

---

den Legionen, gab es auch Rangunterschiede zwischen Legionszenturionen und denen, die in den Cohortes auxiliae
oder etwa unter den Prätorianer dienten. Dazu Nischer:
"Die Zenturionen der Praetorianer und der Sicherungstrup-
pen Roms standen im Range vor den ihnen in der Einteilung
entsprechenden Legionszenturionen, diese wieder vor denen
der Auxilien. Die Vorrückung konnte daher in der Reihenfolge stattfinden: Zenturio der Auxilien - Zenturio der
Legion - Zenturio der Praetorianer - Primipilus der Legion - Zenturio der ersten Zenturie einer Praetorianerko-
horte" (vgl. ders. in Kromayer/Veith, a.a.O. 515).

32 Vgl. Domaszewski, Rangordnung 111 und Dobson, The significance of the centurion 408.

33 Vgl. dazu die Tabelle von Nischer in Kromayer/Veith, Heerwesen 526.

34 Vgl. Domaszewski, a.a.O. 106-109; Zwicky, Zur Verwendung
des Militärs 76-88 und Davies, The daily life, bes. 319ff.

35 Bei der folgenden Darstellung lehnen wir uns eng an Zwicky,
a.a.O. an.

36 Vgl. etwa CIL II,2552 (=ILS 9125); III,6745,7449, 7514,
14215, 14433 (=ILS 9118) u.a. Zu diesen Vorstehern von Sonderkommandos (praepositi vexillationis) vgl. Neumann, Art.
vexillatio, PRE (2. Reihe) VIII/2, 2442-2446.

37 Vgl. etwa CIL III, 199-201 (s. ILS 5864 und 5864a), 12048,
13580 und V,698 (=ILS 5889) u.a.

3. Technische Experten in kaiserlichen Bauwerken oder als Leiter der dortigen Betriebe[38];

4. "i u d i c e s bei der F e s t l e g u n g v o n G e m e i n d e g r e n z e n",[39];

5. Repräsentanten des Kaisers oder Provinzstatthalters im "d i p l o m a t i s c h e n V e r k e h r mit auswärtigen Fürsten"[40];

6. Erhalter von Recht und Ordnung in besetzten Gebieten und somit im polizeilichen Funktionen, wie beispielsweise aus dem Briefwechsel des Plinius mit Trajan[41] hervorgeht.

Vereinzelt treten auch Zenturionen im Zusammenhang mit Steuererhebungen auf; die Belege dazu sind aber äußerst spärlich, und es ist nicht immer sicher ob und inwiefern die Zenturionen an diesen Erhebungen direkt beteiligt waren. Aus der frühen Kaiserzeit kommt überhaupt nur ein Beleg in Frage, nämlich CIL XI, 7074[42]. Im Text heißt es von Q. Manilius..."♀ |leg. XXI Rapac., | praef. equit., exact. | tribut. civitat. Gall..."[43] Doch ist es in diesem Falle nicht sicher, ob - wie Zwicky es vermutet[44] - Q. Manilius bereits als Zenturio als exactor tributorum civitatum Galliarum (/Galliae) fungierte[45]. Auf zwei weitere Belege weist Davies[46] hin. Als

---

38 Vgl. etwa Dessau, ILS 8716a; CIL III,25 (=ILS 2612) und IGRR I,1255 u.a.

39 Vgl. Zwicky, a.a.O. 80 mit Sperrung im Original. Als Beispiele seien CIL III,9832 (=ILS 5949) und 9864a (=ILS 5950) erwähnt.

40 Vgl. Zwicky, a.a.O. 81 (Sperrung im Original), der auf Tacitus, Ann 2,65; 13,9; 15,5; Hist 2,58 und Dessau, ILS 9200 verweist.

41 Vgl. Plinius, Ep 10, 77f.

42 Zum Text s. auch Dessau, ILS 2705. Vgl. dazu Zwicky, a.a.O. 80 (sub Nr. 5) und McMullen, Soldier and civilian 62, Anm. 37.

43 Der Text ist nach Dessau, ILS 2705 wiedergegeben; zur Legio XXI Rapax, vgl. Ritterling, Art. Legio, PRE XII, 1781-1791.

44 Vgl. ders., a.a.O. Er schreibt ebd.: "Wohl noch als Centurio fungierte ein Offizier in der S t e u e r v e r w a l t u n g als exactor tributorum civitatum Galliarum. Seit Beginn der Kaiserzeit verschwand mehr und mehr das System der Steuererhebung durch die Publikanengesellschaften. Die Erhebung wurde den Gemeinden übertragen, und kaiserliche Sklaven als Funktionäre des Prokurators besorgten die Eintreibung. Hier lag der Fall zweifellos so, daß stärkere Mittel eingesetzt werden mußten; daher der Centurio als Sonderdelegierter".

45 McMullen, der auf Zwicky verweist (vgl. ders., a.a.O.), scheint seine Annahme nicht mitzuteilen.

46 Vgl. ders., a.a.O. (Anm. 34) 327f mit Anm. 60f.

erstes ist der Periplus Maris Erythraei 19 zu erwähnen[47], wo
es von dem Ort ὃ λέγεται Λευκὴ κώμη heißt εἰς αὐτὴν καὶ πα-
ραλήπτης τῆς τετάρχης τῶν εἰσφερομένων φορτίων καὶ παραφυλακῆς
χάριν ἑκατοντάρχης μετὰ στρατεύματος ἀποστέλλεται (zu ihr ein
Hauptmann mit einem Detachment gesandt wurde, sowohl als Er-
heber eines Zolltarifs von 25% über die importierten Waren als
auch für den Zweck der Überwachung[48]). Als zweites weist Davies auf P. Oxy. 1185 hin, dessen Text lautet[49]: (Verso)

Magnius Felix an den Strategen der Heptanomia und Arsinoite,
Gruß. Ich will euch zur Kenntnis geben, daß uns die göttlichen Könige den Ertrag (Silber: τὸ ἀργύριον) der sogenannten
Acht-Drachmen-(Steuer: ὀκταδράχμου) zubilligten, ihr aber bis
zur Zeit noch nichts abgegeben habt. Wenn nun die Zenturionen
(εἰ οὖν οἱ ἑκα [ν]τοντάρχαι) noch länger in euren Orten ver-
bleiben, so sollen sie eilends zu der prächtigsten Stadt der
Alexandriner herbeikommen und am Fest des Königs teilnehmen.
Andernfalls (wird) jeder, der diesem meinen Bef(ehl) ungehor-
sam ist...

Obwohl der Papyrus nicht datiert ist, hält der Herausgeber
Hunt [50] eine Entstehung um die Wende des zweiten zum dritten
Jh. ("about A.D. 200") für wahrscheinlich. Nach ihm ist es
auch nicht ganz klar, was für eine Rolle die Zenturionen bei
der Erhebung der Acht-Drachmen-Steuer genau gespielt haben:
"What the centurions hat to do with this is not clear. Military officers are not ordinarily associated with the collection of taxes, but the special circumstances of this impost
may have rendered their co-operation desirable(...)"[51]. Erwähnt sei schließlich auch noch ein Beleg aus dem rabbinischen Schrifttum, nämlich t Dem 6,3, dessen Text und Übersetzung lauten:

החוכר שדה מן הכותי מעשר ונותן לו ושוקל לאוצר שוקל לקיטרון מעשר ונותן לו

"He who rents a field from a *Kuti* (=Samaritan) [first] gives
the tithe [and then] gives him (i.e. the owner) [his portion
due] . And he who gives tax to the treasury [or] gives tax to
the *kitron*. [first] gives the tithe and [then] gives him
(i.e. the treasury official or *kitron*)[his portion]"[52].

---

47 Vgl. Müller (Hg.), Anonymi Periplus Maris Erythraei 272f.

48 Die Datierung des Periplus ist umstritten: vgl. dazu Lasserre, Art. Periplus Maris Erythraei, KP IV, 641; zum Beleg s. auch McMullen, Soldier and civilian 58 mit Anm. 24.

49 Vgl. zum Text Hunt (Hg.), The Oxyrhynchus Papyri IX,199f,
woraus wir übersetzen.

50 Vgl. ders., ebd. 198f.

51 Vgl. ders., ebd. 199.

52 Text nach Zuckermandel (Hg.), Tosephta 56 und die Übersetzung nach Sperber, The centurion as a Tax-Collector
186; deutsche Übersetzung bei Freimark/Krämer, Tosefta I:
Seraim; 2: Demai-Schebiit 105f.

Nach Sperber[53] ist der Text als Indiz zu bewerten, daß Zenturionen "probably from the early III cent. (and certainly
from no later than c. 230) ...as a collector(s) of (a) tax
(in kind), or at any rate as the direct recipient of such taxes" fungiert haben. Doch ist die Identifizierung des קיטרון
mit dem römischen Zenturio nicht ganz sicher[54], so daß diese
Stelle als Beleg nur mit Vorsicht verwendet werden kann.

Die Spärlichkeit der Belege und ihre teilweise späte Datierung zeigt, daß mit einer direkten Beteiligung von Zenturionen an Steuererhebungen im 1. Jh. n. Chr. in der Regel
nicht zu rechnen ist; McMullen hat indessen gezeigt, daß die
direkte Beteiligung von Militärpersonal an Steuererhebungen
erst ab dem 3. Jh. n. Chr. mehrfach belegt ist[55].

b) Angaben über Zenturionen im NT

In den Evv findet sich die Erwähnung eines Zenturio außer
in Mt 8,5ff/Lk 7,1ff nur noch beim Bericht des Todes (Mk 15,
39/Mt 27,54/Lk 23,47) und des Begräbnisses (Mk 15,44f) Jesu. An
beiden Stellen erscheint er als Zeuge für den Tod Jesu. Der
Funktion nach dürfte er die Aufsicht über das Hinrichtungskom-
mando gehabt haben ("centurio supplicio praepositus"[56]).Strit-
tig ist, ob und inwieweit das vom Hauptmann ausgesprochene
Bekenntnis in Mk 15,39b der Red des zweiten Evangelisten

---

53 Vgl. ders., a.a.O. 187f; Ähnlich Freimark/Krämer, a.a.O.
   106, Anm. 14, die Krauss (MWJ XX, 1893, 110) zitieren:
   "Also eine doppelte Abgabe, das vorschriftsmäßige Quantum
   in das Magazin, und das ungesetzliche Geschenk an den be-
   fehlshabenden römischen Offizier, letzteres wohl aus dem
   Grunde, weil man sonst von dem hohen Herrn so manche Un-
   bill zu erdulden gehabt hätte".

54 Vgl. zur Identifizierung etwa Jastrow, Dictionary II,
   1353 s.v. קיטרון ; gegen die Gleichstellung äußert sich
   Liebermann, dessen Position von Sperber in seinem erwähnten Artikel referiert wird. Avi-Yonah, Geschichte der Juden 98 (mit Anm. 27) interpretiert auch folgenden Spruch
   des R. Hanina im Zusammenhang mit Steuererhebungen:

   ואמר רבי חנינא אין לך כל רגל ורגל שלא בא לטבריה אגמון וקמטון ובעל זמורה

   "Ferner sagte auch R. Hanina: Du hast kein einziges Fest,
   an dem nicht ein Hegemon oder ein Comes oder ein Reben-
   träger (sc Centurio) nach Tiberias käme": b Shab 145b (Text
   und Übersetzung nach Goldschmidt, Der babylonische Talmud
   I,683).

55 Vgl. ders., Soldier and civilian 56-62; 69, Anm. 54; 85f
   und 158 (die Seiten zitieren wir in Anlehnung an Sperber,
   a.a.O. 187, Anm. 8).

56 Vgl. dazu Seneca, De ira 1,18,4 und die Kommentaren z.St.
   Zur Frage der Historizität des Zenturio im Zusammenhang
   mit dem Tod Jesu, s. Schneider, Hauptmann 2 und Pesch, Mk
   II, 501f u.a.

zuzuweisen ist[57], und ob die von Mk 15,39b abweichende Formulierung in Lk 23,47 als eigenständige Trad oder lk Bearbeitung der Mk-Fassung zu deuten ist[58].

Alle weiteren Belege über Zenturionen im NT stehen in der
Apg. Der ausführlichste Bericht über einen Zenturio im NT
liegt in Apg 10 vor, der von der Bekehrung und Taufe des Centurio Kornelius und seines Hauses berichtet. Nach der Erzählung hatte er Cäsarea als Wohnsitz und war ein "Gottesfürchtiger" (Vv 1f.22). Die Angabe von V 7, wonach er zwei seiner
Hausklaven[59] zu Petrus sandte, läßt auf ein "ansehnliches
Hauswesen" schließen[60]. Nähere Angaben über die spezifische(n)
Funktion(en),die der Zenturio innerhalb seiner Kohorte inne
hatte, sind nicht angegeben[61]. Historisch strittig ist vor
allem die Angabe von V 1, wonach er der σπείρης τῆς καλου-
μένης 'Ιταλικῆς angehörte.

Die Schwierigkeit rührt daher, daß eine Kohorte mit diesem
Namen wahrscheinlich als "eine aus römischen Bürgern Italiens
gebildete Cohorte zu verstehen ist"[62], die dann aber schwerlich in Cäsarea zur Regierungszeit des Königs Agrippa I stationiert gewesen sein könnte[63]; außerdem ist eine *Cohors
Italica* nicht für Cäsarea, wohl aber für Syrien im 1. und
2. Jh. nachweisbar[64]. Aus diesem Grunde nehmen einige Forscher

---

57 Für red halten es etwa Gnilka, Mk II, 313.324f und Dormeyer, Passion 206 u.a.; zurückhaltender äußert sich etwa Pesch, Mk II, 501; Bultmann schließlich (GST 295f) hält
V 39 für einen "legendären" Zug.

58 Als lk wird Lk 23,47b von den meisten Kommentatoren gedeutet, anderer Meinung sind etwa Grundmann, Lk 435 und Lagrange, Lk 592f.

59 S. dazu Bauer, Wörterbuch 1102 s.v. οἰκέτης.

60 Vgl. dazu Zahn, Apg 343 mit weiterer Begründung.

61 Untergaßmair vermutet ihn im Verwaltungsbereich tätig,
"woraus sich der Kontakt mit der jüd. Umgebung erkläre"
(vgl. ders., Art. ἑκατοντάρχης, EWNT I, 984).

62 Vgl. Schürer, Geschichte I, 462f mit Anm. 53; ders., History I, 365 mit Anm. 54.

63 Vgl. Schürer, a.a.O. und die Kommentare zur Apg von Haenchen, Schneider, Bauernfeind, Conzelmann und Roloff z.St.

64 Vgl. Schürer, a.a.O., der auf CIL III, 13483a (Dessau, ILS
9168); XI, 6117; XIV, 171 (Dessau, ILS 2741) und XVI, 106
(Dessau, ILS 9057) verweist.

an, daß Lk in 10,1 bzgl. der "italischen" Kohorte vielleicht
Verhältnisse einer späteren Zeit voraussetzt[65].

Alle anderen Belege über Zenturionen in der Apg (21,32;
22,25f; 23,17.23; 24,23; 27, 1.6.11.31.43 und 28,16 (v.l.)
stehen im Zusammenhang mit der Gefangennahme des Paulus in
Jerusalem, seiner Haft in Cäsarea und dem Aufenthalt in Rom.
Allen Belegen ist gemeinsam, daß (1) sie mit Ausnahme von
27,1 keinerlei persönliche Angaben enthalten und (2) die Zenturionen, die erwähnt werden, stets in der Ausübung polizei-
licher Funktionen erscheinen, die mit der Sicherung und Überwachung des Paulus in Verbindung stehen; in 22,25f fungiert
der Zenturio als Überwacher des Apostels in einem angeordne-
ten Verhör.

Die näheren Angaben in 27,1 (s. auch V 3) beziehen sich
auf den Namen des Zenturio (= Julius) und auf die Kohorte, der
er angehörte: σπείρης Σεβαστῆς. Was die letzte betrifft, so
ist es strittig, ob sie in einem Zusammenhang mit den von Josephus[66] erwähnten Σεβαστενοί, die früher unter Herodes, später unter Agrippa I und schließlich unter den Römern dienten,
zu sehen ist[67], oder eher - so etwa Broughton[68] - als eine
von diesen unabhängige Kohorte zu verstehen ist[69].

Fragt man nach der *lk Darstellung* der Zenturionen in der Apg,
so ist eine leichte Tendenz, sie in einem positiven Licht darzustellen, kaum zu übersehen, wie vor allem Apg 10 (s. die Vv
2.4.22.30) und 27,3.43 zeigen. Gleichzeitig ist aber auch eine
gewisse Nüchternheit festzustellen: So etwa in 22,25, wo der
Zenturio widerstandslos bereit ist, den Apostel unter Geis-
selung zu verhören, und in 27,11, wo es von Julius heißt, er

---

65 Vgl. dazu die o. in Anm. 63 erwähnten Forscher. Eine andere Meinung vertritt etwa Broughton (vgl. ders., The roman army, in: Jackson/Lake [Hg.], Beginnings I/5, 441f),
   der die Stationierung der erwähnten Kohorte zur vorausge-
   setzten Zeit der Erzählung - vor dem Tode Agrippas I im
   Jahre 44: s. Apg 12, 20-23 - für möglich hält. Zur Frage
   der Nationalität von Kornelius s. Sherwin-White, Roman Society 156.160f; vgl. dazu auch die Ausführungen von Schneider, Hauptmann 3f.

66 Vgl. Josephus Bell 2, §§52.58.63.74; 3, §66; Ant (17,
   §266); 19, §365; 20, §§122.176.

67 So etwa Schürer, Geschichte I, 460-462; ders., History I,
   363f.

68 Vgl. ders., The roman army, a.a.O. (s. Anm. 65) 443.

69 Broughton verweist ebd. auf die in einer Inschrift (vgl.
   Dessau, ILS 2683) bezeugten Cohors Augusta I.

habe sich mehr auf den Kapitän und Reeder, als auf Paulus
selbst verlassen[70].

Zusammenfassend zum Begriff des ἑκατοντάρχης läßt sich sagen: Die Zenturionen bildeten keine einheitliche Gruppe innerhalb der Armee. Ihre Rangordnung, ihr Jahressold, ihre sozia-
le Herkunft und ihr Einsatz im Dienst konnte je nach Ort und
Lage ein unterschiedlicher sein. Was das NT uns an konkreten
Angaben über Zenturionen mitteilt, ist sehr dürftig[71]. Vor
allem auf Grund von Mt 8,5ff/Lk 7,1ff und Apg 10 könnte man
trotzdem aber vielleicht O'Rourke zustimmen, wenn er in seiner Studie über "The military in the NT" zusammenfassend
schreibt: "The NT evidence adduced, while not overwhelming,
would seem to support the view that there was a missionary
effort directed at the military, especially at centurions..."[72].

Nach diesem Exkurs über βασιλικός und ἑκατοντάρχης können
wir uns erneut den oben[73] erwähnten Differenzen zwischen der
joh Fassung der Erzählung einerseits und der mt/lk Fassung andererseits zuwenden. Unsere erste Frage lautet: Schließt der
in Joh 4,46.49 verwendete Begriff βασιλικός die Annahme einer
heidnischen Abstammung prinzipiell aus?

Für jüdische Abstammung könnte die Tatsache sprechen, daß
βασιλικός zuweilen die Bedeutung "aus königlichem Geblüt"
hat[74]. Doch wird es absolut in diesem Sinne nur äußerst spärlich gebraucht, so daß die Wahrscheinlichkeit, es sei auch in
Joh 4, 46.49 in dieser Bedeutung gebraucht worden, sehr gering ist. Wie bereits gesehen[75], wird der Begriff auch für

---

70 Vgl. dazu auch Bauernfeind, Art. στρατεύομαι κτλ., ThWNT
   VII, 709f.
71 Diese Dürftigkeit wird schön am Beispiel des κεντυρίων von
   Mk 15,39 durch Schneider in seinem Artikel über den "Hauptmann am Kreuz" 2-5 herausgestellt.
72 Vgl. O'Rourke, The military in the NT 236.
73 S.o.S.57 sub 9).
74 S.o.S. 57f sub A.1. Vorausgesetzt wäre in diesem Falle die
   jüdische Abstammung von Herodes d.Gr.: s. dazu Schürer,
   Geschichte I, 264f mit Anm. 12.
75 S.o.S. 58f sub A.2.

Gesandte, Beamte und Hofleute des Königs verwendet. Für unsere Frage läßt sich damit freilich kaum etwas Sicheres gewinnen, da ja in diesen Fällen eine jüdische Abstammung nicht
a priori vorausgesetzt werden kann[76]. Ähnliches gilt auch für
die bei Josephus häufige Verwendung des Begriffes für kaiserliche oder königliche Soldaten bzw. Truppen[77]. Der βασιλικός,
der in diesem Falle als ein Soldat oder Offizier im Dienste
des Antipas zu betrachten wäre, könnte sowohl jüdischer als
auch heidnischer Abstammung angehören, da sich hinsichtlich
der religiösen Zugehörigkeit die Zusammenstellung im Heer des
Tetrarchen gegenüber den z.Z. seines Vaters herrschenden Verhältnissen kaum grundlegend geändert haben wird[78] und somit
vorauszusetzen ist, daß auch unter Antipas das Heer aus Juden
und Nichtjuden bestand.

Die Wiedergabe des Begriffes im Hebräischen und Syrischen
hilft ebenfalls nicht weiter. Sowohl die Übersetzung von Delitzsch als auch die syrischen Übersetzungen geben βασιλικός
mit עבד המלך bzw. עבד מלכא wieder[79]. Die Schwierigkeit rührt
hier daher, daß auch die durch עבד umschriebene Beziehung zum
König mehrdeutig ist, wie aus der Verwendung dieses Begriffes
im AT hervorgeht: עבד kann dort nämlich sowohl militärisch

---

76 Wir haben zwar keine Belege, die uns über die jüdische und/
   oder heidnische Abstammung der Teilnehmer am Hofe des Antipas informieren, doch darf aus der gemischten Zusammenstellung, die im Hofe seines Vaters Herodes d.Gr. herrschte (vgl. dazu Schalit, König Herodes 403-411, bes. 405f),
   vermutet werden, daß auch innerhalb des Hofes und Beamten-
   tums des Antipas das Personal gemischt aus Juden und Heiden bestand. Auch wenn der βασιλικός von Joh 4,46.49 laut
   einer Vermutung Zahns (vgl. ders., Lk 338f; ders., Joh 272)
   mit dem in Lk 8,3 erwähnten ἐπίτροπος des Antipas, Chuzas,
   zu identifizieren wäre, bliebe unsicher, ob er heidnischer
   oder jüdischer Abstammung war: vgl. dazu Hoehner, Herod
   Antipas 303, Anm. 2. Ähnliches gilt für die Vermutung von
   Moulton/Milligan, Vocabulary 105 und Zorell, Lexicon graecum 219 (jeweils s.v. βασιλικός), die beim "Königlichen"
   von Joh 4,46.49 den βασιλικός γραμματεύς annehmen; doch
   wäre in diesem Falle statt des indefiniten τις (Joh 4,46)
   eher ein Artikel zu erwarten, worauf u.E. Moulton/Milligan
   (ebd.) mit Recht hinweisen.

77 S.o.S.59 sub Nr. 3.

78 Zur Struktur des Heeres unter Herodes d.Gr. vgl. Schalit,
   a.a.O. 167-183 (699-701); zur Teilnahme von Juden und
   Nichtjuden am Heer, ebd. 170 mit Anm. 86.

79 Vgl. Delitzsch, ספרי 165 und Sy[s.c.p] z.St.; zum syrischen עבדא דמלכא s. Smith, Thesaurus II, 2772.

den einfachen Soldaten oder höheren Offizier angeben als auch
zivil für verschiedene Ämter bzw. für verschiedene dem König
untergeordnete Amtsträger verwendet werden[80]. Da uns aber -
wie bereits festgestellt - von der religiösen Zugehörigkeit
einzelner militärischer oder ziviler Beamten des Antipas keine
genaueren Angaben vorliegen, bleiben auch von dem Begriff
עבד המלך   her nähere Schlüsse betreffs einer jüdischen oder
heidnischen Abstammung des βασιλικός rein hypothetisch.

In Anbetracht dieser Erwägungen kann gefolgert werden: Der in
Joh 4,46.49 erwähnte βασιλικός steht in keinem prinzipiellen
Gegensatz zum heidnischen Hauptmann von Mt 8,5ff/Lk 7,1ff;
falls der joh "Königliche" nicht zur Familie des Herodes Antipas gehörte, könnte er sehr wohl auch heidnischer Abstammung
gewesen sein.

Die zweite Frage, die zu stellen ist, lautet: Schließt der
Begriff βασιλικός prinzipiell aus, daß der "Königliche", ähnlich wie der Fürbitter in Mt 8,5ff/Lk 7,1ff, als eine Militär-
person verstanden werden kann?

Angesichts des Befundes in Josephus[81] ist diese Frage u.E.
zu verneinen. Josephus verwendet zwar βασιλικός für militärische Truppen stets im Plural, doch dürfte der singularische
Gebrauch des Begriffes für die Kennzeichnung eines Militärs
durchaus für wahrscheinlich zu halten sein. Von daher scheint
es uns berechtigt zu sein, zwischen βασιλικός und ἑκατοντάρχης
als Bezeichnung eines Militärs keinen prinzipiellen Gegensatz
zu sehen.

Könnte also der βασιλικός von Joh 4,46.49 urspr durchaus
den Sinn eines militärischen Befehlshabers gehabt haben, so
wäre anschließend noch zu fragen, wie sich dieser Begriff zu
dem des ἑκατοντάρχης in Mt 8,5ff/Lk 7,1ff verhält. Drei Möglichkeiten sind zu erwägen:
1. βασιλικός könnte ursprünglicher sein. Die Tatsache, daß die
    Evv für Antipas neben seinem Titel τετραάρχης[82] (Lk 3,(1.)
19; 9,7; Apg 13,1 und Mt 14,1) gelegentlich auch den Titel
βασιλεύς verwenden (Mt 14,9; Mk 6,14.22.25-27), könnte darauf

---

80 Vgl. die Belege bei Gesenius/Buhl, Handwörterbuch 556;
   Köhler/Baumgartner, Lexicon 672 und Zimmerli, Art. παῖς
   Θεοῦ, ThWNT V, 656 (Z. 18ff); ferner Jenni/Westermann,
   THAT II, 186 (sub b) und Kautzsch, Ein althebräisches Sie-
   gel von Tell el-Mutesellim, MNDPV 10, 1904, 1-14, bes. 5ff
   (zu I Sam 29,3; II Sam 15,34; II Reg 22,12 und 25,8).

81 Vgl. dazu o.S. 59, Anm. 8.

82 Vgl. dazu Schürer, Geschichte I, 431f und ders., History I,
   341.

hindeuten, daß letztere Bezeichnung einem "volkstümlichen
Sprachgebrauch der Palästinenser" entstammt[83]. βασιλικός hätte
in diesem Falle als "volkstümlicher Sprachgebrauch der Palästinenser" die Wahrscheinlichkeit eines hohen Alters für sich,
wobei ἑκατοντάρχης dann als eine spätere Präzisierung gedeutet werden könnte[84].
2. Ist ἑκατοντάρχης ursprünglicher[85], würde sich ein späterer
   Ersatz durch βασιλικός wohl am besten so erklären, daß dadurch unmißverständlicher die Tatsache zum Ausdruck gebracht
werden konnte "that the suppliant was in the service of Herod Antipas, not of the Roman procurator"[86].
3. Schließlich könnte βασιλικός ein *sek-joh* Ersatz für ἑκατοντάρχης gewesen sein, worauf beispielsweise Schlatter und
Barrett verweisen[87].
   Von diesen Möglichkeiten scheint uns die letztere allzu
hypothetisch. Da die ersten beiden jeweils mit plausiblen
Gründen wahrscheinlich gemacht werden können, ist eine sichere Entscheidung in dieser Frage nicht mehr möglich.

---

83 Vgl. Zahn, Einleitung II, 256; ders., Joh 272 mit Anm. 65
   und die Ausführungen Hoehners in ders., Herod Antipas 149f.

84 Für die Ursprünglichkeit des βασιλικός entscheidet sich
   in letzter Zeit auch Freyne, Galilee 378 ("In all proba-
   bility this term is more original than the Q ἑκατοντάρκος").
   Möglich wäre freilich auch, daß ἑκατοντάρχης eine Anpas-
   sung an neuere Verhältnisse verrät. Dies könnte bei der
   Weitertradierung der Begebenheit in solchen Gebieten erfolgt sein, die, anders als die des Antipas, direkt unter
   römischer Herrschaft standen, wie z.B. in Judäa.

85 Dafür könnte sprechen, daß die Einrichtungen im Heer des
   Antipas anscheinend römischem Einfluß unterstanden: vgl.
   Lundgreen, Das palästinische Heerwesen 47f; s. auch Hoeh-
   ner, a.a.O. 119f.

86 Vgl. Siegman, St. John's use of the synoptic material 187.
   197 (Zitat aus S. 187).

87 Vgl. Schlatter, Joh 137 und Barrett, Joh 247. Nach Schlatter a.a.O. 136f hebt βασιλικός die Stellung des Bittenden
   als Vertreter der weltlichen Macht hervor: vgl. aber dagegen Bultmann, Joh 152, Anm. 3.

Zusammenfassung von 1.2:

Aus dem Vergleich zwischen der Fassung des JohEv und der des
ersten und dritten Evangelisten konnten wichtige Indizien
bzgl. der urspr Fassung der Hauptmannsperikope gewonnen werden. Im Einzelnen ließ sich folgendes mit mehr oder weniger
Wahrscheinlichkeit herausstellen:

1. Die Kürze der Mt-Fassung zu Beginn der Erzählung in Mt 8,5f
kann schwerlich auf eine sek-mt Kürzung der Lk-Vorlage beruhen; dagegen spricht u.a. die seltsame Verwendung von παρακαλεῖν ohne eine nachfolgende und konkrete Angabe des Inhalts
der Bitte (S. 37-41).

2. Einige Indizien sprechen dafür, daß in der urspr Erzählung
für die erkrankte Person ausschließlich der Begriff παῖς gebraucht wurde, und zwar im Sinne eines Sklaven (S. 41-46).

3. Zu keinem sicheren Ergebnis führte die nähere Betrachtung
der unterschiedlichen Krankheitsangaben in den drei Fassungen
der Geschichte: Sie sind insgesamt als trad anzusehen; die Angabe, wonach der Erkrankte ἤμελλεν (γὰρ) τελευτᾶν (ἀποθνῄσκειν), stellte sich aber demgegenüber traditionsgeschichtlich
als sek heraus (S. 46-50).

4. Der Hinweis auf ein ἀκούειν περὶ 'Ιησοῦ, den übereinstimmend Lk und Joh gegen Mt zu Beginn der Erzählung bringen,
könnte durchaus von dem ersten Evangelisten sek ausgelassen
worden sein (S. 50-52).

5. Weder Joh noch Mt berichten von Gesandtschaften, die der
Hauptmann zu Jesus schickte, was darauf schließen läßt, daß
die Erwähnung derselben schwerlich zum urspr Bestandteil der
Geschichte gehörte (S. 52).

6. Mehrere Gründe konnten dafür angegeben werden, daß die
urspr Erzählung möglicherweise am Ende ein Zuspruchswort Jesu an den Befehlshaber enthielt (S. 53f).

7. Das "Stundenmotiv", das in der mt und joh Fassung erscheint, könnte erst sek zur urspr Geschichte hinzugekommen
sein (S. 54f).

8. Die Gründe, die dafür angeführt werden, daß der Gesprächsteil Lk 7,6c.7b.f/Mt 8,8b.f nur in einer späteren Tradierungsphase zur Geschichte hinzukam, erwiesen sich als nicht stichhaltig (S. 55-57).

9. Schließlich konnte gezeigt werden, daß die Begriffe ἑκατοντάρχης und βασιλικός in keinem prinzipiellen Gegensatz zuein-
ander stehen (S. 57ff).

Im folgenden wenden wir uns nun der statistisch-stilkriti-
schen Untersuchung zu. Es ist zu erwarten, daß durch sie die
hier vertretenen Positionen nicht nur bestätigt, sondern auch
vertieft werden können. Ihr Hauptziel ist aber, dazu beizutragen, daß die Art der literarischen Beziehung zwischen den Fassungen des Mt und Lk möglichst genau herausgestellt werden
kann. Bevor wir mit diesem Arbeitsschritt beginnen, ist es
freilich notwendig, zunächst den handschriftlichen Befund beider Texte zu überprüfen. Die Textkritik, die der Wortstatistik
unmittelbar vorangeht, soll herausstellen, ob und inwieweit
der Text des NTG[26] als Grundlage der Analyse verwendet werden
kann.

2. Textkritische Bemerkungen zu Mt 7,28a; 8,5-10.13 und Lk 7,1-10

Bevor wir uns der Analyse des Befundes in der handschriftlichen Überlieferung zuwenden, seien noch folgende Bemerkungen vorausgeschickt:

1. Was den Stand der ntl. Textkritik in der Gegenwart betrifft, sei auf die Einleitungen von Kümmel und Wikenhauser/Schmid[1] verwiesen, wie auch auf eine 1976 von B. Aland veröffentlichte Besprechung über den gegenwärtigen Stand der Arbeit innerhalb dieses Fachbereichs[2].

2. Bei der Beurteilung der äußeren Bezeugung einer bestimmten Lesart hielten wir an der Priorität des alexandrinisch-ägyptischen Textes fest[3].

3. Die Varianten werden nach Nestle/Aland, Novum Testamentum Graece, 26. Aufl. (=NTG[26]) angegeben. Da diese Ausgabe nicht mehr die Gruppensigla ℌ (=Hesychianischer Text) und 𝕽 (=Koine-Text) verwendet[4], sei dazu auf die 9. Aufl. der Synopsis Quattuor Evangeliorum von Aland verwiesen, wo sie noch benutzt werden[5].

---

1 Vgl. Kümmel, Einleitung 484-491 und Wikenhauser/Schmid, Einleitung 170-186.

2 Vgl. dies., Neutestamentliche Textkritik heute, VF 21/2, 1976, 3-22.

3 Zu dieser Priorität vgl. Metzger, Text 219.222; Wikenhauser/ Schmid, a.a.O. 171-174; Kümmel, a.a.O. 488; Aland, a.a.O. (Anm. 2) 18f; zum alexandrinischen Texttypus mit den Hauptzeugen ℵ und B, s. Westcott/Hort, The New Testament in the original Greek 207ff und Lagrange, Critique textuelle II, 83ff.

4 Vgl. zur Begründung Nestle/Aland, NTG[26], 9-11 und K. und B. Aland, Der Text des Neuen Testaments 252f.

5 In der nun von Greeven in der 13. Aufl. bearbeiteten Huckschen Synopse (vgl. Huck/Greeven, Synopse der drei ersten Evangelien, Tübingen 1981) wird das Siegel des alexandrinisch-ägyptischen Textes ebenfalls weiterhin gebraucht.

Einen ausführlichen Apparat zu einigen Varianten bieten
auch Aland/Black u.a., The Greek New Testament, 3. Aufl.
(=GNT³)⁶. Anders als gegenüber dem NTG²⁶ werden jedoch Angaben aus dem Apparat dieser Ausgabe stets ausdrücklich als
solche gekennzeichnet.

4. Stehen angegebene Befürworter von Varianten in der Auf-
zeichnungsliste von Nestle/Aland, NTG²⁶, 717ff, so wird auf
sie lediglich mit Namen und Angabe der NTG²⁶-Seite verwiesen.
Andernfalls werden Namen und Werk angegeben.

2.1. Bemerkungen zum Mt-Text

1) Mt 7,28a

L, Θ und 𝔐 haben das Kompositum συνετέλεσεν statt das von
א, B, C, W, Z^vid, f^1.13, 33, 565, 700, 892, 1424, al und Or
äußerlich besser bezeugten ἐτέλεσεν. Für das Kompositum trat
Soden und neuerdings auch Huck/Greeven ein[7]. Mit der überwie-
genden Mehrzahl der Textkritiker wird aber das Simplex ἐτέλεσεν vorzuziehen sein: Es ist nicht nur äußerlich besser bezeugt, sondern legt sich auch dadurch nahe, daß es ebenfalls
in Mt 11,1; 13,53; 19,1 und 26,1 gebraucht wird[8], also in einer zu Mt 7,28a parallel formulierten Wendung. Die Erklärung
für die Entstehung der Variante wird aber gerade deshalb
schwierig: Liegt ein bewußter Ersatz vor[9], so ist es nicht
verständlich, warum dieser dann in späteren Belegen (Mt 11,1
usw.: s.o.) fehlt; handelt es sich dagegen um einen unbewußten
Ersatz, so ist er nur schwer auf eine der traditionellen un-
beabsichtigten Änderungen[10] zurückzuführen.

---

6 Zum kritischen Apparat des GNT³ vgl. nun die Besprechung
   von B. und K. Aland in ders., a.a.O. (Anm. 4) 53-55.228ff.

7 Vgl. NTG²⁶, 717 (Soden!) und Huck/Greeven, Synopse 44.

8 Dabei ist ἐτέλεσεν in Mt 11,1; 13,53 und 26,1 nach NTG²⁶
   variantenlos. In Mt 19,1 haben lediglich D, it und bo^mss
   statt ἐτέλεσεν das Impf. ἐλάλεσεν.

9 Am ehesten ließe sich in diesem Fall an eine Anlehnung an
   LXX-Sprachgebrauch denken: vgl. etwa Dtn 31,1.24 und 32,45
   (dazu die Besprechung von Frankemölle, Jahwebund 340); weitere Vergleichsstellen bietet Johannessohn, Das biblische
   καὶ ἐγένετο 173.

10 Vgl. zu dieser Art von Änderungen Metzger, Text 188ff und
    Vogels, Handbuch der Textkritik 162ff.

2) Mt 8,5-10.13

V 5

1. εἰσελθόντι δὲ αὐτῷ εἰς Καφαρναούμ bieten (C³), L, W, Θ, 0233,𝔐 und co? Die äußere Bezeugung spricht gegen die Ursprünglichkeit dieser Wendung. Hinzu kommt, daß ihre sek Entstehung auch leicht zu erklären ist: Sie dürfte als grammatische Korrektur gegenüber dem in der Wendung εἰσελθόντος δὲ αὐτοῦ εἰς Καφαρναούμ...unregelmäßig gebrauchten Gen.abs. intendiert sein[11].

2. k und mit kleinen Abweichungen auch sy[s] bringen die kurze Einleitung μετὰ δὲ ταῦτα ohne Hinweis auf den Ort[12]. Vogels[13] vermutet, daß diese Lesart vom Diatessaron Tatians[14] beeinflußt worden ist[15], der das ἐπειδή von Lk 7,1 übergangen hatte[16]. Wie dem auch sei, die Variante ist infolge der allzu schwachen Bezeugung als urspr abzulehnen.

3. Eine erweiterte Einleitung bieten it[17] und mit kleinen Abweichungen auch sy[c18]: μετὰ δὲ ταῦτα εἰσελθόντος αὐτοῦ εἰς Καφαρναούμ. Diese Einleitung wird als eine sek Verschmelzung von Lesarten zu deuten sein: Das μετὰ δὲ ταῦτα aus einer Vor-

---

11 Vgl. dazu Lagrange, Mt 164. Der unregelmäßige Gebrauch des Gen.abs. wird öfters im MtEv durch Hss. korrigiert: vgl. dazu Lagrange, Critique textuelle II, 130 und Turner, Syntax 322.

12 Zu k vgl. Jülicher, Itala I: Matthäusevangelium 41: Post haec autem accessit ad eum quidam centurio...; zu sy[s] vgl. die Besprechung bei Merx, Das Evangelium des Matthaeus 131ff.

13 Vgl. ders., Die altsyrischen Evangelien 75 und ders., a.a.O. (s. Anm. 10) 188f.

14 Zum Text des Diatessaron bzgl. der Hauptmannsperikope s. Preuschen, Tatians Diatessaron 95 und Marmardji, Diatessaron de Tatien 101.

15 Vgl. zu dieser Vermutung auch die Besprechung bei Zahn, Mt 337, Anm. 14. Zu den Beziehungen zwischen sy[s], sy[c] und dem Diatessaron, s. Metzger, The early versions 45ff.

16 Die Auslassung der Ortsangabe bei dieser Variante bleibt dennoch merkwürdig; Merx, a.a.O. (Anm. 12) 134f entscheidet sich für die kürzere Lesart!

17 Vgl. Jülicher, a.a.O. (Anm. 12), wonach der Itala-Text lautet: Post haec autem cum introisset Capharnaum,...

18 Zum Text von sy[c] vgl. Merx, a.a.O. (Anm. 12) 134f (sub 1. und 2.).

lage, wie sie etwa den Hss. k und mit kleinen Abweichungen
auch sy[s] vorlag (s.o.), während das Übrige aus einem Texttypus, der die von NTG[26] angenommene Lesart εἰσελθόντος δὲ
αὐτοῦ εἰς Καφαρναούμ enthielt. Da die letzterwähnte Lesart
auch die beste äußere Bezeugung enthält - sie findet sich
bei ℵ , B, C*, Z, f[1.13], 33, 700, 1241, pc und co? - wird
sie als die ursprünglichere vorzuziehen sein.

4. Sy[s.hmg] 19, Cl[hom] 20 und Eus[21] haben statt ἑκατόνταρχος
die Lesart χιλιάρχης. Für diese Variante treten Merx und
Zuntz[22] ein. Merx schreibt wörtlich:

"Der centurio stammt handgreiflich aus Luk 7,2. Da die na-
türliche Tendenz in der Textentwicklung auf Ausgleichung gehen muß, so ist verständlich, dass der Chiliarch durch centurio ersetzt wird, dagegen bleibt unbegreiflich, wie ein ursprüngliches Centurio bei Matthäus in Chiliarch hätte dissi-
miliert werden können"[23].

Demgegenüber ist jedoch für Ernst[24] der Ersatz des ἑκατόναρ-
χος durch χιλιάρχης durchaus zu erklären:

"Die Bemerkung von V.5 (sc Lk 7,5), er habe eine Synagoge
bauen lassen, überschätzt die Möglichkeiten eines Offiziers
in untergeordneter Stellung; verständlich, daß eine Lesart
von Mt 8,5 (syr[s]) von einem Chiliarchen...spricht"[25].

Diese Deutung könnte u.E. das Richtige treffen; sie bleibt
freilich die Erklärung schuldig, warum der Ersatz nicht auch
in der Lk-Fassung (Lk 7,1-10) durchgeführt wurde, wo er ja
durch Lk 7,5 am ehesten zu erwarten wäre. Es sei daher gleich
noch ein anderer Erklärungsversuch angeführt, der von Zahn
stammt und in einer ganz anderen Weise argumentiert:

"Da ἑκατοντ. der Wortbedeutung nach mit *centurio* überein-
kommt, konnte man es zur Bezeichnung eines römischen Offiziers dieses Rangs gebrauchen (Mt 27,54; Lc 23,47; AG 10,1;
22,25), wenn man es nicht vorzog, den römischen Titel als
Fremdwort beizubehalten (Mr 15,39.44.45), wie dies auch von
Juden und Syrern geschehen ist. Stilwidrig dagegen war es,

---

19 Vgl. dazu Merx, a.a.O. (Anm. 12) 135 (sub 4.5.)

20 Vgl. Hom.Clem. IX, 21 (s. Migne, PG 2, 256f).

21 Vgl. Eusebius, De theophania, in: Migne, PG 24, 624.

22 Vgl. Merx, a.a.O. (Anm. 12) 135 und Zuntz, The 'centurion'
   of Capernaum 187.

23 Vgl. ders., Das Evangelium des Matthaeus 135 (sub 4.).

24 Vgl. ders., Lk 239.

25 Vgl. ders., a.a.O.

umgekehrt einen nichtrömischen Befehlshaber קוטרונא zu nennen,
wie es Sc Sh Mt 8,5ff. tun, wogegen Ss dies zwar Mt 27,54, wo
es paßt, unbedenklich tut, Mt 8,5ff. aber, um dies zu vermeiden, sich die Freiheit nimmt, den ganz anderen, nicht spezi-
fisch römischen Titel Chiliarch dafür einzusetzen"[26].

Diese Erklärung mag für den Sinai-Syrer zutreffen, kann jedoch kaum bei allen anderen oben angeführten Zeugen in glei-
cher Weise als Begründung angegeben werden. So mag noch als
ein dritter und letzter Erklärungsversuch für den Ersatz des
ἑκατόνταρχος durch χιλιάρχης der Hinweis auf allgemeine Stei-
gerungstendenzen innerhalb des Überlieferungsprozesses gegeben sein, wozu etwa Bultmann und Larfeld[27] einige Beispiele
angeben. Hierher gehört wohl auch der Ersatz des βασιλικός
(Joh 4,46) durch βασιλίσκος in den Hss. D und a[28].

Wenn auch die soeben angeführten Versuche, die Lesart
"Chiliarch" als die später entstandene zu erklären, teilweise
relativiert werden können, so spricht doch die äußere Bezeugung so entschieden für die Lesart ἑκατόνταρχος, daß sie auch
von uns für die ursprünglichere gehalten werden kann[29].

V 6

Von א*, k, sy[s.c], Or und Hil wird nicht der Vokativ κύριε
gebraucht. Vielleicht handelt es sich hier um eine sek Auslassung infolge von Harmonisierungstendenz mit der Lk-Fassung,
die den Vokativ zu Beginn der Erzählung nicht enthält (vgl.
Lk 7,1-5). Anders freilich Merx, der κύριε für sek hält, und
zwar mit folgender Begründung:

"Das Dekorum verlangt die Anrede mit mein Herr, die leben-
dige Schilderung der leidenschaftlichen Angst schliesst sie
aus, der Chiliarch kommt ohne weiteres mit seinem Anliegen.
Das Fehlen des Wortes ist feiner"[30].

Gegen diese Meinung spricht jedoch neben der Tatsache, daß
der Vokativ die bessere äußere Bezeugung für sich hat, noch

---

26 Vgl. Zahn, Mt 337, Anm. 14 (Kursiv im Original).

27 Vgl. Bultmann, GST 243.383 und Larfeld, Evangelien 304.333f.

28 Eine andere Möglichkeit wäre, daß βασιλικός unter dem Einfluß des lateinischen "regulus" entstanden ist: vgl.
   Barrett, Joh 247 und Haenchen, Joh 258 u.a.

29 Χιλιάρχης begegnet als Variante noch in den Vv 8.13, u.E.
   ebenfalls sek.

30 Vgl. ders., Das Evangelium des Matthaeus 135 (sub 7.).

der Befund desselben im ersten Evangelium: Κύριε wird nicht
weniger als 12x (!) von Mt in seiner Bearbeitung der Mk-Vorlage red hinzugefügt[31]. Das aber heißt: Dieser Vokativ ist
ein vom ersten Evangelisten bevorzugter Begriff und ergibt
sich daher auch unter diesem Aspekt als urspr.

V 7

1. Nach NTG[26] gehört das καί vor λέγει zum urspr Text; NTG[25]
hielt es noch für sek. Es wird von א , C, L, W, Θ, 0233,
0250, f[1.13], 𝔐 , lat, sy[h] und bo bezeugt; nicht enthalten ist
es dagegen bei B, 700, it, vg[ww], sy[s.c.p], sa, mae und bo[mss] [32].
Da anreihendes καί in Mt 8,5-10.13 dreizehnmal begegnet,
könnten die Zeugen, die es nicht enthalten, unter Einfluß von
Texttypen stehen, deren Anliegen es war, eine Häufung der Parataxe zu vermeiden. Wahrscheinlicher ist jedoch, daß ein
urspr Asyndeton durch Parataxe sek ersetzt wurde, zumal nach
Sanders[33] das Asyndeton in der nachkanonischen Überlieferung
eher vermieden als gebraucht wird. Dafür spräche auch V 13,
wo C, L, 0233, f[13] u.a. aufs neue ein parataktisches καί sek
einfügen.

Der Befund beim MtEv ist differenzierter. Der erste Evangelist ersetzt häufig Asyndeta seiner Mk-Vorlage durch Kon-
junktionen, und zwar 31x zusammen mit Lk und 15x alleine; als
eingesetzte Konjunktion gebraucht er dabei 11x "καί"[34]. Dies
könnte für die Ursprünglichkeit der Konjunktion auSt sprechen.
Andererseits muß zugleich bedacht werden, daß Mt von sich aus
wohl auch das Asyndeton red einfügen kann. Neirynck stellt
z.B. 28 solcher Fälle auf, bei denen Mt insgesamt 9x ein mk
καί ausläßt und 13x ein Asyndeton mit λέγει/λέγουσιν bildet[35].

---

31 Vgl. ausführlicher dazu die Wortstatistik zu κύριε u.S.
   137f sub Nr. (18).
32 Für sek hielten das καί außer NTG[25] noch Tischendorf, West-
   cott/Hort (vgl. zu beiden NTG[26], 717) und Tasker, Greek
   New Testament, 13. Unentschieden bleibt Sanders, Tendencies
   218. Für die Ursprünglichkeit der Konjunktion tritt neuerdings Burrows, Agreements 299f.307 ein: Er vergleicht Mt
   8,7 mit Lk 7,6 und meint, Lk habe hier eine urspr Parataxe
   durch δέ ersetzt. Aber, kann Mt 8,7 tatsächlich mit Lk 7,6
   parallelisiert werden?
33 Vgl. ders., Tendencies 214ff.228f.
34 Vgl. dazu Neirynck, Agreements 211f.
35 Vgl. ders., a.a.O.

Diese letzte Tatsache, nämlich die mt Vorliebe für asyndetisches λέγει/λέγουσιν[36], scheint uns angesichts der Spaltung
der alexandrinischen Zeugen das letztlich entscheidende Argument für eine sek Bewertung des καί zu sein.

2. Bei C, L, W, Θ, 0233, 0250, f[1.13], 𝕽, lat, sy[c.p.h], sa,
mae und bo[mss] erscheint nach λέγει αὐτῷ noch ὁ Ἰησοῦς. Da
Ἰησοῦς ein vom ersten Evangelisten bevorzugter Name ist - Mt
fügt ihn 59x red im Mk-Text ein[37] - könnte er auSt urspr sein.
Für die sek Auslassung bei den anderen Zeugen wäre in diesem
Falle wohl das Empfinden der Redundanz die Ursache gewesen.
Andererseits haben neben die Hss. 892, pc, k, sy[s], und bo
noch die zwei Hauptzeugen des ägyptischen Textes (ℵ und B)
den Namen nicht bezeugt. Hinzu kommt die Tatsache, daß, wie
bereits der Evangelist Mt selbst, auch die nachkanonische
Überlieferung eine deutliche Tendenz aufweist, den Namen ὁ
Ἰησοῦς sek einzusetzen[38]. Das Ergebnis der Studie Sanders
ist in diesem Punkt ganz eindeutig: "There is (sc in the
post-canonical tradition) an overall tendency to make the
subject more explicit rather than less explicit"[39]. Beides
also, die bessere äußere Bezeugung und die Tendenz der nachkanonischen Überlieferung, den Namen "Jesus" sek hinzuzufügen,
veranlassen uns, ὁ Ἰησοῦς auSt für sek zu halten[40].

V 8

1. Während die überwiegende Mehrzahl der Hss. καὶ ἀποκριθείς
hat, findet sich bei ℵ*, B, 33, pc und sa die Lesart ἀποκριθεὶς δέ. Wir stimmen hier mit NTG[26] überein, das im Gegensatz zu NTG[25] die Lesart mit δέ für sek hält, denn trotz der
guten Bezeugung durch ℵ* und B ist δέ wohl in diesem Falle
als stilistische Korrektur angesichts der Häufung der Parataxe anzusehen. Stilistisch gesehen muß καί auf jeden Fall
als lectio difficilior angesehen werden und ist daher nach
dem Grundsatz "proclivi scriptioni praestat ardua" (Bengel)

---

36 Vgl. dazu Hawkins, Horae 138 und Schenk, Präsens historicum 465.
37 Vgl. dazu die stat Angaben zu Ἰησοῦς u.S. 110f sub Nr. (4).
38 Vgl. dazu Sanders, Tendencies 96ff.144.
39 Vgl. ders., a.a.O. 144.
40 Für urspr halten es Vogels und Bover: vgl. NTG[26], 717.

- von der äußeren Bezeugung einmal abgesehen - für urspr zu
halten[41].

2. f[1], k, sa, mae und bo[mss] enthalten keine Angabe des Subjekts ὁ παῖς μου. Es wird wohl als redundant empfunden worden sein. Die Erwähnung des Subjekts muß als die besser bezeugte Lesart bevorzugt werden[42].

V 9

1. Nach ὑπὸ ἐξουσίαν haben einige Zeugen - ℵ, B, pc, it und
vg[cl] - noch das Ptz. τασσόμενος. Es ist kaum anzunehmen, daß
dieses sek von der großen Mehrzahl der Zeugen ausgelassen
worden ist; viel wahrscheinlicher ist dagegen, daß das Ptz.
unter Einfluß von Lk 7,8 durch eine geringere Zahl von Zeugen aufgenommen worden ist[43].

2. Eine interessante Variante zu ὑπὸ ἐξουσίαν enthält sy[s].
Sie wird zwar im Apparat von NTG[26] nicht mehr angegeben, findet sich aber noch im Apparatteil der Synopsis Quattuor Evangeliorum von Aland (S. 115) und wurde etwa von Merx und neuerdings wieder von Zuntz[44] für urspr gehalten: Sy[s] hat nämlich statt ὑπὸ ἐξουσίαν die Lesart   דאית לי שולתנא   , d.h.
ἔχων ἐξουσίαν (= ich habe Gewalt); der Cureton-Syrer bietet
ebenfalls   אית לי שולתנא   , freilich mit Waw kopulativum und

---

41 Für die Ursprünglichkeit des καί entschieden sich nun
   auch Huck/Greeven, Synopse 46. Für δέ traten demgegenüber
   ein: Tischendorf, Westcott/Hort, Merk (vgl. zu diesen
   NTG[26], 717) und Tasker, The Greek New Testament 13. B.
   Weiss, der als Befürworter von δέ auch noch erwähnt sei,
   begründet seine Entscheidung folgendermaßen: "Die Antwort
   stellt sich ja wirklich in einem Gegensatz zu dem Worte
   Jesu" (vgl. ders., Mt 168f, Fußnote).

42 Beispiele für Auslassungen des Subjekts in der nachkanonischen Überlieferung liefert Sanders, a.a.O. (Anm. 38)
   101f. Metzger, Textual Commentary 20 erwägt noch einen anderen Grund für die Auslassung von ὁ παῖς μου: "Their
   omission in several witnesses (...) may have been occasio-
   ned when the eyes of copyists passed from ἰαθήσεται to the
   following καί, omitting the intervening words". Im Gegensatz dazu befindet sich Zuntz: "...the words ὁ παῖς μου in
   viii.8, omitted by fam.1 1582 k sah. boh.[MSS]. and Origen
   appear to come from Luke vii.7. If they were genuine, the
   omission by witnesses so independent would be practically
   inexplicable" (vgl. ders., The 'centurion' of Capernaum
   186).

43 Vgl. dazu Metzger, Textual commentary 20f.

44 Vgl. Merx, Das Evangelium des Matthaeus 136f und Zuntz,
   'Centurion' of Capernaum 183-186.

erst nach der Aussage דתחית שולתנא (= ὑπὸ ἐξουσίαν). Diese
Lesart des sy[s], die dem Sinne nach auch in der Theophanie des
Eusebius und in sy[j] zu finden ist[45], ist nun deshalb interessant, weil sie eine im V 9 scheinbar enthaltene Inkongruenz
- am Anfang des Verses beteuert der Hauptmann seine Unterordnung, im zweiten Teil aber gerade das Gegenteil! - zu lösen
scheint. Daher kann nach Merx das Wort ὑπό in der Wendung
ὑπὸ ἐξουσίαν nur als spätere Korrektur gedeutet werden, ist
es doch ein Wort

"dessen Seltsamkeit jedem auffällt, und um die man nur mit
dem ortsfremden Gedanken herumkommt, der Chiliarch wolle sagen, er habe gehorchen gelernt, während der Zusammenhang fordert, dass er sagt: Ich weiss aus Erfahrung, dass ein Befehlshaber durch sein Wort allein seinen Willen durch Untergebene ausführen lassen kann"[46].

Mag es auch richtig sein, daß V 9 nach dem von der Mehrzahl
der Hss. gebotenen Text widersprüchlich klingt, so spricht
doch entschieden gegen die Lesart von Sy[s], daß sie erstens zu
schwach bezeugt ist und zweitens die lectio facilior darstellt[47].

    Die zwischen der Aussage des Befehlshabers in V 9a und 9b
scheinbare Inkongruenz läßt immerhin fragen, ob die Syrer,
obwohl textkritisch sek, dennoch nicht den urspr Sinn der Aussage korrekt wiedergeben, so daß wir in dem uns von der Mehrzahl der Hss. überlieferten Text vielleicht bei der Übertragung des Aramäischen ins Griechische mit Fehlübersetzungen
bzw. Fehlinterpretationen des Originals zu rechnen hätten.
Dies entspricht in der Tat der Meinung nicht weniger Forscher,
die den hypothetischen Fehler allerdings verschieden erklären. Beispielhaft seien erwähnt:
1. Torrey - Nach ihm entstand die griechische Lesart durch die
         Verwechslung eines urspr aktiven (= sym: סאם) mit
dem ähnlich lautenden passiven (= sim: סים) Ptz. Die Über-

_____

45 Vgl. dazu Merx, a.a.O. 136; zur (syrischen) Theophanie-
   stelle vgl. Zuntz, a.a.O. 185 mit Anm. 1.

46 Vgl. Merx, a.a.O. 136.

47 Die Lesart des Sinai-Syrers bietet auch insofern die
   lectio facilior als sie den Versuch zu machen scheint "to
   remove what seemed to be the implication of the Greek
   text, namely, that Jesus Himself was under authority, an
   idea which may have seemed irreverent to the Syriac trans-
   lators. Mt. have an example of such a change in the altera-
   tion of the οὐκ ἠδύνατο... ποιῆσαι in Mk 6,5 to οὐκ ἐποίησεν in Mt 13,58" (vgl. Hooke, Jesus and the centurion 80;
   dasselbe Argument gegen die Ursprünglichkeit des sy[s] auch
   bei France, Exegesis in practice 258f).

setzung hätte s.M.n. daher urspr lauten müssen: "For I also
am one exercising authority, having under me soldiers"[48].
2. Jeremias - Er meint, daß ein urspr   בשולטנא   (= ἐν ἐξουσίᾳ)
             von einem Übersetzer mißverstanden als "in der
Befehlsgewalt (meiner Vorgesetzten)" interpretiert wurde[49].
3. Black   - Er geht von sy[s] aus, der   דאית לי שולטנא   enthält;
             diese Lesart sei später durch eine ähnliche
(=   דאית תחות שולטנא   ) korrumpiert worden, wobei ὑπ'ἐμαυτοῦ
sich aus dem suffigierten   תחותי   erkläre[50].
4. Manson   - S.M.n. hat der griechische Übersetzer hier die
             urspr vermutete aramäische Präposition   תחות
falsch interpretiert, da sie an dieser Stelle nicht "under",
sondern vielmehr "in place of" bedeute[51].

---

48 Vgl. Torrey, Four Gospels 16.130.192 (Zitat aus S. 16) und
   die Besprechung seines Vorschlags durch Littmann, Torreys
   Buch, 31f. Eine ähnliche Erklärung versuchte neuerdings
   auch Zimmermann (vgl. ders., Aramaic origin 135), wobei er
   aber eine Verwechslung des aktiven mit dem passiven Ptz.
   von   שעבד   vermutet. Außerdem meint er, daß   שולטנא   im
   Sinne von "governor" und nicht abstrakt als "authority"
   verstanden werden sollte. Entsprechend seinem Vorschlag
   zur aramäischen Grundlage (=   אף אנא גברא אנא דמשעבד תחת שולטנא)
   dürfte der urspr Sinn gewesen sein: "For I also am a man
   having authority under the governor..." (ders., a.a.O.
   135f).

49 Vgl. Jeremias, Verheißung (=1. Aufl.) 26, Anm. 98. In der
   zweiten Auflage dieser Studie (ebenfalls S. 26, Anm. 98)
   bevorzugt er allerdings eine andere Erklärung, die uns das
   Richtige zu treffen scheint (s.u.).

50 Vgl. Black, Approach 159 mit Anm. 2.

51 Vgl. Manson, Sayings 65 und ders., Problem of aramaic sources 11.
       Erwähnt sei hier abschließend noch die Diskussion zwi-
   schen Weir und anderen Forschern über den urspr Sinn von
   Mt 8,9 innerhalb der Zeitschrift Expository Times: Während
   Weir der Meinung ist, das ὑπὸ ἐξουσίαν sei urspr im Sinne
   von "in authority" gemeint (vgl. ET 32, 1920/21, 284 und
   a.a.O. 33, 1921/22, 280), betonen Cadoux/Farmel (ET 32,
   1920/21, 474) und Stainsby (ET 30, 1918/19, 328f) dagegen,
   daß die Aussage, wonach der Befehlshaber gleichzeitig unter
   Befehlsgewalt und mit Befehlsgewalt seinen Dienst ausübe,
   auf die tatsächlich gegebene Situation anspiele und keineswegs irgendeine Spannung enthalte. Ähnlich äußert sich
   auch Hooke in ET 69, 1957/58, 80: "It may also be added
   that the apparent contradiction in the centurion's words
   can hardly be taken as a serious argument against the ge-
   nuineness of the Greek text. An officer in the centurion's
   position was necessarily both under the authority of the
   higher command, and in authority over his own section of
   the Roman army..." Diese Argumentation ist freilich unbefriedigend, setzt sie doch voraus, daß in der Aussage von
   V 9 zwei verschiedene Vergleichspunkte anvisiert sind: Das

Diese beispielhaft vorgebrachten Thesen von Fehlübersetzungen
bzw. Fehlinterpretationen versuchen alle der Tatsache gerecht
zu werden, daß im jetzigen Text die Aussage des Hauptmanns in
Mt 8,9b gerade den entgegengesetzten Gedanken von V 9a zu ent-
wickeln scheint, nämlich die Unterstreichung seiner ἐξουσία.
Insofern sind sie als Versuche natürlich berechtigt. Die Verschiedenheit der Lösungsvorschläge rät aber zugleich zur Vorsicht, die in diesem Falle sogar um so begründeter ist, als
sich die genannte Inkongruenz mindestens so gut, wenn nicht
gar besser von syntaktischen Erwägungen her erklären läßt.
Demnach könnte die Spannung einfach dadurch entstanden sein,
daß bei der Übertragung ins Griechische eine urspr semitische
Parataxe falsch periodisiert wurde, wie etwa Wellhausen, Jeremias, Klostermann, Beyer und Schürmann meinen[52]. Dieser Ansicht nach fungierte urspr als Hauptverb nicht εἶναι, sondern
ἔχειν, so daß die richtige Wiedergabe ins Griechische eigentlich ὤν (für εἶναι, und zwar im konzessiven Sinn) und ἔχω
(für ἔχειν) gewesen wäre[53]. Textkritisch hat diese Lösung auf
jeden Fall den großen Vorteil, daß dann ὑπὸ ἐξουσίαν tatsächlich für urspr gehalten werden kann und somit die Regel, wonach die bestbezeugte Lesart als urspr zu gelten hat, bestätigt wäre.

V 10

Die Lesart οὐδὲ ἐν τῷ Ἰσραὴλ τοσαύτην πίστιν, die ℵ , C,
L, Θ, 0233, 0250, f[13], 𝔐 , lat, sy[(c.p.)h] und mae bringen,
ist am besten infolge von Harmonisierungstendenz mit der Lk-
Parallele (vgl. Lk 7,9) erklärbar und daher sehr wahrscheinlich als sek zu beurteilen; in der Forschung wird sie für
urspr von Merx, Tischendorf, Vogels, De Wette und Manson gehalten[54]. Merx meint sogar[55], an Stelle von τοσαύτην sei vielmehr die Lesart τοιαύτην zu bevorzugen, wie sie bei den Syrern und in der Theophanie erscheint. Bei der Lesart τοιαύτην
werden nach ihm Judentum und Heidentum verglichen und nicht

---

paßt jedoch nicht zu V 8, dessen Aussage der V 9 näher begründen will (vgl. das einleitende γάρ), denn in ihm ist
nur ein Vergleichspunkt thematisiert, nämlich die Wirkungs-
kraft des Wortes Jesu. S. dazu u.S. 388-391.

52 Vgl. Wellhausen, Einleitung 14; Jeremias, Verheißung (2.
Aufl.) 26 Anm. 98; ders., Theologie 161; Klostermann, Mt
74f; Beyer, Syntax 278 mit Anm. 1 und Schürmann, Lk 393,
Anm. 29.

53 Vgl. dazu auch u.S. 274f und 410f (sub b)3.).

54 Vgl. Merx, Das Evangelium des Matthaeus 138f; De Wette, Mt
106 und Manson, Sayings 63 ("I have not found so great
faith, no, not in Israel"); zu Tischendorf und Vogels s.
NTG[26], 717.

55 Vgl. ders., a.a.O. 137-139.

nur - wie bei τοσαύτην - vereinzelte Individuen. Da nun in
Mt 8,11f von den "vielen" Heiden im Gegensatz zu den "Söhnen
des Reiches" die Rede ist, so empfiehlt es sich nach Merx
auch von diesen Versen her die Lesart τοιαύτην für urspr zu
halten. Doch abgesehen von der Tatsache, daß Mt 8,11f sehr
wahrscheinlich erst sek an der jetzigen Stelle plaziert wurde[56], scheitert τοιαύτην an der allzu schwachen äußeren Bezeugung[57].

V 13

1. Das dem ὕπαγε nachgestellte καί ist hier wegen der besseren äußeren Bezeugung durch א , B, W, 0250, pc, it, sy[s.c.p]
und co, die es nicht erwähnen, als sek anzusehen. Die Einfügung bringen C, L, Θ, 0233, f[1.13], 𝔐, lat, sy[h] und bo[ms] [58].
2. αὐτοῦ wird nicht bezeugt von א , B, 0250, f[1], 33, pc, latt,
bo und mae; die Variante führen C, L, W, Θ, 0233, f[13], 𝔐, sy
und sa? an. Obwohl die Zeugen des alexandrinischen Texttypus
hier gespalten erscheinen, haben die Hss., die αὐτοῦ auslassen, die bessere äußere Bezeugung für sich (wegen B und א);
das Pronomen ist demnach für sek zu halten. Dies legt sich
auch dadurch nahe, daß nach Sanders die nachkanonische Überlieferung von der Tendenz bestimmt ist "to add genitive pro-
nouns, except in the writings of Justin, who tends to omit
them"[59].

2.2. Bemerkungen zum Lk-Text

V 1

1. ἐπειδή haben A, B, C*, (K), W, (892) und al; dagegen findet sich ἐπεὶ δέ bei א , C[2], L, R, Ξ, Ψ, f[1.13] und 𝔐 . Von
der äußeren Bezeugung her ist eine Entscheidung für eine

---

56 S. dazu o.S. 3-5.
57 Zur Kritik an Merx vgl. auch Meinertz, Heidenmission 92.
58 Vgl. auch das zu καί ausgeführte in V 7 (s.o.). Zu den Vertretern der Ursprünglichkeit von καί s. NTG[26], 717.
59 Vgl. Sanders, Tendencies 122ff.145 (Zitat aus S. 145).

der beiden Lesarten kaum noch mit Sicherheit zu treffen. Zwei
andere Argumente sprechen aber für die Ursprünglichkeit von
ἐπειδή. Das erste wird von Zahn[60] gegeben, der darauf hinweist, daß "man ungerne eine mit dem Vorigen verknüpfende
Partikel" vermissen würde, falls sie im Text stünde. Das
zweite liefert der Befund beider Wendungen im lk Doppelwerk:
Während ἐπεὶ δέ nur noch einmal als Variante in Apg 13,46
erscheint und bloßes ἐπεί in Apg nicht, sondern lediglich
einmal im LkEv (1,34), findet sich ἐπειδή, abgesehen von Lk
7,1 und Apg 13,46, noch dreimal variantenlos im lk Doppelwerk: Lk 11,6 und Apg 14,12 und 15,24. Es entspricht also
eher als ἐπεί lk Sprachgebrauch![61]

2. D und mit kleinen Abweichungen auch it und sy[hmg] bringen
folgende Lesart: καὶ ἐγένετο ὅτε ἐτέλεσεν ταῦτα τὰ ῥήματα λα-
λῶν ἦλθεν κτλ. Das ist ganz klar eine Verschmelzung von Lesarten aus Mt und Lk und somit ein Versuch, die urspr Aussagen
beider Texte zu harmonisieren.

V 2

D (*) hat παῖς statt δοῦλος; es ist deutlich Angleichung an
den Mt-Text.

V 3

πρὸς αὐτόν fehlt bei D, f[13], 700, pc, it und bo[ms]. Die Auslassung des indirekten Objekts ist, wie Sanders zeigt[62], in
der nachkanonischen Überlieferung üblich. Hinzu kommt, daß
die äußere Bezeugung eindeutig für die Wendung spricht. Die
Auslassung muß daher für sek gehalten werden.

V 4

1. In der Hs. 700 steht für πρὸς τὸν Ἰησοῦν die Wendung πρὸς
αὐτόν. Bei D und it findet sich weder die Wendung πρὸς τὸν
Ἰησοῦν noch eine andere, die sie ersetzen könnte. Diese

---

60 Vgl. ders., Lk 303, Anm. 80, woraus auch das folgende Zitat entnommen wurde.
61 Θ und pc haben das temporal eindeutigere ὅτε δέ, das ἐπειδή
   bereits interpretiert; es ist deutlich sek.
62 Vgl. ders., Tendencies 110ff.

Varianten sind infolge der allzu schwachen Bezeugung als sek
zu bewerten. Die hier zu beobachtenden Tendenzen, Eigennamen
durch Pronomina zu ersetzen und/oder das indirekte Objekt
auszulassen, sind zudem in der nachkanonischen Überlieferung
üblich[63].

2. Das ἐρώτων, das an Stelle von παρεκάλουν in ℵ , D, L, Ξ,
f[1.13], 700 und pc bezeugt ist, wird wohl sek durch Einfluß
von ἐρωτᾶν in V 3 entstanden sein; auch die bessere äußere
Bezeugung spricht für die Ursprünglichkeit von παρακαλεῖν[64].

V 6

1. Das dem ἀπέχοντος folgende ἀπό ist vielleicht von ℵ, D und
f[1.13] pleonastisch empfunden worden (ἀπ-έχεσθαι + ἀπό) und daher ausgelassen. Die Präposition ist besser bezeugt und wird
als urspr anzusehen sein, was nicht zuletzt auch von Lk 24,13
her nahegelegt wird, wo dieselbe Wendung ἀπέχεσθαι + ἀπό nochmals gebraucht wird.

2. Nach ἔπεμψεν haben mit Ausnahme von P[75], ℵ*, B, 892,
1241, pc und sa alle anderen Textzeugen - ℵ[2], (A), C, D, L,
R, (W), Θ, Ξ, Ψ, f[1.13], 𝔐, latt, sy und bo - πρὸς αὐτόν. Für
Weiss ist πρὸς αὐτόν "sicher hinzugefügt, weil man übersah,
daß dasselbe durch das αὐτῷ nach λέγων seine Beziehung em-
pfängt"[65]. Für sek halten es auch die meisten Editoren, wie
aus NTG[26], 723 hervorgeht. Für die Variante entschieden sich
in letzter Zeit freilich wieder Huck/Greeven[66]. Eine sichere
Entscheidung ist u.E. kaum noch möglich. Da der Satz auch
ohne πρὸς αὐτόν durchaus zu verstehen ist, könnten ℵ*, B u.a.
die Wendung für überflüssig empfunden und daher ausgelassen
haben. Andererseits zeigt aber die Studie von Sanders[67], daß
die Hinzufügung des indirekten Objekts oder gleichwertiger
πρός-Sätze in der nachkanonischen Überlieferung geläufig war,
so daß πρὸς αὐτόν sek sein könnte. Da solche Überlegungen zu

---

63 Vgl. dazu Sanders, a.a.O. 133f (145) bzw. 110ff (144).

64 Tischendorf und Soden entschieden sich dagegen für ἠρώτων:
   vgl. NTG[26], 723.

65 Vgl. ders., Lk 385 Fußnote.

66 Vgl. ders., Synopse 77.

67 Vgl. ders., Tendencies 107ff.

keiner Entscheidung führen, halten wir an dem Grundsatz, nach
welchen dem ägyptischen Text die Priorität zu geben ist, fest
und betrachten πρὸς αὐτόν als einen sek erläuternden Zusatz.
3. Bei der Wendung λέγων αὐτῷ erscheint das Pronomen bei P[75]
vorangestellt; von anderen Hss. - ℵ'* , Θ, 700, lat, sa[ms] und
bo[ms] - wird es ganz ausgelassen, wohl deshalb, weil die Be-
zugsperson aus dem Kontext klar ist. Die Wendung λέγων αὐτῷ
ist jedoch, was Begriffswahl und Wortfolge anbelangt, infolge
der besseren äußeren Bezeugung für urspr zu halten.
4. Die Wortfolge ἱκανός εἰμι ist mit P[75vid], ℵ , B, W, 700
und lat als urspr anzusehen, denn εἰμὶ ἱκανός läßt sich als
Angleichung an die Wortfolge von Mt 8,8 verstehen.

V 7

1. Der Satz διὸ οὐδὲ ἐμαυτὸν ἠξίωσα πρὸς σὲ ἐλθεῖν kommt nicht
in D, 700*, it und sy[s] vor. Er wird sek ausgelassen worden
sein, um die Lk-Fassung mit der des Mt zu harmonieren, die
den Satz ebenfalls nicht bringt[68].
2. Obwohl die große Mehrzahl der Hss. ἰαθήσεται bringen, dagegen aber nur P[75vid], B, L, 1241, sa und bo[mss] ἰαθήτω, ist
die letztere Lesart insofern vorzuziehen, als ἰαθήσεται sich
leicht von der Tendenz her verstehen läßt, die Lk-Fassung
dem Mt-Text anzugleichen (vgl. Mt 8,8: ἰαθήσεται:). So
urteilt auch die Mehrzahl der Textkritiker; als Ausnahmen
seien Vogels und Tasker erwähnt[69].

V 9

1. Die Bezeugung des ἀμήν durch D, Θ, Ψ, f[13], pc und lat steht
deutlich unter Paralleleinfluß von Mt 8,10.

---

68 Einige Forscher, wie Wellhausen (vgl. ders., Lk 26f) und
   Hirsch (vgl. ders., Frühgeschichte II, 384) äußerten die
   Vermutung, der Satz Lk 7,7a sei eine später entstandene
   Glosse. Dagegen spricht aber schon der sprachliche Befund,
   da in diesem Versteil mehrere lk Spracheigentümlichkeiten
   zu finden sind: vgl. die Analysen von Schramm, Mk-Stoff 42,
   Anm. 5 und Jeremias, Sprache 154.
69 Zu Vogels, vgl. NTG[26], 723 und zu Tasker, s. ders., The
   Greek New Testament 101.

2. D bringt gegenüber dem παρ'οὐδενί des Mt (8,10) und οὐδέ
des Lk (7,9) die Variante οὐδέποτε; außerdem stellt diese Hs.
auch das τοσαύτην πίστιν εὗρον dem ἐν τῷ 'Ισραήλ voran. Beide Varianten sind mangels einer besseren äußeren Bezeugung
abzulehnen[70].

V 10

1. D fügt nach οἱ πεμφθέντες das Subjekt δοῦλοι ein, streicht
aber δοῦλον vor ὑγιαίνοντας, wohl um eine Häufung des Wortes
zu vermeiden. Beide Änderungen sind infolge der Isolierung
innerhalb der handschriftlichen Überlieferung als sek zu betrachten.
2. Bei A, C, (D), R, Θ, Ψ, f[13], 𝔐, f, vg und sy[p.h] erscheint
δοῦλος durch ἀσθενοῦντα präzisiert. Die Hss., die ἀσθενοῦντα
nicht haben - P[75], ℵ, B, L, W, f[1], 700.892*, 1241, pc, it,
sy[s] und co - stellen die bessere äußere Bezeugung dar, so daß
das Ptz. als sek Zusatz angesehen werden muß. Dies legt sich
auch dadurch nahe, daß die Addierung von Adjektiven und adjektivischen Sätzen in der nachkanonischen Überlieferung keineswegs selten ist[71].

Zusammenfassung der textkritischen Bemerkungen zum Mt- und
Lk-Text:

Die Textkritik konnte für die Texte des Mt und Lk keine
sachlich wichtigen Varianten gegenüber dem Text von NTG[26] als
urspr erweisen. Aus Gründen der inneren Kritik, bei der u.a.
der dem jeweiligen Evangelisten eigene Stil zu beachten ist[72],
hielten wir gegenüber dem von NTG[26] vorgeschlagenen Text lediglich eine Variante für urspr, nämlich das asyndetische λέγει in Mt 8,7. Für die nun folgende statistisch-stilkritische
Untersuchung kann angesichts dieses Ergebnisses der Lk- und
Mt-Text, so wie er im NTG[26] erscheint, als Basis dienen; lediglich bei der Analyse der erwähnten Variante wird die hier
vollzogene textkritische Entscheidung zu berücksichtigen sein.

---

70 Für urspr wird οὐδέποτε von Wellhausen, Lk 26f gehalten.

71 Vgl. dazu Sanders, Tendencies 116ff.

72 Vgl. dazu Metzger, Text 212f und ders., Textual Commentary
   XXVI-XXVIII u.a.

3. Wortstatistische und stilkritische Untersuchung

3.1. Hilfsmittel und Hinweise zur Methode der Analyse

1) Allgemeine Hilfsmittel

Als Hilfsmittel für die folgende stat Untersuchung wurden von uns hauptsächlich drei Werke benutzt: Gastons "Horae synopticae electronicae"[1], Hawkins "Horae synopticae"[2] und Morgenthalers "Statistik des neutestamentlichen Wortschatzes"[3]. Da Gaston den Wortschatz der Evangelien sowohl nach literarischen Schichten[4] als auch nach den verschiedenen Gattungen

---

1 Vgl. Gaston, Horae synopticae electronicae. Word statistics of the synoptic gospels, SBibSt 3, Missoula 1973. Dazu die Rezensionen von Schenk, ThLZ 101 (1976), 38-40 und Sparks, JThS 26 (1975), 146-149.

2 Vgl. Hawkins, Horae synopticae. Contributions to the study of the synoptic problem, Oxford [2]1909 (Nachdr. 1968). Dazu die Rezension von Holtzmann, ThLZ 35 (1910), 331f.

3 Vgl. Morgenthaler, Statistik des neutestamentlichen Wortschatzes, Zürich und Frankfurt a.M. 1958. Dazu die Rezensionen von Fascher, ThLZ 84 (1959), 519f und Schnackenburg, BZ 4 (1960), 156f.

4 Obwohl die Aufstellung der Statistik bei Gaston die Zwei-Quellentheorie voraussetzt (Horae 4), bleibt er trotzdem den verschiedenen Quellentheorien gegenüber durchaus offen. So betont er z.B. ausdrücklich in Horae 4: "The categories Q, M, L, etc., in spite of their names, represent only the situation with respect to the presence of parallelism, and are not themselves meant to designate possible sources." Und ferner, ebd.: "However, the existence of such a source (sc. the Q source), to say nothing of M or L, is an open question and has not been a presupposition for compiling the material". Die literarischen Schichten, die er unter diesen Voraussetzungen aufstellt, sind folgende: MK, Q, QMT (Worte, die sich nur im Q-Text des Mt befinden, trotz Parallele im Q-Text des Lk), QLK (Worte ausschließlich im Q-Text des Lk, trotz Parallele im Q-Text des Mt), M (Sondergut des Mt), L (Sondergut des Lk), Mt add (Hinzufügungen des Mt gegenüber dem Mk-Text) und Lk add (Hinzufügungen des Lk gegenüber dem Mk-Text): vgl. ders., Horae 4-6.

stat zusammengestellt hat, und dadurch ein differenzierteres
und sachlich objektiveres Urteil über das Vorkommen der jeweiligen Worte ermöglicht wird, wurde sein Werk für die folgende stat Untersuchung als Grundlage benutzt[5].

Trotz der grundlegenden Bedeutung von Gastons Werk für unsere stat Analyse, ergeben sich jedoch bei seiner Benutzung
einige Probleme, auf die kurz eingegangen sei:

1. Während Gastons Aufstellungen auf der von Aland in zweiter
Auflage 1965 veröffentlichten "Synopsis quattuor evangeliorum"
beruhen[6], gründet Alands "Vollständige Konkordanz", Bd. II,
die von uns als Grundlage bei der Angabe der absoluten Häufigkeit der Belegzahlen herangezogen wird, auf der von Aland,
Black u.a. herausgegebenen 26. Aufl. des "Novum Testamentum
Graece" bzw. 3. Aufl. des "The Greek New Testament". Dies
führt ab und zu zu geringfügigen Differenzen zwischen den Angaben des absoluten und des nach literarischen Schichten ge-
sonderten Vorkommens eines Wortes. Sind diese Differenzen von
Gewicht, so werden sie jeweils berücksichtigt[7].

2. Gastons Verteilung des synoptischen Stoffes innerhalb der
verschiedenen Schichten muß kritisch übernommen werden.

Schenk[8] meint z.B. - wohl nicht ohne Recht -, daß Gaston
den Sg-Anteil der jeweiligen Evangelisten zu hoch veranschlagt.
Dies hat stat zur Folge, daß, während seine Aufstellungen der
Zahl der mt und lk Auslassungen gegenüber Mk[9] in der Regel
ein verläßliches Minimum wiedergeben, auf die Zahl der Hinzufügungen weniger Verlaß besteht[10]. Letztere können unter Umständen in Wirklichkeit weit zahlreicher als angegeben sein,
da sie ja bei ihm gelegentlich unter dem Sg subsumiert sind.
Besondere Vorsicht ist daher in den Fällen erforderlich, in
denen Gaston zu einem Wort keine oder nur wenige Einfügungen

---

5 Dabei wird die absolute Häufigkeit des jeweiligen Wortvorkommens stets nach Aland, Vollständige Konkordanz zum griechischen Neuen Testament, Bd. II angegeben.

6 Vgl. Gaston, Horae 4 mit Anm. 4.

7 Dies ist meist nur dann der Fall, wenn die Belegzahl des
   Wortvorkommens gering ist. Die Auslassungen bzw. Hinzufügungen, die NTG[26] gegenüber NTG[25] im Bereich der Synoptiker
   bringt, sind aufgestellt bei Neirynck, Synoptic gospels,
   EThL 52 (1976), 364-379.

8 Vgl. Schenk (s. Anm. 1), 39.

9 Vgl. Gaston, Horae 61-66 unter "SUB".

10 Vgl. Gaston, ebd. 61-66.68-84 unter "ADD".

gegenüber Mk angibt, dafür aber eine hohe Zahl von Sg-Bele-
gen. Nähere Überprüfungen ergaben, daß in solchen Fällen oft
Belege, die als Sg angegeben wurden, eigentlich innerhalb mt
oder lk Erweiterungen von Mk-Stoff auftauchten und eine größere Wahrscheinlichkeit als Redaktion erwiesen, als dies die
stat Aufteilung Gastons auf den ersten Blick nahelegte. Trotzdem sind gewisse Unsicherheitsfaktoren im Hinblick auf das
Sondergut des Mt und Lk keineswegs restlos zu vermeiden. Dies
hängt vor allem damit zusammen, daß erstens die Positionen
der Forscher zu einzelnen Abschnitten recht kontrovers bleiben[11] und zweitens auch innerhalb des matthäischen und lukanischen Mk-Stoffes Sätze oder Verse, die als Sg erscheinen,
nicht unbedingt vom jeweiligen Evangelisten selbst, sondern
ebensogut von dem Einfluß mündlicher oder schriftlicher Traditionsvarianten stammen können[12].

Damit ist zugleich angedeutet, daß auch Gastons Aufstellungen der "certain passages commonly agreed to be redactional"[13], also von Sg-Material, das aus der Feder des jeweiligen Evangelisten stammt, ebenfalls nicht ungeprüft statistisch
verwendet werden kann[14].

3. Schließlich sei noch gesondert auf Gastons Aufstellung des
Q-Stoffes hingewiesen[15], da sie für unsere Arbeit von besonderer Wichtigkeit ist. Gegenüber der Aufstellung Polags[16] ist

---

11 Als Beispiel sei auf die recht unterschiedlichen Abgren-
   zungen der Forscher zwischen lk Mk-Stoff und lkSg innerhalb der Passionsgeschichte verwiesen. Eine Übersicht dazu
   gibt Neirynck, Matière marcienne 196f.

12 Vgl. dazu etwa die Arbeit von Schramm, Markus-Stoff,
   passim.

13 Vgl. ders., Horae 14 und die Aufstellung der "editorial
   sentences" auf S. 6f.

14 Wie kontrovers bestimmte Passagen des mt- und lk Sg hinsichtlich der Frage nach Tradition und Redaktion sind, zeigen zur Genüge die Ausführungen Bussmanns: vgl. ders.,
   Studien III, 97ff (Lk) und 145ff (Mt).

15 Vgl. ders., a.a.O. 5.

16 Vgl. Polag, Fragmenta Q 23-26. Dieses Textheft wird ausführlich rezensiert von Neirynck unter dem Titel: L'édi-
   tion du texte de Q, EThL 55 (1979), 373-381.

hier der Q-Stoff des Mt und Lk stark reduziert[17], indem das
bei Polag zahlreichere Material meistens dem Sg des jeweiligen Evangelisten zugewiesen wird. In unserer statistischen
Untersuchung werden wir daher Polags Aufstellung ständig zur
Überprüfung heranziehen müssen. Ausdrücklich wird jedoch immer nur dann auf sie verwiesen, wenn es für die Erhellung des
redaktionellen oder traditionellen Charakters des analysier-
ten Wortes tatsächlich beitragen kann.

Abgesehen von den bereits genannten Werken Hawkins, Morgenthalers und Gastons, erwiesen sich auch de Solages' "Synopse
grecque des Évangiles"[18] und Morgenthalers "Statistische Synopse"[19] in mancher Hinsicht als hilfreich für die Untersuchung.

2) Statistisches zu Q

Hinsichtlich *Wortschatz*, *Grammatik* und *Stil* wurde Q bereits mehrfach untersucht. Aus früheren Arbeiten sei ausdrücklich auf Harnack, Sprüche und Reden Jesu 102-115, und auf
Holtzmann, Die synoptischen Evangelien 335-341 verwiesen. In
letzter Zeit erschienen vor allem zwei Studien, die Erwähnung
verdienen: Burrows, A study of the agreements of Matthew and
Luke against Mark 294-318 ("Stilistic evidence for Q"), und
de Solages, La composition des Évangiles de Luc et de Matthieu
et leurs sources 183-210 ("Comparaison des paraphrases de X
par Luc et par Matthieu")[20].

---

17 Gegenüber Polags Aufstellung des Q-Textes (s.o. Anm. 16)
   fehlen in den entsprechenden Aufstellungen Gastons (s.o.
   Anm. 15) folgende Stellen:(aus Matthäus) Mt 3,1-3.11b.
   13.16; 4,1b.2a.11b; 5,1f.4f.7-10.41.45; 6,19; 7,12b.13f.
   16a.17.19f.28; 8,5-7.13; 10,5bf.7-10a.11.14.19.23.25b.36;
   11,23b; 12,11f.23bf.29.38.45b; 15,14a; 16,2.3a; 17,20a;
   18,14.21f; 19,20; 20,16; 22,1-10; 23,6a.7b.27f.30f; 24,17f.
   51b; 25,14-28.30; (aus Lukas) Lk 3,2b.4.16b.21b-22; 4,2a;
   6,12.20a.21b.34f.37b.38a; 7,1-6a.10.20; 9,61f; 10,1.4.7a.
   8-11.16; 11,18b.21f.36.44.46a.48; 12,11f.32.33a.35.36-38.
   49f.52.54-57; 13,23f.25-27.30; 14,5.15-24.25.35b; 15,3.5f.
   8-10; 17,2.4f.22.28-30.31f.37a; 19,12-25.27 und 22,28-30.

18 Vgl. ders., Synopse grecque des Évangiles. Méthode nouvelle
   pour résoudre le problème synoptique, Leyden 1959.

19 Vgl. ders., Statistische Synopse, Zürich und Stuttgart 1971.

20 Zahlreiche Hinweise auf den Stil von Q sind auch indirekt
   zu entnehmen aus Cadbury, Style 73ff und Jeremias, Sprache, passim.

Eine eigene *Konkordanz* zu Q erschien zum ersten Male im
Jahre 1975. Sie wurde von Edwards unter dem Titel "A concordance to Q" in der Reihe Sources for biblical study herausgegeben[21].

Die Grundsätze, nach denen die Konkordanz zusammengestellt
wurde, nennt er im Vorwort. Danach "the words chosen for in-
clusion are those which satisfy the minimal requirements,
that is, words which are similar in Matthew and Luke but
which are not found in Mark. Words with similar roots were
included although they might differ in respect to case, tense
or number"[22]. Die unter diesen Voraussetzungen zusammenge-
stellte Konkordanz ist zur raschen Ermittlung der Belege bei
Substantiven, Adjektiven, Präpositionen u.a. sehr praktisch.
Dies gilt leider nicht hinsichtlich der Verben, denn durch
die streng alphabetisch geordnete Aufstellung kommt es mehrmals vor, daß ein Verb je nach den Tempora bzw. Modi, in denen es erscheint, auf völlig verschiedenen Seiten angeführt
wird. Dasselbe gilt etwa für den Artikel in den verschiedenen
Kasus u.a.

Zur Ermittlung der *von Q bevorzugten Worte* sei zunächst
auf die Arbeit von Parker, The Gospel before Mark, hingewiesen[23]. Nur das Wort, "that occurs at least 3 times in Matthew's Q, 3 in Luke's, and oftener in each of these than in
either Mark or John"[24], sah er für Q als charakteristisch an.
Es gelang ihm, unter diesen Voraussetzungen, 32 für Q charakteristische Worte/Redewendungen herauszuarbeiten[25]. Eine
zweite Aufstellung von Q-Vorzugsworten liefert Gaston in seiner bereits erwähnten Statistik[26]. Er stellt mit Hilfe eines
präziseren Ermittlungsverfahrens[27] 31 solcher Worte fest[28].
Der Aufstellung von Parker entsprechen: γενεά, δένδρον,
ἐκβάλλω (Parker: ἐκβάλλω ἐν), ἕτερος, καρπός (Parker: καρπόν
ποιεῖν), μακάριος, ὅς (Parker: ὅς in attrac. constr. followed
by noun), οὐαί, πονερός, σῶμα, ὑπό (Parker: ὑπό with accusa-
tive). Dieses teilweise unterschiedliche Ergebnis hängt nicht

---

21 Vgl. ders., A concordance to Q, SBibSt 7, Missoula 1975.
22 Die Unterstreichung stammt vom Verfasser.
23 Vgl. Parker, The gospel before Mark, Chicago [2]1955.
24 Vgl. ders., ebd. 30.
25 Vgl. ders., ebd. 244 (Table V).
26 Vgl. ders., Horae 22f.
27 Zu Gastons Anwendung der "binominal distribution", vgl.
   ders., ebd. 12f.
28 Vgl. ders., ebd. 22f.

nur mit dem jeweils anderen Ermittlungsverfahren, sondern
zweifellos auch mit der bei Parker und Gaston unterschiedlichen Umfangsbestimmung von Q zusammen[29]. Um subjektive Urteile möglichst zu vermeiden, entschieden wir uns nach einem
Vergleich mehrerer Statistiken, in Zweifelsfällen, beim Wort-
umfang von Q mit etwa 20% des Gesamtwortumfangs der jeweiligen Evangelien zu rechnen[30].

---

29 Zur Umfangsbestimmung von Q bei Gaston vgl. ders., a.a.O.
   5; zu Parker siehe ders., a.a.O. (7-24).70-84.

30 Man vergleiche etwa die folgenden Zahlen:

Worte bei Mt	Total	In Q	% für Q
de Solages	18.518	4.136	22,33%
Morgenthaler	18.298	3.951	21,59%
Honoré	18.265	4.188	22,92%
Worte bei Lk			
de Solages	19.587	4.171	21,29%
Morgenthaler	19.448	3.782	19,44%
Honoré	19.360	4.311	22,26%

Diese Angaben sind entnommen aus: de Solages, Synopse
1050 und ders., Composition 20-23.271-274; Morgenthaler,
Synopse 89 und Honoré, Statistical study 96.138f.143, wobei
beim letzteren die Wortzahl der ersten Sektion von Lk und
Mt (Lk 3,23-38 und Mt 1,1-17: vgl. ebd. 143) nicht mitgezählt wurde, da diese Perikopen für Q nicht in Frage kommen.
    Mit diesen Zahlen stimmt auch im großen und ganzen die
Rekonstruktion Polags überein, wie er sie in seinem Textheft zur Logienquelle (vgl. Fragmenta Q 28-83) wiedergibt.
Unsere Zählung in den dort sicher zu Q gerechneten Texten
(nicht mitgezählt wurden die Nr. 1.3.18.20.42.43.49.57.60.
61.74.75; ferner die unsicheren Texte von S. 84-86 und die
Einleitungswendungen von S. 88-91) ergab folgenden Wort-
bestand für die Rekonstruktion von Q:

3665	Worte	(sicher)
25	"	(wahrscheinlich)
273	"	(vermutlich)
49	"	(möglich)

Total: 4012 Worte.
    Von diesem relativen Konsens weicht nur Gaston stark
ab, der für Q mit einem Total von 1.789 (= 5%), für QMt
mit 1.014 (= 3%) und für QLk mit 949 (= 3%) Worten rechnet: vgl. ders., a.a.O. 10.

3) Zur Anwendung der Wortstatistik

Über Gefahren und Vorteile der Wortstatistik wurde in letzter Zeit mehrmals geschrieben[31]. Eine erneute Stellungnahme braucht daher im Rahmen dieser Arbeit nicht erbracht werden. Lediglich auf folgende Punkte sei nochmals hingewiesen:

1. Zu sicheren Ergebnissen kann die Wortstatistik, wenn sie isoliert betrieben wird, nur in seltenen Fällen führen. Eine größere Wahrscheinlichkeit gewinnen die Ergebnisse aber sicherlich dann, wenn Resultate der Wortstatistik durch Beobachtungen zum Stil ergänzt und bestätigt werden können.

2. Wird ein Wort oder eine Konstruktion für redaktionell wahrscheinlich gehalten, so ist darauf zu achten, ob es sich bei der Redaktionstätigkeit des jeweiligen Evangelisten um einen Ersatz für ein anderes Wort bzw. Konstruktion[32] oder aber um eine Neubildung, also Hinzufügung handelt.

3. Gibt bei einem Wort die Einzelstatistik nicht genügende Anhaltspunkte für Tradition und Redaktion, so kann die zusätzliche Analyse des Gesamtausdruckes in einigen Fällen weiterführende Indizien liefern.

4. Bei Worten mit geringem Vorkommen, wo eine Entscheidung ohnehin schwer fällt, muß zusätzlich auf die Verwendung von stammesgleichen Ausdrücken geachtet werden[33].

4) Hinweise zur Methode der Analyse

Für das Verständnis des Verfahrens bei der wortstatistischen Untersuchung muß folgendes beachtet werden:

a. Bei Worten, die eine höhere Belegzahl aufweisen, wird zunächst die Zahl des Gesamtvorkommens angegeben. Danach werden

---

31 Vgl. etwa Linnemann, Passionsgeschichte 141-143; Mußner, Methodologie 130f; Friedrich, Gott im Bruder 9-13; ders., Wortstatistik und Quellenfragen 212-220.

32 Zur Feststellung von Ersatzworten sind solche Werke nützlich, die sich mit der Synonymik des neutestamentlichen Wortschatzes befassen. Vgl. dazu etwa Trench, Synonyma des Neuen Testaments, passim; Heine, Synonymik des neutestamentlichen Griechisch, passim; ferner Cremer, Biblisch-theologisches Wörterbuch des neutestamentlichen Griechisch.

33 Hilfreich ist dazu Jacques, List of New Testament words sharing common elements, Rom 1969.

in zwei horizontalen Zeilen[33a] diese Belege nach Gastons
Methode auf die einzelnen zu Mt und Lk gehörenden Schichten
verteilt.

Die Zahl des Gesamtvorkommens innerhalb der Evangelien
wird, wie bereits erwähnt[34], stets nach Aland, Vollständige
Konkordanz Bd. II, wiedergegeben, wobei zu beachten ist, daß
die Reihenfolge der Zahlen genau der des Mt, Mk, Lk und Apg
entspricht. Einfachheitshalber trennten wir die Angaben zu
Mt, Mk und Lk durch einen diagonalen Strich(/), die zu Lk und
Apg durch ein Kreuz (+).

Die Angabe der Zahlen bei den einzelnen Schichten basiert
in der Regel auf den Aufzählungen Gastons[35]. Um einer besseren Übersichtlichkeit willen wurde dazu folgende Durchführung
bevorzugt:
1. Zwischen der angegebenen Schicht und der ihr entsprechenden Zahl wurde kein Doppelpunkt gesetzt.
2. Die Zahl der Einfügungen und Auslassungen gegenüber Mk
   wurde nicht etwa durch "Lk add"/"Lk om" o.ä. angegeben,
sondern einfach durch ein vorangestelltes "+" (= Einfügungen)
und "-" (= Auslassungen).
3. Die Zahl der Übernahmen aus Mk (= "acc") wird zwar nicht
   gesondert von Gaston angegeben, konnte aber leicht ermittelt werden, indem von der absoluten Zahl des Vorkommens im
Evangelium die Summe der Belege in Q, QMt (oder QLk), Sg und
den Hinzufügungen zu Mk subtrahiert wurde. Auf die eigene Ermittlung dieser Angaben wird nicht ausdrücklich verwiesen!
4. Da Gaston die Zahl der Auslassungen gegenüber Mk (="-")
   nur bei den Vorzugswörtern des Mt und Lk mitteilt[36], wurde
sie nicht immer angegeben. Darauf wird hingewiesen, indem wir
statt der Zahl der Auslassungen einfach ein Fragezeichen setzen ("- ?"). Bei Worten, deren Belegzahl nicht hoch ist,
konnte freilich die Zahl der Auslassungen durch den synoptischen Vergleich leicht von uns selbst ermittelt werden. In
diesen Fällen wird die Zahl angegeben, aber wiederum ohne ausdrücklichen Verweis auf die eigene Ermittlung[37].

33a Einige Hinweise zu dieser Darstellungsart verdanke ich
    Herrn Doktorand Reinhard Feldmeier, Tübingen.

34 Vgl. o. Anm. 5.

35 Vgl. ders., Horae 22-33.61-66 und zusammenfassend 68-84.

36 Vgl. ders., Horae 61-66 unter "SUB".

37 Diese Ausführungen mögen nun anhand eines Beispieles veranschaulicht werden, wobei wir uns des Wortes λόγος bedienen. Die statistischen Angaben zu diesem Wort wären wie
   im folgenden zu geben:
   λόγος: 33/24/32 + 65.

   Mt: In Q 3; QMt 2; Sg 12 (red 4); + 4; - ?; acc 3
   Lk: " " "; QLk 0; " 16 ("   4); + 6; - 6; "   10.

b. Der Aufstellung der Belege innerhalb der Schichten des Mt
und Lk folgt in der Regel ein statistisches Ergebnis. Damit
versuchen wir die Verteilung der Belege so zu bewerten, daß
der Grad der Wahrscheinlichkeit einer matthäischen oder lukanischen Redaktion stets deutlich zu Tage tritt. Dabei wird
von folgenden Auswertungskategorien Gebrauch gemacht:

1. Kein Hinweis auf mt (oder lk) Red.

Es handelt sich hierbei um Worte, bei denen kein einziges
Mal mit Sicherheit eine redaktionelle Verwendung durch den
jeweiligen Evangelisten festgestellt werden konnte[38].

2. lk Red nicht unmöglich.

Bezieht sich auf Worte, die Lk zwar niemals eindeutig redaktionell in seinem Evangelium benutzt, deren redaktioneller
Gebrauch aber nicht mit Sicherheit ausgeschlossen werden kann,

---

38 Demnach ist das Wort 33x bei Mt, 24x bei Mk, 32x bei Lk
und 65x bei der Apg belegt. Die Verteilung der Belege innerhalb der Schichten zeigt, daß es in Q mindestens 3x und
höchstens 5x vorkommt; letztere Zahl würde dann stimmen,
wenn sich erweisen ließe, daß Lk das Wort 2x in seinem Q-
Stoff ausläßt oder durch ein anderes ersetzt. Weiter ist
zu beobachten, daß sowohl Lk als auch Mt das Wort gern von
sich aus einfügen: Dies zeigen nicht nur ihre Einfügungen
in den Mk-Stoff (Mt: 4x; Lk: 6x), sondern auch der relativ
häufige Gebrauch des Wortes in Sg, das ihrer Redaktion
entstammt (Mt: 4x; Lk: 4x).
Was die Angaben zu den Auslassungen gegenüber Mk betrifft, so konnten die 6 Auslassungen des Lk aus Gastons
Statistik entnommen werden (vgl. Horae 64), da das Wort
nach ihm vom dritten Evangelisten bevorzugt wird. Für die
Zahl der matthäischen Auslassungen bringt er keine Belegzahl, sie wurde daher von uns einfach offen gelassen ("?").
Doch ist damit zu rechnen, daß die Zahl seiner Auslassungen weit höher als die von Lk liegt, da seine Rezeption
des Mk-Stoffes um fast ein Drittel größer als die des
dritten Evangelisten ist (vgl. Morgenthaler, Synopse 163).
Dies wird auch durch seine geringe Zahl von Übernahmen aus
Mk nahegelegt (3x).
Die Tatsache, daß Lk das Wort häufiger als Mt aus Mk
übernimmt, es öfter als Mt in seiner Bearbeitung des Mk-
Stoffes einfügt und es sehr wahrscheinlich seltener als
der erste Evangelist in dem von ihm verarbeiteten Mk-Stoff
ausläßt, deutet darauf hin, daß im Vergleich mit Mt das
Wort von Lk mit größerer Vorliebe gebraucht wird. Dies
wird nicht zuletzt durch die Belegzahl der Apg bestätigt.

38 Kriterien zur Ermittlung eines traditionellen Stoffes geben Rehkopf, Sonderquelle 87 und Jeremias, Sprache 8. Diese Kriterien wurden kritisch überprüft durch Schürmann,
Trad. Untersuchungen 209ff (gegenüber Rehkopf) und Schneider, Rez. zu Jeremias, Die Sprache des Lukasevangeliums,
ThRv 77 (1981), 20f.

da sie in der Apg belegt sind. Die Anwendung derselben Kategorie auf Mt (also: mt Red nicht unmöglich) deutet darauf hin,
daß für das betreffende Wort ein redaktioneller Gebrauch
durch Mt gegenüber dem Mk-Stoff nicht mit Sicherheit bestritten, d.h. matthäische Redaktion nicht gänzlich ausgeschlossen
werden kann.

3. mt (oder lk) Red möglich.

In diesem Falle ist das analysierte Wort mindestens einmal mit Sicherheit redaktionell belegt, doch überwiegt es
noch im traditionellen Stoff. Es wird deshalb, rein statistisch, zunächst für traditionell gehalten.
Bei dieser Auswertungskategorie muß ständig mit einem gewissen Unsicherheitsfaktor gerechnet werden. Derartige Unsicherheitsfaktoren erscheinen überhaupt häufig. Sie treten
auch dann auf, wenn trotz breiter redaktioneller Verwendung
eines Wortes durch den Evangelisten zugleich eine große Rezeption aus dem Mk-Stoff festzustellen ist, also die Zahl
von Lk (oder Mt) acc ebenfalls hoch ist, denn in solchen Fällen beweist ja gerade die große Übernahme aus Mk, daß gegenüber anderen Quellen ebenfalls mit breiter Rezeption zu rechnen ist.

4. hohes Vorkommen im Sg (oder in Q).

Damit soll angedeutet werden, daß die breite Anwendung des
Wortes in der jeweilig angegebenen Schicht auf Tradition hinweisen könnte, und zwar auf Tradition des Sg (oder von Q). In
der Regel geben wir unter dieser Auswertungskategorie nur solche Worte an, die Gaston ausdrücklich in der betreffenden
Schicht für bevorzugt hält[39].

5. Sg! (oder Q!).

Steht statt "hohes Vorkommen im Sg"/"hohes Vorkommen in
Q" einfach nur "Sg!" oder "Q!", so soll darauf hingewiesen
werden, daß das betreffende Wort zwar nach Gaston keine besondere Bevorzugung innerhalb von Sg oder Q aufweist, doch
infolge der immerhin wenigstens relativ guten Belegzahl in
der angegebenen Schicht sehr wohl traditionell sein könnte[40].

---

39 Vgl. Gaston, Horae 22f (zu Q).27-30 (zum mtSg) und 31-33
   (zum lk Sg).

40 Diese relativ gute Belegzahl kann dadurch veranschaulicht
   werden, daß man sich den Stoffprozentsatz, mit dem Q, lk-
   und mtSg an dem gesamten Evangelienstoff beteiligt sind,
   bewußt macht: Q ca. 20% (vgl. o. Anm. 30); mt Sg ca 20%
   und lkSg ca. 35%. Die Angaben der prozentualen Bestimmun-
   gen des Sg sind nach de Solages, Synopse 1050 (vgl. auch
   ders., Composition 215 mit Anm. 1) wiedergegeben. Mit seinen Zahlen stimmt im großen und ganzen auch Honoré, Statistical Study 96 überein. Demgegenüber weicht Morgenthaler, der in seiner Statistischen Synopse für das mtSg mit
   30,58% (5.596 Worte) und für das lkSg mit 47% (8.887 Worte) des Gesamtstoffes rechnet (ebd. 89), z.T. stark ab.
   Ähnlich auch die Aufstellung von Gaston, der für das mtSg
   auf 5.926 und für das lkSg auf 9.491 Worte kommt (Horae

6. mt (oder lk) Red (sehr) wahrscheinlich.

Hier ist infolge einer größeren Anzahl redaktionell fest-
stellbarer Belege auch für die jeweils betroffene Stelle mit
Redaktion zu rechnen.

Es dürfte einleuchten, daß zwischen diesen Auswertungskategorien nicht immer scharf getrennt werden konnte. In Zweifelsfällen schien es uns daher sachgemäßer, zuweilen ein Wort
mehreren Kategorien gleichzeitig zuzuordnen. Im Prinzip hielten wir aber die Worte oder Konstruktionen, die unter die Kategorien 1-4 fielen, rein statistisch, zunächst für traditionell. Nicht selten ergab sich dann aber aus zusätzlichen stilistischen Beobachtungen, daß die Wahrscheinlichkeit einer
Redaktion dennoch mit guten Gründen angenommen werden konnte.

c. Dem statistischen Ergebnis folgen nicht selten nähere Angaben zu den Belegen, zusätzliche Erwägungen stilistischer
Natur und sonstige Hinweise, die zu einer sicheren Entscheidung hinsichtlich der Ursprünglichkeit in Q führen könnten[41].
Dabei muß beachtet werden, daß, je nach dem Befund in Mt und
Lk, die Q-Ursprünglichkeit eines Wortes von mehreren Faktoren
abhängt.

Steht beispielsweise ein Wort nur in Lk oder Mt, so hängt
die Wahrscheinlichkeit eines Q-Ursprungs davon ab, ob es (a)
vom Evangelisten, der es bezeugt, auch gegenüber Mk eingesetzt
wird; (b) vom Evangelisten, der es nicht bringt, auch gegenüber Mk und überhaupt in dem von ihm verarbeiteten Stoff vermieden wird und (c) in Q nur an der besprochenen oder auch an
anderen Stellen vorkommt. Häufig tritt auch der Fall ein,
daß Mt und Lk zwei verschiedene Ausdrücke an derselben Stelle
bringen. Wiederum wird die Wahrscheinlichkeit eines Q-Ursprungs von Mt oder Lk nur dann mit einiger Sicherheit vertreten werden können, wenn (a) das Vorkommen beider Ausdrücke
in Q, (b) der matthäische Gebrauch seines und des in Lk stehenden Wortes und (c) der lukanische Gebrauch seines und des
in Mt stehenden Wortes klar herausgestellt wurden.

---

10). Diese Unterschiede zwischen de Solages und Honoré
   einerseits und Morgenthaler und Gaston andererseits erklären sich aus der Tatsache, daß die beiden ersten sich
   mehr auf die Perikopenebene konzentrieren, während die
   letzteren sowohl die Satzebene (vgl. Gaston, ebd. 3) als
   auch die Satzfragmentenebene (vgl. Morgenthaler, Synopse
   165 sub 4.3.1.) miteinbeziehen, u.a. mit der Konsequenz,
   daß bei ihnen das Sg teilweise auch Material der duplex
   und triplex traditio enthält (vgl. Morgenthaler, ebd. 86f
   und Gaston, ebd. 5f).

41 Voraussetzung dazu ist natürlich, daß die Hauptmannsperikope urspr der Q-Quelle angehörte, was u.S. 286-296 näher
   begründet wird.

In den Fällen, in denen die Analyse der verschiedenen Faktoren, die jeweils zu bedenken sind, zu keinem sicheren Ergebnis führen konnte, wurden in der Regel abschließend die
Argumente für und gegen die Ursprünglichkeit in Q nochmals
knapp zusammengefaßt. Systematisch wurde letzteres Verfahren
freilich lediglich gegenüber der mt und lk Einleitungswendung zur Hauptmannsperikope durchgeführt[42].

3.2. Wortstatistische und stilkritische Untersuchung

3.21. Mt 7,28a/Lk 7,1a

Die in Lk 7,1a erscheinende Überleitungswendung von der Bergpredigt zur Hauptmannsperikope stimmt sachlich mit Mt 7,28a
überein. Da nun Mt 7,28b.f deutlich von Mk 1,22 (vgl. Lk 4,32)
abhängen und Mt 8,2-4 hinsichtlich der Mk-Akoluthie wohl den
Abschnitt Mk 1,40-45 antizipiert[1], ist zu vermuten, daß bereits in der Q-Vorlage des Mt und Lk eine Mt 7,28a/Lk 7,1a
ähnliche Überleitungswendung von der Bergpredigt zum Haupt-
mannsbericht vorlag.

Eine genaue Rekonstruktion dieser Wendung stößt allerdings
auf Schwierigkeiten, denn erstens besteht trotz einer relativen Identität in der Wortfolge bei keinem einzigen Ausdruck
eine Wortlautidentität[2], und zweitens ist bekanntlich bei

---

42 S.u.S. 103-122.

1 Vgl. dazu Neirynck, Rédaction et structure 66, Anm. 102;
  ders., Sermon 355f. Wie der Autor (vgl. ders., Sermon,
  passim) zeigt, besteht guter Grund anzunehmen, Mt habe die
  Bergpredigt zwischen Mk 1,21 und 1,22 eingeschoben.

2 Nach den schematischen Aufstellungen von de Solages (vgl.
  ders., Synopse grecque 341ff) lassen sich immerhin drei
  Synonyma (ἐπλήρωσεν/ἐτέλεσεν; ῥήματα/λόγους und αὐτοῦ/
  Ἰησοῦς) und zwei analoge Worte ἐπειδή / καὶ ἐγένετο ὅτε
  und πάντα/τούτους) herausstellen (vgl. auch de Solages,
  ebd. 639 zu Mt 7,28a/Lk 7,1a, der freilich Ἰησοῦς in Mt
  7,28a nicht synonym zum lk αὐτοῦ in Lk 7,1a setzt).

Übergangs- bzw. Einleitungswendungen die red Tätigkeit der
Evangelisten am stärksten zu Werke gewesen[3]. Wir untersuchen
daher Mt 7,28a und Lk 7,1a zunächst einmal jeweils für sich
und versuchen danach zusammenfassend, die gewonnenen Erkenntnisse im Hinblick auf einen Rekonstruktionsversuch des Q-Wort-
lauts abschließend zu bewerten.

3.211. Mt 7,28a: καὶ ἐγένετο ὅτε ἐτέλεσεν ὁ 'Ιησοῦς τοὺς
λόγους τούτους...

a) Die Wendung καὶ ἐγένετο ὅτε ἐτέλεσεν ὁ 'Ιησοῦς...[4] begegnet bei Mt als festgeprägte Abschluß- bzw. Übergangsformel,
die die fünf großen Reden (Mt 5-7; 9,35-11,1; 13; 18-19,1 und
23-26,1) beendet und jeweils zum Erzählstoff überleitet[5]. Da
Lk nur zu Mt 7,28a eine sachliche Parallele bietet, muß mit
mt Red in 11,1; 13,53; 19,1 und 26,1 gerechnet werden[6]. Dies
liegt insofern nahe, als bei Mt red Wiederholungen von ursprünglich in Q oder Mk auftretenden Formeln geradezu in charakteristischer Weise gehäuft auftauchen[7].

---

3 Vgl. dazu etwa Rosché, Words of Jesus, passim und Morgenthaler, Synopse 163.165. Es ist daher kaum verwunderlich,
  daß auch unter den Forschern die Meinungen hinsichtlich der
  lk oder mt Übergangswendung recht auseinandergehen. So ist
  z.B. nach Weiss, Quellen 14, Anm. 22 und Schmid, Mt und Lk
  252 zwar der mt Wortlaut ursprünglicher, die lk Wendung
  ἐπλήρωσεν εἰς τὰς ἀκοὰς (τοῦ λαοῦ) jedoch vor-lk. Demgegenüber meinen aber Harnack, Sprüche 54 und Bussmann, Studien II, 55f, der ursprüngliche Wortlaut sei überhaupt
  nicht mehr zu rekonstruieren. Für die mt Fassung entschied
  sich zuletzt Polag, Fragmenta 38f.
4 Vgl. dazu Senior, Passion 9-14 (Lit!).
5 Mt paßt freilich die Wendung dem jeweiligen Kontext an, wie
  die Variation des Objektes zeigt: Dieses wird nämlich in Mt
  7,28a und 19,1 mit τοὺς λόγους τούτους, in 26,11 mit πάντα
  τοὺς λόγους τούτους, in 11,1 mit einer Partizipialkonstruktion (διατάσσων τοῖς δώδεκα μαθηταῖς αὐτοῦ) und schließlich
  in 13,53 mit τὰς παραβολὰς ταύτας wiedergegeben.
6 Vgl. etwa Davies, Setting 22 und Streeter, Four Gospels 262.
7 Vgl. die Aufstellung von Hawkins, Horae 170-172 und die von
  Dobschütz, Rabbi 341f gegebenen Beispiele. Innerhalb der mt
  Redekompositionen wird dieses mt Verfahren sehr einleuchtend von Morgenthaler, Synopse 200-211 herausgestellt.

b) Zur Statistik im Einzelnen:

(1) καὶ ἐγένετο[8]

1. Parataktisches καὶ ἐγένετο begegnet außer in der festgeprägten Formel (Mt 7,28; 11,1; 13,53; 19,1 und 26,1) sonst
nur noch in 8,24.26 und 9,10, jeweils ohne verbum finitum[9].
Mt übernimmt es wörtlich in 8,26 (vgl. Mk 4,39) und bringt es
als Ersatz für καὶ γίνεται in 8,24 (vgl. Mk 4,37) und 9,10
(vgl. Mk 2,15). Demgegenüber wird jedoch mk καὶ ἐγένετο in Mt
12,1 durch ἐν ἐκείνῳ τῷ καιρῷ..., in 17,5 (bis) durch (καὶ)
ἰδοῦ...(bis) und in 3,13 durch τότε παραγίνεται (vgl. Mk 1,9:
καὶ ἐγένετο...ἦλθεν) ersetzt. Außerdem entfällt das ἐγένετο
von Mt 4,4 (καὶ ἐγένετο ἐν τῷ σπείρειν) bei Mt 13,4 (= καὶ ἐν
τῷ σπείρειν). Mk 9,26 wird von Mt infolge seiner Kürzung von
Mk 9,14-29 ausgelassen.

Diese in Betracht gezogenen Stellen zeigen also, daß Mt
gegenüber Mk die Einleitungswendung καὶ ἐγένετο sowohl einfügen wie auslassen kann. Seine Tendenz scheint freilich in die
Richtung zu gehen, die Wendung zu ersetzen, denn bei Mt 8,24
und 9,10 war sie ja im Grunde von Mk schon vorgegeben, wobei
der erste Evangelist lediglich das Praesens historicum in den
Aorist umänderte. Aus der mt Bearbeitung des Mk-Stoffes folgt
daher, daß eine mt Red zwar möglich ist, aber mit der Übernahme von καὶ ἐγένετο aus der Trad fast eher zu rechnen ist.
2. Argumente für und gegen die Ursprünglichkeit in Q:
Pro: a. Mt zeigt keine Bevorzugung der Wendung innerhalb seiner Bearbeitung des Mk-Stoffes.

b. Mt hat die Tendenz, festgeprägte Wendungen aus Mk
oder Q red in seinem Ev zu wiederholen[10]. Da καὶ ἐγένετο innerhalb einer solchen Wendung auftaucht (= καὶ ἐγένετο ὅτε
ἐτέλεσεν ὁ 'Ιησοῦς τοὺς λόγους τούτους o.ä.) und diese sachlich bei Lk nur gegenüber Mt 7,28a eine Parallele hat (= Lk

---

8 Vgl. dazu Johannessohn, Das biblische καὶ ἐγένετο 161-212,
   194ff.

9 Darauf verweist Hawkins, Horae 165, um den vor-mt Charakter
   der Wendung in 7,28a; 11,1; 13,53; 19,1 und 26,1 zu unter-
   streichen.

10 Vgl. o. Anm. 7.

7,1a: ἐπειδή ἐπλήρωσεν πάντα τὰ ῥήματα...), ist damit zu
rechnen, daß der erste Evangelist in 11,1; 13,53; 19,1 und
26,1 red wiederholt, was er trad in seiner Q-Vorlage - eben
Mt 7,28a - bereits vorfand.
Contra: a. Abgesehen von Mt 7,28a lassen sich in Q keine weiteren Belege für die Wendung καὶ ἐγένετο finden, wohl aber
für isoliertes καί und γίνεσθαι[11].

        b. Bei Lk erscheint καὶ ἐγένετο gehäuft[12], weshalb er
es kaum ausgelassen haben würde, falls es zum Bestand seiner
Vorlage in 7,1a gehört hätte[13].

(2) ὅτε: 12/12/12 + 10.

Mt: In Q 0; QMt 0; Sg 5(red 3); + 4; - 9; acc 3
Lk: "   " "; QLk 1; " 8("   1); + 2; - 6; "   1[14].

Ergebnis: mt Red möglich/wahrscheinlich.

1.a) Der Kategorie "Mt add" gehören nach Gaston Mt 9,25;
13,53; 21,34 und 19,1, der mt Red im Sg dagegen Mt 7,28a; 11,1
und 26,1[15] an. Die Zuweisung der drei letzten Stellen zur Kategorie "M" bzw. zu den "editorial sentences"[16] läßt es freilich offen, wieso nicht ebenfalls Mt 13,53a und 19,1a, die ja
dieselbe Formel erhalten, in derselben Kategorie eingeordnet

---

11 Vgl. die Belege bei Edwards, Concordance 36-40/12f.18. In
   QLk erscheint καὶ ἐγένετο nur 1x innerhalb des Gleichnisses Lk 19,11-27 (19,15), doch ist der Vers bei Mt anders
   formuliert (vgl. Mt 25,18f) und die Zugehörigkeit dieses
   Gleichnisses zu Q überhaupt umstritten (vgl. dazu Polag,
   Fragmenta 80f mit Lit!). Ähnliches gilt übrigens auch für
   ἐγένετο δέ, das in QMt nicht, in QLk dagegen ebenfalls nur
   1x vorkommt (vgl. Lk 11,14 diff Mt 12,22).

12 Vgl. Lk 1,23.41.59; 2,15.46; 5,12.17; 7,11; 8,1; 9,18.33;
   11,1; 14,1; 17,11.14; 19,15.29 und 24,4.15.30.51.

13 Das Fehlen dieser bei Lk sonst beliebten Wendung in Lk 7,1a
   ist zweifellos das stärkste Argument gegen die Ursprünglichkeit der Mt-Fassung in 7,28a. Immerhin wird man fragen
   müssen, ob Lk das mt periphrastische καὶ ἐγένετο (+ ὅτε)
   nicht durch sein Äquivalent ἐπειδή sek ersetzt haben könnte
   (vgl. zu ἐπειδή u. sub Nr. 6).

14 Vgl. Gaston, Horae 78 (61.58), der es für ein mk und mt
   Vorzugswort hält.

15 Vgl. Gaston, ebd. 7.

16 Vgl. Gaston, ebd. 5.7.

werden. Genau betrachtet, wird man daher - von der Formel in
7,28a; 11,1; 13,53; 19,1 und 26,1 einmal abgesehen - als "Mt
add" nur Mt 9,25 und 21,34 diff Mk annehmen können. Von den
übrigen Belegen gehören Mt 12,3; 21,1 und 27,31 zur Kategorie
"Mt acc", und Mt 13,26.48 zum mt Sg.

b) Was die lk Auslassungen betrifft, so vermeidet Lk 4x die
mk Wendung καὶ ὅτε[17], ersetzt 1x mk ὅτε durch den Genitivus
absolutus (vgl. Lk 4,40 diff Mk 1,32) und umschreibt 1x ein
mk ὅτε relativum durch ἐν ᾗ in Lk 22,7[18]; eingetragen hat Lk
ein καὶ ὅτε in Lk 6,13 diff Mk 3,13 und in 22,14 diff Mk
14,17[19]; übernommen hat er es dagegen lediglich 1x in Lk 6,3
par Mk 2,25[20]. Abgesehen von dem nur als v.l. bezeugten QLk-
Beleg in Lk 13,35, gehören alle weiteren Belege dem lk Sg an
und werden von Jeremias, mit Ausnahme von Lk 15,30, sämtlich
der Tradition zugeschrieben[21].

2. Kehren wir nochmals zu Mt zurück, so ist es auffällig,
daß er in seiner Bearbeitung des Mk-Stoffes zwar 2x ὅτε, niemals aber diese Konjunktion in Verbindung mit καὶ ἐγένετο
red einfügt, und dies, obwohl Stellen wie Mk 2,23 oder 4,4
ihn leicht dazu veranlassen könnten. Beobachtet man nun weiter, daß die dem καὶ ἐγένετο folgende Zeitbestimmung auch in
der LXX mehrmals mit Konjunktionalsatz erscheint, wobei ὅτε
2x als Übersetzung von כאשר und 4x von כי auftaucht[22], so

---

17 Vgl. Mk 4,6.10; 11,1 und 14,12 om Lk und dazu Jeremias,
   Sprache 90.

18 Vgl. dazu Jeremias, Sprache 126.

19 So nach Gaston, Horae 5-7, der Lk 22,14 ebenfalls zum lk
   Mk-Stoff rechnet. Für den traditionellen Charakter von ὅτε
   in Lk 22,14 trat zuletzt Jeremias, Sprache 90.286 ein. Was
   Lk 6,13 betrifft, so plädiert beispielsweise Schürmann,
   Lk 319 mit Anm. 57 für trad, Schramm, Mk-Stoff 113 für red
   Bildung des Lk (= 6, 12.13a!).

20 Diese äußerste Zurückhaltung des Lk gegenüber mk ὅτε berechtigt u.E. durchaus zu Mißtrauen gegenüber der Vermutung einer red Eintragung in 6,13 und 22,14 (vgl. oben
   Anm. 19).

21 Vgl. Jeremias, Sprache 90.126; zum ὅτε in 22,35 nimmt er
   keine direkte Stellung.

22. Vgl. Beyer, Syntax 42.

besteht guter Grund, damit zu rechnen, daß Mt in 7,28a das
καὶ ἐγένετο ὅτε aus einer durch LXX-Sprachgebrauch beein-
flußten Vorlage entnahm[23].

Sollte aber ὅτε dennoch mt sein, so ist zu fragen, ob diese Konjunktion nicht eine andere, die eventuell in der mt Vorlage stand, sekundär ersetzte. Zu denken wäre hier mit der
LXX zunächst an ἡνίκα oder ὡς[24]. Aber auch andere Konjunktio-
nen kämen in Frage, wie die Belege bei Beyer zeigen[25]. Interessant ist, daß auch ἐπεί (vgl. Lk 7,1: ἐπειδή) 4x nach
ויהי als LXX-Übersetzung von כאשר (= 2x) und כי (= 2x) im
temporalen Sinne vorkommt[26]. Man könnte daher vermuten, daß
Mt ein in Q ursprünglich temporales ἐπεί(ἐπειδή?), das er ja
sonst nur kausal verwendet[27], durch die von ihm auch im Mk-
Stoff mehrmals eingesetzte Konjunktion ὅτε ersetzte. Stimmt
diese Vermutung, so wäre auch für das im NT nur in Lk 7,1a
anzutreffende temporale ἐπειδή eine Erklärung gewonnen, da
es sich in diesem Falle als eine Q-Reminiszenz verstehen ließe. Sicheres läßt sich hierzu freilich kaum noch ermitteln.

3. Argumente für und gegen die Ursprünglichkeit in Q:

Pro: a. Eindeutig von Mt bevorzugt wird ὅτε lediglich in der
formelhaften Wendung καὶ ἐγένετο + ὅτε + ἐτέλεσεν ὁ 'Ιησοῦς...
Besteht bei Mt 11,1; 13,53; 19,1 und 26,1 zu Recht ein Verdacht auf red Bildung, da ja weder Mk noch Lk zu diesen Stellen eine Parallele bieten, so könnte Mt es in 7,28a sehr wohl
trad vorgefunden haben, und entsprechend seiner auch anderswo belegbaren red Wiederholungen von Mk- und Q-Formeln[28] dann
später von sich aus sekundär eingesetzt haben.

---

23 Relativiert wird diese Annahme freilich durch die Tatsache,
   daß in den zu καὶ ἐγένετο ὅτε ἐτέλεσεν κτλ. ähnlichen Formulierungen der LXX gerade nicht ὅτε, sondern ἡνίκα oder ὡς
   erscheinen. Außerdem verwendet die LXX in diesen Fällen a)
   nicht das Simplex, sondern das Compositum von τελεῖν
   (= συντελεῖν) und b) einen Infinitiv oder ein Partizip
   nach συντελεῖν; letzteres erscheint nur in Mt 11,1: vgl.
   dazu Beyer, a.a.O. 42f.

24 Vgl. die vorige Anmerkung.

25 Vgl. Beyer, a.a.O. 42.

26 Vgl. Beyer, ebd.

27 Vgl. Mt 18,32; 21,46 und 27,6 und dazu Bauer, Wörterbuch
   562.

28 Vgl. o. Anm. 7.

b. Diese Möglichkeit wird teilweise durch den Befund bei
dem dritten Evangelisten unterstützt, denn erstens ist bei ihm
ὅτε kein Vorzugswort, es könnte daher leicht ersetzt oder
ausgelassen worden sein, zweitens wird ὅτε in der Wendung καὶ
ἐγένετο ὅτε niemals von ihm gebraucht[29], und drittens steht
das dem mt ὅτε entsprechende ἐπειδή in Lk 7,1a unter Verdacht lk Red[30].

Contra: a. ὅτε wurde von Mt 2x gegenüber dem Mk-Stoff red eingefügt, so daß auch gegenüber Q mit diesem Verfahren gerechnet werden muß.

b. In Q erscheint ὅτε auch anderswo nirgends sicher
belegt[31].

c. Wie Harnack bereits herausstellte, sind in Q Temporalsätze weder mit ὅτε noch mit ὡς belegt; diese werden
vielmehr durch einfache Partizipialkonstruktionen oder (1x!)
durch den Genitivus absolutus wiedergegeben[32]. Diesem Befund
entsprechend, wären eigentlich zu unserer Stelle eher Formulierungen in der Art von καὶ τελέσας ὁ Ἰησοῦς κτλ./τελέσας
δὲ ὁ Ἰησοῦς oder καὶ τελέσαντος τοὺς λόγους τούτους κτλ. und
dergleichen zu erwarten.

---

29 Zum lk Gebrauch von καὶ ἐγένετο vgl. nun Neirynck, Matière
   marcienne 184-193 und Jeremias, Sprache 25-27.

30 Vgl. zu ἐπειδή sub Nr. (6).

31 In Frage kämen lediglich zwei Stellen: 1. Lk 13,35, wo für
   ἕως εἴπητε (so p[75], B, L, R, 892 und pc) einige Hss die
   Lesart ἕως (ἂν) ἥξει ὅτε εἴπητε (so beispielsweise A, D,
   W, vg, syr[c.s.], Marcion u.a.). bringen. Auch wenn letztere
   Lesart für ursprünglich gehalten werden kann (vgl. dazu
   Metzger, Textual commentary 163; Marshall, Lk 576f), so besteht trotzdem die Möglichkeit, daß Mt mit ἕως ἂν εἴπητε
   (Mt 23,39) den Q-Wortlaut am besten wiedergibt (so etwa
   Harnack, Sprüche 25 und 113, Anm. 1, und Polag, Fragmenta
   66; bei Polag, ebd. 67 auch zugleich die Vertreter der Gegenposition). 2. Lk 4,25. Dieser Beleg ist jedoch ebenfalls
   mit großen Unsicherheitsfaktoren belastet, da die Q-Zugehörigkeit von Sg innerhalb Lk 4,16-30 umstritten ist (vgl.
   etwa den Lk-Kommentar von Schürmann zu diesem Abschnitt).

32 Vgl. Harnack, Sprüche 113.

(3) τελέω: 7/0/4 + 1

1. Abgesehen von den fünf Redeschlüssen kommt τελέω in Mt
nur noch 10,23 (Sv) und 17,24 (Sg) vor[33]. In der letztgenannten Stelle bedeutet es "bezahlen"/"entrichten"[34]. In 10,23
kann es entweder mit "zu Ende kommen mit" oder "zu Ende bringen, vollenden" übersetzt werden, je nachdem, ob man es geo-
graphisch (auf die πόλεις τοῦ Ἰσραήλ bezogen) oder missionarisch (auf die Missionsaufgabe bezogen) interpretiert[35].
Direkt auf die Worte Jesu bezogen erscheint τελέω aber nur
innerhalb der Abschlußformel Mt 7,28a; 11,1; 13,53; 19,1 und
26,1.

2. Argumente für und gegen die Ursprünglichkeit in Q:
Pro: a. τελέω wird von Mt in seiner Bearbeitung des Mk-Stoffes niemals red hinzugefügt.

    b. Mt könnte das Verb in 7,28a bereits trad vorgefunden
und es von sich aus, entsprechend seiner Tendenz, Mk- und Q-
Formeln zu wiederholen, in 11,1; 13,53; 19,1 und 26,1 red eingefügt haben[36].

    c. Das in Lk 7,1a auftauchende Synonym πληρόω[37] gebraucht
der erste Evangelist 16x in seinem Ev[38], weshalb kaum anzunehmen ist, daß er es in 7,28a durch τελέω ersetzte.

---

33 Wenn Gaston, Horae 63 eine mt Bevorzugung von τελέω erwägt, so ist dies nur möglich, weil er Mt 13,53a und 19,1a
   als Mk-Parallele bewertet, was jedoch angesichts seiner
   Zuweisung von Mt 7,28a; 11,1 und 26,1 zur Kategorie "M"
   nicht haltbar ist: vgl. dazu o.S. 105f 1.a).

34 Vgl. Bauer, Wörterbuch 1605.

35 Vgl. Künzi, Naherwartungslogion 5f.178f und Kümmel, Verheißung 55f (auch ders., Naherwartung 465-469). Schürmann,
   Trad. Untersuchungen 150ff und Polag, Umfang 98-100 (auch
   ders., Fragmenta 60f) u.a. halten den Vers für ein ursprüngliches Q-Logion, von Lk sekundär ausgelassen. Als
   ein zweiter Q-Beleg für τελέω käme noch Lk 12,50 in Frage,
   wo es im Passiv und auf die Taufe bezogen erscheint. Der
   Vers hat zwar bei Mt keine Entsprechung, doch lassen sich
   eine Reihe Indizien anführen, die einen Q-Ursprung recht
   wahrscheinlich machen (vgl. die Besprechung bei Polag, Umfang 66-68).

36 Vgl. o. Anm. 7.

37 Andere in Frage kommende Synonyma wie τελειόω oder συν-
   τελέω (vgl. Heine, Synonymik 75-77) sind bei Mt nicht belegt.

38 Vgl. zu πληρόω u. sub Nr. (7). Die Belege verteilen sich
   wie folgt: 16/3/9 + 16; Mt bringt es 1x als "add"!

d. Das lk πληρόω steht unter dem Verdacht der lk Red,
was vor allem die hohe Belegzahl in der Apg nahelegt[39].
Contra: a. τελέω ist innerhalb von Q an keiner anderen Stelle
sicher belegt. Die Belegstellen, die außer Mt 7,28a für Q
noch in Frage kämen - Mt 10,23 und Lk 12,50 - sind in der Forschung stark umstritten[40].

Dieses Argument wird freilich zugleich dadurch relativiert,
daß auch Synonyma dieses Verbs in Q anderswo nicht vorkommen,
weshalb das Fehlen weiterer Belege einfach sachlich bedingt
sein könnte[41].

b. Die Statistik zeigt zwar, daß Lk τελέω nur selten
verwendet, doch könnte es in Lk 2,39 - wofür der Vergleich
mit Apg 13,29 spricht - und 18,31b[42] aus seiner Hand stammen[43]. Das aber heißt, daß Lk es in 7,1a kaum gestrichen haben würde, falls er es in Q vorgefunden hätte.

(4) Ἰησοῦς: 152/82/88 + 70

Mt: In Q 5; QMt 4; Sg 37 (red 16); + 59; - 19; acc 47
Lk: " " "; QLk 1; " 40 (" 3); + 12; - 25; " 30[44].

Ergebnis: mt Red wahrscheinlich.

1.a) Bei Berücksichtigung der Q-Textaufstellung von Polag[45]
ergibt sich folgender, von Gaston ein wenig differierender
Befund für Q, QMt und QLk: 1. Sicher zu Q gehören Lk 4,1.8.
12; 7,9 und 9,58 par Mt; nur vermutlich noch Lk 3,21(bis) par
Mt 3,13.16; 2. In QLk steht es Lk 4,4 diff Mt und Lk 9,62

---

39 Vgl. die vorige Anmerkung.

40 Vgl. dazu Polag, Fragmenta 60f.64f (Lit!) und o. Anm. 35.

41 Damit stimmt auch überein, daß sämtliche aus demselben
   Stamm gebildeten Worte und Komposita (vgl. die Aufstellung
   bei Jacques, List 108f) in Q nach den Verzeichnissen Harnacks (vgl. ders., Sprüche 103-105.108-111) nicht belegt
   sind.

42 Vgl. dazu Schürmann, AR 125 und Jeremias, Sprache 99.

43 Lk 18,31b könnte freilich auch unter dem Einfluß einer
   Traditionsvariante stehen: vgl. dazu Schramm, Mk-Stoff
   130-136.

44 Vgl. Gaston, Horae 74 (61.66), der es für ein mt (so auch
   Morgenthaler, Statistik 181) und eventuell auch lk Vorzugswort hält.

45 Vgl. ders., Fragmenta Q 23-26.

(Sv); 3. In QMt erscheint es in Mt 7,28a; 8,13.22; 11,4.7.25;
18,22; 19,28a und wahrscheinlich 22,1 om Lk. Das Vorkommen
innerhalb von Q wäre also wie folgt: Q 7; QLk 2 und QMt 9.
Rechnet man Lk 7,3-6 zu Q, so würde die Belegzahl bei QLk auf
fünf steigen[46]. Sieht man von QMt und QLk ab, so stehen alle
sicheren Q-Belege ausschließlich innerhalb von Erzählungs-
partien, nämlich in der Tauf-, Versuchungs-, Hauptmanns- und
Nachfolgererzählung.

b) Das relativ häufige Auftauchen von ʼΙησοῦς in QMt (9x)
stimmt mit dem mt Verfahren gegenüber Mk überein, wo die Zahl
der mt Eintragungen ebenfalls sehr hoch ist (59x!). Die mt
Bearbeitung der Mk-Vorlage berechtigt also, auch in QMt weitgehend mit mt Red zu rechnen, wo immer die Lk-Parallele
ʼΙησοῦς nicht enthält[47]. Dies legt sich auch dadurch nahe,
daß Mt überhaupt das Subjekt gegenüber Mk des öfteren präzisiert[48].

2. Argumente für und gegen die Ursprünglichkeit in Q:
Pro: a. ʼΙησοῦς erscheint in Q mehrmals belegt.

   b. Im Vergleich mit Mt läßt Lk ʼΙησοῦς weit öfter
gegenüber Mk aus[49].

---

46 Dies ergäbe eine beträchtliche Differenz zu der Belegzahl,
   die Gaston angibt (1x). Auch Gastons Angaben zu den add-
   und om-Belegen wären etwa mit den Aufstellungen Neiryncks
   (Agreements 261ff) und de Solages' (Composition 114 sub
   Nr. 83 und 84) zu vergleichen, deren Zahlen auch zu diesen
   Kategorien geringe Abweichungen aufweisen. Übereinstimmend
   ergibt aber der Vergleich der add- und om-Belegen zwischen
   den drei Forschern, daß Mt das Subjekt ʼΙησοῦς gegenüber
   Mk (a) weit häufiger als Lk hinzufügt und (b) seltener als
   Lk ausläßt.

47 Anders urteilt freilich Polag, der ʼΙησοῦς in QMt weitgehend für ursprünglich hält: so in Mt 8,22; 11,4.7.25;
   19,28a und 22,1 om Lk (vgl. ders., Fragmenta Q 42f.40f.46f
   und 90f); für redaktionell hält er lediglich das ʼΙησοῦς in
   Mt 8,13 om Lk 7, 10 und 18,22 om Lk 17,4 (ebd. 38f.76f).

48 Vgl. dazu Neirynck, Agreements 262ff; Sanders, Tendencies
   152ff.173f und seine Ergebnisse auf S. 183-186 sub Nr. 1
   und 11, und de Solages, Composition 114.190 (jeweils sub
   Nr. 83 und 84).

49 Vgl. Neirynck, Agreements 261ff. Nach ihm wären die Zahlen
   für (δ) ʼΙησοῦς wie folgt anzugeben:
   Mt und Lk add: 6x; Mt add: 34x; Lk add: 1x(!);
   Mt und Lk om : 5x; Mt om : 8x; Lk om :14x(!).

c. Das Analogon αὐτός in Lk 7,1a wird von Q zwar auch mehrmals in den obliquen Kasus für Jesus verwendet, doch tauchen die von Mt und Lk zugleich gedeckten Belege ausschließlich innerhalb einer Perikope, nämlich in der Versuchungsgeschichte auf[50].

Contra: Gegen die Ursprünglichkeit in Q spricht vor allem die Tatsache, daß Mt eine starke Vorliebe für die Einfügung von Ἰησοῦς in seiner Mk-Bearbeitung zeigt.

(5) τοὺς λόγους τούτους

(5a) λόγος: 33/24/32 + 65

Mt: In Q 3; QMt 2; Sg 12 (red 4); + 4; - ?; acc 3
Lk: " " "; QLk 0; " 16 ("   4); + 6; - 6; "   10[51].

Ergebnis: mt Red möglich.

1.a) Die Belege in Q sind Mt 7,24; 8,8 und 12,32 par Lk. Bei QMt taucht es in 5,32 diff Lk 16,18 unter der Bedeutung "Sache" auf[52], und in Mt 7,26, wo die Lk-Parallele (Lk 6,49) in kürzerer Formulierung erscheint[53].

b) Von Lk bevorzugt wird λόγος in der Wendung ὁ λόγος τοῦ θεοῦ[54]; auch die Wendung τὸν λόγον αὐτοῦ gehört nach Jeremias[55] zu seinem eigenen Sprachgebrauch.

2. Argumente für und gegen die Ursprünglichkeit in Q:
Pro: a. λόγος ist in Q mehrmals belegt. b. Ein Q-Beleg (Mt 7,24/Lk 6,47) erscheint im unmittelbaren Kontext von Mt 7,28a/ Lk 7,1a. c. Das dem λόγος entsprechende ῥῆμα in Lk 7,1a ist in Q sonst nicht belegt und steht außerdem auch noch unter Verdacht lk Red[56].

---

50 Vgl. Lk 4,3.5(bis).6.9(bis).13 par Mt.

51 Vgl. Gaston, Horae 76 (64), der es für ein lk Vorzugswort hält. Morgenthaler, Statistik 182 hält es für ein Vorzugswort der Apg.

52 Vgl. Bauer, Wörterbuch 944 sub 1.a.ε.

53 Morgenthaler, Synopse 124.203.209 rechnet in Mt 7,26 mit mt Red; doch könnte Lk seinen Text auch gekürzt haben: vgl. dazu Cadbury, Style 85f.

54 Vgl. Hawkins, Horae 20.43 und Jeremias, Sprache 129.

55 Vgl. ders., ebd. 193.

56 Vgl. zu ῥῆμα u. sub Nr. (8b).

Contra: a. Mt zeigt keine Vorliebe für ῥῆμα, könnte es also
leicht ersetzt haben. b. Wie die Statistik zeigt, ist Lk gegenüber λόγος keineswegs zurückhaltend: Sein häufiger Gebrauch in der Apg und die Eintragungen im Mk-Stoff sprechen
vielmehr gegen die Annahme einer sekundären Streichung oder
Ersatz in Lk 7,1a.

(5b) οὗτος: 149/79/229 + 237

Mt: In Q 20; QMt 6; Sg 45 (red 14); + 34; - 22; acc 44
Lk: " " " ; QLk 11; " 136 ("   15); + 34; - 19; "   28[57].

Ergebnis: mt Red möglich/wahrscheinlich.

1. Für eine mt Red könnte abgesehen von der Statistik auch
der unmittelbare Kontext sprechen, wo ja Mt in 7,24.26 τοὺς
λόγους mit dem Demonstrativum τούτους bringt, während Lk in
den entsprechenden Stellen 1x nur das Substantiv bietet (6,47)
und in 6,49 weder das Substantiv noch das Demonstrativum
bringt. Es liegt daher nahe, daß Mt in 7,28a auf das red
τούτους von 7,24.26 zurückgreift[58].

2. Argumente für und gegen die Ursprünglichkeit in Q:
Pro: a. οὗτος wird oftmals in Q verwendet. b. Das von Lk parallel verwendete πᾶς könnte aus seiner Red stammen[59]. c. Mt
ist in der Verwendung von πᾶς keineswegs zurückhaltend, würde
es also kaum beseitigen wenn Q es ihm in 7,28a geboten hätte.
Contra: a. Wie die Statistik zum Lk-Evangelium und Apg zeigt,
macht Lk einen reichlichen Gebrauch des Demonstrativums, wodurch die Annahme einer Streichung unwahrscheinlich wird.
b. Ähnlich wie οὗτος weist auch πᾶς mehrere Belege in Q auf[60].

---

57 Vgl. Gaston, Horae 79 (32.61.66), der es als Vorzugswort
   des Mt, lk Sg und (mit Bedenken) des Lk betrachtet; für ein
   lk Vorzugswort wird es auch von Morgenthaler, Statistik 181
   gehalten.
58 In Mt 7,24.26 halten τούτους für redaktionell Grundmann,
   Mt 244f; Schweizer, Mt 122; Schulz, Q 312; Polag, Fragmenta 38f u.a. Für den red Charakter des τούτους in 7,28a sei
   auf Mt 24,14 und 26,13 hingewiesen, wo Mt ebenfalls in
   seinen Mk-Stoff ein Demonstrativum einfügt, nämlich zu mk
   τὸ εὐαγγέλιον (vgl. Mt 24,14 diff Mk 13,10 und 26,13 diff
   Mk 14,9): vgl. zu diesem Hinweis Schweizer, Mt 122(115).
59 Vgl. zu πᾶς u. sub Nr. (8a).
60 Insgesamt erscheint πᾶς 14x in Q!

(5c) Der Gesamtausdruck τοὺς λόγους τούτους erscheint 2x bei
QMt innerhalb des Abschlußgleichnisses der Bergpredigt (7,24.
26 diff/om Lk 6,47.49), sonst nur noch 3x in den formelhaften Redeschlüssen (7,28a; 19,1 und 26,1) des 1. Evangeliums.
Was Lk betrifft, so bringt er es 2x innerhalb des Mk-Stoffes[61] (9,28 und 9,44a), 2x in der Apg (2,22 und 5,24) in Verbindung mit ἀκούειν, und 1x in 16,36 als v.1.[62]

Für die Traditionalität bzw. den Q-Ursprung der Wendung
könnte wiederum die schon erwähnte mt Tendenz sprechen, Mk-
oder Q-Wendungen redaktionell zu wiederholen[63]: In Mt 19,1
und 26,1 würden in diesem Falle mt Bildungen vorliegen, in
7,28a dagegen die traditionelle Wendung. Gestützt wird diese
Vermutung durch die Tatsache, daß die entsprechende Formulierung in Lk 7,1a (= πάντα τὰ ῥήματα) sich im gesamten NT ausschließlich innerhalb des lk Doppelwerkes findet[64]. Demgegenüber zeigen aber Lk 9,28.44a; Apg 2,22 und 5,24, daß τοὺς
λόγους τούτους auch dem dritten Evangelisten sehr wohl geläufig war, was die Annahme einer Streichung unwahrscheinlich
macht.

   3.212. Lk 7,1a: ἐπειδὴ ἐπλήρωσεν πάντα τὰ ῥήματα αὐτοῦ εἰς
                  τὰς ἀκοὰς τοῦ λαοῦ

(6) ἐπειδή: 0/0/2 + 3; gNT: 10
1. Das Wort erscheint außer an unserer Stelle noch in Lk 11,6
(Sg), Apg 13,46; 14,12 und 15,24, 4x in IKor und 1x in Phlm,
also mit rund 50% der neutestamentlichen Belege innerhalb des
lk Doppelwerkes. Sprechen schon diese Zahlen zweifellos für
die Wahrscheinlichkeit einer lk Red[65], so wird diese noch dadurch unterstützt, daß auch ἐπειδήπερ nur 1x im NT vorkommt,

---

61 Vgl. Lk 9,28 diff Mk 9,2 und 9,44a (Sv) [om Mk 9,31]. Beide Verse könnten freilich auch Traditionsvarianten wiedergeben: vgl. Schramm, Mk-Stoff 130ff.136ff und zu 9,44a
   nun auch Riesner, Lehrer (Diss.masch.) 384f.

62 Die Wendung taucht in Mk nicht, in Joh nur 1x (10,19) auf.

63 Vgl. o. Anm. 7.

64 Vgl. Lk 1,65; 2,19.51.(7,1) und Apg 5,20: dazu Jeremias,
   Sprache 71.

65 Vgl. Jeremias, Sprache 151.

und zwar ebenfalls aus der Feder des Lk (Lk 1,1). Nicht charakteristisch für Lk ist freilich die Verwendung der Konjunktion im temporalen Sinne, wie es ausnahmsweise in Lk 7,1a der
Fall ist[66].

2. Argumente für und gegen die Ursprünglichkeit in Q:

Pro: a. Die temporale Verwendung von ἐπειδή ist dem Lk nicht
geläufig[67]. b. Die Konjunktion wird von Mt kein einziges Mal
in seinem Evangelium verwendet, er könnte sie also leicht ersetzt haben. c. Die in Mt 7,28a entsprechende Konjunktion
ὅτε[68] verwendet Lk 10x in der Apg und vielleicht 2x als Eintragung in seinem Mk-Stoff, weshalb eine Streichung durch ihn
nicht unbedingt zu erwarten wäre. d. Das mt ὅτε könnte vom
Evangelisten selbst stammen, denn auch gegenüber Mk setzt Mt
es 2x ein.

Contra: a. ἐπειδή ist sonst in Q nicht mehr belegt; Q bevorzugt es vielmehr, Temporalsätze durch Partizipialkonstruktionen wiederzugeben[69]. b. ἐπειδή erscheint bei Lk gehäuft,
was wohl dazu berechtigt, ihm auch (ausnahmsweise) die Verwendung des Wortes im temporalen Sinne zuzuschreiben.

(7) πληρόω: 16/3/9 + 16

Lk: In Q 0; QLk 0; Sg 9 (red 0); + 0; - 0; acc 0
Mt: " " "; QMt 0; " 15 ("   7); + 0; - 1; "   1[70].

Ergebnis: lk Red nicht unmöglich.

1.a) Die hohe Zahl der Belege im Sg[71] und in der ersten Hälfte
der Apg (14x) spricht zunächst für Tradition auSt. Nun macht

---

66 Vgl. Bl/Deb/Rehkopf, Grammatik § 455.1 und Bauer, Wörterbuch 562. Ἐπειδή und ἐπεί verwendet das NT sonst nur kausal: vgl. Bl/Deb/Rehkopf, a.a.O.

67 Von Lk selbst wird dagegen die Verwendung von ὡς-temporis
   bevorzugt: vgl. dazu zuletzt Jeremias, Sprache 45.

68 Vgl. zu ὅτε o.S.106 sub 1b.

69 Vgl. dazu o.S.108 sub 3. Contra. c.

70 Vgl. Gaston, Horae 80 (30.63). Das Wort wird nach ihm im
   mt Sg und eventuell von Mt selbst bevorzugt.

71 Lk 9,31 und 21,24 gehören nach Gaston, Horae 5f dem Sg an:
   vgl. dazu auch Schramm, Mk-Stoff 136-139.178-180. Die mk
   Belege in Mk 1,15 und 14,49 werden von Gaston nicht als lk
   Auslassungen angegeben, denn er weist Lk 4,14-30 und 22,47b-
   49.51.53b dem lk Sg zu (vgl. Gaston, ebd.).

aber Jeremias[72] zu Lk 7,1 darauf aufmerksam, daß πληρόω an
dieser Stelle in der profanen Bedeutung von "vollenden", "beendigen" auftaucht, in einer Bedeutung also, die Lk vor allem
in der Apg mit Vorliebe zu verwenden scheint[73]. Bedenkt man
ferner, daß innerhalb der Evangelien πληρόω in diesem Sinne
nur noch 2x erscheint[74], so wird die Wahrscheinlichkeit einer
lk Red auch auSt sicherlich weit höher veranschlagt werden
können, als dies aus dem vorläufigen stat Ergebnis hervorging.

b) Was Mt betrifft, so fällt die hohe Belegzahl seiner red
Eintragungen innerhalb des Sg auf. Nach Gaston[75] fallen Mt
3,15; 4,14; 8,17a; 12,17; 13,35a; 21,4 und 26,54 unter diese
Kategorie. Vielleicht ist aber die mt Red innerhalb seines
Sg sogar noch höher zu veranschlagen, denn es ist zu vermuten,
daß die in Mt 4,14; 8,17a; 12,17; 13,35a und 21,4 stehenden
Einleitungswendungen zu den Erfüllungszitaten aus derselben
Feder stammen wie die ähnlich lautenden Einleitungen mit
πληροῦν in 1,22; 2,15.17.23 und 27,9[76]. Da πληροῦν an all diesen Stellen stets im Sinne der Schrifterfüllung auftaucht,
wird man es in dieser Bedeutung wohl als mt Vorzugswort an-
sehen können[77].

2. Argumente für und gegen die Ursprünglichkeit in Q:
Pro: a. Mt verwendet πληρόω nicht im profanen Sinne von "voll-
enden"/"beendigen"[78], könnte es also ersetzt haben. b. Das in
Mt 7,28a entsprechende τελέω könnte zwar von Mt aus einer in
Q stehenden Übergangsformel übernommen worden sein[79], doch

---

72 Vgl. Jeremias, Sprache 151

73 Jeremias, ebd. gibt folgende Belege aus der Apg an: 7,23.30;
   9,23; 12,25; 13,25; 14,26; 19,21 und 24,27 (vgl. dazu auch
   Bauer, Wörterbuch 1331 [sub 2].1333 [sub 5]).

74 Vgl. Mk 1,15 und Joh 7,8 und dazu Jeremias, a.a.O.

75 Vgl. ders., Horae 7.

76 Vgl. dazu Strecker, Weg 50 und Kümmel, Einleitung 82 mit
   Anm. 26 (Lit!).

77 Vgl. Hawkins, Horae 32.

78 Vgl. Bauer, Wörterbuch 1331 (sub 2) und 1333 (sub 5).

79 Vgl. o.S.109 sub 2. Pro. b.

zeigt zugleich eine relativ hohe Anzahl von Beispielen, in
denen Mt Formeln wiederholt, die weder durch Mk noch Q gedeckt sind[80], daß es sehr wohl auch unter Verdacht seiner
eigenen Red steht. c. Lk verwendet τελέω zwar nicht häufig,
doch setzt er es immerhin vermutlich 1x in seinem Mk-Stoff
(18,31b), 1x im Sg (2,26) und 1x in der Apg (13,29) von sich
aus ein[81].

Contra: a. πληρόω weist anderswo keine weiteren Belege in Q
auf. b. In der Bedeutung "beenden", "vollenden" wird es von
Lk bevorzugt. c. Mt bevorzugt zwar die Verwendung von πληρόω
im Sinne der Schrifterfüllung, benutzt aber zugleich dieses
Verb auch in anderer Bedeutung[82], weshalb nicht anzunehmen ist,
daß er es in der Bedeutung "vollenden"/"beenden" ablehnen würde, falls es ihm so vorgelegen hätte.

(8) πάντα τὰ ῥήματα αὐτοῦ
(8a) πᾶς: 129/68/157 + 172

Lk: In Q 14; QLk 13; Sg 104 (red 17); + 20; - 20; acc 6
Mt: " " " ; QMt 14; "   50 ("   8); + 30; - 24; "   21[83].

Ergebnis: lk Red möglich/wahrscheinlich.

1. Genauere Angaben über die Verteilung der Belege sind in
diesem Falle nicht nötig[84], denn die Zahlen liefern für die
Überprüfung des Q-Ursprungs schon von sich aus genügende Anhaltspunkte.

2. Argumente für und gegen die Ursprünglichkeit in Q:
Pro: a. Das Wort wird öfters in Q gebraucht. b. Das Analogon
οὗτος in Mt 7,28a wird von Mt mehrmals red eingesetzt[85],
könnte also von ihm selbst stammen. c. οὗτος setzt Lk häufig
red ein, würde es daher kaum gestrichen haben.

---

80 Vgl. die Aufstellung Hawkins' in ders., Horae 168f.

81 Vgl. zu τελέω o.S. 110 sub 2. Contra. b.

82 Vgl. zu Mt 3,15.17 Bauer, Wörterbuch 1332 (sub 4b); zu
   13,48 und 23,32 Bauer, ebd. 1330 (sub 1a).

83 Vgl. Gaston, Horae 80 (60.63.66), der es als Vorzugswort
   von Mk, Mt und Lk erwägt. Für Hawkins, Horae 21.45 wird von
   Lk πᾶς (ἅπας) in Verbindung mit λαός bevorzugt.

84 Verwiesen sei lediglich auf Jeremias, Sprache 30f (zu Lk
   7,1, vgl. ebd. 71.151) und, was Mt betrifft, auf Lange,
   Erscheinen 150.

85 Vgl. zu οὗτος o. sub Nr. (5b).

Contra: a. Lk benutzt πᾶς mit Vorliebe, könnte es daher sehr
wohl selbst eingefügt haben. b. Die 30 Eintragungen in dem
Mk-Stoff zeigen, daß auch Mt eine Vorliebe für πᾶς hat, so
daß eine sekundäre Streichung durch ihn für unwahrscheinlich
gehalten werden muß.

(8b) ῥῆμα: 5/2/19 + 14; gNT: 67.

Lk: In Q 0; QLk 0; Sg 15 (red 2); + 2; - 0; acc 2
Mt: " " "; QMt 1; " 2 (" 0); + 1; - 0; " 1[86].

Ergebnis: lk Red möglich; hohes Vorkommen im Sg.

1.a) Die zwei add-Belege des Lk sind 9,45 und 20,26 diff Mk.
Jeremias rechnet noch 18,34 dazu[87], wo das Wort jedoch aus
einer Traditionsvariante entstammen könnte[88]. Die zwei Belege,
die ihm Mk bot, nahm Lk auf (vgl. Lk 9,42 und 22,61 par Mk)[89].
Auffallend sind das hohe Vorkommen des Wortes innerhalb von
Lk 1-2 (9x!) und die niedrige Zahl der Belege im zweiten Teil
der Apg (3x)[90].

  b) Bei Mt entfällt zunächst Mk 9,32 infolge der mt Kürzung
des Abschnitts Mk 9,30-32 (vgl. Mt 17,22f); Mk 14,72 wird
demgegenüber von Mt in 26,75 aufgenommen. Als add zu Mk bringt
Mt es in 27,14. Von den drei übrigen Belegen gehören zwei zu
seinem Sg (12,36 und 18,16) und einer zu QMt (4,4), wo ῥῆμα
innerhalb eines Zitates erscheint.

2. Argumente für und gegen die Ursprünglichkeit in Q:
Pro: Von Lk wird das mt Analogon λόγος mehrmals in den Mk-
Stoff eingefügt und gehäuft in der Apg verwendet[91], wodurch
die Annahme einer lk Streichung unwahrscheinlich wird.

---

86 Vgl. Gaston, Horae 81(33), der es für ein Vorzugswort des
   lkSg (so auch entschieden Schramm, Mk-Stoff 134, Anm. 4)
   hält. Bei Hawkins, Horae 21 und Morgenthaler, Statistik
   181 wird ῥῆμα einfach als lk Vorzugswort angegeben.

87 Vgl. ders., Sprache 54.

88 Vgl. Schramm, Mk-Stoff 134, Anm. 4.

89 Gaston rechnet Lk 22,61 zum lk Mk-Stoff: vgl. ders.,
   Horae 5-7.

90 Zu den drei Belegen in der zweiten Hälfte der Apg, vgl.
   Apg 16,38; 26,25 und 28,25. Im Vergleich dazu taucht das
   Synonym λόγος in Apg 14-22 31x auf.

91 Vgl. zu λόγος o. sub Nr. (5a).

<u>Contra</u>: a. Während ῥῆμα in Q sonst nicht mehr erscheint,
taucht das in Mt 7,28a entsprechende λόγος bei drei weiteren
Q-Belegen auf. b. ῥῆμα könnte aus der Feder des Lk stammen,
wie seine Einfügungen im Mk-Stoff und die Belege der Apg zeigen. c. Da Mt dieses Wort aus seinem Sg und Mk-Stoff 3x übernahm und es von sich aus 1x im Mk-Stoff und wahrscheinlich 1x
in QMt einfügte, wäre eigentlich zu erwarten, daß er es auch
in Mt 7,28a übernehmen würde, falls seine Q-Vorlage es enthalten hätte.

(8c) Der Gesamtausdruck πάντα τὰ ῥήματα begegnet innerhalb
des NT ausschließlich im lk Doppelwerk, nämlich in 2,51, auSt
und in Apg 5,20; außerdem noch mit zusätzlichem ταῦτα in Lk
1,65 und 2,19. D.h.: 3x im Sg, 1x in QLk und 1x in Apg. Für
Jeremias[92] ist diese Wendung "ganz lukanisch", was sowohl
aus der lk Vorliebe für rhetorische Verstärkung durch πᾶς[93]
als auch aus der Tatsache hervorgeht, daß von den drei ersten
Evangelisten nur Lk ῥῆμα im missionstheologischen Sinne von
"Verkündigung" in 7,1a und anderen Stellen des Evangeliums
und der Apg verwendet[94].

(8d) αὐτός: 922/762/1087 + 706.

Lk: In Q 66; QLk 36; Sg 653 (red 75); + 112; - ? ; acc 220
Mt: " " " ; QMt 47; " 326 (" 64); + 151; - 258; " 332[95].

Ergebnis: lk Red möglich/wahrscheinlich.

1.a) In den obliquen Kasus des Maskulinum singular, die in
unserem Abschnitt des öfteren erscheinen, sind die Zahlen
wie folgt:
αὐτοῦ: 258/170/253 + 126;
αὐτῷ : 168/119/150 + 85;
αὐτόν: 120/178/209 + 152[96]. Für diese Kasus stellt Edwards

---

92 Vgl. ders., Sprache 71.
93 Vgl. ders., ebd. 30.
94 Vgl. ders., ebd. 54.
95 Vgl. Gaston, Horae 69 (61.59), der es für ein mt und eventuell auch mk Vorzugswort hält.
96 Vgl. Morgenthaler, Statistik 158.

im Hinblick auf Q folgende Belegzahlen fest: αὐτοῦ: 21x;
αὐτῷ: 13x, und αὐτόν: 6x[97].

b) Zu fragen wäre gegenüber αὐτοῦ, ob dieses Pronomen ein
ursprüngliches Subjekt ersetzt haben könnte, wobei von Mt
7,28a an ᾿Ιησοῦς zu denken wäre. In der Verwendung von ᾿Ιησοῦς
ist Lk, wie bereits angedeutet[98], im Verhältnis zu Mt zurückhaltender. Die Tatsache, daß er es gegenüber der Mk-Vorlage
nur 1x einträgt, dagegen aber 19x ausläßt, macht es wahrscheinlich, daß er auch in Lk 7,1a ein ursprüngliches ᾿Ιησοῦς
durch das Pronomen αὐτοῦ sekundär ersetzte. Diese Wahrscheinlichkeit wird zusätzlich noch dadurch verstärkt, daß Lk überhaupt Eigennamen und Substantive mehrmals durch das Pronomen
wiedergibt[99].

2. Argumente für und gegen die Ursprünglichkeit in Q:
Pro: a. Auf Jesus bezogen taucht αὐτός in den obliquen Kasus
mehrmals in Q auf, und zwar innerhalb der Versuchungsgeschichte[100]. b. Mt zeigt eine starke Tendenz, ᾿Ιησοῦς in seiner Mk-Vorlage einzufügen, könnte also in 7,28a ein ursprüngliches Pronomen durchaus sek durch ᾿Ιησοῦς ersetzt haben.
Contra: Gegen die Ursprünglichkeit in Q läßt sich vor allem
die lk Zurückhaltung in der Verwendung von ᾿Ιησοῦς gegenüber
seiner Mk-Vorlage anführen.

(9) εἰς τὰς ἀκοάς

1.a) Diese Wendung begegnet innerhalb des lk Doppelwerkes nur
noch 1x, nämlich in Apg 17,20, wo sie in Verbindung mit
εἰσφέρειν auftaucht: ζενίζοντα γάρ τινα εἰσφέρεις εἰς τὰς
ἀκοὰς ἡμῶν[101]. ᾿Ακοή selbst taucht ebenfalls nur noch 1x im

---

97 Vgl. ders., Concordance 7f. Harnack hält sogar die ge-
    häufte Anwendung von αὐτός in den obliquen Kasus für ein
    Charakteristikum von Q: vgl. ders., Sprüche 114f.

98 Vgl. o.S. 111 mit Anm. 49.

99 Vgl. Sanders, Tendencies 171ff.185f und de Solages, Compo-
    sition 114 (sub Nr. 83).

100 Vgl. zu den Belegen o. Anm. 50.

101 Jeremias hält εἰς τὰς ἀκοάς einfach für eine red Alter-
     nierung der ähnlichen, ebenfalls von Lk stammenden Wen-
     dung εἰς τὰ ὦτα (vgl. ders., Sprache 58f). Schlatter,
     Schwerter 26, Anm. 2 bleibt freilich bezüglich des lk oder
     vor-lk Charakters der letztgenannten Wendung unentschie-
     den!

Doppelwerk auf, und zwar in Apg 28,26 innerhalb eines Zitates. Von den drei Belegen des Mk (1,28; 7,35 und 13,7) entfällt 7,35 infolge der lk Auslassung von Mk 6,45-8,26; das
mk ἀκοή in 1,28 ersetzt Lk in 4,37 durch ἦχος und umschreibt
ἀκοὰς πολέμων (Mk 13,7) durch ἀκαταστασίας in 21,9. Man wird
aus dem Vergleich mit Mk wohl schließen können, daß Lk isoliertes ἀκοή zu vermeiden pflegt. Trotzdem ist die Wendung εἰς
τὰς ἀκοάς + Genitiv wohl doch wegen der Parallele in Apg
17,20 auf ihn selbst zurückzuführen. Dafür spräche auch die
Tatsache, daß für Lk überhaupt das "Hören" nach einer Rede
charakteristisch zu sein scheint, wie aus Lk 16,14; 19,11 und
20,45 hervorgeht[102].

b) Anders als Lk nimmt Mt ἀκοή nicht nur 2x in seiner Bearbeitung des Mk-Stoffes auf (Mt 4,24 und 24,6 par Mk)[103],
sondern fügt es sogar 1x von sich aus dem Mk-Text hinzu (14,1
diff Mk 6,14). Sonst erscheint es in Mt nur noch 1x in einer
Zitatenerweiterung zu Mk 4,12 (vgl. Mt 13,14f).

2. Was die Wahrscheinlichkeit der Ursprünglichkeit in Q betrifft, so steht dieser vor allem der Befund im MtEv entgegen, da Mt ἀκοή keineswegs zurückhaltend gebraucht. Aber auch
die Tatsache, daß Lk nach Reden mehrmals auf ein "Hören" verweist, dürfte darauf hindeuten, daß wir es in diesem Falle
mit einer Bildung des dritten Evangelisten zu tun haben.

(10) λαός: 14/2/36 + 48; gNT: 142.

Lk: In Q 0; QLk 0; Sg 24 (red 5); + 11; - 0; acc 1
Mt: " " "; QMt 0; " 8 (" 1); + 4; - 0; " 2[104].

Ergebnis: lk Red wahrscheinlich.

---

102 Darauf verweist Johannessohn, καὶ ἐγένετο 195, Anm. 1.

103 Mk 7,35 kann nicht als om-Beleg des Mt angeführt werden,
    da der ganze Abschnitt Mk 7,31-37 in Mt lediglich als
    Summarium erscheint (vgl. Mt 15,29-31).

104 Vgl. Gaston, Horae 76 (64); ferner Morgenthaler, Statistik
    181 und Hawkins, Horae 20. Lk und Apg verwenden das Wort
    insgesamt 84x, was 59% (!) der Gesamtbelege im NT ent-
    spricht.

Die statistischen Angaben zeigen, daß mit einem Q-Verweis
auf das λαός am Abschluß der Bergpredigt kaum zu rechnen
ist[105]. Auf eine lk Red auSt weist vor allem die Tatsache
hin, daß Lk bereits zu Beginn der Bergpredigt λαός in die Mk-
Vorlage einsetzte (vgl. Lk 6,17 mit Mk 3,7), so daß die Wiederholung dieses Wortes auch in 7,1a mit großer Wahrscheinlichkeit aus seiner Hand stammen wird[106]. Dies legt sich um
so mehr nahe,als ja auch Mt mit der Verwendung von λαός keineswegs zurückhaltend ist, wie aus der Statistik hervorgeht.
Bestätigt werden diese Beobachtungen nicht zuletzt von Q
selbst, das nicht λαός sondern ὄχλος verwendet (vgl. Lk 7,24
und 11,4 par Mt!)[107].

3.213. Zusammenfassender Vergleich der Einleitungs-
       wendungen:

a. (Mt) καὶ ἐγένετο ὅτε   -   (Lk) ἐπειδή[108].

Das mt Verfahren gegenüber mk καὶ ἐγένετο spricht nicht
gerade für eine mt Verfasserschaft der Wendung. Eher könnte
schon ὅτε auf Mt zurückgehen, da er es 2x dem Mk-Text hinzufügt. Doch ist dann unklar, warum Mt es nicht auch außerhalb
der Redeschlüsse mit καὶ ἐγένετο verbindet. Καὶ ἐγένετο ὅτε
kann daher in 7,28a für vor-mt gehalten werden.

'Επειδή scheint uns auf Grund der hohen Belegzahl innerhalb des lk Doppelwerkes als sehr wahrscheinlich von Lk selbst
in Lk 7,1a eingefügt. Dafür spricht auch, daß ἐπειδήπερ als
ntl. hapax legomenon ebenfalls aus seiner Hand stammt (Lk

---

105 Anders ist es freilich zu Beginn der Bergpredigt (vgl. Mt
    4,23 - 5,2 mit Lk 6,17-20a),wo wahrscheinlich bereits in
    Q eine Jünger- und Volksanwesenheit erwähnt wurde: vgl.
    dazu Harnack, Sprüche 89.176; Hirsch, Frühgeschichte II,
    44f; Schürmann, Lk 318f.323 und Polag, Fragmenta 32f; dies
    wird freilich von Neirynck, Agreements 315-318 erneut be-
    stritten.

106 Zum red Charakter des λαός in Lk 7,1a siehe Lohfink, Samm-
    lung 65.72-74.76f; vgl. zu den Hörerangaben in Lk 6-7,1
    auch Minear, Jesus' audiences 103ff.

107 Vgl. zu ὄχλος noch die Belege in QLk (Lk 3,7; 7,9; 11,29;
    12,54 und 14,25 diff Mt) und QMt, wo freilich nur die
    Stelle Mt 5,1 in Frage käme.

108 Vgl. o. sub Nr. (1); (2) und sub Nr. (6).

1,1). Man wird daher das mt καὶ ἐγένετο ὅτε als ursprüngliche
Lesart in Q betrachten können.

Diese Annahme setzt freilich voraus, daß Lk (a) die bei
ihm sonst beliebte Konstruktion mit periphrastischem καὶ ἐγένετο - vielleicht infolge ihrer Verbindung mit ὅτε, die er
sonst niemals benutzt - durch ἐπειδή ersetzte[109] und (b)
ἐπειδή, entgegen seinem sonstigen Gebrauch, ausnahmsweise
temporal verwendete[110].

b. (Mt) τελέω - (Lk) πληρόω[111].

Hier wird wiederum das mt Wort vorzuziehen sein. Für seine
Ursprünglichkeit spricht: 1. Mt verwendet es im Sinne der Be-
endigung einer Rede nur in seinen fünf festgeprägten Redeschlüssen. 2. Im Gegensatz zu πληρόω taucht es vermutlich
noch 2x in Q auf (Mt 10,23 om Lk und Lk 12,49 om Mt). 3. Lk
verwendet es zwar auch von sich aus vermutlich 3x redaktionell (Lk 2,39; 18,31b und Apg 13,29), doch wird πληρόω im
Vergleich zu τελέω deutlich von ihm bevorzugt. Hinzu kommt,
daß auch πληρόω im Sinne von "vollenden", "beendigen" von Lk
oft benutzt wird. 4. Mt, der im Vergleich mit dem LkEv πληρόω
fast doppelt so oft einsetzt, würde es kaum übergehen, falls
er es in 7,28a vorgefunden hätte.

c. (Mt) Ἰησοῦς – (Lk) αὐτοῦ[112].

Das mt und lk Verfahren gegenüber Mk könnte beides erklären: sowohl eine mt Einfügung von Ἰησοῦς als auch die lk Auslassung bzw. Ersatz durch das Pronomen. Auch der Befund in Q,
wo das Pronomen 5x innerhalb der Versuchungsgeschichte und
Ἰησοῦς 5x (Lk 3, 21 nicht mitgezählt) innerhalb von Erzäh-
lungspartien begegnet, erlaubt kaum noch sichere Kriterien
für eine Entscheidung. Auffällig bleibt freilich, daß, von

---

109 Vgl. aber Neirynck, Matière marcienne 185.

110 Da diese zwei erwähnten Voraussetzungen rein hypothetisch
    sind, muß die Annahme eines sek-lk Ersatzes von καὶ ἐγέ-
    νετο ὅτε durch ἐπειδή letztlich unsicher bleiben. Viel-
    leicht stand bereits in der von Lk benutzten Vorlage kein
    καὶ ἐγένετο ὅτε, sondern irgendeine analoge Konstruktion
    (ἐπεί?), gegenüber welcher Lk eventuell ἐπειδή bevor-
    zugte; nicht auszuschließen ist schließlich, daß schon
    ἐπειδή selbst zur Vorlage des Lk gehörte.

111 Vgl. o. sub Nr. (3) und sub Nr. (7).

112 Vgl. o. sub Nr. (4) und sub Nr. (8d).

der Einleitungswendung einmal abgesehen, der Befund der
'Ιησοῦς-Belege innerhalb der Hauptmannsperikope wider Erwarten bei Lk höher (7,4.6.9) als bei Mt (8,10.13) ist.

Weiterführend ist vielleicht die Beobachtung, daß im Stadium der mündlichen Tradierung die Wundergeschichten "durch
'Überschrift' eingeleitet worden sein" könnten, "welche den
Namen Jesu und (hin und wieder) eine Ortsangabe enthielt"[113].
Träfe dies auch für die Hauptmannsgeschichte zu, so könnte
das mt 'Ιησοῦς eine Reminiszenz der Verwendung dieses Namens
zu Beginn der ursprünglichen Erzählung sein. Sicheres läßt
sich freilich nicht mehr ermitteln.

d. (Mt) τοὺς λόγους τούτους   -   (Lk) πάντα τὰ ῥήματα[114].

1. Für die Ursprünglichkeit von λόγος ist u.E. der Befund
in Q ausschlaggebend: Q benutzt es im Gegensatz zu ῥῆμα nicht
nur auch an weiteren Stellen (Mt 7,24; 8,8 und 12,32 par Lk),
sondern vor allem im unmittelbar vorangehenden (Mt 7,24/Lk
6,47) und folgenden (Mt 8,8/Lk 7,7) Kontext. Die Ursprünglichkeit liegt aber auch auf Grund der Verwendung von ῥῆμα bei Mt
nahe, der das Wort mehrmals aus seinen Quellen übernimmt und
nachweislich 1x (27,14) von sich aus in seinen Mk-Stoff einfügt.

2. Isoliert betrachtet ist auf Grund des Befundes in Q eine Entscheidung zwischen πάντα und τούτους rein statistisch
kaum möglich, denn sowohl für das Demonstrativum als auch
für das Adjektiv weist Q mehrere Belege auf (οὗτος: 20x und
πᾶς: 14x). Der Q-Text hätte somit entweder πάντας τοὺς λόγους
oder τοὺς λόγους τούτους gelautet. Weiter führt aber die Beobachtung, daß der Gesamtausdruck πάντα τὰ ῥήματα im gNT ausschließlich innerhalb des lk Doppelwerkes auftaucht (Lk 1,65;
2,19.51; 7,1 und Apg 5,20), so daß auch bezüglich des πάντα
mit der Annahme einer lk Red aus guten Gründen gerechnet werden kann. Dies legt sich schließlich auch auf Grund der lk
Eintragungen von πᾶς in den Mk-Stoff nahe. Mt, der πᾶς
ebenfalls mit Vorliebe in seine Mk-Vorlage einfügt[115], würde
es übrigens kaum gestrichen haben!

---

113 Vgl. Theißen, Wundergeschichten 132.

114 Vgl. o. sub Nr. (5) und sub Nr. (8a-8c).

115 Vgl. die gut übersichtliche Aufstellung von Larfeld, Evan-
    gelien 287.

Stimmt dieses Ergebnis, so muß noch einmal kurz auf das Demonstrativum τούτους eingegangen werden. Oben[116] äußerten wir nämlich die Vermutung, das Wort sei unter Einfluß der mt Red in 7,24.26 verwendet. Gegen diese Erklärung spricht aber, daß der Verweis auf vorhergehende Worte - in unserem Falle auf Worte der vorangestellten Bergpredigt - durch adjektivische oder pronominale Näherbestimmung eigentlich eher zu erwarten ist als ein bloßer Hinweis nach der Art von τοὺς λόγους. Das aber bedeutet, daß bei Annahme einer Red hinsichtlich der adjektivischen Näherbestimmung, wie sie oben als wahrscheinlich dargelegt wurde, die Traditionalität der pronominalen Näherbestimmung (τούτους) durchaus für annehmbar erscheint. Dafür spricht auch der Q-Befund, worin οὗτος nicht weniger als 20x sicher belegt ist. Bei dieser Annahme hätte aber dann nicht mt Red in 7,24.26 eine sek Hinzufügung von τούτους in 7,28a bedingt, sondern eher das Gegenteil wäre der Fall: ein Demonstrativum, das urspr am Schluß der Bergpredigt stand, hätte die mt Formulierung des Schlußgleichnisses Mt 7,21-27 beeinflußt.

So ergibt sich hinsichtlich beider Wendungen in Mt und Lk, daß die mt Formulierung (τοὺς λόγους τούτους) wiederum die ursprünglichere ist, wobei sich der Wortlaut des LkEv hinreichend durch die Annahme eines lk Ersatzes für die von Q gebotene Wendung erklären läßt.

Dieses Ergebnis setzt freilich voraus, daß im Falle von Lk 7,1a Lk eine sonst von ihm keineswegs vermiedene, ja vielleicht, abgesehen von Apg 2,22 und 5,24, sogar noch 2x im Mk-Stoff selbst eingefügte, Wendung ausließ. Doch befremdet dies keineswegs angesichts des lk Verfahrens mit seinem Mk-Stoff, bei dem sich zwar in stilistischer Hinsicht deutlich gewisse Tendenzen nachweisen lassen, keinesfalls aber eine streng durchgeführte Uniformität[117].

e. (Lk) εἰς τὰς ἀκοὰς τοῦ λαοῦ[118].

Für diese Wendung ist die Annahme einer lk Red sehr wahrscheinlich. Dies geht vor allem daraus hervor, daß Mt weder ἀκοή noch λαός gegenüber Mk zu vermeiden pflegt. Aber auch der Befund in Q spricht dafür, wo weder ἀκοή noch λαός anderswo belegt erscheinen, und wo statt λαός vielmehr ὄχλος verwendet wird. Schließlich zeigt der Befund in Lk selbst, daß die Wendung sehr wahrscheinlich von ihm stammt: Erstens taucht εἰς τὰς ἀκοάς im gNT nur innerhalb des lk Doppelwerkes auf

---

116 Vgl. o. sub Nr. (5b [sub 1.]).

117 Dies geht deutlich aus den Arbeiten Cadburys (Style 73ff) und Jeremias (Sprache, passim) hervor.

118 Vgl. o. sub Nr. (9) und (10).

(Lk 7, 1a und Apg 17,20),und zweitens ist λαός bekanntlich
ein von Lk bevorzugtes Wort.

Zusammenfassend läßt sich also sagen:

1. Der urspr Q-Wortlaut wird mit großer Wahrscheinlichkeit
von Mt wiedergegeben. Lediglich bei ὁ 'Ιησοῦς blieb unsicher,
ob es gegenüber dem lk αὐτοῦ nicht von Mt sekundär eingesetzt
wurde. Doch berechtigt die Tatsache, daß Lk seinerseits mit
'Ιησοῦς sehr zurückhaltend verfährt, auch dazu, bei diesem
Namen mit einer gewissen Wahrscheinlichkeit für Ursprünglichkeit zu rechnen.

2. Die Wahrscheinlichkeit, daß Mt die ursprünglichere Fassung
enthält, stimmt auch mit seinem sonstigen Verfahren überein,
ursprünglich in Mk oder Q vorgefundene Formeln mehrmals redaktionell innerhalb seines Ev zu verwenden. Man wird daher
mit der Ursprünglichkeit der Abschlußformel καὶ ἐγένετο ὅτε
ἐτέλεσεν ὁ 'Ιησοῦς (τοὺς λόγους τούτους) in 7,28a, kaum aber
in 11,1; 13,53; 19,1 und 26,1 rechnen können, da letztere
Stellen durch das Fehlen sachlicher Parallelen in Lk und Mk
mit großer Wahrscheinlichkeit von Mt selbst stammen.

3. Schließlich ist aus den Studien Johannessohns und Beyers
über die ntl. Verwendung des periphrastischen καὶ ἐγένετο zu
folgern, daß der Sammler des Q-Materials sich mit dieser
Übergangswendung von der Bergpredigt zur Hauptmannserzählung
mehr oder weniger an den Sprachgebrauch der LXX anschließt.

3.22. Mt 8,5a: εἰσελθόντος δὲ αὐτοῦ εἰς Καφαρναούμ und
      Lk 7,1b: εἰσῆλθεν εἰς Καφαρναούμ.

Mt und Lk entsprechen sich weitgehend: Die Ortsangabe stimmt
wörtlich überein (εἰς Καφαρναούμ), und beide verwenden dasselbe Verb εἰσέρχομαι. Wenn Mt statt εἰσῆλθεν den Gen.abs. εἰσελθόντος δὲ αὐτοῦ bringt, so ist dies wohl auf seinen Einschub von Mk 1,22.40-45 (vgl. Mt 7,28f; 8,1-4) innerhalb der
urspr Q-Akoluthie, die nach der Bergpredigt unmittelbar die
Hauptmannserzählung brachte[1], zurückzuführen.

---

1 Vgl. o.S. 102 und u.S. 192f.

Was den Genitivus absolutus betrifft, so ist er allen drei
Evv geläufig: Er kommt 34x in Mk, 51x in Mt und 57x in Lk
(ca. 100x in Apg) vor, wobei Mt ihn 12x, Lk aber nur 2x aus
Mk übernimmt[2]. In Q findet sich der Gen.abs. nur an einer
Stelle sicher belegt, nämlich Mt 11,7/Lk 7,24, wo jedoch keine Wortlautidentität besteht. In QMt findet er sich außer in
8,5 nur noch in 16,2b (vgl. Lk 12,54), wo jedoch der Wortlaut
in wichtigen Hss wie $\aleph$, B u.a. fehlt. Am häufigsten begegnet er bei QLk: vgl. Lk 3,21; 6,48; 7,6; 9,57; 11,14.29 und
12,36[3].

Für den red Charakter der Konstruktion in Mt 8,5a spricht
auch ihre mehrmalige red Verwendung im unmittelbaren Kontext
von Mt 8,5-10, wie aus Mt 8,1.28 hervorgeht (vgl. auch Mt
8,16). Auch die Beobachtung von Fuchs[4], nach der der Gen.abs.
6x einer sicherlich von Mt geprägten Formel (προσέρχεσθαι +
αὐτῷ + Substantiv) vorangestellt begegnet (vgl. 5,1; 8,5;
14,15; 17,14; 21,23 und 24,3), könnte für den red Charakter
der Konstruktion auSt herangezogen werden.

Die Tatsache, daß die Formulierung des Gen.abs. hier mit
δέ erscheint, paßt übrigens angesichts der mt Bevorzugung dieser Konjunktion gegenüber Mk[5] ganz zu seinem Stil.

Der Lk-Text wird also in diesem Falle gegenüber der mt
Formulierung vorzuziehen sein, so daß der Q-Wortlaut wohl,
wie in Lk, aus εἰσῆλθεν εἰς Καφαρναούμ bestand.

3.23. Mt 8,5b: προσῆλθεν αὐτῷ ἑκατόνταρχος παρακαλῶν αὐτόν
       und Lk 7,2aα: Ἑκατοντάρχου δέ τινος

3.231. Mt 8,5b.

(11) προσῆλθεν αὐτῷ.

Diese Wendung gehört sehr wahrscheinlich der mt Red an. Darauf deutet nicht nur das gehäufte Vorkommen von προσέρχομαι
in Mt hin[1], sondern vor allem seine stereotype Verwendung zu

---

2 Vgl. Larfeld, Evangelien 223-225; ferner Neirynck, Agreements 210f.244-246.

3 Vgl. dazu Cadbury, Style 134 und Turner, Insights 177f. Lk
  3, 15 und 19,11 gehören u.E. nicht zu QLk.

4 Vgl. ders., Sprachliche Untersuchungen 110.

5 Vgl. Neirynck, Agreements 203f.

1 Mt hat es 51x, Mk und Lk aber nur 5x bzw. 10x. Nach Gaston,
  Horae 81 erscheint es 2x in QMt, 21x im mtSg und 27x(!) als
  Hinzufügung zu Mk.

Beginn der Heilungsgeschichten[2]. Überhaupt ist die Wendung
mit προσέρχομαι (auch -θεν, -θόντες o.ä.) + αὐτῷ (oder der
Dativ der Person) + Substantiv (im Sing. oder Plur.) eine
von Mt sehr beliebte Konstruktion, wie Fuchs einleuchtend
herausstellte[3]. Daß wir es hier mit mt Formulierung zu tun
haben, zeigt nicht zuletzt auch der Befund in Q, wo προσέρχεσθαι an keiner weiteren Stelle verwendet wird[4]. Schließlich wird es auch Lk kaum gelesen haben, da er es nur 1x aus
seinem Mk-Stoff ausläßt, dagegegen aber 5x red einfügt[5].

Ist der red Charakter der Wendung deutlich, so muß noch
gefragt werden, ob Mt diese Konstruktion neu oder lediglich
als Ersatz für eine andere schuf. Die Lk-Parallele führt in
dieser Frage nicht weiter, denn die Einführung der Gesandtschaften bedingt den Gebrauch von ἀποστέλλω und πέμπω in Lk
7,3.6. Anders aber der joh Parallelvers (4,47b), der ebenfalls das Gehen des βασιλικός zu Jesus mit einem Kompositum
von ἔρχομαι beschreibt: ἀπῆλθεν πρὸς αὐτόν. Diese parallele
Schilderung des Auftretens des Hilfsbedürftigen in Joh 4,47b
deutet also eher auf einen Ersatz als auf einen Zusatz hin.
Dafür spricht auch, daß überhaupt das Auftreten des Hilfsbedürftigen zum festen Motiv der Wundergeschichten gehört[6].
Vielleicht ist es sogar möglich, die wahrscheinlich von Mt
ersetzte Wendung zu präzisieren. Dazu seien zunächst einige
Stellen aus Mk zum Vergleich mit der mt Bearbeitung aufge-
führt:
Mk 1,40: καὶ ἔρχεται πρὸς αὐτὸν λεπρός...
Mt 8,2 : καὶ ἰδοὺ λεπρὸς προσελθών...
          Mk 5,22: καὶ ἔρχεται εἷς τῶν ἀρχισυναγώγων...
          Mt 9,18: ἰδοὺ ἄρχων εἷς προσελθών[7]...;
Mk 5,27: ἐλθοῦσα ἐν τῷ ὄχλῳ ὄπισθεν ἥψατο...
Mt 9,20: προσελθοῦσα ὄπισθεν ἥψατο...
Alle diese Stellen schildern jeweils das uns hier interes-
sierende Motiv vom Auftreten des Hilfsbedürftigen. Προσέρχομαι

---

2 Vgl. Held, Matthäus als Interpret 214ff; Thompson, Reflections 371.

3 Vgl. ders., Sprachliche Untersuchungen 100-111.

4 Vgl. Gaston, a.a.O. 81. Auch Harnack (Sprüche 105) verzeichnet es lediglich in unserer Perikope.

5 Vgl. Gaston, a.a.O. 65, der es für ein lk Vorzugswort hält.
Die add-Belege sind nach ihm: Lk 8,24.44; 9,42; 20,27 und
23, 52.

6 Vgl. Theißen, Wundergeschichten 59.

7 So mit ℵ[1] , B und lat.

dient dabei ständig als Ersatz für das Simplex ἔρχομαι. Da
dieses Simplex in Q auch sonst belegt ist[8], liegt die Vermutung nahe, daß Mt mit der Wendung προσῆλθεν αὐτῷ in Mt 8,5b
möglicherweise das Simplex ἦλθεν + πρὸς αὐτον ersetzt hat.

Als Ergebnis kann daher festgestellt werden: προσῆλθεν αὐτῷ
ist sehr wahrscheinlich mt Red einer vor-mt Konstruktion, die
wohl aus ἦλθον und πρός + Akk. der Person bestand.

(12) ἑκατόνταρχος.

Das Wort ist für Q durch die Lk-Parallele in Lk 7,2 und
7,6 (vgl. Mt 8,8) gesichert. In Mt 8,13 kann es red oder trad
sein[9].

Welche Endung[10] (-αρχος oder -άρχης?) gebrauchte aber die
urspr Erzählung? Der Vergleich von Mt 27,54 (= ἑκατόνταρχος)
und Lk 23,47 (= ἑκατοντάρχης) mit Mk 15,39 (= κεντυρίων)
zeigt, daß sowohl in Lk 7,(2.)6 die Endung -άρχης als auch in
Mt 8,5.8 die Endung -αρχος red gebildet sein könnten. Da im
Mt-Text aber zumindest einmal (= 8,13) auch die hellenistische
Endungsbildung[11] gebraucht wird, ist sie u.E. der Endung
-αρχος vorzuziehen[12].

(13) παρακαλέω: 9/9/7 + 22.

1. παρακαλέω ist nach Gaston[13] ein Vorzugswort der Wundergeschichten. Mt bringt es entsprechend 2x in der Perikope
zweier besessener Gadarener (Mt 8,31.34 par Mk) und 1x im
Summarium Mt 14,34-36 par Mk. Außerdem steht es bei ihm noch
2x in QMt (vgl. Mt 5,4 diff Lk 6,21b und 8,5b diff Lk 7,4[14]),

---

8 Nach Gaston, Horae 73 insgesamt 15x. Zu den Stellen, vgl.
　Edwards, Concordance 22.26.31.

9 Vgl. u.S. 223 sub Nr. (101).

10 Für das hier zu beobachtende Phänomen des Metaplasmus,
　vgl. Bl/Deb/Rehkopf, Grammatik § 49-52, 50 und Moulton,
　Grammar II, § 54. Belege für Deklinationsänderung dessel-
　ben Wortes bei Josephus bietet Schlatter, Mt 273.

11 Diese Endung bevorzugt Lk, bei dem -αρχος nur in Apg 22,25
　und als sek Lesart einiger Hss in 28,16 begegnet. Im NT
　ist, abgesehen von ἑκατόνταρχος und χιλίαρχος, ebenfalls
　die Endung -άρχης für die Bildung von Substantiven mit
　ἄρχειν charakteristisch: vgl. z.B. ἐθνάρχης, πατριάρχης,
　πολιτάρχης u.a. und dazu Moulton, a.a.O.

12 So auch Weiss, Mt 167 (Fußnote) und aus letzter Zeit Polag,
　Fragmenta 38f.

13 Vgl. ders., a.a.O. 97 (41).

14 Wir rechnen παρακαλέω in Mt 8,5 und Lk 7,4 zu QMt bzw.
　QLk, denn beide Stellen verwenden zwar dasselbe Verb, je-
　doch in Bezug auf verschiedene Subjekte.

3x im Sg (Mt 2,18; 18,29.32) und 1x in 26,53 innerhalb eines
Sg-Stückes als Hinzufügung zu Mk 14,47 (vgl. Mt 26,52-54[15]).
Das Wort wird aber kein einziges Mal von Mt bei seiner Bear-
beitung der mk Wundergeschichten eingefügt!

2. Was Lk betrifft, so bringt er παρακαλέω 2x im Sg (15,28
und 16,25 ["trösten"]), übernimmt es 3x von Mk (8,31f.41 par
Mk), ersetzt es 2x durch δέομαι (5,12 und 8,38 diff Mk) und
1x durch ἐρωτάω (8,37 diff Mk), hat es 1x in QLk (vgl. 7,4[16])
und setzt es 1x in einen Sv ein, der sehr wahrscheinlich aus
seiner eigenen Feder stammt (vgl. 3,18[17]). Der Befund zeigt,
daß Lk παρακαλέω im Sinne von "bitten" sehr zurückhaltend
innerhalb seines Ev benutzt: Es wird zwar 3x übernommen, aber
zugleich auch 3x ersetzt und vor allem niemals in dieser Bedeutung in seinen Mk-Stoff eingesetzt[18]. Auch bei Lk ist bemerkenswert, daß er es weder in seiner Bearbeitung von Wundergeschichten des Mk noch seines Sg red einsetzt.

3. Der Befund in Lk und Mt zeigt also, daß παρακαλέω sehr
wahrscheinlich bereits in Q dem urspr Bestandteil der Hauptmannsperikope angehörte.

Daß dieses Verb sonst in Q nicht mehr belegt ist, wird
einfach damit zusammenhängen, daß mit Ausnahme von Lk 11,14
par Mt weitere Wundergeschichten in dieser Überlieferung
nicht auftauchen. Auch muß bedacht werden, daß Q mehrere Synonyma von παρακαλέω aufweist: so z.B. αἰτέω in Mt 5,42; 7,7.
8.9.11 par Lk und δέομαι in Mt 9,38 par Lk. D.h.: Diese Überlieferung verrät auch sonst keine Uniformität in der Wiedergabe des Verbs "bitten"!

---

15 Mt 26,53 könnte von Mt selbst stammen: vgl. Gaston, a.a.O.
   7; ferner Senior, Passion narrative 130-148 (zu Mt 26,52-
   54).

16 Vgl. oben Anm. 14.

17 Zu Lk 3,18 vgl. Jeremias, Sprache 110f. παρακαλέω wird an
   dieser Stelle freilich in der Bedeutung "ermahnen" verwendet. Von den noch übrigen Belegen in Mk (6,56; 7,32 und
   8,22) wurde keiner von Lk bearbeitet.

18 Diese Zurückhaltung trifft freilich nicht für die Apg
   zu, wo das Verb in der Bedeutung "bitten" öfters auftaucht:
   vgl. etwa Apg 13,42; 19,31; 21,12; 24,4; 25,2 und 28,14.20
   und dazu Bauer, Wörterbuch 1224 (sub 3).

(14) αὐτόν: vgl. zu αὐτός o. sub Nr. (8d).

Die Verwendung des Personalpronomens in den obliquen Kasus taucht bei Q auch mehrmals innerhalb der Versuchungsgeschichte auf. Daß Mt hier auf Trad fußt, zeigt vor allem Lk 7,4, wo dasselbe Pronomen in Verbindung mit παρακαλέω begegnet.

3.232. Lk 7,2aα.

Da ἑκατόνταρχος bereits[19] besprochen wurde, wäre nun nur noch zu fragen, ob δέ τινος der Q-Vorlage zuzuweisen ist.

(15) δέ: 495/164/543 + 559; gNT: 2.801.

Lk: In Q 32; QLk 31; Sg 292 (red 46); + 126; - 15; acc 62
Mt: "   " " ; QMt 22; " 220 (" 29); + 137; - 51; " 84[20].

Ergebnis: lk Red wahrscheinlich.

1. Bei Lk begegnet δέ häufig als Ersatz für das mk parataktische καί. Nach Schürmann hat Lk von den fast 400 Fällen einer mk καί-Parataxe "ungefähr 100, meist durch Ersatz von δέ verbessert. Ohne jede Abänderung des Kontextes setzt Luk für ein καί des Mk in 36 Fällen ein δέ zu"[21]. Das gegenteilige Verfahren, wonach Lk ein mk δέ durch καί ersetzt, erscheint dagegen nur äußerst selten: vgl. etwa Lk 5,21; 9,42 und 22,5[22].

2. Da δέ auch in Q mehrmals erscheint[23], könnte es in Lk 7,2 den urspr Wortlaut dieser Quelle wiedergeben. Doch muß zu-

---

19 Vgl. o. sub Nr. (12).

20 Vgl. Gaston, Horae 70 (28.61.64), der es für ein Vorzugswort des Mt, mtSg und Lk hält.

21 Vgl. ders., PB 76. Nach der Statistik von de Solages, Composition 104 (sub Nr. 23) hat Lk 93x ein mk καί durch δέ ersetzt, dagegen aber nur 3x ein mk δέ in καί umgeändert. Vgl. zur Sache auch Neirynck, Agreements 203-207.

22 Alle anderen Fälle, wie Lk 13,30; 22,50.66 und 23,46 bleiben u.E. unsicher: vgl. aber Schürmann, a.a.O. 77 und Neirynck, a.a.O. 203.205. Zur lk Verwendung von καί und δέ in Perikopeneinleitungen vgl. Hawkins, Horae 151 und nun auch Jeremias, Sprache 89f.

23 Harnack, Sprüche 112 zählt ca. 30 Belege in Q. Damit stimmt Gaston, a.a.O. 70 überein, der 32 Stellen anführt. Von diesem relativen Konsens weicht lediglich Edwards, Concordance 14 ab, der die Zahl auf 15 reduziert. Seine Aufstellung ist

gleich bedacht werden, daß δέ hier in Verbindung mit einem
bei Lk sehr beliebten Pronomen, nämlich τις, auftaucht.

(16) τις[24]: 21/34/80 + 115.

1. Lk und Apg haben es 195x, das sind 39% des Vorkommens im
gesamten NT (526x). Das indefinite τις ist daher zweifellos
eine lk Vorzugsvokabel. Seine häufige adjektivische Verwendung im LkEv und in der Apg[25] macht eine lk Red für Lk 7,2
sehr wahrscheinlich.

2. Was den Befund in Q betrifft, so gebraucht diese Überlieferung τίς ganz überwiegend als Interrogativum (vgl. Lk 3,7;
7,31; 11,11.19; 12,25.42 par Mt). Lediglich beim Neutrum tauchen neben interrogativischen auch indefinite Belege auf, so
beispielsweise in Mt 6,25(bis).31(bis) (vgl. Lk 12,22.29)[26].

   So zeigt auch der Gebrauch in Q, wo adjektivisches τις
nicht vorkommt (Mt 18,12 diff Lk!), daß wir dieses Pronomen
in Lk 7,2 sehr wahrscheinlich der lk Red zuzuschreiben haben.

Zusammenfassung von 3.23. (Mt 8,5b und Lk 7,2aα):

   Die beiden Versteile schildern den Auftritt des Stellvertreters des Hilfsbedürftigen, nämlich des ἑκατοντάρχης. Anzeichen einer lk Bearbeitung ließen sich bei τις, mehr oder
weniger auch bei δέ feststellen. Δέ ist zwar auch in Q belegt, doch erhärtet die Verbindung mit τις die Wahrscheinlichkeit einer lk Red auSt. Eindeutig mt Red schien uns das
Compositum προσέρχομαι zu entstammen, das möglicherweise das
Simplex ἔρχομαι seiner Vorlage ersetzte.

---

jedoch keineswegs vollständig, da er sichere Belege, wie
beispielsweise Lk 7,24; 9,59; 10,2.5.6.; 11,15 u.a. par Mt
nicht aufstellt.

24 Da die Statistik von Gaston (Horae 82) anscheinend nicht
zwischen Interrogativ-(τίς) und Indefinitpronomen (τις)
differenziert, wird sie zu diesem Wort nicht berücksichtigt.

25 Vgl. Hawkins, a.a.O. (Anm. 22) 47 und Jeremias, Sprache
15. Umstritten ist dabei der Gebrauch von τις nach ἄνθρωπος:
vgl. dazu Neirynck, Matière marcienne 183, Anm. 132.

26 Vgl. zu den Belegen Edwards, Concordance 74f.

Diese Indizien red Tätigkeit erklären allerdings nicht
alle Unterschiede, so z.B. nicht die Tatsache, daß παρακαλεῖν
bei Mt vom Hauptmann, in Lk 7,4 aber von der ersten Gesandtschaft ausgesagt wird. Auch das προσελθεῖν (urspr wohl einfach ἐλθεῖν) des Hauptmanns hat bei Lk keine direkte Parallele, da dort nicht der Hauptmann selbst, sondern Gesandtschaften zu Jesus kommen, und deshalb folgerichtig von ἀποστέλλειν
bzw. πέμπειν die Rede ist. Wie diese Unterschiede am besten
gedeutet werden können, wird sich freilich erst nach der stat
Analyse des Gesamtstoffes beider Perikopen beantworten lassen.

3.24. Mt 8,6 und Lk 7,2aβ.b.

3.241. Mt 8,6: καὶ λέγων· κύριε, ὁ παῖς μου βέβληται ἐν τῇ
οἰκίᾳ παραλυτικός, δεινῶς βασανιζόμενος.

(17) καὶ λέγων.

(17a) καί: 1197/1103/1483 + 1132.

Mt: In Q 144; QMt 69; Sg 401 (red 59); + 124; - ?; acc 459
Lk: "   " " ; QLk 74; " 838 ("   80); + 116; - ?; "   311[1].

Das anreihende καί ist dem Mt nicht fremd: Er behält es
beispielsweise nicht nur 32x gegenüber Mk bei, wo Lk es durch
δέ ersetzt[2], sondern trägt es sogar von sich aus zuweilen in
den Mk-Stoff ein, indem er mk δέ durch καί ersetzt[3]. Weit
häufiger wird jedoch von Mt die mk Anreihung mit καί vermieden: So ersetzt Mt z.B. ein mk anreihendes καί 48x zusammen
mit Lk und 63x alleine durch δέ[4]. Häufig erscheint auch der
Ersatz von καί durch τότε (mehr als 30x!)[5]; 10x ersetzt Mt es
durch eine asyndetische Konstruktion[6] und in ca. 55 Fällen

---

1 Vgl. Gaston, Horae 75 (58), der es für ein mk Vorzugswort
  hält.
2 Vgl. Neirynck, Agreements 205.
3 Vgl. etwa Mt 9,3; 13,34; 15,21; 17,18; 24,4; 26,51. 72;
  27,14.34f.48 diff Mk und dazu Neirynck, Agreements 203f.
4 Vgl. Neirynck, a.a.O. 203f.
5 Vgl. Neirynck, a.a.O. 205-207.
6 Vgl. Neirynck, a.a.O. 206f.

bevorzugt Mt gegenüber einem Verbum finitum + καί in Mk die
Partizipialkonstruktion, wobei er an 4 Stellen diese mk Konstruktion durch einen Gen.abs. ersetzt[7].

Der Befund im ersten Ev zeigt, daß das anreihende καί von
Mt sehr selten red eingesetzt, dagegen aber häufig durch δέ,
τότε oder andere Konstruktionen ersetzt wird. Daher wird man
das καί in 8,6 wohl eher der Trad zuweisen müssen.

Konkrete Zahlen für Parataxe-Vorkommen innerhalb von Q und
dem mt/lk Sg liegen statistisch unseres Wissens noch nicht
vor[8]. Der Vergleich mit Mk[9] zeigt aber, daß diese Konstruktion
prinzipiell vorwiegend der jeweiligen mt bzw. lk Vorlage zugewiesen werden kann, da beide Evangelisten sie mehrmals auslassen oder (mit Vorliebe) ersetzen. Unter dieser Voraussetzung stellt Burrows[10] die Stellen in Q auf, in denen καί entweder durch δέ oder durch eine andere Konstruktion von dem
ersten oder dritten Evangelisten ersetzt wurde. Wir können
daher aus Burrows' Aufstellung die Belege für QMt und QLk gewinnen. Er gelangte zu folgendem Resultat: In Q ersetzen Mt
10x[11] und Lk 6x[12] (einige weitere Fälle sind ungewiß) καί
durch δέ; außerdem ersetzen Mt 4x[13] und Lk 2x[14] (zwei weitere
Fälle bleiben ungewiß) καί durch eine andere Konstruktion[15].

---

7 Vgl. Neirynck, a.a.O. 207-210.

8 Die Belege in Q können jedoch leicht aus Edwards, Concordance 36ff entnommen werden. Harnack, Sprüche 114 verweist
  auf die Tatsache, daß Q von der Parataxe einen reichlichen
  Gebrauch macht.

9 Vgl. dazu Neirynck, a.a.O. 203ff.

10 Vgl. ders., Agreements 297-303.

11 Vgl. Mt 4,4; 9,32; 10,28; 11,2; 22,3.5; 23,4; 25,12.19.24
   diff Lk.

12 Vgl. Lk 6,48.49; 12,4; 11,19; 19,16 und 7,6 diff Mt. Zu
   Lk 7,6 setzt Burrows voraus, daß in Mt 8,7 kein Asyndeton
   vorliegt. Die Beispiele, die textkritisch unsicher sind,
   liegen in Lk 4,3; 11,14; 14,11 und 17,35 vor (vgl. ders.,
   ebd. 300f).

13 Vgl. Mt 4,7; 13,33; 18,15 und 25,21 diff Lk. Als textkritisch unsicher bezeichnet Burrows Mt 23,34 diff Lk (ebd.
   302).

14 Vgl. Lk 7,22 und 17,27 diff Mt. Als unsicher verzeichnet
   Burrows lediglich Lk 14,27 (ebd. 303).

15 De Solages, Composition 190 (sub Nr. 87) verweist auf 8
   Fälle in Q, wo Lk eine in Mt vorgegebene Parataxe durch
   "subordination" wiedergibt.

(17b) λέγων.

1. Das Ptz. λέγων erscheint 179x im NT[16], davon zu fast
einem Drittel im MtEv[17]. Mt bringt λέγων/λέγοντες o.ä. unabhängig von Lk[18] und als Eintragung in seinem Mk-Stoff 11x
statt eines mk Verbum finitum mit καί, und 27x bei anderen
Fällen unterschiedlicher Natur[19]. Demgegenüber lassen sich
lediglich 9 Fälle ermitteln, in denen Mt ein mk λέγων bzw.
λέγοντες ersetzt[20]. Sprechen schon diese Zahlen für die Wahrscheinlichkeit einer mt Red, so wird dies noch dadurch erhärtet, daß λέγειν in Mt 8,6 in Verbindung mit προσέρχεσθαι
begegnet, zumal nach Held "die Verbindung von προσέρχεσθαι
und λέγειν...eine stereotype Formel des Matthäus zur Einleitung von Reden und Gesprächen" ist[21].

2. Das hier pleonastisch gebrauchte λέγων gehörte kaum
urspr zu Q; sonst müßten ja beim hohen Q-Vorkommen von
λέγειν[22] weitere Belege vorliegen, was aber nicht der Fall
ist. Lediglich in QMt erscheint es außer auSt noch 6 x: Mt
3,2 (QMt?); 5,2 (Lk 6,20: ἔλεγεν); 7,21 (Lk 6,46: καλεῖτε);
22,1 (Einleitungsvers!); 22,4 und 25,20. Daß Lk es an all diesen Stellen kaum ausgelassen haben wird, geht schon daraus

---

16 Vgl. Aland, Vollständige Konkordanz II, 362.

17 Young, Concordance 58 stellt für Mt 49 Belege auf.

18 Gemeinsam setzen Mt und Lk λέγων/λέγοντες o.ä. 16x in
   ihren Mk-Stoff ein: vgl. Neirynck, a.a.O. 246f.

19 Vgl. Neirynck, a.a.O. 247f.

20 Vgl. Mt 4,17; 16,6; 20,20; 26,61bis.62 und 27,13.17.49
   und dazu Neirynck, a.a.O. 248.

21 Vgl. Held, Matthäus als Interpret 215f. Weiter muß bedacht
   werden, daß λέγων in Mt 8,6 durch das vorangehende παρακαλῶν deutlich periphrastisch verwendet wird. Der Befund
   im MtEv zeigt, daß auch diese Verwendung des Partizips von
   Mt öfter gebraucht wird. Beispielsweise sei verwiesen auf
   Stellen wie 8,29; 12,10; 15,7; 17,9; 20,31; 21,9.23;
   22,42f; 26,39 und 27,11.23.46 u.a. Lagrange, Mt LXXXIX
   zählt 53 Fälle auf, in denen Mt ein periphrastisches
   λέγων/λέγοντες nach Verba dicendi verwendet.

22 Vgl. die Belege bei Edwards, Concordance 19f.44f. Gaston,
   Horae 76 zählt 23 Belege in Q.

hervor, daß auch von ihm pleonastisches λέγων/λέγοντες mit
Vorliebe verwendet wird[23].

Der Befund in Q deutet also darauf hin, daß λέγων auSt von
Mt selbst eingetragen wurde. Da nun das vorangehende καί sehr
wahrscheinlich traditionell ist, kommt ein Ersatz am ehesten
in Frage. Vielleicht las Mt in seiner Vorlage einfach καί +
Verbum finitum, etwa καὶ εἶπεν. Dafür spräche, daß die Wendung auch in Q auftaucht, wie aus Lk 4,6/Mt 4,9 und vielleicht
Lk 4,9 und 9,58 diff Mt zu entnehmen ist.

(17c) Der Gesamtausdruck καὶ λέγων.

Abgesehen von Mt 3,2 und 22,35, die textkritisch unsicher
sind[24], erscheint die Wendung außer auSt nur noch 2x im MtEv:
17,15 und 26,39. Gemeinsam ist den zwei Stellen, daß a) das
einleitende καί jeweils von Mk vorgegeben wurde, und b) das
λέγων jeweils von Mt selbst eingetragen wurde[25]. Der Befund
zeigt also eindeutig, daß λέγων mit vorangestelltem καί von
Mt mit keiner besonderen Vorliebe verwendet wird.

Aus dem unter Nr. 17a-c Dargelegten läßt sich ein eindeu-
tiges Ergebnis nicht ermitteln. Die Verbindung von λέγειν mit
προσέρχεσθαι und der pleonastische Gebrauch im Partizip (=
λέγων) sprechen für eine mt Verfasserschaft dieses Ptz. innerhalb der Wendung καὶ λέγων. Würde diese Annahme stimmen, so
müßte damit gerechnet werden, daß der erste Evangelist ein
urspr καί + Verbum finitum durch καὶ λέγων ersetzt hätte. Andererseits zeigt aber der Vergleich mit dem MkEv, daß Mt die

---

23 Vgl. dazu Jeremias, Sprache 67-70. Von den angeführten Belegen in QMt sind mit Ausnahme von Mt 7,21 und 25,20 alle
pleonastisch.

24 In Mt 3,2 fehlt das καί bei wichtigen Zeugen wie אּ, B u.a.
Das NTG[26] setzt es gegenüber dem NTG[25], wo es im Apparat
stand, nun in eckige Klammern. Für die Ursprünglichkeit
des καί tritt auch Huck-Greeven, Synopse 12 ein. Das καί
λέγων in Mt 22,35 ist demgegenüber deutlicher sekundär:
Es fehlt bei אּ, B, L, 33.892*, pc, lat, syp, samss und bo.
Es wird weder von NTG[26] noch von Huck-Greeven für ursprünglich gehalten.

25 Daß das mt καί in 17,15 unter mk Einfluß steht, legt die
Häufung der Parataxe in Mk 9,14-17 nahe; deutlicher liegt
der Fall in Mt 26,39, wo die mk Parallele (Mk 14,36) καὶ
ἔλεγεν bringt: vgl. dazu Schmid, Mt und Lk 154.

Wendung καί + Verbum finitum in der Regel durch einfaches
Partizip von λέγων ersetzt und das vorangestellte καί einfach ausläßt[26]. Dieses Verfahren deutet darauf hin, daß die
gesamte Wendung καί λέγων möglicherweise dem ersten Evangelisten bereits trad vorlag. Für diese Annahme könnte auch angeführt werden, daß sie anscheinend besser mit dem partizi-
pialen Gebrauch des vorangehenden παρακαλῶν harmoniert.

(18) κύριε[27]: 31/1/26.

Als Anrede an Jesu begegnet der Vokativ κύριε in Mt: 3x in
Q (7,21.22; 8,8 par Lk), 3x in QMt (8,6.21; 18,21 diff Lk[28])
und 4x im Sg (14,28.30; 25,37.44). Mt bringt es außerdem noch
1x als acc (15,27 par Mk), dagegen aber 12x als add: vgl. 8,2.
25; 9,28; 15,22.25; 16,22; 17,4.15; 20,30.31.33 und 26,22
diff Mk. Legen schon diese Zahlen die Wahrscheinlichkeit einer mt Red auSt nahe, so wird diese noch dadurch erhärtet,
daß in Übereinstimmung mit Mt 8,6 rund fünf dieser eindeutig
red Belege von Mt bei der Bitte um Heilung eingesetzt werden:
vgl. 8,2; 15,22; 17,15 und 20,30f[29]. Eine mt Red kann daher
auch auSt für sehr wahrscheinlich gehalten werden[30].

Zu erwägen wäre noch, ob κύριε in Mt 8,6 als Ersatz oder
Hinzufügung zu bewerten ist. Mt setzt es zwar 2x für διδάσκαλε (8,25 und 17,15 diff Mk), 1x für ῥαββουνί (9,28 diff Mk),
1x für ῥαββί (17,4 diff Mk) und vielleicht sogar 1x für Ἰησοῦς (20,30 v.l. diff Mk). Doch fügt er es mindestens ebenso-
oft von sich aus frei hinzu: so in 8,2; 15,22.25; 16,22; 20,
31 und 26,22. Das aber bedeutet, daß auch in 8,6 mit der Annahme einer mt Hinzufügung gerechnet werden kann. Diese An-

---

26 Neirynck, Agreements 246f verweist dazu auf folgende Stellen: Mk 1,41.44; 2,18; 4,2.38.41; 6,8.49.50; 7,5.26;
   10,47; 11,2.28; 12,14 und 14,24.65.67 diff Mt.

27 Die statistischen Angaben beschränken sich auf den Vokativ: vgl. dazu Friedrich, Bruder 34. Für κύριος im allgemeinen sei auf Senior, Passion 70f verwiesen. Zum Vergleich von Mt mit Mk siehe Neirynck, a.a.O. 280.

28 Ist κύριε in Lk 9,59 (vgl. Mt 8,21) ursprünglich - es wird
   von p45.75, A, B² u.a. bezeugt - dann bringt es QMt nur
   2x, Q dagegen 4x.

29 In Mk und Lk begegnet dagegen κύριε innerhalb der Bitte um
   Heilung jeweils nur 1x: vgl. Mk 7,28 und Lk 5,12. Dazu
   Held, Matthäus als Interpret 223.

30 So urteilt auch Schulz, Q 237, Anm. 406; anders freilich
   Polag, Fragmenta 38f.

nahme kann sogar noch durch zwei Beobachtungen erhärtet werden: 1. Ähnlich wie in Mt 8,6 verfährt Mt auch gegenüber der
Fernheilung Mk 7,24-30: Das von Mk gebotene κύριε in 7,28
nimmt er zwar in seiner Parallele (15,27) auf, fügt es aber
bereits in 15,22.25 von sich aus ein. 2. Von Lk 7,1-10 abgesehen, hat auch die joh Traditionsvariante (Joh 4,46b-54) das
κύριε nur einmal, und zwar parallel zu Lk 7,6/Mt 8,8! Die Anrede erfolgte in der Vorlage des Mt demnach höchstwahrschein-
lich ohne einen vorangestellten Vokativ. Innerhalb anderer
Wundergeschichten bietet sich dazu Mk 1,40 als Parallele an.

(19) παῖς: 8/0/9 + 6.

Das Wort begegnet in Mt: 1x in Q (8,8 par Lk); 2x in QMt
(8,6.13); 3x im Sg (2,16; 12,18: Zitat! und 21,15) und 2x als
Zusatz zum Mk-Stoff (14,2 und 17,18 diff Mk).
Ergebnis: mt Red möglich.

Für die Ursprünglichkeit von παῖς auSt spricht vor allem
die Tatsache, daß παῖς durch Mt 8,8/Lk 7,7 mit Bezug auf den
Kranken mindestens 1x innerhalb der Erzählung sicher belegt
ist. Auch muß bedacht werden, daß die Erzählung das bei Lk
entsprechende δοῦλος innerhalb der Antwort des Hauptmannes an
Jesus (Mt 8,9/Lk 7,8) verwendet. Es ist daher anzunehmen, daß
bereits in Q die Erzählung in Bezug auf den Kranken ausschließlich παῖς verwendete, um eine eventuelle Gleichsetzung
mit dem δοῦλος des Hauptmannswortes (Mt 8,9 par Lk) zu vermeiden.

(20) βάλλω: 34/18/18 + 5; gNT: 122.

Mt: In Q 5; QMt 2; Sg 14 (red 2); + 8; - ?; acc 5
Lk: " " "; QLk 1; "   5 ("   0); + 0; - ?; "   7[31].

Ergebnis: mt Red möglich/wahrscheinlich.

Wichtig ist, daß die auch in Mt 8,6 auftauchende partizi-
piale Passivform dieses Verbs 2x von Mt innerhalb von Wundergeschichten dem Mk-Text red hinzugefügt wurde: so in 8,14
als Ersatz für κατέκειτο (Mk 1,30) und in 9,2, wo ἐπὶ κλίνης
βεβλημένον anstelle des mk αἰρόμενον ὑπὸ τεσσάρων (Mk 2,3)
begegnet.

Gegen die mt Red auSt erheben sich indessen einige Bedenken, die eher zur Zurückhaltung raten. Als erstes muß der
Befund in Q beachtet werden. Die fünf sicheren Belege (Mt
3,10; 4,6; 5,13.25 und 6,30 par Lk), die in dieser Überlieferung erscheinen, deuten darauf hin, daß auch die Verwendung
in Mt 8,6 durchaus ursprünglich sein könnte. Ferner muß be-

---

31 Vgl. Gaston, Horae 69.

dacht werden, daß dieses Verb auch sonst in den Evv[32] und in anderer Literatur[33] für erkrankte Personen verwendet wird. Interessant ist schließlich, daß Mt in der Fernheilung der Tochter der Syrophoenizierin (Mk 7,24-30/Mt 15,21-28) das mk εὗρεν τὸ παιδίον βεβλημένον aus 7,30 gerade nicht übernimmt.

Diese Bedenken machen eine sichere Entscheidung kaum noch möglich: βέβληται kann sowohl red - in diesem Falle könnte Mt es als Ersatz für eine Form von κατακεῖσθαι, εἶναι o.ä. verwendet haben - als auch trad sein[34]. Um dieser Ungewißheit willen wird κατακεῖσθαι als v.l. zu βέβληται im Rekonstruktionsversuch der urspr Erzählung angegeben[35].

(21) οἰκία: 26/18/24 + 12.

Mt: In Q 4; QMt 5; Sg 5 (red 1); + 3; - ? acc 9
Lk: " " "; QLk 1; " 11 ("   0); + 4; - ? "   4[36].

Ergebnis: mt Red möglich.

1.a) Zu den add-Belegen des Mt vgl. 10,14 diff Mk 6,11; 13,1 diff Mk 4,1 und 9,23 diff Mk 5,38 (οἶκον).

b) Was QMt angeht, so hält Polag[37] das mt οἰκία von 5,15; 12,25 und 24,43 für urspr, das von 10,12f u.E. zu Recht für sek. Die lk Eintragung des Maskulinums οἶκος, wie sie in Lk 11,17 diff Mt 12,25 und 12,39 diff Mt 24,43 erscheint, wird dabei weniger vom Ev her - wo οἶκος eher von dem lk Sg be-

---

32 Vgl. zu Mt noch 8,14 und 9,2; ferner Lk 16,20 und Mk 7,30. Aus dem sNT wäre noch auf Apk 2,22 zu verweisen.

33 Vgl. die Belege bei Bauer, Wörterbuch 260 (sub 1b); für das Rabbinat siehe Strack/Billerbeck I,475 und Schlatter, Mt 274.

34 Schulz, Q 237, Anm. 406 hält es für red; andere wie Harnack, Sprüche 91 und zuletzt Polag, Fragmenta 38f halten es dagegen für trad.

35 S.u.S. 270, Anm. 5.

36 Vgl. Gaston, a.a.O. 78 (24), nach dem es ein Vorzugswort des QMt ist.

37 Vgl. Polag, Fragmenta 54f; 50f; 62f und 44f.

vorzugt wird - als vielmehr von der Apg nahegelegt: sie
bringt οἶκος 25x, οἰκία aber nur 12x[38].

2. Aus dem Sg entstammen mt Red vermutlich 9,28[39] und 13,
36 (Einleitungsvers!, vgl. 13,1)[40]; Mt 2,11 und 17,25 sind
dagegen wohl der Trad entnommen. Was Mt 8,6 angeht, so vermutet Schürmann[41], das mt οἰκία enthalte eine Reminiszenz an
Lk 7,6. Hat Lk 7,1ff gegenüber Q den urspr Wortlaut bewahrt,
so könnte dies zutreffen. Ist jedoch die mt Perikope der Tra-
ditionsträger, dann könnte ebensogut das Gegenteil der Fall
sein. Wie auch immer hierüber entschieden werden mag: Das
οἰκία-Motiv in allen drei Fassungen der Erzählung ist kaum
zufällig[42], so daß man mit relativer Wahrscheinlichkeit das
Wort in der urspr Hauptmannsperikope vermuten kann. Ob freilich οἰκία - wie bei Mt - am Anfang, in der Mitte (Lk 7,6)
oder am Schluß (Joh 4,53) des Q-Berichtes stand, kann nur
nach der stat Analyse des Gesamtstoffes geklärt werden.

(22) παραλυτικός: 5/5/0 + 0; sNT: 0.

Alle fünf mk Belege kommen innerhalb der Heilung des Gelähmten Mk 2,1-12 vor. Mt übernimmt das Wort aus dieser Perikope 3x (9,2[bis].6) und hat es außer Mt 8,6 nur noch 1x
innerhalb des Summariums 4,23-25, V 24, hier wahrscheinlich
red[43].
Ergebnis: mt Red möglich[44].

---

38 Vgl. zu Mt 24,43 die divergierende Ansicht Schürmanns
   (Trad. Untersuchungen 121, Anm. 5), wonach das mt οἰκία
   unter dem Einfluß von Mk 13,35 steht.

39 Das mt οἰκία in 9,28 könnte unter Einfluß von 9,23 stehen:
   so Schürmann, a.a.O. (s. Anm. 38). In Hinblick auf Mt 8,6
   wäre eine sekundäre Eintragung von οἰκία in Mt 9,28 insofern von Bedeutung, als damit neben Mt 8,6 eine weitere
   Eintragung in Wundergeschichten belegt wäre.

40 Mt 13,36 wird auch von Gaston, Horae 7 als mt Red innerhalb
   seines Sg angegeben.

41 Vgl. ders., a.a.O. 121.

42 Vgl. Mt 8,6; Lk 7,6 und Joh 4,53.

43 Vgl. etwa Schweizer, Mt 43f und Grundmann, Mt 111-115 (zu
   Mt 4,23-25).

44 Zur Traditionalität von παραλυτικός auSt vgl. ferner die
   Ausführungen o.S. 47-49 sub 2.

(23) δεινῶς βασανιζόμενος.

(23a) δεινῶς: Es kommt im NT nur in Mt 8,6 und Lk 11,53 (Sg: δεινῶς ἐνέχειν) vor.

Ergebnis: kein Hinweis auf mt Red.

(23b) βασανίζω: 3/2/1 + 0; gNT: 12.

Mt hat es außer in 8,6 nur noch 2x von Mk übernommen (Mt 8,29 und 14,24 par Mk).

Ergebnis: kein Hinweis auf mt Red.

Der Befund der anderen vom selben Stamm gebildeten Worte ist folgender: 1. βασανιστής taucht nur 1x im mtSg (18,34) als ntl. hapax legomenon auf. 2. βάσανος erscheint 1x im Summarium Mt 4,24 und 2x im lkSg (16,23.28). Wenn auch βάσανος in Mt 4,24 sehr wahrscheinlich vom ersten Evangelisten selbst stammt, wird man kaum aus dieser Stelle Indizien für eine mt Eintragung des βασανιζόμενος in 8,6 ableiten können[45].

Zusammenfassung von 3.241. (Mt 8,6):

Bei der Wendung καὶ λέγων ließ sich eine mt Red mit letzter Sicherheit nicht beweisen. Sie könnte dem ersten Evangelisten bereits trad vorgelegt haben. κύριε wird von Mt hier nicht als Ersatz, sondern streng red hinzugefügt worden sein. Schwieriger fiel eine Entscheidung gegenüber dem Pf. βέβληται, doch schien uns die Annahme eines mt Ersatzes angesichts des hohen Vorkommens dieses Verbs in Q und überhaupt als Charakterisierung von erkrankten Personen in der Umweltliteratur unnötig. Darüber hinaus sind alle weiteren Indizien einer mt Red so schwach, daß mit Trad gerechnet werden kann.

---

45 Lk läßt seinerseits eine besondere Abneigung gegen βασανίζω o.ä. nicht erkennen, vielmehr scheint er es immer dort übernommen zu haben, wo seine Quellen es ihm anboten. Dies gilt sowohl für Lk 8,28, wo er es aus Mk 5,7 übernimmt, als auch für 16,23.28, wo sein Sg ihm 2x βάσανος anbot. Mk 6,48, wo βασανίζω nochmals von Mk gebracht wird, hat er nicht bearbeitet. Von den anderen Begriffen, wie βασανισμός oder βασανιστής, finden sich in seinem Doppelwerk keine Belege, was aber sachlich begründet sein wird, denn βασανισμός erscheint überhaupt nur in der Offb (6x) und βασανιστής im gNT nur 1x im mt Sg (18,34). Aus diesem Befund ist zu entnehmen, daß Lk kaum das mt βασανίζω in seiner Vorlage der Hauptmannserzählung gelesen hat.

3.242. Lk 7,2aβ.b: δοῦλος κακῶς ἔχων ἤμελλεν τελευτᾶν, ὃς
ἦν αὐτῷ ἔντιμος.

(24) δοῦλος: 30/5/26 + 3.

Lk: In Q 4; QLk 0; Sg 19 (red 0); + 0; - 0; acc 3
Mt: "   " "; QMt 3; "   18 ("   0); + 1; - 0; "   4[46].

Ergebnis: lk Red nicht unmöglich; Sg! Q!

Lk hat es aus Mk in 20,10f und 22,50 übernommen; in Q fand
er es in 12,43.45f und 7,8 par Mt vor. Rechnet man die Gleichnisse vom Gastmahl und von den Talenten zum Q-Material, so
ist es in gewisser Weise gerechtfertigt, mit Parker[47] von
δοῦλος als einer Q-Vorzugsvokabel zu sprechen; dann ergäben
sich für Q noch fünf weitere Belege: Lk 19,13.17.22 (vgl. Mt
25,14.21.26) und 14,17.21 (vgl. Mt 22,8 und 22,3.6).

Der Befund zeigt, daß Lk mit δοῦλος sehr wahrscheinlich
den Wortlaut seiner Vorlage wiedergibt. Ob diese freilich Q -
so Parker[48] bzgl. Lk 7,1-5 auf Grund der Verwendung zweier
von ihm herausgestellten Q-Vorzugswörter, δοῦλος und ἄξιος -
oder etwa eine Traditionsvariante aus dem Sg ist, muß später
entschieden werden. Übrigens wird Mt, der in der entsprechenden Parallele παῖς bringt (Mt 8,6), kaum δοῦλος in seiner Vorlage gelesen haben, was durch die reichliche Übernahme dieses Wortes in seinem Ev nahegelegt wird.

(25) κακῶς ἔχειν.

Diese Wendung wird von Mk 3x in Summarien (1,32.34; 6,55)
und 1x innerhalb eines Logions (2,17) benutzt. Mt verwendet
sie ebenfalls 3x in Summarien (4,24; 8,16 und 14,35 par Mk),
übernimmt sie in 9,12 von Mk 2,17 und fügt sie nach א , B, L,
Z[vid], Θ und pc in 17,15 (vgl. Mk 9,17) ein. Lk bringt sie
außer in 5,31 par Mk 2,17 nur noch auSt. Aus Mk 1,32-34 übernimmt er sie nicht (vgl. Lk 4,40f), und Mk 6,55 wird innerhalb der großen Ausschaltung von ihm ausgelassen. Im sNT
taucht die Wendung auch nicht mehr auf.

---

46 Vgl. Gaston, Horae 71.
47 Vgl. ders., Gospel 244.
48 Vgl. ders., ebd. 64f.

Aus diesem Befund läßt sich zweierlei entnehmen: 1. Kaum
wird Mt, der die Wendung konsequent aus seinem Mk-Stoff übernahm, κακῶς ἔχειν in seiner Vorlage gelesen haben. 2. Lk, der
sie 2x innerhalb des von ihm bearbeiteten Mk-Stoffes überging, wird sie kaum von sich aus auSt eingetragen haben. Man
wird daher κακῶς ἔχειν auSt für trad halten müssen[49].

Da Lk in 4,40f die mk Wendung 2x übergeht (Mk 1,32.34),
ist die von Schulz[50] geäußerte Vermutung, κακῶς ἔχειν könnte
in Lk 7,2 "stilistische Anlehnung an mk Wundergeschichten"
widerspiegeln, sehr unwahrscheinlich. Zu erwägen wäre dagegen, ob der Ausdruck wegen der verallgemeinernden Tendenz -
er begegnet ja häufig in Summarien! - überlieferungsgeschichtlich nicht als sek zu beurteilen ist, was u.E. sehr wohl zutreffen könnte[51].

(26) ἤμελλεν τελευτᾶν.

(26a) μέλλω: 9/2/12 + 34; gNT: 109.

Lk: In Q 1; QLk 0; Sg 9 (red 3); + 1; - 1; acc 1
Mt: "   " "; QMt 1; "   2 ("   1); + 6; - 2; "   0[52].

Ergebnis: lk Red möglich.

Für Trad auSt spricht vor allem die Tatsache, daß auch in
der joh Parallele (4,47) das Impf. ἤμελλεν in Verbindung mit
einem Verbum des Sterbens (ἀποθνῄσκειν) auftaucht. Darüber
hinaus könnte auch noch der Hinweis Eastons[53] angeführt werden, wonach innerhalb des LkEv das Impf. ἤμελλεν - abgesehen
von Lk 9,31 (Sg?)[54] - ausnahmslos im Sg erscheint: 7,2; 10,1
und 19,4. Nach ihm gehört folgerichtig ἤμελλεν nicht zu Q,
sondern zu einer aus Sg bestehenden Quelle[55]. Demgegenüber

---

49 So auch Schlatter, Lk 252; Easton, Lk 96f und Jeremias,
   Sprache 151 u.a.

50 Vgl. ders., Q 236.

51 Vgl. Schulz, a.a.O. 236, Anm. 402.

52 Vgl. Gaston, Horae 77 (61.66), der es für ein von Mt und
   eventuell auch von Lk bevorzugtes Wort hält; Morgenthaler,
   Statistik 182 verzeichnet es lediglich unter den Vorzugswörtern der Apg. Aland gibt gegenüber Gaston nur 9 Belege
   an, da μέλλω in Mt 20,17 von NTG[26] für sekundär gehalten
   wird.

53 Vgl. ders., Linguistic Evidence 163.

54 Vgl. zu Lk 9,31 als Sg Schramm, Mk-Stoff 136ff.

55 Vgl. Easton, Special source 95.

könnte die Tatsache, daß die Verwendung von ἤμελλεν (Apg
21,27: ἔμελλον!) + Infinitiv eine von Lk bevorzugte Konstruktion ist (7,2; 9,31; 10,1; 19,4; Apg 12,6; 16,27; 21,27
und 27,33), ein Indiz für Red sein[56].

(26b) τελευτάω.

Das Wort taucht 2x in Mk (7,10 und 9,48[57]), 4x in Mt, 1x
in Lk (7,2), 2x in Apg (2,29 und 7,15) und sonst nur noch 2x
im sNT(7,2),11,39 und Heb 11,22) auf.

1.a) Was Lk betrifft, so hat er zwar weder Mk 7,10 noch
9,48 bearbeitet, doch bleibt die geringe Zahl der Belege innerhalb seines Doppelwerkes dennoch auffällig. Dies geht aus
seiner Verwendung des Synonyms ἀποθνῄσκειν hervor, das er im
Gegensatz zu τελευτᾶν nicht nur 4x in der Apg verwendet, sondern auch noch 2x im Sg, 4x als acc und 4x(!) als add[58]. Der
Befund von ἀποθνῄσκειν zeigt somit, daß τελευτάω in Lk 7,2
sehr wahrscheinlich aus der Trad stammt.

b) Anders als Lk fügt Mt τελευτάω 2x in seine Mk-Vorlage
ein (so in 9,18 und 22,25). Darüber hinaus bringt er es noch
1x im Sg (2,19) und 1x in Parallele zu Mk (15,4 par Mk 7,10).
Die zweite Belegstelle aus Mk (9,48) wurde in seiner Bearbeitung von Mk 9,42-50 (vgl. Mt 18,6-9) nicht berücksichtigt.

Unter den mt Belegen ist für unsere Fragestellung besonders
Mt 9,18 aufschlußreich: Hier steigert Mt das mk ἐσχάτως ἔχει
(Mk 5,23) durch ἄρτι ἐτελεύτησεν. Diese Bearbeitung zeigt,
daß Mt kaum in seiner Vorlage das lk ἤμελλεν τελευτᾶν gelesen
hat, da er es in diesem Falle wider Erwarten übergangen haben müßte.

2. Als Argument für die Ursprünglichkeit in Q könnte auf
Joh 4,47 verwiesen werden, wo statt τελευτᾶν immerhin das Synonym ἀποθνῄσκειν verwendet wird. Entscheidend gegen Q spricht
aber die Tatsache, daß Mt keine besondere Abneigung gegen τελευτᾶν aufweist und es somit kaum übergehen würde.

(26c) ἤμελλεν τελευτᾶν: Dieser Gesamtausdruck erscheint außer
in Lk 7,2 sonst an keiner anderen Stelle des NT. Die Tradi-

---

56 Vgl. zu dieser Konstruktion bei Lk Jeremias, Sprache 151f.
57 In Mk 9,44.46 ist es textkritisch sekundär: vgl. Metzger,
   Textual commentary 102.
58 Vgl. Gaston, Horae 69.

tionalität der Wendung wird für Jeremias daraus ersichtlich,
daß auch Joh in 4,47 ἤμελλεν + Infinitiv eines Verbums des
Sterbens bringt und daß die Kombination von μέλλειν im Impf.
+ Verbum des Sterbens, Tötens o.ä. überhaupt eine breite
Streuung innerhalb der ntl. Überlieferung aufweist, wie abgesehen von Lk 7,2 par Joh 4,47 noch Apg 16,27; Joh 11,51;
12,33; 18,32 und Offb 3,2 zeigen[59].

Was die Ursprünglichkeit der Wendung in Q anbelangt, so
gibt die Statistik allein kaum genügende Anhaltspunkte für
eine sichere Entscheidung. Μέλλω ist zwar noch 1x in Q belegt (Lk 3,7/Mt 3,7), nicht aber τελευτάω. Doch besagt letzteres wenig, denn erstens wird τελευτάω überhaupt im gNT nur
spärlich verwendet (11x), und zweitens begegnet das Synonym
ἀποθνῄσκω ebenfalls nicht in Q, woraus zu entnehmen ist, daß
das Fehlen weiterer Belege eher sachlich bedingt ist. Immerhin läßt ein Blick auf die mt Verwendung beider Begriffe wenigstens eine negative Feststellung zu, nämlich, daß der erste Evangelist kaum die lk Wendung in seiner Vorlage las.
Dies geht aus dem Befund von τελευτάω hervor, das Mt im Gegensatz zu Lk 2x in seinen Mk-Stoff einsetzt, und vor allem
aus seiner Verwendung von μέλλω, das er nicht weniger als 6x
in seinen Mk-Stoff einfügt, und zwar stets mit nachfolgendem
Infinitiv (Mt 16,27; 17,12.22; 20,17 [v.l.] .22 und 24,6).
Aber auch die bereits erwähnte Tatsache[60], daß Mt unter den
anderen Evangelisten Jesu Wundertätigkeit am deutlichsten
hervorhebt, weist in dieselbe Richtung.

Es bleibt die auffällige Berührung zwischen der Wendung
und dem joh ἤμελλεν γὰρ ἀποθνῄσκειν (Joh 4,47). Diese weist
jedoch nicht unbedingt auf Q-Wortlaut hin, sondern deutet lediglich an, daß vielleicht Lk und Joh in diesem Punkte unter
Einfluß eines gleichen Traditionsstranges stehen, was ja angesichts der auch sonst zu treffenden Verbindungslinien zwischen diesen beiden Evangelien[61] nicht verwundert.

---

59 Vgl. dazu Jeremias, Sprache 152.
60 Vgl. o.S. 50 mit Anm. 47.
61 Vgl. o.S. 52 mit Anm. 59.

(27) ὅς ἦν αὐτῷ ἔντιμος.

(27a) ὅς: 118/86/182 + 217; gNT: 1.365.

Lk: In Q 27; QLk 11; Sg 96 (red 5); + 25; - ?; acc 23
Mt: " "   " ; QMt 6; " 41 ("   2); + 18; - ?; "   23[62].

Ergebnis: lk Red möglich; hohes Vorkommen in Q; Sg!

   Die 25 Zusätze zu Mk und die häufige Verwendung des Pronomens in der Apg zeigen, daß die Formulierung durchaus von Lk
selbst stammen kann. Andererseits ist aus der breiten Verwendung von ὅς im Sg und aus seiner Bevorzugung in Q zu schließen, daß das Relativpronomen sehr wohl auch aus der Tradition stammen könnte. Sicheres läßt sich nicht mehr ermitteln.

(27b) ἦν.

1.a) Gegenüber Mt erscheint das Impf. von εἰμί in Lk gehäuft:
Während Mt es 38x und Mk 56x bringen, taucht es bei Lk 98x
auf[63]. Insgesamt wird εἰμί im Impf. 449x im NT verwendet, dabei 183x in Lk und Apg (40,75% im NT)[64]. Mehr als die Hälfte
aller Belege des Doppelwerkes sind periphrastisch und tauchen
entweder in Verbindung mit dem Ptz.Pf. oder mit dem Ptz.Präs.
auf[65]. Die lk Bevorzugung des Impf. von εἰμί in dieser Konstruktion zeigt allein die Tatsache, daß Lk es periphrastisch

---

62 Vgl. Gaston, Horae 78 (22), der es für ein Vorzugswort von
   Q hält. Morgenthaler, Statistik 181 führt es dagegen als
   ein Vorzugswort des Lk auf. Anders wiederum Hawkins, Horae
   21.44, der es nur "in attraction" als charakteristisch für
   Lk hält. Schließlich ist noch Parker, Gospel 244 zu nennen:
   Für ihn ist wie für Gaston, ὅς ebenfalls ein Q-Vorzugswort,
   und zwar "ὅς in attrac. constr. followed by noun" (ebd.
   Vgl. dazu auch Bl/Deb/Rehkopf, Grammatik § 294, Anm. 8.).
   Da auSt jedoch keine "attraction" besteht, können die Hinweise Hawkins' und Parkers in diesem Falle außer acht gelassen werden.
63 Vgl. Morgenthaler, Statistik 158 (13). Zu den einzelnen
   Stellen vgl. Moulton, Concordance 281ff und Aland, Vollständige Konkordanz I, 316ff.
64 Vgl. Morgenthaler, Statistik 158.
65 Vgl. dazu Jeremias, Sprache 24f und 42f. Er zählt für die
   periphrastische Konstruktion insgesamt 53 Belege innerhalb
   des LkEv und 46 innerhalb der Apg.

ca. 20x in seinen Mk-Stoff einträgt[66]. Dies ist freilich bei
der nicht periphrastischen Verwendung anders. Hier wird das
Impf. von εἰμί nämlich nur äußerst selten dem Mk-Stoff hinzugefügt, wie Lk 6,6; 23,44 und vielleicht auch noch 22,59 zeigen[67]. Alle anderen Belege im dritten Ev wurden entweder Mk
oder dem Sg entnommen.

b) Was Q anbelangt, so verwies bereits Harnack darauf, daß
es das Impf. "fast nie" verwendet[68]. Als vereinzelte Beispiele gibt er lediglich das ἐξίσταντο in Mt 12,23 an; ferner verweist er auch auf die Perikope vom Jonazeichen[69]. Dieses Urteil Harnacks hängt damit zusammen, daß er fast ausnahmslos
die Imperfekte des QLk[70] und QMt[71] als sekundär betrachtet.
Wenn man diesbezüglich zu einzelnen Stellen auch anderer Meinung sein kann, so wird es doch bei seiner Feststellung bleiben, daß das Impf. in Q nur äußerst selten verwendet wird.
Offensichtlich liegt der Grund dafür einfach darin, daß Q nur
selten Erzählstoff bringt. Damit wird wohl zugleich auch die
Erklärung für den Befund in Q gegeben sein, wo das Impf. von
εἰμί außer in Lk 7,2b sonst nicht mehr begegnet.
2. Ob nun auSt ἦν aus der Tradition oder aus der Feder des Lk
stammt, ist schwer zu sagen. Aus der Tradition könnte es Q
oder Sg entstammen. Letzteres ließe sich auch statistisch untermauern, da nicht-periphrastisches Impf. von εἰμί im Sg des
öfteren verwendet wird (Lk 1,6.7(bis).66.80; 2,7f.25(bis).
36.40; 4,25.27; 5,3; 7,12.37.39.41 usw.). Doch könnte ἦν
ebensogut von Lk kommen: Nicht-periphrastisch setzt er es
zwar selten in seinem Mk-Stoff ein (3x), doch recht zahlreich
in der Apg (ca. 40x)[72]. Eine sichere Entscheidung kann daher
auf Grund der Statistik allein nicht mehr getroffen werden.

---

66 Vgl. Jeremias, a.a.O. 24 mit Anm. 40, und 43.

67 Vgl. dazu Neirynck, Agreements 237f.

68 Vgl. ders., Sprüche 114.

69 Vgl. ders., ebd.

70 Vgl. zu den Belegen Neirynck, a.a.O. 238.

71 Vgl. zu den Belegen Neirynck, ebd. 236.

72 Zu den drei Einfügungen in den Mk-Stoff vgl. Lk 6,6; 21,44
und 22,59 (add?). Die Zahl 40 für die Apg wurde ermittelt
durch Subtraktion aller periphrastischen Stellen von der
Gesamtzahl der Verwendung von εἰμί-Impf.: vgl. Moulton/
Gueden, Concordance 284f und Bruder, Tamieion 259f.

(27c) αὐτός (αὐτῷ): vgl. zu αὐτός o. sub Nr. (8d).

Da dieses Pronomen in allen von Lk benutzten Schichten
(Q; QLk; Sg und Mk) mehrmals auftaucht und auch vom dritten
Evangelisten selbst gegenüber dem Mk-Stoff mehrmals eingetragen wurde, kann rein stat bzgl. der Tradition oder Redaktion auSt keine sichere Entscheidung mehr getroffen werden.

(27d) ἔντιμος: Es begegnet in den Evv nur in Lk 7,2 und 14,8
(Sg); im sNT noch in Phil 2,29 und IPetr 2,4.6. Da das Wort
nicht in der Apg auftaucht und außer in Lk 14,8 auch in 7,2
Sg-Material des Lk gegenüber Mt wiedergibt, hielt es Easton[73]
für ein charakteristisches Wort einer von Lk aus Sg benutzten
Quelle "L". Wenn auch die Quellenfrage bzgl. des lk Sg umstritten bleibt[74], so wird man doch an der Traditionalität
des Wortes durchaus festhalten können: Lk selbst würde wohl
eher τίμιος schreiben, wie aus Apg 5,34 und 20,24 zu entnehmen ist[75].

Ergebnis: kein Hinweis auf lk Red.

(27e) Der Gesamtausdruck ὃς ἦν αὐτῷ ἔντιμος.

Diese Wendung erscheint innerhalb des gNT nur auSt. Meistens wird sie dem Lk selbst zugeschrieben[76]. Wir können uns
dieser Deutung nicht anschließen, denn der hier entscheidende
Ausdruck ἔντιμος weist eher auf Sg hin[77]. Das wird noch dadurch erhärtet, daß auch alle anderen Worte dieser Wendung im
lk Sg durchaus gut belegt sind.

Der statistische Befund wird freilich dadurch relativiert,
daß Lk in 8,42 und 9,38 (vgl. auch 7,12:Sg!) der verstorbe-
nen bzw. kranken Person gegenüber der Mk-Version mit μονογενής
eine sekundäre Präzisierung beifügt[78]. Diese Beobachtung be-

---

73 Vgl. ders., Linguistic Evidence 160.

74 Vgl. Kümmel, Einleitung 100-107; Guthrie, Introduction
   167-184.

75 Vgl. Argyle, Greek of Luke 443.

76 Vgl. aus letzter Zeit etwa Schürmann, Lk 391, Anm. 15;
   Schulz, Q 236f; Boismard, Synopse II, 160 und Marshall,
   Lk 279.

77 So zu Recht Bussmann, Studien II, 57f; Studien III, 101f.

78 Vgl. dazu Nicolardot, Rédaction 69.

rechtigt, mit Einschränkung, auch die Präzisierung auSt für lk zu halten. Doch bleibt dies lediglich eine Möglichkeit unter anderen, so daß bzgl. der Gesamtwendung in 7,2b der trad oder red Charakter der Wendung letztlich offen bleiben muß.

Zusammenfassung von 3.242. (Lk 7,2aß.b):

Lk gibt wohl im großen und ganzen mit 7,2aß.b den Text seiner Vorlage wieder. Ob dieser Vorlage Q- oder Sg-Stoff zugrunde liegt, wird wohl mit Bussmann[79] zugunsten des Letzteren zu entscheiden sein, wofür δοῦλος, ἔντιμος und das Impf. von μέλλω als Indizien dienen können[80]. Dies erklärt u.E. auch am besten, warum Mt diesen Versteil gar nicht oder zumindest in einer ganz anderen Fassung bringt. Die Wortstatistik und sachliche Argumente haben nämlich gezeigt, daß Mt den Versteil Lk 7,2aß.b sehr wahrscheinlich im großen und ganzen übernehmen würde, wenn es in der von ihm benutzten Vorlage gestanden hätte.

3.25. Mt 8,7-8a und Lk 7,3-6ab.

3.251. Mt 8,7.8a.

3.2511. Mt 8,7: λέγει αὐτῷ· ἐγὼ ἐλθὼν θεραπεύσω αὐτόν.

Da Lk für diesen V keine Parallele bietet, wird die Wahrscheinlichkeit einer mt Red sich hier vorrangig auf Beobachtungen an der mt Bearbeitung des Mk-Stoffes stützen müssen. Die Frage nach der jeweiligen Tendenz des Lk in der Verwendung des hier begegnenden Wortschatzes kann daher meist außer acht gelassen werden.

---

79 Vgl. Anm. 77.

80 δοῦλος könnte allerdings auch auf Q hinweisen (vgl. o. sub Nr. 24). Doch ist es u.E. kaum berechtigt, δοῦλος getrennt von ὃς ἦν αὐτῷ ἔντιμος zu behandeln, so daß die Entscheidung hinsichtlich des ersten Wortes von der Entscheidung gegenüber diesem gesamten Versteil abhängig ist.

(28) λέγω: 289/201/217 + 230.

Mt: In Q 23; QMt 12; Sg 117 (red 27); + 61; - 73; acc 76
Lk: " " "; QLk 15; " 111 (" 19); + 23; - 74; " 45[1].

Ergebnis: mt Red möglich/wahrscheinlich.

Geben die aboluten Zahlen guten Grund für die Annahme einer mt Red auSt, so muß zugleich bedacht werden, daß λέγω
hier als Praesens historicum (PH) auftaucht[2]. Dies ist um so
wichtiger, als Mt bei seiner Verwendung des PH keineswegs einheitlich vorgeht.

Betrachten wir die Verwendung des PH durch den ersten Evangelisten, so ergibt sich folgender Befund: 1. Von den ca. 151
Belegen im MkEv übernimmt Mt es relativ wenig, insgesamt 21x[3].
2. Demgegenüber fügt er es aber von sich aus mehrmals in den
Mk-Stoff ein[4] und bringt es auch relativ häufig innerhalb

---

1 Vgl. Gaston, Horae 76 (61.66); er hält es für ein mt und
  eventuell lk Vorzugswort.

2 Vgl. zum PH Neirynck, Agreements 223-229. Zu der von ihm
  (ebd. 223, Anm. 173) angegebenen Literatur füge noch hinzu:
  Sanders, Tendencies 242ff; Schenk, Das Präsens Historicum
  als makrosyntaktisches Gliederungssignal im Matthäusevangelium, NTS 22 (1976), 464-475 und Kilpatrick, The Historic
  Present in the Gospels and Acts, ZNW 68 (1977), 258-262.

3 Vgl. dazu Hawkins, Horae 148f. Von diesen 21 Fällen, die Mt
  aus Mk übernimmt, beziehen sich 10 auf λέγει, einer auf
  λέγουσιν und 10 auf andere Verben.

4 Neirynck, a.a.O. 228f zählt gegenüber Imperfekten und Aori-
  sten des Mk 27 Fälle, in denen Mt diese Tempora durch λέγει/
  λέγουσιν ersetzt; in zwei anderen Fällen (Mt 3,1.13) ersetzt
  er ein mk Aorist von γίνεσθαι durch παραγίνεται; schließlich tauchen vereinzelt noch einige Stellen auf, wo Mt das
  PH als reine Hinzufügung zu Mk bringt, d.h. ohne daß Mk dazu einen Ersatz hätte: so etwa in Mt 21,42; 22,42 und 26,25.

seines Sg[5]. 3. Schließlich erscheint es auch noch 13x in QMt[6], und zwar 7x mit λέγειν[7] und 6x mit anderen Verben[8].

Die Tatsache, daß gegenüber allen QMt-Belegen das PH von Lk konsequent vermieden wird[9], hängt wohl mit der auch sonst bei Lk zu beobachtenden Tendenz zusammen, das genannte Tempus - wo immer möglich - zu ersetzen[10]. Doch ist eine Entscheidung an den einzelnen Stellen recht schwierig, da ja, wie aus der mt Bearbeitung des Mk-Stoffes hervorgeht, mit mt Red ebenfalls gerechnet werden muß.

Aus dem Befund wird deutlich, daß auch die Betrachtung von λέγει als PH zur Frage nach Trad oder Red auSt keine sicheren Schlüsse erlaubt: Das mt Verfahren gegenüber Mk läßt vielmehr beide Möglichkeiten offen.

Die Meinungen der Forscher zu den einzelnen QMt-Stellen sind dementsprechend auch recht verschieden. So geht beispielsweise Polag einen mittleren Weg: In Mt 4,5.8(bis).11; 8,7 und 25,19(bis) entscheidet er sich für, in Mt 4,6.10; 8,20.22; 9,37 und 22,8 jedoch gegen die Ursprünglichkeit des PH[11].

Streng redaktionsgeschichtlich argumentiert demgegenüber Schenk in seinem bereits erwähnten Aufsatz[12]. Er betrachtet - als Ausnahmen nennt er lediglich Mt 13,44 und 26,36-45[13] -

---

5 Vgl. zu den Stellen Neirynck, a.a.O. 228f.

6 Gehört Mt 3,1-3 par Lk 3,2b-4 zu Q (vgl. Polag, Fragmenta 28f), so wäre zusätzlich noch auf das παραγίνεται von Mt 3,1 hinzuweisen.

7 Vgl. Mt 8,7 diff Lk; ferner Mt 4,6.10; 8,20.22; 9,37 und 22,8. An diesen letztgenannten Stellen haben die entsprechenden Lk-Parallelen mit einer Ausnahme (Lk 10,12 ἔλεγεν) stets εἶπεν: vgl. Lk 4,9.8; 9,58.59; (10,12) und 14,21.

8 Vgl. Mt 4,5.8(bis).11 und 25,19(bis) diff Lk: dazu Neirynck, a.a.O. 229.

9 Eine Ausnahme bildet vielleicht Lk 19,22 (λέγει) diff Mt 25,26 (ἀποκριθείς...εἶπεν). Doch ist die Q-Zugehörigkeit von Lk 19,12-27/Mt 25,14-30 umstritten: vgl. Polag, Fragmenta 81 (Lit!).

10 Von den PH-Belegen des Mk übernimmt er nur einen einzigen, vgl. Lk 8,49. Sonst begegnet das PH bei ihm nur noch im Sg, davon 5x in Gleichnissen; in der Apg kommt es 13x vor: vgl. Neirynck, a.a.O. 229; Hawkins, a.a.O. 149 und Rehkopf, Sonderquelle 99 u.a.

11 Vgl. Polag, Fragmenta, zu den angegebenen Stellen.

12 Vgl. o. Anm. 2. Die im folgenden in Klammern angegebenen Zahlen beziehen sich auf die Seitenzahlen dieses Artikels.

13 Vgl. ders., ebd. 467.

alle bei QMt, beim mt Sg und beim mt Mk-Stoff erscheinenden
PH als sekundär. Die Verwendung des PH bei Mt diene dabei
verschiedenen Zwecken: Es könne zur Einleitung von Sätzen
(ebd. 466), zur Angabe des Höhepunkts einer Perikope (468ff),
zur Herausstellung christologischer Initiativen (472), zur
Markierung der Wirkkraft des Wortes Jesu (473), ja sogar zur
Andeutung der Anwesenheit der christologischen Gegenwarts-
verheißung (474) verwendet werden. Ist es jedoch denkbar,
daß Mt mit dem PH bei solch einer Differenzierung des Ge-
brauchs tatsächlich "dem Hörer bzw. Leser Orientierungshil-
fen für Aufnahme und Inhalt des Dargelegten" (475) geben
wollte? Scheint der Leser nicht eher damit überfordert?
Schenk widersteht mit seiner Deutung zwar - gegen Jeremias -
der Tendenz, "möglichst viele Belege des PH als Indiz von
Traditionalität zu werten"[14], doch scheint uns bei ihm die
entgegengesetzte Tendenz die Ergebnisse teilweise erzwungen
zu haben. Was Mt 8,7 betrifft, soll die urspr Funktion des PH
darin bestanden haben, schon am Anfang der Erzählung Jesu
Zusage als den wichtigsten und entscheidenden Aspekt der Perikope hervorzuheben (471). Dies sei als eine Deutungsmöglichkeit offengehalten.

Im Gegensatz zu Schenk, der kein einziges PH des QMt als
ursprünglich betrachtet, treten zahlreiche Forscher für die
Traditionalität des Tempus ein, und zwar vor allem in Fällen,
wo es durch andere Verben als λέγειν wiedergegeben wird, wie
in Mt (3,1); 4,5.8(bis).11 und 25,19(bis): verwiesen sei auf
Bartlet, Allen, Cadbury, Hendriks und Kilpatrick[15].

Gibt die Verwendung von λέγειν als PH keine sicheren Indizien für Trad oder mt Red auSt, so führt vielleicht die
Tatsache weiter, daß λέγει in Mt 8,7 möglicherweise[16] in
asyndetischer Konstruktion steht. In dieser Konstruktion wird
λέγει nämlich mehrfach von Mt gegenüber dem Mk-Text red hinzugefügt[17], so daß von daher eine mt Red recht wahrscheinlich
erscheint.

---

14 Vgl. ders., ebd. 467, Anm. 2; ferner 473, Anm. 1.

15 Vgl. Bartlet, Sources 333f mit Anm. 3; Allen, Mt XX und
   LX; Cadbury, Style 159; Hendriks, Kollektionsgeschichte
   46ff und Kilpatrick (s.o. Anm. 2), passim und bes. 258.
   262.

16 Das καί in Mt 8,7 ist wahrscheinlich sekundär: vgl. o.S.
   80f.

17 Vgl. Mt 19,7.8.10.20.21 (v.l.); 20,21.22b.23a.33; 22,21;
   26,35a.64; 27,22b und 16,15 diff Mk und dazu Neirynck,
   Agreements 212f.206. Besonders Schenk (a.a.O. 465 mit Anm.
   3) hebt das asyndetisch konstruierte PH als für Mt charakteristisch hervor. Er stellt hierzu 29 Belege fest,
   die a) ausschließlich in lokutionären Verben, und b) "nie
   in Anfangspositionen von Perikopen oder Abschnitten" (ebd.)
   vorkommen.

Dies wird auch dadurch bekräftigt, daß für asyndetisches λέγει kein sicherer Q-Beleg vorliegt. QMt und QLk haben es, von Mt 8,7 abgesehen, jeweils 1x: Mt 18,22 diff Lk 17,4 und Lk 19,22 diff Mt. Auch asyndetisches ἔφη erscheint niemals in Q, aber 3x in QMt: Mt 4,7 und 25,21.23 diff Lk[18]. Bedenkt man nun, daß Q demgegenüber deutlich die Parataxe bevorzugt[19], so liegt es nahe zu vermuten, Mt habe λέγει als Ersatz für eine ihm urspr durch Parataxe + Verbum finitum vorgelegenen Konstruktion benutzt. Danach hätte der ihm urspr vorgelegene Wortlaut etwa καὶ εἶπεν oder καὶ λέγει gelautet[20].

Man wird daher bzgl. des λέγει mit mt Red einer vor-mt Konstruktion zu rechnen haben.

(29-30) αὐτός (αὐτῷ): vgl. zu αὐτός o. sub Nr. (8d).

Das Pronomen ist in allen mt Schichten gut belegt, so daß für Trad oder Red auSt von der Statistik her keine nähere Indizien vorliegen.

(30) ἐγώ[21]: 221/107/219 + 189.

Mt: In Q 31; QMt 14; Sg 80 (red 8); + 16; - ?; acc 80
Lk: " " " ; QLk 5; " 129 (" 2); + 6; - ?; " 48[22].

Ergebnis: mt Red möglich.

'Εγώ kommt auSt innerhalb eines Jesuswortes vor. In Q taucht es innerhalb der Sprüche Jesu mehrmals auf, doch - von Mt 12,27 par Lk 11,19 abgesehen - jeweils nur in QMt (12,28; 10,16.32f und 23,34 om Lk)[23] und QLk (11,9 und 22,29 om Mt).

---

18 Häufig findet sich jedoch in Q ein Asyndeton innerhalb der Sprüche Jesu: vgl. dazu Schürmann, AR 10 und Jeremias, Sprache 61 mit Anm. 65.

19 Vgl. dazu o.S.134 mit Anm. 8.

20 Schon Weiss (Quellen 15, Anm. 24) hielt das asyndetische λέγει für "so verdächtig", daß er es in der Rekonstruktion ebenfalls durch Parataxe ersetzte.

21 Vgl. zu ἐγώ Schürmann, Trad. Untersuchungen 87f und Howard. Das Ego Jesu, passim.

22 Vgl. Gaston, Horae 71.

23 Zu QMt gehören ferner auch Mt 5,32 diff Lk 16,18; 5,39 diff Lk 6,29 und 5,44 diff Lk 6,27, doch ist die Ursprünglichkeit des ἐγώ und überhaupt der antithetischen Formulierung dieser Verse äußerst fraglich: vgl. dazu Howard, a.a.O. 185f. Polag, Fragmenta 34f.74f hält das Pronomen an all den genannten Stellen für eine mt vorangestellte Erweiterung zum urspr Text.

Was die Frage nach Trad oder Red an diesen QMt- und QLk-Stel-
len betrifft, besteht ein relativer Konsens: überwiegend wird
das ἐγώ als sek Hinzufügung beurteilt[24]. Lediglich bei a) Mt
12,28 halten Schulz und Polag es für ursprünglich[25], Howard
dagegen für sekundär[26], und b) Mt 10,16a hält es Schulz für
ursprünglich, während Polag und Howard mit einer mt Eintragung rechnen[27].

Was nun Mt 8,7 (QMt!) betrifft, so hängt viel davon ab,
wie man Mt 8,7 gegenüber Lk 7,3ff beurteilt. Unter Forschern,
die der Meinung sind, Mt habe die Lk-Version gekürzt, ist natürlich eine Vorentscheidung zugunsten einer mt Red des ἐγώ
bereits gefallen[28]. Bei anderen, die sich für die Ursprünglichkeit der kürzeren Fassung des Mt entscheiden, wird das
Pronomen meistens[29] für ursprünglich gehalten. Dieser letzteren Position wollen auch wir uns anschließen, zumal die Gesamtanalyse zeigen wird, daß Lk 7,3ff sehr wahrscheinlich
überlieferungsgeschichtlich für sek gehalten werden kann. Hinzu kommt, daß die Verwendung des emphatischen ἐγώ, wie sie
auSt sehr wahrscheinlich vorliegt[30], auch an anderen Stellen
für Jesus belegt ist[31].

---

24 Dies gilt für Mt 10,32f (vgl. Howard, a.a.O. 152ff; Polag,
   Fragmenta 58f und Schulz, Q 68); 23,34 (vgl. Howard, ebd.
   163ff; Polag, ebd. 56f und Schulz, ebd. 336); Lk 11,9 (vgl.
   Howard, ebd. 174ff; Polag, ebd. 48f und Schulz, ebd. 161)
   und Lk 22,29 (vgl. Howard, ebd. 176ff; Polag, ebd. 78f und
   Schulz, ebd. 331).

25 Vgl. Schulz, ebd. 205 und Polag, ebd. 50f.

26 Vgl. ders., ebd. 158ff. Nach ihm ist das ἐγώ in Lk 11,20
   textkritisch sekundär; in Mt 12,28 wurde es von Mt hinzugefügt.

27 Vgl. Schulz, ebd. 405; Polag, ebd. 44f und Howard, ebd.
   149ff.

28 So neuerdings Howard, a.a.O. 168-174.

29 Vgl. etwa Schulz, a.a.O. 238 und Polag, a.a.O. 38f; s. aber
   auch Harnack, Sprüche 91; Weisse, Quellen 15 und Bussmann,
   Studien II,138, der das ἐγώ freilich in Klammern setzt.

30 Vgl. dazu Howard, a.a.O. 172-174.

31 Vgl. etwa Mt 5,22.28.34 (Sg) und dazu Howard, a.a.O. 185-
   198.247f; Mt 12,27f (Q) und Mk 9,25, um nur einige Beispiele zu nennen. Zur Diskussion siehe Schmidt, Jésus 31-
   39; Schürmann (s.o. Anm. 21); Jeremias, Theologie 239-243;
   Howard, a.a.O. passim (und die Zusammenfassung auf S. 245-
   249) und Stauffer, Art. ἐγώ, ThWNT II, 345-347.

(31) ἔρχομαι: 115/85/101 + 103.

Mt: In Q 15; QMt 9; Sg 41 (red 6); + 13; - ?; acc 37
Lk: " " " ; QLk 5; " 57 (" 5); + 5; - ?; " 19[32].

Ergebnis: mt Red möglich.

Das Ptz. ἐλθών kommt an folgenden Stellen vor:
1. Mt 2,8.9.23; 4,13 (vgl. Mk 1,21: εἰσελθών); 5,24 und 25,27: Sg;
2. Mt 9,18 par Mk 5,23 und 26,43 par Mk 14,40;
3. Diff Mk in Mt 9,18 (Mk 5,22: ἔρχεται); 9,23 (Mk 5,38: ἔρχονται); 13,54 (Mk 6,1: ἔρχεται); 16,13 (Mk 8,27: ἐξῆλθεν) und 8,14 (Mk 1,29: ἦλθον);
4. Mt 24,46 par Lk 12,43 (und 25,27 par Lk 19,23): Q;
5. Mt 8,7: QMt.

Aus dem Befund ist zu entnehmen, daß Mt gegenüber Mk das Ptz. niemals frei hinzufügt, sondern mit Vorliebe als Ersatz für eine finite Form von ἔρχομαι gebraucht. Es muß daher zumindest mit der Möglichkeit gerechnet werden, daß auch auSt ἐλθών von Mt anstatt einer finiten Form von ἔρχομαι eingefügt wurde. Andererseits zeigen die beiden Belege in Q (Mt 24,46 und 25,27 par Lk) und die Verwendung desselben Ptz. in Lk 7,3, daß ἐλθών sehr wohl bereits dem Mt trad vorgelegen haben könnte.

(32) θεραπεύω: 16/5/14 + 5.
   1.a) Mt bringt es 1x in Q (10,8/Lk 10,9), 2x in QMt (8,7 und 12,22 diff Lk 11,14), 4x als acc (8,16; 10,1 und 12,10.15 par Mk), wahrscheinlich 8x als add (4,23f; 9,35; 15,30; 17,16. 18; 19,2 und 21,14 om Mk), und 1x läßt er es gegenüber Mk aus (13,58 diff Mk 6,5).
      b) Lk bringt es als acc in 4,40; 6,7.18 und 9,6; 3x hat er es in seinen Mk-Stoff eingefügt (5,15; 8,43 und 9,1); 6x bringt er es im Sg (4,23; 7,21; 8,2; 13,14bis und 14,3) und 1x in Q (10,9/Mt 10,8).
   2. Für die Annahme einer Ursprünglichkeit auSt spricht (1) die Tatsache, daß das Verb in Q nicht unbekannt ist, und (2) der Hinweis von Schulz, daß θεραπεύω oder ein Synonym eigent-

---

32 Vgl. Gaston, Horae 73 (18.59). Das Wort tritt nach ihm gehäuft im MkEv auf und ist eventuell ein mk Vorzugswort.

lich konstitutiv für die Antwort des Hauptmanns in Mt 8,8
(Lk 7,6b.7b) seien[33].

Was die Synonyma betrifft, so kämen für θεραπεύω vor allem
ἰάομαι, σῴζω und διασῴζω (vgl. Lk 7,3) in Frage. ᾿Ιάομαι fügt
Mt red in 8,13 und 15,28 ein[34]; σῴζω wird ebenfalls 3x von
ihm red verwendet[35], und διασῴζω bringt er zwar nur 1x in
14,36, doch eindeutig als Ersatz eines mk ἐσῴζοντο (Mk 6,56).
Daraus wird deutlich, daß bei Annahme eines Ersatzes mit dem
Umstand gerechnet werden muß, daß Mt θεραπεύω als Ersatz eines Verbs gebrauchte, das er an anderen Stellen keineswegs
vermieden hat.

Aus den angegebenen Gründen meinen wir, θεραπεύω auSt,
trotz seiner starken red Verwendung innerhalb des ersten Ev,
für ursprünglich halten zu können[36].

(33) αὐτός (αὐτόν): vgl. zu αὐτός o. sub Nr. (8d) und Nr.
(29). Aus der Statistik lassen sich keine konkreten Indizien
für Red oder Trad auSt ableiten.

Zusammenfassung von 3.2511. (Mt 8,7):

Bei λέγει vermuteten wir einen Ersatz für urspr καί + Verbum finitum (etwa καὶ λέγει oder καὶ εἶπεν); ἐλθών wird Mt
wohl bereits in der Partizipialform vorgefunden haben[37]. Was
θεραπεύω betrifft, so muß es zwar angesichts der hohen Zahl

---

33 Vgl. ders., Q 238: "Einerseits verwendet Mt θεραπεύειν
   etwa 10mal red, andererseits muß dem V 8, der durch Lk Vv
   6b.7b für Q ausgewiesen ist, ein die Bereitschaft oder das
   Befremden Jesu ausdrückender Satz vorangehen".

34 Vgl. zu ἰάομαι u. sub. Nr. (108).

35 Vgl. dazu Gaston, a.a.O. 82.

36 Anders freilich Duling, The therapeutic Son of David 398;
   Comber, The verb *therapeuo* 431 u.a.

37 Dies könnte, abgesehen von stat Gründen, auch noch dadurch
   erhärtet werden, daß das Ptz. hier, wie in Lk 7,3, vielleicht pleonastisch gebraucht wird, zumal Mt den pleonastischen Gebrauch der Partizipia von ἔρχεσθαι nicht mit
   Vorliebe verwendet. Das wird anhand seiner Bearbeitung des
   Mk-Stoffes deutlich: Er übernimmt 3x aus Mk ein pleonastisches Ptz. von ἔρχεσθαι (9,18; 15,25 und 26,43 par Mk),
   vermeidet einen solchen an zwei weiteren Stellen (Mt 22,26
   diff Mk 12,14 und 26,49 diff Mk 14,45), fügt es aber von

red Belege statistisch für "möglich/wahrscheinlich" gehalten
werden, doch ließ sich aus anderen Gründen die Traditionalität dieses Verbs auSt aufrechterhalten. Mt wird somit in 8,7,
abgesehen von λέγει als Präsens historicum in asyndetischer
Konstruktion, seine Vorlage wiedergegeben haben.

3.2512. Mt 8,8a: καὶ ἀποκριθεὶς ὁ ἑκατόνταρχος ἔφη.

(34) καὶ ἀποκριθείς...ἔφη.

(34a) καί: vgl. zu καί o. sub Nr. (17a).

Der Befund zu καί zeigte, daß Mt es parataktisch nur selten von sich aus einfügt, dagegen überwiegend durch δέ, τότε
oder andere Konstruktionen zu ersetzen pflegt. Als Ergebnis
wird man daher angeben können: mt Red möglich.

(34b) ἀποκρίνομαι: 55/30/46 + 21.

Mt: In Q 2; QMt 3; Sg 23 (red 7); + 16; - 15; acc 11
Lk: "   " "; QLk 2; " 30 ("   4); + 6; - ?; "   6[38].

Ergebnis: mt Red möglich/wahrscheinlich.

1. In Q erscheint das Verb sicher belegt in Mt 4,4/Lk 4,4
und 11,4/Lk 7,22: An beiden Stellen wird ἀποκρίνομαι sehr
wahrscheinlich mit vorangestelltem καί gestanden haben[39].

---

sich aus niemals dem Mk-Text hinzu (Mk 12,42 und 16,1 wurden von ihm nicht direkt verarbeitet!). Alle weiteren Belege, die hierzu innerhalb des ersten Ev in Frage kämen,
gehören entweder dem Sg (2,8f.23; 5,24), Q (12,44; 24,46
und 25,27 par Lk) oder QMt (8,7: vgl. Lk 7,3) an: vgl. zur
Sache Dalman, Worte Jesu 16f; Lagrange, Mt XCV; Moulton,
Grammar II, 452f; Larfeld, Evangelien 233; Black, Approach
125f und Jeremias, Sprache 132-134 u.a. Das Argument ist
freilich insofern relativ, als sich das ἐλθών in Mt 8,7
und Lk 7,3 auch anders deuten läßt: vgl. dazu u.S. 414
sub h).

38 Vgl. Gaston, Horae 69 (61), der es für ein mt Vorzugswort
hält. Zum Vergleich mit Mk, s. Neirynck, Agreements 249-
251.

39 Haben Mt 11,4/Lk 7,22 καὶ ἀποκριθείς eindeutig aus Q, so
erscheinen die Formulierungen in Mt 4,4 und Lk 4,4 zwar
ein wenig unterschiedlich, doch besteht kein Grund, das
καί in Lk 4,4 der Q-Vorlage abzusprechen, zumal das von
Mt gebrauchte ὁ δὲ ἀποκριθείς mit großer Wahrscheinlichkeit von ihm selbst stammt. Polags Rekonstruktion zur Einleitung von Mt 4,4/Lk 4,4 (καὶ ἀποκριθεὶς εἶπεν) könnte
durchaus den urspr Q-Wortlaut wiedergeben: vgl. ders.,
Fragmenta 30.

Dem urspr Q-Stoff dürfte auch noch das καὶ ἀποκριθείς von Lk
4,8.12 angehören, da Lk diese Wendung nicht in der Apg gebraucht und auch mehrfach gegenüber seiner Mk-Vorlage geändert hat[40]. Von hieraus wäre sogar zu erwägen, ob nicht auch
die in Lk 17,37 stehende Einleitungswendung zum Q-Spruch Lk
17,37c/Mt 24,28 auf Grund der Formulierung καὶ ἀποκριθέντες
urspr der Q-Quelle angehörte[41].

Für QMt hält Gaston Mt 8,8; 11,25 diff Lk 10,21 und 12,39
diff Lk 11,29. Doch ist, von Mt 8,8 abgesehen, die Ursprünglichkeit des ἀποκρίνομαι an den beiden anderen Stellen fraglich[42] (ähnlich auch in Mt 22,1[43]), so daß sie für die Er-
härtung der Wahrscheinlichkeit eines Q-Ursprungs des Verbums
auSt nicht verwendbar sind.

2. Man wird auf Grund dieses Befundes wohl sagen können,
daß, trotz einer eindeutigen mt Vorliebe für ἀποκρίνομαι,
dieses Verb sehr wohl auch in Mt 8,8 bereits durch Q vorgegeben sein konnte. Dem widerspricht keineswegs die Tatsache,
daß in Lk 7,1-10 ἀποκρίνομαι nicht begegnet, da es dort infolge der Einführung einer zweiten Gesandtschaft (Lk 7,6a)
notwendigerweise entfallen muß. Hinzu kommt noch, daß das
Verb auSt auch sachlich berechtigt ist, da der Hauptmann in
8,8 auf eine ihm von Jesus gestellte Frage (Mt 8,7[44]) ant-
wortet.

(34c) φημί: 16/6/8 + 25.

Mt: In Q 0; QMt 2; Sg 6 (red 0); + 9; - 5; acc 0
Lk: "   " "; QLk 0; "   5 ("   0); + 3; - 5; "   0[45].

Ergebnis: mt Red wahrscheinlich.

---

40 Vgl. dazu Jeremias, Sprache 40.
41 Vgl. Polag, a.a.O. 90; ferner Jeremias, a.a.O. 40.
42 Vgl. Polag, a.a.O. 46f und 52f.
43 Vgl. Polag, a.a.O. 90f.
44 Zu Mt 8,7 als Frage s.u.S. 375ff.
45 Vgl. Gaston, a.a.O. 83 (63), der die mt Bevorzugung des
   Wortes erwägt. Die QMt-Belege sind nach Gaston 8,8 und
   4,7. Rechnet man Mt 25,14-30 zu Q, so wären noch Mt 25,21.
   23 hinzuzufügen. Seltsamerweise übernehmen weder Mt noch
   Lk φημί aus Mk.

Für die Wahrscheinlichkeit einer mt Red auSt sprechen
außer den stat Zahlen noch zwei weitere Beobachtungen: 1. Mt
bringt φημί im Präsens nur 2x (13,29 und 14,8), sonst stets
ἔφη. 2. In dieser Form des Impf. fügt er es nicht weniger als
7x dem Mk-Text hinzu (19,21; 21,27; 22,37; 26,34.61 und 27,11.
23)[46]. Dabei ist zu beobachten, das ἔφη 1x für mk ἔλεγεν (Mt
27,23), 1x für mk καὶ εἶπεν (Mt 19,21) und 2x für mk καὶ λέγει
(Mt 21,27 und 26,34) eingesetzt wird. Das aber heißt: Deutet
man das ἔφη in Mt 8,8 als red, so muß zugleich bedacht werden, daß es Ersatz für eine finite Form von εἰπεῖν oder
λέγειν gewesen sein könnte.

(34d) Gesamtausdruck: καὶ ἀποκριθείς...ἔφη.

Ergab die isolierte Betrachtung von ἀποκρίνομαι und φημί
für die Wahrscheinlichkeit einer mt Red einige Anhaltspunkte,
so ändert sich jedoch dieser Eindruck entscheidend, sobald
man die Wendung als Ganze betrachtet, da καὶ ἀποκριθείς...
ἔφη in dieser Formulierung weder woanders im MtEv noch an irgend einer anderen Stelle im NT anzutreffen ist. Hinzu kommt,
daß auch in anderen Formulierungen Mt ἀποκρίνομαι niemals in
Verbindung mit ἔφη, wie es in 8,8 der Fall ist, bringt. Ganz
überwiegend verwendet er dagegen ἀποκρίνομαι in Verbindung
mit εἰπεῖν[47]. Schließlich ist die Verwendung von ἀποκριθείς +
Verbum finitum mit vorangestelltem καί in Mt auch recht selten: Bei 45maligem Vorkommen von ἀποκριθείς + Verbum finitum
in Mt[48] begegnet ausschließlich in 8,8 und 22,1 (Q?[49]) ein
vorangestelltes καί. Mt selbst benutzt vielmehr Wendungen wie
ἀποκριθεὶς δέ oder ὁ δὲ ἀποκριθείς oder schließlich ἀποκριθείς
mit vorangestelltem τότε.

Die Konstruktion ἀποκριθεὶς δέ erscheint in 25,26 (vgl. Lk
19,22: λέγει!) QMt; 26,25 Sg; 14,28; 15,15 und 16,17 in frei-
er Konstruktion und Wiedergabe mk Materials, also ohne direkte

---

46 Vgl. dazu Neirynck, Agreements 238f.

47 Vgl. Jeremias, Gleichnisse 82, Anm. 1. Nach Neirynck,
   Agreements 250 ersetzt Mt durch ἀποκριθεὶς εἶπεν 2x ein
   mk ἔφη (17,11 und 26,33 diff Mk 9,12 und 14,29), 5x ein mk
   εἶπεν (13,11; 15,3; 20,22; 24,2 und 26,23 diff Mk), 3x mk
   λέγει bzw. ἔλεγεν (15,26; 16,2 und 28,5 diff Mk) und 4x
   andere Verben (15,15; 19,27; 24,4 und 26,66).

48 Vgl. dazu Moulton, Grammar II, 453f, sub (δ).

49 Vgl. dazu Polag, Fragmenta 90f sub Nr. 13.

Mk-Parallele zu den entsprechenden Versen, und in 16,16;
17,4; 17,17; 20,22; 21,21.24; 22,29; 26,33; 27,21 und 28,5,
jeweils als Wiedergabe mk Parallelen und immer red hinzugefügt. Wenn daher Harnack[50] und Bussmann[51] die Q-Vorlage mit
ἀποκριθεὶς δέ rekonstruieren, plädieren sie in Wirklichkeit
eher für mt Stil.

Was ὁ δὲ ἀποκριθείς angeht, begegnet es zwar mehrmals im
Sg (13,37; 20,13; 21,29 und 25,12), doch ist es unleugbar zugleich eine mt Vorzugswendung, wie die mt Hinzufügungen gegenüber dem Mk-Text in Mt 12,39.48; 13,11; 15,3.13.24.26;
17,11; 19,4; 24,2; 26,23 und 26,66 (hier im Plur.) deutlich
zeigen. Sie erscheint auch 2x in QMt: 16,2 (vgl. Lk 12,54:
ἔλεγεν δὲ καί) und 4,4 (vgl. Lk 4,4: καὶ ἀπεκρίθη).

Ähnliches gilt auch für τότε ἀποκριθείς, das in Mt 12,38
(vgl. Mk 8,11 und Lk 11,16); 15,28 (vgl. Mk 7,29) und 19,27
(vgl. Mk 10,28) deutlich red begegnet; in Mt 25,37.44f (Sg!)
erscheint τότε in Voranstellung zu ἀποκριθήσονται bzw.
ἀποκριθήσεται.

Der Befund ergibt, daß die Konstruktion καὶ ἀποκριθείς...
ἔφη kaum von Mt selbst stammen wird und daher eher der Trad
zuzurechnen ist.

(35) ἑκατόνταρχος: vgl. zum Wort o. sub Nr. (12).

Für die Ursprünglichkeit des Substantivs auSt spricht vor
allem die Tatsache, daß es auch in der Lk-Version unmittelbar vor dem in Mt 8,8b/Lk 7,6c mitgeteilten Gespräch verwendet
wird. Gegenüber lk ἑκατοντάρχης schien uns[52] jedoch die mt
Endung -αρχος von Mt red gebildet worden zu sein.

Zusammenfassung von 3.2512. (Mt 8,8a):

Diesen Versteil hat Mt sehr wahrscheinlich ohne stilistische Bearbeitung von seiner Vorlage übernommen. Dafür sprechen
(a) die Verwendung von ἀποκριθείς mit vorangestelltem καί:
Mt bringt es außer an uSt sonst nur noch 1x in QMt (22,1) und
übernimmt diese Konstruktion von keiner einzigen der sieben
Stellen, in denen der Mk-Text ihm dazu Anlaß geben könnte[53];

---

50 Vgl. ders., Sprüche 91.

51 Vgl. ders., Studien II 138.

52 Vgl. o. sub Nr. (12).

53 Vgl. dazu Mk 3,33; 9,5; 10,51; 11,14; 11,22; 12,35 und
   14,48 diff Mt. Nur καὶ ἀποκριθέντες übernahm Mt 1x wörtlich aus Mk: vgl. 21,27 par Mk 11,33.

ferner (b) die Verbindung von ἀποκρίνομαι mit φημί, die sonst
im MtEv nicht mehr auftaucht. Lediglich hinsichtlich des
Impf. ἔφη muß u.E. die Möglichkeit einer mt Stilisierung offen gelassen werden, und dies einfach wegen der hohen Zahl
seiner feststellbaren Addierungen zur Mk-Vorlage. In diesem
Falle könnte ἔφη sehr wohl als Ersatz für εἶπεν, ἔλεγεν o.ä.
gebraucht worden sein. Sicheres läßt sich freilich nicht mehr
feststellen, so daß wir auch zu uSt an dem Grundsatz "in dubio pro traditione" festhalten wollen.

3.252. Lk 7,3-6ab.

Mt hat für diese Vv in 8,5ff keine direkte Parallele. Da die
Auslassung eines so großen Abschnittes kaum mit der mt Abneigung gegen einzelne Worte oder Wendungen begründet sein
dürfte - wäre dies der Fall, so könnte er ja stilistisch geändert haben! - erübrigt es sich für uns, in der folgenden
Analyse neben der lk Verwendung der einzelnen Worte auch noch
stets die mt zu hinterfragen. Hat Mt in 8,5ff Lk 7,3-6ab gekürzt, wie neuerdings wieder von mehreren Forschern angenommen wird[54], so muß damit gerechnet werden, daß Lk 7,3-6ab aus
Q stammen. Wir werden daher bei der folgenden Statistik dem
Befund in Q eine besondere Aufmerksamkeit widmen müssen.

Besonders beachten wollen wir auch die Belegzahlen im lk
Sg. So wird sich zeigen müssen, ob, neben den geläufigen Deutungen von Lk 7,3-6ab als von Mt ausgelassenes Q-Material
oder von lk Red gebildete Erweiterung zu Q, nicht noch eine
dritte Erklärung möglich und plausibel ist, so nämlich, daß
Lk 7,3-6ab als dem Lk vorgegebenes Sg-Material gedeutet wird.

3.2521. Lk 7,3:

(3a) ἀκούσας δὲ περὶ τοῦ ᾽Ιησοῦς
(3b) ἀπέστειλεν πρὸς αὐτὸν πρεσβυτέρους τῶν ᾽Ιουδαίων
(3c) ἐρωτῶν αὐτὸν ὅπως ἐλθὼν διασώσῃ τὸν δοῦλον αὐτοῦ.

(36) ἀκούσας...περί.

(36α) ἀκούω: 63/46/65 + 89; gNT: 430.

---

54 Vgl. o.S. 7f.

Lk: In Q 10; QLk 3; Sg 31 (red 7); + 7; - 8; acc 14

Mt: " " " ; QMt 4; " 22 ("   4); + 10; - ?; "   17[55].

Ergebnis: lk Red möglich; Sg! Q!

(36b) περί: 28/23/45 + 72; gNT: 334.

Lk: In Q 4; QLk 2; Sg 31 (red 10); + 5; - 11; acc 3

Mt: " " "; QMt 0; " 11 ("   4); + 5; - 11; "   8[56].

Die Verwendung von περί + Genitiv (auSt: περὶ τοῦ Ἰησοῦ)
verteilt sich nach Morgenthaler[57] wie folgt: Mk 13x; Mt 20x;
Lk 40x und Apg 64x.

Ergebnis: lk Red möglich; Sg!

(36c) Hinsichtlich ἀκούειν + περί läßt sich folgender Befund
feststellen: Außer auSt erscheint es noch 1x in red Formulierung gegenüber Mk (Lk 9,9 diff Mk) und 2x im Sg (16,2 und
23,8). In der Apg taucht es 4x auf: 9,13; 17,32; 24,24 und
28,15. Dieser Befund erlaubt kein sicheres Ergebnis: Beides,
eine lk Red und eine Sg-Formulierung[58], kann hier vorliegen.
Demgegenüber erbringt Q für diese Konstruktion keine Belege.

Verwiesen sei hier nochmals auf die auffällige Tatsache,
daß in Übereinstimmung mit Lk auch in Joh 4,47 über ein "Hören" des Hauptmanns von Jesus berichtet wird[59]. Bedenkt man,
daß Mt in der Fernheilung der Tochter der Syrophoenizierin das
mk ἀλλ'εὐθὺς ἀκούσασα γυνὴ περὶ αὐτοῦ (7,25) nicht übernimmt,
so muß ernsthaft damit gerechnet werden, daß bereits Q die
Erwähnung der Kunde von Jesus enthielt, wenn auch der genaue
Wortlaut und Umfang dieser Erwähnung ungewiß bleiben müssen!

(37) δέ: vgl. dazu o. sub Nr. (15).

Die hohe Zahl der lk Eintragungen dieser Konjunktion in
seinen Mk-Stoff könnte auf Red auSt hinweisen. Andererseits
wird δέ auch mehrfach von Q und dem Sg verwendet, so daß es
hier ebenfalls trad stehen könnte.

---

55 Vgl. Gaston, Horae 68 (58,65), der es für ein mk und eventuell auch lk Vorzugswort hält.

56 Vgl. Gaston, a.a.O. 80 (60.63f). Es ist nach ihm ein lk (so
   auch Morgenthaler, Statistik 181) und eventuell auch mk und
   mt Vorzugswort.

57 Vgl. ders., a.a.O. 160.

58 So z.B. Bussmann, Studien II, 57f.

59 Vgl. dazu o.S. 50ff sub 4).

Ergebnis: lk Red möglich/wahrscheinlich; Sg! Q!

(38) ᾽Ιησοῦς: vgl. dazu o. sub Nr. (4) und sub Nr. (8d [1.b]).

Als Ergebnis stellte sich heraus, daß Lk eine Tendenz zur
Vermeidung bzw. Auslassung von ᾽Ιησοῦς gegenüber Mk aufweist.
Daß es. also gerade Lk ist, der innerhalb von 7,3-6ab ᾽Ιησοῦς
nicht weniger als 3x (!) red eingesetzt haben sollte, erscheint uns höchst problematisch. Bedenkt man aber, daß der
Name im Sg relativ häufig auftaucht, so scheint nichts dagegegen zu sprechen, diese Häufung in Lk 7,3-6 auf traditionellen Einfluß des lk Sg zurückzuführen. Daß sie kaum auf Q zurückgehen wird, zeigt allein die Tatsache, daß diese Quelle
nicht mehr als fünf sichere ᾽Ιησοῦς-Belege zu bieten hat[60].
Mit anderen Worten: Ist Lk 7,1ff als Q-Tradition zu beurteilen, so würde diese eine Perikope genau soviel ᾽Ιησοῦς-Belege
aufweisen (4x: 7,3.4.6.9) wie deren Gesamtzahl an den anderen
Stellen (4x: Lk 4,1.8.12 und 9,58 par Mt) der Q-Quelle.

(39) ἀπέστειλεν πρός.

(39a) ἀποστέλλω: 22/20/26 + 24; gNT: 132.

Lk: In Q 5; QLk 0; Sg 13 (red 3); + 2; - 7; acc 6
Mt: " " "; QMt 0; "   8 ("   2); + 2; - ?; "   7[61].

Ergebnis: lk Red möglich; Sg! Q!

Das Verb erscheint innerhalb der Q-Tradition 2x in einem
(atl.) Zitat (Lk 7,27 und 11,49 par Mt), sonst noch 3x in
Sprüchen Jesu: Lk 10,3.16 und 13,34 par Mt.

(39b) πρός: 41/65/166 + 133; gNT: 699.

Lk: In Q 3; QLk 14; Sg 103 (red 17); + 29; - 28; acc 17
Mt: " " "; QMt 2; " 18 ("   1); + 7; - ?; " 11[62].

Ergebnis: lk Red möglich/wahrscheinlich; Sg!

---

60 Vgl. dazu o.S. 110f sub 1.a).

61 Vgl. Gaston, Horae 69 (65), der es für ein eventuelles lk
   Vorzugswort hält.

62 Vgl. Gaston, a.a.O. 81 (59.65). Es ist nach ihm ein lk (so
   auch Morgenthaler, Statistik 181) und mk Vorzugswort. Hawkins, Horae 21.45f gibt es. als lk Vorzugswort nach verba
   dicendi an (vgl. dazu nun auch Jeremias, Sprache 33).

(39c) Der Gesamtausdruck ἀποστέλλω + πρός begegnet außer auSt
noch in 7,20 (Sv innerhalb eines Q-Kontextes), 13,34 (par Mt
23,37: Q) und 20,10 (aus Mk 12,2 übernommen). Demgegenüber
läßt Lk aber in 8,19 (vgl. Mk 3,31); 20,11.13 (vgl. Mk 12,
4.6) und 20,20 (vgl. Mk 12,13) die Wendung aus. In Apg verwendet er sie freilich häufiger: vgl. 8,14; 9,38; 11,11.30
und 13,15.

Mehrfach in der Apg verwendet Lk auch ἀποστέλλω in Verbin-
dung mit εἰς: vgl. 5,21; 7,34; 10,8; 11,13; 19,22 und 26,17.
Diese Konstruktion taucht dagegen im Ev selten auf: vgl. 1,26
(Sg) und 11,49 diff Mt 23,34 (πρός).

Der Befund von ἀποστέλλω + πρός zeigt, daß von einer besonderen Vorliebe des Lk für diese Konstruktion innerhalb
seines Ev kaum die Rede sein kann. Da sie aber mehrmals in
der Apg und auch 1x in Q auftaucht, wird unser Ergebnis lauten müssen: lk Red möglich; (Q!).

(40) αὐτός(αὐτόν): vgl. dazu o. sub Nr. (8d).

Da die Verwendung dieses Pronomens für Jesus allen Schichten bzw. Quellen des dritten Ev geläufig ist, kann bzgl. seines trad oder red Charakters auSt nichts Sicheres mehr ermittelt werden. Innerhalb von Lk 7,3 ist es jedoch stilistisch
dadurch bedingt, daß ᾿Ιησοῦς unmittelbar davor verwendet wird.
Dasselbe gilt übrigens auch in Bezug auf das αὐτόν in Lk 7,4
(παρεκάλουν αὐτόν).

Ergebnis: Trad (aus Q oder Sg) und Red möglich.

(41) πρεσβυτέρους τῶν ᾿Ιουδαίων.

(41a) πρεσβύτερος: 12/7/5 + 18.

Lk: In Q 0; QLk 0; Sg 2 (red 0); + 0; - 0; acc 3
Mt: " " "; QMt 0; " 3 (" 1); + 3; - 0; " 7[63].

Sichere Belege in Q fehlen, was einfach sachlich bedingt
ist. Zum lk Sg rechnet Gaston[64] außer 7,3 noch 15,25. Von Mk

---

63 Vgl. Gaston, Horae 81 (63), der es als eventuelles mt Vorzugswort angibt. Für Morgenthaler, Statistik 183 ist es
   Vorzugswort der Apg.
64 Vgl. ders., a.a.O. 5f.

übernommen hat es Lk in 9,22 (Mk 8,31), 20,1 (Mk 11,27) und
22,52 (Mk 14,43 [48])[65]. Zwei mk Belege hat er nicht bearbeitet (Mk 7,3.5), und gegenüber Mk 14,53 und 15,1 benutzt er
wohl eine andere Tradition (vgl. Lk 22,45a bzw. 22,66)[66].

Was die Apg betrifft, so findet sich πρεσβύτερος im Sinne
von "Ältesten der Juden" außer in einem atl. Zitat (2,17)
noch 4,5.8.23; 6,12; 23,14; 24,1 und 25,15, d.h. stets bei
Erwähnung von Konflikten mit den Aposteln[67], woraus zu schließen ist, daß diese Zahl der Belege ebenfalls sachlich bedingt ist.

AuSt schließlich bezieht sich der Begriff wahrscheinlich
auf Lokalbehörden[68].

Aus dem Befund läßt sich folgendes Ergebnis ermitteln: lk
Red möglich.

(41b) 'Ιουδαῖος: 5/6/5 + 80; gNT: 195.

Lk: In Q 0; QLk 0; Sg 3 (red 0); + 0; - 0; acc 2
Mt: "   " "; QMt 0; " 2 ("   0); + 0; - ?; "   3[69].

Das Fehlen sicherer Belege in Q, QMt und QLk ist hier wiederum sachlich bedingt. Aus Mk übernahm es Lk in 23,3.38. In
seinem Sg finden sich zwei Belege: Lk 23,37.51. Ausgelassen
aus seinem Mk-Stoff hat Lk es an keiner Stelle, denn bei Mk
7,3 und 15,18 hat er den ganzen Komplex nicht verarbeitet,
und zwei weitere mk Belege (Mk 15,9.12) werden von ihm übergangen, da er an den entsprechenden Stellen wahrscheinlich
eine Traditionsvariante aus seinem Sg verarbeitet (vgl. Lk
23,18-25 mit Mk 15,6-15)[70].

---

65 So nach Gaston, ebd. Der synoptische Vergleich zeigt, daß
   πρεσβυτέρους in Lk 22,52 auch als Hinzufügung zu Mk oder
   als Sg betrachtet werden kann, was davon abhängt, inwieweit man in Lk 22,47-53 mit lk Red gegenüber Mk 14,43-52
   rechnet: vgl. zur Sache Marshall, Lk 834.

66 Vgl. dazu Schmid, Mt und Lk 155f.161.

67 Die Konflikte sind in Kap. 4 mit Petrus und Johannes, in
   Kap. 6 mit Stephanus und in Kap. 23ff mit Paulus.

68 Vgl. dazu Schürer, Geschichte II,223f (ders., History II,
   185).

69 Vgl. Gaston, a.a.O. 75. Morgenthaler, Statistik 182 gibt
   es als Vorzugswort der Apg an.

70 Vgl. dazu Schmid, Mt und Lk 161.

Auf Grund des Befundes ist das Ergebnis folgendermaßen zu
formulieren: lk Red nicht unmöglich.

(41c) Der Gesamtausdruck πρεσβυτέρους τῶν ’Ιουδαίων begegnet
außer auSt nur noch 1x in Apg 25,15, weshalb die meisten Ausleger ihn der lk Red zuschreiben[71]. Zwingend ist dies jedoch
keineswegs. Angenommen, die Geschichte wurde ursprünglich für
die Werbung von Heiden konzipiert, so ist es leicht denkbar,
daß die Genitiv-Erläuterung schon von Anfang an der Erzählung
angehörte. Dabei braucht auch nicht gleich an einen "heiden-
christlichen Schriftsteller"[72] gedacht zu werden. Hatte die
Geschichte ursprünglich heidenchristliche Leser im Auge, so
könnte πρεσβυτέρους τῶν ’Ιουδαίων sehr wohl auch von einem Judenchristen formuliert worden sein.

Bussmann verweist darüber hinaus noch auf einen anderen
Grund, der die Ursprünglichkeit des Ausdruckes erhärten könnte: Anders als in Mt 8,5ff charakterisiert die lk Version den
Hauptmann "als Heiden durch die Empfehlung, und da mußte notwendigerweise τῶν ’Ιουδαίων hinzugesetzt werden"[73].

Angesichts dieser Erwägungen wird man als Ergebnis formulieren können: lk Red möglich.

(42) ἐρωτῶν ..ὅπως.

(42a) ἐρωτάω: 4/3/15 + 7.

Lk: In Q 0; QLk 0; Sg 9 (red 0); + 5; - 1; acc 1
Mt: " " "; QMt 0; " 1 ("   0); + 3; - ?; "   0[74].

Ergebnis: lk Red möglich/wahrscheinlich; Sg!

---

71 Vgl. zuletzt Jeremias, Sprache 152; Marshall, Lk 280.
72 Vgl. Schürmann, Lk 397 mit Anm. 61; Ernst, Lk 239 u.a.
73 Vgl. Bussmann, Studien III, 102.
74 Vgl. Gaston, Horae 73 (65), der es für eventuelles lk Vorzugswort hält. Auch Morgenthaler, Statistik 181 und Hawkins, Horae 18 geben es als lk Vorzugswort an. Auch das
   Kompositum ἐπερωτάω fügt Lk mehrfach dem Mk-Text hinzu:
   vgl. Gaston, a.a.O. 73.

In der hier in Frage kommenden Bedeutung "bitten" erscheint
es bei Lk außer auSt noch 1x als add zu Mk (8,37), 2x eventuell in QLk (14,18f[75]), sonst aber nur noch im Sg: vgl. 5,3;
(7,3?); 7,36; 11,37; 14,32 und 16,27. Man wird daher eine
Vorliebe des lk Sg für ἐρωτάω in der Bedeutung "bitten" annehmen dürfen[76]. Freilich zeigt die Apg in 3,3; 10,48; 16,39;
18,20 und 23,18.20, daß auch dem dritten Evangelisten das
Verb in dieser Bedeutung vertraut war.

Der Befund macht deutlich, daß zwischen Sg und lk Red eine sichere Entscheidung kaum mehr möglich ist. Was Q selbst
betrifft, so verwendet es weder ἐρωτάω noch das Kompositum
ἐπερωτάω, dagegen aber αἰτέω und δέομαι[77].

(42b) ὅπως: 17/1/7 + 14.

Lk: In Q 1; QLk 0; Sg 6 (red 0); + 0; - 1; acc 0
Mt: "   " "; QMt 1; "   11 ("   2); + 3; - 0; "   1[78].

Der Q-Beleg ist Lk 10,2 par Mt 9,38. Alle weiteren Belege
gehören dem Sg an (2,35; [7,3]; 11,37; 16,26.28 und 24,20),
wobei freilich Lk 11,37 umstritten ist[79].

Ergebnis: lk Red nicht unmöglich; Sg!

(42c) Der Gesamtausdruck ἐρωτάω + ὅπως kommt abgesehen von
uSt nur noch in 11,37 (Sv) und Apg 23,20 innerhalb des lk
Doppelwerkes vor. Lk selbst bevorzugt bei ἐρωτάω im Sinne von
"bitten" allerdings die Konstruktion ἐρωτάω + Infinitiv (8,37
diff Mk 5,17; 5,3: Sg; Apg 3,3; 10,48; 16,39; 18,20 und
23,18), wiewohl bei ihm der Gebrauch von ὅπως nach Verben des
Bittens auch sonst gelegentlich auftritt[80].

---

75 Lk 14,18f ist nach Gaston Sg: vgl. ders., a.a.O. 6. Zum
   Beleg als QLk siehe Polag, Fragmenta 70f.

76 Vgl. dazu Easton, Linguistic Evidence 161.

77 Vgl. dazu o.S. 130.

78 Vgl. Gaston, Horae 78. Die Konjunktion ist nach Morgenthaler, Statistik 181 und Hawkins, Horae 6 eine mt Vorzugsvokabel.

79 Vgl. dazu Marshall, Lk 491.493.

80 Vgl. Jeremias, Sprache 94 und die dort angegebenen Belege.

Man wird daher wohl sagen können, daß eine lk Red auSt
durchaus möglich ist; zugleich ist aber angesichts der Tatsache, daß auch Q und eventuell dem lkSg[81] die Konstruktion
Verb des Bittens + ὅπως vertraut ist, die Möglichkeit eines
traditionellen Ursprungs aus Q oder Sg ebenfalls nicht von
der Hand zu weisen[82].

Als Ergebnis könnte somit angegeben werden: lk Red möglich; Sg! (Q!).

(43) αὐτός (αὐτόν): vgl. dazu o. sub Nr. (8d) und (40).

Die Besprechung zu αὐτός ergab, daß es hier nach ἐρωτῶν
stilistisch dadurch bedingt ist, daß der Name Ἰησοῦς bereits
am Anfang des Verses verwendet wurde. Es könnte darüber hinaus sowohl der lk Red als auch Q oder dem Sg entstammen.

(44) ἔρχομαι: vgl. dazu o. sub Nr. (31).

Was das Ptz. ἐλθών anbelangt, so kommt es in dieser Partizipialform des Aor. innerhalb des Ev nur im Sg (10,32; 12,37;
14,9; 15,17; 18,8 und 22,45), in Q (12,43/Mt 24,46 [19,23/
Mt 25,27]) und in QLk (7,3 und 15,6) vor; außerdem auch noch
2x in der Apg: 21,11 und 22,13. Von Mk hat es Lk, wo er es
vorfand, nicht übernommen (8,41 diff Mk 5,23 und 22,47 diff
Mk 14,45); auch hat er es an keiner Stelle dem Mk-Text hinzugefügt. Hinzu kommt noch, daß auSt ἐλθών vielleicht pleonastisch verwendet wird[83]. Da Lk nun dem pleonastischen Gebrauch von Partizipien der Verben des Gehens und Kommens abweisend gegenübersteht[84], wird wohl das ἐλθών in 7,3 der Trad

---

81 Zu Q vgl. Lk 10,2/Mt 9,38: δεήθητε...ὅπως. Zum lkSg wäre
   auf die umstrittene Stelle Lk 11,37 zu verweisen: ἐρωτᾷ...
   ὅπως.

82 Jeremias, Sprache 94.152 hält zwar die Konstruktion ἐρωτῶν
   ὅπως in Lk 7,3 für lk, räumt aber ebd. 94 zugleich ein, daß
   die Konstruktion von Verben des "Bittens" oder "Forderns"
   mit ὅπως prinzipiell mehrdeutig ist.

83 Vgl. dazu aber unsere einschränkenden Bemerkungen u.S. 414
   sub h).

84 Vgl. dazu Jeremias, Sprache 132-134. Q und das lk Sg verwenden - anders als der dritte Evangelist selbst - das
   pleonastische Ptz. von ἔρχομαι relativ häufig. Im Sg erscheint es in Lk 13,14; 15,25; 16,21 und 18,5 (ἐρχόμενος);
   5,7; 12,37 und 14,9 (ἐλθών). In Q erscheint ἐρχόμενος nicht,

zuzuschreiben sein. Ob es dann freilich Q (vgl. Mt 8,7) oder
Sg wiedergäbe, kann mit letzter Sicherheit nicht mehr entschieden werden, vielmehr müssen beide Möglichkeiten offen
gehalten werden.

Ergebnis: lk Red nicht unmöglich; Sg! Q!

(45) διασῴζω.

Das Verb begegnet 1x im MtEv (14,36), wo der erste Evangelist es red als Ersatz für mk ἐσῴζοντο (Mk 6,56) einsetzt. Im
LkEv erscheint es außer auSt nicht mehr und im übrigen NT nur
noch 5x in der Apg (23,24; 27,43f und 28,1.4) und 1x in I
Petr (3,20).

Der Beleg im MtEv zeigt, daß das Verb auch außerhalb des
lk Schrifttums innerhalb der Synoptiker Verwendung finden
konnte. Daher muß auch die Möglichkeit, daß es das im urspr
Text verwandte Wort wiedergibt, zumindest erwogen werden.
Doch wird hier wohl tatsächlich mit lk Bearbeitung zu rechnen sein, was nicht nur durch die im Vergleich mit den anderen ntl. Schriften relativ hohe Zahl der Belege in der Apg,
sondern durch die auch sonst bei Lk anzutreffende Vorliebe
für Komposita mit διά nahegelegt ist[85].

Vielleicht hat Lk διασῴζω auSt als Ersatz für ein anderes
Verb, das ihm seine Vorlage bot, eingesetzt. Als urspr Verb
kämen Synonyma wie θεραπεύειν (vgl. Mt 8,7), ἰᾶσθαι (vgl. Mt
8,8/Lk 7,7) oder σῴζειν in Frage. Da Lk jedoch alle drei genannten Verben mehrfach in seinen Mk-Stoff red einfügt[86], muß
die nähere Bestimmung des ersetzten Verbs offen bleiben.

(46) δοῦλος: vgl. dazu o. sub Nr. (24).

Die Analyse zu diesem Wort ergab, daß eine lk Einfügung
unwahrscheinlich ist. Demgegenüber erscheint das Wort aber
relativ gut in Q und Sg belegt.

Ergebnis: lk Red nicht unmöglich; Q! Sg!

---

dagegen aber ἐλθών: vgl. Lk 11,25; 12,43; 19,23 und vielleicht auch 7,3 par Mt (vgl. zu den Belegen Jeremias, a.a.O.
133, Anm. 11 und 12).

85 Zur lk Bevorzugung der Verbkomposita mit διά, vgl. Jeremias, a.a.O. 70f.

86 Vgl. dazu Gaston, Horae 74.82f.

(47) αὐτός (αὐτοῦ): vgl. dazu o. sub Nr. (8d).

    Die Statistik zeigt, daß für die Ermittlung von Trad oder Red dieses Pronomens auSt nichts Sicheres zu entnehmen ist, da es von allen Schichten und Quellen des dritten Evangelisten reichlich verwendet wird.

Zusammenfassung von 3.2521. (Lk 7,3):

Zu V 3a: Statistisch läßt V 3a keine sichere Entscheidung zu. Vielleicht klingt bei ἀκούσας δὲ περὶ τοῦ ᾿Ιησοῦ ein urspr bereits in Q erwähnter Zug an, wie Joh 4,47a und die Tatsache, daß Mt auch die mk Erwähnung einer Kunde von Jesus in Mk 7,25 übergeht, nahelegen. Wie die genaue Formulierung in Q eventuell gelautet haben könnte, läßt sich freilich nicht mehr ermitteln. Was ᾿Ιησοῦς betrifft, so schien uns die gehäufte Verwendung dieses Namens innerhalb von Lk 7,3-6 (3x) gegen die Annahme einer lk Verfasserschaft des gesamten Abschnittes zu sprechen, da ja Lk ihn im Vergleich mit Mt und Mk zurückhaltend benutzt[87]. Demgegenüber könnte das relativ häufige Auftauchen von ᾿Ιησοῦς im lk Sg darauf hinweisen, daß der dritte Evangelist in 7,3-6 unter Einfluß von Tradition aus seinem Sg steht[88].

Zu V 3b: Auch die Stat zu diesem Versteil lieferte keine eindeutigen Ergebnisse. Negativ kann nur soviel gesagt werden, daß bei keiner Wendung die Indizien für die Wahrscheinlichkeit einer lk Red so groß waren, als daß nicht gleichzeitig auch eine Erklärung aus der Q- oder Sg-Tradition möglich wäre. Ungewißheit herrscht freilich nach wie vor hinsichtlich der Konstruktion ἀποστέλλω + πρός, deren Befund im LkEv von dem der Apg erhebliche Unterschiede aufweist, so daß die Annahme einer lk Red nicht ohne Bedenken erfolgen kann. Doch läßt,

---

87 Vgl. dazu o.S. 111 mit Anm. 49 und 120 sub 1.b).

88 Diese Beobachtung wird freilich dadurch relativiert, daß bei anderen Wundergeschichten des lk Sg keine gehäufte Verwendung von ᾿Ιησοῦς festzustellen ist. So kommt dieser Name beispielsweise in Lk 7,11-19 kein einziges Mal, in 13,10-17 und 17,11-17 jeweils nur 2mal und in 14,1-6 nur 1mal vor.

isoliert betrachtet, die hohe Belegzahl von ἀποστέλλω und
πρός im Sg die Annahme von Trad bei dieser Wendung durchaus
zu. Übrigens ist die Wendung auch der Q-Tradition nicht unbekannt (vgl. Lk 13,34/Mt 23,37), so daß für die Trad sowohl
das Sg als auch Q in Frage kämen.

Wir werden angesichts dieser Beobachtungen daher diesen
Versteil vorsichtshalber zunächst als trad bewerten, wobei
zwischen einem Q-Ursprung oder Sg-Tradition vorläufig noch
nicht entschieden zu werden muß.

Zu V 3c: Für die Annahme einer lk Verfasserschaft des gesamten
Versteiles besteht kein zwingender Grund. Lediglich bei διασῴζω ist eine lk Stilisierung sehr wahrscheinlich. Was ἐρωτάω
betrifft, so fügt es Lk zwar mehrfach in seinen Mk-Stoff ein,
doch begegnet es auch im lk Sg mehrmals in der Bedeutung "bitten", so daß mit einem trad Ursprung durchaus gerechnet werden kann. Eindeutig gegen eine lk Verfasserschaft spricht
freilich ἐλθών, falls es hier pleonastisch zu deuten ist.

Liefert die Stat keine zureichenden Indizien für die Annahme einer lk Verfasserschaft des gesamten Versteiles, so
steht der Vermutung, V 3c sei dem Sg-Material entnommen, statistisch nichts im Wege. Alle entscheidenden Begriffe wie
ἐρωτάω, ὅπως, δοῦλος und (pleonastisches) Ptz. von ἔρχεσθαι
- als Ausnahme wäre lediglich διασῴζω zu verzeichnen - sind
nämlich innerhalb dieser Schicht gut belegt.

Schließlich zeigt der Befund in Q, daß auch die Möglichkeit eines Ursprungs von V 3c aus diesem Traditionsstrang
ernsthaft erwogen werden muß. Statistisch befremdet - διασῴζω
nicht mitberücksichtigt - lediglich ἐρωτάω, wofür Q sonst
eigentlich αἰτέω oder δέομαι verwendet[89].

Cadbury[90] verstand Lk 7,3c als lk Kürzung von Mt 8,6f. Das
stat Ergebnis von Lk 7,3 läßt erwägen, ob diese Kürzung nicht
schon vor-lk erfolgt ist. Diese Vermutung wird, was das Sg
betrifft, durch weiteres Vorkommen von Material aus dieser
Schicht in den folgenden Vv 4-6ab.7a.10 gestützt[91]. Es muß
demnach zumindest mit der Möglichkeit gerechnet werden, daß
ein vor-lk Bearbeiter der urspr Q-Erzählung ein dort vorge-

---

89 Vgl. S. 130.
90 Vgl. ders., Style 80.
91 Vgl. die folgende Analyse zu den genannten Versen.

gebenes Gespräch (Mt 8,6f) gekürzt und gleichzeitig die Erzählung durch zwei neue Gesprächsgänge (Lk 7,4-6ab) selbst
erweitert hat.

Als Folgerung aus dem Gesamtbefund zu Lk 7,3 ergibt sich:
Dieser Vers liefert zwar vereinzelte Indizien einer lk Stili-
sierung, wird aber in seinem Grundbestand wohl dem dritten
Evangelisten schon aus Q oder Sg vorgelegen haben.

3.2522. Lk 7,4: (4a) οἱ δὲ παραγενόμενοι πρὸς τὸν Ἰησοῦν
                     παρεκάλουν αὐτὸν σπουδαίως λέγοντες
                     ὅτι
                (4b) Ἄξιός ἐστιν ᾧ παρέξῃ τοῦτο.

(48) δ: 2796/1523/2647 + 2719.

Gesonderte Angaben nach Quellen bzw. literarischen Schichten liegen uns nicht vor. Morgenthaler liefert zu δ, ἡ, τό
u.a. lediglich eine Statistik durch Kurvenaufstellung[92]. Für
die Q-Belege läßt sich nun die Konkordanz von Edwards heranziehen, doch befinden sich in dieser die Aufstellungen je
nach Kasus oder Numerus auf ganz verschiedenen Seiten[93].

(49) δέ: vgl. dazu o. sub Nr. (15) und (37).

Aus der bereits vollzogenen Analyse gelangten wir zu folgendem Ergebnis: lk Red möglich/wahrscheinlich; Sg! Q!

Was die Verbindung von Artikel mit nachgestelltem δέ betrifft[94], so bringt nach Schürmann Lk "δ, ἡ, οἱ, αἱ δέ (Mk
ca. 44 X; Mt ca. 70 X) in Lk ca. 71 X, in Apg ca. 18/12 X"[95].
Dabei kann er die Wendung(en) sowohl aus Mk übernehmen als
sie auch dem Mk-Text hinzufügen. Er bringt sie darüber hinaus noch 25x im Sg, mehrfach in QLk (vgl. etwa 7,4; 9,59; 10,
26; 11,46; 13,23; 14,16 und 17,37 diff Mt) und schließlich
auch noch 1x par Mt in 10,27 (vgl. Mt 22,37)[96]. Dies bedeutet
für unsere Stelle, daß auch der Verwendung von Artikel +
nachgestelltem δέ für die Frage von Tradition oder Redaktion

---

92 Vgl. Morgenthaler, Statistik 55ff. 189.

93 Vgl. zu diesem Nachteil von Edwards' Konkordanz S. 95.

94 Die Belege zu οἱ δέ liefert Aland, Vollständige Konkordanz II, 199ff sub "e".

95 Vgl. ders., PB 87.

96 Diese Belegstellen sind aus Schürmann, ebd. entnommen.
   Dort führt er auch die einzelnen Stellen zu Lk add, Lk acc
   und zum lk Sg auf.

kaum noch Sicheres zu entnehmen ist, denn dieser Gebrauch
ist der lk Red und dem lk Sg gleich geläufig. Übrigens verwendet auch Q gelegentlich den Artikel mit nachgestelltem δέ,
wie aus Lk 3,17; 6,41; 7,28; 9,58 par Mt hervorgeht!

Was die Konstruktion οἱ δέ + Ptz. Plur. von παραγίνομαι
anbelangt, so begegnet sie in wörtlicher Übereinstimmung mit
Lk 7,4 nur noch 1x in Apg 5,22. Sonst verwendet Lk in seinem
Ev οἱ δέ + Ptz. recht selten: vgl. 9,19 (diff Mk 8,28: οἱ δέ
+ Verbum finitum) und 20,11f (diff Mk 12,4f). Häufiger erscheint dagegen der Gebrauch von οἱ δέ + Verbum finitum: so
etwa in 8,12f; 9,13; 22,9 und 22,71 diff Mk; 9,45; 19,34;
20,24 und 23,21 par Mk und schließlich 14,4; 22,38; 23,5.23
und 24,19.42 Sg.

(50) παραγενόμενοι πρός.

(50a) παραγίνομαι: 3/1/8 + 20; gNT: 37.

In Q und QMt kommt es nicht vor. In QLk taucht es 3x auf
(7,4 om Mt; 7,20[97] om Mt und 12,51 diff Mt 18,34 [ἦλθον]),
und auch im Sg finden sich 3 Belege (11,6; [14,21 und 19,16]).
Außerdem fügt es Lk an zwei Stellen in seinen Mk-Stoff ein
(8,19 diff Mk 3,31 und vielleicht auch 22,52 om Mk 14,48,
vgl. aber Mk 14,43!).
Ergebnis: lk Red möglich; Sg![98]

(50b) πρός: vgl. dazu o. sub Nr. (39b).

Das stat Ergebnis lautete: lk Red möglich/wahrscheinlich;
Sg!

(50c) Der Gesamtausdruck παραγίνομαι + πρός findet sich abgesehen von 22,52 (v.l.) und 8,19 (wo Lk zwar ἔρχεται durch
παραγίνομαι ersetzte, doch πρός schon vorfand) nur noch auSt,
1x in QLk (7,20) und 1x im Sg (11,6). In der Apg taucht er
nur in 20,18 auf, während Lk selbst dort eher παραγίνομαι +
εἰς bevorzugt: vgl. Apg 9,26; 13,14; 15,4; 17,10 und 24,17.

---

97 Die Beurteilung dieses Verses ist umstritten. Gegen die An-
    nahme einer lk Red ließe sich anführen, daß Lk Wiederho-
    lungen eigentlich sonst eher zu vermeiden pflegt: vgl.
    Cadbury, Style 83ff. Daher könnte der Vers ebensogut als
    mt Auslassung beurteilt werden. Vgl. dazu auch Marshall,
    Lk 290 (Lit!); ferner Polag, Fragmenta 41 (Lit!).

98 Mit Red auSt rechnen u.a. Schulz, Q 238, Anm. 410; Bois-
    mard, Synopse II, 160 und Jeremias, Sprache 153; auf den
    Gebrauch im lk Sg wies Easton, Linguistic evidence 164
    (vgl. aber ders., Lk 97!) hin.

Aus dem Befund ergibt sich, daß der Gesamtausdruck entweder aus der lk Red oder aus dem lk Sg stammt; zweifelhaft ist
dagegen ein Ursprung in Q (vgl. Lk 7,20 om Mt). Ist die Wendung red, so muß damit gerechnet werden, daß Lk das παραγίνομαι auSt als Ersatz für ἔρχομαι (ἐρχόμενοι?) eingefügt
hat, was aus Lk 8,19 im Vergleich mit Mk 3,31 und 12,51 im
Vergleich mit Mt 10,34 zu schließen ist. Unser Ergebnis wird
daher lauten müssen: lk Red möglich; Sg!

(51) Ἰησοῦς: vgl. dazu o. sub Nr. (4); (8d [1b]) und (38).

Das Ergebnis der Analysen läßt sich wie folgt wiedergeben: lk Red möglich; Sg!

(52) παρεκάλουν...λέγοντες ὅτι.

(52a) παρακαλέω: vgl. dazu o. sub Nr. (13).

Aus der Analyse ging hervor, daß weder Mt noch Lk παρακαλέω (= bitten) dem Mk-Text hinzufügen. Dies bedeutet, daß das
Auftreten dieses Verbs in beiden Fassungen der Hauptmannsgeschichte (vgl. Mt 8,5 mit Lk 7,4) kaum als Zufall gedeutet
werden kann, weshalb παρακαλέω mit hoher Wahrscheinlichkeit
bereits der urspr Q-Erzählung angehörte. Ob es freilich urspr
hier oder in Mt 8,5 plaziert war, muß später entschieden werden.
Ergebnis: Q-Ursprung wahrscheinlich.

(52b) λέγων/λέγοντες.
Ähnlich wie Mt[99] hat auch Lk eine Vorliebe für pleonastisches λέγων/λέγοντες[100]. λέγων erscheint mehr als 20x dem Mk-
Text hinzugefügt, und 6x hat Lk es aus Mk übernommen. Im lk Sg
begegnet es ca. 13x, in Q nicht, in QLk aber wiederum ca.

---

99 Vgl. dazu o. sub Nr. (17b).

100 Vgl. zum Folgenden Jeremias, Sprache 67-70. Nach ihm
    findet sich pleonastisches λέγων/λέγοντες 199x im NT: 50x
    in Mt, 26x in Mk, 62x in Lk und 29x in der Apg. Außerdem
    seien 25 von den insgesamt 62 Vorkommen der Konstruktion
    in Lk lukanische Einfügungen gegenüber dem Mk-Stoff: ebd.
    67f. Zu λέγων/λέγοντες vgl. ferner Neirynck, Agreements
    246-249.

10x[101]. Mit diesen Zahlen stimmt auch weitgehend der Befund von λέγοντες überein: Dieses Ptz. Plur. erscheint nämlich im dritten Ev mehr als 10x dem Mk-Text hinzugefügt, ca. 5x aus Mk übernommen, im Sg gehäuft, in QLk 3x, nicht dagegen in Q[102].

Der Befund zeigt, daß λέγων/λέγοντες sowohl dem Lk als auch seinem Sg, nicht dagegen der Q-Quelle geläufig sind. Für Lk 7,4 bedeutet dies, daß das Ptz. λέγοντες in diesem Vers kaum aus Q, dagegen aber mit hoher Wahrscheinlichkeit aus der lk Red oder aus dem lk Sg stammt.

Ergebnis: lk Red möglich/wahrscheinlich; Sg!

(52c) ὅτι (recitativum).

    1. ὅτι: 141/101/174 + 123.

Lk: In Q 20; QLk 8; Sg 106 (red 4); + 16; - ?; acc 24
Mt: " " " ; QMt 7; " 72 (" 11); + 16; - ?; " 26[103].

Ergebnis: lk Red möglich; Sg! Q!

    2. ὅτι recitativum.

Nach den Aufstellungen von Neirynck[104] läßt sich, von der Wendung ἀμὴν λέγω ὑμῖν ὅτι einmal abgesehen, folgender stat.

---

101 Zu Lk add vgl. etwa 5,13; 8,8.38.54; 9,38; (10,25); 18,16. 18; 19,30.46; 22,19.20.42.59; 23,3.47 und 24,6. Aus Mk übernahm Lk es in 4,35; 8,49 (par Mk 5,35: λέγοντες); 9,18 und 22,57. Zum Sg vgl. 1,63.67; 5,8; 7,39; 11,45; 12,16f; 14,3.7; 15,3; 18,2.13 und 24,7. Als QLk-Belege seien erwähnt: 3,16 (om Mt 3,11); 7,6 om Mt; 7,19 (diff Mt 11,3: εἶπεν αὐτῷ); 7,20 om Mt; 13,27 (diff Mt 7,23: ὁμολογήσω); 15,6 (vgl. Mt 18,13f); 17,4 (vgl. Mt 18,21); 19,16 (vgl. Mt 25,20: λέγων!) und 19,18.20 diff Mt. Diese und die in der folgenden Anmerkung durchgeführte Aufteilung in die Quellen/Schichten basiert primär auf den von Neirynck, a.a.O. 246-249 vorgelegten Tabellen und nur sekundär auf den Aufteilungen Gastons (vgl. ders., Horae 5f), wobei die unterstrichenen Belege auf nicht-pleonastische Verwendung hinweisen.

102 Vgl. etwa Lk 5,21.30; 8,24.25; 19,38; 20,2.14.21; 21,7; 22,67; 23,18.21 und 23,35 Lk add; 5,26 (Mk 2,12: λέγοντας); 4,36 (Mk 1,27: λέγοντας); 20,5.28 und 21,8 Lk acc; 7,4; 13,25 und 19,14 QLk, und 1,66; 3,10.14; 7,16; 10,17; 13,31; 14,30; 15,2; 17,13; 19,7; 22,64.67; 23,2.5.18.21.35.37; 24,29 lk Sg.

103 Vgl. Gaston a.a.O. 78.

104 Vgl. ders., a.a.O. 213-216.

Tatbestand ermitteln: Lk übernimmt ὅτι recitativum von Mk
ca. 10x, läßt es aber ca. 26x aus und fügt es von sich aus
nicht mehr als 3x ein[105]. Demgegenüber übernimmt Mt es
4x, läßt es 41x aus und fügt es von sich aus ca. 8x dem
Mk-Text ein[106]. Beiden ist also daran gelegen, das ὅτι recitativum so oft wie möglich zu vermeiden und es von sich aus
möglichst selten hinzuzufügen. Man wird daher das ὅτι recitativum in solchen Q-Traditionen, wo es entweder nur bei Mt
oder Lk erscheint, mit guten Gründen als traditionell betrachten können[107].

Was das weitere lk Doppelwerk betrifft, so erscheint ὅτι
recitativum ca. 13x in der Apg[108], 2x in Q (4,30 und 12,39
par Mt), 7x in QLk (4,4.11.12; 7,4; 10,12 und 12,54f [QLk?]
om Mt), häufiger dagegen im lk Sg: vgl. etwa 1,25.61; (2,49);
4,21; 7,16; (10,11); 13,14; 14,30; 15,2.27; 16,8; 17,10; 18,
9; 19,7.9.42; 22,70; 23,5 und 24,7.34.46.

Dieser Befund führt zu folgendem Ergebnis bzgl. des ὅτι
recitativum: lk Red möglich; Sg! (Q!).

(52d) παρακαλέω + pleonastisches λέγοντες + ὅτι recitativum.

Wörtlich erscheint die Wendung παρεκάλουν...λέγοντες ὅτι
innerhalb der Synoptiker und Apg nur auSt. Für eine lk Red
dieses Gesamtausdruckes spricht: 1. Lk fügt von sich aus
nach λέγοντες mehrmals ein ὅτι in der Apg (vgl. Apg 5,23 und
11,3: ὅτι rec.; ferner 15,5; 18,13 und 26,31) und 1x im Ev
(20,5 om Mk 11,31) ein. 2. Παρακαλέω erscheint auch anderswo
im lk Doppelwerk mit pleonastischem Ptz. von λέγειν verbunden
(vgl. Apg 2,40; 16,9 und 27,33: λέγων; 16,15: λέγουσα).

---

105 Vgl. zu Lk acc (4,41); 5,26; 8,49; 9,7. 8bis .19.22 und
    22,61; zu Lk om, siehe Neirynck, ebd. Die drei lk Hinzu-
    fügungen zu Mk sind Lk 4,43; 20,5 und 19,31.

106 Vgl. zu Mt acc 16,21; 26,74f und 28,7 par Mk; die Auslas-
    sungen siehe bei Neirynck, ebd. Belege für mt Hinzufü-
    gungen liefern Mt (13,11); 14,26; 16,7; (19,8); 19,23;
    27,47.72 und 21,3.

107 So zu Recht Cadbury, Style 140 und Burrows, Agreements
    308-310. Zum ὅτι recitativum bei Jesusworten vgl. Schür-
    mann, Sprache, TU, 97f.

108 Vgl. Larfeld, Evangelien 262. Nach Bruder, Tamieion 632
    handelt es sich um folgende Stellen: Apg 3,22; 5,23.25;
    6,11; 7,6; 11,3; 13,34; 15,1; 16,36; 19,21; 23,20; 24,21
    und 25,8.

Demgegenüber kann gegen eine lk Red eingewendet werden: 1.
῞Οτι rec. nach Partizipialkonstruktion von λέγειν ist keineswegs Eigentümlichkeit des Lk, sondern ebenfalls dem lk Sg geläufig, wo es beispielsweise 5x, wie in Lk 7,4, einem λέγοντες
nachgestellt erscheint (vgl. 7,16; 14,30; 15,2; 19,7 und 23,
5). Außerdem muß bedacht werden, daß das lk Sg insgesamt mehr
als 20 Belege für ὅτι rec. bietet, also fast doppelt so viel,
wie Lk es von Mk übernommen und von sich aus hinzugefügt hat.
2. Was παρακαλέω betrifft, so ist Lk wohl die Konstruktion
mit pleonastischem λέγων(-οντες) bekannt, doch bevorzugt er
deutlich παρακαλέω + Infinitiv: vgl. (8,41); Apg 8,31; 9,38;
11,23; 13,42; 14,22; 18,27 (v.l.); 19,31; 24,4; 27,33f und
28,14.20. Daher ist es auch begreiflich, daß Lk bei zweima-
liger Übernahme eines mk παρακαλεῖν das dort jeweils folgende pleonastische Ptz. von λέγειν ausläßt bzw. in eine Infinitivkonstruktion verwandelt: vgl. 8,32.41 diff Mk 5,12.23.
Entscheidend scheint jedoch zu sein, daß 3. παρακαλέω + pleonastisches λέγων(-οντες), abgesehen von 7,4, bei keinem der
anderen Belege des Doppelwerkes mit folgendem ὅτι rec. vorkommt.

Der stat Befund ist somit mehrdeutig. Obwohl die Möglich-
keit einer lk Red nicht abzustreiten ist, werden wir in der
Wendung wohl eher Formulierung des Sg vor uns haben[109]. Als
Ergebnis läßt sich somit formulieren: lk Red möglich; Sg!

(53) αὐτός (αὐτόν): vgl. dazu o. sub Nr. (40).

Der Gebrauch dieses Pronomens für Jesus ist auSt stilistisch dadurch bedingt, daß der Name ᾽Ιησοῦς unmittelbar davor verwendet wurde. Da es in allen Schichten/Quellen des Lk
gut belegt ist, wird unser Ergebnis lauten können: Trad (aus
Sg oder Q) und Red möglich.

---

109 Diese Deutung muß freilich in Kauf nehmen, daß, abgesehen
von 7,4, παρακαλέω innerhalb des lk Sg sonst nicht mehr
mit folgendem λέγων(-οντες) vorkommt (vgl. 3,18; 15,28
und 16,25). Eine andere Position vertritt neuerdings Jeremias, Sprache 67-70.153, der παρεκάλουν λέγοντες red deutet. Doch bleibt bei seiner Deutung das ὅτι rec. unberück-
sichtigt.

(54) σπουδαίως.

Lk 7,4 ist die einzige Belegstelle für dieses Adverb innerhalb der Evv und Apg. Im NT taucht es sonst nur noch in
Phil 2,28; IITim 1,17 und Tit 3,13 auf.

Bei den stammverwandten Wörtern ist Lk zurückhaltend.
Σπεύδω benutzt Lk 2x in der Apg (20,16 und 22,18) und 3x im
Ev, hier freilich stets innerhalb seines Sg (2,16 und 19,5f).
Σπουδάζω erscheint bei den Evv und Apg nicht, dagegen 11x im
sNT. Ähnliches gilt von σπουδαῖος, das nur 3x in IIKor vorkommt. Was schließlich σπουδή betrifft, so taucht es innerhalb der Evv nur 1x in Mk (6,25) und 1x im lk Sg (Lk 1,39)
auf, in der Apg dagegen nicht. Der Befund zeigt, daß σπουδαίως
mit hoher Wahrscheinlichkeit aus der Trad stammt[110]. Das geht
nicht zuletzt auch daraus hervor, daß Lk für die Hervorhebung der Bitte keineswegs ausschließlich auf σπουδαίως angewiesen war: Seine Verwendung von σφόδρως in Apg 27,18 und
σφόδρα in Lk 18,23 und Apg 6,7[111] zeigen vielmehr, daß er
von sich aus sehr wohl auch andere Adverbien hätte verwenden
können.

Die Tatsache, daß sich zwei der stammverwandten Wörter innerhalb des dritten Ev ausschließlich im Sg befinden, wobei
eines auch 2x in der Apg belegt ist, führt uns zu folgendem
Ergebnis: lk Red nicht unmöglich; Sg!

(55) ἄξιος: 9/0/8 + 7.

Das Adjektiv begegnet 2x in Q (Lk 3,8 und 10,7 par Mt), 1x
in QLk (7,4) und sonst nur noch innerhalb des lk Sg (12,48;
15,19.21 und 23,15.41)[112]. In der Apg taucht es 7x auf.

Das ausschließliche Vorkommen der Belege in Q und Sg-Stoff
beim dritten Ev führte Rehkopf dazu, ἄξιος für ein charakteristisches Wort einer vor-lk Quelle "L" (Sg + Q) zu halten[113].

---

110 Anders freilich Busse, Wunder 148, Anm. 1, der das Adverb
    für lk hält. Als Begründung verweist er auf die Tatsache,
    daß παρακαλέω auch in Apg 20,12 mit einem Adverb verbun-
    den ist, "so daß auch σπουδαίως luk. ist" (ebd.). Diese
    Folgerung ist jedoch keineswegs zwingend.

111 Argyle, The Greek of Luke 444 verweist auch auf das Apg
    17,11 vorkommende μετὰ πάσης προθυμίας als Äquivalent zu
    σπουδαίως.

112 In Mt begegnet ἄξιος außer an den beiden bereits erwähnten
    Q-Stellen noch 5x in QMt, 1x im mt Sg und 1x als Hinzufü-
    gung zu Mk: vgl. Gaston, Horae 69.

113 Vgl. ders., Sonderquelle 91 sub Nr. 9 und dazu Schürmann,
    Spracheigentümlichkeiten?, TU, 209-227, 218.

Auch Schürmann weist auf den unlk Gebrauch von ἄξιος auSt
hin, da Lk es "sonst immer mit Gen. der Sache oder folgendem
Infinitiv" benutzt[114].

Gegen eine lk Red könnten zusätzlich noch Lk 10,6 par Mt 10,
13 und 14,26f par Mt 10,37 genannt werden, falls Lk dort ἀξία
bzw. ἄξιοι gegenüber dem Mt-Text ausgelassen hätte[115]. Doch
können diese Adjektive auch als Zusätze des Mt interpretiert
werden[116].

Ergebnis: lk Red nicht unmöglich; Sg! Q!

(56) εἰμί: 289/192/361 + 279.

Lk: In Q 37; QLk 25; Sg 196 (red 19); + 42; - ?; acc 19
Mt: " " " ; QMt 20; "   118 ("   22); + 30; - ?; "   22[117].

Was ἐστίν betrifft, so erscheint es 119x in Mt, 71x in Mk,
101x in Lk und 70x in der Apg[118]. Für irgendwelche Besonderheiten bzgl. der lk Verwendung geben diese Zahlen nichts her.
Ergebnis: lk Red möglich; Sg! Q!

(57) ᾧ: 8/2/13 + 24[119].

Die Belege in Q liefern Lk 6,38/Mt 7,2 (vgl. Mk 4,24) und
10,22/Mt 11,27. In QLk erscheint es nur 2x (4,6 und 7,4). Lk
hat es in 5,34 aus Mk (2,19) übernommen und in 8,41 in seinen Mk-Stoff (vgl. Mk 5,22) eingefügt. Alle anderen Belege
gehören dem Sg an: vgl. 1,27; 2,25; 7,43.47; 12,48(und 19,3).

Ergebnis: lk Red möglich; Sg! Q!

(58) παρέχω: 1/1/4 + 5; gNT: 16.

Von den 4 Belegen des dritten Ev gehören zwei QLk (7,4 om
Mt und 6,29 diff Mt 5,39: στρέψον) und zwei dem Sg (11,7 und
18,5) an.

Ergebnis: lk Red nicht unmöglich; Sg!

---

114 Vgl. ders., Lk 392, Anm. 17.
115 Vgl. dazu Cadbury, Style 196.
116 So zuletzt bei Polag, Fragmenta 44f.70f.
117 Vgl. Gaston, Horae 72.
118 Vgl. Morgenthaler,Statistik 158.
119 Vgl. Computer-Konkordanz, Appendix, 46.

(59) τοῦτο.

    1. οὗτος: vgl. dazu o. sub Nr. (5b).

Die stat Verteilung ergab für Lk folgenden Befund: In Q 20; QLk 11; Sg 136 (red 15); + 34; - 19 und acc 28.

Ergebnis: lk Red möglich; Sg! Q!

    2. τοῦτο: 31/15/37 + 30[120].

Es erscheint 5x in Q (Lk 7,8; 11,19.49; 12,22.39 par Mt), 3x in QLk (10,11 om Mt 10,17; 14,20 diff Mt 22,6 und 7,4 om Mt) und mehrfach im Sg (vgl. Lk 1-2: 6x; ferner 5,6; 10,28 Sg?; 12,18; 13,8; 16,2; 18,34Sg?; 22,15.17.23.37; 23,46 und 24,40). Lk hat es in 4,43; 22,19.20.42 aus Mk (vgl. Mk 1,38 bzw. 14,22.24.36) übernommen und in 3,20; 6,3; 9,21.45.48; 18, 36 und 20,17 in den Mk-Stoff eingefügt.

Ergebnis: lk Red möglich/wahrscheinlich; Sg! Q!

Zusammenfassung von 3.2522. (Lk 7,4):

    Der stat Befund zeigt, daß für die Annahme einer lk Bildung des gesamten Verses keine zureichenden Indizien gegeben sind. Die Wendung Artikel + nachgestelltes δέ ist so allgemein verbreitet[121], daß aus ihr sichere Schlüsse kaum noch zu ziehen sind. Bei παραγίνομαι muß eine letzte Entscheidung ebenfalls offen bleiben. Die Stat zum gNT spricht zwar für lk Red (gNT: 37x; lk Doppelwerk: 28x), doch taucht das Verb auch 3x im Sg auf, weshalb ein trad Ursprung zumindest auch erwogen werden muß. Dafür könnte sprechen, daß Lk in der Apg παραγίνομαι 5x mit εἰς, dagegen aber nur 1x mit πρός gebraucht. Entschließt man sich für Red, so darf auf jeden Fall damit gerechnet werden, daß Lk das Verb als Ersatz für ein urspr ἔρχομαι verwendet hat. Kaum von Lk wird demgegenüber die Konstruktion παρεκάλουν...λέγοντες ὅτι stammen, was schon daraus zu schließen ist, daß Lk eine Abneigung gegen ὅτι recitativum in seiner Bearbeitung des Mk-Stoffes verrät.

---

120 Vgl. Morgenthaler, a.a.O. 159.

121 Zu den Belegen in Q, QLk, Lk add und Lk acc vgl. Schürmann, PB 87 und o. sub Nr. (49); zu Mk vgl. Larfeld, Evangelien 16-18.

Hierher gehört auch das Adverb σπουδαίως, das keine Indizien
für lk Eigenbildung aufweist. Schließlich dürfte auch V 4b
in seinem Grundbestand auf Trad beruhen, denn wie Schürmann
bemerkt[122], wird im lk Doppelwerk ἄξιος - anders als in Lk
7,4 - entweder mit dem Genitiv der Sache (vgl. etwa Lk 3,8;
10,7; 12,48; 23,15.41; Apg 13,46; 23,29; 25,11.25 und 26,20.
31) oder mit Infinitiv (vgl. Lk 15,19.21 und Apg 13,25) konstruiert.

Ist daher die Vermutung einer lk Verfasserschaft des gesamten Verses stat und stilistisch kaum berechtigt, wohl aber
die Möglichkeit einer mehr oder weniger durchgeführten Stilisierung eines ihm bereits vorgelegten Stoffes, so steht andererseits nichts im Wege, den Kern dieses Verses als Sg-Material zu betrachten. Die Stat zeigt nämlich, daß alle vorkommenden Worte als Sg-Stoff erklärt werden könnten. Besonders scheinen uns die Verwendung von ὅτι recitativum,
σπουδαίως, ἄξιος, παρέχω und schließlich auch noch von pleonastischem λέγων(-οντες) für diese Annahme zu sprechen.

Was Q betrifft, so kann zwar von der Stat her die Zugehörigkeit von Lk 7,4 zu dieser Quelle nicht gänzlich bestritten werden, doch scheint im Vergleich mit dem lk Sg die Wahrscheinlichkeit eines Q-Ursprungs weit geringer zu sein. Bei
παραγίνομαι und παρέχω ist es zweifelhaft, ob außer auSt Q
diese Verben überhaupt benutzt hat."Αξιος ist zwar noch an
zwei weiteren Stellen belegt (vgl. Lk 3,8 und 10,7 par Mt),
doch scheint Q selbst innerhalb der Hauptmannsperikope allein
ἱκανός gebraucht zu haben, wie Mt 8,8/Lk 7,6c nahelegen. Hiermit stimmt überein, daß auch das pleonastische λέγοντες kaum
aus Q stammen wird, zumal innerhalb dieser Quelle keine weiteren Belege für λέγειν mit diesem Gebrauch auftauchen. Demgegenüber wäre aber die Konstruktion von Artikel + nachge-
stelltes δέ, der Gebrauch von ὅτι recitativum u.a. in Q sehr
wohl denkbar. Sehr wahrscheinlich ist sogar ein Q-Ursprung
bei dem Verb παρακαλέω, da auch der erste Evangelist es innerhalb derselben Perikope (vgl. Mt 8,5) bietet.

---

122 Vgl. Schürmann, Lk 392, Anm. 17.

Zusammend zu Lk 7,4 wird man daher wohl sagen können, daß
dieser Vers sehr wahrscheinlich im Kern auf Sg-Stoff fußt,
der von Lk mehr oder weniger bearbeitet wurde. Die Möglichkeit eines Q-Ursprungs ist zwar nicht ganz von der Hand zu
weisen, doch ist im Vergleich mit dem Sg die Wahrscheinlichkeit dazu weit geringer.

3.2523. Lk 7,5: ἀγαπᾷ γὰρ τὸ ἔθνος ἡμων καὶ τὴν συναγωγὴν
         αὐτὸς ᾠκοδόμησεν ἡμῖν.

(60) ἀγαπάω: 8/5/13 + 0.

Lk: In Q 4; QLk 3; Sg 6 (red 0); + 0; - 2; acc 1
Mt: " " "; QMt 0; " 1 ("   0); + 1; - ?; "   2[123].

Ergebnis: kein Hinweis auf lk Red; Sg! Q!

In Q erscheint das Verb Lk 6,27.32bis und 16,13 par Mt. In
QLk kommt es 11,43 (Mt 23,6: φιλεῖτε)[124] und 6,32b(bis) diff
Mt 5,46 vor, während dem Sg 6,35 (vgl. Mt 5,44); 7,5.42.47bis
und 10,27 angehören[125]. Was den Mk-Stoff betrifft, so hat Lk
zwei Belege nicht verarbeitet (vgl. Mk 12,33bis), einen aufgenommen (10,27 par Mk 12,30), zwei ausgelassen (Mk 10,21 und
12,31 om Lk 18,22 und 10,27) und vor allem niemals ἀγαπάω in
seiner Bearbeitung des Mk eingefügt.

Aus dem Befund ist zu folgern, daß ἀγαπάω auSt mit hoher
Wahrscheinlichkeit der Trad angehören wird[126]. Dies bestätigt
nicht nur die Apg, die das Verb an keiner Stelle verwendet,
sondern auch die lk Zurückhaltung bei der Verwendung von
stammesverwandten Wörtern wie ἀγάπη und ἀγαπετός: Während

---

123 Vgl. Gaston, Horae 68 (22), der es für ein Vorzugswort von
    Q hält.
124 φιλέω begegnet außer in Mt 23,6 noch 2x in QMt: vgl. Mt
    10, 37bis diff Lk 14,26.
125 Lk 7,5 ist nach Gaston dem lk Sg zugehörig, doch könnte
    es ebenfalls als QLk-Beleg angeführt werden.
126 Auf ἀγαπάω als ein charakteristisches Wort des lk Sg wies
    schon Easton, Linguistic Evidence 179 hin; Rehkopf hält
    es für charakteristisch für seine aus Q + Sg postulierte
    vor-lk Quelle "L" (vgl. ders., Sonderquelle 91 und dazu
    Schürmann, Trad. Untersuchungen 209-227, 218); auf den
    trad Gebrauch dieses Verbs innerhalb des dritten Ev ver-
    wies zuletzt Jeremias, Sprache 141.

ἀγάπη in der Apg nicht und im LkEv nur 1x in QLk (11,42 diff Mt 23,23) vorkommt, verwendet Lk ἀγαπητός zwar 1x von sich aus in Apg 15,25, bringt es aber innerhalb seines Ev nur traditionell (3,22 par Mk 1,11/Mt 3,17 und 20,13 par Mk 12,6)[127].

(61) γάρ: 125/66/97 + 80.

Lk: In Q 15; QLk 10; Sg 40 (red 1); + 16; - ?; acc 16
Mt: " " " ; QMt 16; " 44 (" 3); + 22; - ?; " 28[128].

Ergebnis: lk Red möglich; Sg! Q!

(62) ἔθνος: 15/6/13 + 43.

Lk: In Q 1; QLk 0; Sg 9 (red 0); + 0; - 1; acc 3
Mt: " " "; QMt 0; " 9 (" 1); + 0; - ?; " 5[129].

Lk übernimmt es aus Mk 3x (18,32 und 21,10bis par Mk) und läßt es 1x aus (Mk 11,17 om Lk 19,46). Mk 13,10 übergeht er in seiner Bearbeitung des Mk-Stoffes. Aus Q übernimmt er es in 12,30 par Mt 6,32. Alle weiteren Belege sind nach Gaston[130] dem Sg zuzuordnen: vgl. 2,32; 7,5; 21,24ter.25; 22,25[131]; 23,2 und 24,47. Da Lk es an keiner Stelle dem Mk-Stoff hinzufügt, wird unser Ergebnis lauten müssen: lk Red nicht unmöglich; Sg!

(63) ἡμῶν: 13/6/19 + 43[132].

---

127 Vergleiche zur Wortgruppe ἀγάπη/ἀγαπάω/ἀγαπητός bei Lk Jeremias, a.a.O. Die lk Zurückhaltung im Gebrauch dieser Wortgruppe innerhalb der Apg ist aber teilweise einfach sachlich bedingt, da ja die hier in Frage kommenden Synonyma, wie etwa φιλεῖν und ἀντέχεσθαι (vgl. dazu Heine, Synonymik 152-154 und Trench, Synonyma 29-33) dort auch nicht auftauchen. Auch φιλανθρωπία kommt nur in Apg 28,2 innerhalb des lk Doppelwerkes vor!

128 Vgl. Gaston, a.a.O. 70 (24), der die Häufung in QMt feststellt. Für Morgenthaler, Statistik 181 gehört γάρ zu den Vorzugswörtern des Mt.

129 Vgl. Gaston, a.a.O. 71 (28). Nach ihm ist es ein Vorzugswort des mt Sg.

130 Vgl. ders., a.a.O. 5f.

131 Lk 22,25 könnte zwar von Mk 10,42 abhängen, doch ist dies umstritten: vgl. dazu Marshall, Lk 811f.

132 Vgl. Morgenthaler, Statistik 159 und die Belegstellen in der Computer-Konkordanz, Appendix, 19.

Lk übernahm es 1x aus Mk in 20,14 par Mk 12,7 und änderte das mk ὑμῖν in Mk 9,38 zu μεθ'ἡμῶν in Lk 9,49. In Q fand er es Lk 11,3f par Mt vor und in QLk 2x: 7,5 om Mt und 13,26 diff Mt 7,22. Alle weiteren Belege gehören seinem Sg an: vgl. 1,55.71-73.75.78f; 16,26; 23,2 und 24,20.22.29.32.

Was τὸ ἔθνος ἡμῶν betrifft, so ist diese Wendung Lk nicht geläufig, denn abgesehen von Lk 7,5 kommt sie innerhalb des lk Doppelwerkes an keiner weiteren Stelle vor.

Ergebnis: lk Red möglich; Sg!

(64) καί: vgl. zur Stat o. sub Nr. (17a) und zur lk Verwendung des anreihenden καί o. sub Nr. (15).

Ein finites Verb mit καί, wie es auSt vorkommt (ἀγαπᾷ... καί), ersetzt Lk gegenüber Mk mit Vorliebe durch Partizipien[133]. Es besteht daher guter Grund, das anreihende καί auSt der Trad zuzuweisen.

Ergebnis: lk Red möglich.

(65) συναγωγή: 9/8/15 + 19.

Lk: In Q 1; QLk 0; Sg 8 (red 2); + 1; - 1; acc 5
Mt: " " "; QMt 1; " 2 (" 0); + 1; - ?; " 4[134].

Lk läßt das Wort 1x gegenüber der Mk-Vorlage aus (4,31 diff Mk 1,21), übernimmt es aber 5x aus dem zweiten Ev: vgl. 4,33. 38.44; 6,6 und 20,46 par Mk. Das mk ἀρχισυναγώγων (Mk 5,22) umschreibt er in 8,41 durch ἄρχων τῆς συναγωγῆς. Dem Mk-Stoff hinzugefügt hat er es sonst an keiner weiteren Stelle. Was Q betrifft, so übernimmt er es aus dieser Quelle nur 1x in Lk 11,43 par Mt 23,6. Alle anderen Belegstellen gehören nach Gaston[135] dem lk Sg an: vgl. 4,15.16 (Mk 6,2); 7,5; 12,11; 13,10 und 21,12 (Mk 13,9).

---

133 Vgl. dazu Neirynck, Agreements 207-210 (207, Anm. 164: Lit!). Das gegenteilige Verfahren findet sich innerhalb des dritten Ev nur äußerst selten: Cadbury, Style 134, Anm. 1 verweist auf Lk 9,34 (vgl. Mk 9,7); Neirynck, a.a.O. führt außer diesem Beleg noch Lk 4,22 (vgl. Mk 6,2); 10,25 (vgl. Mk 12,28); 20,29 (vgl. Mk 12,20c) und 22,41 (vgl. Mk 14,35) auf. Belege für Parataxe in der Mitte des Satzes innerhalb der Apg liefert Bruder, Tamieion 467f.

134 Vgl. Gaston, Horae 82.

135 Vgl. ders., a.a.O. 5f.

Da Lk 8,41 kaum als reine Hinzufügung betrachtet werden
kann - συναγωγή war ja bereits durch das mk ἀρχισυναγώγων
vorgegeben - wird unser Ergebnis lauten müssen: lk Red nicht
unmöglich; Sg!

(66) αὐτός: vgl. zur allgemeinen Stat o. sub Nr. (8d).

Was den Nom. Sing. anbelangt, so kommt er nach Morgenthaler 12x in Mt, 15x in Mk, 46x in Lk und 16x in der Apg vor[136].
Lk übernahm es 5x aus Mk (3,16; 8,22.37.54 und 20,42), 6x
fügte er es dem Mk-Text hinzu (5,14.16f.37; 6,8 und 18,39),
an 5 weiteren Stellen bringt er es innerhalb von QLk (6,20.
35.42; 10,1 und 11,17 diff Mt), sonst aber nur noch innerhalb seines Sg, dort insgesamt 30x[137].
Ergebnis: lk Red möglich; Sg!

Da αὐτός auSt mit vorangestelltem καί begegnet (καὶ
ᾠκοδόμησεν αὐτός), wäre zu erwägen, ob diese Konstruktion
nicht eine Variante darstellt zu dem im dritten Ev mit Vorliebe gebrachten καὶ αὐτός/καὶ αὐτοί o.ä. als Satzeinleitung
und "als Einleitung des Anschlußsatzes einer periphrastischen
καὶ ἐγένετο-Konstruktion"[138]. Stimmt diese Vermutung, so ist
es auffällig, daß das αὐτός in Lk 7,5 dem Verb nachgestellt
ist, da ja καὶ αὐτός/καὶ αὐτοί o.ä. sonst stets dem Verb vorangestellt werden. Da αὐτός im Nom. Sing. überhaupt innerhalb des dritten Ev nur an drei weiteren Stellen (Lk 24,39:
Sg; 10,1: QLk und 6,3 par Mk 2,25) dem Verb nachgestellt ist,
wird diese Konstruktion auSt wohl als Indiz für Trad aufzufassen sein.

(67) οἰκοδομέω: 8/4/12 + 4.

Lk übernahm es von Mk in 20,17 (Zitat!), ließ es aber in
20,9 gegenüber Mk 12,1 aus. Die zwei übrigen Belege des Mk
(14,58 und 15,29) wurden von ihm nicht direkt verarbeitet.
Aus Q übernahm er es in 6,48f und 11,47 par Mt, während es in
QLk nur 2x erscheint (6,48b diff Mt 7,25b: τεθεμελίωτο, und

---

136 Vgl. Morgenthaler, a.a.O. 158 und die Belegstellen in der
    Computer-Konkordanz, Appendix, 2.

137 Die Belege brauchen nicht im einzelnen angegeben zu wer-
    den, da zu ihnen einfach alle noch nicht genannten Stel-
    len zu rechnen sind.

138 Vgl. Jeremias, Sprache 37. Zum betonten und unbetonten
    καὶ αὐτός/καὶ αὐτοί o.ä. in Lk, vgl. Michaelis, Das unbe-
    tonte καὶ αὐτός bei Lukas, StTh 4 (1951), 86-93; Schür-
    mann, PB 100 und Jeremias, a.a.O. 37f.

7,5). Alle weiteren Belege gehören nach Gaston[139] dem lk Sg
an: vgl. 4,29; 11,48 (siehe Mt 23,31!); 12,18; 14,28.30 und
17,28.

Da Lk es nachweisbar niemals in seinen Mk-Stoff eingefügt
hat, lautet unser Ergebnis: lk Red nicht unmöglich; Sg!

(68) ἡμῖν: 18/10/26 + 31[140].

Lk bringt es 2x in Q (11,3f par Mt 6,11f), 2x in QLk (11,4b
diff Mt 6,12 und 7,5), 3x als add zu Mk (9,13; 20,2 und 22,8
om Mk), 2x als acc von Mk (4,34 und 20,28 par Mk) und mehrfach in seinem Sg: vgl. 1-2: 6x; ferner 7,16; 10,11.17; 13,25;
17,5; 22,67; 23,18 und 24,24.32ter.
Ergebnis: lk Red möglich; Sg!

Zusammenfassung von 3.2523. (Lk 7,5):

Für die Vermutung einer lk Verfasserschaft des ganzen Verses liefern die Wortstatistik und auch Beobachtungen zum Stil
keine zureichenden Indizien. Was letzteres betrifft, so wurde darauf hingewiesen, daß die Konstruktion Verbum finitum
in Verbindung mit καί öfter von Lk in seiner Bearbeitung des
Mk-Stoffes partizipial wiedergegeben wird, so daß die Konstruktion ἀγαπᾷ...καί...ᾠκοδόμησεν in Lk 7,5 wohl der Trad
angehören wird. Auffällig schien uns auch, daß αὐτός auSt
dem Verb nachgestellt wird, da in dieser Stellung der Nom.
Sing. dieses Pronomens nur äußerst selten im dritten Ev anzutreffen ist, insgesamt lediglich 3mal. Was nun die Stat zu
einzelnen Wörtern betrifft, so fällt zunächst auf, daß bei
keinem der entscheidenden Begriffe wie ἀγαπάω, ἔθνος,
συναγωγή und οἰκοδομέω eine sichere Einfügung in den Mk-Stoff
herausgestellt werden konnte[141], obwohl, mit Ausnahme von

---

139 Vgl. Gaston, Horae 5f. Zur Verteilung von οἰκοδομέω inner-
    halb der Quellen/Schichten des Mt vgl. ders., ebd. 78.

140 Vgl. Morgenthaler, Statistik 159 und die Belegstellen bei
    der Computer-Konkordanz, Appendix, 20.

141 Ob ἔθνος in 23,2 der lk Red entstammt, wie Schulz, Q 238,
    Anm. 410 es annimmt, ist umstritten: vgl. zu Lk 23,1-5
    Marshall, Lk 851-854.

ἀγαπάω, sie alle mehrfach auch innerhalb der Apg vorkommen.
Weiter konnte beobachtet werden, daß für alle vier soeben erwähnten Begriffe auch in Q und Sg jeweils eine oder mehrere
Belegstellen anzutreffen sind. Aus diesem Befund ergibt sich,
daß Lk 7,5 mit hoher Wahrscheinlichkeit in seinem Grundbestand der Trad aus Q oder aus dem lk Sg entnommen worden ist.

Eine Unsicherheit muß freilich bzgl. der trad oder red
Bestimmung von ἔθνος in Kauf genommen werden. Sie entsteht
dadurch, daß der Gebrauch dieses Wortes als Kennzeichnung für
das jüdische Volk im NT außer IPetr 2,9 und Joh 11,48.50-52
und 18,35 sonst nur noch innerhalb des lk Doppelwerkes begegnet: vgl. Lk 7,5; 23,2; Apg 10,22; 24,2.10.17; 26,4 und
28,19[142]. Ist das Wort red, so könnte Lk es frei hinzugefügt
oder aber als Ersatz für ein anderes Substantiv gebraucht
haben. Für den letzteren Fall käme vor allem λαός als er-
setztes Wort in Frage[143], ein Wort freilich, das Lk sonst mit
Vorliebe in seinen Mk-Stoff einfügt[144], was diese Vermutung
recht unwahrscheinlich macht. Hat er es dagegen frei von sich
aus hinzugefügt, so könnte seine Vorlage einfach ἀγαπᾷ γὰρ
ἡμᾶς κτλ. gelautet haben.

Was Q anbelangt, so konnte innerhalb dieses Verses kein
einziges Wort gefunden werden, das nicht zumindest 1x, abgesehen von Lk 7,5, in einer sicheren Q-Stelle zu belegen ist.
Zwei Wörter finden sogar eine relativ hohe Anwendung innerhalb dieser Quelle, nämlich ἀγαπάω und οἰκοδομέω. Der Befund
zeigt, daß eine Q-Zugehörigkeit von Lk 7,5 auf Grund der
Stat allein prinzipiell nicht bestritten werden kann.

Wenden wir uns nun noch dem Befund im Sg zu. Wie die Statistik zeigt, sind alle in Lk 7,5 vorkommenden Worte mehrfach innerhalb dieser Schicht belegt. Das gilt insbesondere
für die Hauptworte ἀγαπάω, ἔθνος, συναγωγή und οἰκοδομέω.
Wird dieser Tatbestand berücksichtigt, so steht u.E. nichts
im Wege, Lk 7,5 in seinem Grundbestand für Trad aus dem Sg
zu halten.

Wir können daher nun zusammenfassend feststellen: Lk 7,5
geht wahrscheinlich in seinem Grundbestand auf Trad zurück.

---

142 Vgl. dazu Schmidt, ἔθνος, ThWNT II,366. Auf die in Lk ge-
    häufte Verwendung von ἔθνος zur Kennzeichnung des jüdi-
    schen Volkes verweisen Schulz, Q 238, Anm. 410 und Bois-
    mard, Synopse II, 160.

143 Zur Synonymik von ἔθνος vgl. Heine, Synonymik 161 und
    Trench, Synonyma 233-235.

144 Gaston, Horae 76 rechnet mit 11 lk Hinzufügungen zu Mk.

Ob dieser Grundbestand freilich aus Q oder aus Sg bestand,
kann zwar anhand der Statistik allein nicht mit Sicherheit
entschieden werden, doch bilden andererseits die hohen Belegzahlen der einzelnen Worte innerhalb des Sg für die Vermutung eines Ursprungs aus dem 1k Sg u.E. eine gewichtige Basis. Die Möglichkeit, daß Lk vereinzelt red eingegriffen haben könnte, sei damit keineswegs bestritten.

   3.2524. Lk 7,6ab: (6a) ὁ δὲ Ἰησοῦς ἐπορεύετο σὺν αὐτοῖς.
                     (6b) ἤδη δὲ αὐτοῦ οὐ μακρὰν ἀπέχοντος
                          ἀπὸ τῆς οἰκίας ἔπεμψεν φίλους ὁ
                          ἑκατοντάρχης λέγων αὐτῷ.

(69) ὁ δέ.

(69a) ὁ: vgl. dazu o. sub Nr. (48)

   Da stat Aufstellungen nach den Quellen bzw.Schichten des Lk
nicht vorhanden sind, muß auf ein Ergebnis verzichtet werden.

(69b) δέ: vgl. dazu o. sub Nr. (15) und (37).

   Das Ergebnis zu Nr. (37), das auch für uSt in Anspruch genommen werden kann, lautete: 1k Red möglich/wahrscheinlich;
Sg! Q!

(69c) Der Gesamtausdruck ὁ δέ[145] wurde von Lk in 8,48; 18,21.
23.41; 20,25; 21,8; 22,57 und 23,3 aus Mk übernommen; in 4,40.
43; 5,34; 6,10; 8,10.21.24.30.52.56; 9,21; 18,27.29; 20,17;
22,10.25.34 und 23,3 dagegen in den Mk-Stoff eingefügt. In Q
erscheint er nicht, in QLk lediglich 4x (7,6 om Mt; 9,59 diff
Mt 8,21; 11,46 diff Mt 23,4 und 14,16 diff Mt 22,1), aber
mehrfach im Sg: vgl. 3,13; 7,40.43; 10,26f.29.37; 12,14; 13,8.
23QLk?; 15,12.27.29.31; 16,6bis.7.30; 22,33 (vgl. Mk 14,29).
38.70 und 23,22 (vgl. Mk 15,14). In der Apg wird ὁ δέ im Vergleich mit dem Ev allerdings nur selten benutzt, insgesamt
12x, jweils 6x nach und 6x vor Kap. 15[146].

Ergebnis: 1k Red möglich/wahrscheinlich; Sg!

---

145 Vgl. zu den Stellenangaben Aland, Vollständige Konkordanz
    I, 199ff sub "c".
146 Vgl. Apg 3,5; 7,2; 8,31; 9,5.10; 10,4 und 21,37; 22,14.27;
    25,22 (v.l.) und 26,15.25.

(70) 'Iησοῦς: vgl. dazu die Stat o. sub Nr. (4); ferner sub
        Nr. (8d[1.b]) und (38).

Die Ausführungen zu 'Iησοῦς sub Nr. (38), die auch zur Verwendung des Namens auSt angewandt werden können, führten zu
folgendem Ergebnis: lk Red möglich; Sg!

(71) ἐπορεύετο σύν.

(71a) πορεύομαι: 29/3/51 + 38; gNT 154.

Lk: In Q 5; QLk 1; Sg 34 (red 4); + 11; - 0; acc 0
Mt: " " "; QMt 1; " 15 (" 1); + 8; - ?; " 0^{147}.

Auf eine nähere Angabe der Belege kann in diesem Falle
verzichtet werden, da die Zahlen von sich aus schon genügende Anhaltspunkte für die stat Auswertung hergeben[148]. Übereinstimmend halten πορεύομαι für ein lk Vorzugswort Schürmann, Morgenthaler und Jeremias[149]; vorsichtiger urteilt lediglich Gaston[150]. Daß Lk dieses Verb tatsächlich mit Vorliebe benutzt, geht schon daraus hervor, daß von den insgesamt 154 Belegen im NT sich mehr als die Hälfte innerhalb
seines Doppelwerkes befinden. Doch zeigt zugleich die Belegzahl des Sg, daß es auch für diese Schicht als charakteristisch angesehen werden muß[151].
Ergebnis: lk Red möglich/wahrscheinlich; hohes Vorkommen
im Sg.

(71b) σύν: 4/6/23 + 51; gNT: 128.

Lk: In Q 0; QLk 0; Sg 17 (red 0); + 6; - 4; acc 0
Mt: " " "; QMt 0; "   1 ("   0); + 1; - ?; " 2^{152}.

---

147 Vgl. Gaston, Horae 80 (33.66), der es für ein Vorzugswort
    des lk Sg und eventuell auch von Lk selbst hält.

148 Nähere Angaben der Belege geben Schürmann, PB 90 und Jere-
    mias, Sprache 56 (s. auch ebd. 23).

149 Vgl. Schürmann, a.a.O.; Morgenthaler, Statistik 181 und
    Jeremias, a.a.O.

150 Vgl. ders., a.a.O. 80 (66), für den es lediglich eventuell
    als von Lk bevorzugt angesehen werden muß.

151 So zu Recht Gaston, a.a.O. 33.

152 Vgl. Gaston, a.a.O. 82 (33), der es als ein Vorzugswort
    des lk Sg angibt. Auf die lk Vorliebe für diese Präposi-
    tion verweisen übereinstimmend Hawkins, Horae 22; Schür-
    mann, PB 95.108; Morgenthaler, a.a.O. 181 und Jeremias,
    a.a.O. 63.

Lk hat es 6/7x in seinen Mk-Stoff eingefügt (5,19; 8,38. 51Sg?; 9,32; 20,1 und 22,14.56), 4x gegenüber Mk ausgelassen (6,4; 8,9 und 9,23.30 diff Mk), bringt es außerdem mehrfach in seinem Sg (1,56; 2,5.13; 5,9; 7,12; 8,1.51Sg?; 19,23QLk?; 23,11.32 und 24,10.21.24.29.33.44) und 1x in QLk (7,6). Ist Lk 19,12-27/Mt 25,14-30 als Q-Stoff zu bewerten, so wäre Lk 19,23/Mt 25,27 der einzige σύν-Beleg dieser Quelle[153]. Ergebnis: lk Red möglich/wahrscheinlich; hohes Vorkommen im Sg.

(71c) Der Gesamtausdruck πορεύομαι + σύν kommt im Ev sonst nicht mehr vor, in der Apg dagegen 2x: 10,20 (κατάβηθι καὶ πορεύου σὺν αὐτοῖς) und 26,13 (καὶ τοὺς σὺν ἐμοὶ πορευο-μένους). Das bedeutet, daß die Wendung durchaus von Lk selbst stammen könnte. Doch wäre aus Lk eigener Hand ebensogut auch das Kompositum συμπορεύομαι zu erwarten, das er in Apg nicht, aber in seinem Ev scheinbar 3x (7,11 und 14,25: Einleitungs-bzw. Übergangswendung; 24,15) von sich aus[154] gebraucht. Diese Verwendung von συμπορεύομαι innerhalb des dritten Ev zeigt, daß die Annahme einer lk Red bzgl. des Simplex ἐπο-ρεύετο auSt keineswegs zwingend ist. Entscheidet man sich aber trotzdem für eine lk Verfasserschaft dieses Verbs, so muß damit gerechnet werden, daß Lk es, entsprechend seinem Verfahren gegenüber dem Mk-Stoff, als Ersatz für ein urspr ὑπάγειν oder ἀπέρχομαι benutzt hat[155].

Da πορεύομαι in Verbindung mit σύν außer Lk 7,6 nur noch in der Apg, nicht aber anderswo innerhalb des dritten Ev auf-taucht, muß unser Ergebnis lauten: lk Red nicht unmöglich.

(72) αὐτός (αὐτοῖς): vgl. zu αὐτός o. sub Nr. (8d).

Was den Dat.mask.Plur. αὐτοῖς betrifft, so erscheint er 101x bei Mt, 120x bei Mk und 88/77x bei Lk/Apg[156].

---

153 Das Fehlen der Präposition σύν (und παρά) in Q fiel schon Harnack auf (Sprüche 112). Was παρά anbelangt, so meinte er, in dem Fehlen dieser Präposition "geradezu ein Charak-teristikum von Q erkennen" zu dürfen (ebd.).

154 Vgl. dazu Jeremias, Sprache 157.241 und 314.

155 Vgl. dazu de Solages, Composition 103 sub Nr. 4 und 105 sub Nr. 33; ferner Neirynck, Agreements 256f sub Nr. 20 und Cadbury, Style 173.177.

156 Vgl. Morgenthaler, Statistik 158.

Da das Pronomen in allen Quellen und Schichten des Lk mehrfach angewendet wird, wird unser Ergebnis lauten müssen: Trad
(aus Q oder Sg) und Red möglich.

(73) ἤδη: 7/8/10 + 3.

Lk übernahm es aus Q in 3,9 par Mt 3,10 und vielleicht in
12,49 om Mt[157]; ferner aus Mk in 21,30a par Mk 13,28b. In seinen Mk-Stoff fügte er es in 21,30b und vielleicht 23,44(Sg?)
ein, übernahm es freilich nicht aus Mk 4,37 und 6,35bis; Mk
11,11b hat er wohl nicht direkt verarbeitet[158]. Schließlich
bringt er es mehrfach in seinem Sg (11,7; 12,49Q?; 14,17QLk?;
19,37Sg?; 23,44Sg? und 24,29), vielleicht 2x (7,6 und 14,17:
Sg?) in QLk und 3x in der Apg (4,3 und 27,9bis).

Die Häufung der Fragezeichen hinter den Belegen deutet an,
daß diese Stellen kontrovers sind. Auf eine nähere Besprechung einzelner Stellen können wir freilich im Rahmen dieser
Arbeit nicht eingehen. Aus dem Befund scheint uns aber wenigstens soviel hervorzugehen, daß ἤδη kaum als lk Vorzugswort
aufgefaßt werden kann. Als Ergebnis könnte daher angegeben
werden: lk Red möglich; Sg! (Q).

(74) δέ: vgl. dazu o. sub Nr. (69b).

Als Ergebnis stellten wir fest: lk Red möglich/wahrschein-
lich; Sg! Q!

(75) αὐτός (αὐτοῦ): vgl. dazu o. sub Nr. (40) und (53). Ähnlich wie in Lk 7,3.4 ist die Verwendung des Pronomens für Jesus hier dadurch bedingt, daß der Name unmittelbar zuvor (Lk
7,6a) bereits gebraucht wurde. Dasselbe gilt übrigens für das
sich auf Jesus beziehende αὐτῷ in 7,6b[159].
Ergebnis: Trad (aus Q oder Sg) und Red möglich.

(76) οὐ.

Diese Partikel kommt 1.612x im NT vor, und zwar 680x als
οὐ, 826x als οὐκ und 106x als οὐχ[160]. Morgenthaler[161] stellt

---

157 Vgl. dazu Polag, Umfang 66-68; Fragmenta 64f (Lit!).

158 Vgl. dazu etwa Klostermann, Lk 205 und Marshall, Lk 784.

159 Vgl. dazu u. sub Nr. (84).

160 Vgl. Aland, Vollständige Konkordanz II, 202.373.

161 Vgl. ders., Statistik 127.

204 Vorkommen in Mt, 117 in Mk und 174/110 in Lk/Apg fest.
Diese Belege verteilen sich folgendermaßen:

Lk: In Q 32; QLk 10; Sg 87 (red 2); + 15; - ?; acc 30
Mt: " " " ; QMt 13; " 71 (" 8); + 26; - ?; " 62[162].

Ergebnis: lk Red möglich; hohes Vorkommen in Q! Sg!

(77) μακρὰν ἀπέχοντος.

(77a) μακράν: 1/1/2 + 3; gNT: 10.

Da es im lk Doppelwerk außer Apg 2,39; 17,27 und 22,21 nur
noch 1x in QLk (Lk 7,6) und 1x im lk Sg (15,20) vorkommt,
lautet das Ergebnis: lk Red nicht unmöglich; Sg!

(77b) ἀπέχω: 5/2/4 + 2; gNT: 19.

Das intransitive aktive ἀπέχειν begegnet außer auSt nur
noch 2x innerhalb des lk Doppelwerkes, nämlich in Lk 15,20
und 24,13, wobei beide Belege dem Sg entstammen[163]. An den
übrigen Belegstellen des lk Werkes wird das Verb 1x transi-
tiv (Lk 6,24)[164] und 2x medial (Apg 15,20.29) verwendet.
Ergebnis: lk Red nicht unmöglich; Sg![165]

(77c) Der Gesamtausdruck μακρὰν ἀπέχειν kommt außer in Lk 7,6
nur noch 1x innerhalb des lk Sg vor: Lk 15,20. Daß diese Konstruktion kaum von Lk selbst stammen wird, zeigt Apg 17,27,
wo Lk μακράν nicht mit ἀπέχειν sondern mit ὑπάρχειν verwendet: καί γε οὐ μακρὰν ἀπὸ ἑνὸς ἑκάστου ἡμῶν ὑπάρχοντα. Die Eigenart der Wendung kommt aber auch dadurch zum Vorschein, daß
außerhalb des lk Schrifttums μακράν an keiner Stelle sonst

---

162 Vgl. Gaston, Horae 79 (22), der es für ein Q-Vorzugswort
    hält. Zu den Q-Belegen vgl. Edwards, Concordance 56-58.

163 Außerhalb des lk Doppelwerkes kommt das intransitive ak-
    tive ἀπέχειν nur noch 1x innerhalb eines atl. Zitates
    (Mk 7,6 par Mt. 15,8) und 1x in Mt 14,24 diff Mk vor: vgl.
    Bauer, Wörterbuch 168 sub 2.

164 Schürmann, Trad. Untersuchungen 221 rechnet Lk 6,24 zu
    den intransitiven(!) Belegen. In seiner dortigen Bespre-
    chung von ἀπέχειν wird freilich Lk 7,6 nicht miteinbezo-
    gen.

165 Jeremias, Tradition und Redaktion in Lukas 15,177 und
    Rehkopf, Sonderquelle 92 rechnen übereinstimmend ἀπέχειν
    zum vor-lk Gebrauch der (aus Q + Sg zusammengesetzten)
    Quelle "L".

mit ἀπέχειν, wohl aber mit εἰμί (vgl. Mk 12,34; Mt 8,30 und
Joh 21,8) verbunden wird[166].

Ergebnis: kein Hinweis auf lk Red; Sg!

Verrät die Verwendung von μακράν in Verbindung mit ἀπέχειν
keine Tendenz der lk Red, so muß weiter gefragt werden, ob
nicht zumindest der Gebrauch des Gen.abs. (αὐτοῦ...ἀπέχοντος)
auf lk Stilisierung hinweisen könnte. Dafür spräche das lk
Verfahren gegenüber seiner Mk-Vorlage: Lk ersetzt nicht nur
10x ein finites Verb mit καί in Mk durch diese Konstruktion,
sondern fügt den Gen.abs. noch in 13 anderen Fällen dem Mk-
Text hinzu[167]. Demgegenüber hat er es aber selten übernommen,
insgesamt lediglich 2x (8,49 und 22,47 par Mk)[168]. Auf jeden
Fall muß durch die hohe Zahl der Hinzufügungen zu Mk auch auSt
damit gerechnet werden, daß das in Gen.abs. formulierte αὐτοῦ
...ἀπέχοντος hier der Stilisierung des dritten Evangelisten
zu verdanken ist. Andererseits muß zugleich in Rechnung gestellt werden, daß auch das lk Sg den Gen.abs. mehrfach enthält: vgl. 2,2.42; 3,1'5bis; 7,42; 11,53; 12,1.36QLk?; 13,17;
14,29.32; 15,14.20; 17,12; 19,11QLk?. (37; 21,26.28: Sg?[169]);
22,51 und 24,1.5.36.41. Eine sichere Entscheidung zwischen lk
Red und Sg ist auf Grund dieses Befundes kaum noch möglich[170].
Nur so viel wird sich vielleicht noch sagen lassen: Die beiden mit Gen.abs. konstruierten Stellen (Lk 7,6 und 15,20) werden wohl von demselben Verfasser stammen, zumal sie mit derselben Konstruktion (μακράν + ἀπέχειν) formuliert sind.

Bietet auch die Verwendung des Gen.abs. keine sicheren Anhaltspunkte für die Vermutung einer lk Stilisierung auSt, so
wird die Wahrscheinlichkeit einer solchen doch erheblich gesteigert mit der Beobachtung, daß die Konstruktion οὐ μακράν
ἀπέχοντος vermutlich unter Einfluß der bei Lk sehr beliebten
Litotes-Figur [171] formuliert wurde.

---

166 Vgl. dazu Jeremias, Sprache 153, woraus wir diese Hinweise entnahmen.

167 Vgl. Neirynck, Agreements 245f; ferner Schürmann, PB 94
und Cadbury, Style 133f.

168 Vgl. dazu Neirynck, a.a.O. 244f, der abgesehen von den
beiden erwähnten Stellen noch auf Lk 4,40a; 9,37 und 20,1
verweist. Siehe auch Schürmann, a.a.O. und Cadbury, a.a.O.
137.

169 Zu Lk 19,37; 21,26.28 als lk Sg vgl. Schramm, Markus-
Stoff 147f.180f.

170 Daß eine Q-Formulierung hier kaum in Betracht kommt, zeigt
allein die Tatsache, daß außer Mt 11,7/Lk 7,24 der Gen.
abs. sonst nirgendwo in Q sicher belegt ist: vgl. dazu
die Ausführungen o.S. 126f sub 3.22.

171 Zur Litotes-Figur in Lk vgl. Harnack, Lukas der Arzt 38f;
Jeremias, Sprache 249 und Bl/Deb/Rehkopf, Grammatik §495.
2. Von einer eigentlichen Litotes-Figur kann man im Hinblick auf Lk 7,6 nach Rehkopf, Grammatisches 222, Anm.
10 nicht sprechen; anders Hawkins, Horae 188; Harnack,
a.a.O. 39 und neuerdings Marshall, Lk 281.

Zusammenfassend läßt sich folgendes sagen: Die Verbindung
von μακράν mit ἀπέχω ist mit hoher Wahrscheinlichkeit vor-lk.
Trotzdem muß infolge des Gen.abs. und einer unter dem Einfluß der Litotes-Figur formulierten Wendung in 7,6b mit der
Möglichkeit der lk Stilisierung dieses Versteils gerechnet
werden.

(78) ἀπό: 115/48/125 + 114.

Lk: In Q 9; QLk 10; Sg 67 (red 5); + 28; - 14; acc 11
Mt: "   " "; QMt 9; "   44 ("   7); + 29; - 14; "   24[172].

Mit intransitivem, aktivem ἀπέχειν begegnet es außer auSt
nur noch Mk 7,6 par Mt 15,8; Mt 14,24 und Lk 24,13 (Sg). Während an allen trad Stellen das ἀπό dem Verb nachgestellt ist,
erscheint es bei dem red Zusatz von Mt 14,24 vorangestellt.
Wichtig ist, daß Lk selbst in Apg 15,20.29 ἀπέχω weder mit
voran- noch mit nachgestelltem ἀπό verwendet. Dies ist um so
auffälliger, als (a) bereits einige Hss in Apg 15,20 dem
ἀπέχεσθαι ein ἀπό nachstellen[173], und (b) Lk anderswo den
Komposita (in unserem Falle ἀπ-ἔχω) mehrfach die gleiche Präposition folgen läßt[174]. Diese Beobachtungen scheinen u.E.
dafür zu sprechen, daß das dem ἀπέχειν nachgestellte ἀπό auSt
der Trad angehört.
Ergebnis: kein Hinweis auf lk Red; (Sg!).

(79) οἰκία: vgl. dazu o. sub Nr. (21).

Da Lk dieses Substantiv 4x in seinen Mk-Stoff einfügt,
könnte οἰκία auSt red sein[175]. Doch ist, wie bereits erwähnt[176], das οἰκία-Motiv allen drei Fassungen der Hauptmannsgeschichte (Mt/Lk/Joh) eigen, so daß damit gerechnet werden
muß, daß Lk dieses Wort schon trad vorgefunden hat. Eine Entscheidung darüber, ob die urspr Q-Stellung dieses Wortes der

---

172 Vgl. Gaston, Horae 69 (62.65), der es als eventuelles mt
    und lk Vorzugswort angibt.
173 So P[74], A, C, E, Ψ, 𝔐 und lat.
174 Vgl. dazu Schürmann, PB 94 und Cadbury, Style 168.
175 Auf die Wahrscheinlichkeit einer lk Red des Hausmotives
    verweist beispielsweise Neirynck, Foi et miracle 467,
    Anm. 191.
176 Vgl. o.S. 140.

der Mt- oder Lk-Fassung entspricht, kann freilich nur nach
der stat Auswertung des Gesamtstoffes beider Erzählungen gefällt werden.

(80) πέμπω: 4/1/10 + 11.

Lk hat das Verb 1x aus Mk ausgelassen (Mk 5,12 om Lk 8,32)
und 3x in seinen Mk-Stoff eingefügt (20,11.12.13), wobei πέμπω
an allen drei Stellen als Ersatz für mk ἀποστέλλω verwendet
wird. Außerdem erscheint πέμπω noch 1x in Q (7,19 par Mt 11,
2), 2x in QLk (7,6.10 om Mt) und 4x im lk Sg: vgl. 4,26; 15,
15 und 16,24.27. Während Hawkins und Morgenthaler[177] es als
lk Vorzugswort angeben, weist Easton[178] auf das hohe Vorkommen innerhalb des lk Sg hin.
Ergebnis: lk Red möglich; Sg!

(81) φίλος: 1/0/15 + 3; gNT: 29.

Lk bringt es 1x in Q (7,34 par Mt 11,19), 3x in QLk (7,6
om Mt; 12,4 om Mt 10,28 und 15,6 diff Mt 18,13), 1x als Hinzufügung zum Mk-Text (21,16 om Mk 13,12) und sonst im Ev nur
noch innerhalb seines Sg: vgl. 11,5bis.6.8; 14,10.12; 15,9.
29; 16,9 und 23,12[179].
Ergebnis: lk Red möglich; hohes Vorkommen im Sg.

(82) ἑκατοντάρχης: vgl. dazu o. sub Nr. (12).

Die Q-Zugehörigkeit des Wortes auSt ist dadurch gesichert,
daß auch die Mt-Fassung unmittelbar vor der Antwort des Hauptmanns ἑκατόνταρχος verwendet (vgl. Mt 8,8a). Wie bereits erwähnt[180], ist es wahrscheinlich, daß die in Mt 8,8a gegebene
Endung -αρχος als sek anzusehen ist.
Ergebnis: kein Hinweis auf lk Red.

---

177 Vgl. Hawkins, Horae 21 und Morgenthaler, Statistik 181.

178 Vgl. ders., Linguistic Evidence 164.

179 Während Morgenthaler, Statistik 181 und Hawkins, a.a.O.
    23 es als lk Vorzugswort angeben, verweisen u.E. zu Recht
    auf die Häufung im Sg Easton, a.a.O. 150; Rehkopf, Son-
    derquelle 97; Gaston, Horae 33 und Jeremias, Sprache 153.

180 Vgl. o. sub Nr. (12); ferner o. sub Nr. (35).

(83) λέγων: vgl. zu λέγων/-οντες o. sub Nr. (52b).

Da wir hier erneut ein pleonastisches λέγων nach Verba dicendi haben[181], bestehen - wie bereits angeführt[182] - wiederum die beiden Möglichkeiten der Wiedergabe lk Red oder von Traditionsgut des Sg[183].

Ergebnis: lk Red möglich/wahrscheinlich; Sg!

(84) αὐτός (αὐτῷ): vgl. dazu o. sub Nr. (75).

Ergebnis: Trad (aus Q oder Sg) und Red möglich.

Zusammenfassung von 3.2524. (Lk 7,6ab):

Ad V 6a: a. Die Analyse konnte zeigen, daß zu diesem Versteil sowohl ein Q- oder Sg-Ursprung als auch eine lk Verfasserschaft möglich sind. Die Konstruktion Artikel + folgendes δέ (auSt: ὁ δέ), der wir bereits in V 4a begegneten (dort: οἱ δέ), ist mehrdeutig, denn sie taucht zwar mehrmals als lk Red, aber auch vielfach innerhalb des Sg-Stoffes auf. Obwohl dem Q-Material die Verwendung des Artikels mit nachfolgendem δέ nicht ganz unbekannt ist, muß bei Annahme eines Q-Ursprungs von οἱ δέ (V 4a) und ὁ δέ auSt mit dem Umstand gerechnet werden, daß wörtlich weder die eine noch die andere Formulierung in Q anderswo begegnen.

b. Ἰησοῦς taucht hier zum dritten Mal innerhalb von Lk 7,3-6ab auf. Diese gehäufte Verwendung des Namens "Jesus" wird, wie bereits erwähnt[184], kaum auf Lk selbst zurückzufüh-

---

181 Die Verwendung von πέμπειν als Verbum dicendi entspricht semitisierendem Sprachgebrauch: vgl. Bl/Deb/Rehkopf, Grammatik § 420.3; Bauer, Wörterbuch 928 sub I8c und Jeremias, Sprache 69, Anm. 87.

182 Vgl. die Ausführungen zu λέγων/-οντες o. sub Nr. (52b).

183 Jeremias, Sprache 153 findet in der lk Verwendung des ἀπέστειλεν...λέγων in 7,20 einen Erweis lk Red auch gegenüber ἔπεμψεν...λέγων in 7,6 QLk.19Sg. Diese Folgerung ist aber keineswegs zwingend: Erstens ist Lk 7,20 umstritten (vgl. o. Anm. 97), zweitens gebraucht auch das lk Sg mehrfach pleonastisches λέγων/-οντες, so daß es auSt durchaus auch dieser Schicht entstammen könnte, und drittens gebraucht Lk bei 11maliger Verwendung von πέμπω in der Apg niemals dieses Verb in Verbindung mit pleonastischen λέγων/-οντες, obwohl eine Stelle wie Apg 19,31 ihm dazu Gelegenheit bot.

184 Vgl. o. sub Nr. (38).

ren sein; sie könnte aber sehr wohl auf Sg-Tradition hindeuten.

c. Ob ἐπορεύετο σύν von Lk selbst formuliert wurde, muß
letztlich offen bleiben. Vielleicht hat er es als Ersatz eines urspr ὑπάγειν oder ἀπέρχεσθαι mit σύν verwendet. Doch
könnte hier ebensogut Sg vorliegen, da das Verb und die Präposition innerhalb dieser Traditionsschicht mit Vorliebe verwendet werden[185]. Übrigens zeigt das Vorkommen von πορεύομαι
in Q (5x), daß auch ein Ursprung in dieser Trad denkbar ist,
wobei bedacht werden muß, daß σύν allerdings in Q nur noch
1x (Lk 19,23/Mt 25,27: Q?) vorkommt.

Ad V 6b: a. Für eine Red des dritten Evangelisten könnte die
           Verwendung des pleonastischen λέγων sprechen; zu-
gleich muß aber bedacht werden, daß es auch im lk Sg des öfteren begegnet. Auch die Verwendung des Gen.abs. und die Formulierung οὐ μακρὰν ἀπέχοντος, die den Einfluß der bei Lk beliebten Litotes-Figur zu verraten scheint, könnten auf lk
Stilisierung hinweisen. Demgegenüber wird aber die Konstruktion μακράν + ἀπέχειν kaum von dem dritten Evangelisten stammen, da er ja in Apg μακράν + ὑπάρχειν (Apg 17,27) vorzieht.
Auffällig ist auch, daß im Unterschied zu Apg 15,20.29 ἀπέχειν
auSt mit nachgestelltem ἀπό begegnet, was vielleicht als weiteres Indiz für die Traditionalität von ἀπέχοντος auSt angeführt werden kann.

b. Was das Sg betrifft, so paßt dieser Versteil nach Stil
und Wortschatz sehr gut zu dieser Traditionsschicht. Das gilt
sowohl in Bezug auf den Gen.abs. als auch auf das pleonastische λέγων: Beide kommen innerhalb des Sg mehrfach vor. Ja,
sogar die Litotes-Figur könnte hier angeführt werden, da sie
innerhalb des dritten Ev nur 1x, und zwar in einem Sg-Stück
(Lk 15,11-32) erscheint (vgl. 15,13). Ergeben sich vom Stil
her gegen die Annahme eines Sg-Ursprungs keine grundsätzlichen Bedenken, so wird diese Vermutung sogar erhärtet, sobald
man sich dem Wortschatz dieses Versteils zuwendet. Was letzteren anbelangt, so befinden sich nach Rehkopf allein in V 6b
nicht weniger als drei vor-lk Spracheigentümlichkeiten: ἤδη,

---

185 Vgl. Gaston, Horae 33.

ἀπέχω und φίλος[186]. Von diesen Wörtern kommen zwar ἤδη und
φίλος auch in Q vor (jeweils 1x), doch ist ihre bevorzugte
Verwendung innerhalb des Sg unbestreitbar. Hinzuzuweisen wäre
noch auf μακράν (außer auSt nur noch 1x im Sg: 15,20), ἀπό
(mit intransitivem aktivem ἀπέχω ebenfalls außer auSt nur
noch 1x im Sg innerhalb des lk Schrifttums: Lk 24,13) und
πέμπω, das, bei Annahme eines Sg-Stoffes in Lk 7,6b.10, von
insgesamt 10 Belegen im dritten Ev rund 6x innerhalb dieser
Traditionsschicht vorkommen würde. Der Befund zeigt somit,
daß mit großer Wahrscheinlichkeit V 6b auf Traditionsgut des
lk Sg beruht, das von Lk verarbeitet wurde.

c. Was schließlich Q anbelangt, so findet sich in dieser
Quelle der Gen.abs. nur noch 1x (Mt 11,7/Lk 7,24), pleonastisches λέγων überhaupt nicht und die Litotes-Figur ebenfalls
an keiner Stelle. Aus dem Wortschatz sind Q geläufig: αὐτός
in den obliquen Kasus, δέ und οὐ. Alle anderen Wörter erscheinen in dieser Quelle entweder nicht mehr (so etwa ἀπέχειν) oder doch nur sehr vereinzelt, so daß von der Stat her
ein Q-Ursprung dieses Versteiles zwar nicht prinzipiell bestritten werden kann, doch gegenüber dem Sg weniger wahrscheinlich erscheint.

3.26. Mt 8,8bc und Lk 7,6c-7.

3.261. Mt 8,8b und Lk 7,6c.

Mt und Lk stimmen im Wortlaut hier weitgehend überein. Es
finden sich lediglich zwei Unterschiede in der Wortstellung
und ein gegenüber Mt 8,8b zusätzlicher Imp. (μή σκύλλου) mit
entsprechender Begründungskonjunktion (γάρ) in Lk 7,6c.

a. Mt: εἰμὶ ἱκανός; Lk: ἱκανός εἰμι.
Die Reihenfolge des Mt wird wohl mit Polag[1] als die ursprünglichere zu betrachten sein: man vergleiche dazu etwa

---

186 Vgl. Rehkopf, Sonderquelle 92 (sub 10).94 (sub 35) und 97
(sub 74).

1 Vgl. ders., Fragmenta 38f.

Mk 1,7. Bei Mt mag die Voranstellung des Verbs semitischem
Einfluß unterliegen[2], so daß die lk Reihenfolge wohl als sek
Gräzisierung zu interpretieren ist[3].

b. Mt: ἵνα μου ὑπὸ τὴν στέγην εἰσέλθῃς;
   Lk: ἵνα ὑπὸ τὴν στέγην μου εἰσέλθῃς.

Eine Entscheidung ist schwierig, denn weder Q noch Mt ver-
halten sich hinsichtlich der Voran- oder Nachstellung des
Possessivpronomens[4] einheitlich. Anders ist es freilich bei
Lk, wo eine deutliche Tendenz zu Tage tritt.

1. Lk[5] zeigt deutlich die Tendenz, die Voranstellung der
Possessivpronomina zu vermeiden. Dies zeigt sich an seiner
Bearbeitung des Mk-Stoffes, wo er kein einziges Mal ein vorangestelltes Possessivpronomen übernahm, sondern stets nach-
stellte: vgl. 5,20.23 und 8,45f diff Mk. Diese Tendenz wird
durch den Befund im gesamten Ev (272 Nachstellungen gegenüber
22 Voranstellungen) und in der Apg (126 Nachstellungen gegenüber 9 Voranstellungen) vollends bestätigt. Als Faustregel
könnte daher, was Q betrifft, angegeben werden: Immer dort,
wo (a) innerhalb eines Q-Stoffes Lk gegenüber Mt eine Voranstellung des Possessivpronomens bietet (vgl. etwa 6,29; 11,19;
12,30; [14,23f; 19,23] und 14,26f[6] diff Mt), ist mit hoher
Wahrscheinlichkeit seine Reihenfolge die ursprünglichere; zumindest wird die Reihenfolge in diesen Fällen vor-lk sein.
Dort aber, wo (b) Lk im Unterschied zur Mt-Parallele eine
Nachstellung aufweist (vgl. etwa außer uSt noch 12,7 und 12,
45), wird man mit seiner Red zu rechnen haben.

---

2 Vgl. dazu Moulton, Grammar II,416-418 und Turner, Syntax
  347f.

3 Vgl. Schlatter, Lk 493. Lk schreibt freilich - wie Mk 1,7 -
  auch οὐκ εἰμὶ ἱκανός (Lk 3,16). Dies könnte darauf hindeuten, daß die Reihenfolge οὐ..ἱκανός in Lk 7,6c bereits vor-
  lk entstanden ist.

4 Wir beschränken uns im folgenden auf die Possessivpronomina
  μου, σου, ἡμῶν und ὑμῶν. Nicht berücksichtigt werden die
  Posessiva der dritten Person, also αὐτοῦ, αὐτῆς und αὐτῶν.

5 Vgl. zum Folgenden Jeremias, Sprache 142f.

6 Lk 14,26f bietet 2x οὐ δύναται εἶναί μου μαθητής. In der
  Mt-Parallele steht μου zwar auch vorangestellt, doch ist
  die Formulierung anders: οὐκ ἔστιν μου ἄξιος (vgl. Mt
  10,37f).

2. Mt[7] zeigt, anders als Lk, eine Tendenz, das Possessivpronomen voranzustellen. Dies geht aus seiner Mk-Bearbeitung
hervor, wo er zuweilen die mk Nachstellung durch Voranstellung ändert (vgl. 9,6; 12,13 [Mk 3,5: v.l.] .50 und 17,15 diff
Mk) oder von sich aus die Mk-Vorlage durch Voranstellung mo-
difiziert (so etwa in 15,28 und 19,21 diff Mk). Dies bedeutet für den Q-Stoff, daß dort, wo Mt gegenüber der Lk-Parallele das Possessivpronomen in Voranstellung verwendet (vgl. außer uSt noch 7,26; 10,30 und 24,48 diff Lk), mit der Möglichkeit seiner Redaktionstätigkeit zu rechnen ist.

3. Was schließlich Q betrifft, so sind zwar auch in dieser
Quelle Voranstellungen belegt (Mt 7,24/Lk 6,47 und 10,37f/Lk
14,26f), doch überwiegt auch hier die dem Semitischen entsprechende Nachstellung[8]. Zu uSt könnte auf Mt 11,27/Lk 10,22 verwiesen werden, da ὑπό in Verbindung mit μου sonst in Q nicht
mehr belegt ist. Übereinstimmend bringen nun Mt und Lk an dieser Stelle das Possessivpronomen nachgestellt: πάντα μοι
παρεδόθη ὑπό τοῦ πατρός μου!

Der Befund zu Mt, Lk und Q zeigt, daß eine sichere Entscheidung nicht mehr möglich ist, denn erstens sind Voranstellungen in Q nicht prinzipiell auszuschließen, und zweitens sind die Tendenzen des Mt und Lk so diametral entgegengesetzt, daß von ihnen aus sowohl die Nachstellung als auch
die Voranstellung erklärt werden könnte. Immerhin könnten
folgende Gründe für die Priorität der lk Reihenfolge sprechen: 1. Die Nachstellung von μου in Mt 11,27/Lk 10,22, wo
es, wie auSt, in Verbindung mit ὑπό verwendet wird. 2. Die
mt red Voranstellung von σου in 15,28, mit der der erste
Evangelist vielleicht, wie auSt, die heidnische Abstammung
des Angeredeten hervorheben will[9]. 3. In der Hauptmannserzäh-

---

7 Vgl. Zum Folgenden Wifstrand, Problem 175, woraus auch die
  angeführten Beispiele entnommen wurden.

8 Zu den zahlreichen Beispielen vgl. Edwards, Concordance 48
  (μου). 69f (σου). 31 (ἡμῶν) und 82f (ὑμῶν).

9 Anders freilich Bl/Deb/Rehkopf, Grammatik § 284, Anm. 2 und
  § 473,1 mit Anm. 2,die die Voranstellung des μου in Mt 8,8

lung begegnet auch sonst noch eine Anzahl mehrerer Semitismen[10], weshalb die dem Semitischen näherliegende Reihenfolge
des Lk in unserem Falle die höhere Wahrscheinlichkeit für Ursprünglichkeit enthält. Unter diesen Voraussetzungen werden
wir in dem später[11] zu bringenden Rekonstruktionsversuch des
urspr Q-Wortlautes der Erzählung die lk Reihenfolge bevorzugen.

c. Lk: (85) μὴ σκύλλου..γάρ om Mt.

(85a) μή: 129/77/140 + 64.

Lk: In Q 26; QLk 8; Sg 66 (red 3); + 12; - ?; acc 28
Mt: " " " ; QMt 8; " 43 (" 1); + 11; - ?; " 41[12].

Ergebnis: lk Red möglich; hohes Vorkommen in Q; Sg!

(85b) σκύλλω.

Das Verb begegnet außer auSt nur noch Mk 5,35 par Lk 8,49
und Mt 9,36 als Hinzufügung zu Mk (vgl. Mk 6,34). Da es weder in Mt 8,8b noch in der joh Traditionsvariante der Hauptmannserzählung auftaucht, könnte es überlieferungsgeschichtlich sek sein. Ob es aber lk Red unter Einfluß von Mk 5,35[13]
oder einer dem Lk schon vorgegebenen Erweiterung entstammt[14],
läßt sich kaum noch entscheiden, da weitere Belege in Lk/Apg
fehlen.

(85c) γάρ: vgl. dazu o. sub Nr. (61).

Als Ergebnis stellten wir fest: lk Red möglich; Sg! Q!

(85d) Was den Gesamtausdruck μὴ σκύλλου.. γάρ betrifft, so
ist u.E. ein Ursprung in Q dadurch unwahrscheinlich, weil Mt
keine Tendenz aufweist das Verb σκύλλω zu vermeiden, wie

---

gerade von der Unbetontheit her erklären wollen. Ähnlich
Lohmeyer/Schmauch, Mt 158: "μου vor eine präpositionale
Wendung zu stellen auch wenn es betont werden soll, ist un-
griechisch". Vgl. aber dagegen Turner, Q in recent thought
328 (s. auch ders., Syntax 189).

10 Vgl. dazu u.S. 409ff.

11 Vgl. dazu u.S. 270.

12 Vgl. Gaston, Horae 77 (22), der auf die Häufung in Q hinweist.

13 So zuletzt etwa Schramm, Mk-Stoff 42; Neirynck, Foi et miracle 467 mit Anm. 191; Busse, Wunder 148, Anm. 1 und Marshall, Lk 281, der sich auf Schramm bezieht.

14 Diese Meinung vertritt Bussmann, Studien II,56, der das
μὴ σκύλλου aus dem vorangehenden Einschub der Vv 3ff erklärt.

seine Eintragung in Mt 9,36 gegenüber Mk 6,34 zeigt[15]. Demgegenüber spricht für die Annahme einer lk Hinzufügung die
Tatsache, daß der dritte Evangelist den Mk-Stoff in seiner Bearbeitung mehrfach durch mit ὅτι oder γάρ eingeleitete Erklärungen und Begründungen bereichert[16]. Man wird daher die
durch μὴ σκύλλου gegebene Begründung zur Aussage von Lk 7,6c
wohl auf Lk selbst zurückführen dürfen, obwohl die Annahme
eines vor-lk Ursprungs prinzipiell nicht ganz von der Hand zu
weisen ist.
Ergebnis: lk Red wahrscheinlich.

3.262. Mt 8,8c und Lk 7,7.

3.2621. Lk 7,7a om Mt: διὸ οὐδὲ ἐμαυτὸν ἠξίωσα πρὸς σὲ
                         ἐλθεῖν.

Dieser Versteil wird fast allgemein aus sprachlichen Gründen
und wegen seines Charakters eines parenthetischen Einschubs
- V 7a unterbricht den Gedankengang zwischen V 6c und 7b -
für sek-lk gehalten[17]. Dies ist jedoch keineswegs zwingend,
wie aus der folgenden stat Analyse hervorgeht.

(86) διό: 1/0/2 + 8: gNT: 53.
     Im Lk-Ev ist es außer auSt nur noch 1x im Sg belegt (1,35).
Da es niemals dem Mk-Stoff hinzugefügt wird, muß unser Ergebnis lauten: lk Red nicht unmöglich.

(87) ἐμαυτόν.
     Dieser Akk. erscheint in den Evv außer auSt nur noch Lk
7,8 par Mt 8,9 und 5x im Joh-Ev. In der Apg kommt er nur 1x
in 26,2 vor.
     Wichtig scheint uns zu sein, daß für ἐμαυτοῦ in den obli-
quen Kasus im Lk-Ev nur die zwei erwähnten, in der Apg dagegen

---

15 Eine Ursprünglichkeit der Wendung auf Grund der mt Auslassung von σκύλλω innerhalb von Mt 9,22ff zu vermuten ist
   durch die mt Verkürzung von Mk 5,21-43 nicht angebracht.

16 Vgl. dazu die von Larfeld, Evangelien 333 angegebenen Beispiele.

17 Vgl. etwa Schramm, Mk-Stoff 42, Anm. 5; Schulz, Q 239,
   Anm. 415; Polag, Fragmenta 39; Busse, Wunder 148f, Anm. 1;
   Ernst, Lk 238; Marshall, Lk 281 und (vorsichtig) Schürmann,
   Lk 393, Anm. 26.

außer 26,2 noch drei weitere Belege auftauchen. Der Befund
zeigt, daß innerhalb des dritten Ev keine Anzeichen einer lk
Vorliebe für die Verwendung dieses Wortes in den verschiedenen Kasus vorliegen, so daß auSt mit Trad gerechnet werden
muß. Dabei ist es durchaus möglich daß, wie Schürmann erwägt[18], die Entstehung des ἐμαυτόν in V 7a unter Einfluß desselben Akk. in V 8 stand. Das Reflexivpronomen wäre in diesem Falle allerdings doch in einem gewissen Sinn red, obwohl
vor-lk.

Ergebnis: lk Red nicht unmöglich.

(88) οὐδέ: 27/11/21 + 12.

Lk: In Q 3; QLk 6; Sg 6 (red 0); + 2; - ?; acc 4
Mt: "   " "; QMt 7; " 6 ("   0); + 8; - ?; "   3[19].

Ergebnis: lk Red möglich; Sg! Q!

(89) ἀξιόω: 0/0/1 + 2; sNT: 4.

Ergebnis: lk Red nicht unmöglich.

Die zur selben Wortfamilie gehörenden Begriffe ἀνάξιος,
ἀναξίως und ἀξίως kommen weder im lk Schrifttum noch in den
Evv vor; καταξιοῦσθαι erscheint im NT nur Lk 20,35[20], Apg 5,
41 und IIThess 1,5; ἄξιος kommt zwar 7x in der Apg vor, wird
aber im Ev sehr wahrscheinlich ausschließlich trad gebraucht[21].
Aus dem Befund ist zu schließen, daß weder für ἀξίοω noch für
die zur selben Wortfamilie gehörenden Begriffe eine besondere Vorliebe des Lk nachzuweisen ist. Man wird daher damit zu
rechnen haben, daß das Verb in Lk 7,7a dem dritten Evangelisten bereits trad vorlag. Dies erscheint uns um so wahrscheinlicher, als ja bereits in V 4b von der Würde des Hauptmanns die Rede war (ὅτι ἄξιός ἐστιν κτλ.).

---

18 Vgl. ders., Lk 393, Anm. 26.

19 Vgl. Gaston, Horae 79 (24.26), der auf die Häufung in QMt
   und QLk hinweist.

20 Das καταξιοῦσθαι in Lk 20,35 wird von Schramm, Mk-Stoff
   170 als trad, dagegen von Jeremias, Sprache 154 als red
   beurteilt.

21 Vgl. dazu o. sub Nr. (55).

Da die Verwendung von ἀξιόω mit Reflexivpronomen außer auSt sonst im NT nicht mehr begegnet, verweist man neuerdings[22] gerne auf Apg 26,2, wo eine sinnverwandte Konstruktion erscheint: ἥγημαι ἐμαυτὸν μακάριον...ἀπολογεῖσθαι. Diese Stelle zeigt zwar, daß mit lk Stilisierung in Lk 7,7a gerechnet werden muß, beweist aber keineswegs, daß der gesamte Versteil unbedingt von Lk selbst verfaßt sein muß.

(90) πρὸς σὲ ἐλθεῖν.

(90a) πρός: vgl. dazu o. sub Nr. (39b).

Das Ergebnis lautete: lk Red möglich/wahrscheinlich; Sg!

(90b) σε: 28/19/37 + 38[23].

Lk bringt es 4/6x in Q (4,11; 6,29f; 12,58 und vielleicht 19,21f par Mt), 8x in QLk (4,10; 7,7.20QLk?; 12,58bis; 14,18f und 17,4 diff/om Mt), 5x als Übernahme aus Mk (4,34; 8,20.45. 48 und 18,42 par Mk), niemals als Hinzufügung zu Mk und mehrfach in seinem Sg: vgl. 1,19.35; 2,48; 7,50; 11,27.36; 13,31; 14,9f.12; 16,27; 17,19; 19,43ter.44 und 22,64 (vgl. Mk 14,65 und Mt 26,68).

Ergebnis: lk Red nicht unmöglich; Sg! Q!

(90c) ἔρχομαι: vgl. dazu o. sub Nr. (31).

Lk bringt es außer 103x in Apg noch in folgender Verteilung innerhalb seines Ev: in Q 15; QLk 5; Sg 57 (red 5); + 5; - ?; acc 19.

Ergebnis: lk Red möglich; Sg! Q!

(90d) Die Verbindung von ἔρχομαι + πρός + Angabe der Person (σε) kommt 11x in Mk vor: 1,40.45; 2,13; 3,8; 5,15; 6,48; 9, 14; 10,14; 10,50; 11,27 und 12,18. Lk hat diese Konstruktion von sich aus niemals dem Mk-Text hinzugefügt, 2x aus Mk übernommen (Lk 8,35/Mk 5,15 und 18,16/Mk 10,14; ferner Lk 20,27: προσελθόντες mit Mk 12,18) und mehrfach ausgelassen oder umschrieben: so in 5,12.15.27; 6,18; 9,37; 18,40 und 20,1 diff Mk. Innerhalb seiner nicht aus Mk verarbeiteten Trad bringt er sie außer auSt nur noch 1x in QLk (14,26: vgl. Mt 10,37)

---

22 Vgl. Schramm, a.a.O. 42, Anm. 5; Jeremias, a.a.O. 154 und Marshall, Lk 281.

23 Vgl. Morgenthaler, Statistik 159.

und 4x in seinem Sg (1,43; 15,20; 18,3 und 22,45)[24]. Zeigt
der Befund, daß es keine Anhaltspunkte dafür gibt, diese Konstruktion innerhalb des dritten Ev für red zu halten, so muß
allerdings zugleich bedacht werden, daß die Wendung in der
Apg geläufig ist: vgl. Apg 4,23; 17,15; 20,6; 21,11; 22,13
und 28,23.

Ergeben diese Beobachtungen berechtigte Gründe, mit der
Möglichkeit eines Sg-Ursprungs der Konstruktion zu rechnen,
so besteht für die Annahme einer lk Stilisierung insofern ein
Anhaltspunkt, als ἔρχομαι hier in Verbindung mit ἀξιόω in-
finitivisch konstruiert wird, zumal die Konstruktion mit Infinitiv bei Lk deutlich gegenüber mit ὅτι oder ἵνα eingelei-
teten Nebensätzen bevorzugt wird[25].

Ergebnis: lk Red nicht unmöglich.

Zusammenfassung von 3.2621. (Lk 7,7a):

Für die Annahme einer lk Verfasserschaft dieses ganzen
Versteiles gibt die Stat u.E. keine genügend gesicherten Anhaltspunkte. So werden z.B. διό, ἐμαυτόν, ἀξιόω und die Konstruktion ἔρχομαι + πρός + Angabe der Person niemals dem Mk-
Stoff hinzugefügt, so daß in diesen Fällen die Behauptung einer lk Red sich allein auf die Apg stützen kann. Daher sollte
man im Hinblick auf Lk 7,7a nicht von einer lk Verfasserschaft, sondern eher von einer lk Stilisierung sprechen. Gut
zu Lk würde die Infinitivkonstruktion von ἔρχομαι und vielleicht auch das διό am Satzanfang passen. Alles andere wird
entweder zu wenig von der Apg gestützt oder erscheint zumindest ebenso auch im Sg, so daß man durchaus mit der Möglichkeit eines Sg-Stoffes rechnen kann. Dies empfiehlt sich umsomehr, als ja (1) auch Lk 7,3ff bereits, was Wortwahl und
Stil anbelangt, eine deutliche Färbung lk Sg-Stoffes zeigte,

---

24 Bei Mt ist eine ähnliche Tendenz festzustellen: Auch er
   übernimmt die Wendung nur 2x aus Mk (Mt 17,14 und 19,14),
   fügt sie allerdings auch 1x dem Mk-Stoff hinzu (Mt 26,45),
   bringt sie aber sonst nur noch in seinem Sg: vgl. 3,14;
   7,15; 14,25.28f; 21,32; 25,36.39 und 26,40.
25 Vgl. zur Verwendung des Infinitivs bei Lk Jeremias, Sprache 93f. Ähnlich wie in Lk 7,7a werden auch die beiden Belege von ἀξιόω in der Apg (15,38 und 28,22) mit nachfolgendem Infinitiv konstruiert.

und (2) Lk 7,7a die vorangehenden Verse voraussetzt und
durch die Wiederaufnahme des Motivs der "Würde" des Hauptmanns (vgl. V 4b: ἄξιος mit V 7a: ἠξίωσα) wohl aus derselben
Hand stammen wird, die auch für die Vv 3-6ab verantwortlich
ist, worauf zuletzt neben Schulz[26] auch Howard[27] mit Nachdruck hinwies. Nach dem letzteren "ist es fraglich, ob man
V.3-6a von V.6bf trennen darf. Entweder ist das ganze Schema
der Gesandten sekundär, oder das Ganze ist primär"[28].

Trifft unsere Annahme zu, wonach der Grundbestand von V 7a
dem dritten Evangelisten bereits vorlag und er ihn möglicherweise lediglich durch stilistische Veränderungen bearbeitete,
so muß damit gerechnet werden, daß Lk urspr Worte bzw. Wendungen seiner Vorlage durch andere ersetzte. Dies gilt in Lk 7,
7a insbesondere für das διό und die Konstruktion mit ἔρχομαι
im Infinitiv. Was διό betrifft, so ließe sich als urspr Wort
etwa ἄρα, οὖν o.ä. denken[29] und die Infinitivkonstruktion
könnte durchaus urspr mit ἵνα + Verbum finitum eingeleitet
gewesen sein[30].

3.2622. Mt 8,8c und Lk 7,7b.

Mt und Lk haben weitgehend denselben Wortlaut. Die Unterschiede beschränken sich auf zwei Punkte: 1. In Mt 8,8c erscheint nach ἀλλά ein zusätzliches μόνον. 2. Einem bei Mt
erscheinenden Fut.Aor.Pass. von ἰάομαι (ἰαθήσεται) steht bei
Lk der Imp.Aor.Pass. (ἰαθήτω) gegenüber.
a. Was nun zunächst das mt μόνον betrifft, so gibt die stat
Verteilung dieses Wortes innerhalb des ersten Ev genügende
Anhaltspunkte für ein einigermaßen sicheres Urteil.

(91) μόνος: 14/6/10 + 9.

Mt: In Q 2; QMt 3; Sg 0 (red 0); + 7; - 3; acc 2
Lk: " " "; QLk 0; " 2 (" 0); + 3; - ?; "   3[31].

---

26 Vgl. ders., Q 238f.

27 Vgl. ders., Ego 170.

28 Vgl. Howard, a.a.O. 170.

29 ἄρα erscheint 2x/4x in Q/lk Sg; οὖν erscheint 5x/14x in
   Q/lk Sg: vgl. Gaston, Horae 69.79.

30 Beispiele für den lk Ersatz eines ἵνα + Verbum finitum
   durch die Infinitivkonstruktion in seiner Bearbeitung des
   Mk-Stoffes geben Cadbury, Style 137 und de Solages, Composition 111 u.a.

31 Vgl. Gaston, Horae 77 (61), der es als mt Vorzugswort angibt. Hawkins, Horae 6 verweist auf die mt Bevorzugung des
   adverbialen μόνον.

Liegt schon von der Stat her eine mt Red nahe, so wird
dies um so wahrscheinlicher, sobald man das adverbiale μόνον
isoliert betrachtet[32]. Es erscheint nämlich 2x in Mk (5,36
und 6,8), 1x in Lk (8,50 par Mk 5,36), 8x in Apg (8,16; 11,
19; 18,25; 19,26f; 21,13; 26,29 und 27,10) und 7x in Mt. Von
diesen 7 Belegen innerhalb des ersten Ev gehören 2 zu QMt
(5,47 und 8,8), alle fünf anderen werden aber von Mt in seinen Mk-Stoff red hinzugefügt: vgl. Mt 9,21; 10,42; 14,36 und
21,19.21. Der Befund zeigt deutlich, daß das adverbiale μόνον
auSt mit hoher Wahrscheinlichkeit aus der Hand des ersten
Evangelisten stammt[33] und kaum als urspr Q-Wort gedeutet werden kann, das Lk sek gestrichen hätte[34].
Ergebnis: mt Red sehr wahrscheinlich.
b. Zwischen ἰαθήσεται (Mt) und ἰαθήτω (Lk) ist eine Entscheidung schwieriger, da beide Formen als Wiedergabe semitischer
Ausdrucksweise denkbar sind[35]. Folgende Gründe scheinen uns
jedoch für die Ursprünglichkeit des mt ἰαθήσεται zu sprechen: 1. Im Rahmen ntl. Konditionalsätze, die unter semitischem Einfluß stehen[36], ist die Konstruktion Imp. + καί + Fut.
bei weitem häufiger angewendet als die Konstruktion Imp + καί
+ Imp.[37]. 2. Der bei Lk begegnende Imp. ἰαθήτω könnte unter
dem Einfluß des vorangehenden Imp. εἰπέ entstanden sein. 3.
Mt, der innerhalb seines Ev den Parallelismus membrorum mehr-

---

32 Vgl. zu den Belegen Bruder, Tamieion 568 und Moulton/Geden,
   Concordance 656. In der folgenden Aufzählung werden nur
   die Belege der drei ersten Evv und Apg berücksichtigt.

33 So schon Weiss, Quellen 15, Anm. 25. Vgl. aus letzter Zeit
   etwa Beyer, Syntax 126, Anm. 4 und Polag, Fragmenta 38f.

34 So etwa Schulz, Q 239: "Lk hat μόνον (...) gestrichen, weil
   ja der Hauptmann nach Lk den direkten Kontakt mit Jesus
   gar nicht sucht, sondern Jesus von Anfang an eine Fernheilung zutraut, das μόνον also nicht gerechtfertigt ist".

35 Vgl. dazu Beyer, Syntax 252 mit Anm. 2.

36 Vgl. dazu Beyer, a.a.O. 238-255.

37 Zur Angabe der Belege vgl. Beyer, a.a.O. 252f. Für die
   Konstruktion Imp. + καί + Imp. als Ausdruck eines kondi-
   tionalen Verhältnisses gibt Beyer (ebd. 153) lediglich drei
   Belege an: Joh 1,46; 7,52 und 11,34.

fach verwendet[38], würde schwerlich eine ihm vorgegebene Pa-
rallelisierung - in unserem Falle durch zwei Imp. - sek von
sich aus auflösen.

Aus den erwähnten Gründen halten wir das von Mt im Fut.
gegebene ἰαθήσεται für die urspr Q-Lesart.

3.27. Mt 8,9 und Lk 7,8.

Abgesehen von dem nur in Lk auftauchenden Ptz. τασσόμενος
stimmen alle anderen Worte von Mt 8,9/Lk 7,8 form- und folgeidentisch überein.

Was τάσσειν betrifft, so erscheint dieses Verb 1x in Mt
(28,16), in Mk nicht, 2x im paulinischen Schrifttum (IKor 16,
15 und Röm 13,1) und sonst innerhalb des NT außer auSt nur
noch 4x in der Apg (13,48; 15,2; 22,10 und 28,23[1]). Sprechen
schon diese Zahlen für die Möglichkeit einer sek Hinzufügung
des Ptz. durch Lk, so kann diese Annahme noch dadurch erhärtet werden, daß ja Lk an mehreren anderen Stellen Sätze seiner Vorlagen durch Hinzufügung von Hilfsverben ergänzt: vgl.
in Bezug auf Q außer uSt noch Lk 10,13 (Lk add καθήμενοι zu
Mt 11,21) und 17,35 (Lk add ἔσονται zu Mt 24,41)[2]. Hinzu
kommt, daß die Einfügung von Partizipien und Partizipialwen-
dungen durch Lk gegenüber dem Mk- und Q-Stoff mehrfach beleg-
bar ist[3]. Da nun andererseits für eine sek-mt Streichung des
Ptz. keinen einleuchtenden Grund zu geben scheint, ist u.E.
τασσόμενος auSt mit hoher Wahrscheinlichkeit als sek-lk zu
betrachten.

---

38 Vgl. dazu Morgenthaler, Geschichtsschreibung I, 64-67;
   ders., Synopse 124; 142ff; 209 u.ö.; Schmid, Mt und Lk
   215f, Anm. 5 u.ö. (vgl. zum Register auf S. 359 unter
   "Parallelismus membrorum"), Schürmann, PB 2 (vgl. ebd. Anm.
   6-8 Lit!) u.a.

1 In den vier Stellen der Apg kommt es freilich niemals in
  derselben Bedeutung wie in Lk 7,8 vor. Nach Bauer, Wörterbuch 1595 bedeutet es in Apg 13,48 "gehören zu", während er
  für die übrigen drei Stellen die Übersetzung "anordnen,
  festsetzen, bestimmen, befehlen" vorschlägt.

2 Vgl. auch die weiteren in Bezug auf Mk gegebenen Beispiele
  bei Cadbury, Style 149; Schmid, Mt und Lk 77 und Schürmann,
  EB 37.

3 Vgl. dazu Burrows, Agreements 278ff.314-316.

3.28. Mt 8,10 und Lk 7,9.

Um einer besseren Übersicht willen sei zunächst der Wortlaut
beider Vv nebeneinander gestellt:

Mt 8,10   Lk 7,9
ἀκούσας δὲ   ἀκούσας δὲ <u>ταῦτα</u>

ὁ Ἰησοῦς ἐθαύμασεν   ὁ Ἰησοῦς ἐθαύμασεν <u>αὐτὸν</u>

καὶ εἶπεν τοῖς ἀκολουθοῦσιν·   καὶ <u>στραφεὶς</u> τῷ ἀκολουθοῦντι
                                       <u>αὐτῷ ὄχλῳ</u> εἶπεν·

<u>ἀμὴν</u> λέγω ὑμῖν,   λέγω ὑμῖν,

παρ'οὐδενὶ τοσαύτην πίστιν   οὐδὲ ἐν τῷ Ἰσραὴλ τοσαύτην

ἐν τῷ Ἰσραὴλ εὗρον.   πίστιν εὗρον.

Lk hat in V 9a fünf über Mt hinausgehende Worte, doch
bleibt sachlich die Aussage seines Versteiles mit der des Mt
ähnlich. In V 9b fehlt dem Lk ein vorangestelltes ἀμήν.
Außerdem gibt Mt das lk οὐδέ durch παρ'οὐδενί wieder, was auf
eine Akzentverschiebung in der Aussageintention hindeuten
könnte.

3.281. Mt 8,10a und Lk 7,9a.

(92) ταῦτα: 22/16/47 + 28[1].

Lk übernahm es aus Q in 10,21; 11,42 und 12,30f par Mt und
aus Mk in 18,21; 20,2.8 und 21,7bis.31. In QLk bringt er es
außer auSt noch 12,4 und 14,15.21 om Mt. Er hat es mehrfach
dem Mk-Stoff hinzugefügt (5,27; 8,8; 9,34; 18,23 und 21,6.9
om Mk) und bringt es gehäuft innerhalb seines Sg: vgl. 1,19f.
65; 2,19; 4,28; 10,10QLk?; 11,27.45QLk?; 13,2.17; 14,6; 15,
26; 16,14; 17,8; 18,4.11; 19,11.28; 21,36; 23,31.49 und 24,9.
10.11.21.26.36.

Der Befund zeigt, daß eine sichere Entscheidung für lk Red
oder Trad des Sg kaum noch möglich ist. Das ergibt sich
letztlich auch daraus, daß der Gebrauch von ταῦτα in Verbindung mit ἀκούω sowohl dem Lk selbst (vgl. Lk 18,23 mit Mk

---

1 Zur Angabe der Belege von ταῦτα vgl. Bruder, Tamieion 660-
  662; Moulton/Geden, Concordance 737 und die Computer-Konkordanz, Appendix, 50.

10,22; ferner Apg 5,11; 7,54; 11,18; 17,8 und 21,12) als auch
seinem Sg (vgl. 4,28; 14,15QLk?; 16,14 und 19,11) geläufig
ist. Bedenkt man jedoch, daß Hinzufügungen des Verbsobjektes
überhaupt mehrfach von Lk gegenüber seinem Mk-Stoff gemacht
werden[2], so könnte das ταῦτα in Lk 7,9a durchaus aus seiner
eigenen Feder stammen. Negativ kann nur soviel gesagt werden,
daß ταῦτα sehr wahrscheinlich nicht aus Q stammt, denn Mt,
der es mehrmals in seinen Mk-Stoff red einfügt, würde es
kaum streichen, falls es in seiner Vorlage gestanden hätte[3].
Ergebnis: lk Red möglich/wahrscheinlich; Sg!

(93) αὐτόν.

Für die red Einfügung dieses Pronomens spricht die Tatsache, daß transitives θαυμάζειν, abgesehen von Joh 5,28 und
Jud 16, innerhalb des NT sonst nur noch im lk Schrifttum vorkommt: vgl. außer auSt noch Lk 24,12 und Apg 7,31[4]. Wenn darüber hinaus bedacht wird, daß Lk überhaupt mehrfach seinen
Verben ein Objekt hinzufügt[5], dann dürfte der Annahme einer
lk Eintragung des αὐτόν auSt kaum etwas entgegenzusetzen
sein[6].
Ergebnis: lk Red wahrscheinlich.

(94) στρέφω.

Das Verb begegnet 6x in Mt, in Mk nicht und in Lk/Apg 7/3x.
Was Mt betrifft, so bringt er es 1x in QMt (5,39 diff Lk),
3x in seinem Sg (7,6; 18,3 und 27,3) und 2x als Hinzufügung

---

2 Vgl. Cadbury, Style 151; Schmid, Mt und Lk 76, Anm. 3 und
  Neirynck, Agreements 267.271.

3 Abgesehen von 4x in Q (Mt 6,32f; 11,25 und 23,23) bringt Mt
  ταῦτα noch in 15,20; 19,20; 21,23f.27 und 24,3.8.33f als
  Übernahme von Mk, in 4,9 und 23,36 als QMt, in 9,18; 10,2;
  13,34.56 und 24,2 als Hinzufügung zu Mk und an allen weiteren Stellen (vgl. die Computer-Konkordanz, Appendix, 50) als
  Sg.

4 Zum transitiven Gebrauch von θαυμάζειν durch Lk vgl. Jeremias, Sprache 155. Die Konstruktion θαυμάζειν + Akk. der
  Person begegnet nur auSt innerhalb des lk Doppelwerkes.

5 Vgl. dazu oben Anm. 2.

6 Das αὐτόν halten die meisten Ausleger zu Recht für sek: vgl.
  etwa Weiss, Quellen 15, Anm. 25 und aus letzter Zeit
  Schulz, Q 239 und Polag, Fragmenta 38f.

zu Mk (9,22 om Mk 5,34 und 16,23 diff Mk 8,33: ἐπιστραφείς),
jeweils in der Partizipialform στραφείς. Während in 5,39: 7,6
und 18,3 das Verb innerhalb von Spruchtradition erscheint,
taucht es in 27,3 und in den zwei red Hinzufügungen zu Mk in
erzählendem Rahmen auf.

Im LkEv erscheint στρέφω stets in der Partizipialform
στραφείς, und zwar außer auSt noch 2x innerhalb von Svv (10,
23a und 14,25) und 4x im Sg (7,44; 9,55; 22,61 und 23,28). Im
LkEv begegnet das Verb ausschließlich in erzählendem Rahmen.
Obwohl στρέφω auch 3x in der Apg auftaucht (7,39.42 und 13,
46), erscheint es dort aber niemals in der Partizipialform
στραφείς.

Die Tatsache, daß Lk στραφείς nicht in der Apg verwendet
und auch niemals als Einfügung in seinen Mk-Stoff benutzt,
deutet darauf hin, daß der Gebrauch des Verbs in dieser Partizipialform vor-lk ist. Zu Q wird es auSt kaum gehört haben, denn Mt, der es in erzählerischem Rahmen 2x in seinen
Mk-Stoff einfügte, hätte es kaum sek gestrichen. Scheiden die
Annahmen einer lk Bildung und eines Q-Ursprungs aus, so steht
u.E. kaum etwas im Wege, στραφείς auSt für eine trad Wendung
des lk Sg zu halten, da es in dieser Traditionsschicht ja
mehrfach erscheint.

Auf den vor-lk Charakter von στραφείς wurde schon mehrfach
hingewiesen[7]. Doch gibt es auch Forscher wie Hawkins oder
Schneider, die das Ptz. als geradezu charakteristisch für die
lk Red beurteilen[8]. Einen Mittelweg geht beispielsweise
Miyoshi, der das Verb nur in 10,23 und 14,25 für red, sonst
aber für trad hält[9].

(95) ὄχλος: 50/38/41 + 22.

Lk: In Q 2; QLk 3; Sg 18 (red 6); + 11; - 14; acc 7
Mt: " " "; QMt 0; " 12 ("   10); + 19; - 11; "   17[10].

---

7 Vgl. dazu Easton, Linguistic Evidence 149; Rehkopf, Sonderquelle 97 (und dazu Schürmann, Trad. Untersuchungen 226)
  und Jeremias, Sprache 155.

8 Vgl. Hawkins, Horae 22.46 und Schneider, Verleugnung 91f.
  163.

9 Vgl. Miyoshi, Anfang 14.

10 Vgl. Gaston, Horae 79 (58.61.64), der es für ein mk, lk
   und mt Vorzugswort hält.

Daß ὄχλος kaum urspr in der Q-Vorlage stand, zeigt die mt
Vorliebe für dieses Wort bei seiner Bearbeitung des Mk-Stoffes, woraus zu schließen ist, daß Mt es auSt kaum gestrichen
hätte, falls es in seiner Vorlage stünde. Demgegenüber steht
der Annahme einer sek Einfügung durch Lk nichts entgegen. Dafür spricht: 1. Lk fügt ὄχλος mehrfach in seinen Mk-Stoff ein.
2. Die Formulierung τῷ ἀκαλουθοῦντι αὐτῷ ὄχλῳ verrät lk Stil,
da die attributive Stellung des Ptz. (ἀκολουθοῦντι) zwischen
Artikel und Substantiv eine vom dritten Evangelisten mehrmals
verwendete Konstruktion darstellt[11]. Ist ὄχλος daher mit hoher Wahrscheinlichkeit auSt von Lk selbst eingefügt worden, so
wird man auf Grund der lk Stilisierung dieses Versteiles auch
bzgl. des αὐτῷ mit einer Einfügung durch den dritten Evangelisten zu rechnen haben. Letzteres ist freilich kaum mehr sicher zu begründen, da bei der Einfügung oder Streichung
von direktem oder indirektem Objekt das Verfahren des ersten
und dritten Evangelisten keineswegs einheitlich ist[12]. Damit
ist zugleich angedeutet, daß zumindest prinzipiell die Möglichkeit einer sek Streichung des αὐτῷ durch den ersten Evangelisten auch plausibel zu sein scheint.

Zusammenfassung von 3.281. (Mt 8,10a und Lk 7,9a):

Die in Lk 7,9a über Mt 8,10a hinausgehenden Worte erwiesen sich in ihrer Mehrzahl als sek-lk Eintragungen gegenüber
der Q-Vorlage. Keine Anzeichen lk Red zeigte aber das Ptz.
στραφείς, das auf Sg-Einfluß hindeutet. Da die Formulierung
τῷ ἀκολουθοῦντι αὐτῷ ὄχλῳ sich in stilistischer Hinsicht als
lk erweist, wird das mt τοῖς ἀκολουθοῦσιν wohl den urspr Q-
Wortlaut wiedergeben. Ob hinter τοῖς ἀκολουθοῦσιν urspr noch
ein αὐτῷ stand, ist kaum noch mit Sicherheit zu entscheiden.
Auf Grund der lk Stilisierung des Versteiles scheint es uns
wahrscheinlich, daß dieser pronominale Dativ von Lk selbst
stammt.

---

11 Vgl. dazu Rehkopf, a.a.O. 73 und Jeremias, Sprache 155, der
   auf Lk 1,1; 7,9; 21,1; 22,52 und 23,48 hinweist.

12 Vgl. dazu Neirynck, Agreements 267-272.

Die gehäufte Anreihung durch καί in der Hauptmannsgeschichte, die schon Harnack aufgefallen ist[13], läßt erwägen,
ob es sich bei ἀκούσας δέ zu Beginn unseres Versteiles nicht
um ein minor agreement von Lk und Mt gegenüber einer urspr
καί-Parataxe der von ihnen verarbeiteten Vorlage handelt, da
Mt und Lk bekanntlich mk καί gleichzeitig mit δέ oftmals ändern[14]. Dafür könnte sprechen, daß Mt und Lk das Ptz. von
ἀκούειν in Verbindung mit δέ einige Male an Stelle von mk καὶ
ἀκούσας oder anderen Wendungen red einfügen (vgl. etwa Mt
4,12; 14,13; 19,25 und 22,34; auch Lk 18,22.36 und 20,16.45).
Auffällig ist, daß Mt 19,22 und Lk 18,23 einmal sogar gleichzeitig diese Einführung des Ptz. von ἀκούειν in Verbindung
mit δέ gegenüber der Mk-Vorlage bieten (vgl. Mk 10,22), wobei
aber das δέ in diesem Falle schon durch Mk vorgegeben war.
Andererseits ist δέ außer auSt in Q noch öfters sicher belegt[15], so daß es auch hier für urspr gehalten werden kann.
Hinzu kommt, daß die in den obigen Beispielen zu beobachtende
Tendenz des Mt keineswegs einheitlich im gesamten Ev ist. Mt
kann nämlich demgegenüber nicht nur καί + Ptz. von ἀκούειν
von Mk übernehmen (20,24 par Mk 10,41), sondern diese Wendung
sogar von sich aus red mehrfach hinzufügen (21,45 diff Mk 12,
12 und 22,32f diff Mk 12,27). Interessant ist in dieser Hinsicht die mt und lk Bearbeitung von Mk 12,27: Hier wird mk
καὶ ἐθαύμαζον von Mt mit καὶ ἀκούσαντες ἐθαύμασαν und von Lk
mit καὶ θαυμάσαντες (vgl. Mt 22,22 und Lk 20,26) wiedergeben. Die mt und lk Bearbeitung dieses mk Verses zeigt, daß
auch im Bezug auf uSt keine hinreichenden Indizien vorhanden
sind um anzunehmen, daß Mt (und Lk) die Konstruktion καί +
Ptz. von ἀκούειν + Aor. von θαυμάζειν *nicht* übernehmen würden, falls sie in ihrer Q-Vorlagen gestanden hätte.

3.282. Mt 8,10b und Lk 7,9b.

Es lassen sich drei Unterschiede feststellen: 1. Mt bringt

das lk λέγω ὑμῖν mit vorangestelltem ἀμήν. 2. Die negative

Aussage gegenüber Israel wird von Mt durch παρ'οὐδενί, von

Lk dagegen durch οὐδέ wiedergegeben. 3. Mt und Lk differieren

in der Wortakoluthie.

a. Das vorangestellte ἀμήν bei Mt.

---

13 Vgl. Harnack, Sprüche 112, Anm. 4.
14 Vgl. dazu Neirynck, a.a.O. 203.
15 Vgl. dazu o.S. 131, Anm. 23.

(96) ἀμήν: 30/13/6 + 0; gNT: 130 (Joh: 50)[16].

An folgenden Stellen (a) übernimmt Mt es aus Mk: 10,42; 16,
28; 18,3; 19,28; 21,21; 24,34 und 26,13.21.34; (b) läßt Mt es
gegenüber der Mk-Parallele aus: 12,31 und 26,29[17]; (c) fügt
Mt es in seinen Mk-Stoff ein: 19,23 und 24,2; (d) bringt Mt
es in seinem Sg: 6,2.5.16; 10,23; 18,18.19 (v.l.); 21,31 und
25,12.40.45; (e) hat Mt es in QMt: 5,18.26; 8,10; 10,15; 11,
11; 13,17; 17,20; 18,13; 23,36 und 24,47. Demnach hat Mt es
9x aus Mk übernommen, 2x in seinen Mk-Stoff eingefügt und 2x
aus dem Mk-Stoff gestrichen. Eine bei Mt verstärkt festzustellende Tendenz, das ἀμήν zu tilgen, trifft entgegen der
Meinung Jeremias[18] nicht zu[19]. Andererseits läßt auch die geringe Zahl der Hinzufügungen zu Mk keine verstärkte Tendenz
in der entgegengesetzten Richtung feststellen.

Was Lk betrifft, so hat er ἀμήν 3x aus Mk übernommen (18,
17.29 und 21,32) und 2x durch ἀληθῶς wiedergegeben (9,27 und
21,3), niemals aber ohne Ersatz ganz gestrichen[20]. Während es
in QLk nicht vorkommt, bringt es Lk sonst nur noch 3x innerhalb seines Sg: 12,37; 23,43 und 4,24 (vgl. Mk 6,4 und Mt 13,
57).

Daß Lk selbst das ἀμήν in 4,24 eingesetzt hat, ist angesichts des Fehlens der Wendung in der Apg und des lk Verfahrens gegenüber Mk unwahrscheinlich[21]. Kaum zutreffend dürfte
aber auch andererseits die Annahme sein, Mt (13,57) und Mk

---

16 Anders Aland, Vollständige Konkordanz II,16, der Mt 18,19
   und das ἀμήν in der Schlußbemerkung zum MkEv (nach 16,8:
   vgl. Nestle-Aland, NTG[26]147) mitzählt. Zur Verteilung der
   Belege innerhalb des ersten und dritten Ev vgl. Gaston,
   Horae 68; Schürmann, Trad. Untersuchungen 96f; Jeremias,
   Sprache 106.125f; Friedrich, Bruder 37f; Trilling, Israel
   169f; Delling, Wort Gottes 59f und vor allem die von Hasler, Amen 14-23 aufgestellten Tabellen.

17 Das ἀμήν von Mk 8,12 wird von Mt übergangen, da er zu diesem Vers eine entsprechende Q-Überlieferung hatte (vgl.
   Mt 12,39/Lk 11,29); Mk 12,43 wurde von Mt nicht verarbeitet.

18 Vgl. Jeremias, Kennzeichen 149.

19 So zu Recht Trilling, Israel 169, Anm. 12.

20 Vgl. dazu die Bemerkung Jeremias' in ders., a.a.O. 125:
   "Mit anderen Worten: Lk behandelte ἀμήν äußerst schonend:
   er hat es im Markusstoff keinmal ersatzlos gestrichen".

21 So richtig Jeremias, Kennzeichen 149, Anm. 22.

(6,4) hätten in der entsprechenden Parallele das ἀμήν sek gestrichen[22]. Lk 4,24 wird vielmehr eine gegenüber Mk 6,4 und
Mt 13,57 eigenständige Trad wiedergeben[23].

Aus dem Vergleich mit Mk ergibt sich, daß das lk Verfahren
hinsichtlich der ihm vorgegebenen ἀμήν-Belege "konservativ"
ist, so daß man angesichts des Befundes in Mt und Lk dazu ge-
neigt ist, auSt eher an eine sek Interpolation des Mt als an
eine red Streichung des Lk zu denken. Betrachtet man jedoch
das Vorkommen von ἀμήν im Q-Stoff, so ist es recht auffällig,
daß alle Belege ausschließlich in den Mt-Parallelen vorkommen,
wobei die entsprechenden Lk-Stellen es entweder gar nicht
bringen, oder aber dafür ein ναί bzw. ἀληθῶς haben[24]. Angesichts dieses Q-Befundes wird man kaum Mt eine sek Hinzufügung
des ἀμήν an allen Q-Belegen zuschreiben dürfen, es sei denn,
eine zurückhaltende red Tätigkeit gegenüber den ἀμήν-Worten
des Mk hätte sich seltsamerweise gegenüber Q ins Uferlose gesteigert. Da jedoch für eine derartige Annahme jegliche näheren Indizien fehlen, wird man sich wohl begnügen müssen, bei
allen solchen QMt Belegen, bei denen Lk an den entsprechenden
Stellen für das mt ἀμήν keinen Ersatz bringt[25], beide Möglichkeiten, die der Trad und der Red, jeweils offen zu halten[26].
Für die Beurteilung des ἀμήν auSt bedeutet dies, daß bzgl.
seines trad oder red Charakters eine sichere Entscheidung
nicht mehr möglich ist[27].

---

22 Vgl. zu dieser Annahme Jeremias, a.a.O.

23 Vgl. dazu Schürmann, Lk 238 und Delling, a.a.O. 60f.

24 Ersatzlos steht mt ἀμήν bei folgenden Lk-Parallelen: Lk
   7,9.28; 10,12.24; 12,59; 15,7; 16,17 und 17,6 (wobei an
   den zwei letztgenannten Stellen auch die mit ἀμήν zusammen erscheinende Formel λέγω ὑμῖν entfiel); in Lk 11,51
   erscheint das mt ἀμήν durch ναί und in 12,44 durch ἀληθῶς
   wiedergegeben.

25 Vgl. dazu die in der vorigen Anmerkung angegebenen Stellen
   mit Ausnahme von Lk 11,51 und 12,44.

26 Dies betont mit Nachdruck Friedrich, Bruder 37f.

27 Das ἀμήν in Mt 8,10 wird (a) für urspr gehalten: so durch
   Polag, Fragmenta 38f; Schürmann, Trad.Untersuchungen 94,
   Anm. 111 (vgl. ders., Lk 238 und 394, Anm. 35); Schlatter,
   Lk 493; Jeremias Sprache 106.125f und 155f u.a.; (b) für
   sek gehalten: so durch Weiss, Quellen 16, Anm. 26; Bussmann, Studien II, 56; Hasler, Amen 61; Berger, Amen-Worte
   76f; Strecker, Weg 124, Anm. 13; Schulz, Q 239 u.a. Unentschieden bleiben Friedrich, Bruder 37f; Rehkopf, Sonderquelle 8, Anm. 4; Harnack, Sprüche 56 und Trilling, Israel 169, Anm. 12 u.a.

Interessant ist, daß das von Lk gebotene und asyndetisch
konstruierte λέγω ὑμῖν innerhalb der drei ersten Evv ausschließlich im LkEv auftaucht. Dort erscheint es (mit oder
ohne nachfolgendes ὅτι recitativum) 5x in QLk (7,9.28; 10,12;
15,7 und 19,26) und 6x im lk Sg (11,8; 15,10; 17,34; 18,8.14
und 19,40)[28]. Die Tatsache, daß Lk diese Konstruktion niemals
in seiner Bearbeitung des Mk-Stoffes einfügt und asyndetische
Konstruktionen nur mit äußerster Zurückhaltung gebraucht[29],
spricht für den trad Charakter der Wendung. Ist λέγω ὑμῖν
aber trad und somit die Annahme einer sek Streichung des ἀμήν
durch Lk unwahrscheinlich, so wird die Wahrscheinlichkeit eines trad Ursprungs dieses Wortes auSt zum großen Teil davon
abhängen, ob und inwieweit man meint, eine bereits vor-lk
Streichung des ἀμήν annehmen zu können.

b. Das mt παρ'οὐδενί im Vergleich zum lk οὐδέ.

(97) παρ'οὐδενί.

(97a) παρά: 18/17/29 + 29.

Mt: In Q 0; QMt 1; Sg 8 (red 2); + 1; - ?; acc 8
Lk: "   " "; QLk 0; " 19 ("   1); + 5; - ?; "   5[30].

Ein bevorzugter Gebrauch von παρά in Verbindung mit dem Dativ ist bei Mt nicht festzustellen: Mt bringt es mit dem Dativ außer auSt noch 2x in seinem Sg (6,1 und 28,15), 2x als
Übernahme von Mk (19,26bis), und lediglich 1x setzt er diese
Präposition mit dem Dativ red ein (22,25 diff Mk). Auch Lk
bringt die Konstruktion παρά + Dativ mehrfach in seinem Ev:
vgl. 18,27bis par Mk; 9,47 diff Mk 9,36 und 1,30; 2,52; 11,37
und 19,7 Sg.

Da von einer Bevorzugung des παρά durch den ersten Evangelisten kaum die Rede sein kann, wird man die Präposition
hier für trad halten können, obwohl die Möglichkeit einer red
Bildung nicht ganz ausgeschlossen werden kann. Demgegenüber
zeigt aber der Befund im dritten Ev, daß Lk diese Präposition

---

28 Vgl. dazu Hasler, Amen 17 sub Nr. 2. Auch asyndetisches
   λέγω σοι taucht ausschließlich im LkEv auf, und zwar 1x in
   QLk (12,59) und 1x im lk Sg (22,34: vgl. Mk 14,30): vgl.
   dazu wiederum Hasler, a.a.O. 18 sub Nr. 14. Zum asyndeti-
   schen λέγω ὑμῖν/σοι vgl. Jeremias, a.a.O. 155f.

29 Vgl. dazu Jeremias, Sprache 60f.

30 Vgl. Gaston 79 (59), der es für ein eventuelles Vorzugswort des Mk hält. Nach Hawkins, Horae 21.45 bevorzugt Lk
   παρά in den Wendungen παρὰ τοὺς πόδας und in der Bedeutung
   "beyond".

kaum streichen würde, falls sie in der von ihm verarbeiteten
Vorlage der Hauptmannserzählung gestanden hätte, denn Lk fügt
nicht nur παρά mehrmals in seinen Mk-Stoff ein, sondern steht
auch der Konstruktion παρά + Dativ keineswegs abweisend gegenüber. Stand παρά dennoch in der urspr Hauptmannserzählung,
so bleibt es immerhin auffällig, daß diese Präposition in Q
sonst nirgendwo mehr auftaucht[31].

(97b) οὐδείς: 19/26/33 + 25.

Mt: In Q 3; QMt 3; Sg 4 (red 0); + 1; - ?; acc 8
Lk: " " "; QLk 3; "   21 ("   2); + 2; - ?; "   4[32].

   Die drei Q-Belege sind Mt 6,24/Lk 16,13; 10,26/Lk 12,2
(οὐδέν) und 11,27/Lk 10,22. Zu QMt und QLk gehören nach Gaston[33] folgende Stellen: Mt 5,13; 8,10; 17,20 (QMt) und Lk
4,2b; 7,28; 11,33 (QLk). In Lk 11,33 par Mt 5,15 haben im Gegensatz zu uSt Lk οὐδείς und Mt οὐδέ. Für QLk käme noch Lk 14,
24 (Sv om Mt 22,10) in Frage. Dieser Beleg ist für uSt insofern von Belang, als auch hier οὐδείς sich auf die Juden (als
die zum Gastmahl Erstgeladenen) im Kontrast zu den Heiden(?)
(als die Letzteingeladenen) bezieht. Innerhalb des LkEv wird
οὐδείς zur Kennzeichnung des Juden im Kontrast zu den Heiden
nur noch 2x im Sg gebraucht, nämlich in 4,26f; im MkEv kommt
das Wort in diesem Gebrauch niemals und im MtEv - außer Mt
8,10 - auch an keiner weiteren Stelle vor.
   Aus dem stat Befund ergibt sich kein sicherer Anhaltspunkt,
οὐδείς für mt-red zu halten. Da es mehrfach in Q auftaucht,
ist es wahrscheinlich, daß Mt es aus dieser Quelle übernommen
hat. Andererseits zeigt der Befund im LkEv, daß mit einer
Streichung des Wortes durch den dritten Evangelisten kaum zu
rechnen ist.

(97c) Der Gesamtausdruck παρ'οὐδενί erscheint außer in Mt
8,10 sonst niemals in den Evv und Apg. Der erste Evangelist,
der weder παρά noch οὐδείς mit Vorliebe verwendet, wird ihn

---

31 Vgl. dazu o.S. 190, Anm. 153.
32 Vgl. Gaston, Horae 79.
33 Vgl. ders., a.a.O. 5.

nicht selbst gebildet haben. Lk, der dafür οὐδέ bringt, wird
die Wendung kaum in seiner Vorlage gelesen haben, da ja gerade er in seinem Ev das Juden und Heiden kontrastierende
οὐδείς am häufigsten verwendet (Lk 4,26.27 und 14,24).

(98) οὐδέ: vgl. dazu o. sub Nr. (88).

Der zu Nr. (88) aufgeführten stat Verteilung ist zu entnehmen, daß auch οὐδέ zum urspr Bestandteil der Hauptmannsperikope gehören könnte, da ja außer auSt dieses Wort noch
3x in Q auftaucht: Lk 6,43 und 12,27.33 par Mt. Die Möglichkeit einer red Bildung ist dadurch gegeben, daß Lk das Wort
12x in der Apg und 2x als Hinzufügung zu Mk benutzt. Da es
auch 6x im lk Sg auftaucht, besteht die Möglichkeit eines
trad Ursprungs in dieser Traditionsschicht ebenfalls zu
Recht. Bei Mt fällt auf, daß er οὐδέ mit Vorliebe red in seinen Mk-Stoff einfügt - insgesamt 8x. Das aber bedeutet, daß
rein stat eine durch Mt sek unternommene Streichung des οὐδέ
zugunsten von παρ'οὐδενί unwahrscheinlich ist.

So zeigt der Befund zu παρ'οὐδενί und οὐδέ, daß stat Erwägungen allein für die Ermittlung der urspr Q-Lesart nicht aus-
reichen, denn obwohl beide Wendungen als urspr Q-Lesart in
Frage kommen, läßt sich kein ausreichender Grund für die sek
Streichung des jeweiligen Wortes durch die Evangelisten finden.

Reicht der stat Befund für eine sichere Entscheidung nicht
aus, so muß weiter nach anderen Ursachen gefragt werden, die
für die Bevorzugung oder Streichung der jeweiligen Wendungen
durch beide Evangelisten in Frage kommen. Verwiesen sei zunächst auf die Beobachtung de Solages'[34], wonach Mt in 15
Fällen innerhalb von Q Wörter oder Ausdrücke, die sich in der
Lk-Parallele finden, paraphrasiert. Hierher gehört seiner
Meinung nach auch das παρ'οὐδενί als Paraphrasierung des lk
οὐδέ. Demnach hätten wir in παρ'οὐδενί eine rein stilistische
Änderung vorliegen, die nicht durch besondere theologische
Motive verursacht gewesen wäre. Obwohl dies nicht prinzipiell
ausgeschlossen werden kann, neigt doch eine große Anzahl von
Forschern dazu, die unterschiedlichen Wendungen aus apolo-
getischen oder polemischen Gründen herzuleiten. So schreibt

---

34 Vgl. ders., Composition 192 sub Nr. 95[6].

z.B. Lagrange, der von der Ursprünglichkeit der mt Wendung
ausgeht und das lk οὐδέ aus der Intention des Lk interpretiert, die Juden in ein positives Licht zu stellen:

"Il y a seulement dans Luc une nuance favorable à Israël:
'pas même dans Israël', où il y a donc beaucoup de foi; ce
qui est en harmonie avec la manière conciliante de l'auteur
et la façon sympathique dont il a présenté les Juifs"[35].

Von Hirsch und Haenchen [36] wird das lk οὐδέ ebenfalls für
sek gehalten. Im Gegensatz zu Lagrange vertreten sie aber die
Meinung, daß das οὐδέ nicht von Lk selbst, sondern bereits
vor-lk von judenchristlichen Kreisen im Sinne einer Abschwä-
chung des mt παρ'οὐδενί eingefügt wurde. Das οὐδέ steht für
diese Forscher in engem Zusammenhang mit den gegenüber Mt
8,5ff in Lk 7,3ff auftauchenden Svv. Hirsch schreibt wörtlich:

"'Nicht einmal in Israel hab ich solchen Glauben gefunden'.
D.h. die Veränderungen setzen es als das Normale voraus, daß
Jesus allein mit den Juden umgeht, daß die Fürsprache einer
jüdischen Gemeindebehörde und ein Synagogenbau in Jesu Augen
eine Empfehlung sind, daß Jesus im jüdischen Volk die größere
Empfänglichkeit zu erwarten hat. Damit ist die Begegnung Jesu mit dem heidnischen Hauptmann in judenchristlicher Logik
eingeordnet"[37].

Demgegenüber sieht jedoch die Mehrzahl der Exegeten im
παρ'οὐδενί eine sek Verschärfung des Mt. Stellvertretend für
viele sei ein Zitat von Strecker angeführt:

παρ'οὐδενί "ist sekundär, denn es nimmt die folgende
matthäische Interpretation vorweg...Ursprünglich ist also die
Perikope vom Standpunkt Israels aus geschrieben, indem sie am
israelitischen Vorrang festhielt. Betont war zwar der außer-
gewöhnliche Glaube des Centurio, aber das οὐδέ charakteri-
sierte Israel nicht als ungläubig, sondern bezeichnete nur
einen graduellen Gegensatz zwischen dem Glauben des Heiden
und dem Israels. Anders die matthäische Darstellung. Hier ist
der Akzent deutlich antithetisch-ausschließend gesetzt"[38].

---

35 Vgl. Lagrange, Lk 208. Ähnlich auch Meyer, Gentile Mission
   410.

36 Vgl. Hirsch, Frühgeschichte II, 89 und Haenchen, Johanneische Probleme 86.

37 Vgl. Hirsch, a.a.O.

38 Vgl. Strecker, a.a.O. 100. Ähnlich Weiss, Quellen des Lukas, 243, Anm. 1 (vgl. ders., Lk 384; Quellen 16, Anm. 26);
   Loisy, Lk 218; Schlatter, Mt 276 (der auf die parallel gebildete Textvariante in Mt 21,25 hinweist: παρ'ἑαυτοῖς);
   Walker, Heilsgeschichte 49.89; Leaney, Lk 140; Grundmann,
   Lk 158; Frankemölle, Jahwebund 113; Schulz, Q 239 und Polag, Fragmenta 38f u.a.

Mit Strecker wird wohl eine Akzentverschiebung in der mt Fassung festzuhalten sein. Ob dies aber auf das Konto der mt Red
zurückzuführen ist, scheint uns fraglich. Das verschärfte
παρ'οὐδενί muß von dem Hintergrund anderer gegen Israel zu-
gespitzter Aussagen[39] gesehen werden, wo Jesus ebenfalls in
äußerster Schärfe das von Gott auserwählte Volk tadelt und
zugleich die Demut und den Glauben der Heiden als Kontrastbeispiele hervorhebt. Die mit παρ'οὐδενί gegebene Verschärfung
paßt übrigens auch gut zu Q, wo ja mehrmals die Anklage gegen Israel in scharfen Tönen formuliert erscheint[40].

Bestehen daher auch in sachlicher Hinsicht keine grundsätzlichen Bedenken gegen die Annahme einer Ursprünglichkeit
des mt παρ'οὐδενί, so scheint uns, was οὐδέ anbelangt, die
bessere Erklärung immer noch die der sekundären Ableitung
aus derselben pro-jüdischen Tendenz zu sein, die auch für die
Gestaltung von Lk 7,3-6ab. (7a).10 maßgeblich sein dürfte[41].

c. Was die Wortfolge betrifft, so sind die Unterschiede hinreichend aus dem Ersatz von παρ'οὐδενί durch οὐδέ erklärbar:
letzteres zog ἐν τῷ 'Ισραήλ nach sich. Die mt Wortakoluthie
kann daher für die ursprünglichere gehalten werden.

Zusammenfassung von 3.282. (Mt 8,10b und Lk 7,9b):

Für eine Entscheidung bzgl. der Ursprünglichkeit des in
Mt 8,10b dem λέγω ὑμῖν vorangestellten ἀμήν fehlen uns sichere Anhaltspunkte, so daß die Frage nach einem trad oder
red Ursprung letztlich offen bleiben muß. Da Lk ἀμήν niemals
ersatzlos aus seinem Mk-Stoff streicht, ist es unwahrschein-

---

39 Vgl. die Q-Stellen Mt 8,11f; 11,20-24; 12,38-42 und 22,1-
   10 par Lk; ferner Lk 4,26f (Sg).

40 Vgl. außer den o. Anm. 39 genannten Stellen noch Mt 7,22f;
   11,16-19; 19,28 und 23,34-36.37-39 par Lk. Zur Sache, vgl.
   Polag, Christologie 86-97.

41 Für die Ursprünglichkeit des mt παρ'οὐδενί traten außer
   Lagrange, Hirsch und Haenchen, die bereits erwähnt wurden
   (vgl. o. Anm. 35 und 36), auch Zahn, Mt 340; Holtzmann,
   Lk 344 und Roloff, Kerygma 156, Anm. 178 ein. Am entschiedensten plädiert für die Ursprünglichkeit der mt Fassung
   in letzter Zeit Meyer, Mission 410f, der gegen Strecker
   polemisiert.

lich, daß er es gegenüber Mt auSt ausließ. Dies wird auch
dadurch nahegelegt, daß das asyndetische λέγω ὑμῖν, wie es
in Lk 7,9b vorkommt, kaum von dem dritten Evangelisten selbst
stammt, da Lk das Asyndeton sonst zu vermeiden pflegt. Ist
aber λέγω ὑμῖν in Lk 7,9b trad, so muß bei der Annahme einer Ursprünglichkeit des mt ἀμήν damit gerechnet werden, daß
es in Lk 7,9b bereits vor-lk gestrichen worden ist.

Zwischen παρ'οὐδενί und οὐδέ war eine Entscheidung auf
Grund der Stat allein nicht möglich. Aus sachlichen Erwägungen ergab sich aber, daß das mt παρ'οὐδενί für ursprünglicher
gehalten werden kann, während οὐδέ vermutlich mit der in Lk
7,3-6ab.(7a?)10 festzustellenden Bearbeitung der Erzählung
zusammenhängt. Mit dieser Entscheidung für die Fassung des
ersten Evangelisten hängt auch zusammen, daß die von ihm gebotene Wortakoluthie in diesem Versteil für die ursprünglichere gehalten wurde.

3.29. Mt 8,13 und Lk 7,10.

Da Mt und Lk hier wiederum stark differieren[1], empfiehlt es
sich, beide Texte gesondert zu analysieren.

3.291. Mt 8,13.

In V 13 wird fast allgemein mit starker Stilisierung des Mt
gerechnet[2]. Während einige Forscher jedoch dahin tendieren,
einen erzählenden Schluß für die Perikope überhaupt zu bestreiten[3], halten andere einen solchen durchaus für möglich,
wenn er auch nicht mehr mit Sicherheit rekonstruiert werden
kann[4].

---

1 De Solages, Synopse 643 stellt lediglich eine äquivalente
  (Mt: δ; Lk: τόν) und zwei synonyme (Mt: παῖς und ἰάθη; Lk:
  δοῦλον und ὑγιαίνοντα) Wendungen fest.

2 Vgl. dazu Held, Matthäus als Interpret 182ff.218f.224f;
  Thompson, Reflections 369f; Grundmann, Mt 149f und Loh-
  meyer/Schmauch, Mt 158.

3 So z.B. Harnack, Sprüche 146; Manson, Sayings 65 ("almost
  certain"); Dibelius, Formgeschichte 245 mit Anm. 2 und 261
  mit Anm. 3; Hawkins, Probabilities 119, Anm. 2 und Köster/
  Robinson, Entwicklungslinien 54 (Robinson).

4 Vgl. etwa Weiss, Quellen 16, Anm. 26; Schulz, Q 239f und
  Polag 38f.

3.2911. Mt 8,13a: καὶ εἶπεν ὁ 'Ιησοῦς τῷ ἑκατοντάρχῃ.

(99) καὶ εἶπεν.

(99a) καί: vgl. dazu o. sub Nr. (17a) und (34a).

Als Ergebnis zur mt Verwendung des anreihenden καί stellten wir fest: mt Red möglich.

(99b) εἶπεῖν: 182/84/294 + 124[5].

Mt: In Q 16; QMt 8; Sg 75 (red 25); + 65; - 31; acc 18
Lk: " " " ; QLk 16; " 188 ("   27); + 60; - 20; "   14[6].

Ergebnis: mt Red möglich/wahrscheinlich.

(99c) Der Gesamtausdruck καὶ εἶπεν begegnet bei Mt nur selten:
1. Am Anfang eines Satzes übernimmt Mt es 1x aus Mk (Mt 9,15)
und fügt es 3x in den Mk-Stoff ein (8,32 diff Mk 5,13: καὶ
ἐπέτρεψεν; 14,2 diff Mk 6,14: καὶ ἔλεγον und 19,5 diff Mk
10,7). Außerdem bringt er es in dieser Stellung auch 1x in Q
(Mt 4,9). 2. Inmitten eines Satzes bringt er es nur 3x, und
zwar 1x in Q (8,10), 1x im Sg (18,3) und 1x als Übernahme von
Mk (26,18 par Mk 14,14). 3. Mehrmals streicht Mt aber diese
Wendung in der Bearbeitung seiner Mk-Vorlage, wobei er sie
entweder ganz ausläßt (so gegenüber Mk 4,40 und 5,33) oder
durch eine andere Wendung ersetzt: so durch καὶ λέγει in 4,19;
τότε ἀποκριθείς...εἶπεν in 15,28; ὁ δὲ λέγει in 17,20; ὁ δέ...
εἶπεν in 19,14 und durch ἔφη in 19,21 (vgl. ferner 9,29 und
24,2 diff Mk).

Der Befund zeigt, daß von einer Bevorzugung der Wendung
in Mt nicht die Rede sein kann. Daher lautet unser Ergebnis:
mt Red möglich.

(100) 'Ιησοῦς: vgl. dazu o. sub Nr. (4).

Die Verteilung der Belege innerhalb des ersten Ev (In Q 5;
QMt 4; Sg 37 [red 16]; + 59; - 19; acc 47) führt zu folgendem Ergebnis: mt Red wahrscheinlich.

---

5 Vgl. Morgenthaler, Statistik 92, der dieses Verb für ein
  lk Vorzugswort hält (ebd. 181).

6 Vgl. Gaston, Horae 72 (31.61.64), wonach es ein Vorzugswort
  des lk Sg, des Lk und Mt ist. Hawkins, Horae 17.39 verweist
  lediglich auf die lk Bevorzugung von εἶπεν παραβολήν und
  εἶπεν δέ bzw. εἶπαν δέ.

(101-102) ἑκατοντάρχης: vgl. dazu o. sub Nr. (12).

Für die Traditionalität des Wortes auSt könnte sprechen,
daß es hier mit dem Dat. der ersten Deklination auftaucht,
da Mt selbst - wie 27,54 gegenüber Mk 15,39 zeigt - die Endung -αρχος zu bevorzugen scheint. Ferner könnte diese durch
ἑκατοντάρχῃ gegebene Spezifizierung des Dativobjektes schon
im urspr Q-Bericht dadurch bedingt worden sein, daß in Mt
8,10/Lk 7,9 Jesus sich mit (ἀμὴν)λέγω ὑμῖν ja an eine breitere Zuhörerschaft wendete. Doch ist eine letzte Sicherheit
insofern nicht mehr möglich, als Mt das direkte oder indirekte
Objekt gegenüber Mk mehrfach präzisiert[7] und daher ἑκατοντάρχῃ auSt als Ersatz für einfaches αὐτῷ gebraucht haben
könnte.

<u>Zusammenfassung von 3.2911. (Mt 8,13a)</u>:

Sehr wahrscheinlich ist u.E. auf die mt Red das ὁ 'Ιησοῦς
zurückzuführen. Demgegenüber könnte τῷ ἑκατοντάρχῃ schon vor-
mt sein, obwohl diesbezüglich eine letzte Sicherheit nicht
mehr möglich ist. Auch die Wendung καὶ εἶπεν dürfte auf die
vor-mt Trad zurückgehen, denn ihre red Verwendung durch Mt
ist allzu schwach belegt: In Mt 8,32 und 14,2 war dem ersten
Evangelisten das καί schon vorgegeben; in Mt 19,5, wo noch
eher eine mt red Einfügung der Gesamtwendung vorliegen könnte, muß mit Einfluß der LXX (vgl. Gn 2,23) gerechnet werden.
Wir halten daher die Einleitung mit καὶ εἶπεν entsprechend
einer Vorlage für wahrscheinlicher.

Man wird daher als vor-mt Einleitung zu V 13a folgenden
Wortlaut annehmen können: καὶ εἶπεν τῷ ἑκατοντάρχῃ.

3.2912. Mt 8,13b: ὕπαγε, ὡς ἐπίστευσας γενηθήτω σοι.
(102) ὑπάγω: 19/15/5 + 0; sNT: 8.

Mt: In Q 0; QMt 3; Sg 9 (red 0); + 1; - 6; acc 6
Lk: "   " "; QLk 2; " 1 ("   0); + 1; - 11; "   1[8].

---

7 Vgl. dazu Neirynck, Agreements 267-269.
8 Vgl. dazu auch Gaston, Horae 83, mit geringen Abweichungen.

Mt bringt es in 4,10; 8,13 und 18,15 als QMt; in 8,32 als
add zu Mk (vgl. Mk 5,13: πορεύου) und in 8,4; 9,6; 16,23; 19,
21 und 26,18.24 als acc von Mk. An 7/9 Stellen läßt Mt es in
seiner Bearbeitung der Mk-Vorlage aus (vgl. Mk 5,19.34; 6,
[31].33.[38] ; 7,29; 10,52; 11,2 und 16,7 om Mt)[9]. Gehäuft begegnet sowohl in Mt (17x) als auch in Mk (13x) der Imp.[10].
In den Wundergeschichten kommt er 6x in Mk vor, wobei Mt ihn
davon aber nur 2x übernimmt[11]; außerdem nur noch auSt. Dieses
Verfahren des Mt gegenüber dem Mk-Text in den Wundergeschichten macht die Annahme einer mt Red auSt recht unwahrscheinlich.

Die Entscheidung Polags[12], wonach sämtliche QMt-Belege von
ὑπάγειν (Mt 4,10; 8,13 und 18,15) der mt Red zuzuweisen sind,
dürfte angesichts des stat Befundes innerhalb des ersten Ev
kaum zutreffen[13].

Was Lk betrifft, so bringt er das Verb 2x in QLk (10,3 und
12,58), 1x im Sg (17,14), 1x als acc von Mk (19,30 par Mk 11,
2) und eventuell auch 1x als Hinzufügung zu Mk (8,42 diff Mk
5,24). Häufig hat er es jedoch in der Bearbeitung seiner Mk-
Vorlage gestrichen, nach Jeremias[14] insgesamt 11x.

(103) ὡς: 40/22/51 + 63.

Mt: In Q 4; QMt 5; Sg 16 (red 1); + 9; - ?; acc 6
Lk: "   " "; QLk 2; " 32 (" 2); + 8; - ?; "   5[15].

Für die Wahrscheinlichkeit einer mt Red auSt spricht nicht
nur die relativ hohe Zahl von Hinzufügungen gegenüber Mk,
sondern vor allem das von Mt gegenüber Mk sek verwendete ὡς

---

9 Bei diesen Auslassungen ersetzt er es 2x durch πορεύεσθαι:
   vgl. Mt 21,2 und 28,7 diff Mk und dazu Neirynck, Agreements,
   257.

10 Bei Lk steht der Imp. dagegen nur 19,30 (par Mk 11,2) und
   10,3 (QLk).

11 Vgl. Mk 1,44 und 2,11 par Mt; ferner Mk 5,19.34; 7,29 und
   10,52 om Mt.

12 Vgl. ders., Fragmenta 32f; 38f und 76f.

13 Vgl. dazu die berechtigten Einwände, die schon Cadbury,
   Style 173 gegen Harnack äußerte.

14 Vgl. ders., Sprache 184 mit Anm. 5; ferner Larfeld, Evangelien 231; Cadbury, a.a.O. 173 und Neirynck, a.a.O. 257.

15 Vgl. Gaston, Horae 84.

am Schluß der Perikope über die Syrophoenizierin: γενηθήτω
σοι ὡς θέλεις (Mt 15,28 diff Mk 7,29)[16].

(104) πιστεύω: 11/14/9 + 39.

Mt: In Q 0; QMt 1; Sg 5 (red 0); + 0; - ?; acc 5
Lk: " " "; QLk 0; " 5 (" 0); + 2; - ?; " 2[17].

Diese stat Verteilung von Gaston entspricht kaum dem wahren Sachverhalt in Mt, da er πιστεύειν in Mt 9,29 und 15,28
zum mt Sg rechnet[18]. Doch erscheinen beide Verse deutlich
innerhalb mt Bearbeitung von Mk-Stoff, so daß sie mit hoher
Wahrscheinlichkeit dem dritten Evangelisten selbst zugeschrieben werden müssen[19]. Dann aber steht kaum noch etwas im Wege, das πιστεύειν in Mt 8,13b ebenfalls für red zu halten,
da Mt das πίστις-Motiv auch in 15,28 (vgl. Mk 7,29) sek eingefügt hat. Dies legt sich auch insofern nahe, als ja schon
die Q-Tradition das Glaubensmotiv enthielt (Mt 8,10/Lk 7,9)
und somit Mt leicht zur Anknüpfung daran veranlaßt werden
konnte.

(105) γίνομαι: 75/55/131 + 125.

Mt: In Q 7; QMt 6; Sg 27 (red 6); + 11; - ?; acc 24
Lk: " " "; QLk 6; " 78 (" 8); + 23; - 19; " 17[20].

Zwei Gründe sprechen dafür, daß das Verb auSt mit hoher
Wahrscheinlichkeit der mt Red zuzuweisen ist: 1. Der Gebrauch
der dritten Person Imp.Aor.Pass. (γενηθήτω), der außer auSt
im ersten Ev noch 4x vorkommt (9,29; 15,28 und 26,42 om Mk;
6,10: QMt), sonst aber im gNT nur noch 1x in der Apg (1,20)
und 1x in Röm 11,9 begegnet. 2. Γενηθήτω wird 2x von Mt in
der Bearbeitung seines Mk-Stoffes red am Schluß von Wundergeschichten eingefügt: 9,29 und 15,28. Da das Verb weder in
9,29 noch in 15,28 ein anderes, von Mk vorgegebenes Verb

---

16 Vgl. dazu Held, Matthäus als Interpret 208f.227f.
17 Vgl. Gaston, a.a.O. 80.
18 Vgl. Gaston, a.a.O. 5.
19 Vgl. dazu Held, a.a.O. und Thompson, Reflections 383f.
20 Vgl. Gaston, Horae 70 (31.65). Er hält es für ein Vorzugswort des lk Sg und eventuell des Lk selbst.

ersetzt, vielmehr jeweils als freie Bildung des Mt zu beurteilen ist, darf damit gerechnet werden, daß auch auSt der
erste Evangelist γενηθήτω von sich aus sek gebildet hat[21].

(106) σοι: 47/20/47 + 22[22].

Eine nähere Aufteilung innerhalb der Quellen bzw. Schichten des Mt erübrigt sich in diesem Falle, da der Vergleich mit
den red Formulierungen des ersten Evangelisten in 9,29 (κατὰ
τὴν πίστιν ὑμῶν γενηθήτω ὑμῖν) und 15,28 (γενηθήτω σοι ὡς θέλεις) die Annahme einer mt Red sehr wahrscheinlich macht.
Hinzu kommt, daß auch in seiner Bearbeitung des Mk-Stoffes Mt
mehrmals σοι von sich aus einfügt: vgl. 16,22 om Mk 8,32; 18,
8f om Mk 9,43.47 und 26,17.33 om Mk 14,12.29.

Zusammenfassung von 3.2912. (Mt 8,13b):

Dieser gesamte Versteil erwies so eindeutig Merkmale einer mt Bearbeitung - Mt 8,13b ist vor allem mit 9,29 und 15,
28 zu vergleichen -, daß es kaum berechtigt ist, ihn als Wiedergabe der urspr Hauptmannsperikope anzusehen[23]. Die einzige Ausnahme bildet u.E. der Imp. Ὕπαγε. Mt, der ihn sowohl gegenüber Mk 7,29 als auch 10,52 ausläßt, wird ihn kaum
in unserem mit Mt 9,29 und 15,28 so ähnlichen Vers eingefügt
haben. Ist Ὕπαγε aber urspr, so kann vermutet werden, daß
diesem Imp. urspr irgendeine Heilungszusage Jesu folgte, die
Mt - entsprechend seinem Interesse an der Hervorhebung des
Glaubens[24] - ähnlich wie in 15,28 (vgl. Mk 7,29) sek durch
seine Formulierung ὡς ἐπίστευσας γενηθήτω σοι wiedergab[25].
Wie nun der genaue Wortlaut dieser urspr Heilungszusage Jesu gelautet haben mag, kann natürlich nicht mehr ermittelt
werden. Vielleicht stand urspr statt der mt Formulierung

---

21 Zum mt Imp. γενηθήτω in jesuanischen Heilungsworten vgl.
   Held, a.a.O. (s. Anm. 16) und Fuchs, Untersuchungen 150ff.
   169f. Beide Forscher halten es ebenfalls für eindeutig mt.
22 Vgl. Morgenthaler, Statistik 159.
23 Eine andere Meinung vertritt z.B. Loisy, Évangiles I,652.
24 Vgl. dazu Held, Mt als Interpret 182-186.
25 Vgl. zu dieser mt Formulierung Held, a.a.O. 208f.227f.

einfach ὁ παῖς σου ἐσώθη/σωθήσεται oder ὁ παῖς σου ἰάθη/
ἰαθήσεται o.ä. Wichtig scheint uns hier freilich primär nicht
der eventuelle Wortlaut zu sein, sondern lediglich die Tatsache, daß angesichts der mt Bearbeitung von Mk 7,29 damit
gerechnet werden muß, daß Mt eine im urspr Text enthaltene
Zusage der Heilung infolge seiner red Bearbeitung durch die
Glaubensformel ὡς ἐπίστευσας γενηθήτω σοι wiedergab. Daß diese Annahme durchaus berechtigt ist, zeigen nicht nur andere,
die jeweilige Heilung verheißende und vorwegkonstatierende
Worte Jesu, wie Mk 7,29; 10,52 und Lk 17,14[26], sondern auch
die Verwendung desselben Motivs in Fernheilungen, die außerhalb des NT berichtet sind[27].

3.2913. Mt 8,13c: καὶ ἰάθη ὁ παῖς ἐν τῇ ὥρᾳ ἐκείνῃ.

(107) καί: vgl. dazu o. sub Nr. (17a) und (34a).

Obwohl Mt sonst anreihendes καί mehrmals zu ersetzen
pflegt, verhält er sich am Schluß der Wundergeschichten äußerst zurückhaltend, denn er übernimmt bei der Konstatierung
der Heilung stets das καί, sofern die mk Vorlage es anbietet:
vgl. Mt 8,3c; 9,7a.22c.25b.30a (vgl. 20,34b); 12,13c; 15,28c
und 17,18c par Mk. Diese ausnahmslose Übernahme des mk καί
bei Konstatierungen von Heilungen macht auch in diesem Vers
die Herkunft des parataktischen καί aus einer vor-mt Trad
wahrscheinlich[28].

(108) ἰάομαι: 4/1/11 + 4.

Mt: In Q 1; QMt 0; Sg 3 (red 0); + 0; - 0; acc 0
Lk: " " "; QLk 0; " 6 (" 2); + 4; - 1; " 0[29].

Mt[30] bringt das Verb 1x in Q (8,8/Lk 7,7), 1x in seinem
Sg (13,15:Zitat) und außer auSt nur noch 1x als Hinzufügung

---

26 Vgl. dazu Betz/Grimm, Wunder 50.

27 Vgl. dazu o.S. 53f.

28 So auch Polag, Fragmenta 39 in seiner Konjektur zu Mt 8,13.

29 Vgl. Gaston, Horae 74 (64), der es für ein Vorzugswort des
   Lk hält: so auch Morgenthaler, Statistik 181 und Hawkins,
   Horae 19.

30 Anders als Gaston (Horae 5), der Mt 15,28 als Sg beurteilt,
   setzen wir in Mt 15,28 mt Bearbeitung von Mk 7,29 voraus:
   vgl. dazu o. sub Nr. (104).

zu Mk (15,28 diff Mk 7,29), wobei es in 15,28 in derselben
Passivform konstruiert ist. Spricht schon diese Beobachtung
für die Wahrscheinlichkeit einer mt Red auSt, so kann diese
Vermutung noch dadurch erhärtet werden, daß der erste Evangelist in 8,13c sehr wahrscheinlich ein bei ihm beliebtes
Stilmittel - die Stichwortverbindung[31] - anwendet, wie der
Vergleich mit 8,8 nahelegt (8,8: καὶ ἰαθήσεται ὁ παῖς μου;
8,13c: καὶ ἰάθη ὁ παῖς κτλ.). Schließlich weist Held auf die
sprachliche Ähnlichkeit von V 13c mit den mt Schlußformulie-
rungen anderer Heilungswunder, wie 9,22b; 15,28b und 17,18b,
hin, die alle eine ähnliche formelhafte Sprache aufweisen und
die u.a. dadurch gekennzeichnet sind, daß sie - was aus den
Parallelstellen hervorgeht - "ausführliche Erzählung" ver-
drängen[32].

Aus den Beobachtungen geht hervor, daß ἰάθη auSt mit hoher
Wahrscheinlichkeit auf Mt selbst zurückzuführen ist.

(109) ἐν τῇ ὥρᾳ ἐκείνῃ.

Diese Wendung ist zweifellos charakteristisch für Mt. Er
bringt sie in dieser Reihenfolge (ὥρᾳ[ς] + ἐκείνῃ[ς]) in 8,13
diff Lk 7,10[33]; 9,22 diff Mk 5,34; 15,28 diff Mk 7,30 und 17,
18 diff Mk 9,27, also stets im Abschluß der entsprechenden
Wundergeschichten als Konstatierung der Heilung. Die Reihenfolge ὥρᾳ + ἐκείνῃ ist, abgesehen vom MtEv, weder in den Synoptikern noch an anderer Stelle im NT zu belegen: Dort erscheint ὥρα vielmehr immer nachgestellt[34]. Man wird daher
auch für diese Wendung eine mt Red mit großer Wahrscheinlichkeit annehmen können.

Daß das "Stundenmotiv" in den Fernheilungen mehrmals vorkommt, hängt mit der durch die Situation gegebenen Abwesen-
heit des Kranken zusammen: vgl. Mt 8,13 (Joh 4,52f); 15,28
und b Ber 34b (באותה שעה חלצתו חמה : "In jener Stunde ver-
ließ ihn die Hitze"[35]). Doch zeigen Lk 7,10 und Mk 7,30, daß
die Konstatierung des Wunders bei Fernheilungen auch ohne

---

31 Vgl. dazu Held, Matthäus als Interpret 224-227.
32 Vgl. Held, a.a.O. 218.
33 Vgl. aber Joh 4,53 in anderer Reihenfolge: ἐκείνῃ τῇ ὥρᾳ.
34 Die Belege gibt Fuchs, Untersuchungen 152, Anm. 112.
35 Vgl. Fiebig, Jüdische Wundergeschichten 20.

einen "besonderen Akzent"[36] zur Kenntnis gegeben werden kann.
Letzteres scheint uns auch bei dem urspr Abschluß der Haupt-
mannsperikope der Fall gewesen zu sein, was durch Lk 7,10 und
Mk 7,30 nahegelegt wird[37].

Zusammenfassung von 3.2913. (Mt 8,13c):

Dieser Versteil ist eindeutig mt Gestaltung, wie sich aus
der Stat und aus dem Vergleich von V 13c mit dem Abschluß
anderer Wundergeschichten im MtEv ergibt. Nicht red schien
uns lediglich das anreihende καί zu sein. Da nun Mt, wie
Held zeigt[38], gegenüber Mk beim Abschluß seiner Wundergeschichten das Erzählte seiner Vorlage mehrmals verdrängt und
durch von ihm geprägte und kurz formulierte Wendungen zu ersetzen pflegt, ist damit zu rechnen, daß auch hinter dem καί
in V 13c urspr Erzählung stand, die von Mt sek durch ἰάθη ὁ
παῖς ἐν τῇ ὥρᾳ ἐκείνῃ ersetzt wurde. Fragt man sich nun, was
urspr nach dem καί gestanden haben könnte, so liegt es von Mk
7,30 her gesehen nahe, an eine Konstatierung der Heilung
durch die Rückkehr des Hauptmanns in sein Haus zu denken. Polag[39] bietet dazu einen interessanten Rekonstruktionsvorschlag,
der dem urspr Wortlaut der mt Vorlage nahe stehen mag: καὶ
ἀπελθὼν εἰς τὸν οἶκον εὗρεν τὸν δοῦλον ἰαθέντα. Diese Konjektur könnte u.E. noch dahin verbessert werden, daß statt τὸν
οἶκον die Femininform τὴν οἰκίαν[40] und statt τὸν δοῦλον der Ausdruck τὸν παῖδα[41] angenommen würde. Danach könnte der urspr
Abschluß folgenden Wortlaut gehabt haben: καὶ ἀπελθὼν εἰς τὴν
οἰκίαν εὗρεν τὸν παῖδα ἰαθέντα. Dieser Rekonstruktionsvorschlag scheint uns auch insofern angemessen, als er nicht nur
durch Mk 7,30 (vgl. Mt 15,28c), sondern auch indirekt durch
Lk 7,10 nahegelegt wird, obwohl an der letzteren Stelle -

---

36 Vgl. Theißen, Wundergeschichten 75.
37 Vgl. dazu unsere Ausführungen o.S. 54f.
38 Vgl. ders., a.a.O. (s. Anm. 32).
39 Vgl. ders., Fragmenta 39.
40 Das Femininum οἰκία ist auf Grund von Mt 8,6 und Lk 7,6
   vorzuziehen.
41 Der Ausdruck παῖς ist wegen Mt 8,8/Lk 7,7 gegenüber δοῦλος
   vorzuziehen.

entsprechend Lk 7,3-6 - nicht von einem παῖς, sondern einem δοῦλος, und nicht von der Rückkehr des Fürbittenden, sondern seiner Gesandten die Rede ist.

Dieser Versuch, die mt Vorlage in V 13c zu rekonstruieren, bleibt natürlich in hohem Maße hypothetisch[42]. Dennoch ist er angesichts des mt Redaktionsverfahrens im Abschluß der von ihm bearbeiteten Wundergeschichten aus Mk durchaus gerechtfertigt. Es kommt freilich in solchen Fällen nicht darauf an, primär den exakten Wortlaut der postulierten Vorlage zu ermitteln. Rekonstruktionsversuche dienen vielmehr dazu, ursprüngliche Aussageintentionen einer Erzählung möglichst genau von red Tendenzen des jeweiligen Evangelisten säuberlich zu trennen.

3.292. Lk 7,10: καὶ ὑποστρέψαντες εἰς τὸν οἶκον οἱ πεμφθέντες εὗρον τὸν δοῦλον ὑγιαίνοντα.

(110) καί: vgl. zur Stat o. sub Nr. (17a) und zur lk Verwendung des anreihenden καί o. sub Nr. (15); ferner sub Nr. (64).

Da Lk von sich aus ein anreihendes καί nur äußerst selten gegenüber Mk hinzufügt, wird er diese Konjunktion auSt wohl schon trad vorgefunden haben. Ergebnis: lk Red möglich.

(111) ὑποτρέψαντες εἰς τὸν οἶκον.

(111a) ὑποστρέφω.

Dieses Verb kommt weder in Mk noch in Mt vor, dagegen aber 21x in Lk, 11x in der Apg und nur noch 3x im übrigen NT (Gal 1,17; Hebr. 7,1 und IIPetr 2,21). Innerhalb seines Ev bringt es Lk 4x als add (8,37.39.40 und 9,10 om Mk), 2x in QLk (4,1 om Mt und 11,24 diff Mt 12,44: ἐπιστρέφω) und 15x in seinem Sg[43]. Das Verb ist somit eindeutig als Vorzugswort des lk Sg zu bewerten[44]. Dies führt zu folgendem stat Ergebnis: lk Red möglich; hohes Vorkommen im Sg.

---

42 An weiteren Rekonstruktionsversuchen zum Abschluß der urspr Hauptmannserzählung sei verwiesen auf Harnack, Sprüche 91. 180 (aber vgl. ebd. 146f); Weiss, Quellen 16 und Hirsch, Frühgeschichte II, 384, die nach dem Mt-Text rekonstruieren. So auch Schenk, Synopse 37 ("Und dem Befehlshaber sagte Jesus: 'Geh!' Und sein Sklave wurde geheilt") und Dibelius, Botschaft 32 ("Und der Bursche genas in jener Stunde").

43 Vgl. dazu Gaston, Horae 83.

44 So zu Recht Gaston, a.a.O. 33.

(111b) εἰς τὸν οἶκον.

Diese Wendung greift auf V 6 zurück, der berichtet, daß der Hauptmann von Haus[45] aus Freunde zu Jesus sandte. Da das Mask. οἶκος sowohl bei Lk als auch beim lk Sg beliebt ist[46], könnte sein Gebrauch entweder auf Trad des Sg oder auf lk Red zurückgehen. Falls das letztere zuträfe, wäre zu erwägen, ob Lk nicht durch οἶκον eine urspr Femininform dieses Wortes ersetzt haben könnte, obwohl ein derartiges Verfahren in seiner Bearbeitung der Mk-Vorlage gegenüber diesem Subst. nicht vorkommt. Weniger wahrscheinlich erscheint demgegenüber ein Ursprung in Q, da diese Quelle wohl in der Hauptmannserzählung urspr die Femininform anwandte (vgl. Mt 8,6 und Lk 7, 6[47]). Immerhin begegnet οἶκος 2x in Q (Mt 12,44 und 23,38 par Lk), so daß rein stat auch die Möglichkeit eines Q-Ursprungs nicht ganz von der Hand zu weisen ist.

Ergebnis: lk Red möglich; Sg! Q!

(111c) Die Gesamtwendung ὑποστρέφειν + εἰς τὸν οἶκον begegnet außer auSt noch in 1,56 (Sg); 8,39 (diff Mk 5,19: ὕπαγε εἰς τὸν οἶκόν σου) und 11,24 (diff Mt 12,44: εἰς τὸν οἶκόν μου ἐπιστρέψω). Von 1,56 einmal abgesehen, zeigt der Vergleich von Lk 8,39 und 11,24 mit den Parallelen aus Mk und Mt, daß Lk das Hausmotiv jeweils übernimmt, während sich seine red Tätigkeit auf den Ersatz der vorgegebenen Verben durch ὑποστρέφειν beschränkt. Daher wird auch bzgl. des ὑποστρέφειν in Lk 7,10 mit der Möglichkeit gerechnet werden müssen, daß der dritte Evangelist dieses Verb als Ersatz für ein urspr ὑπάγω, ἐπιστρέφω, πορεύομαι oder dergleichen gebraucht hat. Daß diese Annahme aber keineswegs zwingend ist, zeigt ein Vergleich zwischen dem lk Verfahren gegenüber Mk 5,19 einerseits und 2,11 andererseits: Bot die mk Vorlage an beiden

---

45 V 6 gebraucht allerdings die Femininform οἰκία.

46 Dies geht aus der Verteilung der οἰκία- und οἶκος-Belege im LkEv und aus der quantitativen Verwendung dieser Worte in der Apg hervor. Nach Gaston (a.a.O. 78) verwendet Lk (οἶκος): in Q 2; Sg 19; + 2 und 25x in der Apg; (οἰκία): in Q 4; Sg 11; + 4 und 12x in der Apg.

47 Vgl. dazu unsere Ausführungen o. sub Nr. (21).

Stellen ὕπαγε εἰς τὸν οἶκόν σου, so ersetzte Lk ὑπάγειν zwar
1x durch ὑποστρέφειν (Mk 5,19 diff Lk 8,39), in Lk 5,24 (vgl.
Mk 2,11) allerdings durch πορεύεσθαι. Es ist daher zu erwägen, ob der Gebrauch von ὑποστρέφειν auSt nicht eher der
Trad zuzuweisen ist, worauf sein bevorzugter Gebrauch durch
den lk Sg-Stoff hindeuten könnte. Überhaupt zeigt die Verwendung dieses Verbs innerhalb einer anderen Wundererzählung
des lk Sg, nämlich im Bericht über die Heilung der zehn Aussätzigen (Lk 17,11-19), manche Berührungspunkte mit dem Gebrauch von ὑποστρέφειν auSt: das Verb begegnet in 17,18 wie
in 7,10 in Verbindung mit εὐρίσκειν; außerdem erscheint es
dort auch in derselben Partizipialform (ὑποστρέψαντες) konstruiert[48]. Dies zeigt, daß eine sichere Entscheidung bzgl.
der Traditionalität oder der red Einfügung des Verbs auSt
kaum möglich ist.
Ergebnis: lk Red möglich/wahrscheinlich; Sg!

(112) πέμπω: vgl. dazu o. sub Nr. (80).

Die Wendung οἱ πεμφθέντες greift hier wörtlich auf V 6ab
zurück, wo davon berichtet wird, daß der Hauptmann zu Jesus
Freunde sandte (ἔπεμψεν φίλους ὁ ἑκατοντάρχης). Da die lk
Verwendung dieses Verbs bereits analysiert wurde, gilt das
Ergebnis, zu dem wir oben[49] gelangten, auch für uSt. Es lau-
tet: lk Red möglich; Sg!

(113) εὑρίσκω: 27/11/45 + 35.

Lk: In Q 7; QLk 0; Sg 28 (red 2); + 5; - ?; acc 5
Mt: "   " "; QMt 2; " 11 ("   0); + 2; - ?; " 5[50].

Da Lk dieses Verb 5x in seiner Bearbeitung des Mk-Stoffes
sek einfügt, könnte auch auSt lk Red vorliegen. Für Trad aus
dem lk Sg spricht die hohe Belegzahl, die εὑρίσκειν in dieser

---

48 Auf die letztere Beobachtung ist freilich kaum ein allzu
   großer Wert zu legen, da ja Lk bekanntlich die Partizipialkonstruktionen bevorzugt. Überhaupt wird wohl der gehäufte
   Partizipiengebrauch, der in Lk 7,10 auftaucht (ὑποστρέψαντες...πεμφθέντες...ὑγιαίνοντα), auf die Stilisierung
   des dritten Evangelisten hindeuten: vgl. Harnack, Sprüche
   147.

49 Vgl. o. sub Nr. (80)

50 Vgl. Gaston, Horae 73 (31).

Traditionsschicht aufweist. Beachtet man nun noch, daß auch
in Q das Verb relativ gut belegt ist, so wird deutlich, daß
auf Grund der Stat allein sichere Entscheidungen nicht mehr
möglich sind. Weiter hilft aber Mk 7,30. Denn aus diesem Vers,
der wie Lk 7,10 ebenfalls den Abschluß einer Fernheilung wiedergibt, geht hervor, daß die Begegnung mit der genesenen
Person (Mk 7,30: εὗρεν τὸ παιδίον βεβλημένον κτλ.) durchaus
auch im Abschluß der Fernheilung von Mt 8,5-10.13/Lk 7,1-10
urspr berichtet sein könnte (Lk 7,10: εὗρον τὸν δοῦλον
ὑγιαίνοντα.). Mt, der gegenüber Mk 7,30 den εὗρεν-Satz zugunsten einer von ihm redigierten formelhaften Wendung ausläßt, dürfte auf ähnliche Weise auch in 8,13c verfahren haben, da die Formulierung dieses Verses ganz seinen Stil verrät[51]. So ergibt sich, daß εὑρίσκειν auSt sehr wahrscheinlich dem Lk schon trad vorgelegen haben wird, wobei als Trad
sowohl Q als auch das lk Sg in Frage kommen.
Ergebnis: lk Red möglich; hohes Vorkommen im Sg; Q!

(114) δοῦλος: vgl. dazu o. sub Nr. (24).

Dies Wort greift auf die Erwähnung des δοῦλος in Lk 7,2f
zurück. Die bereits aufgeführte stat Analyse führte uns zu
folgendem Ergebnis: lk Red nicht unmöglich; Sg! Q!

(115) ὑγιαίνω.

Das Verb kommt 3x im LkEv, aber weder in der Apg noch in
einem der anderen Evv vor. Lk bringt es, abgesehen von uSt,
1x im Sg (15,27) und 1x als Hinzufügung zu Mk (Lk 5,31 diff
Mk 2,17: ἰσχύοντες). Ob nun ὑγιαίνω auch in 7,10 aus der Feder des Lk stammt, ist schwer zu entscheiden. Falls schon die
urspr Q-Fassung den Hinweis auf eine Begegnung mit dem wieder gesunden παῖς/δοῦλος enthielt, könnte sie leicht statt
ὑγιαίνοντα das Ptz. ἰαθέντα gebraucht haben, was aus der Verwendung von ἰάομαι in Mt 8,8 par Lk 7,7 hervorgeht. Wenn diese Vermutung stimmt und ὑγιαίνειν für red gehalten wird, dann
hätte Lk es als Ersatz für ἰᾶσθαι gebraucht. Da ἰᾶσθαι aber
ein vom dritten Evangelisten mit Vorliebe benutztes Verb
ist[52], müßte bei Annahme einer Red mit dem Umstand gerechnet

---

51 Vgl. die Zusammenfassung zu Mt 8,13c o.S. 229f.
52 Vgl. dazu Jeremias, Sprache 154f.

werden, daß Lk auSt ein von ihm bevorzugtes Verb (ἰᾶσθαι)
durch ὑγιαίνειν sek ersetzt hätte. Da jedoch auch das letzt-
genannte Verb 1x von Lk red in seinen Mk-Stoff eingesetzt
wird und Lk überhaupt eine Vorliebe für die Abwechslung von
Wendungen zeigt[53], kommt dem erwähnten Umstand keine große
Bedeutung zu, und man wird die Möglichkeit einer lk Stilisierung (im Sinne eines Ersatzes) durchaus für annehmbar halten können[54]. Das Verb kommt freilich auch 1x im lk Sg vor
(15,27), weshalb eine Herkunft aus dieser Traditionsschicht
ebenfalls nicht prinzipiell ausgeschlossen werden kann. Weniger wahrscheinlich ist demgegenüber von der Stat her ein
Q-Ursprung, da in diesem Falle statt ὑγιαίνειν eher das bereits in Mt 8,8/Lk 7,7 gebrauchte ἰᾶσθαι zu erwarten wäre;
auch kommt ὑγιαίνειν in Q sonst nicht mehr vor!
Ergebnis: lk Red möglich; (Sg!).

Zusammenfassung von 3.292. (Lk 7,10):

Gut in Q belegt sind das anreihende καί, εὑρίσκειν und
δοῦλος. Daß der gesamte Vers aber kaum aus Q stammt, ist der
Verwendung von ὑποστρέφειν, ὑγιαίνειν und οἶκος zu entnehmen: Während die zwei Verben sonst an keiner anderen Stelle
von Q gebraucht werden, taucht der Mask. οἶκος zwar 2x in anderen Q-Perikopen auf, doch zeigen Mt 8,6 und Lk 7,6, daß die
urspr Q-Erzählung der Hauptmannsperikope sehr wahrscheinlich
für "Haus" die Femininform οἰκία verwendet hat.

Was Lk betrifft, so dürfte das beste Indiz für seine Stilisierung dieses Verses der mehrfache Gebrauch der Partizipien sein[55]. Nicht mehr sicher zu entscheiden ist, ob ὑγιαίνειν von Lk red als Ersatz für ein anderes in der von ihm bearbeiteten Trad stehendes Verb (etwa σῴζειν, ἰᾶσθαι o.ä.)
eingefügt worden ist oder ihm bereits trad vorlag; dasselbe
gilt in Bezug auf ὑποστρέφειν. Kaum auf Lk wird dagegen die
καί-Anreihung am Anfang des Satzes zurückzuführen sein, da

---

53 Vgl. dazu Cadbury, Four features 93-97.

54 Aus letzter Zeit halten das ὑγιαίνειν auSt für red Jeremias, Sprache 156 und Marshall, Lk 282.

55 S.o. Anm. 48.

er in seiner Bearbeitung des Mk-Stoffes καί-Parataxen selten
von sich aus neu bildet[56], jedoch mehrfach durch δέ, Partizipialkonstruktionen o.ä. ersetzt. Auch εὑρίσκειν wird letztlich nicht aus der lk Red, sondern schon aus der Trad stammen: Lk fügt es zwar mehrfach red in seinen Mk-Stoff ein,
doch ist es in Lk 7,10 wahrscheinlich trad, da (a) es sowohl
in Q als auch in Traditionen des lk Sg mehrfach belegt ist,
(b) es auch am Schluß der Fernheilung der Tochter der Syrophoenizierin (Mk 7,24-30: vgl. V 30!) benutzt wird, und (c)
Mt es in 8,13 sehr wahrscheinlich sek zugunsten der durch ihn
geprägten Formel καὶ ἰάθη ὁ παῖς ἐν τῇ ὥρᾳ ἐκείνῃ (vgl. noch
9,22 und 17,18) ausließ. Was schließlich die Maskulinform
οἶκος und die Verwendung von πέμπεσθαι anbelangt, so ist zwar
wiederum mit der Möglichkeit einer lk Stilisierung zu rechnen, doch ist andererseits auch ein Ursprung in der Trad
insofern wahrscheinlich, als sowohl das Haus- wie auch das
Gesandtenmotiv auf die Angaben von V 6ab zurückgreifen, der
seinerseits nicht zwingend als lk erwiesen werden konnte[57].
Der stat Befund zu V 10 macht es somit wahrscheinlich, daß
der dritte Evangelist den Schluß seiner Hauptmannsperikope inhaltlich weitgehend schon trad vorfand, obwohl eine stilistische Überarbeitung mehr oder weniger angenommen werden
kann.

Was schließlich das lk Sg angeht, so sind von der Stat
her gegen eine Herleitung des V 10 aus dieser Traditionsschicht
keine grundsätzlichen Bedenken zu erheben. Mehrere Argumente
sprechen sogar positiv dafür: 1. alle in V 10 vorkommenden
Wörter finden sich außer auSt mindestens noch 1x in Traditionen des lk Sg belegt. 2. εὑρίσκειν und ὑποστρέφειν tauchen innerhalb des lk Sg sogar gehäuft auf. 3. Die am Anfang
des Satzes vorkommende καί-Parataxe erscheint auch sonst
mehrfach im lk Sg belegt[58], und 4. Die enge Beziehung zwischen

---

56 Vgl. dazu o.S. 131 mit Anm. 22 und Schramm, Mk-Stoff 97f
   (sub e).

57 S.o.S. 196-198.

58 Vgl. zu den Belegen Bruder, Tamieion 460-462, wovon anhand
   einer Liste mit den Passagen aus dem lk Sg sich leicht die
   Belege für diese Traditionsschicht entnehmen lassen: vgl.
   Lk 1,12.14.16.18f. etc; 2,3.7-10.16.etc; 3,10.14; 4,16f.
   20.22 usw.

V 10 und V 6ab läßt vermuten, daß beide Verse inhaltlich vom
selben Verfasser stammen. Da nun keine prinzipiellen Bedenken
gegen die Herkunft von V 6ab aus dem lk Sg bestehen[59], liegt
es nahe, auch bei V 10 mit Einfluß aus dieser Traditionsschicht zu rechnen.

Das Ergebnis zu V 10 läßt sich folgendermaßen zusammenfassen: Der dritte Evangelist fand die inhaltliche Aussage
des Verses wahrscheinlich schon in seiner Trad vor, die ihrer-
seits möglicherweise aus dem lk Sg stammte, kaum jedoch aus
Q. Diese Trad hat Lk in stilistischer Hinsicht überarbeitet.
Für einen zusätzlichen sachlichen lk Eingriff in V 10 gibt es
keine genügende Anhaltspunkte; der trad Abschluß der Fernheilung der Tochter der Syrophoenizierin (Mk 7,24-30: vgl. V 30!)
scheint auf jeden Fall eher für das Gegenteil zu sprechen!

3.3. Zusammenfassung der Ergebnisse und Bewertung der statistisch-stilkritischen Analyse

3.31. Ergebnisse zu Mt 7,28a; 8,1-10.13.

1) Folgende Wörter bzw. Wendungen gehören sehr wahrscheinlich
der mt Red an:

1. Der Gen.abs. εἰσελθόντος δὲ αὐτοῦ (8,5a: S. 126f sub
3.22.).

2. Das Kompositum προσέρχεσθαι statt des Simplex ἔρχεσθαι
(8,5b: S. 127-129 sub Nr. 11).

3. Der Gebrauch von ἑκατόνταρχος in der 2. Deklination (8,5.
8: S. 129 sub Nr. 12 und 160 sub Nr. 35).

4. Der Vokativ κύριε (8,6: S. 137f sub Nr. 18).

5. Das Präsens historicum λέγει in asyndetischer Konstruktion
(8,7: S. 150-153 sub Nr. 28).

6. Die Voranstellung des Possessivpronomens μου (8,8: S. 199-
201).

7. Das adverbielle μόνον (8,8: S. 206f sub Nr. 91).

8. Der Name Ἰησοῦς (8,13: S. 222 sub Nr. 100).

---

59 Vgl. dazu o.S. 196-198.

9. Die Wendung ὡς ἐπίστευσας γενηθήτω σοι (8,13: S. 226f).

10. Die Wendung ἰάθη ὁ παῖς ἐν τῇ ὥρᾳ ἐκείνῃ (8,13: S. 229f).

2) Bei folgenden Wörtern konnte eine red Herkunft aus der
   Hand des ersten Evangelisten zwar vermutet, nicht aber mit
   genügenden Argumenten wahrscheinlich gemacht werden:

1. Beim Ptz.Pf. βεβλημένον (8,5: S. 138f sub Nr. 20).
2. Beim Verb θεραπεύειν (8,7: S. 155f sub Nr. 32).
3. Beim Impf. ἔφη innerhalb der Wendung καὶ ἀποκριθείς...ἔφη
   (8,8: S. 158-160 sub Nr. 34c und 34d; ferner S. 161).
4. Beim pleonastischen λέγων (8,6: S. 135-137 sub Nr. 17b-c).
   Für alle diese Begriffe muß bei Annahme einer mt Red zugleich damit gerechnet werden, daß Mt sie als Synonyma für
andere in seiner Vorlage enthaltenen Begriffe verwendet hat[1].

3) Zwei Wendungen gehen mit hoher Wahrscheinlichkeit nicht
   auf Mt selbst zurück:

1. Καὶ λέγων (8,6: S. 136f sub Nr. 17c).
2. Καὶ ἀποκριθείς...ἔφη (8,8: S. 159f sub Nr. 34d).

4) Bei V 13bc konnte die mt Stilisierung am stärksten beobachtet werden. Der Wortlaut seiner Vorlage an dieser
Stelle konnte nur noch durch Rekonstruktionsversuche ermittelt werden. Für den urspr Wortlaut von V 13bc wurde dabei
folgender Rekonstruktionsversuch vorgeschlagen: (V 13b) ὕπαγε,
ὁ παῖς σου ἐσώθη; (V 13c) καὶ ἀπελθὼν εἰς τὴν οἰκίαν εὗρεν
τὸν παῖδα ἰαθέντα (S. 226f und 229f).

Aus der Gesamtanalyse ging hervor, daß Mt in seiner Vorlage vor allem am Schluß stärker eingriff, wo er wahrscheinlich urspr Erzähltes verdrängte; dies gilt insbesondere hinsichtlich der Mitteilung (a) eines Zuspruches Jesu an den
Befehlshaber (S. 226f), und (b) einer Begegnung des Befehlshabers mit seinem gesundenen παῖς (S. 229f). Indizien dafür,
daß der erste Evangelist auch am Anfangs- und Mittelteil seiner Vorlage sachlich gewichtige Eingriffe gemacht hat, ließen
sich demgegenüber nicht finden. Hier beschränkte sich Mt vor

---

1 Vgl. dazu auch die Ausführungen zu ἑκατοντάρχῃ (8,13: o.
  sub Nr. 101): Auch hinsichtlich dieses Dativobjektes konnte
  keine endgültige Entscheidung getroffen werden. Stammt es
  von Mt selbst, so könnte es ein urspr αὐτῷ ersetzt haben.

allem auf eine Stilisierung seiner Vorlage. Als Ausnahme
gilt lediglich die sehr wahrscheinlich von ihm selbst stam-
mende Eintragung des κύριε in V 6.

3.32. Ergebnisse zu Lk 7,1-10.

1) Folgende Begriffe bzw. Wendungen stammen mit hoher Wahrscheinlichkeit aus der lk Red:
1. Die Überleitungswendung von der Bergpredigt zur Hauptmannsgeschichte (7,1a: S. 114-126).
2. Δέ τινος (7,2: S. 131f sub Nr. 15 und 16).
3. Διασῴζειν (7,3: S. 169 sub Nr. 45).
4. Die Konstruktion im Gen.abs. und der Einfluß der Litotes-
Figur bei der Wendung (ἤδη δὲ) αὐτοῦ οὐ μακρὰν ἀπέχοντος
(7,6: S. 192-194 sub Nr. 77c).
5. Μὴ σκύλλου...γάρ (7,6: S. 201f sub Nr. 85d).
6. Das einleitende διό und die Infinitivkonstruktion ἐλθεῖν
(7,7: S. 206).
7. Das ταῦτα (S. 209f sub Nr. 92), αὐτόν (S. 210 sub Nr. 93)
und ὄχλος (S. 211f sub Nr. 95) von 7,9a, wie überhaupt die
gesamte Konstruktion τῷ ἀκολουθοῦντι αὐτῷ ὄχλῳ (S. 212 sub
Nr. 95) im selben Versteil, wofür Mt das ursprünglichere
τοῖς ἀκολουθοῦσιν (Mt 8,10a) bietet.
8. Die gehäufte Verwendung der Partizipien in 7,10 (S. 232,
Anm. 48).

2) Bei einigen Wörtern und Wendungen konnte zwar eine lk Red
vermutet, jedoch nicht mit der erwünschten Sicherheit behauptet werden. Es sind dies folgende:
1. Die Wendung ὃς ἦν αὐτῷ ἔντιμος (7,2: S. 148f sub Nr. 27e).
2. Die Konstruktion παραγίνεσθαι + πρός (7,4: S. 173f sub
Nr. 50c).
3. Die Wendungen οἱ δέ (7,4: S. 172f sub Nr. 49) und ὁ δέ
(7,6: S. 188 sub Nr. 69c).
4. Die Konstruktion πορεύεσθαι + σύν (7,6: S. 190 sub Nr.
71c).
5. Die pleonastische Verwendung von λέγειν in V 4 (= λέγοντες:
S. 174f sub Nr. 52b) und V 6 (= λέγων: S. 196 sub Nr. 83).
6. Der Gebrauch von ὑποστρέφειν (7,10: S. 230-232 sub Nr.
111a und 111c).

Bei all diesen Wörtern und Wendungen besteht Ungewißheit
deshalb, weil sie zwar nachweislich mehrmals von Lk red verwendet werden, zugleich aber ebenfalls im lk Sg und zuweilen
auch in Q mehrfach erscheinen, so daß sowohl ein Ursprung in
der lk Red als auch in der Trad vom lk Sg oder Q möglich ist.

3) In stilistischer Hinsicht stammen folgende Konstruktionen
   mit hoher Wahrscheinlichkeit nicht von Lk selbst:

1. Ἀγαπᾷ...καί...ᾠκοδόμησεν (7,5: S. 184 sub Nr. 64 und
   S. 186).

2. Μακρὰν ἀπέχειν (7,6: S. 192f sub Nr. 77c).

3. Die καί-Parataxe zu Beginn von V 10 (S. 230 sub Nr. 110
   und S. 234f).

Ähnliches gilt auch in Bezug auf die Konstruktion παρεκάλουν...λέγοντες ὅτι (7,4: S. 176f sub Nr. 52d und S. 180),
obwohl diesbezüglich ein sicheres Urteil schwierig ist, da
weder Q noch das lk Sg direkte Parallelen bieten.

Die Gesamtanalyse zeigte, daß Lk vor allem in stilistischer Hinsicht seine Vorlage überarbeitete. Stichhaltige Indizien dafür, daß er auch sachlich gewichtige Eingriffe in
seiner Vorlage vornahm, konnten nicht gefunden werden. Lediglich ὃς ἦν αὐτῷ ἔντιμος (7,2) und μὴ σκύλλου (7,6) könnten
derartige Zusätze aus seiner Hand sein; beide Wendungen könnten freilich ebensogut schon vor-lk entstanden sein (S. 148
sub Nr. 27e und 201f sub Nr. 85b.d). Auch in 7,1a, wo der
dritte Evangelist am stärksten stilisiert hat (S. 114ff),
hielt er sich sachlich an die Aussage seiner Vorlage (vgl. Mt
7,28a).

3.33. Das Verhältnis zwischen dem Mt- und Lk-Text.

Aus dem zu Beginn dieser Arbeit dargelegten Forschungsüberblick[2] geht hervor, daß zwar die meisten Forscher an einer literarischen Beziehung zwischen den Fassungen von Mt und Lk
festhalten, doch gegensätzlicher Meinung hinsichtlich der Ursprünglichkeit der einen im Verhältnis zur anderen sind, wobei einige die mt Fassung als eine sek-mt Überarbeitung des

---

2 S.o.S. 6ff.

Lk-Textes, andere aber die lk Fassung als eine sek-lk Erweiterung des Mt-Textes verstehen. Eine weitere Richtung der Forschung umgeht diese Interpretationen, die auf Beobachtungen zur red Tätigkeit beider Evangelisten basieren und sich gegenseitig ausschließen, indem sie bei dem divergierenden Erzählteil von Lk 7,2-6ab.7a.10 mit Einfluß aus dem lk Sg rechnet. Nach dieser Auffassung schließen sich sowohl Mt als auch Lk bei ihren divergierenden Erzählteilen an die Trad an, freilich so, daß Mt mehr der Q- und Lk mehr einer Sg-Trad verpflichtet sind. Es ist nun zu fragen, inwiefern die von uns durchgeführte statistisch- und stilkritische Analyse derartige oder andere bereits geäußerte Positionen[3] untermauern, in Frage stellen oder ihnen gar widersprechen kann.

3.331. Indizien dafür, daß Mt nicht die von Lk in Lk 7,1-10 benutzte Vorlage vor sich hatte und verkürzt durch Mt 8,5-10.13 wiedergab.

Folgende Indizien sprechen gegen eine sek-mt Verkürzung der von Lk benutzten Vorlage:

1. Hätte Mt Lk 7,1-6ab gelesen, so würde er kaum die lk Wendung παρεκάλουν αὐτὸν σπουδαίως λέγοντες (7,4) durch παρακαλῶν αὐτὸν καὶ λέγων (Mt 8,5f)wiedergegeben haben, da καὶ λέγων nicht seinem Stil entspricht (S. 136f sub Nr. 17c).
2. Ähnliches gilt von der Wendung καὶ ἀποκριθείς...ἔφη (Mt 8,8): Könnte noch das Impf. ἔφη von Mt selbst stammen (S. 158-160 sub Nr. 34c und 34d und S. 161), so ist nicht zu ersehen, warum gerade der erste Evangelist ἀποκριθείς mit vorangestelltem καί - eine im MtEv nur noch 1x in 22,1 (Q?) vorkommende Wendung - in red Bildung formulierte, zumal er anderswo ja deutlich ἀποκριθείς in Verbindung mit τότε oder voran- bzw. nachgestelltem δέ gebraucht (S. 159f).
3. Das Ptz. στραφείς (Lk 7,9), das wahrscheinlich der lk Vorlage angehörte (S. 210f sub Nr. 94 und S. 212), würde Mt kaum übergehen, falls er es gelesen hätte: Er fügt es nämlich in derselben Form 2x bei seiner Bearbeitung des Mk-Stoffes red ein (vgl. Mt 9,22 und 16,23: S. 210f sub Nr. 94).

---

3 Vgl. o.S. 14ff.

4. Ἰησοῦς ist ein von Mt bevorzugter Name, den er 59x in seiner Mk-Bearbeitung red eingefügt hat (S. 110 sub Nr. 4).
Der Name kommt innerhalb von Lk 7,3-6ab nicht weniger als 3x
vor. Bei Annahme einer sek-mt Verkürzung von Lk 7,1b-6ab durch
Mt 8,5-8a müßte der erste Evangelist immerhin einen von ihm
sonst bevorzugten Namen konsequent gestrichen haben, da
Ἰησοῦς innerhalb von Mt 8,5-8a kein einziges Mal vorkommt.
5. In einer ähnlichen Richtung weist die Beobachtung zur mt
   Verwendung von ἱκανός und ἄξιος hin. Wäre die Lk-Fassung
die ursprünglichere, so müßte angenommen werden, daß bereits
die Q-Erzählung die zwei Synonyma ἱκανός (vgl. Mt 8,8/Lk 7,
6c) und ἄξιος (vgl. Lk 7,4; ferner Lk 7,7a: ἀξιοῦν!) urspr
enthielt, was ja prinzipiell durchaus möglich wäre. Andererseits zeigt die mt Verwendung von ἱκανός (im MtEv 3x: 3,11
par Mk; 8,8: Q und 28,12: Sg) und ἄξιος (im MtEv 9x: 5x in
QMt; 2x in Q; 1x im mt Sg und 1x [vgl. Mt 10,10b] sehr wahrscheinlich red), daß der erste Evangelist das letztere Adjektiv im Vergleich zu ἱκανός deutlich bevorzugt, was vor
allem aus der hohen Zahl der QMt-Belege hervorgeht, deren
wahrscheinliche Herkunft aus der mt Red sich schon alleine
deshalb nahe legt, weil Lk gegenüber ἄξιος in der Apg keineswegs zurückhaltend ist (er gebraucht es dort 7x!) und es daher kaum aus Q gestrichen hätte, falls die QMt-Belege urspr
wären. Angesichts dieses Befundes darf die Tatsache, daß Mt
das von ihm bevorzugte ἄξιος in seiner Fassung der Hauptmannsperikope nicht verwendet, als Indiz dafür aufgefaßt werden, daß er dieses Adjektiv in seiner Vorlage wohl nicht gelesen und somit von Lk 7,4b keine Kenntnis gehabt hat.
6. Die entscheidenden Indizien gegen eine sek-mt Bearbeitung
   von Lk 7,2ff lieferte freilich die Analyse von Lk 7,2aß:
(ἑκατοντάρχου δέ τινος) δοῦλος κακῶς ἔχων ἤμελλεν τελευτᾶν.
Dieser Versteil paßt nämlich hinsichtlich der Wortwahl und
der sachlichen Aussage so gut zum mt Wortschatz bzw. zur mt
Steigerungstendenz innerhalb der Wundergeschichten, daß die·
Annahme, Mt hätte diese Aussage sek durch die Formulierung
ὁ παῖς μου βέβληται ἐν τῇ οἰκίᾳ παραλυτικός, δεινῶς βασανιζόμενος (Mt 8,6) geändert, kaum gerechtfertigt ist (S. 142-
145).
    Anhand dieser Beobachtungen scheint uns die Annahme, Mt
habe Lk 7,1ff durch Mt 8,5ff verkürzt wiedergegeben, äußerst

unwahrscheinlich. Die angeführten Indizien scheinen vielmehr
darauf hinzuweisen, daß der erste Evangelist in dem von Lk
(vgl. Lk 7,2-6ab.7a.10) divergierenden Erzählteil (Mt 8,5-
8a.13) auf unabhängigem Traditionsgut fußt.

   3.332. Indizien dafür, daß die von Mt in Mt 8,5-10.13
          verwendete Vorlage[4] die urspr Q-Fassung der Haupt-
          mannserzählung wiedergibt.

Was Wortschatz und Stil in Q anbelangt[5], so ergibt die von
Mt benutzte Vorlage keinen besonderen Anlaß, ihren Text als
urspr Q-Traditionsgut zu bestreiten. Die in der rekonstruier-
ten Vorlage[6] verwendeten *Begriffe* stimmen weitgehend mit dem
auch sonst in anderen Q-Abschnitten anzutreffenden Wortschatz
überein. Wörter wie ἑκατοντάρχης, δεινῶς, βασανίζειν und etwa παραλυτικός erscheinen zwar nirgends in anderen Q-Stücken,
werden aber zum urspr Bestandteil der Erzählung insofern gehört haben, als sie in der Hauptmannsperikope sachlich bedingt sind. Dasselbe gilt auch von der Verwendung von παρακαλεῖν in Mt 8,5, das ein Vorzugswort der Wundergeschichten
ist: Daß dieses Verb sonst in keinem anderen Q-Stück auftaucht, hängt wohl einfach mit der Tatsache zusammen, daß
die Q-Quelle außer Mt 8,5ff/Lk 7,1ff nur noch einen einzigen
Wunderbericht enthält, nämlich Lk 11,14f/Mt 12,22f. Nicht
sachlich bedingt sind freilich das temporale ὅτε in der Einleitungswendung (Mt 7,28a) und das Impf. ἔφη in 8,8. Obwohl
Q sonst weder Temporalsätze mit ὅτε noch das Verb φάναι benutzt, schien uns in diesen beiden Fällen die Annahme einer
Q-Ursprünglichkeit aus der Analyse der jeweiligen Gesamtwen-
dungen, innerhalb derer beide Begriffe erscheinen, dennoch
vertretbar[7].

---

4 Die von Mt in Mt 8,5-10.13 benutzte Vorlage entspricht dem
  jetzigen Text von 8,5-10.13 ohne die o.S. 236f vermerkten
  red Eingriffe.
5 Vgl. dazu Harnack, Sprüche 102-115 und die o.S. 94 sub 2)
  erwähnte Literatur.
6 Vgl. u.S. 270f.
7 Vgl. dazu o.S.105ff (zu ὅτε) und 158ff(zu ἔφη, sub Nr. 34c
  und 34d).

Auch *in stilistischer Hinsicht* paßt Mt 8,5-10.13 gut zu
Q. Konstruktionen, die nach Harnack[8] nur äußerst selten in
dieser Quelle belegt sind, wie der Gen.abs. und der A.c.I.,
kommen innerhalb der von Mt benutzten Vorlage in Mt 8,5-
10.13 überhaupt nicht vor. Dagegen werden aber die Parataxe am Anfang und in der Mitte des Satzes, einfache
Partizipialkonstruktionen und der Gebrauch von αὐτόν in den
obliquen Kasus mehrfach verwendet; alle diese Konstruktionen
sind auch sonst in Q mehrmals belegt[9].

Für die Q-Ursprünglichkeit der von Mt benutzten Vorlage
spricht schließlich ·auch, daß sie den Erzählteil auf das Minimum, das zum Verständnis der Dialogszene erforderlich ist,
reduziert hat. Auch die anderen in Q enthaltenen Erzählpartien[10] zeichnen sich durch die Spärlichkeit des Erzählteils
und die Konzentration auf die Dialogszenen aus. Ein umfang-
reicher Erzählteil, wie ihn Lk 7,1-6ab.7a.10 bietet, findet
sich sonst in keinem anderen Q-Abschnitt.

Am ehesten wäre damit noch Lk 7,18-21 par Mt zu vergleichen. Lk 7,20f freilich, die den Haupterzählteil bilden, weisen sprachlich eine derartig große Zahl von Lukanismen auf,
daß diese Verse eher der lk Red als Q selbst angehören werden[11].

3.333. Indizien dafür, daß Lk 7,1ff nicht eine sek-lk Be-
       arbeitung der von Mt in Mt 7,28a; 8,5-10.13 be-
       nutzten Vorlage ist.

Folgende Indizien kommen dazu in Frage:
1. Als erstes Indiz können all diejenigen Wörter und Wendungen innerhalb von Lk 7,1ff angeführt werden, die bei Mt
nicht enthalten sind und die sehr wahrscheinlich nicht von
Lk selbst stammen, da er sie (a) entweder an'ders formuliert
oder (b) durch Synonyma ersetzt hätte. Als solche gelten:
(was den Stil betrifft) ἀγαπᾷ...καί...ᾠκοδόμησεν (S. 239 sub

---

8 Vgl. ders., Sprüche 113.
9 Vgl. dazu Harnack, Sprüche 113-115.
10 Vgl. dazu u.S. 287.
11 Vgl. Jeremias, Sprache 161f; Marshall, Lk 287-291 und Polag, Fragmenta 40f u.a.

3)1.), μακρὰν ἀπέχειν (S. 239 sub 3)2.), die καί-Parataxe zu
Beginn von V 10 (S. 239 sub 3)3.) und der Gebrauch des ὅτι
recitativum bei der Wendung παρεκάλουν...λέγοντες ὅτι (S. 239
sub 3)); (was die Begriffswahl betrifft) στραφείς (S. 210f
sub Nr. 94) und vielleicht auch ἔντιμος, wofür Lk selbst
wahrscheinlich τίμιος gebraucht hätte (S. 148 sub Nr. 27d).

2. Lk verwendet καὶ ἐγένετο mehrfach in seinem Ev (S. 105,
   Anm. 12). Hätte er die von Mt benutzte Vorlage bearbeitet,
so wäre zu erwarten, daß er das in Mt 7,28a einleitende καὶ
ἐγένετο übernehmen würde (vgl. aber S. 122f sub a mit Anm.
110).

3. Es bestehen keine stichhaltigen Indizien anzunehmen, Lk
   hätte zwar die in Mt 8,6 enthaltene Beschreibung der Krankheit gelesen, aber sek durch δοῦλος κακῶς ἔχων ἤμελλεν τελευτᾶν wiedergegeben:

a. Statt δεινῶς βασανιζόμενος (Mt 8,6) schreibt Lk ἤμελλεν
   τελευτᾶν. Folgende Gründe sprechen dafür, daß die von Lk
gebotene Wendung nicht red ist: 1. Lk bevorzugt gegenüber
τελευτᾶν den Gebrauch des Synonyms ἀποθνῄσκειν (S. 144 sub
1.a), würde also von sich aus sehr wahrscheinlich ἤμελλεν
ἀποθνῄσκειν schreiben. 2. Es lassen sich bei Lk weder gegenüber δεινῶς (vgl. Lk 11,53) noch gegenüber βασανίζειν und den
aus demselben Stamm gebildeten Wörtern (S. 141, Anm. 45) abweisende Tendenzen feststellen.

b. Mt kennzeichnet den Kranken als παραλυτικός, während Lk die
   allgemeine Angabe κακῶς ἔχων bringt. Obwohl nun παραλυτικός
weder im LkEv noch in der Apg vorkommt, ersetzt der dritte
Evangelist dieses Adjektiv 2x durch παραλύεσθαι in 5,18.24
(vgl. Mk 2,3.10). Da er darüber hinaus παραλύεσθαι auch noch
2x in der Apg verwendet (Apg 8,7 und 9,33) und keine Bevorzugung der Wendung κακῶς ἔχων zeigt - er übergeht sie 2x in
seiner Bearbeitung des Mk-Stoffes (S. 142f sub Nr. 25)! - würde er in red Formulierung statt παραλυτικός kaum κακῶς ἔχων,
sehr wahrscheinlich aber παραλελυμένος gebraucht haben (Lk 5,
18.24; Apg 8,7 und 9,33).

c. Mt verwendet παῖς, Lk δοῦλος. Daß δοῦλος kein von Lk bevorzugter Begriff ist, geht aus der geringen Zahl seiner
Belege in der Apg (3x: S. 142 sub Nr. 24) und aus der Tatsache hervor, daß der dritte Evangelist dieses Wort niemals bei
seiner Bearbeitung des Mk-Stoffes red hinzufügt (S. 142 sub
Nr. 24). Anders steht es mit παῖς: 6x verwendet Lk es in der
Apg und 9x in seinem Ev. Wichtig ist nun, daß er es innerhalb
seines Ev 3x red in seiner Bearbeitung mk Wundergeschichten
einfügt (Lk 8,51.54 und 9,42). Dies aber bedeutet: Daß Lk das
mt παῖς sek durch δοῦλος ersetzt hätte, ist zumindest von der
Stat her höchst unwahrscheinlich.

4. Mt verwendet in 8,7 θεραπεύειν, Lk in 7,3 διασῴζειν. Die
   stat Analyse zeigt (S. 155 sub Nr. 32), daß Lk durchaus
θεραπεύειν hätte übernehmen können, wenn es ihm durch die von

Mt bearbeitete Vorlage vorgegeben gewesen wäre: Er setzt es
nämlich 3x red in seinen bearbeiteten Mk-Stoff ein. Auch die
Tatsache, daß dieses Verb 5x in der Apg erscheint, weist in
dieselbe Richtung.

5. Lk verwendet im Vergleich mit Mt (= 152x!) nur 88x den Namen Ἰησοῦς in seinem Ev. Wäre Lk 7,1b-6ab red Erweiterung
von Mt 8,5-8a, so hätte der dritte Evangelist in den angegebenen Versen 3x einen von ihm sonst eher vermiedenen Namen
sek eingefügt, was recht unwahrscheinlich ist (S. 111 [sub 2.]
und 163 sub Nr. 38). Bei der Perikope von der Anfrage des Täufers und der Antwort Jesu (Lk 7,18-23/Mt 11,2-6), die nach
der Hauptmannsgeschichte unter den anderen Q-Perikopen den
größten Anteil an Erzählstoff bietet, benutzt Mt den Namen
Ἰησοῦς nur 1x (11,4), Lk dagegen überhaupt nicht!

3.334. Indizien dafür, daß die in Lk 7,1ff von Mt 8,5ff
divergierenden Erzählteile keine urspr Q-Tradition
wiedergeben.

Paßt die von Mt benutzte Vorlage hinsichtlich Wortwahl, Stil
und Umfang gut zu den sonstigen in Q enthaltenen Stoffen
(S. 242f), so muß nun gefragt werden, ob und inwieweit Lk
7,1ff unter den angegebenen Aspekten dem sonstigen Befund in
anderen Q-Texten widerspricht. Als Indizien dafür läßt sich
anführen:

1. Ἐρωτᾶν, das in 7,3 verwendet wird, kommt in Q anderswo
nicht mehr vor. Q benutzt stattdessen αἰτέω, δέομαι und
(vgl. Mt 8,5/Lk 7,4) παρακαλέω (S. 130 und 167 sub Nr. 42a).

2. Für παραγίνομαι (7,4), das sonst nirgends in Q vorkommt,
benutzt diese Quelle eher πορεύομαι (5x[12]), ὑπάγειν (1x[13])
und ἔρχομαι (15x[14]) o.ä.

3. Das pleonastische λέγων (7,6) und λέγοντες (7,4) ist der
sonstigen Q-Überlieferung fremd (S. 174f sub Nr. 52b).

---

12 Vgl. Gaston, Horae 80.

13 Vgl. Gaston, a.a.O. 83.

14 Vgl. Gaston, a.a.O. 73.

4. Weder ὑποστρέφειν (7,10) noch ὑγιαίνειν (7,10) kommen
   sonst in Q vor. Für ersteres wäre in dieser Quelle eher
   πορεύομαι oder ὑπάγειν, für ὑγιαίνειν dagegen eher ἰᾶσθαι
   (vgl. Mt 8,8/Lk 7,7) zu erwarten.
5. Weder στραφείς noch στρέφειν werden in anderen Q-Abschnitten verwendet (S. 210f sub Nr. 94).
6. Daß die Q-Fassung der Hauptmannsperikope urspr zwischen
   οἰκία (Mt 8,6; Lk 7,6) und οἶκος (Lk 7,10) variiert hätte,
   läßt sich zwar nicht prinzipiell bestreiten, doch darf die
   Übereinstimmung zwischen Mt und Lk in der Form οἰκία als Indiz dafür betrachtet werden, daß die Mask-Form in Lk 7,10
   wahrscheinlich nicht aus Q stammt (S. 139f sub Nr. 21 und
   231 sub Nr. 111b).

   Ähnliches gilt in Bezug auf ἄξιος in Lk 7,4b: Es erscheint
   zwar auch anderswo in Q (Lk 3,8 und 10,7 par Mt), doch könnte
   die Tatsache, daß Mt und Lk für diese Vokabel in der Hauptmannserzählung übereinstimmend ἱκανός verwenden (Mt 8,8/Lk
   7,6c), ein Indiz dafür sein, daß ἄξιος (vgl. auch ἀξιοῦν: Lk
   7,7a) nicht der urspr Q-Fassung der Geschichte angehörte.
7. Die Verwendung des Gen.abs. ist der Q-Überlieferung nicht
   geläufig. Als sicherer Beleg gilt lediglich Mt 11,7/Lk
   7,24, wo aber keine Wortlautübereinstimmung besteht (S. 127
   sub 3.22). Daher muß es zumindest fraglich sein, ob der Gen.
   abs. in 7,6 (αὐτοῦ...ἀπέχοντος) - falls nicht red-lk (S. 193
   sub Nr. 77c und S. 198 sub c) - eine urspr Q-Wendung wiedergibt.

   Kein Indiz gegen einen Q-Ursprung bieten demgegenüber solche Wörter oder Wendungen, die zwar in Q sonst nicht mehr vorkommen, deren Verwendung im Text aber eher sachlich bedingt
   zu sein scheint. Hierher gehören beispielsweise κακῶς (innerhalb der Wendung κακῶς ἔχων: 7,2), τελευτᾶν innerhalb der
   Wendung ἤμελλεν τελευτᾶν: 7,2), ἑκατοντάρχης (7,2.6), πρεσβύτεροι τῶν Ἰουδαίων (7,3) und vielleicht auch μακρὰν ἀπέχειν
   (7,6); freilich muß bei dieser letzten Wendung bedacht werden,
   daß auch eine Bildung von μακρὰν εἶναι in Q zu erwarten wäre,
   was aus ihrem Gebrauch in Mk 12,34; Mt 8,30 und Joh 21,8 zu
   entnehmen ist (S. 192f sub Nr. 77c).

   Einige andere Wörter, die ebenfalls in Q sonst nicht sicher belegt sind, zeigen ein so geringes Gesamtvorkommen innerhalb der Evv, daß ohnehin von der Stat her kaum sichere
   Schlüsse bzgl. eines Q-Ursprungs oder sek Entstehung gezogen

werden können. Hierher gehören Begriffe wie σπουδαίως (7,4: S. 178 sub Nr. 54) und παρέχειν (7,4: S. 179 sub Nr. 58) u.a.

Zusammenfassend zur Begriffswahl und zu den angewandten Konstruktionen läßt sich sagen: Im Vergleich mit der Vorlage des Mt zeigt die des dritten Evangelisten eine höhere Zahl an Wörtern und Wendungen, die in Q sonst nicht mehr vorkommen. Das aber heißt: Was Wortwahl und Stil betrifft, entspricht Mt 7,28a; 8,5-10.13 eher als Lk 7,1-10 dem in Q sonst zu beobachtenden Befund. Dieses Ergebnis ist freilich insofern relativ, als (a) die höhere Zahl der in Lk 7,1ff angetroffenen und bei Q nicht üblichen Wörter/Wendungen in einem gewissen Maße einfach durch den breiteren Erzählungsteil in Lk 7,3-6ab.7a.10 im Vergleich mit Mt 7,7-8a.13 bedingt sein könnte, (b) einige der oben angegebenen Wörter/Wendungen eventuell bereits von Lk selbst als Ersatz für andere Begriffe und Konstruktionen seiner Vorlage verwendet worden sein könnten[15], und (c) Q selbst keineswegs, was Wortwahl und Stil anbelangt, einheitlich ist[16].

Ein beachtliches Indiz gegen eine Q-Ursprünglichkeit von Lk 7,1ff liegt freilich in dem umfangreicheren Erzählteil, den es gegenüber Mt 8,5ff aufweist (vgl. Lk 7,3-6ab.7a.[10]) mit Mt 8,7.8a[13]), denn - wie bereits erwähnt (S. 243) - findet sich in keiner anderen Q-Erzählung der narrative Teil so breit dargestellt.

3.335. Lk 7,1-10 unter Einfluß des lk Sg.

Die Gesamtanalyse ergab (S. 239ff), daß weder Mt 8,5-10.13 in dem von Lk 7,1ff divergierenden Erzählteil als sek-mt Verkürzung der Lk-Fassung, noch Lk 7,1-10 in den über Mt enthaltenen Teilen als sek-lk Erweiterung der Mt-Fassung erklärt werden können; wohl aber, daß hinsichtlich der Begriffs- und Stilwahl wie auch hinsichtlich des Umfanges die mt Fassung im Verhältnis zur lk dem üblichen Befund in Q eher entspricht.

---

15 Dies könnte etwa auf ἐρωτᾶν (s.o.S. 166f sub Nr. 42a), παραγίνεσθαι (S. 173 sub Nr. 50a), die Verwendung des pleonastischen λέγων/λέγοντες (s.o.S.174f sub Nr. 52b) u.a. zutreffen.

16 Vgl. dazu Harnack, Sprüche 102-115.

So muß versucht werden, für die Entstehung des von Mt 8,5-
10.13 stark divergierenden Teiles der Lk-Fassung (Lk 7,2-6ab.
7a.10) eine plausible Erklärung zu finden. Hierzu lieferte
nun die Stat und Stilkritik auch einen positiven Beitrag insofern, als die in Lk 7,2aß.b.3-6a.7a.10 enthaltenen und von
Mt divergierenden Partien nach Wortwahl und Stil gut mit dem
lexikalischen und stilistischen Befund anderer Sg-Stücke innerhalb des dritten Ev übereinstimmen; es kann daher für
wahrscheinlich gelten, daß die angegebenen Partien nicht
urspr Q-Wortlaut, vielmehr eine im lk Sg enthaltene und von
Lk verwendete Trad widerspiegeln. Da die Indizien zu dieser
Annahme jeweils in der Zusammenfassung zur stat Analyse der
einzelnen Verse und Versteile genannt wurden, können wir uns
hier darauf beschränken, lediglich auf die entsprechenden
Seiten unserer Arbeit zu verweisen: S. 149 (zu Lk 7,2aß.b);
170-172 (zu Lk 7,3); 180-182 (zu Lk 7,4); 186-188 (zu Lk 7,5);
196-198 (zu Lk 7,6ab); 205f (zu Lk 7,7a) und 234-236 (zu Lk
7,10). Im Laufe der stat Analyse erwiesen sich alle die im
folgenden aufzustellenden Wörter der lk Fassung der Hauptmannsperikope, die nicht oder anders in der Mt-Fassung begegnen, als mehr oder weniger charakteristisch für den in den
Sg-Partien des dritten Evangelisten gebrauchten Wortschatz;
wenn auch vielleicht nicht im Bezug auf alle das Wort "charakteristisch" als angemessen empfunden werden mag, so müssen
sie doch zumindest im lk Sg für gut belegt gehalten werden,
wenn man ihren Befund darin mit dem in den anderen von Lk
innerhalb seines Ev benutzten Quellen vergleicht. Übersichts-
halber stellen wir sie im folgenden alphabetisch und mit Verweis auf die Studien von Easton, Rehkopf, Gaston und Jeremias
auf[17]:

---

17 Vgl. Easton, Linguistic evidence for the Lucan source L,
   JBL 29 (1910), 139-180; Rehkopf, Sonderquelle 91-99; Gaston, Horae 31-33.68ff und Jeremias, Sprache, passim, bes.
   151-157. Unter "u.A." (= unsere Arbeit) geben wir jeweils
   die stat Numerierung des einzelnen Wortes mit zusätzlicher Angabe der Seite, auf der die Analyse durchgeführt wurde, an.

Begriff	Easton	Rehkopf	Gaston	Jeremias	u.A.	
ἀγαπᾶν	179	91			60	/182f
ἄξιος		92			55	/178f
ἀπέχειν		92			77b	/192
ἔντιμος	160				27d	/148
ἐρωτᾶν	161				42a	/166f
εὑρίσκειν			73		113	/232f
ἤμελλον	163				26a	/146f
ἤδη		94			73	/191
παραγίνεσθαι	164				50a	/173
πέμπειν	164				80	/195
πορεύεσθαι			80		71a	/189
στραφείς	149	97		155	94	/210f
σύν			82		71b	/189f
ὑποστρέφειν			83		111a	/230
φίλος	150	97	83	153	81	/195

Sicherlich könnte bei dem einen oder anderen Begriff gezweifelt werden, ob er tatsächlich dem vom lk Sg und nicht
eher dem von Lk selbst mit Bevorzugung benutzten Wortschatz
zuzuordnen wäre. Doch scheint uns in kumulativer Hinsicht
der Befund gewichtig. Daß Lk 7,1ff tatsächlich unter Einfluß
des lk Sg steht, kann noch durch zwei weitere Beobachtungen
erhärtet werden:
1. Auch zwei innerhalb von Lk 7,1ff gebrauchte Wendungen
   scheinen charakteristisch für das lk Sg zu sein:
a: Die Wendung μακρὰν ἀπέχειν (7,7b: vgl. Lk 15,20 Sg, aber
   Apg 17,27: μακρὰν ὑπάρχειν!).
b: Das asyndetisch konstruierte λέγω ὑμῖν (7,9b), das zwar
   auch 5x in QLk vorkommt (7,9.28; 10,12; 15,7 und 19,26
   diff Mt), doch zweifellos vom lk Sg bevorzugt wird: vgl.
   Lk 11,8; 15 10; 17,34; 18,8.14 und 19,40 (S. 216).
2. Sieht man von den lk Eingriffen in seine Vorlage ab, so
   ergeben sich auch aus stilistischen Beobachtungen zu Lk
7,1ff keine grundsätzlichen Bedenken gegen die Annahme eines
Ursprunges aus dem lk Sg. In dieser Traditionsschicht findet
sich nämlich die überwiegende Mehrzahl der Konstruktionen innerhalb von Lk 7,1ff mehrfach belegt. Hingewiesen sei auf:
a: 'Ακούειν + περί (7,3: vgl. 16,2 und 23,8 und S. 162 sub
   Nr. 36c).

b: Pleonastisches λέγων/λέγοντες (7,4.6: S. 174f sub Nr. 52b).

c: Die Parataxe am Anfang (7,10: S. 235 mit Anm. 58) und in der Mitte des Satzes (7,5)[18].

d: Abundierender Gebrauch von ἔρχομαι (7,3: S. 168 mit Anm. 83).

e: Ἔρχομαι + πρός + Angabe der Person (7,7a: S. 204f sub Nr. 90d).

f: Die Verwendung des Artikels mit nachgestelltem δέ (7,4: οἱ δέ; 7,6: ὁ δέ - S. 188 sub Nr. 69c und 172f sub Nr. 49).

g: Ὑποστρέφειν + εἰς τὸν οἶκον (7,10: S. 231f sub Nr. 111c).

h: Der Gen.abs. (7,6: S. 193f).

i: Ἀπέχειν mit Wiederholung der Präposition (7,6: S. 194 sub Nr. 78).

Lediglich für ἀποστέλλω + πρός (7,3: S. 164 sub Nr. 39c) und ἐρωτᾶν + ὅπως (7,3: S. 167f sub Nr. 42c) bietet das lk Sg keinen Beleg. Bei der Konstruktion παρεκάλουν...λέγοντες ὅτι (7,4: S. 176f sub Nr. 52d), die sonst weder im LkEv noch in der Apg vorkommt, ließ sich ein Ursprung aus dem lk Sg wahrscheinlich machen, obwohl die Möglichkeit einer lk Red nicht prinzipiell ausgeschlossen werden kann.

Zusammenfassend läßt sich sagen: Auf Grund der aufgeführten Indizien ist bei den in Lk 7,1ff von Mt 8,5ff divergierenden Erzählpartien mit Traditionsgut des lk Sg zu rechnen.

3.4. Die Besonderheiten der Lk- und Mt-Fassung.

Im folgenden wenden wir uns den Besonderheiten beider Fassungen der Erzählung zu, und zwar vor allem unter Berücksichtigung ihrer red Verarbeitung durch den jeweiligen Evangelisten.

3.41. Überlieferungs- und redaktionsgeschichtliche Erwägungen zu Lk 7,1-10.

Wird in Lk 7,1-10 mit Einfluß von Traditionen aus dem lk Sg gerechnet und hält man Mt 8,5-10.13 in seinem Grundbestand für eine Q-Überlieferung[1], so bleiben überlieferungsgeschicht-

---

18 Zahlreiche Beispiele für diese Konstruktion innerhalb des lk Sg sind aus Bruder, Tamieion 467 zu entnehmen: vgl. Lk 1,13f.16.27.31.45.76; 2,26f; 3,23; 11,5; 16,1.19 usw.

1 Vgl. dazu o.S. 240-243 und u.S. 269f.

lich für die Lk-Fassung praktisch nur noch zwei Hauptmöglichkeiten offen: 1. Der Sg-Stoff enthielt bereits vor-lk die
stark mit Mt übereinstimmenden Teile (Lk 7,1.6c.7b-9), so daß
Lk ihn entweder (a) als Ganzes gegenüber der Q-Tradition bevorzugte oder (b) als Ganzes schon in dieser Modifizierung
innerhalb seines Q-Exemplares vorfand. 2. Der Sg-Stoff enthielt auch gegenüber Lk 7,1.6c.7b-9 eine andere Fassung, so
daß Lk 7,1-10 als eine lk Kombination von Q und Sg-Stoff zu
deuten wäre.

Von diesen zwei Möglichkeiten hat u.E. die zweite die geringere Wahrscheinlichkeit für sich, denn erstens muß ein gegenüber Lk 7,1.6c.7b-9 differierender Stoff in diesem Sg reine Vermutung bleiben[2], und zweitens ist die Annahme lk Quellenkombinationen infolge seines Blockverfahrens sehr frag-
würdig[3]. Zumindest wird man sagen können, daß im Vergleich
mit Mt lk Quellenkombinationen äußerst selten auftreten.

Wahrscheinlicher ist somit die erstgenannte Möglichkeit,
wonach Lk die Perikope als Einheit entweder aus seinem Q-
Exemplar oder aus seiner Sg-Tradition übernahm. Obwohl eine im
lk Q-Exemplar erweiterte Hauptmannsperikope nicht prinzipiell
abzulehnen ist, scheint uns jedoch die in Lk 7,1-10 mehrfach

---

2 Vgl. dazu z.B. Schlatter, Lk 252: "Die Rede des Hauptmanns
  muß in der Quelle (sc Traditionsgut, das Lk weder von Mt
  noch von Mk übernahm) nahe mit dem verwandt gewesen sein,
  was er bei Mat. sagt. Auch bei ihr bewog er Jesus durch die
  Weise, wie er bat, ihm die Heilung zu gewähren, und auch
  bei ihr kam zum Ausdruck, daß mit dem Wort Jesu dem Bittenden alles gegeben sei, was er bei Jesus suche. Wie aber im
  einzelnen das Gespräch formuliert war, ist nicht mehr erkennbar".

3 Dies wird eindeutig in Morgenthalers Statistischer Synopse
  erwiesen. Seine Untersuchung zu den Wort-, Satz- und Peri-
  kopenfolgen ergab als Resultat, daß die lk Tendenz auf den
  drei erwähnten Ebenen deutlich in die Richtung verläuft,
  (Parallel)Traditionen nicht zu mischen (vgl. ders., Statistische Synopse 159.224 und 272-274). In unserem Fall einer
  eventuellen Perikopenmischung sei auf ders., ebd. 272f verwiesen: "Gemischt sind die Traditionen natürlich sowohl bei
  Mt wie bei Lk. Aber ein charakteristischer Unterschied ist
  sofort abzulesen: Lk setzt die verschiedenen Traditionen
  mit Vorliebe in großen Blöcken parataktisch nebeneinander.
  Er mischt also, summarisch gesagt, Traditionsblöcke. Mt
  aber mischt wirklich Perikopen". Ganz anders urteilt freilich Schramm, Mk-Stoff, passim.

zu beobachtende Verwendung geprägter Terminologie und Stil
des lk Sg eher für die Annahme zu sprechen, der dritte Evangelist habe in Lk 7,1-10 einen Q-Abschnitt durch die entsprechende Parallelversion seines Sg ersetzt[4]. Zu dieser Annahme würde gut die judenchristliche Färbung der Erweiterung
passen[5]. Auch die Tatsache, daß auf Lk 7,1-10 unmittelbar
eine weitere Wundergeschichte aus dem lk Sg folgt (7,11-17),
sollte beachtet werden.

Falls diese Annahme stimmt, so müßte freilich vorausgesetzt werden, daß die Tradenten des lk Sg von Q oder zumindest vom Q-Wortlaut der Hauptmannsperikope Kenntnis hatten.
Andernfalls wäre es kaum erklärbar, daß Lk 7,6c.7b-9 mit Mt
8,8b-10 so stark in der Wortfolge und im Wortlaut übereinstimmen. Vielleicht enthalten sogar noch folgende Wörter und
Wendungen Reminiszensen einer vor-lk Bearbeitung der von Mt
aus Q verwendeten Vorlage:

a. Das οἰκία/οἶκος-Motiv in Lk 7,6.10 (vgl. Mt 8,6. [13])[6].

b. παρεκάλουν αὐτόν... λέγοντες ὅτι (Lk 7,4a), verglichen mit
παρακαλῶν αὐτὸν καὶ εἶπεν aus Mt 8,5f[7].

---

4 Zum lk Verfahren, Perikopen des Mk durch Parallelversionen
  aus seinem Sg oder aus der Q-Überlieferung zu ersetzen,
  vgl. Taylor, Behind the third Gospel 137-143; Morgenthaler,
  Synopse, 245-250; Schürmann, Dublettenvermeidungen, TU,
  279-289, passim und Grundmann, Lk 8 u.a. Diese Arbeitsweise
  des Lk gegenüber Mk berechtigt zur Annahme, daß er ein ähnliches Verfahren gegenüber Q angewendet haben könnte, wo
  seine Sg-Überlieferung ihm eine Parallelversion bot. Dies
  vermutet z.B. Schürmann, Protolukanische Spracheigentümlichkeiten?, TU, 209-227, 212f für folgende Stücke: Lk 14,
  15-24; 19,12-22 und 22,24-26.28-30 diff Mt. Ähnlich äußert
  sich auch Polag, Umfang 32ff.38ff zu Lk 14,15-24 und 19,12-
  22. Bei Lk 22,28-30 rechnet er freilich nicht mit einem Sg-
  Stück, sondern mit lk Red der urspr Q-Überlieferung (vgl.
  Mt 19,28): ebd. 45ff. Was schließlich Lk 22,24-26 (vgl. Mt
  23,11) anbelangt, so ist er derMeinung, dieses Stück gebe weder in der Lk- noch in der Mt-Fassung eine urspr Q-Tradition
  wieder (ebd. 56).

5 Vgl. zum judenchristlichen Charakter des lk Sg Easton,
  Special source 87-90 und aus neuerer Zeit etwa Gaston, No
  stone on another 256-276.311-334, obwohl bei seinen Ausführungen auch das Q-Material berücksichtigt wird, da er
  die Proto-Lukas-Theorie vertritt (ebd. 244-256).

6 Vgl. dazu o.S. 139f sub Nr. 21; 194f sub Nr. 79; 231 sub
  Nr. 111b.

7 Vgl. dazu die Ausführungen zu παρακαλεῖν o.S. 129f sub Nr.
  13 und 174 sub Nr. 52a.

c. Die Ähnlichkeit der Formulierungen zwischen Mt 8,7b und
   Lk 7,3c:

   (Mt 8,7b) ἐγὼ ἐλθὼν θεραπεύσω   αὐτόν
            ὅπως ἐλθὼν διασώσῃ τὸν δοῦλον αὐτοῦ[8].

d. Die Übereinstimmungen zwischen Lk 7,10 und dem rekonstru-
   ierten Wortlaut zu Mt 8,13c[9]:

   (Lk) καὶ ὑποστρέψαντες εἰς τὸν οἶκον...εὗρον τὸν δοῦλον
   (Mt) καὶ ἀπελθὼν   εἰς τὴν οἰκίαν εὗρεν τὸν παῖδα
   (Lk) ὑγιαίνοντα
   (Mt) ἰαθέντα[10].

Ob man all diese Berührungen wirklich nur kasual deuten kann,
scheint uns fraglich. Vor allem die Übereinstimmungen in der
Verwendung von παρακαλεῖν und dem Ptz. ἐλθὼν dürften auf eine
literarische Überarbeitung hinweisen. Lk 7,1-10 wäre unter
diesen Voraussetzungen als <u>eine vor-lk sek erweiterte Q-Peri-
kope zu definieren</u>.

   Diese Definition würde der tatsächlichen Überlieferungsgeschichte von Lk 7,1-10 um so wahrscheinlicher entsprechen,
als sich zeigen ließe, daß auch der in Lk 7,6c.7b-9 mit der
Mt-Fassung stark übereinstimmende Teil schon Spuren einer vor-
lk Bearbeitung aufzeigt. Dafür sind in der Tat zwei Indizien
vorhanden: a. Das erste ist die Verwendung des Ptz. στραφείς
in Lk 7,9a, das mit hoher Wahrscheinlichkeit vor-lk ist[11].
Daß es kaum aus Q stammt, geht daraus hervor, daß Mt es in
diesem Falle nicht sek gestrichen hätte[12]. b. Das zweite ist
das asyndetisch konstruierte λέγω ὑμῖν in Lk 7,9b[13]. In Q
kommt dafür kein sicherer Beleg vor. Auch Lk wird die Wendung kaum selbst gebildet haben, da er sie niemals in seiner
Mk-Bearbeitung einfügt und außerdem das Asyndeton öfter vermeidet. So ist es wahrscheinlich, daß auch diese Wendung auf
Sg-Einfluß zurückzuführen ist, wofür die mehrfachen Belege
innerhalb dieser Traditionsschicht sprechen (Lk 11,8; 15,10;
17,34; 18,8.14 und 19,40).

   Zusammenfassend läßt sich sagen: Überlieferungsgeschichtlich unterlag Lk 7,1-10 den Einflüssen mehrerer Tradenten.

---

8 Vgl. dazu die Besprechungen zu ἔρχομαι o.S. 155 sub Nr. 31
  und 168f sub Nr. 44.

9 Vgl. zur Rekonstruktion von Mt 8,13c o.S. 229f.

10 Vgl. dazu o.S. 229f und 234-236.

11 Vgl. dazu o.S. 210f sub Nr. 94.

12 Er fügt nämlich στραφείς 2x red in seinen Mk-Stoff ein: 9,
   22 und 16,23 (s.o.S.210f sub Nr. 94).

13 Vgl. dazu o.S. 216 sub Nr. 96 und 249 sub 1.b.

Folgende Stadien der Überlieferung sind wahrscheinlich: a.
Primäre Formung in Q. b. Übernahme und Modifizierung bzw. Erweiterung durch Tradenten des lk Sg. c. Übernahme aus dem Sg
durch den dritten Evangelisten und lk Bearbeitung. d. Ersatz
der Q-Fassung durch das von Lk bearbeitete Sg-Stück bei der
Niederschrift seines Ev.

Diese überlieferungsgeschichtlichen Erwägungen werfen die
Frage auf, was Lk konkret dazu veranlaßt haben könnte, gegenüber der Q-Erzählung des Mt seiner Sg-Trad den Vorzug zu geben. Für Schlatter hängt diese Bevorzugung damit zusammen,
daß die Sg-Trad über keinen direkten Kontakt zwischen Jesus
und dem Befehlshaber berichtet, und somit das alleinige Vertrauen auf *das rettende Wort Jesu* betont. Dies passe insofern
besser als die Q-Erzählung in die Situation des dritten Evangelisten hinein, als ja auch in nachapostolischer Zeit der
Glaubende für seine Rettung allein auf das Wort angewiesen
ist[14]. Eine andere Deutung gibt Haenchen. Nach ihm hätte Lk
die Sg-Fassung "als Beweis dafür geschätzt..., daß der Centurio ein Mann guter Werke war, d.h. moralisch qualifiziert.
Nach Apg 10,35 ist Gott ja jeder Mensch recht, 'der ihn fürchtet und recht tut'. Daß Gott die Heiden in die Kirche auf-
nimmt, ist also kein Freibrief für heidnische Laxheit, sondern setzt die Gottesfurcht und Moral in ihre Rechte ein"[15].
Dies paßt zwar gut zusammen mit der bei Lk auch sonst mehrfach belegten Tendenz, die Praxis guter Werke zu unterstrei-
chen[16], berücksichtigt freilich lediglich die Tat des Centurio an den Juden, nicht aber zugleich auch das Verhalten
des Fürbitters gegenüber Jesus. Letzteres wird aber gerade in
der Sg-Trad dadurch unterstrichen, als nun Würdigkeit und Unwürdigkeit des Befehlshabers geradezu zum Hauptthema stilisiert werden[17]. Es ist deshalb zu vermuten, daß Lk zumindest

---

14 Vgl. Schlatter, Lk 251.

15 Vgl. ders., Johanneische Probleme 86f.

16 Vgl. dazu vor allem die lk Betonung des Almosengebens:
   Lk 11,41 diff Mt 23,26 und 12,33 diff Mt 6,19; ferner Apg
   9,36; 10,2.4.31 und 24,17. Zur Sache vgl. Marshall, Luke -
   Historian & Theologian 189-192.

17 Vgl. Lk 7,4b: ὅτι ἄξιός ἐστιν ᾧ παρέξῃ τοῦτο; 7,6c: οὐ γὰρ
   ἱκανός εἰμι κτλ. und 7,7a: διὸ οὐδὲ ἐμαυτὸν ἠξίωσα πρὸς σὲ
   ἐλθεῖν.

auch auf Grund des demütigen Verhaltens des Mannes, wie es
die Sg-Fassung über Q hinaus feststellt, dazu bewogen wurde,
dieser Fassung der Q-Erzählung den Vorzug zu geben. Dies würde gut mit anderen Stellen seines Ev zusammenpassen, in denen
ebenfalls ein demütiges Verhalten betont wird (vgl. etwa Lk
1,38.43.46-53; 2,51 und 18,9-14[18]). Die Situation,in der Lk
lebte und in Bezug auf welche gerade die in Lk 7,4b.6c.7a.
herausgearbeitete Demut des Befehlshabers von Wichtigkeit sein
könnte, wird wohl etwa der entsprochen haben, die Schnider/
Stenger folgendermaßen wiedergeben:

"Weiß man sich als wahres Israel, besteht die Gefahr, daß man
den Glauben, der die Scheidung brachte, als eigenen Vorzug
versteht und auf die herabschaut, die den Glauben nicht oder
nicht so haben. Das ist die Gefahr einer Kirche, der das Neu-
heitserlebnis im Alltag des Gewohnten zu versinken droht, und
die das Geschenktsein solchen Glaubens als Besitz mißzuver-
stehen sich anschickt"[19].

Beides also, die vom Zenturio·dem jüdischen Volke erwiesene
Liebestat und sein in 7,4b.6c.7a mit Nachdruck herausgearbei-
tetes demütiges Verhalten, könnten für die lk Bevorzugung der
Sg-Trad ausschlaggebend gewesen sein. Ob und inwieweit auch
Schlatter das Richtige trifft, wenn er auf die Bedeutung des
Wortes Jesu für Lk hinweist, muß letztlich offen bleiben.

3.42. Historische Erwägungen zu Lk 7,1-10.

Wie aus den Ergebnissen der stat und stilkritischen Analyse
hervorging, gehört die von Lk in Lk 7,1-10 benutzte Fassung
der Hauptmannserzählung im Vergleich mit der Q-Fassung einer
späteren Tradierungsphase an. Dies schließt freilich noch keineswegs aus, daß die lk Sg-Trad historisch fundierte Angaben
enthalten könnte. Da nun die Q-Erzählung erst in einem späteren Abschnitt historisch analysiert wird[20], sollen hier nur
solche Angaben der Sg-Trad ins Auge gefaßt werden, die sich
von der mt Fassung unterscheiden oder gar im Gegensatz zu ihr
stehen.

---

18 Die Stellen sind aus Schnider/Stenger, Synoptiker 79 entnommen.
19 Vgl. ders., a.a.O. 78.
20 S.u.S. 403ff.

Charakteristisch für die Lk-Fassung ist erstens, daß der
Zenturio und Jesus sich nicht direkt treffen, sondern der Befehlshaber durch Gesandtschaften von "Ältesten" und "Freunden"
vermitteln läßt. Für die Historizität der Gesandtschaften
könnte sprechen, daß sie "typisch orientalisch sind", worauf
Gaechter hinweist[21]. Auch nach Schürmann besteht kein Grund,
an der Historizität der Gesandtschaften zu zweifeln, wofür er
Joh 12,20ff und Apg 10,5.7f.17ff anführt[22]. Hinzu kommt, daß
auch die Funktion der πρεσβύτεροι als Lokalbehörde, wie sie
hier anscheinend vorausgesetzt ist, mit den bestehenden Verhältnissen z.Z. Jesu übereinstimmt[23]. Demgegenüber spricht
aber gegen die in Lk 7,3ff beschriebene Beteiligung der Gesandtschaften die joh Traditionsvariante in Joh 4,46-54: Sie
stimmt darin mit Mt 8,5ff überein, daß weder von einer Gesandtschaft der πρεσβύτεροι noch der φίλοι in ihr die Rede
ist. Außerdem sind die Worte des Zenturio in Mt 8,8f/Lk 7,6c.
7b.8 in der ersten Person gehalten; ihr äußerst persönlicher
Ton ist zudem "als Botschaft eines Abwesenden Lc 6-8 viel
schlechter" als "die nur durch den Zwang des Augenblicks ein-
gegebenen Worte Mt 8-9" "motiviert"[24]. Diese Gegenargumente
sind u.E. schwerwiegender als die positiven Indizien, weshalb
auch wir der Meinung sind, *das Gespräch des Befehlshabers mit
Jesus habe direkt stattgefunden.*
Nach dem Gesagten bleibt für die Beurteilung der Gesandtschaften noch eine Deutungsmöglichkeit offen, die auf eine

---

21 Vgl. Gaechter, Mt 265; s. etwa II Reg 19,20ff.

22 Vgl. Schürmann, Lk 395.

23 Vgl. dazu Schürer, Geschichte II, 224 und ders., History
   II, 185. Auch in der Theodotosinschrift kommen πρεσβύτεροι
   als Amtsbezeichnung der Synagogenvorsteher vor: darauf
   wiesen etwa Deissmann, Licht vom Osten, 380, Anm. 9 und
   Bornkamm, Art. πρέσβυς, ThWNT VI, 660, Anm. 55 hin.

24 Vgl. Kostermann, Mt 74. S. auch ders., Lk 85: "...das demütige Bekenntnis des Hauptmanns, daß er den eben erst er-
   betenen Besuch Jesu in seinem Hause überhaupt nicht ver-
   diene, ist ebenso wie auch das gläubige Erfassen einer
   doch immer noch verbleibenden Möglichkeit psychologisch
   verständlich nur in der Mtform, wo Jesus zunächst zu kommen zögert (...), und der Hauptmann das persönlich erleben
   muß; als 'auswendig' gelernte Bestellung im Munde der zweiten Gesandtschaft klingen die Worte hölzern... Endlich ist
   die Anerkennung der πίστις des Hauptmanns matter, wenn sie
   ihm nicht selbst ausgesprochen wird".

historische Reminiszenz schließen läßt: Vielleicht fand eine
Vermittlerrolle zwischen dem Hauptmann und Jesus durch Gesandtschaften *vor* ihrer Begegnung und dem sich daran anschließenden persönlichen Gespräch statt. War der Centurio
ein Gottesfürchtiger und hatte er sich am Bau einer Synagoge
irgendwie beteiligt (s.u.), so scheint es uns durchaus plausibel, daß πρεσβύτεροι τῶν Ἰουδαίων ihm zur Begegnung mit Jesus behilflich gewesen waren. Auch seine φίλοι könnten daran
beteiligt gewesen sein, eine Begegnung zwischen Jesus und dem
Befehlshaber zu begünstigen; vorausgesetzt werden müßte aber
in diesem Falle, daß all dies <u>vor</u> dem persönlichen Gespräch
stattfand! Dies muß aber reine Vermutung bleiben, da der
Text selbst dazu keine näheren Anhaltspunkte bietet.

Ein zweites Charakteristikum der lk Sg-Trad besteht darin,
daß nach ihr der heidnische Zenturio "aus eigenen Mitteln"[25]
den Bau einer Synagoge gestiftet habe (Lk 7,5). Wohl liest
man von vereinzelten heidnischen Stiftungen für Synagogen[26],
doch muß eine Aussage wie καὶ τὴν συναγωγὴν αὐτὸς ᾠκοδόμησεν
ἡμῖν über einen Heiden für das Palästina z.Z. Jesu zumindest
mit Marshall[27] als "unusual" bezeichnet werden.

Die Angabe in Lk 7,5 ist historisch mit mehreren Schwierigkeiten verbunden, die im folgenden kurz erwähnt seien:
1. Der Bericht in Lk 7,5 setzt eine sehr große Offenheit der
   Juden gegenüber den Heiden voraus. Diese vorausgesetzte
Offenheit fiel schon Dalman[28] auf, der ihr gegenüber Bedenken
erhob. Eher ließe sich noch die Angabe in Lk 7,5 dann verstehen, wenn der Zenturio unter die "Gottesfürchtigen" zu
zählen wäre[29], wodurch sein Einsatz im Bau der Synagoge ver-
ständlicher würde. Obwohl diese Möglichkeit uns durchaus
plausibel zu sein scheint, muß aber dann immer noch fraglich
bleiben, ob die Juden Kafarnaums so offen gegenüber den

---

25 Richtig deuten das αὐτός Hahn, Lk I, 459; Plummer, Lk 195
   (= "At his own expense...") und Hauck, Lk 94. Hahn, a.a.O.
   schreibt: "αὐτός weder: er als Heide (Bl.), noch: aus frei-
   en Stücken (Beng.), noch: durch seine eigenen Leute (Starke), sondern: mit eigenen Mitteln (...)". Diese Deutung
   empfiehlt sich durch den Kontext der Synagogenstiftung.
   Αὐτός muß u.E. daher hier synonym zu ἐκ τῶν ἰδίων aufgefaßt werden, einer Wendung, die mehrmals in Stiftungen begegnet (s. dazu Hengel, Stobi 163, Anm. 162).

26 Vgl. p Meg 3 (74a, Z.25 [dazu: Strack/Billerbeck II, 720
   und IV.1, 140 sub ζ.b.]) und T Meg 3,5 (S. 224 [dazu:
   Strack/Billerbeck IV.1, 142f sub 6.A.d.]); zur zweiten Stelle s. auch b Ar 6a und zur Sache Krauss, Synagogale Altertümer 306-316.

27 Vgl. Marshall, Lk 280.

28 Vgl. ders., Orte und Wege 150f.

29 Vgl. zu den Gottesfürchtigen Siegert, Gottesfürchtige
   und Sympathisanten, passim.

Gottesfürchtigen waren, daß sie einem einzigen von ihnen die
Stiftung einer gesamten Synagoge erlaubt hätten[30].
2. Für den in Lk 7,5 beschriebenen Vorgang der Stiftung einer ganzen Synagoge durch eine Einzelperson lassen sich
zwar vereinzelte Belege anführen, doch gehören diese entweder fast alle der nachapostolischen Zeit an oder sind der
Diaspora entnommen[31].

---

30 In dieser Frage helfen auch die rabbinischen Quellen kaum
   weiter. Siegert, a.a.O. 120-126 stellt heraus, daß die
   Offenheit der Rabbinen gegenüber den Gottesfürchtigen in
   ntl. Zeit schwer abschätzbar ist; ähnliches sei auch für
   die Art von Kontakten zwischen Juden und Gottesfürchtigen
   im Palästina der Zeit Jesu zu konstatieren; auch "Rege-
   lungen, die die Gottesfürchtigen oder den jüdischen Umgang mit ihnen direkt betreffen, sind nicht erhalten, auch
   nichts wie eine Definition des Prädikators jere šamajim.
   Wahrscheinlich hat es dergleichen nie gegeben. Vielmehr
   hat man jedem Gottesfürchtigen die Weise seines Anschlus-
   ses ans Judentum selbst überlassen" (Siegert, ebd. 125).

31 Belege aus der Diaspora geben Hengel, Stobi 169f und
   Krauss, a.a.O. (Anm. 26) 307 an. Man pflegt für Lk 7,5
   (vgl. etwa Lagrange, Lk 206; Creed, Lk 101; Klostermann,
   Lk 86 und Ernst, Lk 240) auf die Inschrift von Athribis
   zu verweisen (vgl. Frey, CIJ II, 370, Nr. 1443; Lifshitz,
   Donateurs 79, Nr. 95). Doch ist dort die Synagoge nicht
   alleine von dem ἐπιστάτης τῶν φιλακιτῶν gestiftet worden
   - die οἱ ἐν Ἀθρίβει Ἰουδαῖοι werden ebenfalls erwähnt! -
   und es ist auch nicht sicher, ob der dort erwähnte ἐπιστάτης
   tatsächlich ein Heide war (vgl. dazu Schürer, Geschichte
   III, 43.132 und Tcherikover/Fuks, CPI I, 17 mit Anm. 46).
   Deutlicher liegt der Fall aber bei einer Inschrift aus
   Phrygien (vgl. Frey, CIJ II, 27f, Nr. 766; Lifshitz,
   a.a.O. 34-36, Nr. 33 und Schürer, a.a.O. 20f), wo von einem τὸν κατασκευασθέντα οἶκον ὑπὸ Ἰουλίας Σεουή[ρας...
   die Rede ist, die als Oberpriesterin des Kaiserkultes tätig war (s. dazu Siegert, a.a.O. 126). Aus dem palästinischen Raum, wäre vor allem auf die Theodotosinschrift zu
   verweisen, da sie einen Beleg für das 1. Jh. liefert (vgl.
   Frey, CIJ II, 332-335, Nr. 1404; Lifshitz, a.a.O. 70f,
   Nr. 79; Hüttenmeister/Reeg, Synagogen I, 192-195 und Deissmann, Licht vom Osten 378-380 u.a.). Wenn es hier von Theo-
   dotos heißt, daß er ᾠκοδόμησε τὴν συναγωγ[ή]ν..., so muß
   freilich bedacht werden, daß das Verb weder durch ein
   αὐτός, wie in Lk 7,5, noch durch ein ἐκ τῶν ἰδίων näher
   präzisiert wird. Hinzu kommt, daß wenigstens zur Grund-
   steinlegung (vgl. das ἐθεμελ[ίω]σαν!) auch weitere Personen beteiligt waren (vgl. zu diesen Vorbehalten Hengel,
   Stobi 164). Einen weiteren Beleg liefert eine Inschrift
   aus Chorazim (vgl. Frey, a.a.O. 166, Nr. 981 und Hütten-
   meister/Reeg, a.a.O. 275-281), wo es von einem gewissen
   Judan ben Ismael heißt   דעבד הדן סטוה ודרגוה (der gemacht
   hat diese "Stoa" und die Stufen). Doch ist es hier umstritten, ob   סטוה   tatsächlich Synagoge bedeutet (vgl. die
   verschiedenen Deutungen bei Hüttenmeister/Reeg, a.a.O.

3. In engem Zusammenhang mit Punkt 2. steht die Frage, ob
"ein nicht sonderlich besoldeter Zenturio"[32] überhaupt in
der Lage gewesen wäre, die Stiftung einer ganzen Synagoge aus
eigenen Mitteln zu bestreiten. Haenchen schreibt: "Ein Feldwebel oder Kompanieführer - der Rang eines Centurio läßt sich
mit unseren Begriffen schwer wiedergeben - hatte auch damals
keine so großen Einnahmen, daß er (abgesehen von weiteren
reichen Gaben - 'er liebt unser Volk') die Baukosten für eine
Synagoge bestreiten konnte"[33].

---

281); auch stammt die Synagoge aus späterer Zeit, "aus dem
Ende des 2. und dem Beginn des 3. Jahrhunderts" (Hütten-
meister/Reeg, a.a.O.). Ebenfalls aus späterer Zeit (= 4.
Jd.) stammt eine Inschrift aus Tafas (vgl. Frey, a.a.O.
96f, Nr. 861; Lifshitz, a.a.O. 49f, Nr. 63; Hüttenmeister/
Reeg, a.a.O. 433f), nach der drei Personen, "'Ιάκωβος καὶ
Σεμουῆλος καὶ Κλημάτιος πατὴρ αὐτῶν τὴν συναγωγὴν οἰκο-
δόμησ [αν]".
   Die angeführten Beispiele zeigen, daß der Bau ganzer
Synagogen durch Privatpersonen in Palästina z.Z. Jesu zwar
im Rahmen des Möglichen steht (vgl. Hengel, Stobi 164),
zugleich ist aber die geringe Zahl solcher Fälle ein Indiz
dafür, daß auch unter diesem Aspekt die Angabe in Lk 7,5
zumindest mit Vorbehalt gelesen werden muß.

32 Vgl. Schürmann, Lk 392, Anm. 19.

33 Vgl. ders., Johanneische Probleme 85. Ähnlich äußert sich
Ernst, Lk 239: "Die Bemerkung von V.5, er habe eine Synagoge bauen lassen, überschätzt die Möglichkeiten eines
Offiziers in untergeordneter Stellung;..." Diesem Argument
haftet freilich eine gewisse Relativität, denn (a) wird
uns über Ausmaß und Größe der Synagoge nichts berichtet,
und (b) ist uns nichts bekannt über den tatsächlichen Zen-
turionensold unter Herodes Antipas.
Ad a: "Da über die bauliche Gestaltung der Synagogen aus
      nt.licher Zeit nichts bekannt ist" (vgl. Schrage,
Art. συναγωγή κτλ., ThWNT VII, 815f), könnte die in Lk 7,5
erwähnte Synagoge durchaus im Vergleich mit der für die
spätere Zeit bezeugten basilikalen Bauform einen einfa-
cheren Bautypus dargestellt haben, der etwa dem eines Pri-
vathauses oder einer Halle entsprach (vgl. dazu Schrage,
a.a.O. 816f mit Anm. 123).
Ad b: Wenn auch die Quellen über Herodes Antipas keine An-
      gaben über den von ihm bezahlten Militärsold enthal-
ten, so wird man wohl davon ausgehen können, daß zwischen
dem Sold eines römischen und dem eines unter Antipas die-
nenden Centurio keine grundsätzlichen Unterschiede bestanden haben. Stimmt diese Annahme, so bleibt immerhin noch
insofern eine Ungewißheit bestehen, als innerhalb der römischen Zenturionenklasse eine verschiedene Rangordnung
bestand (vgl. dazu Domaszewski, Rangordnung 90-97 und ebd.
XXIII-XXV; Kromayer/Veith, Heerwesen 514f mit 400f und 317-
323: auch o.S. 62), und dementsprechend auch der Jahressold
der einzelnen Zenturionen ein unterschiedlicher war, was
zur Folge hat, daß, je nachdem man den ἑκατοντάρχης von Lk
7,1ff "tariflich" einstuft, auch die historische Möglichkeit seiner Synagogenstiftung an Wahrscheinlichkeit gewinnt

In Anbetracht dieser Schwierigkeiten bzw. Unsicherheiten könnten andere Deutungen erwogen werden. Denkbar wäre z.B., daß
die Erwähnung der Synagogenstiftung nur als ein literarisches
Mittel anzusehen ist, dessen Zweck es ist, den Zenturio deutlich als Gottesfürchtigen und die "Ältesten" als solche, die
einem derartigen Verhalten offen gegenüber stehen, zu kennzeichnen. In diesem Falle wäre die Erwähnung wohl mit einem
apologetischen Motiv verbunden: Die Tradenten waren interessiert, eventuelle jüdische Einwände gegen die Annahme von
Gottesfürchtigen in den Gemeinden abzuwehren. Als "Sitz im
Leben" von Lk 7,1-10 wäre dann etwa mit Schürmann anzugeben:
"Damals haben führende Juden selbst den Kontakt zwischen Jesus und dem Heiden hergestellt - sie sollten nun nicht gegen
die Heidenkontakte der Christusgläubigen opponieren"[34]. Die
Schwäche einer derartigen Deutung liegt aber darin, daß sie
bei den Tradenten der Überlieferung eine nur schwer zumutbare
erfinderische Freiheit im Umgang mit der Trad voraussetzt;
sie ist also abzulehnen. Eine zweite Deutungsmöglichkeit wäre,

---

oder verliert. Nun verdiente ein Centurio der untersten
Rangstufe z.Z. des Augstus 3750, einer der oberen Rangstufe (primi ordines) das Doppelte, also 7500 Denare (s.o.
S. 63). Geht man davon aus, daß der Zenturio von Lk 7,1ff
etwa vier bis fünf Tausend Denare an Jahressold bekam, so
ist dies zweifellos eine beträchtliche Summe. Dies geht
nicht zuletzt daraus hervor, daß der Durchschnittstagelohn
Palästinas in ntl. Zeit ca. 1 Denar ausmachte und eine
sechs- bis achtköpfige Familie ca. 200 Denare pro Jahr be-
nötigte, damit ihr Existenzminimum gewährleistet war (vgl.
Ben-David, Talmudische Ökonomie 291ff.303).
Abgesehen von diesen Argumenten muß auch noch bedacht werden, daß der ἑκατοντάρχης als Kommandant einer Soldaten-
abteilung sowohl für die Heranziehung des Materials als
auch für den Bau der Synagoge sich leicht seiner Untergeordneten bedienen konnte; ähnlich heißt es von Probus,
daß er "pontes, templa, porticus, basilicas labore militum
struxit, in plurimi civitatibus" (vgl. Probus 9,4). Abschließend sei noch auf Easton hingewiesen, der als Indiz
für die Historizität von Lk 7,5 angibt: "The military rank
of a centurion was humble but in police administration
opportunities of accumulating wealth were many, even for
a honest man" (ders., Lk 95). Dies ist freilich ein schwä-
cheres Argument, zumal über die erwähnten "opportunities"
im Falle des Befehlshabers von Lk 7,5ff nichts Konkretes
ausgesagt werden kann.

34 Vgl. Schürmann, Lk 395, der freilich die Funktion der Gesandtschaften durchaus für historisch möglich hält.

die Aussage in Lk 7,5 nicht ganz wörtlich zu verstehen und
den Zenturio lediglich als "a large, or the main, benefactor"[35] bei dem Synagogenbau zu bezeichnen. Daß Lk V 5 aber
tatsächlich nur in diesem beschränkten Sinn verstand, scheint
uns zweifelhaft zu sein, zumal dazu eine Ausdrucksweise im
Sinne von Apg 10,2 doch wohl angebrachter wäre[36]. Schließlich
sei noch eine letzte Deutung erwogen, der wir uns anschließen
möchten. Am wahrscheinlichsten scheint uns noch, daß bestimmte historisch-fundierte Begebenheiten von den Tradenten des
lk Sg im eigenen Interesse lediglich gesteigert wurden. Demnach wäre der Zenturio durchaus ein Gottesfürchtiger gewesen,
freilich mit der Beschränkung, daß er die Synagoge nicht allein, wohl aber - um eine Formulierung Marshalls zu benutzen
- als "the main benefactor" erbauen ließ. Diesen historischen
Kern hätten dann spätere Tradenten im eigenen Interesse an
einer Mission unter Gottesfürchtigen dadurch gesteigert, daß
nun der Zenturio als der Alleinstifter erscheint und somit
seine Würde gegenüber den Juden hervorgehoben wird. Aus demselben apologetischen Interesse könnte übrigens auch die explizite Erwähnung der Gesandtschaften entstammen, da durch
diese nun neben der Würde zugleich auch die Demut des Heiden
herausgestellt wird und so unnötige Anstöße von vornherein
vermieden werden[37].

Über die Unterschiede zwischen Lk und Mt in der Beschreibung der Krankheit des παῖς/δοῦλος wurde bereits oben[38] gesprochen. Aus den Ausführungen geht hervor, daß es - historisch betrachtet - keine genügenden Anhaltspunkte gibt, die
Fassung eines der Evangelisten gegenüber der des anderen zu bevorzugen, weshalb hier eine sichere Entscheidung nicht mehr
möglich ist.

---

35 Vgl. Marshall, Lk 280.

36 Interessant ist, daß Lk für den Hauptmann in Lk 7,1ff
   nicht Begriffe wie σεβόμενος/φοβούμενος τὸν θεόν verwendet, die er in der Apg mehrfach gebraucht (Apg 13,43.50;
   16,14; 17,4.17; 18,7/Apg 10,12.22.35; 13,16.26), auch -
   wie die Belege in Apg 10 zeigen - für den Zenturio Kornelius. Dies ist ein weiteres Indiz dafür, daß Lk in Lk
   7,1ff sich in hohem Maße an Trad hält!

37 Wir lehnen uns mit dieser Position eng an die Ausführungen
   Schürmanns, Lk 392.395-397 an.
38 S.o.S. 41ff.

<u>Zusammenfassung von 3.42.</u>:

Die historische Überprüfung der spezifischen Angaben des lk Berichts gegenüber dem des Mt hat keine einwandfreien Ergebnisse erbracht. Die Pro- und Contra-Argumente, die für die Frage nach der Historizität herangezogen werden konnten, gaben keinen Anlaß dazu, die lk Angaben mit prinzipieller Skepsis zu betrachten. Andererseits schien es uns aber wahrscheinlich, daß die Angaben in Lk 7,5, die mit dem Synagogenbau im Zusammenhang stehen, sek gesteigert wurden. Was die Gesandtschaften betrifft, so können sie u.E. höchstens *vor* der persönlichen Begegnung zwischen dem Befehlshaber und Jesus eine Rolle gespielt haben[39].

3.43. Der Mt-Text redaktionsgeschichtlich betrachtet.

Die Trad über die Begegnung zwischen Jesus und dem Hauptmann hat der erste Evangelist im allgemeinen so, wie sie ihm vorlag, übernommen[40]; von stilistischen Verbesserungen abgesehen, hat er in sachlicher Hinsicht nur am Ende der Erzählung (8,13) stärker eingegriffen. Wir haben also zu fragen, was Mt dazu bewogen hat, den Schluß der Erzählung so zu ändern, wie er es unternahm. Freilich ist damit die Frage nach der Intention, die ihn veranlaßte, diese Geschichte in sein Ev aufzunehmen, keineswegs hinreichend beantwortet. Seine Intention kann nur dann richtig erfaßt werden, wenn auch noch zusätzlich die Plazierung der Erzählung im gegebenen Kontext seines Ev und das Motiv für den Einschub der Vv 11f geklärt sind.

1) Mt 8,5-10.13 innerhalb des Abschnitts 8,1-17.

In der ersten Einheit seines Wunderzyklusses Kap. 8-9 werden von Mt drei Wundergeschichten geschildert: Mt 8,1-4 (vgl. Mk 1,40-45: Heilung des Aussätzigen), die Hauptmannserzählung

---

39 Von diesem Ergebnis müssen "harmonistische" Lösungsversuche der Differenzen zwischen dem mt und lk Bericht streng unterschieden werden. Unter den Forschern der Gegenwart hat unseres Wissens kein anderer so stark und konsequent beide Berichte zu harmonieren versucht wie Hodges in seinem Artikel "The centurion's faith in Matthew and Luke", BS 121, 1964, 321-332.

40 Vgl. dazu o.S. 236f.

und 8,14f (vgl. Mk 1,29-31: Heilung der Schwiegermutter des Petrus); außerdem noch ein Summarium und daran anschließend ein Jesajazitat (8,17: vgl. Jes 53,4.11). Die Auswahl dieser drei Wundergeschichten als Einleitung seines Wunderzyklusses wird der erste Evangelist kaum unbedacht unternommen haben. Worauf wollte er aber damit hinweisen?

U.E. hat immer noch die Erklärung die größte Wahrscheinlichkeit, die davon ausgeht, daß Mt damit Jesu Annahme von kultisch, gesellschaftlich und rechtlich Benachteiligten, die Aussätzige, Heiden und Frauen im Judentum ja waren[41], besonders hervorheben will. Lohmeyer/Schmauch formulieren hier am besten:

"Der erste Tag in Kapernaum bringt drei Heilungen, die mit einer bestimmten Absicht so zusammengestellt sind. Ein Aussätziger, ein Heide, eine Frau werden geheilt; d.h. einer, der aus jeder menschlichen Gesellschaft ausgeschlossen ist, ein anderer, der nicht der jüdischen Gemeinschaft angehört, und endlich der dritte, die in dieser Gemeinschaft nur beschränkte Rechte und Pflichten besitzt. Noch schärfer tritt die Besonderheit dieser Kategorien unter kultischem Gesichtspunkt heraus; es sind die kultisch halb oder ganz Verfemten, es sind darum auch diejenigen, die der Meister heilt und zu seiner Gemeinschaft beruft"[42].

Daraus wird der Schluß gezogen:

"Für Mt ist die Heilung der Kranken gleich der Gründung der Jesusgemeinde, die die mit Krankheit und Not Behafteten aus den Kreisen umfaßt, von welchen das Judentum sich abschließt"[43].

Stimmt diese Deutung, so wäre der mt Zusammenstellung seiner drei ersten Wunderberichte in Kap. 8 eine ekklesiologische Bedeutung beizumessen. Für diese Interpretation plädiert neuerdings auch Burger[44]. Er meint freilich, daß die gesamte Komposition der Kap. 8-9 unter diesem Aspekt gesehen werden

---

41 Vgl. zu den Heiden und Aussätzigen Strack/Billerbeck IV/1, 353ff und IV/2, 751ff; zur Stellung der Frau im Judentum, Jeremias, Jerusalem 395ff.

42 Vgl. Lohmeyer/Schmauch, Mt 153; ähnlich auch Schlatter, Mt 269. Zustimmung findet diese Deutung etwa bei Held, Matthäus als Interpret 246 und Burger, Jesu Taten 284.

43 Vgl. Lohmeyer/Schmauch, a.a.O.

44 Vgl. ders., Jesu Taten, passim und seine Zusammenfassung ebd. 287.

muß[45]. Ohne darauf im Einzelnen eingehen zu können[46], könnten
jedoch seine über die Kap. 8-9 abschließenden Worte zumindest
für Mt 8,1-17 zutreffen:

"Matthäus schildert das Auftreten Jesu in einer Weise, daß
darin Wesen und Aufgabe der Kirche im voraus abgebildet sind
... er versteht und zeichnet Jesu Wirken so, daß es die Wirklichkeit der Kirche vorwegnimmt und legitimiert"[47].

Man wird von hieraus wohl sagen können, daß die bevorzugte
Plazierung der Hauptmannsgeschichte samt den beiden anderen
Wunderberichten zu Beginn des Wunderzyklus Mt 8-9 für die
Zusammensetzung der Kirche des Mt aus allen Schichten und
Völkern (Mt 28,19) beides, Legitimierung und bleibende Aufga-
be zugleich, herausstellen wollte.

2) Die mt Hervorhebung des Glaubens durch die red Gestaltung
   von V 13.

Wie aus der stat Analyse hervorging[48], ist V 13 in seiner
jetzigen Gestalt weitgehend ein Produkt der mt Red. Insbesondere wird auf Mt der Satz ὡς ἐπίστευσας γενηθήτω σοι zurückzuführen sein[49]. Dies geht vor allem aus dem Vergleich zwischen Mt 15,28 mit Mk 7,29 hervor (vgl. aber auch Mt 9,29),
wo der erste Evangelist in ähnlicher Weise gegenüber seiner
Mk-Vorlage das Glaubensmotiv sek hervorhebt. Zu fragen ist:
Was für ein Ziel verfolgt der erste Evangelist mit der Unterstreichung des Glaubensmotivs?

Vor allem Held[50] wies mit Nachdruck darauf hin, daß bei den
mt Wundergeschichten eine starke Korrelation zwischen Glauben
und Bitte bzw. Begehren besteht. Diese Korrelation ist zwar
schon vor-mt[51], doch zeigt Held, daß der erste Evangelist sie

---

45 Vgl. ders., a.a.O., passim.
46 Vgl. dazu etwa die Kritik an Burger von Kingsbury, Observations 562.
47 Vgl. Burger, a.a.O. 287.
48 S.o.S. 221-230.
49 S.o.S. 223-227.
50 Vgl. ders., Matthäus als Interpret 272-276.
51 Vgl. Held, a.a.O. 268f.

nicht nur übernimmt, "sondern in vielfacher Weise in seiner
Wiedergabe der Wundergeschichten eindrücklich zur Geltung
bringt"[52]. Das läßt sich in der Hauptmannsgeschichte besonders dadurch zeigen, daß zwischen der Bitte des Befehlshabers
und ihrer Erhörung durch Jesus eine deutliche Entsprechung
besteht:

(V 8) ...μόνον εἰπὲ λόγῳ   καὶ ἰαθήσεται ὁ παῖς μου.
(V 13) ...   εἶπεν ὁ Ἰησοῦς...καὶ ἰάθη   ὁ παῖς...[53]

Nach Held weist dieser Tatbestand darauf hin, daß der Glaube
von Mt in seinen Wundergeschichten als "Gebetsglaube" ausgelegt wird, d.h., "daß Matthäus das Bittgespräch als ein Gebet
verstanden wissen will, das sich an den erhöhten Herrn wendet"[54]. Ist diese Deutung richtig, so dürfte Held zuzustimmen
sein, daß dann die Hervorhebung des Glaubens als bittender
Glaube durch Mt einem paränetischen Anliegen dienstbar gemacht wird: "Indem der Evangelist Matthäus in den Wundergeschichten die Situation des glaubenden Gebetes abbildet,
macht er seiner Kirche diese Erzählung zugänglich; er zeigt,
daß Jesus dem betenden Glauben entsprochen hat und auf Grund
seiner Verheißung auch heute noch entsprechen wird"[55].

3) Der mt Einschub der Vv 11f: die eschatologische Relevanz
   der Glaubenshaltung.

Die Vv 11f gehören mit hoher Wahrscheinlichkeit nicht zum
urspr Bestandteil der Hauptmannsgeschichte, worauf bereits am
Anfang unserer Arbeit hingewiesen wurde[56]. Da diese Vv im
jetzigen Kontext unmittelbar an V 10b anschließen und futu-
risch formuliert sind (ἥξουσιν/ἀνακλιθήσονται; ἐκβληθήσονται/
ἔσται), will Mt wohl die urspr Ansage an die ἀκολουθοῦντες

---

52 Vgl. Held, a.a.O. 272-276 (Zitat von S. 272).
53 Vgl. dazu Held, a.a.O. 273 mit 225.
54 Vgl. Held, a.a.O. 272.
55 Vgl. Held, a.a.O. 276; s. auch ebd. 255.
56 S.o.S. 3ff.

(V 10a)[57] hier so weiterführen, daß vor allem ihre Zukunfts-
bedeutung hervorgehoben wird. Mehr noch: Hatte Jesus den
Glauben des einzelnen Heiden mit dem Israels kontrastiert
(V 10b), so gewinnt durch den Einschub der Vv 11f der Glaube
des einzelnen Zenturio insofern paradigmatische Bedeutung,
als nun in diesen Versen ja nicht mehr lediglich auf ihn,
sondern auf "viele" (πολλοί)[58] Bezug genommen wird. Dadurch
wird deutlich, daß für Mt die gläubige Haltung des einzelnen
heidnischen Hauptmanns in ihrer repräsentativen Bedeutung für
die Heiden überhaupt herausgestellt werden soll. Ähnliches
gilt hinsichtlich der Juden, auf die V 12 durch οἱ υἱοὶ τῆς
βασιλείας[59] Bezug nimmt: Auch ihre Stellung zu Jesus (beachte
das Ἰσραήλ in V 10b!) wird nun in ihrer eschatologischen Relevanz beleuchtet. Angesichts dieses Befundes ist mit Trilling zu fragen: "Ist das Akumen der matthäischen Form in der
Berufung der Heiden, der Gegenüberstellung von diesen mit den
Söhnen des Reiches oder in der Verwerfung der letzteren zu
sehen?"[60]

Für Trilling haftet das mt Interesse eindeutig in der Betonung der Verwerfung, so daß Mt 8,11f "bei Matthäus wesentlich
Gerichtswort" ist:

"Seine für jüdische Ohren unerträgliche Schärfe liegt darin,
daß die Heiden 'mit Abraham, Isaak und Jakob im Himmelreich
zu Tische liegen werden', Israel selbst aber verstoßen wird.
Die Krönung aller alttestamentlichen Verheißung und jüdischen

---

57 Wenn auch das bloße ἀκολουθοῦσιν hier gegenüber einer im
   Lk-Text erwähnten nachfolgende Volksmenge (Lk 7,9) sehr
   wahrscheinlich dem Mt schon trad vorlag (s.o.S. 211f, sub
   Nr. 95), so weist Held (Matthäus als Interpret 185f) u.E.
   zu Recht darauf hin, daß im Sinne des ersten Evangelisten
   Jesu Rede an die "Nachfolgenden" die eigene, nachfolgende
   Kirche des Mt mit einschließt; ähnlich Dupont, "Beaucoup
   viendront..." 163.

58 Lk gebraucht in Lk 13,29 statt der mt Wendung πολλοί...
   ἥξουσιν (Mt 8,11) lediglich das Verb (ἥξουσιν) ohne explizite Erwähnung des Subjekts. Für die Ursprünglichkeit von
   πολλοί treten u.a. Zeller, Das Logion Mt 8,11f/Lk 13,28f,
   223 (sub 2 a) und Chilton, God in strength 189f ein; anders neuerdings wieder Dupont, a.a.O. 157.

59 Vgl. zu dieser Wendung Dalman, Worte 94f; Schlatter, Mt
   278f und Strack/Billerbeck I, 476-478.

60 Vgl. Trilling, Das wahre Israel 89.

Hoffnung, die Teilnahme am Mahl im endzeitlichen Gottesreich, wird ihnen abgesprochen, den Heidenvölkern aber zugesagt"[61].

Angesichts dessen kann man nach Trilling kaum bezweifeln, daß Matthäus "das Wort als gültigen Urteilsspruch über Israel in seiner heilsgeschichtlichen Sonderstellung aufgefaßt" hat[62]. Eine entgegengesetzte Meinung vertritt demgegenüber etwa Dupont. Nach ihm ist durch die Vv 11f nicht auf die Verwerfung der Juden, sondern auf die wunderbare Berufung der Heiden der Akzent gesetzt:

"Il (sc Mt) veut souligner ici, face à la réprobation d'Israël, la merveilleuse election des Gentils; il veut surtout mettre en valeur la raison profonde du changement qui s'est produit dans l'histoire du salut: c'est chez les Gentils que le Fils de Dieu a trouvé la foi que ses compatriotes lui refusaient"[63].

Diese entgegengesetzten Deutungen leiden u.E. daran, daß sie entweder die eschatologische Relevanz von V 11 (so bei Trilling) oder von V 12 (so bei Dupont) herunterspielen. Das wird aber der Aussage beider Vv nicht gerecht, enthalten sie doch Verheißung *und* Drohung zugleich. Uns scheint daher die Intention, die Mt mit dem Einschub dieser Vv verfolgt, darin zu liegen, Glaube und Unglaube gegenüber Jesus - in ihrer eschatologischen Relevanz für Heiden *und* Juden zugleich - der Gemeinde seiner Zeit transparent zu machen. Indem Mt die Futura des urspr wohl jesuanischen Logions[64] in seine Zeit hinein übernimmt, zeigt er, daß die darin enthaltene Verheißung und Drohung ihre Gültigkeit keineswegs schon eingebüßt hat. Die Gemeinde des ersten Evangelisten ist somit gefragt, ob sie der Haltung des Zenturio entsprechend auch in ihrer Zeit weiterhin dem Worte Jesu das Vertrauen schenken will (vgl. Mt 8,8f), das ihr eine verheißungsvolle Zukunft als Anteilhabe

---

61 Vgl. Trilling, a.a.O. (Hervorhebung im Original).

62 Vgl. ders., a.a.O. 90.

63 Vgl. Dupont, "Beaucoup viendront..." 164.

64 Für jesuanisch halten das Logion Holtzmann, Neutestamentliche Theologie I, 280-283, 282; Chilton, God in strength 179-201; Dupont, a.a.O. 156-161; Jeremias, Verheißung 47f. 53f und Perrin, Was lehrte Jesus 117f.178-181 u.a., mit jeweils geringen Nuancierungen; nicht für jesuanisch wird es etwa von Zeller, Das Logion Mt 8;11f/Lk 13,28f (1972), 89-91 gehalten.

an der Gottesherrschaft ermöglicht, oder ob sie dieses Wort
wie die "Söhne des Reiches" abweisen und dadurch den Verlust
des verheißenen Erbes auf sich nehmen will.

Bei dieser Deutung wird vorausgesetzt, daß für Mt Israel
keineswegs bereits endgültig verworfen ist. Für diese Annahme
sprechen in der Tat einige Indizien, die hier nur kurz angeführt seien[65].
1. Mt 21,43: Nach dieser sachlich sehr mit Mt 8,11f verwandten
   Stelle, die vom Evangelisten selbst stammen könnte[66], wird
die βασιλεία nicht einfach den Heiden übergeben werden - dafür
wäre eher der Plural τοῖς ἔθνεσιν zu erwarten - sondern einem
ἔθνει ποιοῦντι τοὺς καρποὺς αὐτῆς (sc τῆς βασιλείας), von dem
infolge der Wortwahl die Juden kaum prinzipiell ausgeschlossen
sein können[67].
2. Wie Friedrich überzeugend gezeigt hat[68], schließt auch die
   Wendung πάντα τὰ ἔθνη (Mt 24,14; 25,32 und 28,19) die Juden als gesondertes Volk mit ein.
3. Hinzu kommen Stellen wie 10,23; 11,28-30 und 19,28. Dazu
   Schweizer: "19,28 spricht von einem Richten, das zwischen
Angenommenen und Verworfenen scheidet, nicht einfach von einem Verurteilten. 10,23 kann kaum anders interpretiert werden,
als daß die Mission auch in den Städten Israels weitergehen
wird bis zum Kommen des Menschensohns und 11,28-30 ist immer
noch gültige Einladung an Israeliten, die unter pharisäischer
Disziplin stehen"[69].
4. Schließlich wäre noch auf 23,39 hinzuweisen, eine Stelle
   die nach Kümmel zumindest "voraussetzt, daß es Juden gibt,
die den zur Parusie erscheinenden Auferstandenen preisend be-
grüßen werden"[70].

Zusammenfassung von 3.43.:

Die redaktionsgeschichtliche Betrachtung der Hauptmannsperikope in Mt ergab, daß die Relevanz der Erzählung für den
ersten Evangelisten nicht auf einen einzigen Punkt reduziert
werden kann. Aus der Analyse ist zu entnehmen, daß für Mt die
Perikope sowohl ekklesiologisch, als auch paränetisch und
eschatologisch von Bedeutung war.

---

65 Vgl. zum Folgenden Schweizer, Matthäus und seine Gemeinde
   36f und Kümmel, Einleitung 86f.
66 Vgl. dazu Trilling, Das wahre Israel 58-60 und Hummel,
   Auseinandersetzung 148.
67 Ausführlich dazu Trilling, a.a.O. 58-63.
68 Vgl. Friedrich, Gott im Bruder 252-256.
69 Vgl. Schweizer, a.a.O. 36f.
70 Vgl. Kümmel, Einleitung 87.

3.5. Vorschlag zu einer Textrekonstruktion der ursprüng-
     lichen Fassung der Hauptmannsperikope und Hinweise
     zur Übersetzung.

1) Rekonstruktionsversuch.

Im folgenden soll nun versucht werden, die Vorlage zu rekonstruieren, die wahrscheinlich als Basis für die von Mt und
Lk jeweils benutzten Vorlagen gedient hat. Wie aus der stat-
stilkritischen Analyse hervorging, hat Mt weitgehend die urspr
Fassung der Erzählung bewahrt, so daß die Rekonstruktion sich
eng an den von ihm gegebenen Text anlehnt. Dabei ist zu berücksichtigen, daß all diejenigen Worte oder Wendungen, die im
Laufe der stat Analyse sich als red-mt erwiesen[1], nicht im re-
konstruierten Text aufgenommen werden; konnte festgestellt
werden, daß bei diesen red Worten/Wendungen des Mt die entsprechenden Formulierungen in der Lk-Fassung ursprünglicher
sind, so werden sie im Rekonstruktionsversuch bevorzugt[2].
Nicht immer lieferte freilich die stat Analyse hinreichende
Anhaltspunkte für sichere Entscheidungen. Ist das der Fall, so
wird in Anmerkungen zum Rekonstruktionsversuch ausdrücklich
darauf hingewiesen.

Da die rekonstruierte Vorlage als Basis für den sich unmittelbar anschließenden zweiten Hauptteil dieser Arbeit dienen soll und sie - wie unten[3] gezeigt wird - urspr der Q-
Quelle angehörte, wird im folgenden auf sie immer so Bezug genommen, daß zwar die Kapitel- und Versnummerierung des Mt-Textes beibehalten wird, aber statt eines vorangestellten "Mt"
nun die Voranstellung eines "Q" (aus Q-Quelle) erfolgt. Im
folgenden bedeutet also Mt 8,5ff die vom ersten Evangelisten
redigierte Hauptmannserzählung, *Q 8,5ff* aber *die rekonstruierte Fassung dieser Geschichte.*

---

1 Vgl. dazu o.S. 236-238 sub 3.31.

2 Beispiele sind die Nachstellung des μου in Lk 7,6c gegenüber der Voranstellung desselben in Mt 8,8; die lk Einleitung εἰσῆλθεν εἰς Καφαρναούμ gegenüber der mt Konstruktion
  mit Gen.abs.; die lk Schreibung ἑκατοντάρχης gegenüber mt
  ἑκατόνταρχος.

3 S.u.S. 290-296.

Auch bei Verweisen auf einzelne Verse bedeutet im folgenden ein vorangestelltes Q stets die von uns rekonstruierte urspr Fassung desselben: so etwa bei Q 7,28a; Q 8,6 oder Q 8,10. Sinn dieses Verfahrens ist es, unnötige Verwechslungen des urspr Q-Textes mit der von Mt bearbeiteten Fassung zu vermeiden. Für den Verweis auf die rekonstruierte Fassung ohne Benutzung der mt Kapitel- und Versnummerierung bedienen wir uns im folgenden der *Abkürzung "HP" (= Hauptmannsperikope in Q)!*

Nach diesen Vorbemerkungen wäre der Text der HP folgendermaßen zu rekonstruieren:

(Urspr Übergangswendung von der Bergpredigt zur HP: Q 7,28a)

Καὶ ἐγένετο ὅτε ἐτέλεσεν ὁ 'Ιησοῦς τοὺς λόγους τούτους...

(Text der urspr HP: Q 8,5-10.13)

V 5: εἰσῆλθεν 'εἰς Καφαρναούμ. καὶ [ἀκούσας περὶ αὐτοῦ[4]] ἦλθεν πρὸς αὐτὸν ἑκατοντάρχης παρακαλῶν αὐτὸν

V 6: καὶ λέγων·[4a] ὁ παῖς μου βέβληται[5] ἐν τῇ οἰκίᾳ παραλυτικός, δεινῶς βασανιζόμενος.

V 7: καὶ εἶπεν[6] αὐτῷ· ἐγὼ ἐλθὼν θεραπεύσω αὐτόν;[7]

V 8: καὶ ἀποκριθεὶς ὁ ἑκατοντάρχης ἔφη·[8]
κύριε, οὐκ εἰμὶ ἱκανὸς ἵνα ὑπὸ τὴν στέγην μου εἰσέλθῃς, ἀλλὰ εἰπὲ λόγῳ καὶ ἰαθήσεται ὁ παῖς μου.

V 9: καὶ γὰρ ἐγὼ ἄνθρωπός εἰμι ὑπὸ ἐξουσίαν, ἔχων ὑπ'ἐμαυτὸν στρατιώτας, καὶ λέγω τούτῳ· πορεύθητι, καὶ πορεύεται, καὶ ἄλλῳ· ἔρχου, καὶ ἔρχεται, καὶ τῷ δούλῳ μου· ποίησον τοῦτο, καὶ ποιεῖ.

---

4 Daß die Erwähnung einer Kunde über Jesus bereits im urspr Wortlaut der HP enthalten sein könnte, wurde o.S. 50ff zu begründen versucht.

4a Zu καὶ λέγων vgl. unsere Ausführungen o.S. 133-137 sub Nr. 17a-c. Bei λέγων könnte ein mt Ersatz zu εἶπεν o.ä. vorliegen, obwohl eine Sicherheit in diesem Punkt nicht mehr zu gewinnen ist.

5 Statt βέβληται könnte auch κατάκειται o.ä. gestanden haben: s.o.S. 139.

6 Für καὶ εἶπεν wäre auch καὶ λέγει denkbar: s.o.S. 152f.

7 Das Fragezeichen setzt die Interpretation der Antwort Jesu als eine abwehrende Frage (s.u.S. 375ff) voraus!

8 An Stelle von ἔφη könnte auch ἔλεγεν, εἶπεν o.ä. gestanden haben: s.o.S. 158f.161.

V 10: ἀκούσας δὲ ὁ ᾽Ιησοῦς ἐθαύμασεν καὶ εἶπεν τοῖς ἀκολου-
θοῦσιν· ἀμὴν λέγω ὑμῖν, παρ᾽οὐδενὶ τοσαύτην πίστιν ἐν
τῷ ᾽Ισραὴλ εὗρον.

V 13: καὶ εἶπεν τῷ ἑκατοντάρχῃ·[9] ὕπαγε, [ὁ παῖς σου ἐσώθη[10]].
[καὶ ἀπελθὼν εἰς τὴν οἰκίαν εὗρεν τὸν παῖδα ἰαθέντα[11]].

2) Hinweise zur Übersetzung.

Bei einer Übersetzung der HP sind u.E. folgende Punkte zu
berücksichtigen:

1. ῾Εκατοντάρχης heißt eigentlich wörtlich "einer, der über
   hundert herrscht" (ἑκατόν + ἀρχή) und von daher könnte es
mit *Hundertschaftsführer* übersetzt werden. Diese Wiedergabe
ist freilich insofern ungenau, als die Zenturia, die als Trup-
peneinteilung dem Zenturio unterstand, keineswegs immer genau
100 Mann hatte[12]. Eine weitere Übersetzungsmöglichkeit bietet
der Begriff *Hauptmann*, der jedoch allzusehr mit dem Gedanken
eines spezifischen Ranges assoziiert werden kann. Bei der
Wiedergabe mit "Hauptmann" muß daher ständig bedacht werden,
daß die überwiegende Zahl der Legionszenturionen eigentlich
nicht dem damaligen Offiziers-, sondern eher dem Unteroffi-
ziersstab angehörte. Man wird also Lundgreen zustimmen können,
wenn er zum Worte "Hauptmann" bemerkt:

"Wir haben mit Absicht den herkömmlichen Namen 'Hauptmann' vermieden, da er nur falsche Vorstellungen erweckt. Unter einem
Hauptmann verstehen wir einen Offizier. Dem entspricht der
Name Hekatontarch oder Zenturio keineswegs. Der Zenturio ist
in der römischen Welt ein einfacher Soldat, der durch Tüchtigkeit zu einem höheren Range gekommen ist. Der Offizier dagegen diente nicht erst als gemeiner Mann. Es ist eine Kluft
zwischen Legionären und Offizieren. An der Grenze nach den
letzteren hin steht der Zenturio"[13].

Schließlich könnte auch noch der Begriff *Befehlshaber* angeführt werden. Dieser Begriff hat den Vorteil, daß er gegen-

---

9 Statt τῷ ἑκατοντάρχῃ wäre auch ein einfaches αὐτῷ möglich:
   s.o.S. 223 sub Nr. (101).

10 Für ἐσώθη könnte auch σωθήσεται gestanden haben; statt der
   ganzen Wendung in eckigen Klammern wäre durchaus auch eine
   Wendung wie etwa ὁ παῖς σου ἰάθη/ἰαθήσεται o.ä. möglich:
   s.o.S. 226f

11 Vgl. zu diesem Rekonstruktionsvorschlag o.S. 229f.

12 S.o.S. 60f.

13 Vgl. Lundgreen, Das palästinische Heerwesen 47.

über den beiden ersten neutraler ist, doch ist er so allgemein, daß auch er letztlich unbefriedigend ist.

Die meisten Kommentatoren übersetzen ἑκατοντάρχης in Mt
8,5ff und Lk 7,1ff mit "Hauptmann"[14]. Haenchen spricht in seiner Studie über unsere Geschichte von einem "Feldwebel oder
Kompanieführer", bemerkt aber zugleich: "der Rang eines Centurio läßt sich mit unseren Begriffen schwer wiedergeben"[15].
Da alle diese Übersetzungsvorschläge teilweise unpräzis sind,
wurde auch im Laufe unserer Arbeit keiner derselben bevorzugt.
Wie auch immer man es übersetzen will, muß dabei stets der
unterschiedliche Rang und die verschiedenen Funktionen, die
Zenturionen in ntl. Zeit ausüben konnten[16], mitbedacht werden.

2. Das Wort παῖς (Q 8,6.8.13) wird in den Kommentaren unterschiedlich wiedergegeben. Die meisten Kommentatoren übersetzen es mit "Knecht"[17]; es wird aber auch mit "Knabe"/"Junge"
oder "Sklave" übersetzt[18]. Da der Begriff prinzipiell mehrdeutig ist[19], wird sich jeder Ausleger für eine bestimmte
Übersetzung erneut entscheiden müssen. Unsere Ausführungen
zu diesem Begriff[20] haben ergeben, daß in unserer Erzählung
die Übersetzung mit "Sklave" am ehesten zu vertreten ist.

3. Das passive βέβληται - wörtlich "der (auf das Bett) gewor-
fen wurde" - ist mehrfach im Sinne von "darniederliegen"
belegt[21], so daß diese Übersetzung auch auSt bevorzugt werden

---

14 Vgl. Schweizer, Mt 136f; Grundmann, Mt 249; Lohmeyer/
   Schmauch, Mt 155f; Schmid, Mt 162f; Schniewind, Mt 108 u.a.

15 Vgl. Haenchen, Johanneische Probleme 82-90, 85. Ob auf
   Grund des o.S. 60ff über die Zenturionen Dargestellten der
   Vergleich mit einem "Feldwebel" - von der sozialen Stellung her beurteilt - angemessen ist, darf bezweifelt werden. Unter diesem Aspekt entspricht wohl bei einer ver-
   gleichenden Einstufung die damalige Stellung der Zenturionen eher die eines heutigen Leutnants oder Majors.

16 Vgl. dazu o.S. 63ff.

17 Vgl. Grundmann, Mt 249; Lohmeyer/Schmauch, Mt 155f; Schmid,
   Mt 162f; Klostermann, Mt 74; Bonnard, Mt 114 ("serviteur");
   Lagrange, Mt 165.167 ("serviteur") u.a.

18 Zur Übersetzung "Knabe"/"Junge" vgl. Schweizer, Mt 136f;
   Weiss/Bousset, Mt 290 und Montefiore, Mt 128f ("boy"); mit
   "Sklave" übersetzt es Gaechter, Mt 264f.

19 S.o.S. 42f.

20 S.o.S. 43-46.

21 Vgl. Bauer, Wörterbuch 260 sub 1 b. Strack/Billerbeck I,
   475 verweisen auf rabbinische Wendungen wie מוטל oder
   שכיב מרע   . McNeile vermutet es unter Einfluß des aramäischen רמא (ders., Mt 103).

kann. Oder dürfte mit Betz[22] angenommen werden, "das 'Gewor-
fen-Sein' und 'Gequält-Sein'" verrate "die dämonische Gewalt
des Bösen"? In diesem Falle wäre die Grundbedeutung "werfen"
wohl zu bevorzugen; da diese Deutung aber nicht sicher ist[23],
wird an dem ersten Übersetzungsvorschlag festzuhalten sein.

4. Βασανίζειν hat in V 6 die Bedeutung "quälen", weshalb es
   passivisch am besten mit "Qual leidend" wiederzugeben
ist[24]. Übersetzungsvarianten wie die von Grundmann ("und lei-
det heftige Schmerzen") oder Gaechter ("schwer leidend")[25]
drücken sachlich dasselbe aus.

5. Das ἐλθών in V 7 wird meistens in den Kommentaren wörtlich
   mit "kommen" übersetzt. Falls es pleonastisch zu deuten
wäre, wie es etwa Jeremias und Haenchen vermuten[26], so könnte
es auch unübersetzt bleiben.

6. Den gesamten V 7 kann man bei der Übersetzung als Frage
   oder als zustimmende Aussage wiedergeben. Nach unserer Auffassung hat die erste Wiedergabemöglichkeit die größte Wahrscheinlichkeit für sich[27]; andernfalls sollte man das ἀποκριθείς von V 8 nicht wörtlich mit "er antwortete" wiedergeben.

7. Das ἵνα (V 8) ist mit "daß" wiederzugeben, wobei seine
   urspr finale Bedeutung hier verblaßt erscheint[28]. Im selben V 8 erscheint die seltsame Wendung εἰπὲ λόγῳ. Ist λόγῳ
instrumental aufzufassen[29], so wäre es mit "Sprich durch ein
Wort" o.ä. wiederzugeben. Es könnte aber auch auf einen

---

22 Vgl. Betz, Mattäus 8,5-13, 17.

23 Betz (ebd.) verweist auf Mt 4,24, doch werden an dieser
   Stelle gerade die δαιμονιζόμενοι und παραλυτικοί unterschieden; ähnlich auch in Apg 8,7. S. dazu besonders Frövig, Selbstbewußtsein Jesu 90-95.

24 Vgl. dazu Schneider, Art. βάσανος κτλ., ThWNT I, 561 und
   Stenger, Art. βασανίζω κτλ., EWNT I, 480.

25 Vgl. Grundmann, Mt 249 und Gaechter, Mt 264.

26 Vgl. Jeremias, Sprache 133 und Haenchen, Johanneische Probleme 82, Anm. 1.

27 S.u.S. 375-380.

28 Zu dem in seiner urspr finalen Bedeutung verblaßten ἵνα
   vgl. Bauer, Wörterbuch 746 (sub II.1.cß) und Moulton, Einleitung in die Sprache des Neuen Testaments 323-331, 330.

29 Vgl. etwa Plummer, Lk 196 und Marshall, Lk 281 u.a.

Hebraismus zurückgehen und urspr als Verstärkung zum Verbal-
begriff gedient haben[30]; in diesem Falle wäre es eher mit
"gebiete", "befiehl" o.ä. zu übersetzen. Steht schließlich in
V 8 der Schlußsatz καὶ ἰαθήσεται ὁ παῖς μου unter semitischem
Einfluß, so könnte er urspr einen konjunktionslosen hypotak-
tischen Finalsatz wiedergeben und mit "daß mein Junge gesund
werde" übersetzt werden[31].

8. Das καὶ γὰρ ἐγὼ (ἄνθρωπος) von V 9 versucht France[32] wegen theologischer Bedenken anders als wörtlich zu übersetzen. Er schreibt:

"If then we accept the reading 'under authority', is not this
last point a problem, particularly in view of the phrase καὶ
γὰρ ἐγώ...? Must this not mean, 'For I too (like you) am a
man under authority...', and therefore make Jesus a mere man,
and a subordinate at that? However, an examination of the uses
of καὶ γάρ listed in AG (under γάρ) shows many cases where it
means simply 'for' or, better, 'for indeed', and where there
is no room for the meaning 'also'. So here the translation
'For I indeed am a man under authority...' would be permis-
sible, without drawing the direct comparison between the sta-
tus of the centurion and that of Jesus"[33].

Gegen diesen Übersetzungsvorschlag spricht aber erstens die
handschriftliche Überlieferung, die das καί stets beibehält;
so gibt die Itala[34] es stets mit *"nam et ego..."*, nicht aber
im Sinne Frances, mit *"etenim"* wieder. Zweitens ist die
Schwierigkeit, auf die France hinweist, auch anders lösbar.
Da die wörtliche Aussage in V 9a, wonach der Centurio "unter
Kommandogewalt" steht, nicht recht zu seinen Ausführungen in
V 9b paßt, wo ja gerade seine Befehlsgewalt unterstrichen
wird, liegt es u.E. nahe mit einigen Forschern anzunehmen[35],
εἰμὶ ὑπὸ ἐξουσίαν, ἔχων ὑπ'ἐμαυτὸν στρατιώτας sei bei der Wiedergabe vom Aramäischen ins Griechische falsch periodisiert
worden, so daß εἰμί eigentlich (konzessiv-)partizipial durch
ὤν, während ἔχων indikativisch-präsentisch durch ἔχω urspr

---

30 S.u.S. 415 sub k).
31 Vgl. dazu Beyer, Syntax 252, Anm. 2 und u.S. 410 sub b) 2.
32 Vgl. ders., Exegesis 259.
33 Vgl. France, a.a.O.
34 Vgl. dazu Jülicher, Itala I: Matthäusevangelium 42.
35 Vgl. etwa Wellhausen, Klostermann, Jeremias, Schürmann
   und Beyer: s. dazu o.S. 85, Anm. 52 und u.S. 410f sub b) 3.

wiederzugeben waren. Demnach hätte die Übersetzung zu lauten: "Denn auch ich, obwohl einer Kommandogewalt unterstellt,
habe unter mir Soldaten..." Bei dieser Deutung liegt der Vergleichspunkt nicht bei ἄνθρωπος, sondern, wie Jeremias zu
Recht betont[36], zwischen der von Jesus (vgl. V 8) und von dem
Centurio ausgeübten Befehlsgewalt. Dann aber kann V 9 nur den
Sinn haben, durch den Hinweis auf die eigene, begrenzte Befehlsgewalt, zugleich und implizit ein Bekenntnis zur alles
vermögenden Macht des Wortes Jesu abzugeben[37].

Steht V 9b unter semitischem Einfluß[38], so könnte die Häufung der Parataxe in diesem Satzteil auf den Einfluß der in
diesem Sprachbereich häufig verwendeten "konditionalen" Parataxen zurückzuführen sein. Bei der Übersetzung der einzelnen
Sätze müßte dann der konditionale Sinn wiedergegeben werden,
etwa: *Wenn* ich zu diesem sage...und (wenn ich) zu einem anderen (sc sage)...und (wenn ich) zu meinem Sklaven (sc sage)...

Schließlich könnte auch noch unter semitischen Einfluß das
Wort ἄνθρωπος zu Beginn des V 9 stehen, und zwar als Ersatz
für das indefinite τις[39]. Hält man diese Annahme für wahrscheinlich, so könnte es statt mit "Mann"/"Mensch" einfach
mit "jemand" übersetzt werden.
9. Ἐξουσία bezeichnet in Q 8,9 nach Foerster[40] die "Obrig-
   keit". Die Übersetzungsvarianten von Broer ("Befehlsgewalt") und Bauer ("Kommandogewalt")[41] bezeichnen sachlich
   dasselbe.
10. Στέγη (V 8) bedeutet wörtlich "Dach", steht aber in der
    Wendung εἰσέρχεσθαι ὑπὸ τὴν στέγην figurativ im Sinne von
"in das Haus *eintreten*"[42].

---

36 Vgl. Jeremias, Theologie 161.
37 S. ausführlicher dazu u.S. 388-391.
38 S. dazu u.S. 411 mit Anm. 35-37.
39 Vgl. dazu u.S. 411 sub c).
40 Vgl. ders., Art. ἔξεστιν κτλ., ThWNT II, 562.
41 Vgl. Broer, Art. ἐξουσία, EWNT II, 23-29, 27 und Bauer,
   Wörterbuch 551 (sub 4.a.).
42 Vgl. dazu Bauer, a.a.O. 462 (1.g.) s.v. εἰσέρχεσθαι.

11. Da das dem ἀκούσας nachgestellte δέ zu Beginn von V 10
keinen adversativen Sinn hat, ist die Übersetzung mit
"aber", wie sie etwa von Grundmann gegeben wird[43], nicht zu
empfehlen; es ist eher kopulativ einfach mit "und" oder "da"
wiederzugeben, kann aber auch unübersetzt bleiben[44].

Die Punkte 1-11 zusammenfassend läßt sich sagen:
Abgesehen von der spezifischen Bedeutung einiger Begriffe
in der HP, hängen die Übersetzungsmöglichkeiten des Textes
eng mit der Frage seiner semitischen Beeinflussung und theologischen Interpretation zusammen. Je nachdem sich der Forscher in diesen Fragekomplexen entscheidet, kann sein Übersetzungsvorschlag geringere oder bedeutendere sachliche Unterschiede gegenüber anderen Übersetzungsvorschlägen aufweisen.

---

43 Vgl. Grundmann, Mt 249: "Als aber Jesus das hörte..."

44 Viele Kommentatoren übersetzen daher V 10a einfach mit:
   "Als Jesus (das) hörte...": s. etwa Schweizer, Mt 137;
   Schniewind, Mt 108; Klostermann, Mt 74; Dausch, Mt 144;
   Weiss/Bousset, Mt 290; Allen, Mt 77 ("And Jesus hearing
   ..."); Schmid, Lk 141; Hauck, Lk 93 u.a.; zur Übersetzung
   "aber", s. auch Rengstorf, Lk 94. Vgl. zur Sache Bl/Deb/
   Rehkopf, Grammatik, § 447,1.f und Bauer, Wörterbuch 340
   s.v. δέ.

II. DIE REKONSTRUIERTE FASSUNG DER HAUPTMANNSPERIKOPE ALS BESTANDTEIL DER Q-QUELLE (HP = HAUPTMANNSPERIKOPE IN Q)

In diesem zweiten Hauptabschnitt unserer Arbeit soll nun die soeben rekonstruierte "Ur"-Fassung der Erzählung hinsichtlich ihrer Q-Zugehörigkeit, Form, theologischen Aussage und Historizität näher analysiert werden.

1. Die rekonstruierte Erzählung als Bestandteil der Q-Quelle

Beim literarischen Forschungsüberblick[1] wurde darauf hingewiesen, daß die Hauptmannsperikope von der Mehrzahl der Forscher für ein urspr Traditionsstück der Q-Quelle gehalten wird. Lassen sich aber für diese Annahme stichhaltige Argumente anführen? Eine Antwort auf diese Frage hängt zum großen Teil davon ab, ob es berechtigt ist, beim Traditionsgut, das nur der erste und dritte Evangelist gemeinsam haben, von einer *schriftlichen Quelle* zu sprechen.

Exkurs: Q als schriftliche Quelle.

Daß Mt und Lk neben dem MkEv in seinen Evangelien noch eine zweite schriftliche Quelle verarbeiten ist eine Hypothese, die uns im Laufe dieser Arbeit immer mehr überzeugen konnte. Diese zweite Quelle, normalerweise mit dem Symbol "Q" wiedergegeben[2], bestand in erster Linie aus Traditionsgut,

---

1 Vgl. dazu o.S. 7.
2 Vgl. dazu McArthur, The origin of the 'Q'Symbol, passim; Silbermann, Whence siglum Q? A conjecture, passim; Neirynck, The symbol Q (Quelle), passim; ders., Once more: The symbol Q, passim und Schmitt, In search of the origin of the *Siglum* Q, passim.

das nur Mt und Lk gemeinsam bringen; zusätzlich aber auch
aus Stoffen, die eine Paralleltradition im MkEv aufweisen,
jedoch durch zahlreiche wörtliche Übereinstimmungen von Mt
und Lk gegen die mk Traditionsvariante sich als unabhängig
von dem zweiten Ev erweisen (= Doppelüberlieferungen).

Als Hauptindizien für die Existenz solch einer schriftlichen Q-Quelle wären zu nennen:

1. Der Grad der Wortlautübereinstimmungen.

Der Grad der Übereinstimmungen im Wortlaut schwankt zwar
von einem Traditionsstück zum anderen[3], doch sind die Übereinstimmungen bei manchen Stücken[4] so hoch, daß sich die Annahme einer literarischen Beziehung fast zwangsläufig ergibt.

Bei Traditionsstücken, die eine geringere Wortlautübereinstimmung aufweisen, muß darauf hingewiesen werden, daß dies
für sich allein noch keineswegs gegen die Existenz einer
schriftlichen Quelle spricht, zumal Mt und Lk auch gegenüber
ihrer Mk-Quelle hinsichtlich der Wortlautübereinstimmungen
stark variieren![5]

2. Die Traditionsüberlagerungen, d.h. Doppelüberlieferungen
   zwischen Mk einerseits und Lk/Mt andererseits.

Eine vollständige Liste dieser Traditionsüberlagerungen
braucht hier nicht gegeben werden[6]. Das Phänomen findet sich
u.a. bei Texten wie Mk 1,1-13/Mt 3,1-4,11/Lk 3,1-4,13; 3,20-
30/Mt 12,22-37/Lk 11,14-23; 12,10; 6,6b-13/Mt 10,1-42/Lk 9,1-
6; 10,1-16; 12,37b-40/Mt 23,1-36/Lk 20,45-47; 11,37-12,1 und
13,1-37/Mt 24,1-25,46/Lk 21,5-36; 17,20-37[7]. Diese Texte

---

3 Die beste Übersicht gibt Morgenthaler, Synopse 258-261.

4 Vgl. dazu Morgenthaler, a.a.O. Als Beispiele für Texte, die
  eine hohe Wortlautübereinstimmung bringen wären zu nennen:
  Lk 3,7-10; 6,37-42; 7,6-9.18-23; 10,2.13-15.21f; 11,9-13.19-
  23.24-26.29-32.34-36; 12,22-31.39f.42-46; 13,34f par Mt usw.
  Gut übersichtlich zu diesem Fragenkomplex ist nach wie vor
  auch Harnack, Sprüche und Reden Jesu, der sowohl zu den
  wörtlich fast gleichlautenden (ebd. 6ff), als auch zu den
  sich stärker unterscheidenden Texten (ebd. 32ff) jeweils
  die griechische Fassung des Mt und Lk nebeneinanderstellt;
  praktisch erweist sich hierzu auch die "Griechische Synopse
  der vier neutestamentlichen Evangelien" von Larfeld, in der
  durch den Fettdruck der übereinstimmenden Worte der Grad
  der Wortlautidentität auch visuell leicht festgestellt werden kann.

5 Darauf weist mit Recht Morgenthaler, Synopse 293 hin.

6 Vgl. dazu Laufen, Doppelüberlieferungen 91f.

7 Die Texte sind aus Morgenthaler, a.a.O. 295 entnommen.

werden sorgfältig in ihrer Relevanz zur Frage einer schriftlichen Q-Quelle etwa von Morgenthaler und Downing besprochen[8]. Beide Forscher zeigen u.E. in überzeugender Weise, daß
bei einer Bestreitung der Existenz eines schriftlichen Q-Do-
kuments die alternative Lösung, nach welcher Lk das MtEv gekannt hat, vor schier unlösbare Probleme gestellt wird.
3. Die im Lk- und MtEv erhaltenen Dubletten zwischen der
   Mk- und Q-Tradition[9].

Die Dubletten sind nach Kümmel[10] zusammen mit den Doppelüberlieferungen das stärkste Indiz für die Existenz einer
schriftlichen Q-Quelle. Nach der statistischen "Synopse der
Dublettenlogien" von Morgenthaler[11], wäre hier auf folgende
Texte im Mt- und LkEv zu verweisen:

MtEv		LkEv	
MkTrad	QTrad	MkTrad	QTrad
13,12	25,29	8,16	11,33
16,24b	10,38	8,17	12,2
16,25	10,39	8,18b	19,26
16,27	10,33	9,3b	10,4
18,5	10,40	9,4	10,5.7a
19,9	5,32	9,5	10,10.11a
19,30	20,16	9,23b	14,27
21,21b	17,20c	9,24	17,33
		9,26	12,9
		9,48bc	10,16
		20,46	11,43
		21,14f(?)	12,11f.

---

8 Vgl. Morgenthaler, a.a.O. 294-296 und Downing, Towards a
  rehabilitation of Q, passim.

9 Vgl. zu den Dubletten vor allem die gut übersichtliche Arbeit von Morgenthaler, a.a.O. 128-162 (und dazu ebd. 296f);
  ferner Hawkins, Horae 80-107; Larfeld, Evangelien 94-104
  und de Solages, Synopse grecque 926-1031 (und dazu ders.,
  La composition des Évangiles 222-228). Kritisch über die
  Dubletten als Argument für die Existenz der Q-Quelle äußert
  sich etwa Soiron, Logia Jesu 108-133.

10 Vgl. ders., Einleitung 40: "Den entscheidenden Beweis für
   eine gemeinsame, schriftliche Quelle des Mt und Lk liefern
   aber die D u b l e t t e n bzw. D o p p e l ü b e r -
   l i e f e r u n g e n (...)".

11 Vgl. ders., Statistische Synopse 156f.

4. Die Übereinstimmungen in der Reihenfolge der Texte[12].

Kümmel[13] weist mit Recht darauf hin, daß bei der Unter-
schiedlichkeit, mit der Mt und Lk "das über Mk überschießen-
de Redengut" in ihren jeweiligen Mk-Rahmen einfügen, eine gemeinsame Akoluthie ihrer Q-Stücke keineswegs zu erwarten ist.
Ein Vergleich der Q-Stücke beider Evv zeigt jedoch, daß diese Erwartung trügt: Es lassen sich nämlich nicht nur zahlreiche Übereinstimmungen in der Anordnung des Gesamtstoffes
von Q in beiden Evangelien feststellen[14], sondern wie vor
allem Taylor nachweisen konnte[15], auch mehrfache gemeinsame
Akoluthie innerhalb der kleineren Q-Einheiten[16].

5. Die mehrmalige Verwendung von seltsamen Begriffen oder syn-
    taktischen Konstruktionen.

Dieses Argument wird gesondert von Hawkins[17] angeführt. Er
schreibt:

"THESE (sc identities in language) are so numerous and so
close, and in many cases they contain constructions or words
which are so very unusual or even peculiar, that the use of
written Greek documents is prima facie suggested by them.
Certainly they throw very serious difficulties in the way of
an exclusively 'oral theory'"[18].

---

12 Zur Akoluthie der Q-Texte vgl. Harnack, Sprüche 121-128
   (er bevorzugt die mt Reihenfolge!) und Streeter, On the
   original order of Q 141-164 (er bevorzugt die lk Reihenfolge!). Die Bevorzugung der lk Reihenfolge hat sich seit
   den Arbeiten von Taylor (vgl. ders., The order of Q und
   ders., The original order of Q, in: New Testament essays
   90-94 bzw. 95-118) allgemein durchgesetzt. Dies wird u.a.
   durch die neueren Stellungnahmen zur Frage der Q-Akoluthie
   von Morgenthaler (vgl. ders., Synopse 250-255.293f) und
   de Solages (La composition des Évangiles 153-168) bestätigt.

13 Vgl. ders., Einleitung 38f.

14 Nach der Aufstellung von Kümmel (vgl. ders., a.a.O. 39)
   entspricht die lk Reihenfolge der des Mt in folgenden
   Stücken: Lk 3,7-9.16f; 4,2-13; 6,20-23.27-30.32-36.37f.41-
   49; 7,1-10.18-35; 10,13-15.21f; 11,14-23.24-26.39-52; 13,
   34f; 17,22-37 und 19,11-28 par Mt.

15 Vgl. ders., a.a.O. (Anm. 12).

16 Vgl. ders., The original order of Q, passim und die Tabellen ebd. 98.103f.107f.111f.113f. Kritisch gegen das Argument der gemeinsamen Akoluthie äußert sich etwa Rosché,
   The words of Jesus 218ff: vgl. aber dazu die Einwände von
   Carlston/Norlin, Once more - statistics and Q, 74-76.

17 Vgl. ders., Horae 54-67.

18 Vgl. ders., a.a.O. 54.

Aus den Beispielen, die Hawkins zum gemeinsamen Text des Mt
und Lk anführt[19], sei auf folgende verwiesen:

a- Mt 7,3: τὴν δὲ ἐν τῷ σῷ ὀφθαλμῷ δοκόν (par Lk 6,42). Mt
    fügt sonst niemals etwas zwischen dem Artikel und dem ihm
    zugehörigen Substantiv ein.

b- Mt 10,28/Lk 12,4: μὴ φοβηθῆτε ἀπὸ τῶν...Es ist der ein-
    zige Beleg, in dem das Verb im NT mit ἀπό gebildet wird.

c- Mt 10,32/Lk 12,8: Die Konstruktion ὁμολογέω ἐν, die hier
    gebraucht wird, findet sich - abgesehen von Röm 10,9 -
    weder im sNT noch in der LXX.

d- Mt 8,20/Lk 9,58: Das Substantiv κατασκήνωσις findet sich
    zwar 5x in der LXX, aber nur an dieser Stelle im NT.

6. Der sprachliche Befund bei den Q-Texten des Mt und Lk
   bzgl. der red Tendenzen beider Evangelisten[20].

Morgenthaler und Schmid weisen mit Recht darauf hin, daß
bei Annahme einer literarischen Abhängigkeit des Lk vom MtEv
die "T e x t g e s t a l t der gemeinsamen Stücke überall
dort, wo Lk von Mt abweicht, bei Mt sich als primär herausstellen" muß[21]. Dies läßt sich nun aber keinesfalls bestätigen. Sogar Harnack, der in der Regel den Mt-Text der Quelle
für primär hielt, mußte zugeben, daß an manchen Stellen der
erste Evangelist sowohl stilistisch als auch sachlich eine
sek Textgestalt bietet[22]. Dieses Urteil wurde dann später
noch durch die Untersuchung von Bussmann erhärtet[23], der im
Gegensatz zu Harnack sogar den lk Text in der Regel für den
ursprünglicheren meinte halten zu müssen[24]. Wenn auch die
Diskussion in dieser Frage noch längst nicht beendet ist,
wird man doch zumindest soviel sagen können, daß eine prinzipielle Entscheidung für die Ursprünglichkeit des Q-Textes
eines der beiden Evangelisten in der derzeitigen Forschungs-

---

19 Vgl. ders., a.a.O. 57.63-66.

20 Vgl. zu diesem Argument Morgenthaler, a.a.O. 294 und
   Schmid, Mt und Lk 192.

21 Vgl. dazu Schmid, a.a.O. Ähnlich Morgenthaler, a.a.O.:
   "Wer allerdings im gemeinsamen Stoff Mt-Lk Mt die Quelle
   des Lk, oder Lk diejenige des Mt sein läßt, müßte wohl
   den Beweis erbringen, daß der Abschreiber sprachlich
   jünger ist".

22 Vgl. Harnack, Sprüche 28-31.76f.

23 Vgl. ders., Studien II, 35-109.

24 Vgl. ders., a.a.O. 106-109.

lage nicht mehr möglich ist[25]. Ein Einblick in die Kommentare
zeigt vielmehr, daß ein relativer Konsens darüber besteht, daß
beide Evangelisten ihren Q-Text unterschiedlich rezipieren,
und zwar so, daß sie den Q-Wortlaut einmal getreuer, das andere Mal aber stark paraphrasierend wiedergeben. Das aber
heißt: Gegenüber ihrem Q-Stoff verhalten sich Mt und Lk ganz
ähnlich wie sie sich auch gegenüber einer anderen von ihnen
benutzten Quelle verhalten, nämlich dem MkEv![26]

Diese sechs soeben herangetragenen Indizien haben vor allem eine hohe kumulative Beweiskraft. Sie berechtigen u.E.
zur Genüge bei der duplex traditio des Mt und Lk mit einer
beiden Evangelisten vorliegenden *schriftlichen Quelle* zu
rechnen. Wir sind uns zwar durchaus bewußt, daß mit dieser
Annahme keinesfalls alle Probleme der Doppeltradition des Mt
und Lk gelöst sind; andererseits ist aber die Q-Hypothese gegenüber anderen Erklärungsversuchen, die dem Befund in der
duplex traditio gerecht werden wollen[27], immer noch der Lösungsvorschlag, der u.E. die geringeren Schwierigkeiten mit
sich bringt.

---

25 Diese Ansicht wird durch das differenzierte Ergebnis, zu
   welchem Schulz in seinem Buch "Q. Die Spruchquelle der
   Evangelisten" (S. 66ff) in dieser Frage gelangt, bestätigt.

26 Vgl. Morgenthaler, Synopse 294: "Wenn die gemeinsame Tradition Mt-Lk auf einer schriftlichen Quelle beruht, dann
   werden sich die allfälligen Verbesserungen der beiden
   Evangelisten vermutlich ungefähr die Waage halten. In dem
   Maße, wie sich Indizien für ein solches Gleichgewicht finden lassen, verlieren die Argumente für die Annahme, Lk
   habe diesen Stoff von Mt bezogen, ihre Stichhaltigkeit...
   Auf das Ganze gesehen besteht..wirklich der Eindruck, im
   Text liege ein solches Gleichgewicht vor. Es spiegelt sich
   auch im Gleichgewicht der gegenteiligen Meinungen, die von
   den Spezialisten vorgetragen werden".

27 Unter den anderen Erklärungsversuchen, die dem Befund in
   den mt/lk Doppeltraditionen ebenfalls gerecht zu werden
   versuchen, wären vor allem zwei zu nennen: Nach dem ersten
   sind sowohl die hohe Wortlautidentität als auch die beträchtlichen Differenzen bei einigen Texten auf die unterschiedliche Traditionsweitergabe im Stadium der *mündlichen
   Überlieferung* zurückzuführen; diese Meinung vertreten u.a.
   Soiron, Die Logia Jesu, passim; Jeremias, Zur Hypothese
   einer schriftlichen Logienquelle, passim und Wrege, Die
   Überlieferungsgeschichte der Begpredigt, passim (weitere
   Forscher, die in einer ähnlichen Richtung argumentieren

Von solchen Schwierigkeiten und offenen Fragen, die trotz
allem nach wie vor auch bei der Q-Hypothese vorhanden sind,
seien zwei ausdrücklich erwähnt:
1. Die genauere Umfangsbestimmung bzw. Abgrenzung von Q.
    Die Schwierigkeit besteht in diesem Falle darin, daß bei
einigen Texten der lk/mt Doppeltraditionen nur ein, bei anderen aber gleichzeitig mehrere der oben erwähnten Indizien
zutreffen. Aus diesem Umstand ergibt sich zwangsläufig, daß
je nach der Doppeltradition, die in Frage kommt, der Wahrscheinlichkeitsgrad ihrer Q-Zugehörigkeit ein unterschiedlicher sein kann[28].
2. Die Deutung der Unterschiede zwischen dem Text der beiden
    Q-Fassungen.
    Bei Texten zwischen denen sich sachliche Differenzen oder
auch lediglich Unterschiede in dem verwendeten Stil und in
der Begriffswahl feststellen lassen, bestehen im Prinzip mehrere Deutungsmöglichkeiten. Am häufigsten werden die Differenzen so gedeutet, daß für sie die Redaktionsarbeit des ersten
oder dritten Evangelisten verantwortlich gemacht wird[29]. Doch
sind auch andere Erklärungen möglich. Im direkten Gegensatz
zu den red Erklärungen steht beispielsweise die von Wrege in
seinem Buch "Die Überlieferungsgeschichte der Bergpredigt"
vertretene These, wonach die Unterschiede bereits im vor-red
Stadium der mündlichen Überlieferung eingetreten sind[30]. Wiederum anders argumentiert Patton[31]. Nach ihm sind zahlreiche
Differenzen so zu erklären, daß die Q-Fassungen des Mt und Lk
urspr in zwei aramäische Rezensionen vorlagen, die nach der
Übertragung ins Griechische unterschiedliche Entwicklungen

---

bei Vassiliadis, Nature and extent 50-54). Diese Hypothese
birgt jedoch eine Reihe von Unwahrscheinlichkeiten in sich:
vgl. dazu etwa Stanton, The synoptic Gospels II, 17-29;
Larfeld, Evangelien 8-12; Bussmann, Hat es nie eine
schriftliche Logienquelle gegeben?, passim und Schmid, Mt
und Lk 184-191. Als zweiter Erklärungsversuch ist die Annahme zu nennen, wonach der dritte Evangelist das MtEv als
Vorlage benutzte. Aber auch diese Annahme ist mit allzu
großen Schwierigkeiten belastet (vgl. die Hauptargumente
gegen eine literarische Benutzung des Mt durch Lk kurz zusammengestellt bei Fitzmyer, The priority of Mark 148-
150; ferner Morgenthaler, Synopse 290-300, der freilich
ebd. 300ff doch mit einer "relativen" Benutzung des Mt
durch Lk rechnet), daß sie gegenüber der Q-Hypothese bevorzugt werden könnte.

28 Maßgeblich zu diesem Problem sind Polag, Umfang, passim,
   bes. 18ff.58ff.93ff; Vassiliadis, Nature and extent, bes.
   60ff und Schürmann, Trad. Untersuchungen 69-156.

29 Zahlreiche Beispiele dazu finden sich bei den Arbeiten von
   Wernle, Frage 61-80.80-88.179-185; Harnack, Sprüche 6-81;
   Bussmann, Studien II, 35-109 und Schmid, Mt und Lk 209-
   343.

30 Vgl. ders., a.a.O. 5-155.

31 Vgl. ders., Sources of the synoptic gospels 97ff.

vor ihrer Rezeption durch Mt und Lk durchlaufen haben[32]. Da-
gegen äußerte sich freilich Streeter[33], der demgegenüber der
Meinung war, daß Texte, die beträchtliche Unterschiede auf-
weisen, eher aus "parallel versions" als aus einem gleichen
Original stammen[34]. Bussmann schließlich differenziert zwei
Schichten im Q-Material: eine griechische und eine aramäische.
Da innerhalb der zweiten sich die größeren Unterschiede zwi-
schen den Texten des Mt und Lk finden, seien diese zum großen
Teil auf unterschiedliche Übersetzungen des gleichen aramäi-
schen Originals zurückzuführen[35].

─────────────

32 Vgl. ders., a.a.O. 126f: "If Q was originally an Aramaic
   document, used by Matthew and Luke in Greek translations
   going back to different copies of the Aramaic original, it
   is fair to assume that these two translations would have
   had different histories. Q would always be growing, by the
   aid of oral tradition; and if Q was written before Mark,
   there was ample time, say twenty-five years at least, before it was used by Matthew and Luke, for the two recen-
   sions, circulating in different communities and perhaps
   originally shaped to suit the needs of different readers,
   to acquire many dissimilar features. Not only would the
   same saying in many instances become changed to meet the
   varying need, or to adapt itself to what was considered a
   better tradition, but many things would be included in
   either recension which were not included in the other".
   Auch wenn man Pattons Hypothese zweier Rezensionen von Q
   meint nicht annehmen zu können, so wird man andererseits
   seine Worte über die unterschiedlichen Entwicklungen, die
   die mt und lk Q-Exemplare vor ihrer Verarbeitung durch
   die beiden Evangelisten durchlaufen haben, kaum prinzipiell
   abstreiten können: vgl. dazu auch Kümmel, Einleitung 43
   und Vassiliadis, Nature and extend 54.71. Über eine Weiter-
   entwicklung des Q-Exemplars des Mt vgl. Brown, The form
   of "Q" known to Matthew, passim und Lührmann, Redaktion
   105-121.

33 Vgl. ders., Four Gospels 235ff.

34 Vgl. ders., a.a.O. 238ff.

35 Vgl. ders., Studien II, 110-156. Die These Bussmanns wurde
   von Black (Approach 186-191) überprüft. Er stellt fest,
   daß "evidence of non-translation Greek" sich etwa mit
   "evidence of translation Greek" die Waage halten und gelangt daher im Vergleich mit den ersteren zu einem eher
   nüchternen Resultat: "This evidence of 'non-translation
   Greek' in Q is just as important as the evidence of translation; and it points to something more than minor editorial improvements by the Evangelists. In the light of it,
   it is doubtful if we are justified in describing Q, without qualification, as a translation of Aramaic. Certainly it seems clear that the most the Aramaic element can
   prove is an Aramaic origin, not always translation of an
   Aramaic original; and *it is the Greek literary factor which
   has had the final word with the shaping of the Q tradition*"
   (ebd. 191 mit Hervorhebung im Original; vgl. auch Vassiliadis, a.a.O. 55-57).

Diese beiden angeschnittenen Probleme reichen u.E. zwar
nicht aus, die These einer schriftlichen Logienquelle als
ganze in Frage zu stellen, sie zeigen aber, daß bei der Ein-
zelanalyse die Meinungen der Forscher wohl auch in Zukunft
noch recht weit auseinandergehen werden. Was insbesondere das
zweite erwähnte Problem anbelangt - die verschiedenen Deutungsmöglichkeiten bei Texten, die im Wortlaut und sachlich
stark divergieren - so scheint uns äußerst fraglich zu sein,
ob überhaupt ein und derselbe Lösungsvorschlag die Probleme
aller zu untersuchenden Texte befriedigend lösen kann. In

Die beiden Hauptstützpunkte für die These eines aramäischen Q-Originals sind das Vorhandensein von lk/mt Varianten, die sich leicht aus der Mehrdeutigkeit eines aramäischen Wortes oder einer Konstruktion erklären lassen (Beispiele bei Bussby, Is Q an aramaic document? 274f und Black,
a.a.O. 191-196) und das Erscheinen von Fehlübersetzungen
bzw. eindeutiger Mißverständnisse aus dem Aramäischen beim
Text eines der beiden Evangelisten (Beispiele bei Bussby,
a.a.O.; Wellhausen, Einleitung 27 und Black, a.a.O. 203-
208). Die Wahrscheinlichkeit dieser These kann positiv
noch in dem Maße erhärtet werden, als sich im untersuchten Vers- oder Textabschnitt weitere Anzeichen eines Über-
setzungsgriechisch ergeben, wozu Rife (= Mechanics, passim) und Martin (= Syntactical evidence, passim, bes. 5-
39) die Kriterien herausgearbeitet haben. Negativ muß demgegenüber aber zugleich festgestellt werden, daß der Annahme
von Übersetzungsvarianten bzw. Fehlübersetzungen leider
große Unsicherheitsfaktoren anhaften, so daß sie in der
Forschung keinesfalls unbestritten sind (vgl. dazu Riddle,
Logic, passim, bes. 17ff; Burrows, Principles, passim,
bes. 26ff; Fitzmyer, Rez. zu Black, CBQ 30, 1968, 422-424;
Dalman, Worte 50ff und Moulton, Grammar II, 470ff u.a.).
Ferner sollte ständig bedacht werden, daß in diesem Gebiet Rückschlüsse aus dem Befund in einer Minderheit von
Texten keinesfalls zwingend auch für den Gesamtbefund in
der Mehrheit der Stoffe maßgeblich sein müssen. Daß z.B.
die gesamte Q-Tradition aus zwei unabhängigen Übersetzungen eines gleichen aramäischen Originals oder gar - wie
es Patton will - aus zwei unterschiedlichen aramäischen
Originalen entstanden ist, scheint uns in jedem Falle auf
Grund des Befundes in zahlreichen Texten, die nicht nur
hohe Wortlautübereinstimmungen, sondern auch Übereinstimmungen in der Wortfolge und in der Anwendung seltsamer Begriffe und syntaktischen Konstruktionen bringen, schier
ausgeschlossen zu sein. Damit soll nun keineswegs die Möglichkeit von Fehlübersetzungen prinzipiell geleugnet werden. Es sollte aber darauf hingewiesen werden, daß das   ,
Phänomen der "mistranslations" nicht unbedingt immer
die Existenz einer aramäisch-*schriftlichen* Vorlage
voraussetzen muß: War Q einmal in mehreren Exemplaren verteilt, und kannte der Tradent eines Exemplars noch die
aramäisch-mündliche Fassung eines gewissen Logions, so
könnte er - auch ohne ein aramäisch-schriftliches Original - sehr wohl von dieser Kenntnis her bewogen, sich zur
Korrektur seiner griechischen Vorlage veranlaßt fühlen!

diesem Punkt wird die Forschung auch in Zukunft auf detail-
lierte Einzelanalysen angewiesen sein, die je nach Text und
Befund zu verschiedenen Ergebnissen führen werden[36].

1.1 Argumente gegen einen Q-Ursprung der Hauptmanns-
       perikope

Die Argumente, die gegen eine urspr Q-Zugehörigkeit der
Hauptmannsperikope geltend gemacht werden, berufen sich
hauptsächlich (1) auf die zu Q nicht passende Erzählform der
Geschichte, (2) auf den mit anderen Q-Abschnitten in Spannung
stehenden Inhalt derselben und schließlich (3) auf die Stabi-
lisierungstendenzen der mündlichen Tradition.

Ad 1 - Dieses Argument bringen beispielsweise Allen und Wend-
       ling[37]. Letzterer schreibt in seiner Studie über den
Hauptmann[38]:

"Denn nicht damit fällt die Erzählung aus dem Rahmen der Re-
desammlung heraus, daß man das Akumen in der Heilung er-
blickt, vielmehr liegt das Befremdliche in der Tatsache, daß
überhaupt eine ausgeführte Erzählung in Q gestanden haben
soll".

Wiederum in seiner Zusammenfassung ist zu lesen:

"Q kann als Quelle (sc zu Mt 8,5-10.13 par Lk) nicht in Betracht kommen wegen der Abhängigkeit von Mc; auch paßt von
vornherein der erzählende Inhalt nicht in eine Redesamm-
lung"[39].

Es ist gewiß nicht viel, was die Hauptmannsgeschichte an
Jesusworten enthält, worauf lediglich in Q 8,7.10b Bezug genommen wird. Doch allein schon deshalb die Herkunft der

---

36 Diese zu erwartende Verschiedenheit der Ergebnisse liegt
   nicht zuletzt auch daran, daß der Tradierungsprozeß zweier
   stark abweichender Doppeltraditionen mehrere Möglichkeiten
   aufweist, wie das sehr schön Weiser in seinem Buch "Die
   Knechtsgleichnisse der synoptischen Evangelien" 227-229
   dargestellt hat. Seine sich daran anschließende literarkritische Analyse des in seiner Zugehörigkeit zu Q stark
   umstrittenen Gleichnisses von den anvertrauten Geldern (Mt
   25,14-30/Lk 19,12-27) ist u.E. ein treffendes Beispiel dafür, wie sorgfältige Einzelanalysen der umstrittenen mt/lk
   Doppeltraditionen die Q-Forschung positiv vorantreiben
   können (ebd. 229-258).

37 Vgl. Allen, Book of sayings 237 und Wendling, Hauptmann
   105f.

38 Vgl. Wendling, Hauptmann 105.

39 Vgl. ders., a.a.O. 106.

Erzählung aus Q zu bestreiten, scheint uns übertrieben. Wie aus der Versuchungsgeschichte (Mt 4,1ff par Lk), der Perikope über die verschiedenen Nachfolger (Mt 8,19-22 par Lk), der Täuferanfrage (Mt 11,2-6 par Lk), der Austreibung eines Dämons (Mt 12,22-23a par Lk) und vielleicht auch aus der Zeichenforderung (Mt 12,38-42 par Lk) hervorgeht, enthielt Q mehrere in Erzählform eingebettete Sprüche[40]. Auch die Tatsache, daß in Q 8,5ff neben den Worten Jesu auch noch Worte eines Gesprächspartners erscheinen (vgl. Q 8,6.8b.f) darf nicht verwundern, denn solche finden sich auch in anderen Q-Abschnitten, wie aus der Versuchungsgeschichte, aus Mt 8,19-22; 11,2f par Lk und eventuell auch in dem Abschnitt über die Zeichenforderung[41] hervorgeht[42]. Auffällig wäre die Erzählung Q 8,5ff in Q allerdings dann, wenn Allen tatsächlich mit dem recht hätte, was er folgendermaßen äußert:

"The central point of the story is not Christ's *saying*, 'Not even in Israel have I found such faith' (for as a saying apart from its context that has no meaning), but the *facts* that Christ could heal by a word, and that He had done such a healing for the servant of a centurion"[43].

Diese Deutung ist nun aber keineswegs zwingend. Ihr widerspricht vor allem, daß die Erzählung offensichtlich auf das

---

40 Vgl. zu den Erzählungen in Q Harnack, Sprüche 115f; Bussmann, Studien II, 112-116; Jülicher/Fascher, Einleitung 338f; Albertz, Streitgespräche 112.118f; Morgenthaler, Synopse 251 und Kümmel, Einleitung 42. In enger Berührung mit der Frage nach den Erzählungen in Q steht die Problematik der Einleitungswendungen in dieser Quelle: vgl. dazu Holtzmann, Synoptische Evangelien 128-136; Wernle, Frage 82; Hawkins, Probabilities 122-125; Cadbury, Style 119-124 und de Solages, Composition 170-182. Die unsicheren Einleitungswendungen sind von Polag in ders., Fragmenta Q 88-91 zusammengestellt worden.

41 Mt bringt nämlich (Mt 12,38) die Einleitungsfrage der Zeichenforderung in direkter, Lk aber (Lk 11,16) in indirekter Rede. Für die direkte Rede des Mt entscheiden sich etwa Harnack, Sprüche 20f.95 und Polag, Fragmenta 52. Zur unterschiedlichen Anwendung von direkter und indirekter Rede bei Mt und Lk gegenüber Q vgl. die weiteren Beispiele, die de Solages, Composition 195 (sub Nr. 99) angibt.

42 Die anderen Belege für Gespräche in Q bleiben unsicher, da sie entweder nur von einem der beiden Evangelisten bezeugt sind, oder allzu stark voneinander abweichen: vgl. dazu Albertz, Streitgespräche 118f.

43 Vgl. ders., Book of sayings 237 (Hervorhebung im Original).

Gespräch (vgl. Q 8,6-10!) den Nachdruck setzt; Allens Deutung würde höchstens für eine Vorlage, wie sie etwa dem Joh
in Joh 4,51-53 vorlag, zutreffen, da hier nun wirklich unzweideutig die wunderbare *Tat* Jesu zum Höhepunkt der Erzählung stilisiert worden ist! Aus diesem Grunde ist eher Harnack beizupflichten, wenn er schreibt:

"Sieht man aber näher zu, so ist nicht die Heilung das Akumen, sondern das große Vertrauen des heidnischen Hauptmanns
(wie beim kananäischen Weib) zur unbeschränkten Macht Jesu;
denn das diesen Glauben bezeugende Wort Jesu, nicht sein Heilungswort (sc Mt 8,13), ist der Gipfel der Erzählung"[44].
Daß Harnack hier in der Tat das Richtige trifft, wird später[45]
durch die formgeschichtliche Analyse vollends bestätigt werden können.

   Zusammenfassend läßt sich sagen: Der Erzählrahmen (= Q 8;5.
13), innerhalb dessen das Gesprächsteil (Q 8,6-10) eingebet-
tet ist, widerspricht keineswegs dem Befund in anderen Q-
Stücken. Vielmehr gilt: So wie das Gespräch ohne ein Minimum an Erzählrahmen kaum verständlich wäre[46], so läßt andererseits nur das vorher mitgeteilte Gespräch den Glauben,
von dem Jesus in Q 8,10b spricht, im rechten Licht erscheinen[47].

Ad 2 - Auf dieses Argument berufen sich etwa Haupt und Wern-
     le[48]. Da sie stark judenchristlich geprägte Sprüche,
wie Mt 10,5f für uspr Q-Material halten, sind sie der Meinung,
daß infolge der inhaltlichen Spannung zwischen solchen Sprüchen (vgl. auch noch Mt 5,18; 7,6 und 23,3) und der Hauptmannserzählung, die letztere eher einem späteren Stadium der

---

44 Vgl. ders., Sprüche 146.

45 S. u.S. 361.367.

46 S. dazu o.S. 12 mit Anm. 46 und 47.

47 So zu Recht Albertz, Streitgespräche 119: "Nun ist das
   Acumen hier so wenig als sonst bei Q die Heilung als solche, sondern der bei Jesus Staunen hervorrufende Glaube
   des Heiden...Eben diesen Glauben...läßt aber nur das Gespräch erkennen, das vorher mitgeteilt wird. Deshalb liegen auf ihm ein Nachdruck und ein Interesse, wie sonst bei
   Q nur auf den Streitgesprächsgängen seiner Versuchungsgeschichte".

48 Zu den Ansichten Haupts s.u.S. 311f; zu Wernle, vgl. ders.,
   Frage 232.

Überlieferung bzw. einer späteren Q-Schicht zuzuweisen sei.
Das folgende Zitat von Wernle mag das Gemeinte exemplifizie-
ren:

"Daß die Erzählung vom Hauptmann von Kapernaum in der gleichen Schrift stand, welche die judaistischen Züge (sc Mt 5,17-
20; 10,5f und 23,3) eingefügt erhielt, ist fast undenkbar.
Vielleicht trat sie erst nach dem jüdischen Krieg zur Sammlung hinzu"[49].

Daß Mt 8,5ff mit anderen, das Verhältnis zwischen Juden
und Heiden ansprechenden und in Q stehenden Texten, wie Mt
8,11f; 11,20-24; 12,41f und 22,1-10 par Lk, der nachapostolischen Zeit angehören - so etwa Haupt - ist nicht zu beweisen und hängt einfach mit der literarischen Vorentscheidung
Haupts zusammen, wonach die Q-Texte, die keine Mk-Parallele
haben, einer jüngeren Q-Schicht zuzuweisen sind[50]; da diese
Vermutung aber jeglicher sicheren Grundlage entbehrt, kann
sie ohne weitere Begründung als nicht haltbar abgelehnt werden. Gegen die zweite Vermutung, die Wernle äußerte, spricht
aber folgendes: So wie die "judaistischen" Züge den Reden in
Mt 5-7.10. und 23 vorangestellt sind ohne den ihnen jeweils
folgenden Q-Teil zu beeinträchtigen, in dem ja ebenfalls Kritik am Judentum keineswegs fehlt, so ist nicht zu ersehen,
warum die gegenüber den Juden kritische Erzählung Q 8,5ff
nicht ebenfalls ein urspr Bestandteil dieser Sammlung gewesen sein könnte. Harnack bemerkt daher wohl zutreffend gegen
die Ansicht Wernles: "...aber Q trägt nicht das Gepräge eines
Judaismus, der eine solche Schätzung heidnischen Glaubens
nicht zuläßt"[51].

Ad 3 - Das Argument, das einen Q-Ursprung der Hauptmannsperi-
       kope mit dem Hinweis auf die Stabilisierungstendenzen
der mündlichen Tradierung bestreitet, wurde in letzter Zeit
wieder von Ernst ins Feld geführt[52]. Dafür könnte die Tatsache
angeführt werden, daß das Memorieren z.Z. Jesu sich einer weit
verbreiteten Praxis erfreute, worauf nun mit Nachdruck erneut

---

49 Vgl. ders., a.a.O.
50 Vgl. u.S. 311f, bes. 312, Anm. 46.
51 Vgl. Harnack, Sprüche 142, Anm. 2.
52 Vgl. ders., Lk 238.

Riesner[53] hinweist. Dagegen sprechen aber vor allem die hohen Übereinstimmungen zwischen Mt 8,8-10/Lk 7,6c.7b.f, die
bis zu den geringsten Details der Begriffswahl, Wortfolge
und angewandten Syntax hineinreichen.

Zusammenfassend zu 1.1. läßt sich sagen:

    Keines der besprochenen Argumente gegen einen Q-Ursprung
der Hauptmannsperikope ist von überzeugender Beweiskraft. Es
muß daher gefragt werden, ob die Indizien, die für eine literarische Beziehung der mt/lk Doppeltradition und für ihren
Ursprung in einer beiden Evangelisten gemeinsamen, schriftlichen Quelle sprechen, nicht doch die größte Wahrscheinlichkeit für sich beanspruchen können.

    1.2. Indizien dafür, daß Q 7,28a; 8,5-10.13 Mt und Lk in
         einer gemeinsamen, schriftlichen Quelle vorlagen

    Wenn wir die oben angeführte[54] Reihenfolge der Indizien
beachten, die zur Annahme einer schriftlichen Q-Quelle geführt haben, so sprechen folgende Gründe dafür, daß zwischen
der mt und lk Fassung unserer Erzählung eine literarische Beziehung angenommen werden kann, und ein Q-Ursprung wahrscheinlich ist:
1. Der Grad der Wortlautübereinstimmungen zwischen Mt 8,8-10
   und Lk 7,6bc.7b.8f.
    Der hohe Grad der Wortlautübereinstimmungen zwischen die-
sen Vv mag durch die Nebeneinanderstellung beider Fassungen
des Textes nach NTG[26] veranschaulicht werden[55]:

---

53 Vgl. ders., Jesus als Lehrer 440-453 (Lit!); s. ferner
   Strack/Stemberger, Einleitung 41-54 (41:Lit!).

54 S.o.S. 277-282.

55 Die hohe Wortlautübereinstimmung ist leicht übersichtlich
   bei Larfeld, Griechische Synopse 40 (Übereinstimmungen
   fettgedruckt!) und Farmer, Synopticon 17f.163; in stat
   Zahlen wird sie wiedergegeben von Morgenthaler, Synopse 74
   und de Solages, Synopse 641-643.

(Mt)   (Lk)

καὶ ἀποκριθεὶς ὁ ἑκατόνταρ-   ἔπεμψεν φίλους ὁ ἑκατοντάρχης
χος ἔφη· κύριε,   λέγων αὐτῷ· κύριε, μὴ σκύλλου,
οὐκ   εἰμὶ ἱκανὸς ἵνα μου   οὐ γὰρ ἱκανός εἰμι ἵνα ὑπὸ
ὑπὸ τὴν στέγην εἰσέλθῃς.   τὴν στέγην μου εἰσέλθῃς· διὸ
                                 οὐδὲ ἐμαυτὸν ἠξίωσα πρὸς σὲ
                                 ἐλθεῖν. ἀλλὰ   εἰπὲ λόγῳ
ἀλλὰ μόνον εἰπὲ λόγῳ,   καὶ ἰαθήτω ὁ παῖς μου. καὶ
καὶ ἰαθήσεται ὁ παῖς μου.καὶ   γὰρ ἐγὼ ἄνθρωπός εἰμι ὑπὸ ἐξ-
γὰρ ἐγὼ ἄνθρωπός εἰμι ὑπὸ ἐξ-   ουσίαν τασσόμενος ἔχων ὑπ'ἐμ-
ουσίαν   ἔχων ὑπ'ἐμ-   αυτὸν στρατιώτας,καὶ λέγω τού-
αυτὸν στρατιώτας,καὶ λέγω τού-   τῳ· πορεύθητι, καὶ πορεύεται,
τῳ·πορεύθητι,καὶ πορεύεται,   καὶ ἄλλῳ· ἔρχου, καὶ ἔρχεται,
καὶ ἄλλῳ· ἔρχου,καὶ ἔρχεται,   καὶ τῷ δούλῳ μου·ποίησον τοῦ-
καὶ τῷ δούλῳ μου· ποίησον τοῦ-   το,καὶ ποιεῖ.ἀκούσας δὲ ταῦτα
το,καὶ ποιεῖ. ἀκούσας δὲ   ὁ Ἰησοῦς ἐθαύμασεν αὐτὸν καὶ
ὁ Ἰησοῦς ἐθαύμασεν   καὶ   στραφεὶς τῷ ἀκολουθοῦντι αὐ-
εἶπεν τοῖς ἀκολουθοῦσιν·   τῷ ὄχλῳ εἶπεν· λέγω ὑμῖν,
     ἀμὴν λέγω ὑμῖν,   οὐδὲ ἐν τῷ Ἰσραὴλ τοσαύτην
παρ'οὐδενὶ τοσαύτην πίστιν ἐν   πίστιν εὗρον.
τῷ Ἰσραὴλ εὗρον.

Aus den Unterstreichungen[56] ist zu ersehen, daß die zwei
Fassungen der Erzählung in den erwähnten Vv nicht weniger als
52 *form- und folgeidentische Wörter* bringen, zudem noch 11
Wörter, die zwar in der Form, nicht aber in der Reihenfolge

---

56 Die Unterstreichungen bedeuten:
   _____ : form- und folgeidentisch;
   .... : formidentisch, aber in der Wortfolge verschie-
               den.
   ---------- : im Wortstamm und -folge identisch, aber in der
               Form verschieden.

übereinstimmen und schließlich noch 4 Wörter, die dem Stamm
und der Reihenfolge nach identisch sind, lediglich in der
Form geringe Differenzen aufweisen. Eine Bestreitung literarischer Beziehungen zwischen den beiden Texten scheint uns aber
unter diesen Bedingungen nur schwer durchführbar.

2. Die Übereinstimmung in der Reihenfolge der Texte.

Es ist mit Hilfe einer Konkordanz leicht zu ersehen, daß
die Doppeltraditionen des Mt und Lk bis zu unserer Perikope
eine hohe Übereinstimmung in der Reihenfolge aufweisen[57].
Auffällig ist vor allem die Übereinstimmung nach der Bergpredigt. Schmid schreibt:

"Vielleicht die merkwürdigste Übereinstimmung der beiden Evangelisten bietet die Perikope vom Hauptmann von Kapharnaum,
das einzige Erzählungsstück des Mt und Lk über Mk hinaus. Daß
die fast identische Stellung dieser Erzählung bei beiden Evangelisten nicht zufällig sein kann, liegt auf der Hand"[58].

Mt bringt nach der Bergpredigt zwar noch die Geschichte von
der Heilung eines Aussätzigen (8,1-4: vgl. Mk 1,40-45/Lk 5,
12-16), doch dürfte dieser Einschub auf seine Red zurückzuführen sein[59].

An Gründen, die Mt bewogen haben könnten, Mk 1,40-45 an
den Beginn seines Wunderzyklusses[60] zu stellen, kommen vor
allem zwei in Frage: 1. Ein äußerer Grund - Wernle meint z.B.,
daß "gerade hier auf dem Weg vom Berg zur Stadt eine passende Situation sich (sc für den Einschub von Mk 1,40-45) bot"[61].
Mk 1,40-45 enthielt nämlich urspr weder Zeit noch Ortsangaben[62]! 2. Ein Grund theologischer Natur - auf diesen weist
etwa Held hin[63]. Er macht darauf aufmerksam, daß durch Mt 8,4

---

57 Vgl. zur Übersicht Harnack, Sprüche 121f; Morgenthaler,
   Synopse 254 und de Solages, Composition 24f.154-158.

58 Vgl. Schmid, Mt und Lk 250.

59 Vgl. die Kommentare z.St.

60 Vgl. zum Wunderzyklus in Mt 8-9 Thompson, Reflections,
   passim; Burger, Jesu Taten, passim und Kingsbury, Observations, passim.

61 Vgl. ders., Frage 186. Ähnlich Neirynck, Rédaction matthéenne 70, Anm. 111: "D'autre part, la situation de la montagne (VIII, 1, cfr V, 1) peut faire retarder l'entrée à
   Capharnaüm (Lc., VII, 1b) et créer l'occasion d'un miracle
   'en cours de route' (cfr IX, 1-8, diff. Mc; IX,20-22, par.
   Mc)"; ferner Klostermann, Mt 72: "Er (sc Mt) stellt den
   Aussätzigen Mc 1,40-45 voran...vielleicht weil diese Geschichte außerhalb Kapernaums spielt".

62 Vgl. Mk 1,40: Und es kommt zu ihm ein Aussätziger, bittet
   ihn kniefällig und sagt ihm: Wenn du willst, kannst du
   mich reinigen.

63 Vgl. ders., Matthäus als Interpret 240-246, 243f.

(vgl. Mk 1,44)[64] der erste Evangelist am Anfang seines Wunderzyklusses (Mt 8-9), ähnlich wie zu Beginn der Bergpredigt
(vgl. Mt 5,17), darauf bedacht war, Jesus als den hinzustel-
len, der sich auch in seiner Wundertätigkeit als der Erfüller
der Schrift bewährt[65].

Ist aber der Einschub von Mt 8,1-4 red erklärbar, so bringen
Mt und Lk die Doppeltradition *übereinstimmend* in der gleichen
Akoluthie nach der Berg-/Feldrede! Will man für die Erklärung
dieses Tatbestandes auf komplizierte synoptische Theorien verzichten, es aber gleichzeitig als Hinweis auf eine Q-Quelle
nicht annehmen, so bleiben im Grunde nur zwei weitere Er-
klärungsmöglichkeiten übrig: Nach der ersten könnte Lk Mt
gekannt haben und nach der zweiten könnte die Übereinstimmung
einfach auf Zufall beruhen. Gegen die erste Annahme sprechen
schon die Schwierigkeiten, die ganz allgemein die Hypothese
einer lk Kenntnis des ersten Ev unwahrscheinlich machen[66];
hinzu kommt, daß auch die oben durchgeführte statistisch-stilkritische Untersuchung diese Annahme für den konkreten Fall
unserer Erzählung recht unwahrscheinlich machte[67]. Es bleibt
dann noch die Annahme eines Zufalles übrig. Dies wird etwa
von Allen erwogen[68], der dazu mehrere Möglichkeiten anführt[69].

---

64 Mt 8,4: Und Jesus sagt ihm: Sieh zu, daß du niemand (etwas)
   sagst; vielmehr geh hin, zeige dich dem Priester und brin-
   ge das Opfer dar, das Mose angeordnet hat, ihnen zum Zeugnis.

65 Ähnlich Neirynck, a.a.O. und Klostermann, Mt 72: "Er (sc
   Mt) stellt den Aussätzigen Mc 1,40-45 voran, vielleicht,
   weil er das εἰς μαρτύριον αὐτοῖς 44 auffaßte = 'damit die
   Priester sehn, daß ich 5,17 s o e b e n mit Recht behauptet habe'..." (vgl. dazu Anm. 61).

66 Vgl. dazu Morgenthaler und Fitzmyer in den o.S. 283 Anm.
   27 angegebenen Studien; ausdrücklich sei noch auf Schmid,
   Mt und Lk, passim verwiesen.

67 S.o.S. 243-245 sub 3.333.

68 Vgl. ders., Mt 73.

69 Abgesehen von der Möglichkeit, daß Lk unter dem Einfluß vom
   MtEv stehen könnte, erwähnt Allen, a.a.O. noch zwei andere
   Möglichkeiten: Erstens, Mt und Lk könnten unabhängig voneinander die Perikope red nach der Berg-/Feldrede plaziert
   haben; zweitens, könnte die Einleitung in Mt 8,5 (sc
   Εἰσελθόντος δὲ αὐτοῦ εἰς Καφαρναούμ) red sein, "whilst in
   the source which Lk. was following the Sermon may have been
   immediately followed by the return to Capharnaum and the
   miracle. In that case the agreement of Mt. and Lk. in lin-
   king the Sermon to the miracle by the entry into Capharnaum may be accidental".

Die Schwäche dieser Position besteht aber darin, daß nicht
weniger als *52% des Materials*, das normalerweise der Q-Quelle zugeschrieben wird, *dieselbe Reihenfolge aufweist*[70]!

3. Die mehrmalige Verwendung von seltsamen Begriffen oder
syntaktischen Konstruktionen.

Hawkins verweist in seiner Horae synopticae[71] auf einen
Begriff und zwei Wendungen, deren Gebrauch in Q 8,5ff auffällig ist. Als Begriff nennt er στέγη (= Dach), das abgesehen von Mt 8,8/Lk 7,6c im gesamten NT nur noch 1x, nämlich
in Mk 2,4 vorkommt: Die LXX verwendet es 5x (Gen 8,13; 19,18;
Esr 6,4; Ez 40,43 und IV Makk 17,3[72]). Demgegenüber erscheint
aber das Synonym δῶμα 7x in den Evv und Apg (Mt 10,27; 24,17;
Mk 13,15; Lk 5,19; 12,3; 17,31 und Apg 10,9,sonst im NT nicht
mehr) und mehr als 20x in der LXX[73]! An Wendungen verweist
er auf das ἱκανὸς ἵνα ...εἰσέλθῃς (Mt 8,8/Lk 7,6c) und auf
das εἰπὲ λόγῳ (Mt 8,8/Lk 7,7b). Erstere enthält ἱκανός mit
folgendem ἵνα, das weder anderswo im NT noch in der LXX gebraucht wird[74]. Was die zweite betrifft, so findet sie sich
wörtlich ebenfalls an keiner anderen Stelle des NT und auch
nicht in der LXX[75].

Die Relevanz dieses Befundes für unsere Frage ist von hoher Wichtigkeit, denn daß diese Zahl ungeläufiger Wendungen/
Worte sich bei jahrelanger mündlicher und voneinander unab-

---

70 Vgl. dazu de Solages, Composition 24.153.

71 Vgl. ders., a.a.O. 64f.

72 Vgl. Hatch/Redpath, Concordance II, 1288 s.v. στέγη.

73 Vgl. dazu Hatch/Redpath, a.a.O. Bd. I, 358.

74 Zu ἱκανός mit folgendem Infinitiv, vgl. Mk 1,7 und Lk
   3,16. McNeile bemerkt dazu in seinem Kommentar zu Mt (vgl.
   ders., Mt 104): "ἱκανὸς ἵνα (not in LXX) occurs only in
   the parallel, Lk. vii.6, a sign of dependence upon a written Gk. source".

75 Ähnliche Konstruktionen, die ein Verbum finitum mit dem
   Dativ des wurzel- oder sinnverwandten Substantivs bringen,
   finden sich aber sehr wohl mehrfach im NT und LXX: s. dazu u.S. 415 mit Anm.60 und 61. Daß aber εἰπὲ λόγῳ tatsächlich ungeläufig war, zeigt nicht zuletzt der handschriftliche Befund (vgl. dazu Tischendorf, Novum Testamentum
   Graece 36 und Soden, Die Schriften des Neuen Testaments
   II, 21), wonach einige Hss. (z.B. ff[1]) den Dativ λόγῳ
   durch den Akkusativ λόγον ersetzen.

hängigen Weitertradierung der beiden Fassungen der Erzählung
ohne Modifizierung vollzogen haben sollte, ist nur schwer
vorstellbar. Wiederum bietet die Hypothese der Benutzung einer gemeinsamen, schriftlichen Vorlage eine weit einfachere
Erklärung.

4. Der sprachliche Befund bzgl. der red Tendenzen beider
   Evangelisten.

Die statistisch-stilkritische Analyse konnte zeigen[76], daß
sowohl Lk als auch Mt red Eingriffe in die ihnen jeweils vorliegende Vorlage der Erzählung gemacht haben. Sie benutzten
also die Vorlage der Hauptmannserzählung in einer identischen
Weise wie sie auch gegenüber der schriftlichen Vorlage des
MkEv verfahren sind, so daß sich auch von hier aus gegen die
Annahme einer literarischen Beziehung zwischen den beiden Fassungen der Erzählung keine prinzipiellen Einwände machen lassen.

Zusammenfassung von 1.2.:

Die vier angeführten Indizien sprechen u.E. eindeutig dafür, daß Lk und Mt eine Fassung der Hauptmannsgeschichte vor
sich hatten, die aus einer urspr gemeinsamen schriftlichen Vorlage stammte und die mit weiterem Material der mt/lk Doppeltraditionen beiden Evangelisten in der gleichen Reihenfolge
nach der Berg-/Feldrede vorlag. Da für die mt/lk Doppeltraditionen normalerweise das Siglum "Q" verwendet wird[77], ist
die Hauptmannserzählung als eine Geschichte der Q-Quelle zu
betrachten, weshalb auch die Rekonstruktion ihrer urspr Fassung von uns (in Anlehnung an die mt Verseinteilung) durch
Q (7,28a;) 8,5-10.13 wiedergegeben wird.

Wenn wir in unserer Zusammenfassung zur Wortstatistik und
Stilkritik die Ergebnisse der Untersuchung dahin präzisiert
haben, daß der dritte Evangelist seine Fassung der Erzählung
wahrscheinlich aus dem Sg-Material entnahm und diese wohl als
Ersatz der Erzählung, die ihm seine Q-Vorlage bot, verwendete[78], so widerspricht dies keineswegs dem Ergebnis, zu dem

---

76 S. dazu o.S. 236-239.
77 Vgl. dazu die einschränkenden Bemerkungen von Morgenthaler, Synopse 164f.
78 S.o.S. 250-254.

wir oben gelangten.Im Gegenteil: Gerade, daß Lk seine Fassung
aus dem Sg in Übereinstimmung mit Mt unmittelbar nach der
Bergpredigt stellt, zeigt ja mit aller Deutlichkeit, daß die
Hauptmannsperikope ihm bereits in Q am selben Platze vorlag;
außerdem wurde auch darauf hingewiesen[79], daß schon die Fassung der lk Sg-Erzählung in literarischer Beziehung mit der
Hauptmannsgeschichte von Q gestanden haben muß!

1.3. Einordnung von Q 8,5-10.13 innerhalb der Sammlungs- phasen der Q-Überlieferung

Daß die Q-Überlieferung das Ergebnis eines langen Sammlungsprozesses darstellt, wird allgemein angenommen[80]. Strittig ist lediglich die Frage, ob die Sammlung des Materials einer oder mehrerer Redaktionen unterzogen wurde[81]. Da eine
ausführliche Auseinandersetzung mit dieser Frage im Rahmen
unserer Arbeit nicht möglich ist - setzt sie doch die Analyse
größerer Q-Traditionskomplexe voraus - so müssen wir uns damit begnügen, Mt 8,5ff lediglich daraufhin zu prüfen, ob es
bereits einem Grundbestand der Q-Sammlung angehörte oder eher
als spätere Hinzufügung zu diesem zu verstehen ist. Meistens

---

79 S.o.S. 252.

80 Vgl. zur Übersicht Polag, Umfang 125-129.

81 Für die erstere Annahme trat z.B. Lührmann, Redaktion
   24.84ff ein, für die zweite etwa Polag, Christologie 9-17
   und in differenzierterer Form Jakobson, Wisdom Christology, passim, der zwischen einer "final redaction", einem
   "intermediate redactional stage" und einem "compositional stage" der Redaktion meint unterscheiden zu können
   (ebd. 92ff.144ff u.ö.). Zur Frage einer oder mehrerer Redaktionen der Q-Überlieferung vgl. die Übersicht bei Devisch, Le document Q 86f und die Besprechung einiger Q-
   Arbeiten unter diesem Aspekt durch Jakobson, a.a.O. 10-15.
   Eine prinzipielle Kritik gegen den Versuch der Ermittlung
   mehrerer Redaktionsstufen im Q-Material äußerte Hoffmann:
   "Im Einzelfall läßt sich kaum unterscheiden, auf welcher
   Stufe des vorsynoptischen Traditionsprozesses dieses oder
   jenes Interpretament oder Logion der Sammlung hinzuwuchs.
   Ich halte es jedoch für ein unergiebiges und methodisch
   nicht ausreichend gesichertes Unterfangen, einzelne Re-
   daktionsstufen der Quelle fixieren zu wollen, wie es z.B.
   A.P. Polag versucht": vgl. ders., Studien 2.

wird das letztere angenommen[82]. Einige Gründe sprechen in
der Tat für diese Annahme. Als solche seien erwähnt:

1. Die in Q 8,5-10.13 erzählte Wundergeschichte ist abgesehen
von der kurzen Erwähnung einer Dämonenaustreibung in Lk 11,14
par Mt 12,22f der einzige ausführlichere Wunderbericht in Q.
Nun werden den Q-Tradenten sicherlich auch andere Wundergeschichten Jesu vertraut gewesen sein, was man wohl aus Stellen wie Mt 4,3-7; 11,2-6.20-23 und 12,27f par Lk wird entnehmen können; auch gab es ja mehrere Wundergeschichten apo-
phthegmatischer Art[83], die bei der Sammlung von Worten Jesu ähnlich wie Mt 8,5ff dem Zweck von Q hätten angepaßt werden können. Unter diesen Voraussetzungen ist die Hauptmannsperikope
als Bestandteil von Q zwar nicht als Fremdkörper zu bezeichnen, aber doch auffällig genug und daher als spätere Addierung durchaus möglich.

2. Mit Knox[84] darf darauf hingewiesen werden, daß in Joh 4,
46ff, wo dieselbe Begebenheit berichtet wird, die Hauptmannserzählung in keinem Zusammenhang mit der in Q vorangegangenen Bergpredigt oder der nachfolgenden Anfrage des Täufers (Lk
7,18-23 par Mt) steht.

3. Anders als im Grundbestand des Q-Materials enthält Q 8,
5ff nicht nur "Worte Jesu an die Jünger, die Menge oder die
Gegner", sondern auch "eine Aussage über Jesus" (vgl. die Vv
8f)[85]. Das weist nach Polag[86] auf später an Q angehängten
Stoff hin, wie es z.B. auch bei den Einleitungsperikopen zu Q
(vgl. Lk 3,7-9.16f.21f und 4,1-13 par Mt) s.M.n. der Fall ist.
Mit den Einleitungsperikopen steht Mt 8,5ff auch in sachli-
chem Zusammenhang: Eine Polemik gegen Israel findet sich wie
in Mt 8,10 auch in 3,8f par Lk 3,8; ferner findet sich in Mt
4,4 (vgl. Lk 4,4) die "für Q typische Berufung auf das Wort
Gottes", wie es auch in Mt 8,8 der Fall zu sein scheint[87].

---

82 Vgl. etwa Knox, Sources II, 7f; Jakobson, a.a.O. 9f.70.96;
   Polag, Christologie 16.145.158 und Schulz, Q 236ff.

83 Vgl. dazu Bultmann, GST 9-14.

84 Vgl. ders., Sources II, 8.

85 Vgl. dazu Polag, Christologie 15.158 (zitiert nach S. 15).

86 Vgl. ders., a.a.O.

87 Auf letzteres verweist Blank, Zur Christologie 116f mit
   120 (zitiert aus S. 120).

4. Eine interessante Beobachtung macht schließlich Jakobson[88], der sich für die Annahme einer späteren Angliederung von Mt 8,5ff an Q auf Beobachtungen zu den Stichwortverbindungen stützt. Er geht von der Erwähnung der "Menge" (ὄχλοι) in Lk 7,24 par Mt 11,7 aus. Der Hinweis auf die "Menge" ist s.M.n. nach Lk 7,18-23 "abrupt", würde aber gut zum Schluß der Bergpredigt passen, wofür er auf Lk 7,1 hinweist[89]. Demnach wäre Lk 7,1-10 urspr Lk 7,24ff vorangestellt gewesen. Jakobson beobachtet nun aber weiter, daß zwischen Lk 7,24ff und dem Schluß der Bergpredigt ebenfalls Stichwortverbindungen bestehen. Er verweist auf ἄνεμος und σαλεύω (vgl. Lk 7,24 mit Mt 7,25.27 diff Lk [ἄνεμος] und 7,24 mit 6,48 [σαλεύω]). Dies deute darauf hin, daß urspr sogar Lk 7,24ff die unmittelbar an die Bergpredigt anschließende Perikope war: "Since the story of the centurion's servant (Lk 7:1-10 par) was assumed to have been added during the compositional stage of Q, these catchwords may point to an even more primitive connection between the end of the 'sermon' and the material on John (Lk 7:24ff par)"[90].

Diese unterschiedlichen Indizien mit mehr oder weniger Beweiskraft dürften vor allem angesichts ihres kumulativen Aspektes die Wahrscheinlichkeit einer späteren Eingliederung von Mt 8,5ff in urspr Traditionskomplexe der Q-Überlieferung nahelegen. Dabei kann hier offen bleiben, ob nun mit Jakobson die Angliederung in dem von ihm früh angesetzten "compositional stage of Q"[91] oder etwa mit Polag in der von ihm angenommenen zweiten Redaktion des Q-Materials[92] anzusetzen sei.

---

88 Vgl. ders., Wisdom christology 97f.

89 Wie wir freilich in der Statistik sahen (s.o.S. 121f), ist der Hinweis auf das λαός in Lk 7,1 sek. Dagegen bleibt die Erwähnung des "Volkes" beim Anfang der Bergpredigt wahrscheinlich: s.o.S. 122, Anm. 105

90 Vgl. Jakobson, Wisdom christology 98.

91 Vgl. ders., a.a.O. 92f mit 96.

92 Vgl. ders., Christologie 15-17.

1.4. Erwägungen zum Anlaß der Angliederung von Q 8,5ff im bestehenden Q-Kontext

Es werden vor allem zwei Deutungen vertreten: Q 8,5ff könnte entweder (1) der nachfolgenden Perikope der Anfrage des Täufers und Jesu Zeugnis über diesen (Lk 7,18-35 par Mt) als Einleitung dienen, oder (2) es war als Illustration für Motive gedacht, die in der vorangegangenen Bergpredigt zur Sprache kamen. Beide Möglichkeiten sind prinzipiell nicht auszuschließen, obwohl sich in der Forschung die zweite der größeren Zahl der Ausleger erfreut.

Ad 1 - Für diese Deutung tritt beispielsweise Schürmann ein. In seinem Lk-Kommentar schreibt er:

"Die Perikope vom heidnischen Zenturio leitete in der Redequelle die Rede Jesu über den Täufer Lk 7,18-35= Mt 11,2-19 ein...Die Perikope ist in der Redequelle um des Wortes Jesu V 9 (sc Lk 7,9) willen der Spruchkomposition Lk 7,18-34 einleitend vorgeordnet worden, die ebenfalls mit einem kritischen Wort über 'die Menschen dieses Geschlechtes' VV 31-34 endete"[93].

Ad 2 - Diese Deutung wird, wie bereits erwähnt, von der Mehrzahl der Forscher bevorzugt[94]. So meint z.B. Lange, Mt 8,5ff habe "in der Redaktion von Q die Funktion" gehabt, "die Haltung zu illustrieren, die am Ende der programmatischen Rede von Jesus seinem Wort gegenüber angemahnt wird (Lk 6,46.47-49/Mt 7,21.24-27)"[95]. Lange beruft sich auf Lührmann, der folgendes schreibt:

"Auffällig ist, daß sich die Anrede Jesu mit κύριε mit Sicherheit nur hier (Lk 7,6/Mt 8,8) und unmittelbar vorher in Lk 6,46/Mt 7,21 nachweisen läßt und daß die Antwort des Hauptmanns, auf die das Wort vom Glauben unmittelbar folgt (Lk 7,8/Mt 8,9), genau die dort geforderte Relation von Hören und Tun enthält"[96].

Daß Mt 8,5ff in irgendeinem Zusammenhang mit Mt 7,21-27 par Lk steht, scheint auch uns recht wahrscheinlich. Freilich ist die etwa von Lührmann und Lange vertretene Deutung in-

---

93 Vgl. ders., Lk 396.
94 Vgl. etwa Polag, a.a.O. (Anm. 92) 158; Lührmann, Redaktion 58; Lange, Erscheinen 44f; Jakobson, a.a.O. (Anm. 90) 68-70.96 und Knox, Sources II, 7f.
95 Vgl. ders., a.a.O. 45.
96 Vgl. ders., a.a.O. (s. Anm. 94).

sofern ungenügend, als es in Mt 8,5ff nicht eigentlich um
das Hören und Tun der Worte Jesu, sondern primär um das Bekenntnis zur Heilsmacht seiner Worte geht. Dann aber kann Mt
8,5ff kaum als Illustration für Mt 7,21ff gedient haben. Es
liegt daher nahe, für die Plazierung der Hauptmannsperikope
nach der Bergpredigt noch eine dritte Deutung zu erwägen.
U.E. hat nämlich diese Plazierung im heutigen Zusammenhang
eher eine komplementäre als eine paradigmatische Funktion.
Demnach sollte Mt 8,5ff vielleicht nicht so sehr Vorhergegan-
genes bekräftigen, sondern hatte für die Q-Redaktoren auch
ein Eigengewicht: Hatte die Feldrede die ἐξουσία der Worte
Jesu im Hinblick auf seine Lehre entfaltet, so ergänzt Mt
8,5ff diesen Komplex insofern, als es nun zeigt, daß sich
auch im Hinblick auf Jesu Taten die ἐξουσία seiner Worte als
heilsschaffend offenbarte. Bei dieser Deutung bleibt es freilich auffällig, daß in Q sonst an keiner anderen Stelle "die
Wirkmächtigkeit des Wortes Jesu hervorgehoben wird", zumindest nicht explizit[97].

1.5. Kritische Bemerkungen zu Folgerungen, die aus Q 8,5ff
     für das Selbstverständnis und die Aktivität der Q-
     Gruppe gezogen wurden

In diesem Zusammenhang wollen wir uns mit zwei Folgerungen
auseinandersetzen, die Schulz und Lührmann aufgrund ihrer
Analysen der Hauptmannsperikope meinten ziehen zu können.
Während der erstere meint, aus Mt 8,5ff eine Q-Polemik gegen
eine θεῖος ἀνήρ-Christologie entnehmen zu können, vertritt
der zweite die These, aus der Hauptmannsperikope gehe hervor,
daß die Q-Gemeinde Heidenmission getrieben habe.

---

97 Vgl. dazu Polag, Christologie 158, Anm. 480. Nach einer
   mündlichen Mitteilung von Prof. Dr. M. Hengel wäre auch
   zu erwägen,ob nicht der "Redaktor" durch die Voranstellung
   der Erzählung vor die Anfrage des Täufers den Glauben des
   heidnischen Befehlshabers bewußt im Kontrast zum Zweifel
   des Johannes stellen wollte!

1.51. Die von Schulz behauptete Q-Polemik gegen eine Θεῖος ἀνήρ-Christologie[98]

Nach Schulz zeigen die Versuchungsgeschichte (Mt 4,1-11 par Lk) und die zwei in Q berichteten Wunder (Mt 8,5-10.13 und 12,22f par Lk), daß die Q-Gemeinde gegen eine aus mk Wundergeschichten hervorgehende Θεῖος ἀνήρ-Christologie polemisiere, wonach die Wunder eine "Manifestation des hellenistischen Gottmenschen" darstellen sollten[99]. Den indirekten Hinweis dazu findet er darin enthalten, daß erstens gegenüber dem MkEv Q nur selten Wunderberichte erzählt (lediglich zwei!) und zweitens gerade diese Wunderberichte in ihrem Erzählungsteil gegenüber den mk äußerst reduziert erscheinen[100]. Ein inhaltlicher Gesichtspunkt kommt noch hinzu: Wunder seien in Q "nicht mehr Manifestation des hellenistischen Gottmenschen, sondern Auswirkungen seiner (sc von Jesus) geduldigen und demütigen Unterordnung unter Gottes Tora-Willen"[101].

Diese Ansicht läßt sich nun aber bei einer näheren Überprüfung der Argumente kaum aufrecht erhalten. Abgesehen von der Fraglichkeit der Anwendung der Kategorie des Θεῖος ἀνήρ auf mk Wundergeschichten[102], sprechen folgende Gründe gegen die Beweiskraft dieser Konzeption[103]:

1. Der Hinweis darauf, daß die beiden in Q erzählten Wundergeschichten (Lk 7,1-10 und 11,14 par Mt) hinsichtlich ihrer Form eine starke Reduzierung ihres Erzählstoffes aufweisen, ist relativ. In Lk 11,14 par Mt wird wohl die Kürze damit zusammenhängen, daß die Erzählung lediglich einleitende

---

98 Vgl. Schulz, Q 182.189.207.213 und 240 u.a.

99 Vgl. Schulz, Q 189.

100 Vgl. ders., a.a.O. 207f.240f.

101 Vgl. ders., a.a.O. 189.

102 Vgl. dazu die kritischen Äußerungen von Martitz, Art. υἱός κτλ., ThWNT VIII,337-340; Betz, The concept of the so-called 'divine man', passim; Lane, *Theios Aner* Christologie, passim; Hengel, Sohn Gottes 50-53; Mahnke, Versuchungsgeschichte 53f und Holladay, *Theios aner*, passim, bes. 233ff.

103 Vgl. zum Folgenden Laufen, Doppelüberlieferungen 434f, Anm. 73 und Fuchs, Beelzebulkontroverse 196-200.

Funktion zur folgenden Szene Lk 11,15ff par Mt hat[104]. Was
Mt 8,5ff par Lk anbelangt, so beruft sich Schulz für seine
Annahme einer Reduzierung des Erzählstoffes auf die These
Lührmanns, wonach der Grundstock von Mt 8,5ff "eine Wundergeschichte ähnlich der in Joh 4,46-54 aufgenommenen" sein dürfte, "die in der der Q-Redaktion vorausliegenden Tradition um-
geformt worden ist in Richtung auf ein Apophthegma"[105]. Doch
diese These entbehrt, wie bereits oben gezeigt[106], jeder sicheren Grundlage!

2. Wenn Schulz "wunderhaftes, übermenschliches, ja übernatür-
liches Vorherwissen" als charakteristisch für die Kategorie
des mk Gottmenschen betrachtet[107], so darf darauf hingewiesen
werden, daß auch Q Ähnliches von Jesus mitzuteilen weiß: vgl.
Mt 12,25 par Lk 11,17. Auch die Tatsache, daß Q der Macht Jesu eine Fernheilung zutraut, spricht nicht gerade dafür, daß
Q bewußt gegen die Konzeption mk Wundergeschichten polemisiere (vgl. Mk 7,24-30)[108].

3. Q enthält nicht nur zwei Wunderberichte, sondern zeichnet
auch noch an zwei anderen Stellen (vgl. Mt 11,5 und 11,21-24
par Lk) Jesu Wunderwirken mit Worten aus, die jeglichem polemischen Unterton gegen eine vermeintliche Θεῖος ἀνήρ-Christo-

---

104 Vgl. dazu Fuchs, a.a.O. 200, der Schulz entgegnet: "Um
    seine (sc von Schulz) Auffassung nachweisen zu können,
    müßte der Autor ja von anderswoher wissen, daß das so
    knapp erzählte Wunder (sc Lk 11,14 par Mt) vor seiner Auf-
    nahme in 'Q' viel ausführlicher erzählt und erst durch
    die Übernahme in die Logienquelle so stark beschnitten
    wurde. Abgesehen vom Mangel eines solchen Beweises...ist
    auch die Einleitungsfunktion des Wunders völlig übersehen,
    die für *jedes* Wunder, gleichgültig ob aus Q oder aus dem
    Erzählstoff, in der literarischen Darstellung eine Redu-
    zierung erwarten läßt "(Hervorhebung im Original).

105 Vgl. Schulz, a.a.O. 240f mit Anm. 432 und Lührmann, Re-
    daktion 57, woraus das Zitat entnommen wurde.

106 S.o.S. 55ff sub 8).

107 Vgl. ders., Q 208 und ders., Die Stunde der Botschaft 46ff
    (Das Zitat stammt aus dem letztgenannten Werk, S. 47).

108 So Schulz, Q 240f und schon früher in ders., Die Stunde
    der Botschaft 78f mit Hinweis auf Mt 8,5ff. Zu den unter
    Punkt 2 vorgetragenen Argumenten gegen Schulz vgl. vor
    allem Laufen, a.a.O. (s. Anm. 103).

logie entbehren. Mt 11,5 par Lk weiß sogar von Totenerweckungen Jesu zu berichten!

4. Auch die Versuchungsgeschichte[109] bietet keine genügenden Anhaltspunkte für die These Schulz', denn daß Q neben einer positiven Stellung zu den Wundern Jesu (s.o. sub Punkt 3) zugleich auch einem falschen Verlangen nach Wundern kritisch gegenüber steht (vgl. außer Mt 4,3-7 auch 12,38-42 par Lk), ist ein Zug, den Q nicht gegen, sondern mit Mk gemeinsam hat (vgl. Mk 6,5f und 8,11f).

Liefert der Befund in Q für die Auffassung einer Polemik gegen eine Θεῖος ἀνήρ-Christologie mk Prägung keine stichhaltigen Gründe, so läßt das in dieser Quelle enthaltene Material für das Fehlen eines beträchtlichen Teils von Wundergeschichten Jesu in positiver Hinsicht eine viel einfachere Erklärung zu, als sie von Schulz angeboten wird. Demnach wird man das Fehlen weiterer Wundergeschichten in Q einfach daraus zu erklären haben, daß Q in erster Linie darauf bedacht war, eine Zusammenstellung wichtiger *Worte* Jesu darzustellen. Nur so wird es nämlich erklärbar, daß neben zahlreichen Wundergeschichten auch die für Mk typischen Streitgespräche mit den Führern des Volkes (vgl. etwa Mk 2,15-17.18-22; 3,1-6; 11,27-33 u.a.[110]) in dieser Sammlung fehlen. Völlig zu Recht schreibt Albertz:

"Vielmehr dürften es formelle Gründe gewesen sein, die Q veranlaßt haben, an diesen Streitgesprächen (sc mit Pharisäern und Schriftgelehrten) vorüberzugehen. Q ist wirklich lediglich eine Sammlung von Herrenworten... Ferner geht Q absichtlich an allen Taten Jesu vorüber; die beiden Heilungen, die vorkommen, sind wieder Ausnahmen, die die Regel bestätigen"[111].

Ähnlich äußerte sich auch schon früher Hawkins:

"This (sc das bloße Vorkommen zweier Wundergeschichten in Q) does not, however, involve the further inference which has been drawn that 'so far as the choice of materials is concerned, little interest is taken in the miraculous' by the compiler of Q, for we have seen the likehood that no narrative of any kind came within his scope, except when it was required for the purpose of elucidating the discourses which he gives"[112].

---

109 Vgl. dazu Schulz, Q 177-190.

110 S. das Material bei Bultmann, GST 9ff.

111 Vgl. ders., Streitgespräche 112.

112 Vgl. ders., Probabilities 128f.

1.52. Lührmanns These einer Heidenmission der Q-Gemeinde

Lührmann schließt seine Besprechung über die Hauptmannsperikope in seinem Werk "Die Redaktion der Logienquelle" mit der
Bemerkung: "Zugleich läßt diese Geschichte darauf schließen,
daß hinter der Redaktion von Q eine Gemeinde steht, zu der
auch Heidenchristen gehören"[113]. Diese Meinung wird erneut
geäußert und bekräftigt an einer späteren Stelle desselben
Werkes, wo es heißt:

"Weiter setzt Q, wie die Geschichte vom 'Hauptmann von Kapernaum' (Lk 7,1-10/Mt 8,5-13), die betonte Gegenüberstellung
von Heiden und Israel in den für Q typischen Drohworten (sc
Lk 10,13-15; 11,31f und 13,28 par Mt) und vor allem die mit
einem solchen Drohwort schließende, aber mit einer Verheißung
für die Heiden beginnende Aussendungsrede (sc Lk 10,2 par Mt)
zeigen, m.E. die Heidenmission voraus. Mindestens findet sich
in Q eine positive Haltung gegenüber den Heiden...Diese Haltung lediglich als 'Heidenfreundlichkeit' zu bezeichnen, ist
wohl doch zu wenig, auch der Verweis auf die alttestamentlichen Propheten reicht nicht, mindestens wird man wie Manson
von diesen Stellen sagen müssen: 'all contain a tacit invitation to the Gentiles'. Doch dürften vor allem Lk 7,1-10/Mt
8,5-13 und Lk 10,2/Mt 9,37f darauf hinweisen, daß die Gemeinde, in der Q überliefert worden ist, diese Einladung auch
ausgesprochen hat"[114].

Erhärtet wird diese Deutung für Lührmann noch dadurch, daß
Lk 11,49-51 s.M.n. eine Umkehr Israels ausschließt[115], und
Israel daher nur noch das Gericht übrig bleibe. Schließlich
weist er darauf hin, daß für den "Bereich der griechisch-
sprechenden Gemeinde, eine Gemeinde, die die Heiden nicht ein-
bezieht, schon deshalb kaum vorstellbar" sei, "weil ja bereits das Judentum in großem Umfang Mission trieb"[116].

Diese Ansicht Lührmanns, wonach in Q die Heidenmission
vorausgesetzt sei, hatte vor und nach[117] ihm sowohl Anhänger

---

113 Vgl. ders., ebd. 58.

114 Vgl. ders., ebd. 86f.

115 Vgl. ders., a.a.O. 47.87f.

116 Vgl. ders., a.a.O.88.

117 Sie wurde positiv etwa von Vielhauer, Geschichte der ur-
    christlichen Literatur 321 mit Anm. 30 und Laufen, Doppel-
    überlieferungen 192-194.237-243 u.a. aufgenommen; kri-
    tisch äußerten sich dagegen Schulz, Q 244f.401f u.ö.;
    Hoffmann, Studien 292f und Meyer, Gentile Mission 416f,
    Anm. 24 u.a.

als auch Bestreiter. Bevor wir uns mit seinen Argumenten näher auseinandersetzen, geben wir daher in Form eines Exkurses zunächst eine Skizze der Hauptpositionen, die innerhalb
der Forschung in dieser Frage vertreten wurden.

Exkurs: Das Verhältnis zwischen Jesus und den Heiden bzw. der
Heidenmission in Q forschungsgeschichtlich betrachtet:
Skizze der Hauptpostionen bzw. ihrer Vertreter[1].

A. Vertreter der literarkritischen Phase.

Bei der Darstellung der Vertreter dieser Phase beginnen
wir mit dem 19. Jh. Daraus besprechen wir lediglich die maßgebenden Arbeiten von Holtzmann, Weizsäcker und Wernle. Dem folgen unmittelbar die Hauptpositionen innerhalb der ersten Jahr-
zehnte unseres Jhs., die wir in diesem Abschnitt bis zu
Hirsch skizzieren.

1) H. J. Holtzmann.

Direkt auf das Thema des Verhältnisses zwischen Jesus und
den Heiden in Q kommt Holtzmann in seinem wichtigsten Werk
über Q (= "Die synoptischen Evangelien"[2]) nicht zu sprechen.
Seine Position läßt sich daher nur aus sporadischen Bemerkungen ermitteln, aus denen folgendes festzustellen ist:
1. Unsere Perikope - Mt 8,5-10.13 par Lk - rechnet er nicht
zum Q-Material, sondern hält sie für eine Trad aus der
Quelle "A"[3]. Demgegenüber werden aber das Sg in Mt 10,5f.23[4]
und das umstrittene Gastmahlgleichnis (Mt 22,1-10 par Lk)[5]
von ihm für urspr Q-Stoff gehalten.

---

1 Auf eine kritische Würdigung der einzelnen Positionen kann
nicht eingegangen werden. Sofern sie noch heute relevant
sind, werden sie aber entsprechend in den Argumenten, die
nach dem Exkurs herangetragen werden sollen, berücksichtigt.

   Die Texte, die in der Forschung für die Frage des Verhältnisses zwischen Q und den Heiden am meisten berücksichtigt wurden, sind folgende: (Aus den Doppelüberlieferungen des Mt und Lk) Mt 5,47/Lk 6,33; 6,32/Lk 12,30; 8,5-10.
13/Lk 7,1-10; 8,11f/Lk 13,28f; 11,20-24/Lk 10,12-15; 12,38-
42/Lk 11,16.29-32; 13,31f/Lk 13,18f (vgl. auch Mk 4,30-32);
22,1-10/Lk 14,16-24; (aus dem Sg des Mt) 7,6 und 10,5f.23;
(aus dem Sg des Lk) 4,25-27.

2 Erschienen Leipzig 1863. Vgl. auch ders., Handcommentar
zum Neuen Testament I/1-4, bes. 12-15.34.

3 Vgl. ders., a.a.O. 77f.179.220.

4 Vgl. Holtzmann, a.a.O. 146.183.390.

5 Vgl. Holtzmann, a.a.O. 153f.

2. Was das Verhältnis zwischen Jesus und den Heiden in Q betrifft,
so darf nach Holtzmann dieser Quelle keine judaistische
Einseitigkeit zugeschrieben werden, da streng jüdisch klingen-
de Passagen wie Mt 10,5f neben positiven Aussagen bzgl. der
Heiden wie Mt 8,11f par Lk 13,28f stehen. Beide Auffassungen -
die enger judenchristliche und die gegenüber den Heiden of-
fenere - seien gleichzeitig urspr und als gleichwertige Pro-
dukte des primitiven Christentums zu bewerten, so daß ein
später verifizierbarer Ebionitismus erst dann entstehen konnte, nachdem alle "in ihrem Prinzip doch angelegten, fortbil-
denden Mächte" abgelehnt worden waren[6]. So kann denn Holtzmann in Polemik gegen die "Historische Schule" in demselben
Abschnitt sogleich fortfahren: "Die 'historische Schule' würde daher besser gethan haben, wahrhaft historisch zu Werke
zu gehen und aus dem voraussetzungslos untersuchten Verhältnis der evangelischen Geschichtserzählungen die Thatsache zu
constatieren, dass jene beiden, später in ein gegensätzliches
Verhältniss zu einander getretenen, Factoren des Urchristen-
thums im Bewusstsein des Stifters vereint beisammen lagen,
daher auch in den ersten schriftstellerischen Darstellungen,
(sc "A" und "Λ" = Q) noch in unbefangener Nachbarlichkeit
sich vorfinden"[7].

2) C. Weizsäcker.

Weizsäcker geht im Q-Abschnitt seiner "Untersuchungen über
die evangelische Geschichte"[8] von Beobachtungen an Lk 9,51 -
18,14 aus. Ein Vergleich dieses Abschnitts mit den Hauptreden
des MtEv zeige, daß der Grundstock bei beiden Evangelien jeweils derselbe ist, so daß die Annahme einer gemeinsamen zu-
grundeliegenden Schrift - einer Redensammlung - unausweichlich
ist[9].
Auf das Verhältnis zwischen Jesus und den Heiden in Q geht
er auf S. 125ff.134ff der erwähnten Arbeit ein. Charakteristisch für ihn ist, daß er zwischen den Aussagen des Grundbestandes und denen der jeweils von Mt und Lk benutzten erweiterten Formen von Q streng unterscheidet.
1. Der Grundbestand von Q.
Weizsäcker geht von Stellen wie Mt 10,5f.23 und 7,6 aus.
Die Aussagen dieser Texte zeigen, daß die apostolischen Aufgaben sich noch "ganz auf die äußerliche Ergänzung oder Ver-
vollständigung der Wirksamkeit Jesu selbst" beschränken, "sie

---

6 Vgl. ders., a.a.O. 379.

7 Vgl. ders., a.a.O. Ansonsten ist noch darauf hinzuweisen,
daß Holtzmann Q für die erste schriftliche Quelle der Synoptiker überhaupt hält (a.a.O. 412; HC I/1,34), die vom
Evangelisten Matthäus (a.a.O. 251f.418) "in Palästina und
für Palästinenser" niedergeschrieben wurde (a.a.O. 418;
HC I/1, 15).

8 Das Werk ist in Tübingen und Leipzig im Jahre 1901 in zweiter Aufl. erschienen. Die Abschnitte über Q stehen in der
1. Aufl. auf S. 129-219, in der 2. Aufl. auf S. 81-139. Wir
zitieren im folgenden aus der 2. Aufl. Zur Kritik seiner
Gesamtposition zu Q vgl. Ewald, Evangelienfrage 214-237 und
Bussmann, Studien II, 12-15.34f.

9 Vgl. ders., a.a.O. 83f.

geht also auch nicht über die Grenzen, welche diese sich gesetzt hat, hinaus"[10]. Auch Zukunftsparabeln wie Mt 22,1ff
oder 24,45ff gehen in eine ähnliche Richtung. Es handelt sich
bei ihnen "lediglich um die Bewahrung des Gemeindestandes,
welcher bereits von Jesus ererbt ist, in der Zeit des Harrens
auf seine Wiederkunft"[11]. Um eine rein partikularistische Anschauung handelt es sich hier freilich keineswegs. Aus Mt 25,
31-46 ist zu entnehmen, daß auch Heiden Teilhaber des Reiches sein werden, wenn sie auch zunächst mehr als Beisassen
denn als Söhne gedacht wurden. Gegen eine partikularistische
Anschauung spricht auch die Tatsache, daß, obwohl die Gültigkeit und ewige Fortdauer des Gesetzes in dem Grundbestand von
Q ausdrücklich bestätigt wird, dennoch "das Urtheil über das
Gesetz nicht mit dem über die Zulassung der Heiden in das
Reich" zusammenfällt[12]. Daraus geht hervor, daß die Redesamm-
lung nicht einen Universalismus paulinischer, wohl aber einen
praktischer Art vertritt: Die Heiden müssen sich der Sache
Jesu "durch Werke der <u>Menschenliebe</u>" günstig erweisen, da ja
ein Glaubensbekenntnis zu Jesus von ihnen noch nicht verlangt
werden kann[13].

Kann man den Standpunkt von Q weder traditionell-partiku-
laristisch noch traditionell-individualistisch deuten, so
ergibt sich nach Weizsäcker, daß er am besten mit dem Begriff
"urapostolisch" wiederzugeben ist. So zeigt die von Q angenommene Stellung zum Gesetz einen Standpunkt, "der sich noch
innerhalb der Gesetzesgemeinde hält, indem sie keinen anderen
Gegensatz als den des Pharisäismus kennen. Doch darf man diesen Standpunkt auch nicht schlechterdings als einen partikula-
ristischen bezeichnen. Maßgebend für seinen Charakter ist
vielmehr nur, daß er noch ganz in den Eindrücken des Lebens
Jesu selbst eingeschlossen ist...Dies ist der urapostolische,
nicht universalistische, aber auch noch nicht ausschließende
Standpunkt"[14].

2. Die von Mt benutzte Redensammlung[15].

Für das von Mt benutzte Q-Exemplar ist nach Weizsäcker sowohl ein äußerliches Wachstum[16] als auch eine Erweiterung des
Standpunktes gegenüber dem urspr Grundbestand der Sammlung
kennzeichnend[17]. Was das letztere betrifft, so zeigen Mt 8,
11f, die Parabeln in Mt 13, das sich auf den späteren Eintritt
fremder Völker beziehende Gleichnis von den Arbeitern im Wein-
berge (Mt 20,1ff) und Mt 28,18f einen Standpunkt, der sich
deutlich von dem urapostolischen unterscheidet, da ja hier

---

10 Vgl. ders., a.a.O. 126.

11 Vgl. ders., a.a.O.

12 Vgl. ders., a.a.O.

13 Vgl. ders., a.a.O.

14 Vgl. ders., a.a.O. 126f.

15 Vgl. dazu ders., a.a.O. 118-130.

16 Vgl. ders., a.a.O. 118-120.

17 Vgl. ders., a.a.O. 121.123ff.

eine missionarische Entwicklung gegenüber den Heiden sich
widerspiegelt, die in dieser Form aus dem Grundbestand von Q
noch nicht zu ermitteln war.
3. Die von Lk benutzte Redensammlung[18].

Kennzeichnend sind für diese sowohl der Einfluß ebioni-
tischer Vorstellungen als auch "die Merkmale der universali-
stischen Entwicklung des apostolischen Zeitalters, und sogar
der eigenthümlich paulinischen Heilslehre"[19]. Als Beispiele
solcher Merkmale verweist Weizsäcker auf die Stellung Jesu
zu den Samaritern und auf Texte wie Lk 16,1-9 und 16,19-31
u.a.[20]

3) P. Wernle.

Wernle geht auf Fragen der Q-Quelle in seinem Buch "Die
synoptische Frage" ein (S. 61-91.178-188 und 224-233). Zum
Thema des Exkurses äußert er sich auf den S. 228-233, wo er
auf die Frage nach der Geschichte der Sammlung Q eingeht.
Wernle (= W.) hält die Vermutung, die Spruchsammlung habe
vom Augenblick ihrer Entstehung an eine fortwährende Entwicklung durchmachen müssen, infolge der Unterschiede hinsichtlich Inhalt, Akoluthie und Umfang bei Mt und Lk durchaus für gerechtfertigt. Er schreibt: "Es werden vermutlich
wenig gleich lange Exemplare existiert haben. Zwischen der
ersten Niederschrift (Q) und der Sammlung, die Mt (Q^{Mt}) und
Lc (Q^{Lc}) vorfanden, standen Q^1, Q^2, Q^3, deren Scheidung für
uns freilich vergebene Mühe wäre"[21].
Wichtig ist nun, daß er, vom Inhalt ausgehend, als eine
einzelne Etappe auf diesem Weg der Q-Formung die Entstehung
einer judaistischen Gestalt von Q postuliert, was aus Stellen
wie Mt 5, 17-20; 10,5f und 23,3 hervorgehen soll[22]. Diese
Stellen, die sich jeweils am Beginn der drei wichtigsten Reden Jesu - Gerechtigkeits-, Missions- und Pharisäerrede -
finden, "tragen an ihrer Spitze den Stempel des Judaismus,
und zwar in prinzipiellem Sinn, der jede Ausflucht, es seien
Gelegenheitsworte Jesu, verbietet. Die drei Worte sind für
die Urgemeinde Gesetz"[23]. Für W. handelt es sich dabei um
eine klare Antithese gegen Paulus und sein Missionswerk. Daß
die drei erwähnten Stellen nicht vom Evangelisten selbst

---

18 Vgl. dazu ders., a.a.O. 130-139.

19 Vgl. ders., a.a.O. 134.

20 Vgl. dazu ders., a.a.O. 134-137.

21 Vgl. ders., a.a.O. 231.

22 Vgl. ders., a.a.O. 229.231.

23 Vgl. ders., a.a.O. 229.

stammen, zeigen seine Zusätze zu Mt 5, 17f[24], so daß ihre
Verfasserschaft eher einem Judaisten zuzuschreiben ist[25].

Anders steht es jedoch nach W. mit dem Grundbestand von Q.
Dort befinden sich Stellen wie Mt 8,11f, das Gastmahlgleichnis, die Zeichenforderungsrede und der Weheruf über Jerusalem,
in denen "kein Judaismus, sondern das freie, fast revolutio-
näre Evangelium Jesu selbst" sich widerspiegele[26]. So kommt
für W. als Verfasser des Grundbestandes von Q nur ein Christ
"aus dem urapostolischen Kreis" in Frage[27] und zwar ein Christ
im Sinne des Petrus und nicht des Jakobus[28].

4) B. Weiss.

Die Position von Weiss bzgl. der Stellung Jesu zu den Heiden in der Q-Quelle finden wir in seiner Abhandlung über "Die
Quellen der synoptischen Überlieferung"[29], 94-96. Kennzeichnend für seine Auffassung ist folgendes:
1. Die von einigen Forschern vorgetragene Vermutung judenchristlicher Einflüsse in der Q-Überlieferung des MtEv wird
abgelehnt.Texte wie die von Mt 5,17ff; 10,5f (vgl. 15,24)
lassen sich s.M.n. durchaus aus der Position Jesu selbst verständlich machen. Der Gedanke einer Heidenmission liegt Q
völlig fern, was durch Texte wie Mt 19,28/Lk 22,30 bestätigt
wird.
2. Drohworte wie Lk 13,28f oder Gleichnisse wie Mt 22,1ff
   (und 21,33ff), die eine positive Stellungnahme gegenüber
Heiden zeigen, widersprechen der Grundanschauung von Q keines-

---

24 Vgl. dazu ders., a.a.O. 183.

25 Vgl. dazu ders., a.a.O. 229-231. Daß es sich bei den drei
   erwähnten Stellen tatsächlich nur um eine spätere Überarbeitung ursprünglichen Materials handelt, geht nach W.
   schon daraus hervor, daß sowohl die Gerechtigkeitsrede
   (Mt 5-7) als auch die Pharisäerrede (Mt 23) inhaltlich Mt
   5,17-20 und 23,3 widersprechen (ebd. 230). Gegen diese Ansicht Wernles äußerten sich Jülicher/Fascher, Einleitung
   [7]1931, 341.

26 Vgl. ders., a.a.O. 231. Hinsichtlich der Erzählung über
   den Hauptmann zu Kafarnaum vermutet W., sie sei später,
   erst nach dem jüdischen Krieg, zur Sammlung hinzugefügt
   worden (a.a.O. 232). Das Gleichnis vom Gastmahl lag s.M.n.
   dem Mt und Lk nicht mehr im gleichem Wortlaut vor (ebd.).

27 Vgl. ders., a.a.O. 231.

28 Vgl. ebd. 229.

29 Diese Untersuchung ist im Jahre 1908 innerhalb der Reihe
   TU (= TU 32/3) in Leipzig erschienen. Nach Harnack (vgl.
   ders., ThLZ 16, 1908, 465) handelt es sich bei diesem Buch
   und bei der vom selben Verfasser 1907 veröffentlichten
   Studie unter dem Titel "Die Quellen des Lukasevangeliums"
   um "d i e g r ü n d l i c h s t e u n d g e s c h l o s -
   s e n d s t e K r i t i k d e r S y n o p t i k e r",
   die bislang erschienen sei. Zur Kritik an der Gesamtposition Weiss' gegenüber Q s. Ewald, Evangelienfrage 209-212
   und Laufen, Doppelüberlieferungen 62-64.

wegs, denn sie sind alle zukunftsbezogen, und so wenig Jesus selbst diese Zukunft herbeiführen wollte, so wenig beauftragte er auch seine Jünger damit[30].

5) J. Wellhausen.

Wellhausen (= W.) greift das Thema "Jesus und die Heiden in Q" nur indirekt in seinem Buch "Einleitung in die drei ersten Evangelien"[32] auf. Seine Ausführungen darüber sind durch seine These beeinflußt, wonach das MkEv sowohl inhaltlich (ebd. 65-75) als auch formal (ebd. 75-78)älter als die Q-Quelle ist. Aus diesem Hintergrund ist es zu verstehen, wenn er schreibt: "In Q erhebt sich Jesus über den jüdischen Horizont, in dessen Grenzen er sich bei Markus hält. Er nimmt die Verwerfung der Juden und die Bekehrung der Heiden in Aussicht. Er macht es dem Täufer zum Vorwurf, daß er in der alten Ära stecken geblieben und zu der neuen, die schon da ist, nicht durchgedrungen sei. Er selber hat das Christentum eröffnet und setzt dessen Ablösung vom Judentum als schon eingetreten voraus"[32].

6) A. v. Harnack.

Seine Position über Jesus und die Heiden in Q äußert er im zweiten Kapitel seiner 1907 veröffentlichten Studie "Sprüche und Reden Jesu"[33], wo er sich mit der These Wellhausens über die Mk-Priorität gegenüber Q auseinandersetzt (S. 136ff) und diese Quelle nach sachlich-inhaltlichen Kriterien zu charakterisieren versucht (S. 159-170).

Was die Auseinandersetzung mit Wellhausens These der Mk-Priorität betrifft, so verteidigt Harnack die Ursprünglichkeit der Q-Überlieferung gegenüber mk Paralleltraditionen bzw. -anschauungen für folgende Texte, die das Thema der Heiden in Q berühren: Mt 8,5ff (S. 146f); 8,11f (S. 155f);

---

30 Vgl. ders., a.a.O. 95.

31 Erschienen Berlin 1905 und in zweiter Aufl. 1911. Wir zitieren nach der 2. Aufl.

32 Vgl. ders., a.a.O. 165. Zur Kritik an dieser These der Mk-Priorität gegenüber Q vgl. Harnack, Sprüche 136ff und Bousset, Wellhausens Evangelienkritik I und II, ThR 9, 1906, 1-15.43-51. E. Meyer setzt wie Wellhausen traditionsgeschichtlich die Q-Überlieferung teilweise später als das MkEv an (vgl. ders., Ursprung und Anfänge des Christentums I,236f), urteilt aber hinsichtlich der Stellung von Mk und Q zu den (Samaritanern und) Heiden erheblich anders als jener. Q vertritt nach ihm - im Gegensatz zu Wellhausen - *denselben* Standpunkt wie Mk: "Aber der Standpunkt ist durchweg rein jüdisch, von Heidenmission ist keine Rede..." (ebd. 301; vgl. auch zur Aussendungsrede bei Mk und Q, ebd. 271ff). Zur Nachwirkung von Wellhausens These der Mk-Priorität gegenüber Q s. nun Laufen, Doppelüberlieferungen 64-69.

33 Vgl. ders., Beiträge zur Einleitung in das Neue Testament II: Sprüche und Reden Jesu. Die zweite Quelle des Matthäus und Lukas, Leipzig 1907.

11,20-24 (S. 151f) und 12,38-42 (S. 154) par Lk. Inhaltlich
widerspiegeln all diese Texte nach Harnack zwar eine gewisse "Heidenfreundlichkeit"[34], doch stehen sie zugleich jüdischem Horizont und jüdischer Art keineswegs entgegen: "Die
Heidenfreundlichkeit -...- fügt sich ohne Schwierigkeit in
das Bild oder bietet vielmehr keine größere Schwierigkeit als
die ähnlich lautenden Ankündigungen der Propheten"[35].

7) W. Haupt.

Haupt (= H.) behandelt das Thema unseres Exkurses in seinem 1913 veröffentlichten Buch "Worte Jesu und Gemeindeüberlieferung"[36]. Nach H. ist die Q-Überlieferung das Resultat
eines Sammlungsprozesses, der in drei Hauptetappen verlaufen
ist:

1. Etappe - Sammlung des Grundbestandes von Q, d.h. von all
dem Material, in dem Q- und Mk-Traditionen sich
berühren, wozu aber auch Texte wie Mt 10,5f (.23)
und eventuell Mt 7,6 gehören[37].

2. Etappe - Eine zweite Sammlungsetappe folgert er aus der
Beobachtung, daß eine nicht geringe Zahl von Stellen des Grundbestandes später erweitert wurde;
diese Erweiterungen waren Mk offensichtlich noch
nicht bekannt und standen somit auch noch nicht
in dem ihm vorliegenden Grundbestand[38]. Hierher
gehören u.a. Mt 13,31 und 12,38f par Lk.

3. Etappe - Einer letzten Etappe weist H. all die Texte zu,
die nur Mt und Lk gemeinsam bringen. Sie gehören
s.M.n. zur jüngeren Q-Schicht: so z.B. Mt 8,5ff;
8,11f; 11,20-24; 12,41f und 22,1-10 par Lk u.a.[39]

---

34 Vgl. ders., a.a.O. 155f.160.

35 Vgl. ders., a.a.O. 160.

36 Vgl. zu diesem Buch die Besprechungen von Bussmann, Studien II, 23f.159ff; Grobel, Formgeschichte 24-36 und Soiron, Logia Jesu 13f.141-144.

37 Vgl. seine Aufstellung a.a.O. 7f und den Text a.a.O. 14-19.
Zur inhaltlichen Besprechung s. ebd. 19ff.155ff.

38 "Die Sache liegt also so: als Mc die Quelle Q benutzte,
waren die Zusätze noch nicht da; und als Mt=Lc die gleiche Quelle benutzten, waren sie da. Mc hat alles oder na-
hezu alles gebracht, was er in Q fand; aber das Q, das
er benutzte, sah noch sehr anders aus als das Q, das Mt=Lc
benutzten": vgl. Haupt, a.a.O. 10. Zu diesen späteren Zu-
sätzen s. seine Aufstellung a.a.O. 9. Bemerkenswert ist,
daß H. zu dieser zweiten Q-Schicht eine Reihe von Erzählungen rechnet, die sonst als Q-Überlieferung kaum vertreten werden: vgl. die Aufstellung a.a.O. 47 mit den jeweils folgenden Besprechungen (ebd. 52ff). Zur inhaltlichen Zusammenfassung von Q² s. a.a.O. 164ff.

39 Vgl. ders., a.a.O. 10f. Vgl. zur Besprechung der Haupt-
teile von Q³ a.a.O 75ff und zur inhaltlichen Zusammenstellung, a.a.O. 192ff.

Wichtig ist nun zu beachten, wie H. die verschiedenen Q-Schichten lokal, theologiegeschichtlich und historisch einordnet bzw. bewertet. Q[1] datiert er in die Anfänge der fünfziger Jahre[40]. Diese Schicht stamme aus judenchristlichen Kreisen, was vor allem aus Stellen wie Mt 10,5f (.23); 7,6 und 24,20 hervorgehe. Obwohl ihr Material manches historische Jesusgut enthalten dürfte, seien aber die zitierten Stellen kaum als in der Zeit Jesu entstanden, wohl aber aus der Abgrenzung bzw. Ablehnung paulinischer Missionspraxis zu verstehen, wie sie z.B. von den Jerusalemer Sendboten in Übereinstimmung mit den Abmachungen des Apostelkonzils (Apg 15/ Gal 2) vollzogen wurde.

Q[2] stamme ebenfalls aus - wenn auch gemäßigteren - judenchristlichen Kreisen Palästinas. Zeitlich ließe es sich in der Mitte der fünfziger Jahre ansetzen, und inhaltlich sei es von der Polemik gegen die Orthodoxie des Pharisäismus bestimmt[41]. Q[2] bezeichnet H. als eine "wertvolle historische Quelle"[42].

Die überwiegende Mehrzahl der zu unserem Thema gehörenden Texte - sie wurden oben Q[3] zugewiesen - ordnet H. jedoch theologiegeschichtlich sehr spät ein, nämlich zu einer Zeit, "in der der Kampf um das Gesetz zurückgetreten war, d.h. aus der Zeit nach der Periode des Paulinismus"[43]. Damit hängt zusammen, daß H. den Traditionen in Q[3] einen sehr geringen historischen Wert beimißt: "Weiter lassen eine Anzahl der Stellen von Q[3] so deutlich einen späteren Zeithintergrund erkennen, daß man nicht nur ihre Niederschrift sondern auch ihre Entstehung in dieser späteren Zeit anzusetzen hat"[44]. In Übereinstimmung dazu werden denn auch Lk 7,1-10; 13,24-30 und 14, 16-24 nur noch als *Zusätze* zur Geschichte der Kananäerin und Lk 10,13-15 ebenfalls lediglich als *Zusatz* zur Speisung in Bethsaida interpretiert[45]. Aussagen wie Mt 11,21; 12,41f und 10,15 ließen sich überhaupt viel besser als Ausdruck eines Rückblickes voller Staunen über die Unempfänglichkeit für Worte und Taten Jesu, denn als Ausdruck der Bewunderung Jesu selbst verstehen[46].

---

40 Vgl. ders., a.a.O. 163 und zum Folgenden a.a.O. 160-164.

41 Vgl. ders., a.a.O. 164-175.

42 Vgl. ders., a.a.O. 168.

43 Vgl. ders., a.a.O. 207.

44 Vgl. ders., a.a.O. 208.

45 Vgl. dazu Haupt, a.a.O. 80-83.85.

46 Vgl. ders., a.a.O. 197. Man merkt bei dieser Studie Haupts, zu welch tiefgreifenden Konsequenzen bestimmte literarische Vorentscheidungen (in unserem Falle durch den Satz wiedergegeben: "Die Stücke aus Q, die nur dem Mt=Lc eigen sind, g e h ö r e n   d e r   j ü n g e r e n   S c h i c h t   v o n   Q", Haupt, a.a.O. 10) führen können.

8) B. H. Streeter.

Streeters Aussagen zum Thema des Exkurses erscheinen in seinem Hauptwerk über die Evangelien - "The four Gospels"[47] - zwar nicht gesondert thematisiert, doch sind sie im großen und ganzen klar erkennbar aus dem, was er zur judaistischen Tendenz einer von Mt s.M.n. benutzten Quelle "M" ausführt (a.a.O. 254-259). Seine Position kann wie folgt zusammengefaßt werden:

1. Texte aus dem mt Sg, die einen starken judenchristlichen Einfluß verraten (z.B. Mt 10,5f.23; 5,17-20; 23,2f u.a.), können nicht urspr in derselben Quelle gestanden haben, die zugleich heidenfreundliche Aussagen wie Lk 16,16/Mt 11,13, oder 7,1-10/Mt 8,5ff enthielt[48]. Diese Spannung verbietet auch, damit zu rechnen, daß diese Texte sek von Lk ausgelassen sein könnten![49]

2. Die stark judenchristlich geprägten Stellen des mt Sg verraten einen Einfluß der Anhänger des Jakobus, die in ihnen ihrem Widerspruch gegen die paulinische Heidenmission Ausdruck verliehen haben[50].

3. Die positive Stellung von Q zu den Heiden läßt als Entstehungsort ein eventuell eine freiere Atmosphäre atmendes Galiläa vermuten (z.B. Kafarnaum oder eine Stadt der Dekapolis), von wo die Quelle dann später vielleicht nach Antiochien gelangte[51].

9) J.M.C. Crum.

Die Position Crums zu unserem Thema befindet sich in seinem Buch "The original Jerusalem Gospel"[52] und wird hauptsächlich im Abschnitt "Q and judaistic christianity" (ebd. 81-101) behandelt.

---

47 Das Werk ist 1930 in 4. Aufl. in London erschienen.

48 Vgl. Streeter, a.a.O. 256: "...it is not very likely that the author of a primitive document would put side by side sayings implying contrary rulings on what at the time he wrote was a highly controversial issue". Er wehrt sich ebd. zugleich gegen das Argument, daß dagegen etwa das MtEv angeführt werden könne, da es ja heidenabwehrende und -freundliche Tendenzen ebenfalls nebeneinander aufweise: "...it is quite another matter for a later writer, very conservative as Matthew is in his use of his sources, to include contrary sayings found in two different ancient documents, especially as the controversy in question had by that time largely died down".

49 Vgl. Streeter, a.a.O. 233.255f.

50 Vgl. Streeter, a.a.O. 256. Streeters "judaistische" Herausarbeitung des mt Sg ist nicht ohne Kritik geblieben: vgl. etwa Grobel, Formgeschichte 95-98.

51 Vgl. Streeter, a.a.O. 233.

52 Erschienen London 1927.

Crum geht dort von der Voraussetzung aus, daß sowohl "Q" als auch der Begriff "judaistisch" nicht klar definiert werden können[53]. Er unternimmt unter dieser Voraussetzung dann das Experiment, für Q einmal all jene Texte in Anspruch zu nehmen, die normalerweise als "judaistisch" bezeichnet und daher eher dem mt Sg zugewiesen werden, als daß angenommen wird, Lk hätte sie aus dem urspr Q-Bestand gestrichen[54]. "Judaistisch" will innerhalb seines Experimentes zunächst so verstanden werden, "that it ist the account given by Jewish Christians living at Jerusalem 30, 40, 50 A.D."[55]. Unter diesen Voraussetzungen analysiert er die Themen des Neuen Gesetzes (ebd. 85f), der christlichen Gerechtigkeit (ebd. 87ff), der Hauptmannserzählung (ebd. 89f), der Mission der Jünger (ebd. 91ff) und der sieben Weherufe (ebd. 96ff). Seine dabei gewonnenen Erkenntnisse zum Thema "Jesus und Heiden in Q" können folgendermaßen zusammengefaßt werden:

1. Q enthielt wohl urspr weit mehr mt Sg als normalerweise angenommen wird. Diese Vermutung wird dadurch erhärtet, daß bei sämtlichen Texten, die Lk nicht bringt, sich gute Gründe für eine von ihm bewußt unternommene Streichung anführen lassen. Dies läßt sich am Beispiel von Mt 10,5f.23 beobachten[56], dessen Inhalt zwar gut zur Zeit der 40er Jahre, nicht aber zur Zeit des dritten Evangelisten paßt. Lk läßt diese Verse daher nicht nur aus, sondern versucht auch zugleich - der Entwicklung seiner Zeit entsprechend - die Heiden in seiner Missionsrede durch die zwei Rahmenstücke Lk 9,51-56 und 10,25-37 in ein positiveres Licht zu stellen.

2. Abgesehen von dem mt Sg sind die Texte über Heiden, die sicher zu Q gehören, ebenfalls alle aus der Situation der Jerusalemer Gemeinde der 40er Jahre verständlich. Die Q-Zugehörigkeit einer Erzählung wie Mt 8,5ff par Lk darf keineswegs schon deshalb bezweifelt werden, weil sie vermeintlich allzu positiv von Heiden in einer "judaistischen" Sammlung spricht (ebd. 82.89). Mt 8,5ff, aber auch Texte wie Mt 3,7-10; 8,11f; 11,20-24 und 12,41f konnten deshalb aufgenommen und bewahrt werden, weil sich jüdische Feindschaft gegen Jesus auch in der Jerusalemer Urgemeinde nach dem Tode Jesu fortgesetzt hatte: "No Greek could feel, as the Jewish Christian felt, the sin of the un-Christian Jews. It is a part of Judaistic Christianity to remember vividly such words as, 'I have not found so great faith, no, not in Israel!'"[57].

10) W. Bussmann.

Die Position Bussmanns zum Verhältnis zwischen Jesus und den Heiden in Q läßt sich leicht aus seiner Auseinandersetzung mit Haupt innerhalb des zweiten Heftes seiner "Synoptische[n]

---

53 Vgl. ders., a.a.O. 82.

54 Vgl. ders., a.a.O. 82-85.

55 Vgl. ders., a.a.O. 84.

56 Vgl. dazu ders., a.a.O. 91-96.

57 Vgl. ders., a.a.O. 90

Studien" (Zweites Heft = "Zur Redenquelle") entnehmen (s. ebd. 159-179.184f)[58]. Daraus folgt, daß für Bussmann

1. stark jüdisch geprägte Texte wie Mt 7,6 oder 10,5f kaum aus der urspr Q-Überlieferung stammen (ebd. 161.169), da sie sich als mt Sg eher einer Sonderquelle des Mt zuweisen lassen;

2. alle anderen sich mit Heiden befassenden Texte der beiden Q-Sammlungen[59] als Aussprüche Jesu und aus seiner Situation heraus gut verständlich sind, so daß die Vermutungen Haupts, nach welchen sie ihre Entstehung dem Einfluß späterer Missionsverhältnisse verdanken, abgelehnt werden[60]. Positiv ist der Ertrag dieser Texte für Bussmann darin zu sehen, daß Jesus zwar zunächst stets an sein Volk dachte, doch zugleich auch eine Heidenmission ins Auge gefaßt haben muß[61].

11) <u>T. W. Manson.</u>

Manson äußert sich über die Darstellung der Heiden in der Q-Quelle in seinem Buch "The sayings of Jesus"[62]. Ein Überblick über die Q-Texte, die sich auf Heiden beziehen[63], zeigt ihm, daß diese Quelle "more than any other of the synoptic sources, shows a friendly attitude towards Gentiles"[64]. Diese freundliche Einstellung gegenüber den Heiden spreche entscheidend für die Annahme einer urspr Verbindung zwischen Q und Antiochien, "the first headquarters of the Gentile mission", was ja überhaupt durch die Q-Entstehung "as a book of instruction for converts from Gentile paganism" nahegelegt werde[65].

In seiner 1931 zuerst veröffentlichten Studie über "The teaching of Jesus"[66] sieht Manson durch Mt 8,5-13; 11,21ff und 12,38-42 par Lk sogar "a tacit *invitation* to the Gentiles" vorausgesetzt[67] und hält "an invitation to Gentiles to share in the good things of the Kingdom" neben der Ermahnung der Jünger und der Warnung an die Juden für eine der drei Hauptintentionen des Q-Dokumentes[68].

---

58 Dieses zweite Heft erschien in Halle 1929. Vgl. dazu die Besprechungen von Schniewind, Zur Synoptiker-Exegese 143f und Grobel, Formgeschichte 58f. Zu Bussmanns Theorie einer urspr in Aramäisch verfaßten Spruch-Sammlung s. Black, Aramaic Approach 186-208, 186ff.

59 Vgl. dazu Bussmann, a.a.O. 110-156.

60 Vgl. Bussmann, a.a.O. 169-171.184.

61 Vgl. ders., a.a.O. 170.

62 Erschienen London 1949. Vgl. dazu Tödt, Menschensohn 220-224 und Schulz, Q 26f.

63 Nicht zu Q rechnet er Mt 7,6 (a.a.O. 174) und Mt 10,5b.6.23 (a.a.O. 179f.182).

64 Vgl. ders., a.a.O. 20.

65 Vgl. ders., a.a.O.

66 In zweiter Aufl. 1935 in Cambridge erschienen.

67 Vgl. ders., a.a.O. 28, Anm. 2.

68 Vgl. ders., a.a.O. 34.

12) E. Hirsch.

Über Q handelt Hirsch (= H.) im zweiten Band seiner "Frühgeschichte des Evangeliums"[69]. Der dritte Evangelist bringt
s.M.n. eine leicht erweiterte Fassung der urspr Q-Quelle, die
ca. 70 Verse mehr als ihr Original enthält[70]. Dementsprechend
unterscheidet er auch bzgl. des Themas unseres Exkurses zwischen den leitenden Interessen der urspr Q-Fassung (ebd.
342ff) und denen der erweiterten Q-Fassung (= Lu I: ebd.
346f). Seine Position läßt sich wie folgt wiedergeben:
1. Betreffs Q[71] - Die urspr Q-Quelle vertritt keinen eng jü-
              denchristlichen Standpunkt. Dafür spricht
die Bejahung des Bruches der palästinischen Gemeinde mit den
jüdischen Führern (vgl. Mt 23), das damit zusammenhängende
"Bewußtsein von der Unversöhnlichkeit des Gegensatzes zwischen eigentlichen Juden und Christen", die Bejahung der
Hoffnung auf den Eintritt der Heiden ins Reich Gottes und
nicht zuletzt die Tatsache, "daß Q kein Wort Jesu bringt, das
irgendeinen Vorzug für Israel ausspricht". Auf der anderen
Seite findet sich in Q freilich auch kein Wort, "das Jesus
im Widerspruch zur pharisäischen Gesetzestreue zeigt. Das Verbot der Ehescheidung ist so ausgedrückt, daß der Widerspruch
zur Thorah umgangen ist (...); das Verbot des Schwörens ist
übergangen. Auch daß - wie aus dem Fehlen bei Luk hervorgeht
- die Verneinung der jüdischen Reinheitsvorschriften Mark
7,1ff bei Q gefehlt hat, ist durchaus kein Zufall".
      H., nach welchem der Verfasser von Q ein aus pharisäischen
Kreisen stammender Judenchrist ist, faßt seine Ausführungen
wie folgt zusammen: "Der Glaube an Jesus hat den Urheber von
Q in seiner jüdischen Gesetzestreue nicht aufgestört oder un-
ruhig gemacht. Aber er hat ihm den Sinn erweckt für die Predigt der Buße zur Vergebung der Sünden an die Heiden".
2. Betreffs Lu I - Zwei Hauptinteressen kennzeichnen nach H.
              den Inhalt von Lu I: Die "starke Betonung
der Gefahr des Reichtums und der Notwendigkeit, seinen Reich-
tum zum Almosengeben zu verwenden", und - was uns hier näher
interessiert - die "leichte Hinneigung zum Judaismus. Die Juden haben ihm (sc Lu I) doch eine klare Vorzugstellung. Am
bezeichnendsten sind die Änderungen beim Hauptmann von Kapernaum (..): daß dem Heiden geholfen wird, das hat er sich
durch Synagogenbau verdient, und die Anerkennung seines Glaubens spricht Jesus so aus, daß Israel als die normale Stätte
des Glaubens an Jesus erscheint. Ein über diese Linie hinaus-
gehendes, das Heil an Israel bindendes Judenchristentum wird
nicht vertreten".

---

69 Erschienen Tübingen 1941. Vgl. dazu Lehmann, Synoptische
   Quellenanalyse 24-27.117-137.

70 Vgl. ders., a.a.O. 440.

71 Vgl. für das Folgende Hirsch, a.a.O. 341f. Die Zitate beziehen sich auf diese Seiten.

72 Vgl. zum Folgenden Hirsch, a.a.O. 346, woraus auch die Zitate stammen.

Zusammenfassung von A:

Von großer Wichtigkeit für die Frage nach der Darstellung
Jesu und der Heiden in Q waren in dieser Phase Entscheidungen hinsichtlich des Umfanges von Q[73], denn je nachdem, ob
man der Q-Quelle, abgesehen vom Material der Doppelüberlieferungen des Mt und Lk, auch noch Material aus dem Sg eines
Evangelisten zuwies, konnten die Meinungen über die Heiden in
Q zu völlig entgegengesetzten Positionen führen. Unter Berücksichtigung dieses Aspekts ist es möglich, die Forscher in
folgende Gruppen einzuteilen:
1. Für Weizsäcker und Haupt sind Texte aus dem mt Sg wie Mt
   7,6 und 10,5f.23 inhaltlich unvereinbar mit anderen, wie
z.B. Mt 8,5-10.13; 8,11f; 11,20-24 usw. Diese inhaltliche
Spannung wird von ihnen so gelöst, daß die strenger jüdisch
klingenden Texte der ursprünglichen, die heidenfreundlichen
Texte aber einer späteren Q-Schicht zugewiesen werden. Eine
entgegengesetzte Meinung vertritt Wernle: Mt 5,17-20; 10,5f
und 23,3 stehen nach ihm auch in Spannung zum übrigen Q-Material, gehören aber nicht zur ursprünglichen, sondern zu einer später entstandenen und unter jüdischem Einfluß stehenden
Q-Schicht.
   Zu einem ähnlichen Ergebnis wie Haupt und Weizsäcker gelangte auch Wellhausen: Für ihn widerspiegelt Q nicht nur in
seiner Stellung zu den Heiden, sondern auch ganz allgemein,
ein im Vergleich zum MkEv späteres Stadium der Überlieferung.
Diese drei Forscher setzen wohl voraus, der Tradentenkreis
eines großen Teils des heidenfreundlichen Q-Materials lebe
selbst in einem Kreis, der Heidenmission praktiziere; dies
wird zwar niemals ausdrücklich gesagt, ist jedoch implizit in
ihren Aussagen enthalten.
2. Holtzmann, Weiss und Crum setzen ebenfalls Stellen aus
   dem mt Sg in Verbindung mit Q, sehen aber im Gegensatz zu
Haupt, Weizsäcker und Wernle keinen unüberbrückbaren Gegensatz zwischen diesen und heidenoffenen Texten wie Mt 8,11f;
11,20-24 par Lk u.a.; die hier enthaltene Spannung sei vielmehr als eine bereits bei Jesus und im Urchristentum selbst be-
stehende zu verstehen! Daß Q eine Heidenmission voraussetze

---

73 Zum Umfang von Q vgl. aus neuerer Zeit Polag, Der Umfang
   der Logienquelle, passim und Vassiliadis, The nature and
   extent of the Q-document, bes. 66ff. Über die Q-Zugehörigkeit der zu unserem Thema wichtigen Stellen Mt 7,6 und
   10,5f besteht in der Forschung bis z.Z. noch keine Eini-
   gung. Für Mt 7,6 als urspr Q-Material treten in letzter
   Zeit Schürmann (vgl. ders., Lk 364; ders., Die Warnung des
   Lukas, TU, 300) und Jacobson, Wisdom Christologie in Q
   215.217 ein; für die Q-Ursprünglichkeit von Mt 10,5b.6 s.
   Schürmann, Mt 10,5b-6 und die Vorgeschichte des synoptischen Aussendungsberichtes, TU, 137-149; Polag, Fragmenta
   Q 44f (auch ders., Christologie 44f) und Trautmann, Zeichenhafte Handlungen Jesu 202-208; entschieden gegen diese Annahme äußerten sich aber Hoffmann, Studien 258-261;
   Katz, Beobachtungen 19-22 und Laufen, Doppelüberlieferungen 237-243.

oder gar auf sie anspiele, wird von diesen Forschern abgewiesen, am entschiedensten von Weiss[74]. Man weist vielmehr
darauf hin, daß die heidenfreundlichen Aussagen in Q eigentlich mehr polemisch gegen *Israel* gerichtet und ausschließlich
zukunftsbezogen sind.

3. Harnack, Streeter, Bussmann, Manson und Hirsch[75] rechnen
Stellen wie Mt 7,6 und 10,5b.6 zum mt Sg oder zu einer aus
dem mt Sg bestehenden Quelle (so Streeter) und weisen sie daher weder früheren noch späteren Q-Schichten zu. Von diesen
Forschern behauptet aber keiner explizit, der Tradentenkreis
von Q setze durch die Aufnahme einer hohen Zahl von heidenfreundlichen Texten die Praxis einer Heidenmission voraus o.ä.
Nahe kommt einer derartigen Aussage lediglich Manson, der
allerdings vorsichtig von einer "tacit invitation" der Heiden
spricht. Man begnügt sich demgegenüber vielmehr mit dem Hinweis darauf, daß die Wahl des Materials die prinzipielle Offenheit des Tradentenkreises für die zukünftige Annahme der
Heiden impliziere; während für Harnack diese Heidenfreundlichkeit "nicht über die Grenze, die auch schon Propheten erreicht hatten"[76] geht, ist sie für Streeter ein Hinweis darauf, daß Q eventuell aus einer freieren ("perhaps, freer")
Atmosphäre, wie z.B. in Galiläa, entstammte[77].

Die meisten Forscher der literarkritischen Phase zeigen
also bzgl. der Frage der Heiden(mission) in Q eher einen zu-
rückhaltenden Standpunkt, auch wenn sie stark geprägte
Texte wie Mt 7,6 oder 10,5f. 23 nicht der Q-Quelle zuweisen.
Diese Zurückhaltung wurde nicht zuletzt auch von Texten wie
Mt 19,28/Lk 22,28-30 oder 5,18/Lk 16,17 - vgl. auch Mt 23,
23b/Lk 11,42b - mitbeeinflußt, da in ihnen derart stark judenchristlich geprägte Standpunkte in Kraft treten, daß sie
mit der Praxis einer gesetzesfreien Heidenmission kaum vereinbar sind[78].

B. Vertreter der traditions- und redaktionsgeschichtlichen
Phase der Q-Forschung.

Traditions- und redaktionsgeschichtliche Gesichtspunkte
bestimmen den Schwerpunkt neuerer Q-Arbeiten. In traditions-
geschichtlicher Hinsicht war vor allem die Arbeit Tödts

---

74 Vgl. ders., Quellen 94-96.

75 Zu Hirschs Einordnung von Mt 7,6 und 10,5b.6.23 und das mt
Sg vgl. ders., Frühgeschichte II, 284f.

76 Vgl. ders., Sprüche und Reden 156.

77 Vgl. ders., Gospels 233. Zur von Streeter vermuteten freieren Atmosphäre in Galiläa vgl. aber Hengel, Zwischen Jesus und Paulus 162-164.

78 Beispielhaft sei dazu auf die Äußerungen Weiss' hingewiesen: vgl. ders., Quellen 94f.

79 Eine Übersicht der bereits vorgelegten Arbeiten geben Conzelmann, Literaturbericht, ThR 37, 1972, 220-272, bes.
239-243; 43, 1978, 3-51, bes. 16-18; Schulz, Q 28ff.34ff;
Worden, Redaction criticism of Q, JBL 94, 1975, 532-546
und Devisch, Le document Q 86-97.

bahnbrechend[80], während der Q-Text unter redaktionsgeschicht-
lichem Gesichtspunkt zum ersten Mal in größerem Umfang von
Lührmann[81] analysiert wurde. Man ist seitdem bestrebt, die
theologischen bzw. christologischen Schwerpunkte des Q-Materials möglichst genau zu erfassen, und versucht parallel
dazu, diese Quelle bestimmten Trägerkreisen innerhalb der
Geschichte des Urchristentums zuzuweisen. Im folgenden sollen
nun die Hauptvertreter dieser neueren Q-Forschungsrichtung
aufgeführt werden, sofern sie zum Thema unseres Exkurses näher Stellung nahmen.

13) P. D. Meyer.

Er äußert sich zu unserem Thema in seiner Dissertation mit
dem Titel "The community of Q" und in einem Artikel über Heidenmission in Q[82], in dem die in der Dissertation vorgelegten Thesen nochmals bekräftigt werden[83]. Seine Stellungnahme
ließe sich folgendermaßen zusammenfassen:
1. Die Q-Gemeinde nimmt die Heidenmission als ein *fait
   accompli* an[84].
2. Die verschiedenen sich auf Heiden beziehenden Texte in Q
   zeigen, daß die Gemeinde sich intensiv mit der Heidenauf-
   nahme innerhalb der Kirche beschäftigte[85].
3. Negativ kann gesagt werden, daß die Q-Gemeinde weder Freude an der Heidenmission hatte noch sich selbst dieser
Arbeit zuwandte[86].

---

80 Vgl. ders., Der Menschensohn in der synoptischen Überlieferung, Gütersloh ²1963 und dazu Schulz, Q 28-32 und Hoffmann, Studien 143-158.

81 Vgl. ders., Die Redaktion der Logienquelle, Neukirchen
   1969. Immerhin legte zwei Jahre früher unter redaktionsgeschichtlichen Gesichtspunkten auch schon P.D. Meyer eine
   Arbeit über Q vor: vgl. ders., The community of Q, Iowa
   1967.

82 Zu seiner Dissertation vgl. Anm. 81. Zu unserem Thema äußert er sich hier vor allem im zweiten Kapitel (= "The
   Gentile mission", S. 7-28) und auf S. 83ff. Sein Artikel
   "The Gentile mission in Q" erschien in JBL 89, 1970, 405-
   417.

83 Neu ist gegenüber der Dissertation im Artikel vor allem
   die Behandlung der Perikope des Hauptmanns (Lk 7,1-10 par
   Mt) und die Auseinandersetzung mit Lührmann (s.S. 416f,
   Anm. 24). Nicht behandelt wurde nach wie vor Mt 11,20-24
   par Lk: vgl. dazu ebd. 417, Anm. 24.

84 Vgl. ders., Community 28; Gentile mission 417.

85 Vgl. etwa ders., Community 85: "The Q-community was at
   least profoundly aware of the Gentile mission"; ebd. 86:
   "..., the Q-community was found to be acutely of the Gentile mission".

86 Vgl. ders., a.a.O. 85: "...it cannot be said that the community was particularly sympathetic with that (sc the Gentile) mission"; ebd. 86: "No joy is evident over the Gentile mission"; ebd. 87: "Its (sc der Q-Gemeinde) attitude

4. Positiv hat die Q-Gemeinde "recognized the Gentile mission
   as legitimate and as the activity of God, but it was ex-
plained as God's response to Israel's impenitence. The fact
that Gentiles were repenting was then used in preaching to
warn fellow Jews that they were in danger of completely for-
feithing their heritage as the people of God. The success
of the Gentile mission was being used therefore by the Q-
community to address the Jews"[87].

14) A. Polag.

Polag unterscheidet in seinem Buch "Die Christologie der
Logienquelle"[88] zwei Redaktionsstufen in Q[89], die auch in
ihrer Stellung zu den Heiden Unterschiede aufweisen:
Die erste Redaktionsstufe - Hierher gehören nach ihm alle bis-
                            her besprochenen heidenfreundli-
che Texte aus Q, mit Ausnahme von Mt 8,5-10.13 par Lk. Diese
Texte implizieren nach Polag keine Öffnung gegenüber den Heiden, sondern haben lediglich polemische (als Polemik gegen
die Juden, die Jesu Botschaft ablehnen) und/oder paränetische
Funktion (als Mahnung zum Verharren bei der Anerkennung Jesu)[90].
Die zweite Redaktionsstufe - Zu dieser Redaktionsstufe rech-
                            net Polag Texte wie Mt 8,5-10.13
und 3,7-12 par Lk. Bezüglich dieser Stufe schreibt er: "Wenn
auch kein ausgeprägter Bezug auf die Heidenmission zu finden
ist, ist doch eine große Offenheit gegenüber den Heiden spür-
bar. Es handelt sich dabei aber nicht nur um die Kehrseite
der Polemik gegen Israel, also um die Weiterführung einer

---

toward the Gentile mission was quite chauvinistic,...";
vgl. auch ders., Gentile mission 416f, Anm. 24. Von hieraus
scheint uns eine Einordnung Meyers unter die, die "für Heidenmission in Q" sind - so Laufen, Doppelüberlieferungen
512, Anm. 257 - nicht korrekt.

87 Vgl. ders., Gentile mission 405; auch ebd. 417 u.ö.; s.
   ähnlich ders., Community 7.28.85ff. Verwiesen sei hier
   noch auf die sprachliche und örtliche Einordnung von Q
   durch Meyer. Das Auftauchen mancher Semitismen in den Logien weise nach ihm auf eine "bi-lingual community" hin
   (ders., Community 2.85); örtlich scheint ihm der kosmopo-
   litische Charakter der Überlieferung auf "coastal regions"
   hinzuweisen (ebd. 85): "In summation, the Q-community
   appears to have a non-Hellenistic Jewish Christian community in the midst of a larger Jewish community (presumab-
   ly Palestine)": ebd. 88.

88 Erschienen Neukirchen 1977. Vgl. dazu: Hoffmann, Studien
   7-9; Schulz, Q 34-36 und Lührmann, ThLZ 105, 1980, 193f.

89 Vgl. ders., a.a.O. 6-17.

90 Vgl. dazu ders., a.a.O. 130f. Für die erste Redaktionsstufe gilt nach Polag: "Das Ziel des Handelns Jesu und
   seiner Botschaft ist die Sammlung des Volkes Gottes (für
   den Bund)": vgl. ders., a.a.O. 47; s. auch ebd. 119f (sub
   Nr. 5,9 und 21).

bereits im Q-Material erhaltenen Linie, sondern um die Neigung, die *Universalität* der Bedeutung Jesu zur Geltung zu
bringen"[91].

15) P. Hoffmann.

Zum Thema unseres Exkurses äußert sich Hoffmann zwar in
verschiedenen Arbeiten[92], geht aber niemals gesondert darauf
ein. Seine Position kann wie folgt kurz zusammengefaßt werden[93]:

1. Das Erntewort Lk 10,2 läßt eher eine Beziehung zu Israel
(vgl. Lk 3,7-9.17) als zur Heidenmission erkennen.
2. Heidenfreundliche Drohworte wie Mt 11,21-23; 12,41f und
8,11f par Lk können durch ihre Zukunftsbezogenheit nicht
einfach als Reflex der Gegenwart interpretiert werden; auch
Mt 8,5-10.13 par Lk läßt noch nicht auf eine Heidenmission
der Q-Gemeinde schließen, lediglich darauf, daß die Q-Gemeinde die Heidenmission kannte und anerkannte.
3. Diese Sicht läßt sich übrigens nicht nur gut mit dem Ge-
samtbild der urchristlichen Mission vereinbaren (vgl. Gal
2,8f), sondern wird auch zusätzlich noch von dem offenkundi-
gen judenchristlichen Charakter der Sammlung bestätigt[94].

---

91 Vgl. ders., a.a.O. 168. Den Tradentenkreis dieser zweiten
Redaktionsstufe lokalisiert Polag in Randzonen des palästinischen Gebiets (ebd. 186). Seine Bildung lasse eine
Stadtgemeinde vermuten (ebd. 31). Ähnlich wie der Tradentenkreis von Antiochien wurde auch er vermutlich von den
aus Jerusalem vertriebenen Hellenisten beeinflußt. Gegenüber den Kreisen Antiochiens weise er aber folgende Charakteristika aus: "Betonung der Kontinuität der Funktion
Jesu; Tendenz zur Aufrechterhaltung vorösterlicher Vorstellungen; starkes Gewicht auf den Volksgedanken; Verwerfung des alten Israel, Bildung des neuen Israel (unter Einbeziehung der Heiden); stark von der Schriftdeutung her
geprägt; Abhängigkeit von der aramäischen Gemeinde und ihrem Überlieferungsmaterial" (ebd. 186).

92 Vgl. ders., Studien zur Theologie der Logienquelle, Münster 1972 (s. zu unserem Thema S. 289-293, bes. 292f);
ders., Jesusverkündigung in der Logienquelle, bes. 53f
und ders., Die Anfänge der Theologie in der Logienquelle,
bes. 138.

93 Vgl. zum Folgenden insbesondere seine Darlegungen in "Studien zur Theologie der Logienquelle" 289-293.

94 Vgl. dazu ders., Jesusverkündigung 53f: "Dem judenchristlichen Charakter der Sammlung entspricht es, wenn in der
Frage des Gesetzes ein dem Judentum entgegenkommender
Standpunkt eingenommen wird. Der Vers Mt 5,18 par. Lk 16,
17 betont nachdrücklich die Gültigkeit des Gesetzes (vgl.
auch Lk 13,25f); die Gesetzeskritik Jesu scheint neutrali-
siert (Lk 11,42b) und auf eine Kritik am Verhalten der
Pharisäer und Schriftgelehrten eingeschränkt zu sein (Mt
23,25f; Lk 11,44.46; Mt 23,13). Die Antithesen der Bergpredigt (Mt 5,21-48), die Streitgespräche über Rein und
Unrein (Mk 7,1-23) oder über den Sabbat (Mk 3,1-6) fehlen
bezeichnenderweise in Q"; zur Stellung von Q gegenüber dem
Gesetz, vgl. auch ders., Studien 59.

16) <u>S. Schulz</u>[95].

Schulz (= S.) unterscheidet innerhalb der Q-Überlieferung
traditionsgeschichtlich zwei Schichten, denen er jeweils altes, palästinensisch-judenchristliches und jüngeres, helleni-
stisch-judenchristliches Traditionsmaterial zuweist[96]. Von
den Texten, die das Thema unseres Exkurses betreffen, weist
er der älteren, palästinensisch-judenchristlichen Schicht
(= Q1) einzig Mt 5,47/Lk 6,33 (a.a.O. 129.133f) und Mt 6,32/
Lk 12,30 (ebd. 151.157) zu. Diese Texte zeigen nach S. eine
kritische Stellung gegenüber den Heiden: Die grundsätzliche
Differenz zwischen ihnen und den Juden wird aufrechterhalten,
und von der Gottesherrschaft sind sie ausgeschlossen (ebd.
157). Die positive Ausrichtung der Traditionsschicht von Q1
besteht lediglich in der Offenheit gegenüber "anderen religiösen Gemeinschaften in Israel" (ebd. 134). Sogar eine
Mission, die sich lediglich auf Israel beschränkt, kennt diese Q-Gemeinde angesichts ihrer gespannten Naherwartung noch
nicht (ebd. 410[97]).

Alle anderen in den Doppelüberlieferungen des Mt und Lk
enthaltenen Texte über die Heiden gehören nach S. der zweiten, hellenistisch-judenchristlichen Traditionsschicht von Q
(= Q2) an[98]. Dabei zeigen die Aussagen dieser Schicht über
die Heiden keine wesentlichen Unterschiede gegenüber denen in
der ersten Schicht. Eine Heidenmission kommt auch hier weiterhin nicht in Frage[99]. Gegen sie spricht entschieden, daß

---

95 Maßgebend für die Position Schulz' sind seine Darlegungen
   in dem Buch "Q. Die Spruchquelle der Evangelisten", Zürich
   1972, aus welchem wir im folgenden zitieren: vgl. dazu die
   Besprechungen vom Luz, Die wiederentdeckte Logienquelle
   529-532; Conzelmann, Literaturbericht, ThR 43, 1978, 16-
   18; Hoffmann, BZ 19, 1975, 104-115 und Lührmann, EvKom 6,
   1973, 244f u.a. Vgl. zum Verhältnis von Q und Heiden auch
   Schulz, "Die Gottesherrschaft ist nahe herbeigekommen"
   62-64 und ders., Maranatha und Kyrios Jesus 138ff.

96 Vgl. ders., Q 47-53. Seine traditionsgeschichtliche Differenzierung des Q-Stoffes in zwei genau abgrenzbare kerygmatische Q-Entwürfe stieß jedoch weitgehend auf Ablehnung:
   vgl. zur Kritik etwa Hoffmann, a.a.O. 108-114; Luz, a.a.O.
   530f und Conzelmann, a.a.O. 16-18; zustimmend etwa Schillebeeckx, Jesus 363ff.

97 Nach Hoffmann, a.a.O. (s. Anm. 95) 112 steht die Bestreitung einer Israelmission bei Q1 in einer gewissen Spannung zu den Aussagen, die Schulz auf S. 65 desselben Bu-
   ches macht. Dort liest man nämlich u.a. folgenden Satz:
   "Auf jeden Fall liegt in dieser prophetisch inspirierten
   Verkündigung der Anfang urchristlicher Theologie beschlos-
   sen; denn in ihr wird der erhöht-gegenwärtige Menschen-
   sohn-Jesus selber epiphan auf Erden und wird das Heil zum
   allerletzten Mal Israel angeboten".

98 Vgl. zu dieser ders., a.a.O. 47-52.

99 Vgl. ders., a.a.O. 202.216.244f.305f.326ff.401f.410ff u.ö.

die Einhaltung und Verschärfung des Mosegesetzes, wie sie in
Q1 erschien, von Q2 restriktionslos übernommen wird[100]. Darüber hinaus zeigt der Gedanke der Völkerwallfahrt in Mt 8,11f/
Lk 13,28f, daß die Einbeziehung von Heiden ins Gottesreich rein
zukünftig gedacht ist (ebd. 244.325ff) als Gottes exklusives
und souveränes Werk (ebd. 326).

Bleibt somit die heilsgeschichtliche Prärogative Israels
in Q2 im vollen Umfang erhalten, so läßt sich dennoch ein Unterschied gegenüber Q1 feststellen: Die Gemeinde von Q2 durch-
bricht die noch in Q1 anzutreffenden innerisraelitischen
Schranken[101] und wendet sich missionarisch auch den Zöllnern
und Sündern zu[102].

17) R. Laufen.

Laufen (= L.) ist der Forscher, der u.W. nach Lührmann am
entschiedensten für die These eintrat, die Q-Gemeinde be-
treibe selbst die Heidenmission[103]. Er lehnt sich dabei stark
an Lührmann an und polemisiert hauptsächlich gegen Schulz
(a.a.O. 192ff) und Schürmann (ebd. 237ff). Als positive Indizien für seine These führt er an:
1. Die hohe Anzahl der heidenfreundlichen Texte, die diese
   Quelle enthält: ebd. 238f verweist er auf die Hauptmannsperikope und auf Mt 8,11f; 11,21-24; 12,41f und 22,1-10 par
   Lk.
2. Lk 10,2 par Mt 9,37f - Er stützt sich dabei auf die Interpretation Bornkamms, demzufolge Lk 10,2 die Heidenmission
   in Q voraussetze (ebd. 238f).
3. Lk 10,8b - L. interpretiert das ἐσθίετε τὰ παρατιθέμενα
   ὑμῖν so, daß es den Q-Missionaren von der Pflicht entbin-
   de, "in heidnischen Häusern die jüdischen Reinigungs- und
   Speisegebote zu beachten" (ebd. 292). Daß es urspr zu Q gehörte, gehe daraus hervor, daß Mt es infolge von Mt 10,5b.6
   sehr wohl gestrichen haben könnte (ebd. 220)[104].

---

100 Vgl. etwa ders., a.a.O. 244.306.401f.

101 Vgl. dazu etwa seine Ausführungen zu Mt 5,47/Lk 6,33:
    a.a.O. 133.169.

102 Vgl. ders., a.a.O. 383ff.401 u.ö. Angesichts dieser These
    von Schulz kommentiert Hoffmann: "Historisch ergibt sich
    dann der etwas merkwürdige Befund, daß erst von den Q-Ge-
    meinden der Dekapolis und Transjordaniens die 'Israel-
    mission' ins Auge gefaßt wurde (...), die sich darin so-
    gar als Fortsetzer des Wirkens Jesu und des Johannes ver-
    standen. Läßt sich tatsächlich eine solche Differenzie-
    rung literarisch und historisch rechtfertigen - nicht zu-
    letzt auch angesichts der Tatsache, daß die Zuwendung zu
    den Deklassierten in Israel schon für Jesus charakteri-
    stisch war?" (ders., a.a.O. [s. Anm. 97] 112).

103 Vgl. ders., Die Doppelüberlieferungen der Logienquelle
    und des Markusevangeliums, Bonn 1980, bes. 192-194 und
    237-243.

104 Vgl. zu Lk 10,8b auch ders., a.a.O. 288.292 und 514, Anm.
    167.

Nicht gegen eine missionierende Tätigkeit der Q-Gemeinde
unter den Heiden spricht nach L. die Stellung von Q zum Gesetz. Denn, wie der Kommentar von Mt 5,18/Lk 16,17 in Mt 5,
32/Lk 16,18 zeige, verstehe die Logienquelle unter Gesetzes-
gehorsam keinesfalls eine blinde Buchstabentreue, sondern
vielmehr "Erfüllung der Thora nach dem Geist" (ebd. 194)[105].
Nicht unwichtig ist schließlich für L., daß das Reich Gottes nicht als rein zukünftige Größe aufgefaßt werden kann,
sondern sich immer zugleich in der Gegenwart - wenn auch be-
grenzt - antizipatorisch zu realisieren beginnt. Wenn daher
Worte wie Mt 8,11f oder 13,32b par Lk von einem zukünftigen
Eintritt der Heiden ins Gottesreich sprechen bzw. darauf hindeuten, so müsse zugleich bedacht werden, daß dieses eschatologische Geschehen bereits in der Gegenwart anfängt, Wirklichkeit zu werden: "Wie die Gottesherrschaft keine rein fu-
turische Größe, sondern bereits in der Gegenwart wirksam ist,
so reicht auch das im Wort von der Völkerwallfahrt angekündig-
te Geschehen mit seinen Anfängen in die Gegenwart hinein"[106].

18) Abschließend sei noch auf einige Forscher verwiesen, die
sich ebenfalls zum Thema der Heiden(mission) in der Q-Quelle
geäußert haben, die wir hier aber aus Raumgründen nur noch
kurz und teilweise ansprechen können. Gegen Heidenmission in
der Q-Überlieferung bzw. -Gemeinde äußerten sich u.a. Käsemann, Stuhlmacher, Bornkamm, Steck und Luz[107]. Für eine Heidenmission in Q traten demgegenüber ein: Parker, Friedrich,
Bornkamm, Grässer, Vielhauer, Frankemölle, Edwards und

---

105 Vgl. dazu auch ders., a.a.O. 354-357.

106 Vgl. ders., a.a.O. 193f (Zitat aus S. 193), der sich für
    diese Auffassung auf Hahn, Mission 26, Anm. 4 beruft:
    ebd. 485, Anm. 126. Gegen die Argumentation Hahns wandte
    aber Zeller ein: "In seiner (sc Hahns) Argumentation ist
    mir nicht klar, wie 'mit dem Hinweis auf das endzeitliche
    Kommen der Vielen' 'vor allem' ein Bezug hergestellt wer-
    den soll 'zu dem, was jetzt schon in Jesu eigenem Wirken
    anhebt zu geschehen'. Zwar entscheidet sich - bei der An-
    nahme der Historizität (sc von Mt 8,11f) - der zukünf-
    tige Fluch bzw. Segen an Jesus, aber die βασιλεία ist in
    diesem Wort mit dem zukünftigen Handeln Gottes identisch.
    Hahns Auslegung scheint zu sehr an der mt Verknüpfung un-
    seres Logions mit der Hauptmannsperikope orientiert":
    vgl. ders., Das Logion Mt 8,11f/Lk 13,28f (1972) 89,
    Anm. 111.

107 Vgl. Käsemann, Zum Thema der urchristlichen Apokalyptik
    115 und ders., Die Anfänge christlicher Theologie 87f;
    Stuhlmacher, Das paulinische Evangelium I, 217 mit Anm.
    3; Bornkamm, Art. Evangelien, synoptische, RGG, 3. Aufl.
    758; Steck, Israel und das gewaltsame Geschick der Pro-
    pheten 529 und Luz, Die wiederentdeckte Logienquelle 529.

Kee[108]. Differenzierter argumentieren: Balz, Katz, Lange und Zeller[109]. Schließlich bleiben unentschieden Merklein und Jakobson[110].

<u>Zusammenfassung von B[111]</u>:

Entsprechend der Zielsetzung der Redaktionsgeschichte tritt die Frage nach Jesu eigener Stellung zu den Heiden stark zurück. Um so mehr wird demgegenüber gefragt, was denn nun für eine Auffassung gegenüber den Heiden bzw. der Heidenmission die Trägergruppen der Q-Überlieferung auf Grund des ihnen vorgegebenen (oder eventuell auch selbstgebildeten) und unter bestimmten Gesichtspunkten rezipierten Materials vertreten. Dabei sind die Antworten recht unterschiedlich. Folgende Auffassungen lassen sich unterscheiden:
1. Die Q-Gruppe lehnt eine Heidenmission ab (Schulz, Steck u.a.).
2. Die Q-Tradenten lehnen zwar die Heidenmission nicht prinzipiell ab, bemühen sich selbst aber ausschließlich um die Missionierung innerhalb des eigenen jüdischen Volkes (Meyer, Hoffmann, Jakobson u.a.).

---

108 Vgl. Parker, Gospel before Mark 3.5.31.126-128 u.a.; Friedrich, Ein Tauflied hellenistischer Judenchristen 514ff; Bornkamm, Enderwartung 15f (vgl. aber die vorige Anmerkung); Grässer, Parusieverzögerung 142; Vielhauer, Geschichte der urchristlichen Literatur 321, Anm. 30; Frankemölle, Jahwebund und Kirche Christi 108; Edwards, An approach to a theology of Q 268f und Kee, Jesus in history 76-120, 118f.
109 Vgl. Balz, Methodische Probleme 168f; Katz, Beobachtungen zur Logienquelle 80-105; Lange, Das Erscheinen des Auferstandenen, bes. 158ff.255ff und 488ff und Zeller, Das Logion Mt 8,11f/Lk 13,28f, bes. 92f.
110 Vgl. Merklein, Rez. zu Hoffmann, Studien zur Theologie der Logienquelle, BZ 18, 1974, 114: "Auch könnten Texte wie Lk 7,1-10; 13,28ff (und Par) auf eine gewisse Öffnung für die Heidenmission hinweisen". Zu Jakobson, vgl. ders., Wisdom christologie in Q 140: "Q seems to teeter on the edge of a mission to the Gentiles. For it is not only said that God ist abandoning Israel (Lk 13:34f par) but that others will take her place (Lk 13:28f par; Lk 14:15ff par)...Yet there is little actual evidence in Q of a mission to the Gentiles, though probably an awareness that there was such a mission. Q is more a final, desperate plea to Israel to repent". In derselben Richtung geht auch seine Interpretation von Lk 7,1-10 par: "Lk 7:1-10/Mt 8:5-13 should not be regarded as evidence that the Q community was engaged in a mission to the Gentiles, or that it contained Gentile members. The purpose of the Gentile in the pericope is rather to put Israel to shame" (ebd. 69); vgl. auch seine Zusammenfassung auf S. 225ff.
111 Da Lührmann auch zu dieser Forschungsphase gehört, beziehen wir ihn in der folgenden Zusammenfassung mit hinein.

3. Die ersten Q-Tradenten vertreten eine auf Israel beschränkte Mission, während der Trägerkreis einer späteren Schicht sich durch eine größere Offenheit für die Heiden auszeichnet (Polag, Katz u.a.).
4. Die Q-Gruppe wandte sich anfänglich ausschließlich an Israel. In einer späteren Phase wurden dieselben Worte, die am Anfang als Drohung an Israel dienten, dazu benutzt, die Hinwendung zu den Heiden zu rechtfertigen (so etwa Lange und Zeller).
5. Die Q-Gemeinde stand einer Heidenmission nicht nur positiv gegenüber, sondern beteiligte sich selbst aktiv an ihr (so Lührmann, Laufen u.a.).

Als nach wie vor von Bedeutung für die Frage nach der Heidenmission in der Q-Quelle erwiesen sich zwei Fragenkomplexe: der der Stellung von Q zum Gesetz und der der Bestimmung des mt Sg-Anteils (vgl. etwa Mt 10,5b.6) an dieser Quelle. Für Laufen, der entschieden für eine Heidenmissionierung in Q plädiert, gehörte Mt 10,5b.6 folgerichtig niemals zu Q; hält man diese aber für Q-Stoff, wie es etwa Lange tut, so ändert sich zugleich auch die Stellungnahme zum Verhältnis zwischen Q und den Heiden: "Wenn älteste Tradition, wahrscheinlich die Redenquelle selbst, Logien wie Mt 10,5b.6 und 10,23 führt, bedeutet dies bekanntlich nicht, daß man Heiden vom Heil ausgeschlossen dachte, vielmehr herrschte im Judentum und von dorther auch in der Jüngerschaft Jesu die Überzeugung, daß es zuerst und entscheidend um die Bekehrung Israels und das Heil für Israel ginge und daß es die Sache Gottes selbst und allein sei, dann am Ende auch die Heiden herbeizuführen zur Teilhabe am eschatologischen Heil"[112]. Ähnlich verhält es sich mit den Auffassungen über die Stellung von Q zum Gesetz: Während wiederum Laufen der Meinung ist, die Stellung von Q zum Gesetz sei durchaus mit der Annahme einer Heidenmission der Q-Gruppe vereinbar, so bemüht sich Schulz, für den die Q-Gemeinde lediglich an einer Israelmission teilnahm, zu zeigen, daß gerade Worte wie Mt 5,18 par Lk 16,17 mit der Praxis einer gesetzesfreien Heidenmission in vollem Widerspruch stehen.

Traditionsgeschichtlich hielten die Forscher dieser Phase noch weitgehend am *palästinischen* Judenchristentum als Träger der Q-Überlieferung fest (vgl. Hoffmann, Polag, Laufen u.a.). Es dürfte kaum zufällig sein, daß Lührmann, der für Heidenmission in Q eintritt, gleichzeitig die Meinung vertritt, zahlreiche Traditionsstücke von Q seien vom *hellenistischen* (Juden) Christentum weitertradiert und teilweise sogar auch selbst gebildet worden[113]; dieselbe Meinung wird allerdings auch von Schulz vertreten - er spricht vom "Kerygma der jüngeren Q-Gemeinde Syriens"[114] - obwohl er ja in der Frage der Heidenmission in Q die entgegengesetzte Ansicht Lührmanns teilt!

Was schließlich den Wirkungskreis der hinter Q stehenden Gruppe betrifft, so ist es nur selbstverständlich wenn Lühr-

---

112 Vgl. Lange, Erscheinen 255.

113 Vgl. Lührmann, Redaktion 85-89.

114 Vgl. ders., Q 8.

mann und in seinem Gefolge etwa Laufen[115] diesen über die
Grenzen Palästinas hinaus festsetzen, da es so mit der von
ihnen vertretenen These einer Heidenmission der Q-Gemeinde
am besten in Einklang gebracht werden kann.

1.521. Stellungnahme zu den Argumenten Lührmanns.

Kehren wir nun zurück zu den von Lührmann vorgelegten Argumenten für die These, die Q-Gemeinde setze die Heidenmission
voraus (s.o.S. 304), so ergibt sich, daß ihre nähere Überprüfung der Kritik nicht standhalten kann. Es sind vor allem
folgende Gründe, die uns veranlassen, die These Lührmanns
abzulehnen:

1. Wenn Q in kumulativer Hinsicht eine größere Anzahl von
Stellen bringt, die eine positive Darstellung von Heiden be-
inhalten, so besagt dieser Befund für die Richtigkeit der
These Lührmanns eigentlich wenig, sobald man die Texte auf
ihren Aussagegehalt hin näher ins Auge faßt. Dann wird nämlich sofort deutlich, daß von einem unmittelbaren Bezug des
Aussageinhaltes der Stellen auf die konkrete Aktivität der
Tradentengruppe bzw. ihrer Gemeinde keine Rede sein kann.
Hoffmann ist daher u.E. durchaus zuzustimmen, wenn er in Auseinandersetzung mit Lührmann schreibt:
"Die Gegenüberstellungen von Israel und den Heiden Lk 10,13-
15/Mt 11,21-23 sowie Lk 11,31f/Mt 12,41f greifen auf Gestal-
ten *der Vergangenheit* zurück und beschreiben *die künftige* Ge-
richtssituation: sie deuten zweifellos das Versagen Israels
in der *Gegenwart*, im Vergleich mit den Heidenvölkern soll gerade das Unbegreifliche des Verhaltens Israels hervorgehoben
werden, aber sie bieten kein Hinweis auf eine Bekehrung von
Heiden in der Gegenwart"[1].
Ähnliches gilt auch in Bezug auf Lk 13,28f par Mt, wo ja von
einer heidnischen Anteilnahme am Reich ausschließlich in der
Zukunft die Rede ist[2]. Nun stützt aber Lührmann seine These
vor allem auf Lk 7,1-10 und 10,2 par Mt. Geben also zumindest
diese beiden Texte Anhaltspunkte für eine Heidenmissionierung
der Q-Gemeinde?

---

115 Vgl. Lührmann, a.a.O. 88 und Laufen, Doppelüberlieferun-
     gen 295 mit Anm. 560.

1 Vgl. ders., Studien 292 (Hervorhebungen im Original).

2 Dies wird von Hoffmann, a.a.O. und Schulz, Q 244f zu Recht
  betont.

Was Lk 10,2 par Mt betrifft, so schließt sich Lührmann[3]
der Deutung Bornkamms an, wonach der Spruch Lk 10,2 par Mt in
seiner Q-Fassung "bereits die Heidenmission voraussetzt, denn
das eschatologische Bild der Ernte denkt immer an das Völkergericht (Jes. 24,13; Joel 4,10ff.; Apok. 14,15f.)"[4]. Diese
Interpretation geht jedoch zu weit. Erstens ist der Schluß vom
Völkergericht auf eine vorher stattgefundene Völkermission
zwar möglich, aber wie gerade aus den angegebenen atl. Beispielen zu entnehmen ist, keinesfalls zwingend: auch sie setzen ja keine Heidenmission voraus! Zweitens muß bei einer
eschatologischen Deutung des Verses bedacht werden, daß Q zu
Lk 10,2 gerade nicht das bietet, was atl. Stellen wie etwa
Jes 27,11f und Joel 4,13 enthalten, nämlich einen expliziten
Bezug auf Heiden(völker) im unmittelbaren Kontext[5]. Schließlich geht aus Hos 6,11 (vgl. auch Am 8,2) hervor, daß das Bild
von der Ernte sehr wohl auch polemisch gegen das eigene Got-
tesvolk verwendet werden konnte. Daß letztere Deutung auch für
unsere Stelle die urspr gewesen sein könnte, geht aus einem
weiteren Beleg von Q hervor, Lk 3,17 par Mt 3,12, wird doch
in diesem Erntebild "gerade Israel von dem Gericht bedroht
(vgl. Mt 3,7-10/Lk 3,7-9)"[6].

---

3 Vgl. ders., Redaktion 60 mit Anm. 5.

4 Vgl. Bornkamm, Enderwartung 16 (Die Kommata bei den Stellenangaben wurden von uns gesetzt).

5 Vgl. hierzu auch den Einwand Meyers: "Neither does the
  'harvest' pericope (Luke 10,2=Matt 9,37f.) prove Lührmann's
  point. He advances several OT passages (Joel 4,1ff.; Isa
  27,11; 9,2f.; Hos 6,11) to show this pericope reflects
  extension of the mission to Gentiles (p. 60). The OT references, however, barely have a formal point of similari-
  ty with the Q-saying (through the harvest-motiv), and completely lack any material relationship with it. The OT
  passages reflect the summons to condemnation, but the Q-
  logion clearly reflects the invitation to salvation":
  ders., Gentile mission 417, Anm. 24.

6 Vgl. dazu Hoffmann, a.a.O. (Anm. 1) 292. Anschließend sei
  hier noch auf die Deutung Polags hingewiesen, die - falls
  sie zutrifft - ebenfalls die Interpretation Lührmanns ausschließt. Er schreibt nämlich zu Lk 10,2 par Mt 9,37b.38:
  "Es liegt kein zwingender Grund vor, in θερισμός eine Me-
  tapher für das eschatologische Gericht zu sehen und auf eine apokalyptisch geprägte Naherwartung zu schließen. Vielmehr kann es sich wie in vielen Herrenworten durchaus um
  ein Bild aus dem palästinischen Alltagsleben handeln,...":
  ders., Christologie 71.

Fassen wir abschließend Mt 8,5ff ins Auge, so ergibt auch
diese Perikope u.E. kein grundsätzlich anderes Ergebnis. Wie
Roloff zutreffend herausstellte[7], hat das Wort vom "Glauben"
in Mt 8,10b (u.a. Stellen) lediglich punktuellen Charakter,
entbehrt also jeglichen habituellen Momentes. Das spricht
aber kaum dafür, "daß schon in Q der Hauptmann Paradigma des
Glaubens, und zwar gerade als Heide, war", wie Lührmann[8]
meint folgern zu können. Damit hängt auch zusammen, daß sowohl eine missionarische Terminologie als auch eine explizite
Auseinandersetzung mit typischen Fragen, die sich aus der
Heidenmission ergaben (Die Frage nach dem Gesetz, nach der
Beschneidung und den Reinheitsvorschriften u.a.), in der
Hauptmannsperikope nicht zu finden sind[9]. Unter diesen Voraussetzungen aber scheint uns die Folgerung einer Heidenmissionierung aus Mt 8,5ff jeglicher sicheren Grundlage zu entbehren.

Auch Hoffmann meint, daß Mt 8,5ff noch keine Folgerung auf
eine Heidenmissionierung der Q-Gruppe erlaube. Er räumt aber
zugleich ein, die Geschichte deute zumindest darauf hin, daß
die Q-Gruppe die Bekehrung von Heiden "kannte" und "anerkannte"[10]. Die zweite Feststellung, wonach die Q-Gruppe eine Heidenbekehrung anerkannt haben soll, legt sich tatsächlich
schon dadurch nahe, daß ja die Tradenten schwerlich ein Interesse daran gehabt haben könnten, von einer Anerkennung Jesu gegenüber Heiden zu berichten, die im direkten Widerspruch
mit ihrem eigenen Bekenntnisstand stehen würde. Daß Q freilich zugleich auch Heidenbekehrungen kannte (innerhalb der
eigenen Gruppe?) kann aus dem Text nicht mit letzter Sicherheit entnommen werden. Demgegenüber ist eine Q-Kenntnis von
Heidenbekehrungen außerhalb der eigenen Gruppe sehr wohl anzunehmen, und zwar aus Gründen der raschen Verbreitung der
Heidenmission innerhalb des Urchristentums.

Der Q-Befund[11] ergibt somit, daß die Folgerung einer Heidenmissionierung durch die Q-Gemeinde von keiner der herangezogenen Stellen wirklich gedeckt wird. Die Tradenten dieser
Überlieferung waren sich wohl auf Grund der Worte Jesu durch-

---

7 S.u.S. 420f.

8 Vgl. ders., Redaktion 58.

9 S. dazu u.S. 425.

10 Vgl. ders., Studien 293.

11 Nicht mitberücksichtigt wurde das Gleichnis Lk 14,15-24
   par Mt, das auch Lührmann nur zögernd als Stütze für seine
   These anführt (vgl. ders., a.a.O. 87), da seine Zugehörigkeit zu Q fraglich ist.

aus bewußt, daß Heiden nicht selten in ihrem Vertrauen zu
Gott Israel zuvorgekommen waren. Daß die Tradenten damit aber
auf eine eigene Heidenmissionierung anspielen wollten, ist
durch nichts angedeutet. Der polemische Charakter dieser Worte
läßt vielmehr vermuten, daß hinter dem Tradierungsmotiv die
Auseinandersetzung mit *jüdischen* Gegnern steht.

2. Daß Lk 11,49-51 par Mt die endgültige Absage Israels voraussetzt, die ihr Lührmann zuschreibt, darf bezweifelt werden.
Einerseits läßt "die Beschreibung der Sendung und des Ge-
schicks der Boten in dem Spruch (sc Lk 11,49-51)...auf die
noch anhaltende missionarische Bemühung der Boten um Israel
schließen. Neben den Propheten werden eigens die Gesandten
der Weisheit erwähnt. Die Situation der Gruppe wird differenziert beurteilt, *einige* von ihnen werden getötet und verfolgt
werden. Dies weist nicht auf eine abgeschlossene, sondern auf
eine in vollem Gang befindliche Aktion hin"[12]. Andererseits
wird in Lk 11,49-51 nicht generalisierend auf Israel, sondern
konkret auf "dieses Geschlecht" Bezug genommen. Dazu wiederum
Hoffmann:

"Dieser apokalyptische Ausdruck...läßt sich nicht mit dem Volk
als Ganzem gleichsetzen, sondern meint jene, die die Umkehr
verweigern. Er schließt aber nicht aus, daß ein Teil Israels,
z.B. die Kinder der Weisheit, die Johannes und Jesus anerkannten (vgl. Lk 7,31-35), nicht von diesem Gericht getroffen
werden"[13].

Mit dem Hinweis auf Lk 7,31-35 ist schon angedeutet, daß sich
das, was Lührmann aus Lk 11,49-51 meint entnehmen zu können,
im Widerspruch zu dem Gesamtbefund in Q befindet. So zeigt
beispielsweise Lk 10,10-12 par Mt, worauf Hoffmann im selben
Zusammenhang hinweist, daß Gerichtsdrohung gegen Israel nicht
einer vergangenen, sondern einer aktuellen Mission der Tradentengruppe angehört. Auch Meyer verweist auf den Gesamtbefund
in Q hin, wenn er in Auseinandersetzung mit Lührmanns Deutung
von Lk 11,49-51 schreibt:

"...Lührmann overstates the case that 'for Israel nothing remains but judgment'. To be sure, on a national scale Israel
had been judged, and those continuing impenitent also await a

---

12 Vgl. Hoffmann, Studien 169 (Hervorhebung im Original).
13 Vgl. ders., a.a.O.

judgment. But the logia concluding the mission-instructions
(Luke 10,16=Q) and the Beelzebul controversy (Luke 11,23=Matt
12,30), and others, clearly demand a decision on an indivi-
dual basis, and this demand the Q-community was addressing
to its Jewish contemporaries"[14].

3. Was das letzte Argument Lührmanns anbelangt, wonach durch
die umfangreiche Judenmission innerhalb des griechisch sprechenden Bereichs des Urchristentums eine Gemeinde ohne das
Einbeziehen von Heiden kaum vorstellbar sei, so widersprechen
dem schon die sprachlichen Verhältnisse im jüdischen Mutter-
lande[15]. Ein Satz, mit dem Hengel in einem anderen Zusammenhang Lührmanns Thesen widerspricht, gibt das von uns Gemeinte
zutreffend wieder: "Lührmann vergißt, daß weite Kreise des palästinischen Judentums, besonders im Küstengebiet und in den
Städten, griechisch sprachen"[16].

Schließlich dürfte auch noch ein Hinweis darauf berechtigt
sein, daß Q keineswegs die Heiden nur im positiven Lichte
darzustellen weiß: Mt 5,46f und 6,31f par Lk zeigen, daß diese Quelle den Heiden gegenüber sehr wohl auch eine kritische
Stellung einnehmen kann.

1.522. Stellungnahme zu zwei weiteren Argumenten, die in
der Diskussion über das Verhältnis zwischen Jesus
und den Heiden in Q eine Rolle gespielt haben.

Ein wichtiges Argument, das gegen eine Heidenmission in Q
mehrmals angeführt wurde, ist das der Stellung dieser Quelle

---

14 Vgl. ders., Gentile mission 417, Anm. 24.

15 S.u.S. 418, Anm. 81.

16 Vgl. Hengel, Kerygma oder Geschichte? 335. Ein Blick in das
Gesetzesverständnis bei Q mag dies auch inhaltlich erhärten. Wenn auch Lk 16,16 par Mt 11,12f eine gewisse Relativierung des Gesetzes implizieren (vgl. Polag, Christologie
79; Merklein, Gottesherrschaft 94; Hübner, Das Gesetz 212,
der noch auf Mt 5,32 und 5,43f par Lk als Q-Beispiele für
die Außerkraftsetzung des Gesetzes hinweist), so zeigen
andererseits Lk 16,17 und 11,42 par Mt, daß von einer prinzipiellen Bestreitung des Gesetzes bei Q keine Rede sein
kann. Zu Recht sagt Hübner: "Jedoch fehlen allem Anschein
nach in Q bewußt antithetische Gegenüberstellungen Gesetz
- Ausspruch Jesu (...) Jesus wird also nicht als der das
Gesetz Abrogierende dargestellt" (vgl. ders., a.a.O.). Das
spricht aber wiederum eher für eine Entstehung von Q in
Palästina als in einer "hellenistischen Gemeinde"!

zum Gesetz[17], und dies u.E. nicht ohne ein gewisses Recht.
Denn so unbestreitbar es ist, daß Q einige Texte aufzuweisen
hat, die eine Relativierung oder gar Außerkraftsetzung des
Gesetzes implizieren - vgl. Lk 16,16/Mt 11,12f; Mt 5,32/Lk
16,18 mit Dtn 24,1 und Mt 5,38-42/Lk 6,29f mit Ex 21,24 (s.
auch Dtn 19,21 und Lev 24,20) - enthält es andererseits auch
Aussagen wie Lk 16,17/Mt 5,18 oder 11,42/Mt 23,23, die dem
Befund in den oben angegebenen Stellen sachlich diametral entgegengesetzt sind; zumindest gilt das für Lk 16,17/Mt 5,18!
Ist es aber wahrscheinlich, daß eine Gemeinde, die gesetzesfreie Heidenmission praktiziert, mit einer derartigen Ent-
schiedenheit, wie es aus Mt 5,18 hervorgeht, an der prinzipiellen Geltung des gesamten Gesetzes festhält? Aber auch Mt
23,23b will beachtet sein. Denn in diesem Versteil wird an
einem Gesetz festgehalten, das sogar über die im AT vorge-
schriebenen Zehntpflichten gegenüber Öl, Most, Korn und Früch-
ten(vgl. Lev 27,30; Num 18,12; Dtn 14,23) hinausgeht[18]. Wiederum wird man fragen müssen: Steht eine solche Einstellung
nicht zumindest in Spannung mit der Praxis einer Mission an
Heiden? Die zwei Stellen zeigen doch, daß von einer prinzipiellen Bestreitung des Gesetzes bei Q keine Rede sein kann. Daher wird man wohl Hübner recht geben müssen, wenn er sagt:
"Jedoch fehlen allem Anschein nach in Q bewußt antithetische
Gegenüberstellungen Gesetz - Ausspruch Jesu (...) Jesus wird
also nicht als der das Gesetz Abrogierende dargestellt"[19].
Aus dem Befund läßt sich also entnehmen, daß eine einheitliche Stellung von Q zum Gesetz nicht gegeben ist. Stellen wie
Mt 5,18/Lk 16,17 und 23,23/Lk 11,42 deuten aber darauf hin,
daß die Tradenten(gemeinde?) der Q-Überlieferung keine gesetzesfreie Heidenmission praktizierten; andernfalls würden
diese Stellen zumindest in Spannung mit der Missionspraxis
der Gruppe stehen.

---

17 Vgl. zum Folgenden etwa Polag, Christologie 79f; Merklein,
   Gottesherrschaft 72-96 und Hübner, Gesetz 15-112.212f.
18 Zur Verzehntung von Minze, Dill und Kümmel s. Strack/Bil-
   lerbeck I, 932f; IV/2, 653.
19 Vgl. Hübner, a.a.O. 212.

Als zweites Argument wäre auf das mt Sg in Mt 10,5b.6 zu
verweisen, das - falls es urspr zu Q gehört hätte - als
schwerwiegendes Argument gegen eine Heidenmissionierung in Q
angeführt werden könnte. Das Problem ist jedoch, daß wirklich
stichhaltige Argumente, durch welche die Q-Zugehörigkeit dieser Verse auf einen hohen Wahrscheinlichkeitsgrad gebracht
werden könnte, bis z.Z. trotz der Bemühungen Schürmanns und
Trautmanns[20] nicht vorgelegt werden konnten; die Gegenargumente, die etwa von Katz, Hoffmann und Laufen gebracht werden[21], beweisen dies zur Genüge. Da in dieser Frage nach dem
heutigen Stand der Erkenntnisse über ein *non liquet* nicht
hinauszukommen ist, sollte Mt 10,5b.6 als Indiz gegen eine Heidenmission durch die Q-Gemeinde nur mit großer Zurückhaltung
angeführt werden. Ein Text wie Mt 19,28 ist demgegenüber als
positives Indiz gegen eine Heidenmissionierung der Q-Gemeinde
weit angebrachter, denn erstens hat er eine sachliche Parallele in LK 22,28-30, und zweitens enthält er zwar keine direkte
Anweisung gegen eine Heidenmission, ist aber andererseits
durch die Ansage eines Gerichtes, das auf die 12 Stämme Israels beschränkt bleibt, deutlich allein auf das jüdische Volk
bezogen!

Nicht unerwähnt soll zum Schluß dieses Abschnittes eine
Prämisse bleiben, von der heutzutage weitgehend ausgegangen
wird, die u.E. aber nicht ohne Weiteres den gegebenen Tatsachen entsprechen muß: Es handelt sich um die Prämisse einer
Q-*Gemeinde*, die als Redaktor und Weitertradierer der Q-Überlieferung vorausgesetzt wird. Kann man aber diese Voraussetzung ohne weiteres teilen? Daß eine *Gemeinde*, oder - wie
Hoffmann es bevorzugt[22] - eine *Gruppe* für die *Weitertradierung*
des Q-Stoffes gesorgt hat, dürfte wohl ohne Probleme anzunehmen sein; dabei mag es offen bleiben, ob es sich unbedingt nur
um eine oder nicht eher um mehrere Gruppen gehandelt hat. Anders verhält es sich u.E. jedoch hinsichtlich der Frage nach
dem *Redaktor* des vielfältigen Traditionsmaterials von Q. Daß
bei dieser Arbeit unbedingt eine Gemeinde oder Gruppe am Werke gewesen sein muß, leuchtet uns nicht ein. Könnte es nicht
ebensogut von einer einzelnen Person redigiert worden sein?
Vorausgesetzt wäre in diesem Falle natürlich ein bestimmtes
Maß an Übereinstimmung zwischen dem einzelnen Redaktor und der

---

20 Vgl. dazu o.S. 317, Anm. 73.

21 Vgl. dazu o.S. 317, Anm. 73. Diese Gegenargumente hier in
   extenso zu wiederholen scheint uns nicht nötig.

22 Vgl. ders., Studien 10.

tradierenden "Gruppe"/"Gemeinde", ohne welches ein begründeter Anlaß für die Weiterüberlieferung nicht mehr gegeben wäre.
Da einer solchen Annahme, soweit wir sehen können, nichts im
Wege steht, sollte sie vielleicht in Zukunft nicht allzusehr
zugunsten der Annahme einer *Gemeinde*-Redaktion außerhalb des
Blickfeldes geraten. Bedenkt man freilich, daß - wie Polag
zutreffend darstellte[23] - die Sammlung des Q-Materials das
Ergebnis eines langen Prozesses ist, so wird nicht zuletzt
auch die Hypothese *eines* Redaktors äußerst fraglich. Vermutlich waren im Sammlungs- bzw. Redaktionsprozeß mehrere Ein-
zelpersonen beteiligt!

Zusammenfassung von 1.521. und 1.522.:

Für die These einer Heidenmissionierung der Q-"Gemeinde"
haben sich die von Lührmann (u.a.) zusammengestellten Argumente als nicht beweiskräftig erwiesen. Mit Hoffmann dürfte dem
zuzustimmen sein, daß die Q-Tradenten eine Bekehrung von Heiden prinzipiell anerkannten. Ob aber derartige Bekehrungen
auch innerhalb der Q-Gruppe/Gemeinde selbst stattfanden, kann
nicht mehr mit letzter Sicherheit behauptet werden. Hält man
dies jedoch für annehmbar, so dürfte es sich in Anbetracht
des inhaltlichen Befundes bei Stellen wie Mt 5,18; 19,28 und
23,23 par Lk höchstens um Proselytenwerbung[24], kaum aber um
eine gesetzesfreie Heidenmission handeln.

---

23 Vgl. Polag, Umfang 123ff.
24 So zu Recht Schulz, Q 169.

2. *Formgeschichtliche Analyse der HP*

Die HP wurde mit an Sicherheit grenzender Wahrscheinlichkeit einmal als Einzelüberlieferung tradiert. Obwohl sie örtlich an Kafarnaum haftet, bleibt ihre zeitliche Einordnung in
die Geschichte Jesu im Dunkeln. Das zeigt sich nicht nur daran, daß laut Mt diese Erzählung nach der Heilung eines Aussätzigen (vgl. Mt 8,1-4; s. Mk 1,40-45), beim LkEv aber unmittelbar nach der Feldrede stattfindet, sondern auch daran,
daß beide Evangelisten dieser Erzählung jeweils zwei ganz verschiedene Wunderberichte folgen lassen (vgl. Mt 8,14f: Heilung der Schwiegermutter Petri; Lk 7,11-17: Auferweckung des
Jünglings von Nain). Hinzu kommt, daß innerhalb des MtEv der
Bericht ganz deutlich in sachlicher Spannung mit den vorher-
gehenden Kapiteln steht, worauf u.a. Schmidt mit Recht hinweist:

"Das Wort οὐδὲ ἐν τῷ 'Ισραὴλ τοσαύτην πίστιν εὗρον erscheint
merkwürdig. Denn nach dem bisher bei Mt Geschilderten hat
doch Jesus noch gar keine Gelegenheit gehabt, den Glauben der
Israeliten in solcher Weise, wie das hier vorausgesetzt wird,
zu erproben. Eine der ersten Wundertaten kann also diese Geschichte nicht sein. Eine ähnliche chronologische Schwierigkeit liegt in V. 11ff. vor. Schon hier zeigt sich, daß die
Verwerfung der Juden und die Gewinnung der Heiden die Summa
des Wirkens Jesu ist. Erst gegen Ende seiner Tätigkeit wird
Jesus zu dieser Überzeugung gekommen sein"[1].

Kaum weiter hilft in dieser Frage auch die Tatsache, daß zumindest in der Q-Quelle die Geschichte unmittelbar nach der
Bergpredigt stand[2], denn bei der letzten handelt es sich ja
um ein Konglomerat von Einzelüberlieferungen, die sich einer
genaueren zeitlichen und örtlichen Einbeziehung in das Leben

---

1 Vgl. ders., Rahmen 74. Ähnlich auch Klostermann, Mt 75:
  "Daß Jesus noch nicht Gelegenheit gehabt habe, über den
  Glauben in Israel Erfahrungen zu sammeln, dürfte man nur
  einwenden, wenn die chronologische Einfügung der Geschichte
  am Anfang des Lebens Jesu sicher begründet wäre".

2 S. dazu o.S. 292f.

Jesu zum großen Teil entziehen[3] und daher für einen chronologischen Aufriß nicht geeignet sind. Diese Schwierigkeit wird
nicht zuletzt auch durch das JohEv indirekt bestätigt, da in
diesem die Hauptmannserzählung (Joh 4,46ff) weder in einer
mittelbaren noch unmittelbaren Beziehung zur Bergpredigt
steht. Aus all diesen Beobachtungen ist zu folgern: Die HP
wurde anfänglich lediglich als Einzelgeschichte tradiert; ihr
jetziger Kontext innerhalb von Q und den Evangelien ist ein
sek-schriftstellerisches Produkt der Arbeit späterer Tradenten. War die HP aber urspr Einzelerzählung, so trifft auch
im Hinblick auf sie die wichtigste Voraussetzung zur formgeschichtlichen Analyse der Evangelienberichte zu, die darin besteht, daß die in den Evv enthaltenen Geschichten nicht primär das literarische Produkt einzelner Schriftstellerpersön-
lichkeiten sind, sondern eben "Einzelberichte, wie sie von
den Augenzeugen erzählt und dann von Mund zu Mund weiterge-
geben worden sind"[4].

2.1. Formgeschichtliche Einordnung der HP

1) Einblick in die verschiedenen Positionen.

Die formgeschichtliche Einordnung der Hauptmannsgeschichte
ist in der Forschung nicht einheitlich. Von den vertretenen
Positionen seien folgende erwähnt:
1. Dibelius - Er ordnet den dialogischen Teil, den er allein
für uspr hält, den "Sprüchen Jesu" zu, wobei die sich teilweise widersprechenden erzählerischen Teile von Mt und Lk als
spätere Zusätze gewertet werden[5]. Perikopen wie die von Mk
7,24ff par oder Mt 8,5ff par wurden s.M.n. gesetzlich, d.h.
paränetisch verstanden und "für eine grundlegende Auseinandersetzung mit dem Heidenproblem" verwertet[6].

---

3 Vgl. dazu die Kommentare zu Mt 5-7.
4 Vgl. dazu Schick, Formgeschichte 20-49 (Zitat aus S. 49).
5 Vgl. ders., Formgeschichte des Evangeliums (FE) 245.261,
   Anm. 3; vgl. auch ders., ebd. 32.
6 Vgl. ders., a.a.O. 261, Anm. 3.

2. Bultmann - Ähnlich wie Dibelius ordnet auch dieser die Erzählung den Worten Jesu zu, und zwar in einem Anhang zu den
Apophthegmata[7]. Die Form des Dialogs lehnt sich s.M.n. an die
des Streitgesprächs an[8]. Die Geschichte werde folgerichtig
nicht im Stil der Wundergeschichten erzählt, sondern eben im
Stil des Apophthegmas, "da das Wunder ganz der apophthegmatischen Pointe dienstbar gemacht ist"[9].

3. Schille - Er zählt die Hauptmannserzählung zur Gattung der
"Missionslegenden"[10]. Nach ihm sind folgende Merkmale dieser
Gattung im Hinblick auf Mk 7,24ff par und Mt 8,5ff par zu ver-
merken: "geographische Angaben, eine merkwürdig verarbeitete
Wundererzählung, eine programmatische Personenschilderung, die
das Heidentum der Bittsteller durch die Demonstration ihres
Glaubens (...) aufhebt, und eine für die heidentäuferische
Gemeinde konstitutive Gewährung der Bitte durch Jesus"[11].

---

7 Vgl. ders., Geschichte der synoptischen Tradition (GST) 39.

8 Vgl. ders., a.a.O. 42.

9 Vgl. ders., a.a.O. 223(70). Dem Charakter von Mt 8,5ff par
  Lk 7,1-10 als Mischform wird weitgehend zugestimmt: Vgl.
  etwa Taylor (The formation of the gospel tradition 75f), der
  die Perikope den "stories about Jesus" zuordnet (ebd. 148),
  doch gleichzeitig eine mögliche Zugehörigkeit zu den "pro-
  nouncement stories" einräumt (ebd. 76); Koch (Bedeutung der
  Wundererzählungen 14, Anm. 14; 19ff), der besonders auf das
  Fehlen der durch Reaktion und Akklamation des Publikums ge-
  kennzeichneten Abschlüsse der Wundergeschichten in der
  Hauptmannsperikope und anderen Wundergeschichten aufmerksam macht; Dibelius (Zur Formgeschichte der Evangelien 201)
  u.a.m. Zu den Mischformen überhaupt vgl. die Ausführungen
  Ibers in seinem Literaturbericht "Zur Formgeschichte der
  Evangelien", ThR 24, 1957/58, 289f und die dort angegebene
  Literatur.

10 Vgl. ders., Der Mangel eines kritischen Geschichtsbildes
   497; s. auch ders., Anfänge der Kirche 65 und ders., Die
   Topographie des Markusevangeliums 138f.143.

11 Vgl. ders., Der Mangel 497. Ausführlich zur Gattung der
   Missionslegenden bei ders., Anfänge der Kirche 39-43. Die
   Existenz einer derartigen Gattung wurde jedoch weitgehend
   bestritten: vgl. zur Kritik Kertelge, Die Wunder Jesu 42;
   Schmithals, Rez. zu G. Schille, Anfänge der Kirche, ThLZ
   93 (1968), 184f; Koch, a.a.O. (s. Anm. 9) 15 und Theißen,
   Wundergeschichten 90.245f u.a.

4. Weitgehend wird jedoch Mt 8,5ff par Lk 7,1-10 der Gattung
"Wundergeschichten" eingeordnet, so zuletzt bei Theißen,
Pesch/Kratz, Betz/Grimm, Roloff und Léon-Dufour[12]. Auch betreffs der thematischen Einordnung herrscht bei den soeben
genannten Forschern Konsens: Mt 8.5ff (par Lk 7,1ff) gehört
zum Thema der "Heilungen" Jesu[13].

Von Beobachtungen auf der Kompositionsebene geht neuerdings auch eine in Deutschland durch E. Güttgemanns u.a. vertretene strukturale Erzählforschung aus, die sogenannte Me-

---

12 Vgl. a) Theißen, Wundergeschichten, passim.Thematisch
   ordnet er die Erzählung den "Therapien" zu: ebd. 318;
         b) Pesch/Kratz, So liest man synoptisch, III: Wunder-
   geschichten, Teil II, 70ff. Thematisch reihen Pesch/Kratz
   Mt 8,5ff (und Mk 7,24ff) in die "Fernheilungswunderge-
   schichten" ein (ebd. 70-83, 77ff), eine "Untergattung",
   die nach ihnen in der Nähe der Normenwundergeschichten
   rückt, da eine Norm, nämlich die der Heidenmission, begründet werden soll. Von einer besonderen "Untergattung"
   darf nach Pesch/Kratz im Hinblick auf Mt 8,5ff und Mk
   7,24ff samt Parallelen gesprochen werden wegen des ein-
   heitlichen Themas (= die Berechtigung der Heidenmission),
   dessen Sitz im Leben das Ringen um die Heidenmission sei
   (ebd. 70). Gegen die Postulierung dieser Untergattung muß
   jedoch eingewendet werden: 1. Ihre Benennung wird dem ein-
   heitlichen Thema der Heidenmission nicht gerecht, berücksichtigt lediglich die Heilungs*art* (= Fernheilung) der beiden Erzählungen. Unter diesen Bedingungen fragt man sich,
   wieso nicht auch Lk 17,11-19, wo ebenfalls eine Fernheilung
   berichtet wird, in diese Untergattung eingereiht wurde!
   2. Legt man dagegen Wert auf das einheitliche Thema für
   die Postulierung einer Untergattung, dann müßte zunächst
   bewiesen werden, daß die "Berechtigung der Heidenmission"
   tatsächlich das zentrale Thema beider Wundergeschichten
   ist, und keiner anderen sonst. Das ist aber, wie wir sehen werden (s.u.S. 369 und 425f), zumindest bei der Hauptmannsperikope mit hoher Wahrscheinlichkeit nicht der Fall.
   Eher ließe sich dagegen vielleicht Mk 5,1-20 in diese Kategorie einreihen: vgl. dazu Annen, Heil für die Heiden
   187ff.
         c) Betz/Grimm, Wunder 30ff. Thematisch gehört die
   Hauptmannsperikope nach ihnen zu den "eschatologischen
   Heilungen": ebd. 30-53, 31, Anm. 38.
         d) Roloff, Neues Testament 77-89, 82f, der die Ge-
   schichte thematisch zu den "Heilungen" zählt: ebd.
         d) Léon-Dufour, Structure et fonction du récit de
   miracle, passim.Thematisch ordnet er die Erzählung ebenfalls den Heilungen (= "Guérisons") zu: ebd. 386.

13 Darauf wurde bereits in der vorigen Anmerkung hingewiesen.

thode der "Generativen Poetik"[14]. Die Arbeiten Dundes, Propps
u.a. weiterführend, ist es eine Grundansicht dieser For-
schungsrichtung, daß "Motifeme und Motifem-Sequenzen diejenigen *Universalien der 'Erzählung'* sind, die unabhängig von
und unterhalb ihrer einzelsprachlichen Realisation die Basis
einer Universalgrammatik der 'Erzählung' bilden"[15]. Güttgemanns meint nun, daß die von Propp erarbeiteten 31 Motifeme[16]
- Propp selbst nennt sie "Funktionen" - der Märchenerzählung
auch für die Analyse synoptischer Texte fruchtbar gemacht
werden können, vorausgesetzt, daß bestimmte grammatische Re-
geln der Kombinatorik dieser Motifeme erkannt und angewendet
werden[17]. Obwohl die Analyse einiger Wundergeschichten nach
dieser Methode bereits vorliegt[18], ist es doch eines ihrer
Hauptmängel, die von Propp herausgearbeiteten "Funktionen"
der Märchenerzählungen in den Rang struktureler Universalien
emporgehoben und somit eine direkte Übertragbarkeit jener auf
die Evangelientexte bzw. -forschung allzu leicht vorausgesetzt zu haben[19]. Methodisch scheint uns daher ratsamer, "auf
dem Wege der Induktion *aus neutestamentlichen Texten selbst*
typische Formmodelle zu erschließen"[20], wozu die Arbeit von
Theißen uns bislang immer noch die beste zu sein scheint[21].

---

14 Vgl. dazu etwa Güttgemanns, Thesen zu einer "Generativen
   Poetik des NT", passim und ders., Einleitende Bemerkungen
   zur strukturalen Erzählforschung, passim.

15 Vgl. Güttgemanns, Einleitende Bemerkungen 19.

16 Vgl. zu diesen Propp, Morphologie des Märchens 31-66.

17 Vgl. dazu Güttgemanns, a.a.O. 19ff.

18 Vgl. dazu Güttgemanns, a.a.O. 20-22.29-31; Dormeyer, "Narrative Analyse" von Mk 2,1-12, passim und Harbarth, "Gott
   hat sein Volk heimgesucht" 118-125 u.a.

19 Gegen die "strukturalen Universalien" äußern sich u.a.
   Pate, Universal narrative structure 130ff; Bucher, Religiöse Erzählungen 148f; Berger, Exegese des Neuen Testaments 66-68. Zur Kritik an der Methode der "Generativen
   Poetik" vgl. nun außer dem schon erwähnten Artikel von
   Patte auch die in der Zeitschrift "Semeia" (= Semeia 10)
   erschienenen Artikel von Kovacs (= Philosophical foundations for structuralism, ebd. 85-105), McKnight (= Generative poetics as New Testament hermeneutics, ebd. 107-
   121) und Detweiler (= Generative poetics as science and
   fiction, ebd. 137-156).

20 Vgl. Berger, a.a.O. 67 (Hervorhebung von uns).

21 Vgl. ders., Urchristliche Wundergeschichten, passim. Was
   speziell die Heilungsgeschichten (= Healing miracle stories) betrifft, sei nun auch auf die gemäß dem oben erwähnten Vorschlag Bergers durchgeführte Studie von R.W. Funk
   (= The form of the New Testament healing miracle story,
   passim) hingewiesen, dem es um die Herausarbeitung einer
   "supersentential grammar for narrative" geht, um zu einer
   neuen Typologie der ntl. Heilungsberichte gelangen zu können (ebd. 59).

Diese kurze Übersicht über unterschiedliche formgeschichtliche Einordnungen der Hauptmannserzählung zeigt, daß diese
z.T. aus dem formalen Mischcharakter der Perikope selbst,
teilweise aber auch dadurch entstehen, daß die einzelnen Forscher von verschiedenen Ansatzmöglichkeiten bei der Klassifizierung der Wundergeschichten ausgehen[22].

2) Versuch einer formgeschichtlichen Einordnung.

Für die formgeschichtliche Erfassung der HP gehen wir am
besten von seiner Motivinventarisierung aus[23]. Folgende Motive enthält unsere Erzählung[24]:

1. Das Kommen des Wundertäters: Q 8,5a (1).

2. Auftreten von Stellvertretern: Q 8,5b (4).

3. Charakterisierung der Not: Q 8,6 (8).

4. Erschwernis der Annäherung: Q 8,7 als Frage (9).

5. Bitte und Vertrauensäußerung: Q 8,(6.)8f (12).

6. Admiration: Q 8,10[25] (30).

7. Entlassung: Q 8,13a (28).

8. Zuspruch: Q 8,13b ("Dein παῖς wurde gerettet", o.ä.) (18).

9. Konstatierung des Wunders: Q 8,13c (26).

---

22 Über die Variabilität der Ansatzmöglichkeiten informieren
   Theißen, Wundergeschichten 90-94 und Léon-Dufour, Structure et fonction 304-306.

23 Bei dieser Inventarisierung lehnen wir uns an die Ausführungen Theißens in seinem Buch "Urchristliche Wundergeschichten" 57-83 an. Hiermit zu vergleichen sind die Motivinventarisierungen von Bultmann, GST 236-241 (Total: 22 Motive); Pesch/Kratz, a.a.O. (s. Anm. 12) 101 (Total: 45 Motive) und Léon-Dufour, a.a.O. 295-300 (Total: 33 Motive).
   Kritische Bemerkungen zur Inventarisierung Bultmanns liefert Perels, Wundergeschichten 82-87.

24 Die im folgenden angegebenen Nummern in Klammern beziehen
   sich auf die Nummerierung bei Theißen, a.a.O. 57-81. Bei
   Theißen finden sich auch jeweils die wichtigsten Motiv-Parallelen aus dem AT, NT, Rabbinat und der hellenistischen
   Literatur, so daß diese von uns nicht mehr gesondert genannt zu werden brauchen. Was den Vergleich zwischen ntl.
   und atl. Motiven bei den Heilungen betrifft, so sei nun
   zusätzlich noch auf Betz/Grimm, Wunder 30-53 verwiesen.

25 Pesch/Kratz, a.a.O. (s.S. 338, Anm.12) 77 weisen der "Admiration" allein V 10a zu; Mt 8,10b.11f rechnen sie zum Motiv der "Argumentation des Wundertäters mit Drohwort", das
   sie als sek Sondermotiv verstehen.

Aus der Wahl und Zahl der Motive kann folgendes entnommen werden:

1. Bzgl. der Einleitung - Das Kommen des Wundertäters und das Auftreten des Stellvertreters[26] werden in äußerster Knappheit formuliert. Eine nähere Beschreibung individueller Züge des Stellvertreters bzw. des Kranken wird nicht gegeben, so daß sich unsere Erzählung (mit vielen anderen)[27] durch das "Fehlen des Porträts" auszeichnet[28].

2. Bzgl. des Dialogs zwischen Jesus und dem Hauptmann - Dieser umfaßt nach der Charakterisierung der Not (V 6) den größten Teil der Narrative, womit der Erzähler zugleich unmißverständlich auf den Schwerpunkt der Geschichte verweist[29]. Das Gespräch gipfelt eindeutig in Jesu Admirationswort Q 8,10: Amen, ich sage euch, bei keinem in Israel habe ich so großen Glauben gefunden[30]. Die untergeordnete Rolle des eigentlichen

---

26 Zur typischen Zweigliedrigkeit (= Auftritt des Wundertäters + Kommen des Hilfesuchenden) bei Einleitungen von Wundergeschichten vgl. Theißen, Wundergeschichten 129-133.

27 Für Bultmann (vgl. ders., GST 235; s. auch ebd. 70-73 zur "Charakteristik der Personen") ist das "Fehlen des Porträts" gemeinsames Charakteristikum von Apophthegmata und Wundergeschichten.

28 Die Meinung Helds bzgl. der Redaktionsarbeit des Mt, wonach dieser in gewissem Maße die Einleitungen der Heilungsgeschichte mit denen der Streit- und Schulgespräche parallelisiert haben soll (vgl. ders., Matthäus als Interpret 214ff), wies Theißen, a.a.O. 201-203 zurück: "Von einer paradigmatischen Einleitung der Wundergeschichten kann m.E. für Mt keine Rede sein. Die Wundergeschichten haben auch bei Mt ihre formale Eigenart nicht aufgegeben" (ebd. 203).

29 Bitte und Vertrauenserklärung erscheinen hier durch ein Erschwernismotiv (= V 7 als Frage!) voneinander getrennt. Zu ähnlichen Trennungen dieser beiden Motive in weiteren ntl. Wundergeschichten vgl. Theißen, a.a.O. 64. Auffällig bleibt die besonders breite Schilderung der Vertrauenserklärung, die in diesem Umfang sonst im NT nicht mehr begegnet.

30 Normalerweise gibt das Admirationsmotiv die Reaktion der Menge wieder. Von einem Staunen Jesu wird in Wundergeschichten positiv nur an unserer Stelle geredet; negativ ebenfalls nur einmal in Mk 6,6 im Zusammenhang mit Jesu Wunderwirken in Nazareth. Dieses ἐθαύμασεν will zweifellos den ihm folgenden Ausspruch Jesu über den großen Glauben des Hauptmanns hervorheben.

Wunderwortes (Q 8,13b: Dein παῖς wurde gerettet!) zeigt sich
vor allem dadurch, daß auf das Wunder selbst nur noch mit einem halben Vers eingegangen wird (vgl. Q 8,13c)[31].

3. Bzgl. des Schlusses - Was das Ende der Erzählung betrifft,
so sind wiederum die Knappheit der Angaben und die Kürze der
Darstellung auffallend. Vor allem fehlen hier die für die
Wundergeschichten typischen finalen Motive der Admiration
und/oder der Akklamation von seiten der Zwischenspieler[32].

Die nähere Betrachtung der Einleitung, des Dialogteiles
und des Abschlusses der Erzählung bestätigt den schon mehrmals

---

Daß wir in V 10 tatsächlich den Höhepunkt der Erzählung
zu suchen haben, wird nicht zuletzt auch stilistisch angedeutet: Während nämlich die ganze Perikope parataktisch
aufgebaut ist, haben wir ausnahmsweise nur in V 10 den Anschluß mit δέ (ἀκούσας δὲ ὁ ᾽Ιησοῦς ἐθαύμασεν κτλ.).

31 Von daher erhält Bultmanns Behandlung der Perikope im Anhang zu den Apophthegmata u.E. durchaus ihre Berechtigung.
Überhaupt spricht für apophthegmatischen Stil in der HP:
1. Die Knappheit des Ausspruches Jesu (vgl. Bultmann, GST
66).
2. "Die Kargheit der Situationsangaben" (ebd. 67).
3. Das Fehlen einer eigentlichen "Charakteristik der Personen" (ebd. 70).
Nicht eigentlich gegen, wohl aber nur in beschränktem Maße
für apophthegmatischen Stil spricht die Tatsache, daß 1. in
Q 8,10.13 außer dem pointierten Ausspruch Jesu noch zusätzlich vom Vollzug des Wunders berichtet wird, da ja das
Wort Jesu nach Bultmann (a.a.O. 66) stilgemäß am Ende des
Apophthegmas zu stehen pflegt und 2. die HP eine in der
Tradition anscheinend fest verwurzelte Ortsangabe (= Kafarnaum) enthält, obwohl "bestimmte Ortsangaben dem Stil
des Apophthegmas nicht entsprechen" (vgl. Bultmann, a.a.O.
68).
Da sich Bultmanns Apophthegmata weitgehend mit den Pa-
radigmata von Dibelius decken (vgl. dazu Grobel, Formgeschichte 21ff), wundert es nicht, daß auch Merkmale der
letztgenannten Gattung - obwohl Dibelius selbst Mt 8,5ff
ihr nicht zuordnet - für die Hauptmannserzählung durchaus
zutreffen. Hierher gehören: 1. die "äußere Rundung" (vgl.
Dibelius, FE 42); 2. die "Kürze und Einfachheit" der Erzählung (ebd. 46); 3. das "Fehlen des Porträts" (ebd. 47)
und 4. das deutliche Hervortreten der Worte Jesu (ebd. 54).

32 Das Fehlen von Reaktion und Akklamation des Publikums ist
überhaupt für die "apophthegmatischen" Wundergeschichten
(vgl. etwa Mk 2,1ff; 3,1ff; 7,24ff; Mt 8,5ff; Lk 13,10ff;
14,1ff und 17,11ff) charakteristisch: vgl. Koch, Wundererzählungen 14, Anm. 14.

beobachteten[33] Charakter der Hauptmannsgeschichte als eine
"Mischform" von Wundergeschichte und Apophthegma, wobei der
Dialog und das ihm zugehörige pointierte Wort Jesu (V 10b)
deutlich den Vorrang bewahren[34]. Diese Hervorhebung des Dialogs bzw. des pointierten Wortes Jesu berechtigten u.E. von
einer "apophthegmatischen" Wundergeschichte zu reden. Andererseits scheint uns aber der Stil der Wundergeschichten keineswegs "ganz der apophthegmatischen Pointe dienstbar gemacht"
worden zu sein[35], zumal die für Wundergeschichten typische
Einleitung, Charakterisierung der Not und Angabe über den Eintritt des Wunders durchaus vorhanden sind[36]. Dies bedeutet,
daß der Charakter von Q 8,5ff als Wundergeschichte keineswegs zugunsten der apophthegmatischen Merkmale gänzlich aufgegeben zu werden braucht.

Eine Erklärung für diese Mischform wird wohl in dem Umstand liegen, daß der Dialog mit dem pointierten Wort Jesu
(V 10b) anscheinend ohne die elementarsten Situationsangaben
nicht recht verstanden werden könnte. Die Annahme einer sek
Entwicklung vom Dialog zur Erzählung oder umgekehrt ist schon
von hierher abzulehnen und insofern ist trotz gelegentlich
geäußerter Kritik[37] dennoch an einer relativen Geschichtsge-
bundenheit der Formen, auf die vor allem Schick mit Nachdruck
hinwies[38], festzuhalten.

---

33 Vgl. dazu o. Anm. 9.

34 Theißen spricht folgerichtig in Bezug auf Mk 7,24ff und
   unsere Perikope von einer thematisch *expositionsbetonten*
   Komposition: "Die Exposition ist hier (sc bei Mk 7,24ff
   und Mt 8,5ff) zur selbstständigen Erklärung geworden. Die
   Mitte (zentrale Motive) fehlt völlig. Der Schluß deutet
   nur kurz die vollzogene Heilung (bzw. den Exorzismus) an"
   (vgl. ders., Wundergeschichten 120). Falls unsere o. S.
   227ff vollzogene Rekonstruktion von V 13c stimmt, wäre
   freilich ein "zentrales Motiv" - das der Konstatierung
   des Wunders - doch noch in der Hauptmannsperikope enthalten!

35 So Bultmann, GST 223.

36 Auf ersteres weist Theißen, Wundergeschichten 201-203 hin.
   Die weiteren von den Ausspruchserzählungen unterschiedenen
   Merkmale der Wundergeschichten hat Perels, Wundergeschich-
   ten 70ff gut herausgearbeitet.

37 Vgl. dazu etwa Iber, Zur Formgeschichte der Evangelien
   289f.

38 Vgl. ders., Formgeschichte und Synoptikerexegese 277 s.v.
   "Formgeschichte und Geschichte".

2.2. Vergleich zwischen der HP und anderen Fernheilungen.

Als Fernheilung steht die HP keineswegs isoliert in der
Bibel. Außer dieser Erzählung bietet das NT noch zwei, das AT
noch eine weitere Fernheilung. Auch im rabbinischen Schrifttum und in der Profangräzität sind Fernheilungen bezeugt. Im
folgenden soll nun die HP formal und inhaltlich mit diesen
Analogien verglichen werden[39], um so ihre Gemeinsamkeiten und
Besonderheiten diesen gegenüber möglichst genau zu erfassen;
zugleich muß dieser Vergleich klarstellen, ob wir es bei der
HP mit direkter Beeinflussung irgendeiner dieser Analogien zu
tun haben.

1) Mk 7,24-30 (par Mt 15,21-28): Heilung der Tochter einer
   Syrophoenizierin.
   Die Geschichte lautet übersetzt (Übersetzung aus Nestle-
   Aland, NTG[26], 112f) folgendermaßen:
   V 24: Von dort aber brach er auf und ging fort in das Ge-
         biet von Tyrus. Und er ging hinein in ein Haus und
         wollte, daß es niemand erführe, doch er konnte nicht
         verborgen bleiben.
   V 25: Vielmehr hörte gleich eine Frau von ihm, deren Toch-
         ter einen unreinen Geist hatte; sie kam und fiel zu
         seinen Füßen.
   V 26: Die Frau aber war Griechin, Syrophoenizierin von Ge-
         burt. Und sie bat ihn, daß er den Dämon aus ihrer
         Tochter austreibe.
   V 27: Und er sagte ihr: Laß zuerst die Kinder satt werden.
         Denn es ist nicht recht, das Brot der Kinder zu neh-
         men und (es) den Hündlein hinzuwerfen.
   V 28: Sie aber antwortete und sagte: Herr, auch die Hünd-
         lein unter dem Tisch essen von den Bröckchen der
         Kinder.
   V 29: Und er sprach zu ihr: Um dieses Wortes willen gehe
         hin, ausgefahren aus deiner Tochter ist der Dämon!
   V 30: Und sie ging in ihr Haus und fand das Kind auf das
         Bett hingeworfen und den Dämon ausgefahren.

Auf die Gemeinsamkeiten zwischen dieser Geschichte und der
Hauptmannserzählung machen u.a. Bultmann und Pesch/Kratz aufmerksam, und zwar unterstreicht ersterer mehr die inhaltli-

---

39 Zum Vergleich ntl. Texte mit religionsgeschichtlichen Analogien s. Mußner, Methodologie 140-144 (= "Zur Methode des
   Vergleichs religionsgeschichtlicher 'Analogien'")und beim
   Sachregister der Studie von Schick, Formgeschichte und Synoptikerexegese 276, s.v. Analogie bzw. Analogien.

chen, letzterer mehr die kompositionellen Motive beider Erzählungen[40]. Die beobachteten Gemeinsamkeiten führen bei beiden Forschern zu folgereichen Konsequenzen: Bultmann sieht in
beiden Erzählungen nur Varianten ursprünglich eines einzigen
Berichts, während Pesch/Kratz in den gemeinsamen Motiven Anhaltspunkte für die Postulierung spezifischer Züge der Fern-
heilungswundererzählung finden[41]. Doch erheben sich hier Bedenken, auf die kurz eingegangen werden soll.

1. Zur Position Bultmanns - Nach Bultmann enthalten beide Erzählungen folgende Gemeinsamkeiten:

"Beide Geschichten erzählen von der Inanspruchnahme Jesu durch
eine heidnische Person, in beiden Fällen wird Jesu Wunderhil-
fe durch den Vater, bzw. die Mutter, für das kranke Kind in
Anspruch genommen, in beiden Fällen wird Jesus durch ein ge-
schicktes Wort des Bittenden überrascht und gibt Gewährung, in
beiden Fällen ist das Wunder eine Fernheilung (die einzige in
der synoptischen Tradition!)"[42].

Von diesen Gemeinsamkeiten ist zumindest die zweite äußerst
fraglich, denn daß der Hauptmann tatsächlich der Vater des
erkrankten παῖς war, darf bezweifelt werden[43]. Wenn davon abgesehen die drei weiteren Gemeinsamkeiten zu Recht bestehen,
so ist es doch mindestens ebenso erforderlich, zugleich auch
die inhaltlichen Unterschiede deutlich herauszuarbeiten. Zwischen beiden Geschichten bestehen nämlich gewichtige Unterschiede hinsichtlich

1. der Lokalisierung (HP: Kafarnaum; Mk: τὰ ὅρια Τύρου);

2. der Identität der Stellvertreter (HP: ἑκατοντάρχης; Mk: sy-
rophoenizische Mutter)[44];

---

40 Vgl. Bultmann, GST 38f und Pesch/Kratz, a.a.O. (s. Anm. 12)
   71. Aus letzter Zeit betont erneut Boismard, Synopse 159
   den Parallelismus beider Berichte.

41 Vgl. Bultmann, a.a.O. 39 und Pesch/Kratz, a.a.O.

42 Vgl. ders., a.a.O.

43 S. dazu o.S. 41ff.

44 Hinsichtlich dieser ersten zwei genannten Unterschiede be-
   merkte wohl nicht zu Unrecht schon Schille: "Man wird doch
   nicht im Ernste glauben, daß aus einem Centurio eine Frau
   und aus Kapernaum Syrophönizien werden konnte oder umgekehrt!" (vgl. ders., Der Mangel eines kritischen Geschichtsbildes 497). Diese Bemerkung Schilles zeigt, daß - auch
   wenn Bultmann Recht hätte und παῖς in Mt 8,5ff als Sohn gedeutet werden müßte - dennoch ein beträchtlicher Unterschied in der Identität der Stellvertreter bestehen würde.

3. des Geschlechtes des Kranken (HP: männlich; Mk: weiblich);
4. des Charakters der Krankheit (Mk: Besessenheit; HP: ungewiß [Mt: Paralyse; Joh: Fieber]), und
5. des Gesprächsthemas (HP: Die Macht des Wortes Jesu; Mk:
das Sättigen der Kinder und Hündlein). Zusätzlich zu diesen
inhaltlichen Differenzen kämen dann noch die beträchtlichen
Differenzen hinsichtlich der verwendeten Terminologie[45].

Stellt man Gemeinsamkeiten und Unterschiede nebeneinander,
so sind unzweideutig die letzteren nicht nur zahlenmäßig größer, sondern auch in ihrer sachlichen Relevanz gewichtiger.
Aus diesem Grunde scheint uns die These Bultmanns von einer
Dublettierung beider Geschichten nur schwer annehmbar, es sei
denn, man rechne mit einem insgesamt unkontrollierbaren und
völlig unberechenbaren Tradierungsprozeß, was aber nach Arbeiten wie die von Sanders[46] und aus letzter Zeit von Riesner[47] für die kurze Periode der Tradierung des synoptischen
Stoffes gerade nicht wahrscheinlich ist.
2. Zur Position von Pesch/Kratz - Was die Argumentation dieser beiden Forscher anbelangt, so sei zunächst gegen ihre
Postulierung einer besonderen "Untergattung" für Mt 8,5ff und
Mk 7,24ff samt Parallelen nochmals auf die schon oben[48] geäußerten Bedenken hingewiesen. Sodann führt ein Blick auf die
von beiden genannten spezifischen Züge der Fernheilungswunder-

---

45 Die Verlegenheit, in die diese terminologischen Unterschiede führen, ist leicht an Wendlings Studie über die
   Hauptmannsgeschichte zu beobachten; er führt für die Be-
   stätigung seiner These, wonach Mt 8,5-10.13 aus der mt
   Rezeption mk Materials zu verstehen sei, nicht weniger als
   vier Perikopen aus dem zweiten Evangelium an, abgesehen von
   weiteren Einzelversen: "Die Anklänge (sc von Mt 8,5-10.13)
   an Mc zerfallen in solche, die auf lokalem Zusammenhang
   beruhen, d.h. aus den beiden Geschichten vom Gelähmten und
   vom Aussätzigen herrühren (dazu einzelnes aus Mc 1,7. (22.
   23.27) und solche aus entfernteren Stücken 5,21-43 und
   7,24-30 (dazu 6,6)" (ders., Der Hauptmann von Kapernaum
   100).

46 Vgl. ders., The tendencies of the synoptic tradition, passim.

47 Vgl. ders., Jesus als Lehrer, passim.

48 S.o. Anm. 12.

erzählungen[49] zu der Erkenntnis, daß es sich hier nicht eigentlich um Charakteristika einer "Untergattung", sondern um
Motive, die weitverbreitet auch in anderen Wundergeschichten
anzutreffen sind[50], handelt. Es wundert denn auch nicht, daß
abgesehen von gemeinsamen Motiven auch solche zu verzeichnen
sind, die durchaus Mk 7,24ff gegenüber Mt 8,5ff (bzw. gegenüber der HP) eigen sind: Hierher gehören nach der Aufstellung
von Pesch/Kratz[51] das Sich-Entziehen des Wundertäters (Mk
7,24b), der Kniefall vor dem Wundertäter (V 25c) und die explizite Bitte um Exorzismus (V 26b)[52].

Zusammenfassend läßt sich sagen: Aus dem Vergleich der HP mit
Mk 7,24ff ergibt sich weder die Notwendigkeit, beide Erzählungen für Varianten zu halten (so Bultmann), noch sprechen
stichhaltige Gründe dafür, daß sie wegen eines besonderen
Themas berechtigt sind, als "Untergattung" behandelt zu werden (so Pesch/Kratz)[53].

---

49 Zu diesen rechnen Pesch/Kratz, a.a.O. (s. Anm. 12) 71:
   1. Das Auftreten eines Stellvertreters; 2. das Erschwernis;
   3. Der Glaube des Stellvertreters in seiner Vertrauensäußerung ("als verbundenes Motiv"), und 4. die mit einem
   Zuspruch verbundene Entlassung.

50 Dies beweisen die zahlreichen Belege, die zu diesen Motiven auch aus anderen ntl. Wundergeschichten gebracht werden können: s. dazu Theißen, Wundergeschichten 59 (sub Nr.
   4), 62f (sub Nr. 9), 64f (sub Nr. 12), 68f (sub Nr. 18)
   und 77 (sub Nr. 22). Besonders zum Motiv der Erschwernis
   vgl. nun auch Funk, The form of the New Testament miracle
   story 75-77 und Wire, The structure of the gospel miracle
   stories 99ff.

51 Vgl. dies., a.a.O. (s.o. Anm. 12) 72.

52 Offen muß hierbei die Frage bleiben, ob und inwieweit es
   sich bei den letztgenannten Motiven um eventuelle mk Red
   zur Perikope handelt. Sie wird in der Forschung auch recht
   verschieden beantwortet: vgl. außer den Kommentaren z.St.,
   Kertelge, Wunder, 151-156; Koch, Wundererzählungen 87-92;
   Schenke, Wundererzählungen 254-258.265-267 und Pryke, Redactional style 143.161 u.a.

53 Die formgeschichtlich-thematische Einordnung von Mk 7,24ff
   bleibt freilich umstritten: Theißen, Wundergeschichten 121.
   318 ordnet sie den Exorzismen zu; bei dem von X. Léon-Dufour herausgegebenen Sammelband "Les miracles de Jésus"
   386 wird die Erzählung als Heilung (G = Guérison) angegeben; unter den Heilungen wird sie auch thematisch von Betz/
   Grimm, Wunder 31, Anm. 38 (beide Forscher sehen freilich
   keine prinzipielle Unterschiede zwischen Heilungen und

2) Lk 17,12-19: Heilung von zehn Aussätzigen.

Die Erzählung lautet übersetzt (Übersetzung aus Nestle-Aland, NTG[26], 216f) wie folgt:

V 12: Und als er in ein Dorf kam, liefen (ihm) zehn aussätzige Männer entgegen, die fern stehen blieben.

V 13: Und sie erhoben die Stimme und sagten: Jesus, Meister, erbarme dich unser!

V 14: Und als er (sie) sah, sprach er zu ihnen: Geht hin und zeigt euch den Priestern! Und es geschah, während sie hingingen, wurden sie rein.

V 15: Einer aber von ihnen, als er sah, daß er geheilt war, kehrte um und pries Gott mit lauter Stimme

V 16: und fiel aufs Angesicht zu seinen Füßen und dankte ihm. Und er war ein Samariter.

V 17: Jesus aber nahm das Wort und sagte: Sind nicht die zehn rein geworden? Wo aber sind die neun?

V 18: Haben sich keine gefunden, die umkehrten, Gott die Ehre zu geben, als dieser Fremdstämmige?

V 19: Und er sprach zu ihm: Stehe auf und gehe hin. Dein Glaube hat dich gerettet.

Diese Geschichte ist neben Mt 8,5ff und Mk 7,24ff samt Parallelen als die dritte ntl. Fernheilung anzusehen. Dafür sprechen sowohl die Tatsache, daß auf einen Abstand der Aussätzigen von Jesus ausdrücklich hingewiesen wird (V 12: οἳ ἔστησαν πόρρωθεν...; V 14:...καὶ ἐγένετο ἐν τῷ ὑπάγειν αὐτοὺς ἐκαταρίσθησαν), wie auch indirekt die im Aufbau und Terminologie zahlreich vorhandenen Beziehungen zur Naamansgeschichte II Reg 5,1ff[54], wo es ebenfalls um eine Heilung aus der Ferne geht.

Exorzismen, sondern verstehen diese lediglich als "zwei verschiedene Aspekte ein und derselben Sache": ebd. 45) eingeordnet; für Wire schließlich, welche die synoptischen Wundergeschichten "according to their organizing interaction" zu klassifizieren sucht (vgl. dies., The structure of the gospel miracle stories 83) gehört Mk 7,24ff ebenfalls nicht zu den exorcism- sondern zu den demand-stories (ebd. 89.103). Am trefflichsten scheint uns immer noch die Einordnung Theißens zu sein. Daß ein charakteristischer Zug der Exorzismen - der Kampf zwischen Dämon und Exorzist: s. Theißen, Wundergeschichten 96f und Léon-Dufour, Structure et fonction 308f - hier fehlt, spricht nicht dagegen, sondern erklärt sich ganz einfach aus dem Umstand der Fernheilung.

54 S. zu diesen Beziehungen Pesch, Jesu ureigene Taten? 127 und Bruners, Die Reinigung der zehn Aussätzigen 103ff.

Formal betrachtet[55], hat Lk 17,12ff mit der HP gemeinsam, daß sowohl hier wie dort der Schwerpunkt auf den Dialog liegt: Es handelt sich in Lk 17,12ff also ebenfalls um eine apophtheg- matische Wundergeschichte. Aber auch inhaltlich fehlt es nicht an Gemeinsamkeiten, was aus folgenden Beobachtungen hervor- geht:

1. Wie aus Q 8,7f.10 zu entnehmen ist, daß der Fürbitter ein Heide ist, so stellt auch Lk 17,18 den Heidencharakter des Samariters (= ἀλλογενής) deutlich heraus.

2. Die Kontrastierung des Hauptmanns mit Israel in Q 8,10 be- gegnet ähnlich in Lk 17,18, wo ein ἀλλογενής mit ἐννέα Juden konstrastiert erscheint.

3. Jesu Hinweis auf den Glauben in Q 8,10 begegnet auch in anderer Formulierung in Lk 17,19.

Doch fehlt in Lk 17,12-19 das, was in Q 8,5ff und Mk 7,24ff deutlich hervorgehoben wird, nämlich das Motiv der Erschwer- nis: "Wenn Jesus die Aussätzigen, ohne sie vorher von ihrer Krankheit zu befreien, wegschickt, dann legt es sich eigent- lich nahe, auch im Blick auf 4 Kön 5, von einer Glaubensprobe zu sprechen. Aber Lukas geht darauf mit keinem Wort ein"[56]. Auch die für Jesus typische Heilung durch ein Wort erscheint in Lk 17,12ff nicht mehr rein erhalten: Die Aussätzigen wer- den vielmehr nun zu den Priestern weggeschickt!

Abgesehen von den erwähnten formalen und inhaltlichen Be- rührungspunkten sind beide Erzählungen jedoch deutlich als eigenständige Kompositionen zu betrachten, was nicht zuletzt auch am Unterschied in der verwendeten Terminologie zu sehen ist. Freilich, die in beiden Erzählungen herausgearbeitete Kontrastierung von Heiden und Juden könnte, wenn auch nicht traditionsgeschichtlich aus denselben Kreisen, so doch zu- mindest historisch aus ähnlichen Verkündigungssituationen bzw. -absichten entstammen.

---

55 Vgl. hierzu Perels, Wunderüberlieferung 52 und Bruners, Reinigung 85ff.

56 Vgl. Bruners, a.a.O. 391.

3) II Reg 5,1-14.15-19a: Die Heilung des Syrers Naaman[57].

Der Text wird im folgenden aus der Biblia Hebraica Stuttgartensia (S. 626f) übersetzt und lautet folgendermaßen:

V 1: Und Naaman, der Feldhauptmann des Königs von Syrien, galt als groß und angesehen bei seinem Herrn, denn durch ihn hatte Jahwe Syrien Sieg verliehen. Und der Mann wurde [ein tapferer Krieger[58]] aussätzig.

V 2: Die Syrer waren (damals) auf Raub(zug) ausgezogen und führten aus dem Lande Israels ein kleines Mädchen gefangen weg, das in den Dienst der Gemahlin Naamans kam.

V 3: Und sie sagte zu ihrer Herrin: Ach, wenn nur mein Herr bei dem Propheten zu Samaria wäre! Er würde ihn dann von seinem Aussatz befreien[59].

V 4: Er ging nun hin und teilte seinem Herrn mit: So und so sprach das Mädchen aus dem Lande Israels.

V 5: Da sagte der König von Syrien: Wohlan, ziehe hin! Ich will dem König von Israel einen Brief senden. Und er zog hin und nahm mit sich zehn Talente Silber, sechstausend Seckel Gold und zehn Festgewänder.

V 6: Und er brachte den Brief zum König Israels, in dem es hieß: Und nun, wenn dieser Brief zu dir gelangt, so wisse, daß ich meinen Diener Naaman zu dir gesandt habe, damit du ihn von seinem Aussatz befreiest.

---

57 Vgl. dazu Gunkel, Geschichten von Elisa 31-45; Rad, Theologie II, 34-40, 39f; ders., Naaman (Eine kritische Nacherzählung), passim; Schmitt, Elisa 78-80.89.173.211-215; Schult, Naemans Übertritt zum Jahwismus, passim und Siegert, Narrative Analyse, passim. Zum Verständnis des Wunders im AT s. Betz/Grimm, Wunder 11-23 und Wilms, Wunder im AT, passim.

58 גבור חיל paßt nicht im Zusammenhang: Es wird wohl mit LXX[L] auszulassen sein (vgl. dazu Kittel, Die Bücher der Könige 203f).

59 Zur Wendung אסף מצרעת. (Vv 3.6f - s. auch V 11) vgl. Gesenius/Buhl, Handwörterbuch 55: "...wörtl.: v. Aussatze aufnehmen, d.h. den Kranken durch Heilung wieder in d. menschliche Gesellschaft einführen"; vgl. dazu auch Kittel, a.a.O. 204. Die Wiedergabe der Wendung mit "vom Aussatz befreien" wurde in Anlehnung an die Übersetzung der Zürcher Bibel gemacht.

V 7: Und als der König von Israel den Brief gelesen hatte, zerriss er seine Kleider und sprach: Bin ich denn ein Gott, der töten und lebendig machen kann, daß dieser zu mir schickt, ich solle einen Menschen von seinem Aussatz befreien? Erkennt doch und sehet[60], wie er den Streit mit mir sucht.

V 8: Als Elischa, der Gottesmann, hörte, daß der König von Israel seine Kleider zerrissen hatte, da sandte er zum König und ließ ihm sagen: Warum hast du deine Kleider zerrissen? Er möge doch zu mir kommen, da soll er erfahren, daß es einen Propheten in Israel gibt.

V 9: Da kam Naaman mit seinen Rossen und Wagen und hielt vor der Türe des Hauses Elischas.

V 10: Und Elischa sandte einen Boten zu ihm und ließ ihm sagen: Geh und bade dich siebenmal im Jordan, so wird dein Fleisch zu dir wiederkommen und rein werden.

V 11: Naaman aber wurde zornig, ging weg und sprach: Ich dachte, er würde mit Sicherheit hinauskommen, herzutreten und den Namen Jahwes, seines Gottes, anrufen und seine Hand über die Stelle (heilend) schwingen und den Aussatz wegnehmen.

V 12: Sind nicht der Amana[61] und der Parpar, die Flüsse von Damaskus, besser als alle Wasser in Israel? Kann ich nicht in ihnen baden und rein werden? Und er wandte sich um und ging weg im Zorn.

V 13: Da traten seine Diener zu ihm, redeten ihm zu und sagten: Wenn[62] dir der Prophet etwas Großes befohlen hätte, würdest du es nicht tun? Wieviel mehr, da er zu dir (lediglich) sagte: Bade dich, so wirst du rein.

V 14: Da ging er hinab und tauchte sich siebenmal im Jordan unter, wie der Gottesmann gesagt hatte, und da kam sein Fleisch wieder wie das Fleisch eines jungen Knaben und er wurde rein.

V 15: Da kehrte er und sein ganzes Gefolge zu dem Gottesmann zurück. Und als er ankam, trat er vor ihn und sprach: Siehe da, ich weiß nun, daß es keinen Gott gibt in allen Landen außer in Israel. Und nun nimm doch ein Geschenk an von deinem Diener.

V 16: Er aber sprach: So wahr Gott lebt, vor welchem·ich dienend stehe: Ich nehme nichts! Und obwohl er in ihn drang (es) zu nehmen, weigerte er sich.

V 17: Da sprach Naaman: Wenn also nicht[63], so möge man doch deinem Diener eine Last Erde geben - soviel zwei Maultiere tragen - denn dein Diener will nicht mehr anderen Göttern Brand- und Schlachtopfer darbringen, sondern nur Jahwe.

---

60 Zum כי אך am Beginn des Satzes vgl. Klostermann, Die Bücher Samuelis und der Könige 406 und Stade, The books of kings 199.

61 Das Ketib hat "Àbana": vgl. dazu Kittel, Könige 205 und Gesenius/Buhl, Handwörterbuch 49 s.v.

62 So mit LXX, das καὶ εἰ μή hat und sinnvoller ist.

63 אבי steht wohl für urspr אם : vgl. ausführlich dazu Kittel, a.a.O. 205f.

V 18: Doch (darin[64]) möge Jahwe mit deinem Knecht Nachsicht
haben: Wenn mein Herr in den Tempel Rimmons geht, um
dort anzubeten, und er sich auf meinen Arm stützt und
ich im Tempel Rimmons anbete [wenn auch er im Tempel
Rimmons anbetet[65]], so möge Jahwe doch mit deinem
Knecht Nachsicht haben in dieser Sache.

V 19a: Da sagte er zu ihm: Geh hin in Frieden!

Auf diese Geschichte bezieht sich Jesus in Lk 4,27. Nach
Strauss[66] ist die Erzählung von Jesus und dem Hauptmann urspr
als Überbietungsgeschichte zu II Reg 5,1ff konzipiert worden.
Können aber derartige Meinungen von Beobachtungen zur Form
und Inhalt beider Erzählungen tatsächlich bestätigt werden?

Was die Form betrifft, so unterscheidet sich II Reg 5,1ff
von Q 8,5ff vor allem durch die Breite der Erzählung und
Fülle der historischen Details. Hinzu kommt, daß beide Erzählungen auch in der Motivwahl recht unterschiedlich aufgebaut sind. An gemeinsamen Motiven sind zu nennen:

1. das Auftreten von Stellvertretern (Q 8,5b; II Reg 5,13);
2. die Charakterisierung der Not (Q 8,6; II Reg 5,1);
3. die Entlassung mit Zuspruch (Q 8,13a; II Reg 5,10), und
4. die Konstatierung des Wunders (Q 8,13c; II Kön 5,14).

Demgegenüber fehlen aber folgende Motive in II Reg 5,1ff, die
in der HP erscheinen: die Erschwernis der Annäherung[67], die
Vertrauensäußerung[68] und das Admirationsmotiv. Mit Q 8,5ff
gemeinsam hat allerdings auch II Reg 5,1ff den Schwerpunkt auf

---

64 לדבר הזה   , das im urspr LXX-Text nicht enthalten ist,
könnte Dittographie gegenüber לדבר הזה am Ende des Verses sein: vgl. dazu Gray, I & II Kings 456 und Kittel,
a.a.O. 208.

65 Vielleicht ist der Satzteil in eckigen Klammern als Dittographie zu beurteilen: vgl. dazu Gray, a.a.O. 452, Anm. d;
בהשתחויתי   ist mit LXX (= ἐν τῷ προσκυνεῖν αὐτόν) ויהו-
zu lesen.

66 Vgl. ders., Das Leben Jesu II, 103-122, 120ff.

67 In II Reg 5,8 erscheint geradezu ein entgegengesetztes Motiv: Der Wundertäter erschwert nicht, sondern fördert sogar die Annäherung: "Er möge doch zu mir kommen..."!

68 Von Naaman wird ganz im Gegenteil berichtet, daß er durch
Elischas Worte zornig wurde und davonzog (Vv 11f). Zu einem gewissen Vertrauen wird er nur durch die Überredung
seiner Diener gebracht (Vv 13f).

den Dialog gelegt: Vv 10-13. Die Konstatierung der Heilung
(V 14b) ist hier - ganz ähnlich auch in Mt 8,13c - dem Dialog untergeordnet[69].

Inhaltlich verbindet beide Geschichten die Tatsache, daß
es sich (1) um eine Fernheilung handelt, die (2) gegenüber
Heiden erfolgt[70] und die (3) durch ein Befehlswort vollzogen
wird[71]. Diese sehr allgemeinen inhaltlichen Berührungspunkte
können aber nicht darüber hinwegtäuschen, daß wir es hier mit
zwei voneinander völlig unabhängigen Erzählungen zu tun haben, was ja auch nicht zuletzt durch eine jeweils eigene Terminologie deutlich wird[72].

Zusammenfassend läßt sich sagen: Trotz des Bestehens gewisser formaler und inhaltlicher Gemeinsamkeiten beider Er-

---

69 Auch die traditionsgeschichtlich vielleicht als Erweiterungen aufzufassenden Vv 15-19a.19b-27 (vgl. dazu Schmitt,
   Elisa 78-80) bestätigen dies. Hierzu Rad, Naaman 300: "Das
   Merkwürdige unserer Geschichte aber liegt darin, daß ihr
   Höhepunkt erst jenseits der Heilung *Naamans* liegt, daß sie
   auf Probleme zugeht, die aus diesem Ereignis erst erwach-
   sen werden. Zweifellos hat sie zwei Höhepunkte: den Zusam-
   menstoß *Naamans* mit *Elisa* und dann am Ende sein Gespräch
   mit *Elisa*. Die Heilung aber liegt spannungsmäßig in der
   Senke zwischen beiden Höhepunkten".

70 Betz/Grimm, Wunder 40 sind der Meinung, daß die Erwähnung
   heidnischer Bittsteller in den ntl. Wundergeschichten vielleicht bewußt "die Tatsache, daß Naeman ein Feldhauptmann
   syrischer Herkunft war", reflektieren. Dies scheint uns zumindest im Hinblick auf Q 8,5ff zu überspitzt formuliert:
   Die Erwähnung eines heidnischen Bittstellers entspricht
   hier wohl einfach den tatsächlichen Begebenheiten.

71 Elischas Befehlswort bleibt freilich gegenüber Jesus noch
   an den Vollzug einer äußerlichen Handlung (= Waschung) gebunden. Insofern transzendiert hier Jesus tatsächlich die
   Möglichkeiten Elischas: vgl. dazu Betz/Grimm, a.a.O. 39.

72 Wörtliche Übernahmen von Q 8,5ff aus II Reg 5,1ff konnten
   wir nicht feststellen. Die Häufung der Parataxe, das Vorkommen von gleichen oder ähnlichen Verben der Bewegung und/
   oder des Sagens sind keine Charakteristika, die ausschließlich unsere beiden Perikopen verbinden. Am ehesten ließe
   sich hier noch an das μόνον von Mt 8,8 denken, das eine
   indirekte Anlehnung an II Reg 5,13 sein könnte (vgl. Betz/
   Grimm, a.a.O. 43). Da der erste Evangelist aber das adverbielle μόνον mehrmals red in seinem Ev verwendet (s. dazu o.S. 206f sub Nr. 91), könnte es in 8,8 einfach stilistische Verbesserung sein.

zählungen, lassen sich dennoch direkte Einflüsse von II Reg
5,1ff auf die Komposition von Q 8,5ff nicht feststellen[73].

4) b Ber 34b[74]: Heilung des Sohnes von R. Gamaliël durch
Ḥanina ben Dosa[75].

Der Text und die Übersetzung, die nach Goldschmidt[76] gegeben werden, lauten wie folgt:

תנו רבנן מעשה שחלה בנו של רבן גמליאל שגר שני תלמידי חכמים אצל רבי
חנינא בן דוסא לבקש עליו רחמים כיון שראה אותם עלה לעלייה ובקש עליו
רחמים בירידתו אמר להם לכו שחלצתו חמה אמרו לו וכי נביא אתה אמר להן
לא נביא אנכי ולא בן נביא אנכי אלא כך מקובלני אם שגורה תפלתי בפי
יודע אני שהוא מקובל ואם לאו יודע אני שהוא מטורף ישבו וכתבו וכונו
אותה שעה וכשבאו אצל רבן גמליאל אמר להן העבודה לא חסרתם ולא הותרתם
אלא כך היה מעשה באותה שעה חלצתו חמה ושאל לנו מים לשתות

Die Rabbanan lehrten: Es ereignete sich, dass der Sohn des
R. Gamaliël krank war. Da sandte er zwei Schriftgelehrte
zu R. Ḥanina b. Dosa, dass er für ihn um Erbarmen flehe.
Sobald dieser sie sah, stieg er auf den Söller und flehte
für ihn um Erbarmen. Als er herabstieg, sprach er zu ihnen: Gehet, die Hitze hat ihn verlassen. Sie sprachen zu
ihm: Bist du denn ein Prophet? Er erwiderte: *Weder bin ich*

---

73 Damit ist zugleich auch die Annahme von Strauss, die wir zu
   Beginn dieses Abschnittes erwähnten, abzulehnen.

74 Dieselbe Geschichte erscheint noch in Kurzfassung in j Ber
   9d: vgl. zur Übersetzung Strack/Billerbeck II, 10. Zu den
   Wundergeschichten bei den Rabbinen vgl. die beiden bis heute noch maßgebenden Arbeiten von Fiebig (vgl. ders., Jüdische Wundergeschichten des neutestamentlichen Zeitalters,
   passim und ders., Der Erzählungsstil der Evangelien 78-
   130) und Schlatter (vgl. ders., Das Wunder in der Synagoge,
   passim). Über die stark differierenden Auffassungen beider
   informieren kurz Loos, Miracles 139-150; Nicol, Semeia 55f;
   Theißen, Wundergeschichten 270 und Staerk, Rez. zu Schlatter, Das Wunder in der Synagoge, ThLZ 39, 1914, 260-262.
   Zum Ganzen vgl. auch die neue Studie von Hruby, Perspectives rabbiniques sur le miracle, passim.

75 Zu Ḥanina b. Dosa vgl. Vermes, Hanina b. Dosa passim und
   EJ VII,1265f. Seine zeitliche Einordnung bleibt umstritten:
   vgl. dazu Vermes, a.a.O. 208-210.

76 Vgl. ders., Der babylonische Talmud I, 130. Ein pointier-
   ter Text zu b Ber 34b findet sich bei Fiebig, Rabbinische
   Wundergeschichten 7.

ein Prophet, noch der Sohn eines Propheten; allein so ist
es mir überliefert: ist mir das Gebet im Mund geläufig,
so weiss ich, dass es angenommen, wo nicht, so weiss ich,
dass es zerschlagen wurde. Sie liessen sich nieder, schrieben und vermerkten diese Stunde. Als sie zu R. Gamaliël
kamen, sprach er zu ihnen: Bei Gott! weder habt ihr ver-
mindert noch vermehrt; grade so geschah es; in dieser Stunde verliess ihn die Hitze, und er bat uns um Wasser, um zu
trinken.

Formal unterscheidet sich diese Geschichte von der HP
hauptsächlich dadurch, daß auf die Konstatierung der Heilung
großer Wert gelegt wird[77] und somit der Charakter von b Ber
34b als eine Wundergeschichte deutlicher, als es bei der HP
der Fall ist, zu Tage tritt[78]. Es fehlen auch die bei der HP
wichtigen Motive der Erschwernis und der Vertrauensäußerung.
Doch sind gewisse Gemeinsamkeiten nicht zu übersehen. Hierzu
könnte man anführen:

1. Die relative Kargheit der Situationsangaben.
2. Das Fehlen einer eigentlichen Charakteristik der Personen.
3. Die äußere Rundung.
4. Der formale Charakter einer Mischform von Wundergeschichte
und Apophthegma, den b Ber 34b durch das dialogisch themati-
sierte Skepsismotiv ("Bist du denn ein Prophet?") erhält[79].

Inhaltlich überwiegen demgegenüber die Differenzen. Als
solche seien erwähnt:

1. b Ber 34b hat gegenüber Q 8,5 keine genauere Lokalisierung.
2. Die Identität des Kranken ist nicht mit Sicherheit die
gleiche (HP: παῖς; b Ber 34b: Sohn).
3. Haninas Heilung durch ein Gebet steht Jesu Heilung durch
ein Macht-Wort gegenüber.

---

77 Dibelius sieht hierin einen Zug der von ihm erarbeiteten
   Gattung "Novelle": vgl. ders., FE 148.

78 b Ber 34b kommt in diesem Punkt der joh Version der Hauptmannsperikope (Joh 4,46ff) sehr nahe. Auch inhaltlich bieten beide Berichte manche Gemeinsamkeiten, so z.B. in dem
   verwendeten Ausdruck "lebt", in der Krankheitsdiagnose
   (= Fieber) und in der Tatsache, daß es sich um einen "Sohn"
   handelt.

79 Zum formalen Vergleich s. auch Fiebig, Erzählungsstil 106f.
   128f.

4. Der Glaube wird in b Ber 34b nicht explizit erwähnt.

5. Der Hauptdialog in beiden Erzählungen bezieht sich auf verschiedene Themen.

6. In b Ber 34b handelt es sich nicht um einen heidnischen Bittsteller, sondern um eine rabbinische Autorität[80].

Wie aus dem Vergleich zu entnehmen ist, bestehen keine stichhaltigen Gründe um anzunehmen, zwischen beiden Berichten bestehe irgendeine literarische Abhängigkeit; gewisse formale Gemeinsamkeiten könnten höchstens darauf hindeuten, daß beide Geschichten möglicherweise aus einem ähnlichen Milieu entstanden sind[81].

5) b BQ 50a (vgl. auch b Yev 121b und y Sheq 48d): Errettung der Tochter Nehonjas aus dem Brunnen[82].

Der im folgenden wiedergegebene Text mit Übersetzung ist aus Goldschmidt, Der babylonische Talmud VI, 183 entnommen:

תנו רבנן מעשה בבתו של נחוניא חופר שיחין שנפלה לבור גדול באו והודיעו
את רבי חנינא בן דוסא שעה ראשונה אמר להם שלום שניה אמר להם שלום
שלישית אמר להם עלתה אמרו לה מי העלך אמרה להם זכר של רחלים נזדמן לי
וזקן אחד מנהיגו אמרו לו נביא אתה אמר להם לא נביא אנכי ולא בן נביא
אנכי אלא כך אמרתי דבר שאותו צדיק מצטער בו יכשל בו זרעו אמר רבי אחא
אף על פי כן מתה בתו בצמא שנאמר וסביביו נשערה מאד מלמד שהקדוש ברוך
הוא מדקדק עם סביביו אפילו כחוט השערה רבי נחוניא אמר מהכא אל נערץ
בסוד קדשים רבה ונורא על כל סביביו

---

80 An inhaltlichen Gemeinsamkeiten wären dagegen lediglich die Art der Heilung (= Fernheilung) und der damit verbundene Umstand, daß der Kranke durch Stellvertreter repräsentiert wird, zu nennen.

81 Vgl. dazu Fiebig, Jüdische Wundergeschichten 21f.

82 Auf die traditionsgeschichtlichen Differenzen, die sich in den drei verschiedenen Fassungen widerspiegeln, geht Vermes, Ḥanina ben Dosa 183, Anm. 14 ein. Nach den von ihm vorgelegten Argumenten kann die Version von b BQ 50a für die ursprünglichere gehalten werden.

Die Rabbanan lehrten: Einst fiel die Tochter Nehonja
des Brunnengräbers in einen grossen Brunnen. Da teilte
man es R. Hanina b. Dosa mit. In der ersten Stunde sprach
er zu ihnen: Friede, in der zweiten sprach er zu ihnen:
Friede, in der dritten sprach er zu ihnen: sie ist bereits heraufgekommen. Als man sie darauf fragte, wer sie
heraufgebracht habe, erwiderte sie: Ein männliches Schaf,
das von einem Greis geführt wurde, kam zu mir heran. Darauf sprachen sie zu ihm: Bist du denn ein Prophet? Er
erwiderte ihnen: Ich bin weder ein Prophet noch Sohn eines Propheten, aber ich sage mir wie folgt: sollte denn
an einem Werk, mit dem dieser Fromme sich abmüht, sein
Kind verunglücken. R. Aha sagte: Dennoch starb seine Tochter vor Durst. Es heißt nämlich: *Rings um ihn stürmt es
gewaltig*, dies lehrt, dass es der Heilige, gebenedeiet
sei er, mit seiner Umgebung haargenau nimmt. R. Nehonja
entnimmt dies aus folgendem: *"Gott ist schrecklich im
Rat der Heiligen und furchtbar für alle, die ihn umge-
ben"*.

Mit b Ber 34b hat diese Erzählung die Erwähnung des Skepsis-
motivs ("Bist du denn ein Prophet?") gemeinsam. Wie in der HP
wird auch hier nicht allein auf das Wunder, sondern ebenfalls auf einen thematisierten Dialog Wert gelegt. Inhaltlich
sind aber - von der Fernheilung einmal abgesehen - beide Berichte völlig eigenständig.

6) Die Heilung der Arate von Lakonien.
   Der Text lautet mit der Übersetzung[83] wie folgt:

'Αράτα [λά] καινα ὕδρωπ [α. ὑπ] ἐρ ταύτας ἁ μάτηρ ἐνεκά-
θευδεν ἐλ Λακεδαίμο | νι ἔσσα [ς] καὶ ἐνύπνιον [ὁ] ρῆι·
ἐδόκει τᾶς θυγατρός οὗ τὸν θεὸν ἀποταμόν | τα τὰν κ [ε] φα-
λὰν τὸ σῶμα κραμάσαι κάτω τὸν τράχαλον ἔχον· ὡς
δ'ἐξερρύα συ | χνὸν ὑγρ [ό] ν, καταλύσαντα τὸ σῶμα τὰν κε-
φαλὰν πάλιν ἐπιθέμεν ἐπὶ τὸν αὐ ‖ χένα· ἰδο [ῦ] σά δὲ τὸ
ἐνύπνιον τοῦτο ἀγχωρήσασα εἰς Λακεδαίμονα κατα | λαμβά-
νε [ι τ] ὰν θυγατέρα ὑγιαίνουσαν καὶ τὸ αὐτὸ ἐνύπνιον
ὡρακυῖαν.

---

83 Text und Übersetzung werden nach Herzog, Die Wunderheilungen von Epidauros 16f gegeben; der Text findet sich auch
   bei Gaertringen (Hg.), IG.EMi IV/1, 73 (Stele XXI); Dittenberger, SIG III, 318 und Delling, Antike Wundertexte 23.
   Zu den hellenistischen Wundergeschichten vgl. die kurzgefaßte Übersicht bei George, Miracles dans le monde hellénistique, passim (dort in den Anm. 1ff auch die wichtigste
   Literatur).

A r a t e   v o n   L a k o n i e n ,   W a s s e r s u c h t.

Für diese schlief ihre Mutter, während sie (selbst) in
Lakedämon war, und sieht einen Traum: sie träumte, der
Gott schneide ihrer Tochter den Kopf ab und hänge den
Körper auf mit dem Hals nach unten; als viel Flüssigkeit
ausgeflossen, habe er den Körper abgehängt, und den Kopf
wieder auf den Hals aufgesetzt. Nachdem sie diesen Traum
gesehen, kehrte sie nach Lakedämon zurück und trifft ihre
Tochter gesund; diese hatte denselben Traum gesehen.

Wir halten mit Loos[84] diese Geschichte für eine Fernheilung. Der Auftritt der Mutter als Stellvertreterin und der
Vollzug der Heilung fern vom Heiligtum sprechen dafür. Anderer Meinung sind freilich etwa McGinley und Légasse[85].

Inhaltlich[86] haben wir es bei dieser Fernheilung mit einer
gegenüber der HP ganz selbstständigen Erzählung zu tun. Formal ist sie dadurch gekennzeichnet, daß die Narrative ganz
und gar auf die Berichterstattung des Wunders hinausläuft:
Von einem Dialog oder einem im Dialog thematisierten Leitmotiv ist hier im Gegensatz zu Q 8,5ff nichts zu finden. Innerhalb der Sammlung der anderen epidaurischen Wundergeschichten
wird man den Zweck derartiger Berichterstattung darin zu sehen haben, daß dem kranken Leser die Hoffnung, der Mut und
der Wille zur Heilung gestärkt werden[87]. Daß dem Heiligtum
damit zugleich Propagandamaterial gegeben war, liegt auf der
Hand.

---

84 Vgl. ders., Miracles 130.

85 Vgl. McGinley, Form-Criticism 134, Anm. 72 und Légasse,
   L'historien en quête de l'événement 137, Anm. 111.

86 Zur Heilung durch Handlung im Traum vgl. Weinreich, Antike Heilungswunder 80-109 (zu unserer Geschichte ebd.
   85f); zur inhaltlichen Besprechung des Textes vgl. auch
   Herzog, Wunderheilungen 77.

87 Vgl. dazu Herzog a.a.O. 60 und Dibelius, FE 171. Dibelius
   unterscheidet den so angegebenen Zweck der ganzen Sammlung
   zusätzlich auch noch von dem der Urberichte der Geheilten:
   "Die Urberichte der Geheilten auf Weihgaben und Tafeln
   freilich entstammen dem Bestreben, dem Gott zu danken und
   seinen Namen zu erheben; die auf den Stelen verwerteten
   Novellen waren ursprünglich von der Lust am Mirakel dik-
   tiert. In unseren Texten aber sind alle diese Berichte und
   Stoffe aufgenommen und stilisiert, um den Betrieb des Hei-
   ligtums durch Stärkung der Heilungssuchenden zu dienen"
   (ebd.).

7) Anweisungen Jarchas' an eine indische Mutter, dessen Kind von einem Dämon geplagt war[88].

Diese Begebenheit ereignete sich nach Philostratus während eines Gespräches zwischen Apollonius und Jarchas. Es wird berichtet, wie eine indische Mutter zu dem Weisen kommt und für ihr von einem Dämon geplagtes Kind bittet. Nach einer ausführlichen Charakterisierung der Not[89] fährt die Erzählung fort:

> Der Weise fragte nun wieder, ob das Kind in der Nähe sei. Sie aber sagte: "Nein!" Sie habe zwar viel getan um ihn herzubringen, "aber er droht meinen Sohn mit Felsen, Schluchten und Mord, falls ich mich entschließen würde ihn hierher (zu bringen). "Sei getrost", sagte der Weise,

---

88 Vgl. dazu Philostratus, VA 3,38. Griechischer Text (mit englischer Übersetzung) bei LCL 16, 314-317 und Delling, Antike Wundertexte 9f. Eine deutsche Übersetzung liefert Baltzer, Flavius Philostratus: Apollonius von Tyana 134f.

89 Die Charakterisierung der Not lautet übersetzt (Übersetzung aus LCL 16, 314.316) wie folgt:
Während dieser Gespräche trat zu den Weisen der Bote, der Inder (mit sich) brachte, welche um Hilfe baten. Und er führte eine Frau vor, die für (ihr) Kind flehte, von dem sie behauptete, es wäre 16 Jahre alt und zwei Jahre von einem Dämon besessen; die Gesinnung des Dämons sei aber die eines Spötters und Lügners. Als nun einer der Weisen fragte, woher sie das wisse, sprach sie: "Weil dieses Kind ein sehr schönes äußeres Aussehen besitzt, ist der Dämon verliebt und gestattet ihm nicht, bei Sinnen zu sein, auch läßt er ihn weder zu einem Lehrer oder Bogenschützen gehen, noch zu Hause bleiben, vielmehr treibt er ihn zu öden Gegenden hin; auch hat er nicht seine eigene Stimme, sondern redet schwer- und hohlklingend wie die Männer; er sieht mehr mit fremden als mit den eigenen Augen. Und darüber weine ich und plage mich und weise mein Kind zurecht so wie es sich geziemt; es kennt mich aber nicht. Als ich nun beabsichtigte hierher zu kommen - ich beschloß dies im vorigen Jahre - gab sich der Dämon kund, indem er den Jungen als Schauspieler benutzte und sagte, daß er in Wirklichkeit der Geist eines Mannes sei, der im Krieg einst starb und beim Sterben in seine Frau verliebt war. Nachdem aber die Frau gegen die Ehe gefrevelt hatte, indem sie sich mit einem anderen verheiratete, als er (nur) drei Tage (tot) lag, haßte er die Liebe der Frauen und wandte sich diesem Knaben zu. Er versprach aber, daß er dem Kind viel Schönes und Gutes geben würde, wenn ich ihn nicht bei Euch verklagte. Ich ließ mich dadurch natürlich etwas bewegen, aber er hält mich schon viele Zeit hin und beherrscht allein mein Haus, wobei er weder Mäßiges noch Gutes im Sinne hat".

"nachdem er dieses gelesen hat, wird er ihn nicht töten".
Da zog er einen Brief aus seiner Brust und gab (ihn) der
Frau; der Brief aber war an den Dämon adressiert mit Dro-
hung und Schrecken[90].

Formal unterscheidet sich diese Erzählung von der HP hauptsächlich durch die Ausführlichkeit der Situationsangaben bzw.
Charakterisierung der Not[91]. Auch wird trotz der ganz im Dialog aufgebauten Erzählung im Gegensatz zur HP kein anderes
Leitmotiv als das der Krankheit thematisiert. Mit der HP gemeinsam findet sich allerdings auch hier ein vom Wundertäter
gesprochener Zuspruch hervorgehoben am Ende: Θάρσει...οὐ γὰρ
ἀποκτενεῖ αὐτὸν ἀναγνοὺς ταῦτα[92].

Inhaltlich steht der Bericht des Philostratus der Q-Erzählung völlig eigenständig gegenüber. Bemerkenswert ist,
daß auch Jarchas hier nicht allein durch ein Wort, sondern
mittels eines Drohbriefes zur Heilung verhelfen will.

Zusammenfassung von 2.2.:

Formal wies Q 8,5ff als Mischform starke Gemeinsamkeiten
mit Mk 7,24ff und Lk 17,12-19, aber auch mit der Heilung des
Sohnes von R. Gamaliel (b Ber 34b) und mit der Errettung der
Tochter Nehonjas (b BQ 50a) auf, weniger dagegen mit II Reg
5,1ff, wo ja der Erzählteil (Vv 1-10.14) im Vergleich mit dem
im Dialog thematisierten Leitmotiv (Vv 10-13) weit umfang-
reicher ist. Keine Kennzeichen einer Mischform finden sich
demgegenüber in den beiden angeführten hellenistischen Fernheilungen.

---

90 Wenn auch bei diesem Erzählschluß die eigentliche Dämonenaustreibung nicht mehr berichtet wird, so wird man dennoch
   hier von einer Fernheilung sprechen dürfen, da an der Wirksamkeit der ἐπιστολή gegenüber dem Dämon offensichtlich für
   den Erzähler kein Zweifel besteht: vgl. dazu Petzke, Die
   Traditionen über Apollonius von Tyana 126.

91 Dies gilt überhaupt für die Mehrzahl der Einzelerzählungen
   der Vita Apollonii: vgl. dazu Petzke, Traditionen 135.

92 Vgl. zu diesem Zuspruchswort auch die anderen von Theißen,
   Wundergeschichten 68 aus außerntl. Texten angegebenen Parallelen.

Was die Motivwahl betrifft, so erscheinen das Auftreten
von Stellvertretern und die Charakterisierung der Not bei
allen angeführten Analogien; die Entlassung und der Zuspruch
fehlen dagegen nur in der Heilung der Arate von Lakonien, die
Konstatierung des Wunders nur in der Jarchasepisode. Man
merkt, daß bzgl. der Topik die HP sich solcher Motive bedient,
die weit verbreitet in der ntl. Umwelt waren. Ein anderes
Bild erhalten wir freilich hinsichtlich der Motive der Erschwernis der Annäherung, der Bitte und Vertrauensäußerung
und der Admiration. Von diesen haben die zwei ersten nur noch
eine Parallele in Mk 7,24ff, während die Admiration des Wundertäters in Q 8,10 überhaupt für Fernheilungen singulär da-
steht. Daraus wird deutlich, daß gerade in diesen drei zuletzt genannten Motiven die Besonderheiten bzw. Schwerpunkte
unserer Erzählung gegenüber den anderen Fernheilungen zu sehen sind.

Inhaltlich erwiesen sich alle herangezogenen Analogien als
völlig eigenständige Berichte, womit zugleich die beträchtlichen Unterschiede gegenüber der HP erklärt sind. Auf folgendes sei freilich nochmals kurz aufmerksam gemacht:
1. Einen wörtlichen Hinweis auf den Glauben, wie in Q 8,10,
fanden wir nur noch einmal in Lk 17,19.
2. Auch eine durch Worte des Wundertäters vollzogene Kontrastierung des Kranken bzw. seines Stellvertreters gegenüber
Israel (als eigenes Volk) haben einzig die Q-Erzählung und
Lk 17,12ff.
3. Ist Q 8,7 als (entrüstete) Frage zu verstehen, so steht
es neben Mk 7,27 als einziger Beleg für eine (primäre) Ablehnung der Heilung(sbitte) durch den Wundertäter.
4. Charakteristisch für Jesus hat sich die Fernheilung durch
das Wort erwiesen. Anders als bei ihm rekuriert Elischa auf
eine Waschung, Hanina auf die Wirkung des Gebetes, Jarchas
auf einen Drohbrief und die Mutter der Arate auf Handlung
im Traum.

2.3. Der "Sitz im Leben" der HP.

2.31. Einleitende Bemerkungen.

Worum es bei der Ermittlung des Sitzes im Leben für die klas-
sische Formgeschichte ging, formuliert zutreffend Roloff:

*"Nicht der Redende als Individuum, sondern die Rede- und Hör-
situation ist Gegenstand der Frage nach dem 'Sitz im Leben'.*
Diese Rede- und Hörsituation ist - und das wird häufig übersehen - nur dann ein wirklicher 'Sitz im Leben', wenn sie
institutionalisiert und darum grundsätzlich *wiederholbar*
ist"[93].

Dieser traditionellen Auffassung der Aufgabe der Ermittlung
des Sitzes im Leben stehen nun aber bestimmte formgeschichtliche Voraussetzungen und Auffassungen im Wege, denen heute
nicht mehr ohne weiteres zugestimmt wird und auf die daher
kurz eingegangen werden muß.

Als erstes sei hier das Problem von mündlicher und schriftlicher Überlieferung erwähnt. Konnte Bultmann noch in seiner
"Geschichte der synoptischen Tradition" (GST) für eine prinzipielle Gleichheit von mündlicher und schriftlicher Überlieferung plädieren[94], so wird dies heutzutage von nicht wenigen Forschern bestritten[95]. Man gibt zwar zu, daß einige
der Tendenzen, welche die mündliche und schriftliche Über-

---

93 Vgl. ders., Neues Testament 23. Ähnlich formulierte schon
Bultmann in seiner Rezension zu Faschers Buch über die
formgeschichtliche Methode (ThLZ 14, 1925, 313-318): "Hiermit (sc mit dem Sitz im Leben) ist nämlich nicht der Ursprung eines einzelnen Berichts (als Berichtes ü b e r
etwas) in einer einzelnen geschichtlichen Situation oder
Person gemeint, sondern die Beziehung eines literarischen
Stücks (als literarischen) auf eine allgemeine geschicht-
liche Situation (wie Krieg, Kult, Verkehr usw.), aus der
die Gattung erwuchs, der jenes Stück zugehört" (ebd. 316).
Zum Begriff und zur Sache vgl. auch Koch, Was ist Formgeschichte? 34-48; Schick, Formgeschichte und Synoptiker-
exegese 80-82; Mußner, Methodologie 137-140 und Berger,
Exegese des Neuen Testaments 111-127.

94 Vgl. etwa a.a.O. 91: "Auch ist es in all diesen Fällen ne-
bensächlich, ob man die mündliche oder die schriftliche
Tradition verantwortlich macht; ein prinzipieller Unterschied besteht nicht".

95 Vgl. etwa Kelber, Markus und die mündliche Tradition 20f.
32ff; Koch, Was ist Formgeschichte? 108-112 und Koch, Wundererzählungen 8-12.

lieferung bestimmen, Gemeinsamkeiten aufweisen, betont aber
zugleich, daß sowohl bei der schriftlichen als auch bei der
mündlichen Tradierung die Tendenzen keinesfalls immer kon-
stant sind, ja oftmals sogar in diametral entgegengesetzter
Richtung verlaufen.

Sehr schön spiegelt sich diese Auffassung im folgenden Zitat aus einem Artikel von Kelber wider, der sich mit Bultmanns
evolutionärer Auffassung des mündlichen Traditionsprozesses
auseinandersetzt und demgegenüber eine multilaterale, diffuse
Konzeption der vormarkinischen Mündlichkeit vertritt: "Die
vormarkinische mündliche Traditionsgeschichte ist ein pul-
sierendes Phänomen, welches zunimmt und abnimmt, sich ausge-
dehnt und zusammenzieht, progressiven und regressiven Entwicklungen offensteht. Die allgemeine Verhaltensweise ist
dem des Börsenkurses vergleichbar, welcher in mehr oder weniger unvorhersehbaren Zeitabschnitten steigt und fällt und
in mysteriöser Weise mit sozialen und politischen Gegeben-
heiten verwickelt ist. Oder man mag...die mündliche synoptische Traditionsgeschichte in verschiedene Richtungen auslau-
fende Wegspuren vergleichen..."[96]. Lehrreich ist in Bezug
auf dieses Problem auch das Buch von Sanders, The tendencies
of the synoptic tradition, passim, denn was Kelber in dem
eben angeführten Zitat so gut formuliert, kann in Sanders
Buch Seite für Seite bestätigt werden.

Für die Frage nach dem Sitz im Leben heißt dies dann aber,
daß die Eruierung der urspr mündlichen Form einer Erzählung,
die bereits von der Redaktionsarbeit des jeweiligen Evangelisten abgegrenzt wurde, ein mit hohen Unsicherheitsfaktoren
belastetes Unterfangen bleiben muß[97].

Als zweites sei auf das Problem des Rückschlusses von einer bestimmten Form auf einen besonderen Sitz im Leben hingewiesen. Während Vertreter der klassischen Formgeschichte
sich hierin noch gelassen äußern konnten[98], erhoben sich doch

---

96 Vgl. ders., a.a.O. 36.

97 Hierzu sei nochmals auf die Ausführungen Kochs, Was ist
   Formgeschichte? 110-112 hingewiesen. Was speziell die Wundergeschichten betrifft, so sei noch auf den Abschnitt
   "Überlieferungsmedien: Mündlichkeit und Schriftlichkeit"
   bei Theißen, Wundergeschichten 189-196 aufmerksam gemacht.
   Gegenüber Urteilen generalisierender Art darf s.M.n. die
   verschriftlichende Reproduktionsarbeit bei Wundergeschichten weder einseitig unter dem Aspekt der Kontinuität noch
   der Diskontinuität gesehen werden. Die verschriftlichte
   mündliche Überlieferung habe vielmehr "sowohl an Momenten
   der Schriftlichkeit wie der Mündlichkeit teil": ebd. 195.

98 Vgl. dazu Bultmann, GST 4f und Dibelius, FE 7f.

bei manchen Forschern große Bedenken[99]. Man meint demgegenüber vielmehr eine "relative Autonomie" zwischen literarischen Formen und sozialen Bezügen vertreten zu können. So
meint z.B. Berger:

"Stabilität literarischer Formen ist nicht an institutio-
nelle, wiederholte Gelegenheiten gebunden, sondern ist zunächst einmal ein literarisches, innersprachlich zu klärendes
Phänomen...Geleugnet wird nicht, daß Sprache prinzipiell in
Mitteilungsprozessen sozialer Art steht. Nur ist die Typik
sprachlicher Formen nicht einfach an die wenigen institutio-
nalisierten Veranstaltungen der Gruppen gebunden und kann
schon deshalb nicht aus ihnen erklärt werden, weil es viel
mehr sprachliche Formen als typische Situationen gibt... Feste
Formen müssen nicht mehr allein aus regelmäßigen Begehungen
erklärt werden...Der Schluß von der festen Form auf die feste
Institution ist also nicht notwendig"[100].

Kann man aber von einer bestimmten Form nicht ohne Weiteres auf eine besondere Entstehungssituation folgern, so ist
auch weiter fraglich geworden, ob für die Formung der Traditionen überhaupt nur fest umrissene Institutionen[101] in Frage kommen. Vielleicht sollte man demgegenüber mit Berger eher
den Einfluß einer "Vielzahl von Typen menschlichen Miteinan-
ders (Interaktionstypen)" bei der Traditionsbildung annehmen[102]. Solch eine Annahme kann nicht nur die zum Sitz im Leben gehörende "grundsätzliche Wiederholbarkeit"[103] bewahren,
sondern zugleich die Ermittlung des Sitzes im Leben eventuell
von einer gewissen Stagnation bzw. Fruchtlosigkeit gegenüber
den Ergebnissen der traditionellen Formgeschichte befreien[104].

Für unsere Untersuchung ergibt sich aus alledem folgendes:
1. Die Eruierung einer urspr mündlichen Form bleibt nach wie
vor stark hypothetisch.

---

99 Wir nennen beispielsweise Fascher, Die formgeschichtliche
   Methode 212-214 u.ö.; Boman, Jesusüberlieferung 36-42 und
   Berger, Exegese des Neuen Testaments 111-127.

100 Vgl. ders., Exegese 112f.

101 Als Beispiele zitiert Roloff, Neues Testament 23 folgen-
    de: "Die Missionsverkündigung, die innergemeindliche Leh-
    re, die Prophetie, die Auseinandersetzung mit Gegnern,
    die Mahlversammlung, der Taufgottesdienst".

102 Vgl. Berger, a.a.O. 113.

103 Vgl. dazu Roloff, a.a.O. 23.

104 Vgl. dazu Berger, a.a.O. 112ff.

2. Die Unmöglichkeit eines direkten Rückschlusses auf die
Entstehungssituation von der Form her hat zur Folge, daß dem
Inhalt der Tradition eine wichtige Bedeutung für die Ermittlung des Sitzes im Leben beigemessen werden muß.
3. Nicht nur fest umrissene Institutionen, sondern mindestens
im gleichen Maße auch jegliche Art anderer Rede- und Hörsitua-
tionen, die ein Minimum an "grundsätzlicher Wiederholbarkeit"
bewahren, sollten für die Ermittlung des Sitzes im Leben entscheidend sein.

Wollen wir nun nach diesen einleitenden Bemerkungen eine
nähere Bestimmung des Sitzes im Leben versuchen, so muß nach
dem Gesagten zunächst auf das Verhältnis der ermittelten HP
zu ihrer mündlichen Form vor der Verschriftlichung und Eingliederung in die Q-Überlieferung Stellung genommen werden.

2.32. Das Verhältnis zwischen der HP und ihrer mündlichen Form

Nimmt man die obigen Äußerungen zum Problem von mündlicher
und schriftlicher Überlieferung ernst, so ist es verständlich,
daß es sich bei der Bestimmung des Verhältnisses zwischen dem
Q-Text und seiner mündlichen Form nur um sehr hypothetische
Vermutungen handeln kann. Dennoch meinen wir mit Hilfe von
Arbeiten über Tendenzen innerhalb der mündlichen Überlieferung[105] in Beziehung auf unsere Erzählung folgendes vermuten
zu können:
1. Was die Grundstruktur der Erzählung betrifft, besteht zunächst Grund für die Annahme, diese habe sich im wesentlichen
nicht verändert. So schreibt z.B. Taylor: "In spite of various
changes, the story remains in large measure the same in sub-
stance"[106]. Ähnlich auch Abel: "...studies of rumor transmission indicate that *as information ist transmitted, the general*

---

105 Wir beschränken uns hier auf die Beobachtungen Aarnes
    (zusammengefaßt bei Boman, Jesus-Überlieferung 20), Thei-
    ßens (Wundergeschichten 191-196), Abels (Oral transmis-
    sion: JR 51, 1970, 270-281), Wires (The structure of the
    gospel miracle stories, passim) und Taylors (Gospel tra-
    dition 202-209).

106 Vgl. ders., a.a.O. 208.

*form or outline of a story remains intact, but fewer words
and fewer original details are preserved* "[107].Worin besteht
aber die Struktur unserer Erzählung?

Die HP ist deutlich dreigliedrig aufgebaut[108]: Einer kurzen *Einleitung* (mit Lokalisierung und Erwähnung der zwei Akteure: Jesus und dem ἑκατοντάρχης) folgt ein Hauptteil, nämlich *der Dialog zwischen dem Hauptmann und Jesus*[109]. Dieser
besteht aus (1) Bitte bzw. Charakterisierung der Not (Q 8,6),
(2) Ablehnung (Q 8,7), (3) erneute Bitte mit Vertrauensäußerung (Q 8,8f) und (4) Admirations- und Zuspruchs- bzw. Heilungswort (Q 8,10.13ab). Als dritter Teil wäre *der Schluß* zu
nennen (Q 8,13c), der der Konstatierung des Wunders diente.
Wenn nun der Tradent beim Prozeß der schriftlichen Abfassung
die Erzählung im großen und ganzen so übernahm, wie sie ihm
mündlich weitererzählt wurde - für eine entgegengesetzte Annahme fehlen uns jegliche Indizien! -, so wird wohl die Struktur der Geschichte im mündlichen Stadium der Tradierung gegenüber der uns heute schriftlich vorliegenden Fassung keine
wesentlichen Differenzen aufgezeigt haben.
2. Da die Geschichte eine äußere Rundung aufzeigt und deutlich abgrenzbar ist, wird man für Anfang und Ende nicht mit
großen Veränderungen rechnen müssen. Konkretere Vermutungen
ließen sich hier höchstens für den Anfang aufstellen:
a. Das Motiv des Kommens Jesu, das innerhalb des Mt/Lk-Evan-
geliums und Q in eine zusammenhängende Erzählung bzw. Spruch-
sammlung integriert ist, wird wohl mündlich urspr mit mehr

---

107 Vgl. ders., a.a.O. 275f.

108 Zum Aufbau der Wundergeschichten vgl. Perels, Wunderüber-
    lieferung 30ff (zu Mt 8,5ff: ebd. 46f) und aus letzter
    Zeit Funk, The form of the New Testament healing miracle
    story, passim.

109 Vgl. dazu die Ausführungen Funks, a.a.O. 75-77. Nach ihm
    entspricht der formale Aufbau des Dialogs in Mt 8,5ff dem
    anderer Erzählungen wie Mk 5,21-24.35ff; 7,24ff; 9,14ff
    und Apg 9,36ff. Für den charakteristischen Zug des forma-
    len Aufbaus all dieser Erzählungen hält er die Erwähnung
    eines "protest or objection" (ebd. 76). In unserer Peri-
    kope bezieht er dieses Charakteristikum allerdings nur auf
    die Aussage des Hauptmanns in V 8 ("Herr, ich bin nicht
    wert, daß du unter mein Dach trittst"), obwohl dies doch
    eher ein Reflex der primären Ablehnung Jesu (V 7!) ist.

oder weniger kommentierenden Worten einfach angekündigt worden sein, wie z.B. Τοῦτο ἐποίησεν ὁ Ἰησοῦς ὅτε ἦλθεν εἰς
Καφαρναούμ o.ä.[110]

b. Die Kargheit der Situationsangaben und das Fehlen des Porträts könnten u.a. auch mit der Verkürzungstendenz bei mündlichen Überlieferungsprozessen zusammenhängen[111]. Es ist z.B.
durchaus denkbar, daß die Geschichte in Kafarnaum selbst mit
dem Namen des Hauptmanns erzählt wurde, soweit dieser für den
Zuhörerkreis als bekannt vorausgesetzt werden konnte. Doch
sobald die Tradierung der Begebenheit in einen Kreis weiter-
geschah, dem der Hauptmann persönlich nichts zu sagen hatte,
war zugleich auch der Grund gegeben, weshalb seine namentli-
che Nennung nicht mehr von Bedeutung war.

3. Inwieweit der dialogische Hauptteil (Vv 6ff) beim Prozeß
der Verschriftlichung Veränderungen unterlag, ist schwer zu
entscheiden. Für die Vv 8f könnten starke Indizien einer se-
mitisch-sprachlichen Beeinflussung allerdings darauf hindeuten, daß die schriftliche Abfassung hier keine nennenswerten
Veränderungen mit sich brachte[112].

2.33. Der Sitz im Leben.

Bestehen gute Gründe zur Annahme, daß bei der schriftlichen
Abfassung die Grundstruktur unserer Erzählung keiner wesentlichen Veränderungen unterlag, so ist nun zur näheren Bestimmung des Sitzes im Leben der HP nochmals auf die Erkenntnis aufmerksam zu machen, die bei der formgeschichtlichen
Einordnung und beim Vergleich dieser Q-Erzählung mit anderen
Fernheilungsgeschichten gewonnen wurde und nach der das Pro-
prium der HP eindeutig im dialogischen Teil der Vv 7-10 liegt.
Für die Ermittlung des Sitzes im Leben wäre nun konkret zu
fragen: Welche besonderen Interessen haben bei der vorliegenden Gestaltung des Dialogs mitgewirkt? Die Antworten hierzu

---

110 Vgl. dazu Theißen, a.a.0. (Anm. 105) 129-133, 133.

111 Vgl. dazu Taylor, Gospel tradition 124.208 und Abel, Oral
transmission 275-277.

112 Vgl. dazu Abel, a.a.0. 278f, der u.E. zu Recht darauf hinweist, daß beim Prozeß der Tradierung in Griechisch die
Anzahl der Semitismen eher ab- als zunimmt.

sind unterschiedlich:

1. Wire rechnet die Hauptmannsperikope (nach ihrer "organizing interaction") zu den "demand-stories"; sie setzt dabei
voraus, daß die "interaction", die sich in den Wundergeschichten widerspiegelt, ein Reflex der Interaktion ist, die sich
zwischen Erzähler und Hörer der Wundergeschichten ereignete:
"These demand stories...should therefore tell something about
this human interaction in which they were told"[113]. Auf die
Frage, was nun die Erzähler mit diesen demand-stories beabsichtigten, fährt sie fort: "At least it is clear that the
teller seeks to draw the hearers into a demanding stance"[114].
Konkret interpretiert Wire diese "demanding stance" folgendermaßen: "...the teller calls the hearer to break out of a
closed world and to demand, struggle and realize miracle in
human life"[115]. Die demand-stories wären hiernach also von
Seiten des Erzählers zum Zwecke der Stärkung der Hoffnung und
des Vertrauens auf eine Heilung hin gedacht: "...demand stories (sc tell) the iniciative that breaks out of physical and
psychological impotence"[116].

2. Beachtet man nicht nur wie Wire die Struktur der Wundergeschichte, sondern ebenfalls die Identität der innerhalb der
Erzählung vorkommenden Akteure, so fällt sofort auf, daß es
sich hier bei dem Fürbitter um einen Heiden handelt (vgl. Q

---

113 Vgl. Wire, The structure of the gospel miracle stories 106.

114 Vgl. dies., a.a.O. Dies schließt nach Wire aus, daß 1) die
    Erzählung von einem "simple entertainment motive" geformt
    wurde; 2) der Zweck, den der Erzähler verfolgte, allein in
    der Absicht bestand, "to increase demand for healing mi-
    racles per se", und 3) die Erzählung lediglich mit dem Ziel
    erzählt wurde "in order to return praise to the healer
    for the miracle" (Die Zitate stammen aus S. 106).

115 Vgl. dies., a.a.O. 108.

116 Vgl. Wire, a.a.O. 109. Zur Kritik an Wire vgl. Zeller,
    Wunder und Bekenntnis 208.218: "Die Struktur der Wunderer-
    zählung reizt aber zunächst nicht zur Identifikation mit
    dem Wundertäter. Wire verabsolutiert eine Beobachtung am
    Typ der 'Realized-Demand'-Erzählungen, in denen der bitten-
    de Teil eine aktive Rolle übernimmt. Aber hier wäre darauf
    zu achten, daß solches glaubende 'Können' immer dem 'Kön-
    nen' des Wunderwirkenden zugeordnet ist" (ebd. 208).

8,7.10). Demnach könnte die Erzählung noch zwei anderen, jeweils verschiedenen Interessen, gedient haben:

a. Die Intention könnte heidenfreundlich gewesen sein. Man
wollte diese Geschichte vielleicht als Paradigma für Jesu Annahme von Heiden benutzen. Die Erzählung könnte somit etwa als
Predigtbeispiel in der missionarischen Verkündigung gegenüber
Heiden geformt worden sein[117]. War die urspr Intention eine
heidenfreundliche, so könnte das in V 7 verwendete Erschwernismotiv u.U. um einer apologetischen Pointe willen einge-
führt worden sein: Judenchristen, die der Heidenmission skeptisch gegenüberstanden, könnte damit gezeigt werden, daß auch
Jesus sich urspr der Heiden nicht ohne Bedenken annahm, sondern erst auf Grund ihres hartnäckigen Glaubens sich ihnen
heilend zuwandte.

Gegen diese Deutung scheint aber folgendes zu sprechen:
1) Die heidnische Abstammung des Zenturio wird nicht besonders hervorgehoben. Anders als etwa in Mk 7,26 ist die heidnische Abstammung des Fürbitters nur implizit in der Geschichte enthalten (vgl. Vv 7f.10).
2) Besondere Begriffe, die einen Einfluß von der missionarischen Heidenwerbung aufweisen könnten, sind in der Erzählung
nicht enthalten.
3) Vor allem der Schluß der Erzählung würde in einer Situation
der Heidenmissionierung wohl anders formuliert werden, und
zwar so, daß neben dem Motiv der Konstatierung des Wunders
(Q 8,13c) auch noch zusätzlich von anderen Motiven wie etwa
dem der Admiration, Akklamation, Stellungnahme zum Wundertäter oder Verbreitung der Kunde Gebrauch gemacht sein würde,
da durch sie der Bezug zur jeweils aktuellen heidnischen Hö-
rerschaft sich wirkungskräftiger herstellen ließe[118].

---

117 So meint z.B. Lührmann, daß bereits in Q der Hauptmann
   Paradigma des Glaubens, "und zwar gerade als Heide, war":
   vgl. ders., Redaktion 58. Andere Forscher, die Entstehung
   und Ziel der Hauptmannsgeschichte in Verbindung mit der
   Heidenmission bringen, nennt Schulz, Q 244, Anm. 461. Z.T.
   eigene Wege geht Meyer, Gentile Mission in Q 410f: "The
   tale arose in the primitive church over the debate concerning the Gentile mission, and was originally intended
   to prove the possibility and legitimacy of Gentile faith.
   Far from defending Gentile faith, however, with the use
   of the crucial phrase, 'from no one in *Israel*, etc.,' the
   Q-community pressed the story into the service of convic-
   ting Israel by contrasting their unbelief with this Gentile's trust" (ebd. 411).

118 Vgl. dazu Zeller, a.a.O. 217ff. Weitere Argumente gegen
   die Annahme, die HP sei im Hinblick auf die Heidenmission
   komponiert worden, finden sich u.S. 425f.

b. Die Intention könnte jüdisch-polemischer Art gewesen sein.
Hauptstütze für diese These wäre die inhaltliche Kontrastierung zwischen dem gläubigen Hauptmann und Israel in V 10. Das
Motiv der Erschwernis (V 7) hätte hier dann etwa den Sinn,
den Kleinglauben der Israeliten gegenüber der τοσαύτη πίστις
des heidnischen Befehlshabers verschärft herauszustellen.
Gut zu dieser Annahme paßt auch, daß in Q Heiden noch an anderen Stellen polemisch als Kontrastbeispiele zu Israel angeführt werden, wie Mt 8,11f; 11,20-23; 12,38-42 und vielleicht
noch 22,1-10 par Lk zeigen.

Von diesen drei unterschiedlichen Deutungen scheint uns
die letztere die höhere Wahrscheinlichkeit für sich zu haben. Demnach wird der urspr Sitz im Leben der Erzählung nicht
in der Mission unter den Heiden, sondern in der Polemik gegen den Unglauben der Juden zu suchen sein[119].

---

119 So richtig Meyer, Gentile mission in Q 411; Strecker, Weg
    100 und Walker, Heilsgeschichte 49.89 (Strecker und Walker
    meinen freilich, daß das mt παρ'οὐδενί in seinem gegenüber
    dem lk οὐδέ verschärften polemischen Ton nicht schon urspr
    zur Erzählung gehörte, sondern als Red des Mt verstanden
    werden muß) u.a.

3. Einzelanalyse und theologische Bewertung der HP

In diesem Abschnitt sollen nun Einzelheiten unserer Geschichte näher ins Auge gefaßt werden, um somit die theologische Aussageintention der Erzählung genauer bestimmen zu können. Auf umfangreiche traditionsgeschichtliche Analysen - wozu sich etwa Begriffe wie πίστις, 'Ισραήλ oder κύριος eignen würden - wurde freilich verzichtet; dazu sind vor allem die entsprechenden Artikel im Theologischen Wörterbuch zum Neuen Testament (ThWNT) zu vergleichen, auf die jeweils hingewiesen wird.

V 5

a. Καφαρναούμ.

Dieser Ort[1] war zeitweise Hauptplatz der Wirksamkeit Jesu[2] (vgl. Joh 2,12 und Mt 4,13); in Mt 9,1 heißt er sogar ἡ ἰδία πόλις. Seine Lokalisierung entspricht dem heutigen Ruinenhügel Tell Hum am Nordwestufer des Sees Gennesaret, ca. 4 km westlich der Jordanmündung[3]. Was seine Bevölkerung betrifft, so wird sie überwiegend jüdisch gewesen sein, obwohl - wie u.a. aus der HP selbst zu entnehmen ist - auch mit heidnischem Anteil zu rechnen ist[4].

---

1 Zur Lesart Καπερναούμ, die einige spätere Hss. zu Mt 4,13 und Lk 10,15 bringen, vgl. Bl/Deb/Rehkopf, Grammatik § 39,2., Anm. 2.

2 Vgl. dazu Dalman, Orte 142ff; Grundmann, Mt 107-109 (sub Exk. 3) und Alt, Die Stätten des Wirkens Jesu 447-452.

3 Vgl. Beer, Art. Kapernaum, PRE X, 1889-1891; Abel, Géographie II, 292f; Kopp, Die heiligen Stätten 213-230 und Dalman, a.a.O. 137.159.

4 Vgl. dazu Alt, a.a.O. 448.451, Anm. 4 und 453; Dalman, a.a.O. 159 und Avi-Yonah, Historical Geographie (CRI I/1) 105: "The population of Capernaum was also to some extent mixed; it was a town on the border of two regions: in the time of Jesus the tetrarchies of Antipas and his brother Philip, and later, Galilee und Gaulanitis".

b. Ἑκατοντάρχης⁵.

Was die *Nationalität des Zenturio* betrifft, so wurden unter den Forschern verschiedene Meinungen vertreten. Preis-
ker⁶ hält eine römische Herkunft für wahrscheinlich. Ähnlich
auch Schniewind: "Es ist ein römischer Centurio, der Jesus begegnet...er kommt wohl aus einer der benachbarten griechisch-
römischen Städte, etwa Tiberias, herüber, Jesus um Hilfe zu
bitten"⁷. Eine etwas differenziertere Deutung vertritt Lundgreen: "Es ist wohl kein Fehlgriff, wenn wir meinen, daß der
Zenturio von Kapernaum ein ehemaliger römischer Legionär war,
der unter vorteilhaften Bedingungen in das Heer des Herodes
Antipas eingetreten ist, um dasselbe nach dem Vorbilde des

---

5 Vgl. zum ἑκατοντάρχης vor allem den Exkurs o.S. 60ff und 69-
  72. Im Rahmen unserer Arbeit konnte bis hierher folgendes
  über den ἑκατοντάρχης der HP festgestellt werden:
  1. Ein grundsätzlicher Gegensatz zwischen dem ἑκατοντάρχης
     der HP und dem βασιλικός von Joh 4,46ff ließ sich nicht
     herausstellen, zumal letzterer Terminus auch für Personen
     im militärischen Dienst gebraucht werden kann (s.o.S. 71).
  2. Die Erwägung der historischen Plausibilität, die hinter
     den Angaben von Lk 7,1ff steht, ergab, daß prinzipiell
     nicht ausgeschlossen werden kann, daß der in Mt 8,5ff/Lk
     7,1ff erwähnte Befehlshaber irgendwie am Bau einer Synagoge
     in Kafarnaum beteiligt war (s.o.S. 258-262). Daraus ist zu
     schließen, daß der Zenturio möglicherweise zu den sogenann-
     ten "Gottesfürchtigen" gezählt hat (vgl. zu den Gottesfürch-
     tigen Siegert, Gottesfürchtige und Sympathisanten, passim)
     und auch selbst am Synagogenbesuch teilnahm (zur Teilnahme
     der Gottesfürchtigen am Synagogenbesuch vgl. etwa Apg 13,16.
     26 und 15,21; zur Sache, Siegert, a.a.O. 130f).
  3. Der Q-Bericht setzt, trotz der Beziehungen, die nach Lk
     7,1ff zwischen dem Befehlshaber und der Judenschaft Ka-
     farnaums möglicherweise bestanden, deutlich voraus, daß für
     Jesus der Zenturio keineswegs als Jude, sondern als Heide
     galt, was aus der Kontrastierung seines Glaubens mit dem
     Israels in Q 8,10b hervorgeht; so hat es auch der Evangelist
     Mt verstanden, der andernfalls Mt 8,11f kaum zwischen Mt 8,
     10 und 8,13 plaziert hätte.
     Nach dem Gesagten wollen wir in der Einzelanalyse noch
  auf zwei Fragen eingehen, nämlich auf die nach der Nationalität und nach der Funktion des Zenturio in Kafarnaum.

6 Vgl. ders., Neutestamentliche Zeitgeschichte 226, Anm. 7:
  "Kapernaum hat eine römische Zollstation und wohl auch eine
  kleine römische Militärabteilung (Matth. 8,5; Luk. 7,1ff.)".

7 Vgl. ders., Mt 108.

römischen Heerwesens auf die Höhe zu bringen"[8]. Skeptisch gegen diese Herleitung äußerten sich etwa Hill, Montefiore und
Bonnard[9]. Andere Forscher halten demgegenüber eine syrische
Herkunft für wahrscheinlich. So etwa Grundmann: "Die Söldnertruppen des Herodes Antipas wurden aus Mißtrauen gegen die
einheimische Bevölkerung aus den nichtjüdischen Bergstämmen
des Libanon und Hauran gewonnen (vgl. Joseph. ant. 18,113).
Der Zenturio dürfte daher als syrischer Heide anzusehen
sein... Der Name 'Hundertschaftsführer' verrät römischen Einfluß auf seine Organisation"[10]. Als syrischen Heiden deutet
den Zenturio neuerdings auch Schweizer: "Der Hauptmann ist
als syrischer Heide in römischen Diensten zu denken"[11]. Die
große Mehrzahl der Kommentatoren begnügt sich freilich damit,
den Befehlshaber einfach als einen heidnischen Militär im
Dienste des Herodes Antipas zu deuten[12].

Die unterschiedlichen Meinungen deuten darauf hin, daß
eine sichere Entscheidung kaum noch möglich ist. In negativer
Hinsicht läßt sich freilich soviel sagen, daß für die Vermutung, der Zenturio stehe "in römischen Diensten", jegliche
Anhaltspunkte fehlen, da aus den Quellen keinerlei Hinweise
darauf zu entnehmen sind, im Gebiete des Antipas wären z.Z.

---

8 Vgl. ders., Das palästinische Heerwesen 48.

9 Vgl. Hill, Mt 158: "The title 'centurion' (...)need not be
  pressed: the man was a pagan (...), but not necessarily a
  Roman"; Montefiore, Mt 129: "The soldier is a heathen, not
  necessarily a Roman, in the service of Herod Antipas"; Bonnard, Mt 115: "d'après les v.8 et 10 ce centurion était un
  païen, mais pas forcément un Romain". Ähnlich auch schon
  Zahn, Mt 337: "Da Kapernaum im Gebiet des Herodes Antipas
  lag, ist der nach v.8 noch im aktiven Dienst stehende Hekatontarch auch nicht ein römischer Centurio, sondern ein
  im Dienst des Landesfürsten stehender Offizier".

10 Vgl. ders., Mt 251 (sein Verweis auf Josephus, Ant 18,113
   ist falsch). Ähnlich auch Schlatter, Mt 273, der jedoch
   hinsichtlich der Herkunft keine konkrete Angaben macht.

11 Vgl. ders., Mt 138.

12 So schon de Wette, Mt 115 und Weiss, Mt 167.

Jesu römische Truppen stationiert gewesen[13]. War der Zenturio
daher ein gebürtiger Römer, so stand er aller Wahrscheinlichkeit nach im Dienste des Tetrarchen Antipas. Aber auch diese
Vermutung bleibt recht unwahrscheinlich, denn von römischen
Söldnern im Heere des Antipas oder seines Vaters ist in den
Quellen u.W. an keiner anderen Stelle die Rede. Viel wahrscheinlicher ist es daher, daß es sich beim Befehlshaber von
Q 8,5ff um einen heidnischen Zenturio nicht-römischer Herkunft handelt. Die Praxis der Anwerbung fremder Söldner wird
nämlich von Josephus schon für die Zeit des Johannes Hyrkanus
belegt (vgl. Ant 13, § 249). Von Alexander Jannäus heißt es,
daß er eines Aufstandes innerhalb des jüdischen Volkes nur
mit Hilfe seiner pisidischen und kilikischen Söldnertruppen
Herr werden konnte (Josephus, Ant 13, § 374; vgl. Bell 1,
§ 88). Von ausländischen Söldnern unter Herodes d. Gr.
schließlich weiß Josephus an mehreren Stellen zu berichten
(vgl. Ant 15, § 217 [s. Bell 1, § 397 und § 437] und 17,
§ 198 [s. Bell 1, § 672]). Es werden erwähnt: Traker, Gallier
und Germanen. Daß Herodes d. Gr. und in seinem Gefolge Antipas auch Syrer als Söldner erwarben, wird zwar nirgends ausdrücklich erwähnt, läßt sich aber durchaus vermuten[14]. Aus
den Belegen geht hervor, daß eine nähere Bestimmung der Nationalität des Befehlshabers in Q 8,5ff nicht mehr möglich
ist. Er kann syrischer, aber auch anderer Herkunft gewesen
sein.

Ist auch hinsichtlich der Herkunft des Zenturio eine letzte
Sicherheit nicht mehr möglich, so dürfte die Stationierung
einer kleinen Garnison in Kafarnaum wegen der besonderen Lage dieses Ortes durchaus gerechtfertigt sein, denn Kafarnaum
besaß nicht nur eine Zollstation (Mt 9,9), sondern war zugleich auch Grenzort zwischen den Tetrarchien des Antipas und

---

13 Vgl. dazu Sherwin-White, Roman society 124: "This centurion
   cannot be a Roman soldier, though the story implies that
   he ist not a Jew. Capernaum was in the heart of the Tetrar-
   chy of Herod. Galilee was never part of a Roman province
   until the death of Agrippa I in A.D.44. The centurion must
   be a soldier of Herod, who certainly affected Roman ter-
   minology".

14 Vgl. dazu Schalit, König Herodes 169, Anm. 84.

des Philipus. Die Garnison wird daher sowohl polizeiliche[15] als auch militärische Überwachungsfunktionen innegehabt haben. Schlatter erwägt darüber hinaus sogar noch eine Schutzfunktion der Garnison gegenüber den tyrischen Dörfern im Norden: "Vermutlich war die Nordgrenze Galiläas gegen das tyrische Gebiet hin wegen des Judenhasses der tyrischen Dörfer und wegen der Zölle militärisch geschützt"[16]. Inwieweit der Zenturio auch im Verwaltungsbereich tätig gewesen ist, wie es Untergaßmair vermutet[17], läßt sich nicht mehr feststellen[18].

V 6

Nach dem Q-Bericht lag der Erkrankte gelähmt und litt große Qual. Eine genauere Diagnose der Krankheit ist, wie aus dem Vergleich der Fassungen des Mt, Lk und Joh hervorging[19], nicht mehr möglich. Dies geht teilweise auch schon aus dem Begriff παραλυτικός selbst hervor, der ja nicht nur als Bezeichnung für die Gicht, sondern für die unterschiedlichsten Arten von Lähmungen mit verschiedenen Ursachen verwendet werden konnte[20]. Eigenartig ist in Q 8,6 die Bemerkung δεινῶς βασανιζόμενος, da sonst im NT vom Erleiden besonderer Qualen infolge einer Paralyse nicht die Rede ist[21].

V 7

In der Forschung ist V 7 besonders umstritten, da man ihn entweder als Frage oder als zustimmende Aussage interpretieren

---

15 Zur polizeilichen Funktion der Soldaten bei Steuererhebungen vgl. nun die Ausführungen Herrenbrücks zu Lk 3,12-14 in ders., Jesus und die Zöllner 249-251.

16 Vgl. ders., Mt 273f.

17 Vgl. ders., Art. ἑκατοντάρχης, EWNT I, 984.

18 Zu den vielfältigen Funktionen, in die die römischen Söldner während der Kaiserzeit eingesetzt werden konnten, vgl. nun Davies, The daily life of the roman soldier under the Principate, ANRW II/1, 299-338.

19 S.o.S. 46ff.

20 Darauf verweisen einstimmig Ebstein, Medizin 76-80; Preuss, Biblisch-talmudische Medizin 351 und Schmidt, Geschichte Jesu II, 205-207. Vgl. auch Harrison, NIDNTTh III, 999f s.v. παραλυτικός und ders., IDB I, Art. Disease, 847-854, bes. 851f.

21 Vgl. Mk 2,1-10 par; Apg 8,7 und 9,33.

kann[22]. Legt man ihn als Frage aus, so ist diese entweder positiv - "wenn sie hervorhöbe, wie Großes diese Bitte von Jesus erwartet"[23] - oder negativ im Sinne einer abweisenden, abwehrenden Frage zu verstehen.

Für die letztere Deutung trat vor allem Zahn ein[24]. Da die von ihm vorgebrachten Argumente u.E. stichhaltig sind und bis heute nicht überzeugend widerlegt werden konnten, geben wir sie hier noch einmal in extenso wieder:

"Die herkömmliche Fassung dieser (sc 'ich soll kommen und ihn heilen?') Worte als einer behauptenden Aussage läßt erstens das ἐγώ, dieses stark betonte 'ich' unerklärt; denn daß kein anderer als Jesus Hilfe schaffen sollte, war ja damit, daß ihm, der damals so viele Kranken zur Gesundung verhalf, die vorliegende Not geklagt wurde, unzweideutig gesagt. Welchen Sinn hätte es also, daß Jesus sagte: niemand anders als ich kann und wird helfen, ich selbst will kommen und ihn heilen? Zweitens wird dadurch die steigende Energie des Hilfe begehrenden Glaubens, welche der Hauptmann nunmehr entwickelt, unverständlich. Hatte Jesus sich bereits v. 7 ohne jedes Zögern bereit erklärt, zu dem Kranken zu gehen, so war das, was der Hauptmann v. 8f sagt, nicht sowohl Äußerung eines staunenswerten Glaubens als einer praktisch überflüssigen Bescheidenheit, wovon man nur nicht versteht, warum sie nicht schon v. 6 zum Ausdruck gekommen ist, und warum der Hauptmann statt dessen deutlich genug zu verstehen gegeben hatte, Jesus möge zu dem Kranken und somit in sein Haus kommen. Drittens ist nicht einzusehen, warum Jesus nicht nach seinen Worten, wie man sie zu verstehen pflegt, handelt, sondern

---

22 Vorausgesetzt ist dabei, daß die früheren Hss. keine oder nur äußerst selten Interpunktionszeichen gebrauchten: vgl. Metzger, Text 13.27.

23 Vgl. Schlatter, Mt 275.

24 Vgl. ders., Mt 338f (auch ders., Einleitung II, 314). Als abwehrende Frage verstehen es auch viele Forscher: vgl. etwa Wellhausen, Mt 35; Holtzmann, Lk 220; Weiss/Bousset, Mt 290; Montefiore, Mt 129; Klostermann, Mt 74; Filson, Mt 111 ("probably"); Lohmeyer/Schmauch, Mt 157; Tasker, Mt 88 ("probably"); McNeile, Mt 104. Weitere Befürworter dieser Auffassung bei Schulz, Q 242f, Anm. 447. Im Sinne einer positiven Aussage verstehen Mt 8,7 de Wette, Mt 115; Weiss, Mt 167; Schlatter, Mt 274f; Lagrange, Mt 165; Gaechter, Mt 265; Bonnard, Mt 115; Haenchen, Johanneische Probleme 82f, Anm. 1; Derett, Syro-phoenician and centurion 176; Schweizer, Mt 138 ("wahrscheinlich") und Howard, Das Ego Jesu 173 u.a. (weitere Befürwörter dieser Auffassung nennt Howard, a.a.O. 173, Anm. 4). Schließlich ist noch auf einige Forscher zu verweisen, die sich unentschieden verhalten: so etwa Albright, Mt 93; Grundmann, Mt 251f und Schniewind, Mt 109.

durch die unveranlaßte, nachträglich erst laut werdende Bescheidenheit des Hauptmanns sich zu einer Steigerung seiner
Machterweisung über seine Zusage hinaus bewegen läßt"[25].

Diese Deutung wird nicht zuletzt durch das Verhalten Jesu gegenüber der Syrophoenizierin (Mk 7,24ff par Mt 15,21ff) nahegelegt: auch ihr gegenüber gewährte Jesus die Hilfe nur,
nachdem er sie zunächst abgewiesen hatte (vgl. Mk 7,27 und Mt
15,23a.26)[26].

Interessant ist, daß der erste Evangelist auch die Haltung
der Syrophoenizierin anders als Mk (vgl. Mk 7,29) als "großer
Glaube" interpretiert (vgl. Mt 15,28: μεγάλη σου ἡ πίστις).
Falls diese seine Interpretation unter Einfluß von Mt 8,10
stand, so dürfte auch er Mt 8,7 als abweisende Frage verstanden haben: Er sah wahrscheinlich die Größe des heidnischen
Glaubens bei dem Hauptmann und bei der Syrophoenizierin darin, daß beide Fürbitter, trotz ihrer heidnischen Abstammung
und der damit verbundenen primären Abweisung ihrer Bitten
durch Jesus, sich dennoch in ihren Vertrauen zu seiner Hilfs-
macht nicht beirren ließen.

---

25 Vgl. Zahn, Mt 338f.

26 Daß Mt 8,7 sich auch von Mk 7,27 (vgl. Mt 15,23a.26) her
   als abwehrender Fragesatz nahelegt, versucht Haenchen (vgl.
   ders., Johanneische Probleme 82f, Anm. 1) durch das Argument zu relativieren, daß beide Geschichten (Mt 8,5ff und
   Mk 7,24ff) ganz verschiedene Kompositionen darstellen und
   daher die eine Geschichte nicht durch die andere ausgelegt
   werden dürfe. Ähnlich argumentiert auch Howard (vgl. ders.,
   Das Ego Jesu 173). Diese Argumentation ist nur teilweise
   richtig. Natürlich muß jede Perikope zunächst "nach ihrem
   eigenen Wortlaut und Sinn gefragt werden" (Haenchen, ebd.);
   auch daß beide Geschichten unterschiedliche Kompositionen
   bilden wird ja keiner bezweifeln wollen. Andererseits sind
   wir aber für die Deutung mancher Züge innerhalb der synoptischen Überlieferung auf den Vergleich angewiesen, ohne
   den weder das Verhalten Jesu noch die Intention der jeweiligen Traditionsstücke angemessen erfaßt werden können.
   Für unseren Fall ist dies um so berechtigter, als schon der
   erste Evangelist selbst die Haltung der Syrophoenizierin
   von dem Logion Jesu in Mt 8,10 her interpretierte (vgl. Mt
   15,28). Für die Heranziehung von Mk 7,24-30 par Mt 15,21-
   28 zur Deutung von Mt 8,7 als Frage vgl. nun auch France,
   Exegesis in practice 256f.
     Abgesehen von dem Vergleich mit Mk 7,27 par Mt 15,26
   verweisen etwa Jeremias (vgl. ders., Verheißung 25f) und
   Loisy (vgl. ders., Évangiles I, 649, Anm. 5) auch noch auf
   Joh 4,48 als Anhaltspunkt für die Interpretation von Mt 8,7
   als Frage. Dieser Verweis wird freilich dadurch relativiert,
   daß Joh 4,48 sehr wahrscheinlich als red zu beurteilen ist
   (s.o.S. 25f).

Stimmt die Deutung von Mt 8,7 als eine entrüstete und abweisende Frage, so wird, wie Zahn und McNeile vorschlagen[27], θεραπεύσω nicht als Futur, sondern eher als Konj.Aor. aufzufassen sein, so daß wir V 7 als deliberativen bzw. dubitativen Fragesatz aufzufassen hätten[28].

Entschieden gegen die Deutung von Mt 8,7 als abwehrende Frage traten Schlatter und Haenchen ein[29]. Folgende Argumente werden angeführt:

1. Das ἐγώ ist zwar betont, es mag aber "einen Gegensatz andeuten: andere bätest du vergeblich; ich aber werde kommen und ihn heilen"[30].

2. Mt wird V 7 kaum als Frage aufgefaßt haben können, denn "daran ist...nicht zu denken, daß Mat. Jesus Widerwillen zugeschrieben habe, in ein heidnisches Haus zu gehen, nachdem er soeben erzählt hat, daß Jesus den Aussätzigen anfaßte, und da er sagt, daß es für Jesus nichts gab, was von außen verunreinigen könnte"[31].

3. Auch die Lk-Fassung "weiß von einer Weigerung Jesu, in das Haus des Heiden zu gehen, nichts, setzt vielmehr seine Bereitwilligkeit voraus und schiebt jeden Anstoß an derselben dadurch weg, daß die Presbyter Kapernaums selber Jesus darum bitten"[32].

Gegen diese Argumente läßt sich aber anführen:

Ad 1 - Daß durch das vorangestellte ἐγώ die Hilfe Jesu gegenüber der von anderen Helfern hervorgehoben werden sollte, bleibt reine Vermutung, da sie im Text selber durch nichts angedeutet wird[33].

Ad 2 - Dieses Argument Schlatters geht von einer Voraussetzung aus, die im Text selbst keineswegs explizit gegeben ist,

---

27 Vgl. Zahn, Mt 338, Anm. 19 und McNeile, Mt 104.

28 Zu den deliberativen Fragesätzen, vgl. Bl/Deb/Rehkopf, Grammatik § 366.

29 Vgl. Schlatter, Mt 274f und Haenchen, Johanneische Probleme 82f, Anm. 1.

30 Vgl. Schlatter, a.a.O. 274f.

31 Vgl. Schlatter, a.a.O. 275.

32 Vgl. Schlatter, a.a.O. 275.

33 Dieselbe Kritik äußert auch Howard, Das Ego Jesu 173f; vgl. aber auch schon Zahn, Mt 338.

daß nämlich die Abweisung durch Jesus nach mt Verständnis
unbedingt aus Reinheitsgründen verursacht sein müsse. Hier
muß aber zunächst zwischen der Antwort Jesu und der Reaktion
bzw. Interpretation seiner Worte durch den Zenturio säuber-
licht getrennt werden. Jesus könnte ja sehr wohl aus dem Bewußtsein seiner primären Sendung zu Israel (vgl. Mk 7,27 par
Mt 15,26) die Bitte abgewiesen haben und von dem Zenturio infolge seiner möglichen Kenntnis der jüdischen Reinheitsvorschriften so interpretiert worden sein, daß er auf Grund dieser gehandelt habe (Mt 8,8a). Das aber heißt: Hat Mt V 8a
("Ich bin nicht würdig, daß du unter mein Dach trittst") im
Sinne der Reinheitsvorschriften verstanden (vgl. Apg 10,28
und Joh 18,28), so folgt daraus keineswegs zwingend, daß er
auch Jesu Antwort unbedingt aus derselben Prämisse verstanden
haben muß. Hinzu kommt noch, daß sich V 8a keineswegs ausschließlich von der Voraussetzung der Unreinheit eines heidnischen Hauses her interpretieren läßt, wie aus den Ausführungen zu V 8 (s.u.) hervorgeht. Da wir nun vom MtEv her
nicht mehr imstande sind zu sagen, in welchem Sinn der erste
Evangelist selbst V 8a verstand, verliert das Argument, auf
das sich Schlatter stützt, seine Beweiskraft. Entschieden
abzulehnen ist demgegenüber sein Argument, das darauf
basiert, daß Mt sage, "daß es für Jesus nichts gab, was von
außen verunreinigen könnte" (vgl. Mt 15,11 mit Mk 7,15), denn
wie wenig eine derartige Aussage für den ersten Evangelisten
bereits Jesu Annahme von Heiden impliziert, zeigt die dem
Abschnitt Mt 15,1-20 (vgl. Mk 7,1-23) folgende Geschichte der
Syrophoenizierin (Mt 15,21ff), in der gerade Mt über Mk hinaus die Kluft zwischen Jesus und der heidnischen Frau durch
seine Auslegung noch vergrößert (vgl. Mt 15,26 par Mk 7,27
mit Mt 15,23a.24 ohne Mk-Parallele!).
Ad 3 - Dieses Argument wird vor allem dadurch entkräftet, daß
die Lk-Fassung sich auf Grund der Wortstatistik traditionsgeschichtlich als sek erwies[34]. In Lk 7,1-10 hat eine abwehrende Haltung Jesu in seiner Person als Jude schon deshalb
keinen Sinn mehr, weil die Juden selbst eine positive Haltung

---

34 Vgl. dazu o.S. 245-254.

Jesu bereits durch ihren Einsatz (Lk 7,4f) sanktionierten.
Andererseits könnte gefragt werden, ob nicht gerade die Betonung des jüdischen Einsatzes zugunsten des Zenturio als
Reminiszenz einer urspr Abweisung gedeutet werden könnte.
Dies ist in der Tat die Meinung Bultmanns: "Es scheint doch,
daß auch Lk die Geschichte in einer Form las, in der deutlich
war, daß Jesu Bedenken überwunden werden mußte; aber da er
den Dialog nicht mehr klar verstand, teilte er die Rolle des
Überredens den πρεσβύτεροι zu, die nun andere Argumente bringen müssen, die Lk für einleuchtender hielt"[35].

Zusammenfassend läßt sich sagen: V 7 dürfte als abwehrende
Frage dem urspr Sinn der Perikope am besten entsprechen. Bei
dieser Deutung wird das betont vorangestellte ἐγώ verständ-
licher, die Antwort des Hauptmanns in V 8a sinnvoller und Jesu Hinweis auf den "großen Glauben" (V 10) eher gerechtfertigt. Ob freilich Jesus sich zu dieser abwehrenden Haltung
infolge der jüdischen Reinheitsvorschriften[36] bewegen ließ,
darf angesichts seiner allgemeinen Haltung diesen gegenüber[37]
bezweifelt werden. Seine Haltung läßt sich vielmehr hinreichend damit erklären, daß er sich primär als Gottesgesandter
zum eigenen Volk verstand: vgl. Mt 15,24 (s. auch 10,6) und
Mk 7,27 par Mt 15,26[38].

---

35 Vgl. ders., GST 39. Ihm stimmt Loos, Miracles 535 mit Anm.
   2 zu; vgl. auch Grundmann, Mt 251f.

36 Zur jüdischen Auffassung von der Unreinheit heidnischer
   Häuser vgl. außer Joh 18,28 und Apg 10,28 noch Ohal 18,7
   (s. Strack/Billerbeck II, 838) und bShab 127b (s. Strack/
   Billerbeck I, 442); zur Sache, s. Schürer, Geschichte II,
   92; ders., History II, 83 und Bousset/Gressmann, Religion
   93f. Kritisch dazu Lerle, Proselytenwerbung 84f.

37 Vgl. dazu etwa Hauck, Art. καθαρός κτλ., ThWNT III, 427-
   430 und Thyen, Art. καθαρός κτλ., EWNT II, 535-542.

38 Daß Jesus sich primär an das eigene Volk gesandt wußte,
   geht auch indirekt aus Stellen wie Mt 10,23b; 19,28 par
   Lk 22,29f und 23,37 par Lk 13,34 hervor; bestätigt wird
   es durch die Auswahl der Zwölfergruppe (vgl. dazu Rengstorf, Art. δώδεκα κτλ., ThWNT II,321-328, bes. 325ff;
   Holtz, Art. δώδεκα κτλ., EWNT I,874-880 und Roloff, Apostolat - Verkündigung - Kirche 138-168 u.a.) und von Paulus
   (vgl. Röm 15,8). Albrecht Alt zeigte darüber hinaus, daß
   auch in territorialgeschichtlicher Hinsicht gegen die Annahme einer primären Wirksamkeit Jesu innerhalb der Grenzen des eigenen Volkes keine grundsätzlichen Bedenken zu

<u>V 8a.bα</u>: Da antwortete der Befehlshaber und sprach: Herr, ich
        bin nicht würdig, daß du unter mein Dach trittst.

a. Jesus wird vom Zenturio mit κύριε angeredet. Dieser Vokativ
geht wohl auf ein urspr מָרִי zurück[39]. Prinzipiell könnte
es auch auf ein urspr רַבִּי zurückgehen, was aus der Wiedergabe von ῥαββί bzw. ῥαββουνί durch κύριε innerhalb des Mt- und
Lk-Evangeliums hervorgeht (ῥαββί: vgl. Mk 9,5 mit Mt 17,4 und
11,21 mit Mt 21,20; ῥαββουνί: vgl. Mk 10,51 mit Mt 20,33 und
Lk 18,41); für diese zweite Möglichkeit könnte auch die Tatsache angeführt werden, daß vor der Tempelzerstörung im Jahre 70 n.Chr. רַבִּי keineswegs schon zum t.t. des ordinierten
Schriftgelehrten erstarrt war[40]. Da jedoch die Evangelien
רַבִּי in hohem Maße durch διδάσκαλε (bei Lk auch ἐπιστάτα)
wiedergeben[41], bleibt die erstere Annahme die wahrscheinlichere. Sie wird nicht zuletzt auch durch die Wiedergabe der
Syrer (sy[s.c.p] und sy[j]) nahegelegt, die alle übereinstimmend
מרי haben.

Zu fragen ist, ob dem κύριε des Hauptmanns irgend ein
christologisches Gewicht beizumessen ist und es daher etwa
im Sinne eines christologischen Hoheitstitels gemeint sein
könnte, oder ob wir es lediglich mit einer höflichen Anrede
zu tun haben[42]. Im Englischen würde der ersten Deutung die

---

erheben sind: vgl. ders., Die Stätten des Wirkens Jesu,
passim. Zur Sache s. Jeremias, Verheißung 22-33; Hahn, Das
Verständnis der Mission 22-33 und Vögtle, Der Einzelne und
die Gemeinschaft, bes. 65ff.

39 Vgl. Hahn, Hoheitstitel 81-83.

40 Vgl. dazu Hengel, Nachfolge 46-48 und Dalman, Worte 274f.

41 Vgl. dazu Hahn, Hoheitstitel 76-82.

42 Gegen die Interpretation im Sinne eines Hoheitstitels tritt
u.a. Hahn, a.a.O. 82f ein. Als bloße höfliche Anrede wird
das κύριε in Mt 8,6 (und implizit auch in Mt 8,8) etwa von
Lagrange (vgl. ders., Mt 164: "κύριε est une parole de po-
litesse") und Gaechter (vgl. ders., Mt 265: "Herr ist wie
in 8,2 Höflichkeitsausdruck und gestattet nicht, hier an
Jesus als den verklärten, bei Gott thronenden Weltherr-
scher zu denken") interpretiert. Anders etwa Schmithals,
Lk 91: "Indessen gehört die Erzählung (sc Lk 7,1-10 par Mt)
der christologischen Redaktion der Spruchquelle an: Hier
handelt nicht der Lehrer und Prophet, sondern der (himm-
lische) Herr Jesus, der als solcher in V. 6 auch angeredet
wird".

Übersetzung "Lord", der zweiten "Sir" eher entsprechen. Beide Deutungen sind prinzipiell möglich, da, wie Dalman bemerkt, der Inhalt von מרא "je nach der Stellung der angeredeten Person sehr verschieden sein kann"[43]. Für die zweite Deutung tritt beispielsweise Fitzmyer ein[44]. S.M.n. hat κύριε immer dann den Sinn einer höflichen Anrede, wo der Titel von Nicht-Jüngern oder Nicht-Juden - wie in unserem Falle - gebraucht wird; zumindest scheine der angegebene Sinn in diesen Fällen der wahrscheinlichere zu sein. Demgegenüber betont aber France u.E. mit Recht, daß diese Deutung kaum der Aussage des Zenturio in V 8f gerecht wird: "The centurion, as we shall see in verses 8-9, regards Jesus as a superior authority, and a worker of miraculous healing, so 'Sir' seems a bit weak"[45]. Dieser Einwand Frances scheint uns berechtigt. Er wird auch noch dadurch verstärkt, daß Jesus die Haltung des Befehlshabers als "Glauben" interpretiert (V 10), da πίστις - wie unten zu zeigen sein wird[46] - für Jesus keineswegs lediglich Vertrauen auf seine Wundermacht bedeutet, sondern immer zugleich die Stellung des Angeredeten zu seiner Person als dem von Gott bevollmächtigten Gesandten beinhaltet[47]. Deuten wir also das κύριε zunächst von seinem unmittelbaren Kontext her, also von den Vv 8-10, wird man wohl sagen können: Durch die Anrede κύριε verleiht der Zenturio seinem

---

43 Vgl. ders., a.a.O. 267f (Zitat aus S. 268); s. auch Schulz, Maranatha und Kyrios Jesus 134-137.

44 Vgl. ders., Art. κύριος κτλ., EWNT II, 811-820, 814.

45 Vgl. ders., Exegesis in practice 255 (sub V 6). Ähnlich auch Lange, Erscheinen 46 und Betz, Mattäus 8,5-13, 18: "Für den Hauptmann ist Jesus der Herr, wobei 'kyrie' dem aramäischen marî=mein Herr entspricht. V 8b zeigt, daß diese Anrede nicht etwa nur Höflichkeit bekundet, sondern fast dem entspricht, was der Jude mit dem hebräischen Wort 'Adonai' = 'Mein Herr' meint, mit dem er den Namen Gottes ehrfürchtig umschreibt. Denn wenn Jesus durch ein gesprochenes Wort den kranken Knecht aus der Ferne heilen kann (V 8b vgl. 8,16), dann partizipiert er an der Macht Gottes, dessen Wort schöpferisch ist und neue Realität schafft: 'Wie er gebietet, so steht's da!' (Ps 32,9)".

46 S.u.S. 393-395.

47 Darauf wies schon zutreffend Jeremias hin: "Der Glaube besteht hier (sc "in den Fällen... in denen Hilfesuchende zu Jesus kommen") in der Gewißheit, daß Jesus helfen könne,

ehrfurchtsvollen Vertrauen auf Jesus als den mit unbegrenzter Macht wirkenden Gesandten Gottes Ausdruck. So beinhaltet κύριε hier einerseits gewiß noch nicht, wie nachösterlich, den durch Leben, Tod und Auferstehung von Gott erhöhten Herrn[48]; andererseits kann es aber auch nicht als einfache höfliche Anrede erklärt werden, wogegen der Inhalt von den Vv 8-10 spricht.

b. Ούκ εἰμὶ ἱκανός ἵνα ὑπὸ τὴν στέγην μου εἰσέλθῃς (V 8bα).

Dieser Versteil kann unterschiedlich gedeutet werden:

1) Eine eigene Position vertritt Derrett, der auf die Frage nach dem Grund für die Haltung des Hauptmanns in V 8bα folgende Erklärung gibt:

"The approach of the extremely venerable person progressively increases awe, and fear supervenes that the house (in giving shade) would diminish the 'power' of the comer. Jewish law makes much of the concept of overshadowing ('ah^a lot) (hence 'roof') in connection with death-pollution (and the boy might be about to die!), but the concept is relevant even outside the pollution of death. A holy man's shadow will itself have 'power' (Acts v 15). Under the roof one supersensorily contacts its limitations (e.g. had it been bought out of 'pure' wealth?) and holy men's reactions are unpredictable. This, rather than fear that the house might be ritually impure, is the reason behind the protestation that he was not ἱκανός"[49].

Die Schwäche dieser Deutung ist wohl, daß sie im Text weit mehr voraussetzt, als er tatsächlich enthält, und daher muß sie als unbeweisbare Vermutung angesehen werden.

2) Andere Forscher deuten den Versteil von der Voraussetzung her, daß der Befehlshaber sich für unwürdig auf Grund seiner heidnischen Abstammung halte, und daher "als Nichtjude keinen Anspruch darauf habe, daß der dem jüdischen Volk gesandte

---

weil er Macht über Geister und Krankheiten habe. Diese Gewißheit ist jedoch *mehr als bloßer Wunderglaube*, denn sie schließt eine Stellungnahme zu Jesu Person und Sendung ein, die zum Beispiel in den Anreden Rabbi, Mari, Rabbuni, Davidssohn zum Ausdruck kommt, die mehr als Höflichkeitsphrasen sind, wie Lk 6,46 zeigt" (vgl. ders., Theologie 160f: Hervorhebung im Original).

48 Vgl. dazu Foerster, Art. κύριος κτλ., ThWNT III, 1087ff.

49 Vgl. Derrett, Syrophoenician and centurion 179f.

Prophet sein Haus betrete"[50]. Wenn auch diese Deutungsmöglichkeit wegen der jüdischen Reinheitsvorschriften bzgl. des Be-
tretens heidnischer Häuser[51] nicht prinzipiell abgelehnt werden kann, so verdient doch Beachtung, daß in der auf V 8bα
folgenden Argumentation des Hauptmanns nicht mehr auf den Unterschied zwischen Juden und Heiden Bezug genommen wird, sondern daß sich vielmehr alles um das Vertrauen zur grenzenlo-
sen Macht des Wortes Jesu dreht. Es scheint uns daher ange-
messener,

3) V 8bα von der ihm folgenden Aussage in den Vv 8bβ.9 her
zu interpretieren, so daß die Unwürdigkeit des Zenturio aus
seiner Erkenntnis der Vollmacht des Wortes Jesu herzuleiten
wäre. Die Unwürdigkeit hätte dann, wie France zutreffend bemerkt, nicht völkische, sondern persönliche Gründe: "The whole
of his reply in verses 8-9 says no word about race; apparent-
ly his faith is such that the concept is irrelevant to him.
His words are all concerned with the supreme *authority* of Jesus, and his ability to heal. In the face of such authority
he both feels his personal unworthiness to receive Jesus, and
regards a personal visit as unnecessary, since a word will be
enough"[52]. Ähnlich hatte schon Rengstorf, auf den sich France
ausdrücklich beruft, erklärt:

"Wenn er (sc der Hauptmann) im Blick auf Jesus sagt: οὐκ εἰμὶ
ἱκανὸς ἵνα μου ὑπὸ τὴν στέγην εἰσέλθῃς (Mt), so bestimmt ihn
weniger der Gedanke an die rituelle Verunreinigung, der sich
Jesus als Jude durch das Betreten eines nichtjüdischen Hauses aussetzen würde, als die Gewißheit der Hoheit und Vollmacht Jesu, die ihn weit über alles Menschliche und noch dazu
Nichtjüdische hinaushebt. Das bringt vor allem die Art zum
Ausdruck, wie er dann anschließend (Mt 8,9) sich selbst und
Jesus dessen ἐξουσία verdeutlicht"[53].

---

50 Vgl. Zahn, Lk 305. Diese Deutung vertreten etwa Plummer,
   Lk 196; Schmid, Mt 163; Weiss, Mt 167 u.a.

51 Vgl. dazu o. Anm. 36.

52 Vgl. France, Exegesis in practice 257f.

53 Vgl. Rengstorf, Art. ἱκανός κτλ., ThWNT III, 295. Diese
   Deutung wird von mehreren Forschern vertreten: vgl. etwa
   Schlatter, Mt 275 (= "Aber auch jetzt kommt nicht der jüdische Gedanke, der Heide sei unrein, ans Licht, sondern
   der Hauptmann empfindet den Abstand des Schwachen und Ohn-
   mächtigen vom Starken und Großen, der die Vollmacht zu gebieten hat"); Ellis, Lk 117 ("not worthy: perhaps because

Deutet man ἱκανός also persönlich, so rückt die Bedeutung
dieses Wortes in V 8bα ganz nahe an diejenige heran, die es
auch in Mt 3,11 und I Kor 15,9 hat: Ähnlich wie Johannes der
Täufer (Mt 3,11: "Der aber nach mir kommt, ist stärker als
ich, οὗ οὐκ εἰμὶ ἱκανός ihm die Schuhe nachzutragen") und
Paulus (I Kor 15,9: "Denn ich bin der geringste unter den
Aposteln ὃς οὐκ εἰμὶ ἱκανός Apostel zu heißen, weil ich die
Kirche Gottes verfolgte") sich in Anbetracht der Offenbarung
des (erhöhten) Herrn für unwürdig bekennen, so erkennt auch
der Befehlshaber angesichts seiner Begegnung mit dem in Vollmacht handelnden Jesus, daß er seiner nicht wert ist. Andere
Stellen, wie z.B. Jes 6,5 und Lk 5,8, enthalten zwar nicht die
Vokabel ἱκανός, sind aber in sachlicher Hinsicht durchaus
auch mit V 8bα zu parallelisieren, zeigen doch alle diese
Stellen gemeinsam, wie vor Gottes Angesicht oder dem Angesicht seines Bevollmächtigten Menschen von der eigenen Würde
oder Leistung wegschauen und zur Erkenntnis ihrer wahren Situation als der Gnade und Hilfe Gottes Ausgelieferte hinge-
führt werden. Die Aussage von V 8bβ (εἰπὲ λόγῳ καὶ ἰαθήσεται
ὁ παῖς μου) ist unter diesem Aspekt die folgerichtige Konsequenz aus der Erkenntnis, die in V 8bα ausgesprochen wird:
Nur in Anbetracht der eigenen Unwürde und Begrenztheit ist
der Zenturio überhaupt erst imstande, ein Bekenntnis zur gren-
zenlosen Macht des Wortes Jesu abzugeben. So zeigt V 8 in
schlichter Weise, daß die Erkenntnis der Hoheit Jesu auch
und zugleich die der Niedrigkeit des Menschen impliziert[54].

---

he was a Gentile. More probably, it reflects his high esti-
mate of Jesus");Marshall, Lk 281; Loos, Miracles 537; Hill,
Mt 158; Schürmann, Lk 393 u.a. Aus früherer Zeit sei noch
auf Trench, Die Wunder des Herrn 163, verwiesen: "Es war
nicht bloss, dass er, ein Heide, keinen unmittelbaren Zu-
tritt zum Könige von Israel verlangen konnte, gewiss war
damit verbunden ein lebhaftes Empfinden seiner eigenen persönlichen Unwürdigkeit, seiner Unfähigkeit für einen engen
Verkehr mit einem Heiligen".

54 Dies wird zutreffend von Luther in seiner Predigt über Mt
8,1ff vom 22.01.1531 herausgearbeitet: "Darum ist's nicht
genug, daß einer spricht, er w i s s e, daß Christus gern
helfe. Ist's eine r e c h t e K u n s t, so wird ein zerschlagen Herz dabei sein. Ein hoffärtiger Geist erfährt's
nimmermehr, daß Christus helfe... Denn ein solcher hat niemals erfahren, was Sünde, Tod und alles Übel sei". Und:

Vv 8bβ.9: (8bβ) ἀλλὰ εἰπὲ λόγῳ καὶ ἰαθήσεται ὁ παῖς μου.
          (9)   καὶ γὰρ ἐγὼ ἄνθρωπός εἰμι ὑπὸ ἐξουσίαν,
                 ἔχων ὑπ'ἐμαυτὸν στρατιώτας, καὶ λέγω τούτῳ·
                 πορεύθητι, καὶ πορεύεται, καὶ ἄλλῳ· ἔρχου,
                 καὶ ἔρχεται, καὶ τῷ δούλῳ μου· ποίησον
                 τοῦτο, καὶ ποιεῖ.

Wie unten[55] angedeutet, könnte die Wendung εἰπὲ λόγῳ
(V 8 bβ) auf einen Hebraismus zurückgehen, wodurch der Ver-
balbegriff verstärkt wäre. Sie könnte dann etwa mit "befiehl
nur" o.ä. wiedergegeben werden. Andernfalls ist λόγῳ als Da-
tivus instrumentalis aufzufassen und der Satzteil durch
"sprich mit einem Wort, daß er geheilt werde" wiederzugeben[56].
Wie dem auch sei, bleibt der in V 8bβ zugrundeliegende Gedanke bei beiden Deutungen derselbe: Der Zenturio traut dem Worte Jesu eine unbeschränkte Heilsmacht zu, die auch räumliche
Entfernungen überwinden kann.

Diesem seinem Zutrauen wird dadurch Ausdruck verliehen,
daß er in V 9 Jesu heilsschaffendes Wort in Beziehung zur Wirkung des eigenen Wortes setzt: Auch er brauche ja nur ein
Wort zu sprechen, und es werde ausgeführt, brauche nur einen
Befehl zu erteilen, und es werde gehorcht. Was aber ist mit
diesem Vergleich intendiert?
1. Einige Forscher gehen vom Gedanken der räumlichen Entfernung zwischen Jesus und dem erkrankten παῖς aus und meinen,
der Hauptmann wolle mit den aus seinem eigenen Leben entnom-
menen Beispielen auf die von ihm bei Jesus vorausgesetzte

"Der wahre Glaube hat also zwei Stücke an sich: zum ersten,
eine herzliche, gründliche Demut, daß er sich fürchtet,
wenn er seine Sünde und Unwürdigkeit ansieht, darum fürchtet er sich vor dem Herrn. Mit dem andern Stück aber, daß
er Christo vertraut, erhält er sich, daß er nicht ver-
zweifelt" (Vgl. Buchwald, Predigten 123 [s.D.Martin Luthers Werke, WA 34/1,112] und 125 [s.D.Martin Luthers Werke, a.a.O. 115] : Die Sperrung im ersten Zitat entspricht
dem Original, während das zweite Zitat im Original gänzlich gesperrt ist!).

55 S.u.S. 415 sub k).
56 S.o.S. 273 mit Anm. 29.

Macht zur Heilung *aus der Ferne,* d.h. bei eigener Abwesen-
heit, hinweisen. So schreibt z.B. Zahn:

"Aus seinen eigenen Dienstverhältnissen...weiß er (sc der
Zenturio) erfahrungsmäßig, daß es der persönlichen Anwesenheit des Befehlshabers an dem Ort, wo nach seinem Willen etwas ausgerichtet werden soll nicht bedarf; sein Kommandowort
wirkt in die Ferne und stellt in der Ferne her, was er
will"[57].

Ähnlich äußert sich auch Schmid:

"Er (sc der Hauptmann) weiß aus Erfahrung, was Befehlsgewalt
ist. Da bedarf es nicht der persönlichen Anwesenheit des Befehlenden. Das Befehlswort allein erweist sich als wirksam"[58].

Diese Deutung trifft aber kaum zu. Wäre in V 9b auf die Wirkung des befehlenden Wortes *in die Ferne* der Nachdruck gelegt, so müßte dieser Gedanke expliziter ausgedrückt werden,
zumal die angeführten Beispiele in V 9 nicht unbedingt alle
eine größere Entfernung voraussetzen.

2. Eine andere Deutung vertritt Blank[59]. Nach ihm ist die
Pointe in V 9b *"die Entsprechung von Befehl und Gehorsam bzw.*
Ausführung". Daraus folgert er: "Dann bezieht sich aber das
Bildwort *auf das Wort Jesu*: 'Du brauchst ja nur ein Wort zu
sagen, dann ist mein Knecht gesund'. Das Wort Jesu wirkt ge-
nau wie ein militärischer Befehl"[60]. Bei dieser Deutung ist
u.E. der Vergleichspunkt richtig erfaßt: Es geht sowohl in
V 8bβ als auch in V 9b um die Macht des befehlenden Wortes.
Ein Nachdruck auf die Wirkung dieses Wortes in die Ferne
wird nicht gelegt, ist eher implizit vorausgesetzt. Darf man
aber mit Blank zugleich auch annehmen, daß durch den Vergleich die Macht des Wortes Jesu mit der Macht des Wortes des
Befehlshabers lediglich parallelisiert wird, so daß das Wort
Jesu nicht mehr als bloß *"genau wie* ein militärischer Befehl" wirkt?[61]

---

57 Vgl. Zahn, Mt 339.

58 Vgl. Schmid, Mt 164. In derselben Richtung argumentiert
   auch Dautsch, Mt 144: "Vielleicht liegt noch näher, der
   Hauptmann wollte sagen: Wie mein Kommandowort durch Boten,
   die es überbringen, in die Ferne wirkt, so stehen auch Jesus Diener, Boten, Engel zur Verfügung, die seine Befehle
   durch die Lüfte tragen".

59 Vgl. ders., Zur Christologie 115.

60 Vgl. ders., ebd., woraus beide Zitate entnommen sind (Das
   Kursiv steht im Original).

61 Vgl. ders., ebd. mit Hervorhebung von uns.

Die Antwort hängt davon ab, wie man das εἰμὶ ὑπὸ ἐξουσίαν
(V 9a) auslegt. Faßt man es literal, so wäre der Deutung
Blanks beizupflichten. V 9a müßte dann übersetzt werden:
"Denn auch ich bin ein Mann, der Kommandogewalt unterstellt".
Blank bemerkt dazu:

"Die Formulierung (sc von V 9a) fordert notwendig die Ergänzung: genauso wie du. Der Text deutet also im Wort des Hauptmanns ziemlich diskret die Unterordnung Jesu unter Gott an.
Die ἐξουσία, unter welcher der Hauptmann steht, ist sein Le-
gat oder der König, bei Jesus kann es sich nur um Gott handeln"[62].

Die Schwäche dieser Deutung ist u.E., daß sie den Vergleich
überlastet, denn nun müßte angenommen werden, in Wirklichkeit seien zwei Vergleichspunkte anvisiert worden: Der erste
würde in der Unterordnung, also in dem zu leistenden Gehorsam,
der zweite in der trotz Unterordnung gegebenen Macht bestehen.
Dies paßt aber kaum zu V 8bβ, wo ja nur der zweite Vergleichspunkt anzutreffen ist.

Eine viel einfachere Erklärung wird demgegenüber dann gewonnen, wenn man εἰμὶ ὑπὸ ἐξουσίαν nicht literal interpretiert, sondern mit falscher Periodisierung einer urspr Parataxe rechnet und der urspr Wendung konzessiven Charakter beimißt[63]. Das Gemeinte wäre in diesem Falle eigentlich ὢν ὑπὸ
ἐξουσίαν, ἔχω κτλ., so daß V 9a so zu übersetzen wäre: "Denn
auch ich, obwohl (nur) ein Mann der Kommandogewalt unterstellt,
habe usw.". Bei dieser Deutung, der wir uns anschließen, wird
die machtvolle Wirkung des Wortes Jesu nicht lediglich mit der
des Zenturio parallelisiert, sondern durch den Vergleich in
V 9 zieht der Befehlshaber einen Schluß a minori ad majus:
Wenn schon sein Wort als das eines untergeordneten Militärs
über so viel Macht verfügt, um wieviel mehr das Wort Jesu![64]

---

62 Vgl. ders., ebd. 116.

63 Vgl. dazu o.S. 85 mit Anm. 52-53 und u.S. 410f sub b)3.

64 So richtig schon Hahn, Lk I, 463. Aus letzter Zeit vgl. etwa Rengstorf, Lk 95 ("Das Maß seiner eigenen Befehlsgewalt
   wird ihm, zumal sie sich in der ihr zugeordneten Beschränkung als wirksam erweist, zum Anhalt für das, was er von
   Jesus erwarten darf, dem das Wort in einzigartiger Vollmacht zur Verfügung steht") und Schneider, Lk 166 u.a.

Bei diesem Verständnis muß zwar vorausgesetzt werden, daß letzterer Gedanke (= "Um wieviel mehr du"[65]) nur implizit enthalten ist, doch scheint uns bei dem guten Sinn, der dadurch für den V 9 gewonnen wird, diese Voraussetzung durchaus vertretbar.

Inwiefern wird aber dieses vorausgesetzte "Um wieviel mehr du" gemeint sein können? U.E. kann damit kaum etwas anderes gemeint sein können als: "Um wieviel mehr du, der du doch souverän handelst und gebietest". In der Tat wurde bereits von einigen Forschern darauf hingewiesen[66], daß dem Worte Jesu durch die Vv 8bß.9 eine Macht zugeschrieben wird, die im AT in dieser Radikalität nur dem Worte Gottes selbst zugetraut wird. So lesen wir etwa wiederholt im Schöpfungsbericht: "Dann sprach Gott...So geschah es" (vgl. Gen 1,6.9.11 usw.); ähnlich heißt es in Ps 33,9: "Denn er sprach, und es geschah; er gebot, und es stand da". Eindrücklich wird auch die Macht des Wortes Gottes in Jes 44,24-28 und 55,10f beschrieben. In der letztgenannten Stelle lesen wir: "Denn wie der Regen und der Schnee vom Himmel fällt und nicht dorthin zurückkehrt... so ist es auch mit meinem Wort, das aus meinem Munde kommt: Es kehrt nicht leer zu mir zurück, sondern bewirkt, was ich will, und führt durch, wozu ich es ausgesandt habe"[67]. Wenn der Hauptmann ein gottesfürchtiger Heide war, so darf vermutet werden, daß er mit solchen Äußerungen über die Macht des Wortes Gottes vertraut war. Hier nun traut er diese unbeschränkte Macht dem Worte Jesu selbst zu. Das kann aber nur bedeuten: Für den Zenturio gelangt in der Person

---

65 Vgl. Jeremias, Theologie 161.

66 Vgl. etwa Blank, Zur Christologie 115; Derrett, Syro-phoenician and centurion 178 mit Anm. 11 und Betz, Mattäus 8,5-13, 18.22.

67 Zur schöpferischen Kraft des Wortes Gottes vgl. auch Jes 40,26; 48,13; 50,2; Ez 37,4-6; Ps 33,6; 104,7; 147,4.15-18; 148,3-5; Weish 9,1; 16,26; Jub 12,4; Jdt 16,14; Sir 43,26; syrBar 48,8; IV Esr 3,4; 6,38 und dazu Derrett, a.a.O. und Stauffer, Theologie 39f.

Jesu Gottes vollmächtiges Wort in Erfüllung[68]. Als solches,
als Gottes schöpferisches Wort, schenkt der Befehlshaber dem
Worte Jesu sein Vertrauen, da es für ihn - und dies ist der
Sinn seiner Aussage in V 9 - weit mehr als das bloß menschliche Wort, von unbegrenzter Heilsmacht erfüllt ist[69].

Über die heilsschaffende Macht der Worte Jesu wird im Rahmen
von Wundergeschichten mehrfach innerhalb der Evangelien berichtet[70]. So heißt es in Mt 8,16, daß Jesus λόγῳ die Geister
austrieb; Petrus wirft nach einer erfolglosen Arbeitsnacht
nur noch einmal die Netze ins Meer, weil Jesus ihn ausdrücklich dazu aufforderte (Lk 5,4f): Die Folge war ein wunderba-
rer Fischfang! Ähnlich wie in Lk 5,4-7 wird auch in zahlreichen anderen Wundergeschichten von Worten Jesu berichtet, die
den Vollzug eines Wunders zur Folge haben: so in der Heilung
eines Besessenen (vgl. Mk 1,25 par Lk 4,35), eines Aussätzigen (vgl. Mk 1,41 par Mt 9,6 und Lk 5,24); ähnlich auch in
dem Bericht der Auferweckung eines Jünglings (vgl. Lk 7,14),
in der Heilung eines Taubstummen (vgl. Mk 7,34), einer ver-
krümmten Frau (vgl. Lk 13,13), eines Mannes mit einer ver-
dorrten Hand (vgl. Mk 3,5 par Mt 12,13 und Lk 6,10) u.a. Die
Belege zeigen: "Das Wort Jesu und die Vollmacht dieses Wortes
bewegt sich nicht in einer 'nur' geistigen, jenseits des Kör-
perlichen, Naturhaften liegenden Ebene, erhebt vielmehr seinen
Herrschaftsanspruch an der vollen, unverkürzten Geist-Leib-
lichkeit, wie sie aller von der Bibel beschriebenen Schöpfung
eignet"[71].

---

68 Zutreffend wird von einigen Forschern zu Mt 8,8f auf Ps
   107, 17-22 verwiesen (vgl. etwa Derrett, a.a.O. 178.186;
   Goppelt, Begründung des Glaubens 52; Schniewind, Mt 109;
   Marshall, Lk 281 und Hogg, Lord's pleasure, passim), denn
   das, was der Psalmist an dieser Stelle von Gott bekennt
   ("Und sie schrien zu Jahwe in ihrer Not, er rettete sie
   aus ihren Ängsten; Er sandte sein Wort und heilte sie und
   rettete sie aus ihrem Verderben: Sie sollen Jahwe danken
   für seine Güte...": vgl. Ps 107,19-21), wird vom Hauptmann
   nun tatsächlich Jesus selbst zugeschrieben.

69 Ausdrücklich in Verbindung mit dem Schöpfungsglauben wird
   das in den Worten des Zenturio ausgesprochene Vertrauen
   auf die heilsschaffende Macht des Wortes Jesu von Barth in
   seiner Kirchlichen Dogmatik IV/1, 37f gesetzt: "Wer an Jesus Christus glaubt, der hat es mit oder ohne Zeichen *ipso
   facto* mit dem Herrn des Himmels und der Erde zu tun: mit
   dem, der in dem ganzen Bereich der von Gott verschiedenen
   Wirklichkeit verfügen kann und verborgen oder (im Zeichen)
   offenkundig immer und überall verfügt... Es ist der Glaube, den Jesus (nach Matth. 8,5f.) in Israel nicht, wohl
   aber bei dem heidnischen Hauptmann von Kapernaum gefunden
   hat..."

70 Vgl. zum Folgenden Perels, Wunderüberlieferung 3ff und Kittel, Art. λέγω κτλ., ThWNT IV, 106-108.

71 Vgl. Kittel, a.a.O. 107.

Ist die oben vorgeschlagene Interpretation des "Um wieviel
mehr du" zutreffend, so folgt daraus noch nicht, daß für den
Centurio nun etwa die Macht des Wortes Jesu keine diesem von
Gott verliehene Macht wäre, was im Gegensatz zum sonstigen
Befund der Evv stehen würde[72]. Das konzessive εἰμὶ ὑπὸ
ἐξουσίαν hat lediglich die Funktion, von der begrenzten, beschränkten Macht des Befehlshabers auf die alles überbieten-
de, uneingeschränkte Macht Jesu zu verweisen. Auf diese Sou-
veränität des Wortes Jesu kommt es beim Vergleich in V 9 an.
Man wird daher wohl sagen können: Der Vergleich in V 9 zielt
daraufhin, dem Worte Jesu eine unbegrenzte Macht zuzuschreiben, reflektiert aber nicht explizit darüber, ob diese Macht
nun eine von Gott verliehene oder von sich aus selbst gött-
lich ist. Dieser Tatbestand hat zur Folge, daß in V 9 eine
subordinatianische Christologie einerseits nicht explizit entfaltet ist, andererseits auch nicht als implizit enthalten
abgelehnt werden kann[73].

Zu keinem eindeutigen Ergebnis führt auch die Frage, wie
sich denn der Zenturio konkret die Durchführung des heils-
schaffenden Wortes Jesu vorgestellt haben mag. Dazu wurden
die unterschiedlichsten Meinungen vertreten. Einen Überblick
gibt Hahn, den wir zitieren: Gewöhnlich meine man,"der Centurio setze voraus, daß Jesu Untergebene zu Gebote stehen,
durch welche er ungesäumt, ohne selbst gegenwärtig zu sein,
seinen Willen ausrichten könne. Die Einen haben ihm die Vorstellung von Jesu zu Diensten stehenden unpersönlichen Kräf-
ten (..) oder von Genien im römischen Sinne (..) oder von Dä-
monen, welche über die Krankheiten gebieten (...), oder von
Engeln, welche ihm dienstbereit zur Seite stehen (...), zugeschrieben. Andere meinen: die Krankheiten und der Tod selbst
werden als ihm unterthan betrachtet (...). Noch andere meinen, der Centurio wolle sagen, Jesus brauche nur einem seiner Jünger den Auftrag zu geben, in seinem Namen den Kranken
zu heilen (..)"[74]. Wiederum wird hier aber aus dem Text weit
mehr entnommen, als er selbst herzugeben vermag. Richtig urteilt daher u.E. France: "Many commentators press the analogy
further: the commander represents Jesus; whom then do the

---

72 Vgl. dazu Foerster, Art. ἔξεστιν κτλ., ThWNT II, 565f.

73 Für eine im Sinne des Subordinatianismus enthaltene Vorstellung der Unterordnung Jesu gegenüber Gott interpretieren den V 9 etwa Blank, Zur Christologie 116; Manson, Sayings 65; Tödt, Menschensohn 234; Marshall, Lk 282 und
France, Exegesis in practice 258f (mit Vorbehalt). Zur entgegengesetzten Position vgl. etwa Schürmann, Lk 393 mit
Anm. 29; unentschieden bleibt Schweizer, Mt 138.

74 Vgl. ders., Lk I, 463. Einige Deutungen stellt auch Loos,
Miracles 538 mit Anm. 4 zusammen.

soldiers represent? To whom is Jesus envisaged as issuing
commands? To this question there can be only one answer -
the powers of illness, the demons or spirits to whom the servant's paralysis is supposed to have been attributed. But was
this a right question to ask? Must we expect point-for-point
correspondence? The point of the analogy lies in the authority which achieves its end by a mere word of command. There is
no mention of spirits or demons in this story, or indeed in
any story of the healing of *paralysis* (Acts 8:7 deliberately
distinguishes between exorcism of spirits and healing of paralysis.) Good exegesis does not require pressing every comparison or parable to the point of full allegorical correspondence"[75].

V 10: ἀκούσας δὲ ὁ 'Ιησοῦς ἐθαύμασεν καὶ εἶπεν τοῖς
      ἀκολουθοῦσιν· ἀμὴν λέγω ὑμῖν, παρ'οὐδενὶ τοσαύτην
      πίστιν ἐν τῷ 'Ισραὴλ εὗρον.

a. Jesu Hinweis auf die τοσαύτη πίστις.

Der Begriff des Glaubens hat eine lange Vorgeschichte innerhalb des Judentums. Sie im Einzelnen zu verfolgen würde
den Rahmen unserer Arbeit überschreiten[76]. Für uns genügt es
hier vielmehr, (1) den Glauben auf seinen Inhalt hin näher zu
präzisieren und (2) der Frage nach seiner Größe (τοσαύτη!)
nachzugehen.

---

75 Vgl. ders., Exegesis in practice 278, Anm. 10 (Hervorhebung im Original). Hahn geht sogar so weit, daß er meint,
   aus dem Vergleich in V 9 geradezu auf die *Unmittelbarkeit*
   der Wirkung von Jesu Wort schließen zu können: "Allein der
   Zusammenhang fordert keine dieser (sc die im Zitat genannten) Vorstellungen. Mit seinen Worten will er (sc der Zenturio) nicht sagen: Jeder von uns beiden hat seine O r -
   g a n e, durch die er wirken kann, sondern: Jeder von uns
   beiden kann ohne persönliche Anwesenheit durch sein Wort
   wirken (Nösg.). Der Schluss aber, den er macht, ist: 'Wenn
   schon ich in meiner beschränkten Sphäre durch mein Wort
   m i t t e l s d e r m i r U n t e r g e b e n e n
   wirken kann, so kannst du sicher u n m i t t e l b a r
   wirken'" (Vgl. Hahn, Lk I, 463f: Die Sperrungen sind im
   Original).

76 Vgl. (zum AT) Weiser, Art. πιστεύω κτλ., ThWNT VI, 182-
   197; Wildberger, Art. אמן , THAT I, 177-209, bes. 187-
   193 und Jepsen, Art. אמן , ThWAT I, 313-348, bes. 320-
   333; (zum Spätjudentum) Schlatter, Der Glaube 9-80; Strack/
   Billerbeck, III, 187-201; Bultmann, Art. πιστεύω κτλ.,
   ThWNT VI, 197-203; Lührmann, Pistis im Judentum, passim
   und ders., Art. Glaube, RAC XI, 59-64.

Ad 1 - Bekanntlich ist πίστις hier wie auch in anderen Wundergeschichten[77] ohne nähere Bestimmung, also absolut
gebraucht. Dies wirft die Frage auf, was Jesus eigentlich inhaltlich mit diesem Wort gemeint haben könnte. Eine von Bultmann[78] u.a.[79] vertretene Deutung, wonach der Glaube als das
Vertrauen an Jesu Wundermacht zu verstehen sei, wurde von
verschiedenen Forschern abgelehnt bzw. als unzureichend empfunden[80]. Demgegenüber versuchte etwa Held, auch die Momente
der Aktivität, des Wollens und der Bitte von Seiten der Erkrankten oder ihrer Fürbitter im Glaubensverständnis Jesu mit-
einzubeziehen[81]. Nach ihm wäre also Glaube für Jesus wohl auch
das Vertrauen auf seine Wundermacht, freilich das konkret aktive, sich anstrengende und beharrlich bittende Vertrauen.

Hier ist sicherlich ein richtiger Aspekt gesehen worden.
Und doch scheint auch diese Definition noch nicht ganz zu genügen. Wenn Jesus πίστις hier (Q 8,10) absolut gebraucht und
zusätzlich noch explizit in Beziehung zum Volke Israels setzt,
dann liegt noch eine erweiterte Deutung nahe. Für die Juden,
zu welchen Jesus das Glaubenswort spricht[82], kann die absolute Verwendung von πίστις kaum etwas anderes bedeutet haben

---

77 Vgl. Mk 5,34 par Mt 9,22 und Lk 8,48; 10,52 par Lk 18,42;
   Mt 9,29; Lk 17,19 und Mk 9,23.

78 Vgl. ders., a.a.O. (Anm. 76) 206, Z.20ff; ferner ders.,
   GST 234f.

79 Vgl. etwa Klostermann, Mt 75: "πίστιν: Vertrauen auf Jesu
   Wundermacht wie 9,2.22.29". Andere Forscher, welche die-
   selbe Meinung vertreten, werden von Held (vgl. ders.,
   Matthäus als Interpret 266, Anm. 4) und Loos (vgl. ders.,
   Miracles 269, Anm. 1 und 539, Anm. 4) zusammengestellt.

80 Vgl. Held, Matthäus als Interpret 266ff; Kümmel, Theologie
   57f; ders., Der Glaube im Neuen Testament 69f; Goppelt,
   Theologie 201f; Roloff, Kerygma 170 und Loos, Miracles
   267-270 u.a.

81 Vgl. ders., a.a.O. 266-269.

82 Bei τοῖς ἀκολουθοῦσιν kann es sich sowohl um Jesu engeren
   Jüngerkreis als auch um eine breitere Volksschicht handeln; letzteres ist insofern wahrscheinlicher, als sonst
   die ausdrückliche Erwähnung der μαθηταί zu erwarten wäre:
   vgl. dazu Kittel, Art. ἀκολουθέω κτλ., ThWNT I, 214 und
   Schneider, Art. ἀκολουθέω, EWNT I, 119, die ebenfalls in
   Mt 8,10 für die Deutung auf "Volksmenge" plädieren. Nach
   Kittel (ebd.) handelt es sich auSt "um ein äußeres Nachfolgen", dem also keine tiefere theologische Bedeutung bei-
   zulegen ist.

als Zutrauen zu ihrem Gott, zum Gott Israels[83]. Dies liegt nicht
nur durch den absoluten Gebrauch von האמין im AT nahe[84],
sondern auch indirekt dadurch, daß Jesus nirgends im Mt-,
Lk- oder Mk-Ev Wendungen wie πιστεύτέ μοι o.ä. gebraucht[85],
also den Glauben inhaltlich niemals direkt und explizit auf
sich selbst bezieht. Daher schreibt Goppelt zutreffend:

"Der Hauptmann wie die Syrophönizierin erbitten von Jesus
eine Hilfe, die von dem Gott Israels kommt (Mk. 7,28). Vor
allem aber schreibt Jesus dem Hauptmann den Glauben zu, den
er zwar in Israel nicht gefunden, aber eben doch als das Israel Anstehende gesucht hat...In Israel aber ist Glaube schon
vom Begriff her ganz von seinem Inhalt bestimmt; denn das
hebr. Wort für glauben, האמין , bedeutet, einem Gegenüber
zuerkennen, was er verspricht. Der auf Gott gerichtete Glaube traut Gott zu, was er zugesagt hat"[86].

Aus diesem atl. Gebrauch von האמין muß auch Jesu Verwendung
von πίστις gedeutet werden. Goppelt folgert:

"Bei Jesus ..ist der Glaube ganz und gar am Gegenüber orien-
tiert. Wenn er im Horizont Israels wie seines Wirkens Menschen, die bei ihm Hilfe suchen und finden, einweisend Glauben zuspricht, will er sagen: Sie haben *den Gott Israels* angesichts seiner jetzt geschehenden Bekundung *anerkannt*. Jetzt
gibt man dem Gott Israels recht, wenn man in der Existenzge-
fährdung aktuell seine Hilfe bei Jesus sucht"[87].

Stimmen diese Überlegungen, so dürfte es auch nicht mehr
schwierig sein, die Funktion zu ermitteln, die Jesus selbst
in dem von ihm zugesagten Gottesglauben innehat. Aus Mt 12,
28 par Lk 11,20; 11,2-6 par Lk 7,18-23 und Lk 4,16-22 geht
hervor, daß Jesus sich als der versteht, durch welchen die
von Gott für die Endzeit verheißenen Heilungen konkrete Ge-

---

83 Vgl. dazu Ebeling, Jesus und Glaube 74-77.95-97.

84 Vgl. dazu Weiser, a.a.O. (s. Anm. 76) 189f und Jepsen,
   a.a.O. (s. Anm. 76) 328-331. Die zwei wichtigsten Stellen
   für den absoluten Gebrauch im AT sind Jes 7,9 und 28,16.

85 Die Wendung πιστευόντων εἰς ἐμέ (Mt 18,6) ist wahrscheinlich gegenüber bloßem πιστευόντων (so Mk 9,42 bei *1*, א,
   C*vid, Δ und it) sekundär; eindeutig sekundär ist πισ-
   τεύσομεν ἐπ'αὐτόν (vgl. Mt 27,42) im Vergleich mit dem von
   Mk 15,32 gebotenen πιστεύσωμεν. Anders als in den drei ersten Evv wird freilich πιστεύειν im JohEv öfter auf Jesus
   bezogen: vgl. etwa Joh 4,21; 5,38.46; 6,30 u.a.

86 Vgl. ders., Begründung des Glaubens 53f.

87 Vgl. ders., a.a.O. 54; ähnlich auch Roloff, Kerygma 156.

stalt gewinnen. Das aber bedeutet, daß wahres Gottesvertrau-
en für ihn unweigerlich auch eine Stellungnahme zu seiner
Person als dem von Gott gesandten Heilsbringer impliziert.
Dazu Kümmel:

"Jesus fordert..zwar keinen Glauben an sich, aber er fordert,
daß die Menschen in seinem Handeln und Reden Gott erkennen,
daß sie in seiner Person Gott wirksam sehen...Wer aber in Jesus Gottes Boten sieht, dessen Glauben erhält kein neues Objekt; er glaubt nicht an Jesus statt an Gott oder an Jesus
neben Gott. Wohl aber sieht sich, wer Jesu Sendung erkennt, in
einer neuen Lage, er erkennt, daß in Jesus die Gottesherrschaft schon erschienen ist. Diese Erkenntnis des Wirkens
Gottes in Jesus war es, die manche Menschen an Jesu Wunderkraft glauben ließ. Es war also nicht ein einfacher Wunderglaube, sondern ein Erkennen der göttlichen Heilszeit...Daß
der jedem Juden bekannte Gott jetzt in Jesus handelt, das
sollen die Hörer Jesu erkennen, diese Erkenntnis sollen sie
in ihren Gottesglauben hineinnehmen"[88].

Glaube impliziert daher für Jesus immer auch eine Stellung
zu seiner Person als dem von Gott gesandten Heilsbringer.
Alle anderen Momente, die im Glaubensverständnis Jesu sicherlich auch enthalten sind[89], bekommen erst von dieser Mitte
her ihre Relevanz und lassen sich erst von ihr her recht verstehen. Zutreffend urteilt u.E. daher Loos, wenn er den Abschnitt "Wunder und Glaube" in seinem Buch über Jesu Wundergeschichten mit folgenden Worten abschließt:

"The faith that Jesus asks is not only belief in His power -
though He does ask that - but above all faith in who He is,
in His coming and actions as the Got-given Redeemer and Brin-
ger of salvation. It is the surrender from person to person, from the helpless man to the helping 'Lord', and for
that reason it is the 'saving' faith"[90].

---

88 Vgl. ders., Der Glaube im Neuen Testament 69; ähnlich
   ders., Theologie 57f.

89 Im Hinblick auf unsere Perikope wären als solche zu nennen:
   1. Das Vertrauen zur Heilsmacht des Wortes Jesu. 2. Die demütige Haltung. 3. Das beharrliche, aktive Begehren der
   Heilung, das sich über die Existenz religiöser Schranken
   zwischen Juden und Heiden hinwegsetzt. Hierzu Oepke: "Der
   Glaube schließt die Überzeugung von der Macht Gottes und
   Jesu ein, ist aber darüber hinaus ein persönliches Ver-
   trauensverhältnis. Das Zutrauen zu der barmherzigen Liebe
   Gottes, demütige Ergebung, Gehorsam, Hingabe sind von ihm
   unabtrennbar. So besonders deutlich Mt 8,5ff "(vgl. ders.,
   Art. ἰάομαι κτλ., ThWNT III, 211).

90 Vgl. ders., Miracles 270.

Ad 2 - Was die Größe des Glaubens anbelangt, so wird das
        τοσαύτην in der Forschung unterschiedlich gedeutet.

1. Einige Forscher meinen, es beziehe sich auf Jesu Vollmacht,
eine Fernheilung zu bewirken. So schreibt z.B. Plummer:

"Nowhere among the Jews had He found any one willing to believe that He could heal without being present"[91].

Ähnlich äußert sich McNeile:

"Many Jews shewed such a faith (sc that Jesus could perform
a miracle), but only the Canaanite woman reached the same
height as the centurion, in believing that the wonder could
be wrought at a distance"[92].

2. Andere vertreten die Meinung, das τοσαύτην deute darauf
hin, daß der Hauptmann sein Vertrauen ausschließlich auf Jesu
Wort setzte. So beispielsweise Lagrange:

"La foi est ici la conviction que Jésus peut opérer le miracle, et elle est plus grande parce que le centurion croit
à l'efficacité de sa seule parole"[93].

In derselben Richtung argumentiert auch Hahn:

"Die von Jesus gerühmte Grösse des Glaubens des Centurio
zeigt sich hiernach...darin, dass er ihm eine Kraft zuschreibt, die einer anderen Vermittlung, um zu wirken, als
des blossen Wortes überhaupt, gar nicht bedarf"[94].

3. Eine dritte Gruppe schließlich, unter welcher etwa Schlatter und Rengstorf[95] zu nennen wären, sieht die Größe des
Glaubens darin begründet, daß er hier gerade von einem Heiden erwiesen wird. So schreibt etwa Schlatter:

"Dadurch, daß Jesus Gottes vollkommene Gabe dem Glauben zu-
sagte, stellte er alle vor Gott gleich und machte die Gemeinde für alle offen. Dadurch waren alle Schranken von ihr
entfernt. Allerdings erreichte der Heide den Glauben schwerer
als der Jude, der Gefallene schwerer als der Gerechte, der
nicht in die Jüngerschaft Berufene schwerer als der, der in
die Gemeinschaft Jesu eingesetzt war. Alles was als Trennung
von Jesus wirkte und den Bittenden von ihm entfernte, er-

---

91 Vgl. ders., Lk 197.

92 Vgl. ders., Mt 105; vgl. ferner Weiss, Mt 168 und Geldenhuys, Lk 221.

93 Vgl. ders., Mt 166.

94 Vgl. ders., Lk I, 464.

95 Vgl. Schlatter, Der Glaube 141f; ders., Geschichte des
   Christus 263; ders., Mt 277 und Rengstorf, Lk 95, der die
   zur Besprechung stehende Deutung freilich nur implizit
   vertritt.

schwerte ihm auch den Glauben. Darum hieß es Jesus einen
'großen Glauben', wenn ihn der Heide dennoch mit Gewißheit
anrief"[96].

Eine Entscheidung zugunsten einer der vorgeschlagenen Deutungen hängt in hohem Maße davon ab, wie man πίστις bei Jesus definiert. Bedeutet es hier lediglich "Vertrauen auf Jesu Wundermacht", so wären die unter Punkt 1. und 2. gegebenen Deutungen vorzuziehen. Versteht man πίστις bei Jesus aber
in dem oben vorgeschlagenen Sinne (s.o.S. 393-395) und beachtet man, daß V 10b gerade den Glauben des Heiden mit dem
Israels konfrontiert, so wird man zweifellos die unter Punkt
3. gegebene Deutung vorzuziehen haben. Groß wäre dann der
Glaube des Centurio insofern, als gerade er als Heide der
Macht des Wortes Jesu als des von Gott gesandten Heilsbrin-
gers vertraute und sich seiner Hilfe trotz aller Hindernisse,
die durch Jesu primäre Sendung und Auftrag gegenüber dem eigenen Volke gegeben waren (V 7 als abwehrende Frage!), dennoch gewiß blieb.

b. Die Kontrastierung des Glaubens des Centurio mit dem Israels.

Wenn Jesus in V 10b den Nachfolgenden versichert, er habe
so einen großen Glauben bei keinem in Israel[97] gefunden, so
wird man diese Worte wohl kaum wie Zahn deuten können, der
meint:

"Zunächst staunt er (sc Jesus) nur über die ihm bisher noch
nicht vorgekommene Größe des Glaubens des Mannes; aber ehe
er noch ausgeredet, drängt sich die Erwägung auf, daß dieser
Mann kein Jude ist, und veranlaßt die Einschiebung der Worte
ἐν τῷ 'Ισραήλ, welche ungeschickt gestellt und überhaupt überflüssig erscheinen, weil Jesus es ja bis dahin und auch sonst

---

96 Vgl. ders., Geschichte des Christus 263. Auch Frost, Man
   under authority, passim, stellt Jesu Hinweis auf die "Größe" des Glaubens mit der heidnischen Abstammung des fürbittenden Befehlshabers im Zusammenhang: "The recognition
   of His (sc von Jesus) Mission ought to have been natural
   for the religious leaders - in a Gentile it was unexpec-
   tet": ebd. 477.

97 "Israel" ist hier, wie oft in den Evv (vgl. etwa Lk 1,16.
   68; 2,34; Mt 10,6; 15,24.31 u.a.), im spezifischen Sinne
   als das von Gott erwählte Volk gemeint: vgl. dazu Gutbrod,
   Art. 'Ισραήλ κτλ., ThWNT III, 386-388.

regelmäßig nur mit Juden zu tun gehabt hat, so daß er selbstverständlich bis dahin auch nur bei Juden großen oder kleinen Glauben hat finden können"[98].

Demnach wäre ἐν τῷ 'Ισραήλ eigentlich überflüssig und nur als
unbetontes Addendum zu betrachten.

Eher empfiehlt es sich, V 10b auf dem Hintergrund anderer
Worte Jesu zu interpretieren, die ebenfalls Israels Verhalten
mit dem anderer Heiden kontrastieren, wie z.B. Lk 4,25-27;
11,16.29-32 par Mt 12,38-42 und 10,13-15 par Mt 11,20-23.
Aus solchen Worten geht nämlich hervor, daß Jesus die positive Rolle der Heiden gerade angesichts von Israels Ablehnung
und Verweigerung seiner Sendung herausstellt und daher auf
die Heiden vor allem in seiner Polemik gegen das eigene Volk
hinweist. Demnach wäre aber dann Jesu Aussage in V 10b nicht
nur als Lob für den Glauben des Heiden, sondern auch und zugleich als Kritik und Polemik gegen die Glaubenshaltung des
eigenen Volkes zu deuten. Das ἐν τῷ 'Ισραήλ ist hiernach keineswegs nur ein unbetontes Addendum, sondern gehört, infolge
der polemischen Spitze der Aussage, wesentlich zum ursprünglichen Sinn des Satzes. Zutreffend sagt daher Schulz:

"Auch wenn Israel damit (sc mit V 10b) keineswegs als ungläubig hingestellt wird - Jesus hat durchaus in Israel Glauben
gefunden! - und der heidnische Offizier die große Ausnahme
bleibt, hat er mit seinem voraussetzungslosen Zutrauen das
auf seine Offenbarungs-Tradition so stolze Israel beschämt"[99].

Ähnlich auch Gnilka:

"Höhepunkt der Erzählung (sc des Hauptmanns) ist das Wort Jesu, das dem heidnischen Hauptmann hohes Lob zollt, für Israel
aber einen schweren Tadel darstellt (Mt 8,10; Par Lk 7,9)"[100].

Ist diese Deutung zutreffend, so stehen im Hintergrund von
V 10b wohl bittere Erfahrungen Jesu mit dem eigenen Volk, das
ihm eine Anerkennung als den von Gott gesandten Heilsbringer
verweigerte:

"So steht Jesus wirklich vor einer Haltung, die er in Israel,
dem von Gott erwählten Volke bisher nicht gefunden hat. Wäh-

---

98 Vgl. ders., Mt 340.

99 Vgl. ders., Q 244.

100 Vgl. ders., Verstockung 97f; ähnlich auch Schneider, Lk
    166: "Er (sc Jesus) wendet sich der Menge zu und spricht
    ein Wort der Anerkennung über den Glauben des Heiden, das
    zugleich eine Kritik am Glauben Israels enthält (V 9b)".

rend dies Volk, das sein Volk ist (2,10), ihm mit Vorbehalten und Mißtrauen begegnet (4,16ff.; 5,17.21; 6,7), beugt
sich hier ein Nichtjude vor ihm, weil er Vollmacht von Gott
hat"[101].

Schniewind meint sogar, Jesus,stelle in V 10b den Glauben des
Hauptmanns "in den Zusammenhang der gesamten Geschichte Gottes mit dem Menschen":

"Israel sollte Gott Glauben halten Jes. 7,9; 30,15, es sollte
dem Knechte Gottes trauen (Jes. 50,10; vgl. 2. Mose 14,31);
aber dies Vertrauen, das Gott vergeblich bei seinem Volke
suchte (Jes. 53,1; Jer 5,3), sucht auch Jesus vergebens...
Die Heiden aber kommen Israel vorauf"[102].

V 13

    Der urspr Abschluß der Erzählung ist kaum noch mit Sicher-
heit rekonstruierbar. Wie aus der stat Analyse hervorging[103],
ist aber damit zu rechnen, daß er (a) ein Zuspruchswort Jesu
an den Fürbitter und (b) den Hinweis auf die Begegnung zwischen dem Zenturio und seinem genesenen παῖς enthielt. Sinn
des Erzählschlusses war es dann, den Hörer bzw. Leser der
Erhöhrung der Bitte durch Jesus zu vergewissern.

Zusammenfassung von 3.:

    Bei der Einzelauslegung und theologischen Bewertung des
urspr Q-Abschnitts Q 8,5-10.13 mußten einige Fragen nach wie
vor offen gelassen werden. Als solche seien erwähnt:

---

101 Vgl. Rengstorf, Lk 95.

102 Vgl. ders., Mt 110. Aus solchem Hintergrund ist es ver-
    ständlich, daß Jesus von Israel als eine γενεὰ ἄπιστος
    (Mk 9, 19 par) reden konnte. Er tat es "nicht nur, weil
    sie (sc die Gemeinde) im einzelnen Fall immer wieder auf
    den Glauben verzichtete - das ergab den Vorwurf des
    'Kleinglaubens' - sondern weil sie entschlossen die Beru-
    fung zum Glauben abwies und den ihr gegebenen Antrieb zum
    Glauben in sich erstickte. Sie sah auch bei ihrem Glauben
    einzig auf das, was er in sich selbst eintrug, stützte sich
    darum beständig auf das, was sie selbst dachte, begehrte
    und leistete, fand den Grund für ihre Zuversicht bei sich,
    bei ihrer Lehre und bei ihrem Werk, vielleicht auch bei
    der Größe und Verdienstlichkeit ihres Glaubens, und ver-
    weigerte ihn dadurch Gott": Schlatter, Geschichte des
    Christus 258 (vgl. auch ders., ebd. 264 und ders., Der
    Glaube 142f, über Israels Hindernisse zum Glauben).

103 S.o.S. 223-227.227-230; zum Rekonstruktionsversuch s.o.S.
    270f.

1. Die Deutung des παῖς als eines Sklaven - Wie aus der früheren Besprechung dieser Frage hervorgeht (s.o.S. 41-46),.
vertreten wir die Meinung, der παῖς sei urspr tatsächlich
ein Sklave des Befehlshabers gewesen. Die guten Indizien, die
dafür angeführt werden konnten, können freilich nicht darüber
hinwegtäuschen, daß der Begriff παῖς an sich mehrdeutig ist,
so daß die Möglichkeit, es habe sich urspr eher um einen
Sohn oder Knecht gehandelt, nicht restlos von der Hand zu
weisen ist.
2. Die nähere Abstammung des Zenturio - Dieser kann sowohl
römischer als auch syrischer oder anderer Abstammung sein.
3. Die Diagnose der Krankheit - Die Unsicherheit gründet in
dieser Frage einmal darauf, daß Paralyse ein umfassender Begriff ist, andererseits aber darauf, daß die joh und lk Version der Geschichte unterschiedliche Angaben in Bezug auf den
Charakter der Krankheit machen.

Demgegenüber meinten wir voraussetzen zu können, daß der
Hauptmann ein "Gottesfürchtiger" war, was die Deutung der Vv
8f mitbeeinflußte. Darüber hinaus entschieden wir uns gegenüber den in der Forschung auch sonst noch umstrittenen Fragen folgendermaßen:
1. V 7 wurde als entrüstete bzw. abwehrende Frage aufgefaßt.
2. Die Deutung des κύριε (V 8) als bloße höfliche Anrede wurde infolge der Gesamtaussage der Vv 8f als unzureichend abgelehnt.
3. V 8bα ("Denn nicht bin ich würdig, daß du unter mein Dach
eintrittst") wurde vom persönlichen Eindruck, den Jesus auf
den Hauptmann machte, nicht von der Voraussetzung seiner heidnischen Abstammung her, gedeutet.
4. Bei V 9 wurde als Vergleichspunkt lediglich die Entsprechung von Befehl und Gehorsam bzw. Ausführung angenommen. Demzufolge wurde die Deutung von εἰμὶ ὑπὸ ἐξουσίαν als ein zweiter, selbständiger Vergleichspunkt abgelehnt. Wir schlossen
uns vielmehr der Meinung an, wonach diese Wendung urspr par-
tizipial-konzessiven Sinn hatte, wodurch der Vergleich von V 9
als ein Schluß a minori ad majus zu bewerten ist.
5. V 10b deuteten wir als eine polemische Kontrastierung des
Glaubens des Hauptmanns mit dem Israels. Eine Deutung von
πίστις als bloßes Zutrauen zur Macht des Wundertäters wurde
zugunsten einer anderen Interpretation, wonach "Glaube" immer

auch eine Stellung zur Person Jesu als dem von Israels Gott
verheißenen Heilsbringer beinhaltet, abgelehnt. Was schließlich Jesu Hinweis auf die Größe des Glaubens anbelangt (τοσαύτη πίστις), so vertraten wir die Meinung, diese rühre vor
allem von der Tatsache her, daß der Zenturio es gerade als
Nicht-Jude in seinem Zugang zu Jesus schwerer hatte als Jesu
eigenes Volk.

Was nun die theologische Würdigung des Abschnittes betrifft,
so lassen sich vor allem drei Aspekte hervorheben:

1. Fragt man sich, wem und unter welchen Bedingungen Jesus eigentlich in dieser Erzählung seine Hilfe leistete, so kennzeichnet sich der Zenturio negativ dadurch, daß er sich Jesus gegenüber als οὐκ ἱκανός erachtet und sich gegenüber der
Krankheit seines παῖς als ohnmächtig erkennt - in positiver
Hinsicht aber dadurch, daß er sich trotz der Unwürdigkeit an
Jesus hält und trotz der Ohnmacht auf die Macht Jesu vertraut.
Wenn sich nun Jesus gerade eines solchen Menschen annimmt und
ihm gerade als solchen seine Hilfe nicht entzieht, so legt
die Begebenheit davon Zeugnis ab, daß das Heil, das Jesus
bringt, unverdientes und daher geschenktes Heil ist. Das aber
heißt: Die Hauptmannsgeschichte bezeugt Gottes gnädiges Handeln durch Jesus. Von hieraus ist es u.E. durchaus berechtigt,
wenn etwa Schniewind in seiner Auslegung unserer Perikope den
Glauben des Befehlshabers, wie er aus den Vv 8f hervorgeht,
mit dem paulinischen Rechtfertigungsglauben in Verbindung
bringt[104].

2. Besondere Beachtung verdient die Tatsache, daß es sich
beim Zenturio um einen Heiden handelt, was sowohl V 7 als
auch V 10 voraussetzen. Wenn nun Jesus gerade dieser heidnischen Person einen großen Glauben zuerkannte und ihr seine
Hilfe anbot, so zeigte er dadurch, daß der Glaube, so wie er
ihn verstand, die religiöse Barriere, die das jüdische Volk
von den Heiden trennte, zu sprengen vermochte. Das aber bedeutet: Der Glaube, wie ihn Jesus suchte, und entsprechend
das Heil, das er diesem gewährte, waren nicht mehr völkisch

---

104 Vgl. ders., Mt 108-111, 110, wo auf Röm 4,5 hingewiesen
    wird.

gebunden[105]. Insofern ist es sachlich gerechtfertigt, im Hinblick auf Jesus von einer "Individualisierung des Heils" zu
sprechen[106]; schätzte Jesus den Glauben ohne Berücksichtigung
der religiösen Abstammung der einzelnen Personen, so war damit die prinzipielle "Gleichstellung aller durchgeführt"[107].
Die theologische Relevanz liegt hier auf der Hand. Schlatter
formuliert sie folgendermaßen:

"Wir haben damit die Ursache vor uns, die gleichzeitig mit
der konsequenten Durchführung des persönlichen Religionsbe-
griffs den Universalismus, die Weltmission und die über alle
Grenzen hinweg in die Völker hineingestellte Kirche erzeugt
hat"[108].

Und er bemerkt noch zusätzlich:

"Alle Erörterungen darüber, ob Jesus die Heidenmission ge-
wollt habe odernicht, ob der Universalismus von ihm komme
oder vielleicht erst von Paulus usf., die Jesu Stellung zum
Glauben unbeachtet lassen, sind wertlos"[109].

3. Der polemische Hinweis in V 10b - παρ'οὐδενί...ἐν τῷ
'Ισραήλ -, der hier lediglich implizit und negativ formuliert
auftaucht, läßt erahnen, daß der Geschichte Jesu mit dem eigenen Volk ein bitteres Ende bevorstand. Was hier aber noch
zurückhaltend und nur negativ angedeutet wird, führte letzt-
endlich zu der Art von Konflikten, die in Jesu Gefangennahme
und Kreuzigung ihren Höhepunkt erreichten und die sich dann
auch später im Urchristentum fortsetzten. Der V 10b führt uns
also in das Problem, mit dem Paulus sich in Röm 9-11 auseinandersetzt: die Verstockung Israels. Die Lösung, die Jesus
dazu im Auftrag Gottes durch die Abendmahlsworte (IKor 11,24f;
Mk 14,23f par) und durch Worte wie Mk 10,45 (vgl. Mt 20,28)
seinen Jüngern mitteilte[110], sprengt freilich bei weitem die
Grenzen seines eigenen Volkes, ist sie doch als Gottes Heils-
angebot an die Verstocktheit der Menschen überhaupt gedacht.

---

105 Vgl. dazu schon die Warnung Johannes des Täufers in Lk
    3,8 par Mt 3,8f.

106 Vgl. zur Individualisierung des Heils bei Jesus, Grässer,
    Jesus und das Heil Gottes, bes. 172ff und Lohfink, Uni-
    versalismus und Exklusivität des Heils, bes. 70ff.

107 Vgl. Schlatter, Der Glaube 133.

108 Vgl. ders., a.a.O.

109 Vgl. ders., a.a.O., Anm. 104.

110 Vgl. zur Deutung des Todes Jesu Feine, Theologie 112-126
    und Jeremias, Theologie 272-284 u.a.

4. *Die HP und die Frage nach der Historizität*

4.1. Einblick in die vertretenen Positionen

Die historische Beurteilung unserer Perikope ist in der Forschung kontrovers. Die Historizität wird von einigen (1) angenommen, von anderen (2) abgelehnt und von dritten (3) zwar angenommen, aber zugleich rationalisiert.

Ad 1 - Unter solchen, die die Historizität annehmen, steht die große Mehrzahl der Kommentatoren; freilich setzen sie sie fast immer lediglich voraus, ohne ausdrücklich auf diese Frage einzugehen. Unter solchen, die zu ihr direkt Stellung nehmen, wären etwa Schniewind, Rengstorf, Schweizer und Marshall[1] zu nennen. Wir zitieren daraus Rengstorf und Schweizer. Der erste schreibt:

Es fehlt nicht an Stimmen, die beide Geschichten (sc Mk 7,24-30 par Mt 15,21-28 und Lk 7,1-10) zusammennehmen und für Varianten erklären möchten, in der Gemeinde entstandene, also legendäre ideale Szenen, angeschlossen an den Gedanken, daß Jesus eben auch Heiden Hilfe gewährte, die ihm ihren Glauben bezeugten. Indes weisen beide Geschichten bei unverkennbarer Ähnlichkeit im Aufbau im einzelnen so eigentümliche und originelle Züge auf, vor allem in den Glaubensworten der beteiligten Heiden, daß eine rein literarische Entstehung...für sie ausgeschlossen sein sollte (s. auch z. Mt. 8,5ff.). Nicht übersehen werden darf zudem, daß die Zeitgenossen Jesu keineswegs grundsätzliche Bedenken gegen Fernheilungen hatten. Von dem als Beter berühmten Chanina ben Dosa, der der apostolischen Zeit angehört, werden auch verschiedene Fernheilungen berichtet. So wenig solche Nachrichten für unser modernes Urteil bindend sind, so gewiß sind sie doch geeignet, vor der vorschnellen Anlegung moderner Maßstäbe an unsern Bericht zu warnen"[2].

---

1 Vgl. Schniewind, Mt 111; Rengstorf, Lk 96; Schweizer, Mt 139 und Marshall, Lk 282f.

2 Vgl. Rengstorf, Lk 96.

Die Meinung Schweizers entnehmen wir aus seinem Matthäus-
Kommentar, wo es heißt:

"Hat sich diese Geschichte so ereignet? Wir wissen es nicht
sicher; doch wird das Problem heute nicht so sehr dadurch gestellt, daß man ein solches Ereignis für unmöglich hielte,
als vielmehr dadurch, daß man um nervöse Lähmungen weiß, die
plötzlich geheilt werden, und daß es z.B. in den ostasiati-
schen Religionen auch glaubhafte Vorkommnisse von Fernheilungen gibt. Aber gerade damit wird uns der Zugang zu dieser Erzählung eröffnet. Daß Jesus ein "Charismatiker" war, von dem
auch körperliche Heilung ausging, ist nicht zu bezweifeln und
ist wichtig. Das ist aber nichts schlechthin Einmaliges. So
liegt die Bedeutung seiner Taten noch nicht in diesen, normalerweise sehr seltenen Vorkommnissen, und der Glaube hängt
nicht daran, ob einige Wunder mehr oder weniger geschehen
sind. Im Gegenteil, wo dies die entscheidende Frage würde,
hätten wir gerade verfehlt, was Matthäus mit dieser Erzählung sagen will"[3].

Abgesehen von den Kommentatoren urteilen auch zahlreiche andere Forscher positiv über die Historizität der Begebenheit[4].

Stellvertretend für viele zitieren wir Kümmel:

"Macht man mit dieser Einsicht (sc "daß ein Teil der Berichte
dadurch fest in der ältesten Überlieferung verankert ist, daß
hier Jesus in seiner Besonderheit und Jesu Verkündigung in
einer bestimmten Hinsicht im Zusammenhang der Erzählung einer
Tat Jesu dargestellt werden, daß hier also Jesus und nicht
einfach ein wunderhaftes Geschehen dem Hörer vor Augen gestellt wird") ernst, so erweist sich z.B. die Erzählung vom
Hauptmann von Kapernaum (Mt. 8,5-10.13p.) als ein Bericht,
in dem Jesu Stellung zu seinem Volk und den Heiden und die
Frage des Glaubens Jesus gegenüber zur Sprache kommen, während die Heilung des Sohnes (oder des Knechtes) des Hauptmanns ohne jedes Interesse an Einzelheiten berichtet wird. Es
besteht darum kein Bedenken, die Erzählung als Bericht aus
dem Leben Jesu anzuerkennen, und die Tatsache, daß diese Heilung sich aus der Ferne vollzieht, ja ohne daß Jesus auch nur
ein Heilungswort spricht, darf nicht gegen diese Anerkennung
eingewandt werden einfach darum, weil ein solches Geschehen
unserer Erfahrung widerspricht und rational nicht erklärbar
ist"[5].

Ad 2 - Unter den Bestreitern der Historizität seien Strauss
        und Bultmann erwähnt. Der Erstere geht davon aus, daß
durch Erzählungen von Heilungen entfernter Personen, "sofern

---

3 Vgl. ders., Mt 139.

4 Vgl. etwa Kümmel, Theologie 54; Goppelt, Begründung des
  Glaubens 52 mit Anm. 24; Loos, Miracles 549f; Derrett, Syrophoenician and centurion 184ff und Fuller, Wunder Jesu
  39 u.a.

5 Vgl. ders., a.a.O. 54 (und 53).

sie historische Geltung ansprechen, Jesus zu einem übernatür-
lichen Wesen" erhoben werde[6]. Dieser Konsequenz versucht er
auszuweichen, indem er nach Gründen fragt, die für eine Entstehung der Geschichte "auch ohne historischen Grund" verantwortlich gemacht werden könnten. Die Antwort findet er im
Vergleich zwischen Jesu Fernheilung und der atl. Fernheilung
des Syrers Naaman. S.M.n. ist nämlich Mt 8,5ff aus der Intention heraus entstanden, die Macht des Messias Jesu nicht hinter der Macht eines Propheten wie Elisa zurückbleiben zu lassen![7] Er folgert: "So zeigt sich unsere NT.liche Erzählung
als nothwendiges Gegenbild jener A.T.lichen"[8].

Was Bultmanns Position betrifft[9], so geht er davon aus, daß
Mt 8,5ff und Mk 7,24-30 als Varianten zu betrachten sind[10].
Dadurch fehlt für Mt 8,5ff schon von vornherein die Wahr-
scheinlichkeit einer historischen Grundlage. Er schreibt:

"Der Gedanke, daß Jesus auch den Heiden Hilfe gewährt, hat
also in der Tradition einen doppelten Ausdruck gefunden. Umsomehr wird man urteilen müssen, daß es sich um ideale Szenen
handelt, die man als Gemeindebildungen betrachten muß"[11].

Ähnlich beurteilt er auch Mk 7,24-30 und Mt 8,5ff in seinem
Jesus-Buch. Dort heißt es:

"Aus der Zeit des Streitens um die Heidenbekehrung stammen
die Geschichten vom Centurio in Kapernaum und von der Phöni-

---

6 Vgl. Strauss, Leben Jesu II, 120.

7 Vgl. ders., a.a.O. 121.

8 Vgl. ders., a.a.O. 121f.

9 Vgl. ders., GST 39.

10 Vgl. ders., a.a.O. Ähnlich argumentiert auch Wellhausen,
   Mt 36f, der aber Mt 8,5ff par Lk für eine Dublette von Mk
   5,21-24.35-43 par hält. Daß Mt 8,5-10.13/Lk 7,1-10; Joh
   4,46-54 und Mk 5.21-24.35-43 par lediglich als "Varianten"
   zu betrachten sind, hält auch Schmidt, Rahmen 73f für sehr
   wahrscheinlich. Verschiedene gemeinsame Züge in diesen Erzählungen beweisen nach ihm "zwar nicht, daß Mt etwa die
   Überlieferung umgestaltet hätte, aber sie zeigen, daß in
   einem früheren Stadium der Überlieferung verschiedene Erzählungen von einem Beamten, der einen Hausgenossen geheilt haben wollte, vorlagen, und daß diese Erzählungen in
   ihren Personenangaben, ihrem Aufbau und Inhalt sehr ähnlich
   waren" (ebd. 73). Anders als Wellhausen nimmt aber Schmidt
   keine eindeutige Partei für die Ursprünglichkeit der einen
   Fassung gegen die der anderen.

11 Vgl. Bultmann, GST 39f.

kierin (Matth. 8, 5-13 ohne V.11 und 12; Mark. 7,24-30). Sie
zeigen, daß es Ausnahmen unter den Heiden gibt, die des Heils
würdig sind"[12].

Bultmann gibt in seiner "Geschichte der synopt. Tradition"
(S. 39) sogar noch ein zusätzliches Argument an, das die Begebenheit historisch anfechtbar macht, nämlich die s.M.n. un-
zumutbare Annahme des Vollzugs einer Fernheilung: "Auch wird
sich kaum jemand für die Geschichtlichkeit der Fernheilungen
einsetzen"[13].

Ad 3 - Als Beispiel für eine rationalistische Erklärung des
       Wunders in Mt 8,5ff führen wir Paulus an[14]. Er schreibt
folgendes zum Heilungsvorgang unserer Erzählung:

"Zugleich ist in dieser Geschichte das erstemal ein Beispiel,
dass J. zu Heilungen *Andere*, ohne Zweifel von den zuvor ausgewählten Zwölfen, abschickte. Wie anders könnte auf die
Bitte: 'sag es nur mit einem Wort, so wird mein Knecht geheilt werden'! der nachfolgende Grund passen: dass der Bittende als Centurio wohl wisse, was es heisse, unter Befehlen zu
stehen und dass er selbst deswegen bald von seinen Soldaten
bald von seiner Hausdienerschaft jemand abschicke'? Der be-
scheidene Heyde will nicht, dass der grosse Lehrer sich selbst
zu ihm bemühe. Ich, lässt er ihm sagen, kenne was Unterordnung heisst (...) und schicke oft andere, als folgsame Diener; thue gegen mich, du grosser Mann! das nämliche.εἰπὲ λόγῳ
sprich ein Wort, gieb einen Befehl an einen *deiner* Unterge-
benen (...), sage ihm nur, was er zu thun habe; so wird mir...
für meinen Sklavensohn geholfen"[15].

---

12 Vgl. ders., Jesus 41.

13 Mit einem ironischen Unterton nimmt Jeremias, Verheißung
   23f zur Position Bultmanns Stellung. Im Zusammenhang mit
   seiner Erörterung über die Historizität von Mt 15,24
   schreibt er: "Will man trotzdem sowohl Mth 15,24 wie die
   genannten beiden Geschichten (sc Mk 7,24-30 und Mt 8,5-10.
   13) der frei erfindenden Urkirche zuschreiben, so muß man
   zu sehr komplizierten Theorien greifen: Mth 15,24 wäre von
   missionsfeindlichen Kreisen der palästinischen Urkirche
   erfunden, Mk 7,24ff. und Mth 8,5ff. von missionsoffenen
   Kreisen der Urkirche, die die Bedenken der missionsfeindlichen Kreise zerstreuen wollten, und all das müßte noch
   im semitischen Sprachbereich (...) vor sich gegangen sein!
   Das sind maximale Unwahrscheinlichkeiten!" (ebd. 24).

14 Vgl. ders., Commentar über das neue Testament, I, 806. Für
   diese und andere "rationalistische" Erklärungen zu Mt 8,5ff
   vgl. Strauss, Leben Jesu II, 115-119 und Loos, Miracles
   328-330.

15 Vgl. ders., a.a.O. (Hervorhebung im Original).

Für Paulus wurde demnach das Wunder nicht von Jesus selbst,
sondern von einem seiner Jünger - und zwar gerade nicht als
Fernheilung! - vollzogen[16].

4.2. Kriterien zur historischen Beurteilung der Worte
     und Taten Jesu.

Für die Frage, ob und inwieweit der vorliegende Q-Abschnitt in seinem Gesprächs- und Erzählteil auf historischen
Begebenheiten des Lebens Jesu fußt, stehen uns eine Anzahl
von Kriterien zur Verfügung, anhand derer es möglich ist,
Wahrscheinlichkeitsurteile besser zu präzisieren. Da nun diese Kriterien schon mehrmals im einzelnen dargestellt und er-
örtert wurden, bedarf es in dieser Arbeit dazu keiner erneu-
ten Stellungnahme mehr[17]. Wir können uns statt dessen gleich
direkt den Argumenten für und gegen die Historizität zuwenden, wobei die kritischen Einwände, die gelegentlich von einigen Forschern gegen die Anwendung oder Brauchbarkeit be-
stimmter Kriterien geäußert wurden, jeweils in der folgenden Besprechung mitberücksichtigt werden.
Soweit es nötig ist werden wir im Hinblick auf unsere Perikope die Spruch- und Erzähltradition, die in ihr ja eng miteinander verwoben sind, jeweils isoliert betrachten. Dies läßt
sich insofern leicht durchführen, als die Kriterien, die zur
Ermittlung der Historizität bei Spruch- und Tatüberlieferung
angewendet werden, im Prinzip die gleichen sind[18].

---

16 Vgl. zur Kritik Strauss, Leben Jesu II, 118f.
17 Zur Literatur vgl. vor allem die bei Kümmel, Jesusforschung seit 1950, 42-45 und ders., Ein Jahrzehnt Jesusforschung, 328-333 besprochenen Arbeiten; ferner, ders., Äußere und innere Reinheit 124, Anm. 33 und ders., Jesu Antwort 189, Anm. 50. Die Literatur aus den letzten Jahren
   stellt Riesner, Lehrer 87, Anm. 35 zusammen; verwiesen sei
   lediglich noch auf Nielsen, Kriterien zur Bestimmung authentischer Jesusworte, passim.
18 Vgl. dazu vor allem Mußner, Methodologie, passim und Latourelle, Authenticité historique, passim. Was insbesondere die Wundergeschichten anbelangt, so wäre noch auf eine Reihe von Studien zu verweisen, die auf die Frage ihrer
   Historizität näher eingehen. Als solche seien erwähnt:
   Roloff, Kerygma 110ff; Kertelge, Die Überlieferung der
   Wunder Jesu, passim, bes. 183ff; Petzke, Historizität und
   Bedeutsamkeit von Wundergeschichten, passim und Nielsen,
   Ein Beitrag zur Beurteilung der Tradition über die Hei-
   lungstätigkeit Jesu, passim.

4.3. Historische Beurteilung.

Drei Kriterien, die als positive Indizien für die Historizität der HP in Frage kämen, lassen sich auf die Perikope als ganze beziehen und seien daher als erste besprochen.

4.31.   Besprechung von drei Kriterien, die die HP als
        Einheit betreffen.

1) Das Kriterium der häufigen Bezeugung[19].

Die häufige Bezeugung ist im Falle der HP dadurch gegeben, daß die Begebenheit auch im JohEv enthalten ist (Joh 4,46ff). Relativiert wird dieses Kriterium durch den Umstand, daß Taten oder Worte Jesu schon früh sek gebildet und als solche in mehrere Quellen eingedrungen sein könnten. Immerhin zeigt die doppelte Bezeugung der HP in Q und im JohEv, daß diese Geschichte zumindest im Bezug auf das Alter auf frühe Überlieferung beruhen dürfte[20]. Daher ist Nielsen zuzustimmen, wenn er schreibt:

"Zwar ist es richtig, daß dies Kriterium (sc der häufigen Bezeugung) streng genommen nicht die Authentizität eines bestimmten Logions oder einer bestimmten Vorstellung nachzuweisen vermag, wohl aber etwas über das Alter der betreffenden Überlieferung. Zwischen dem Alter und der Authentizität einer Überlieferung besteht indessen ein wesentlicher Zusammenhang, da das Vorkommen einer bestimmten Aussage oder einer bestimmten Vorstellung in mehreren verschiedenen, von einander unabhängigen - u.a. auch älteren - Quellen die Annahme der Authentizität wahrscheinlich macht. Man muß nämlich vermuten, daß diesen Quellen in einem solchen Fall ältere Überlieferung zugrundeliegt, und die Wahrscheinlichkeit dafür, daß eine Aussage oder eine Vorstellung Gemeindetheologie ist, mit dem Alter der Überlieferung abnimmt"[21].

---

19 Vgl. dazu etwa McEleney, Authenticating Criteria 433-435; Riesner, Lehrer 87f; Nielsen, Kriterien 15-18 und Stein, The 'criteria' for authenticity 229-232.

20 Darauf, daß das Kriterium der mehrfachen Bezeugung eher als Indiz für das hohe Alter einer Überlieferung als für ihre Historizität zu bewerten ist, weisen übereinstimmend McEleney (a.a.O.434) und Nielsen (a.a.O. [Anm. 19] 16) hin.

21 Vgl. ders., a.a.O. (Anm. 19) 16.

2) Das Kriterium der Sprache[22].

Dieses Kriterium beruht darauf, daß ein Überlieferungs-
stück, das typische Redeweisen Jesu aufweist und/oder überhaupt hinsichtlich der Sprache semitische Beeinflussung verrät, normalerweise eine alte Tradition wiedergibt. Am Text
der HP konnte diesbezüglich folgendes beobachtet werden:
a) Die Voranstellung des Verbs vor dem Subjekt, ein Semitismus auf den besonders Wellhausen und Norden hingewiesen haben[23], begegnet außer in der Übergangswendung Q 7,28a nur
noch einmal innerhalb des Hauptsatzes in 8,5b (καὶ ἦλθεν αὐτῷ
ἑκατοντάρχης) und einmal innerhalb des Nebensatzes in 8,8b
(καὶ ἰαθήσεται ὁ παῖς μου)[24].
b) Auf semitischem Einfluß könnte *die Häufung der Parataxe*
beruhen. Sie begegnet auch in anderen Q-Abschnitten[25]. Im

---

22 Vgl. dazu etwa McEleney, a.a.O. 438-440; Riesner, a.a.O.
   92f; Nielsen, a.a.O. 18-21; Stein, a.a.O. 233-236; Jeremias, Theologie 14-38 und Schürmann, Die Sprache des
   Christus, TU, 83-108.

23 Vgl. Wellhausen, Einleitung 10 und Norden, Agnostos Theos
   365f. Dieser Semitismus untersteht eigentlich mehr dem Einfluß des Hebräischen (vgl. Grether, Grammatik § 92 h und
   § 94 h,l,n), da im Aramäischen eine größere Variation bzgl.
   der Stellung von Subjekt und Prädikat innerhalb des Satzes
   besteht (vgl. Charles, Dan xliiif.ciii-cviii; Wilcox, Semitisms 112f; Rife, Mechanics 250-252; Turner, Style 18;
   Lagrange, Mk LXXXVIII). Immerhin wird auch im Griechischen
   die Voranstellung des Verbs mehrfach gebraucht (vgl. Moulton, Grammar II, 416-418), so daß für den sprachlichen Erweis einer semitischen Beeinflussung dieses Merkmal nur
   mit Zurückhaltung angeführt werden kann (vgl. dazu Black,
   Aramaic Approach 50f und Wilcox, a.a.O. 113).

24 Zur Voranstellung des Verbs innerhalb des Nebensatzes, vgl.
   Moulton, Grammar II 417.

25 Zur Parataxe als Indiz semitischer (hebr. und aram.) Er-
   zählungsweise, vgl. Black, a.a.O. 61-69 und Norden, a.a.O.
   (o. Anm. 23) 367f u.a. Auf die Verbreitung dieses Stil-
   mittels innerhalb der Koine verweisen Deissmann, Licht vom
   Osten 105-108 und Radermacher, Grammatik 220ff u.a. Zur
   Verwendung der Parataxe im NT vgl. ferner Moulton, Grammar
   II, 420-423 und Turner, Style 162 s.v. parataxis. Auf die
   Häufung der Parataxe in Mt 8,5ff und 7,24-27 par Lk verwies schon Harnack, Sprüche 112, Anm. 4 hin. Auch in anderen Erzählstücken von Q wird dieses Stilmittel mehrfach
   verwendet, wie die Rekonstruktionen von Polag zu Mt 4,3-
   11 und 12,22.23a par Lk zeigen (vgl. ders., Fragmenta 30-
   33.50f); in Mt 12,38f.41f und 8,19-22 par Lk tritt demgegenüber δέ stärker hervor: vgl. Polag, a.a.O. 52-54.42f.

Hinblick auf unsere Perikope sei auf folgendes aufmerksam
gemacht:

1. Die Parataxe zu Beginn der Übergangsformel (καὶ ἐγένετο)
steht, wie die Konstruktion mit nachfolgender konjunktionaler
Zeitbestimmung + asyndetischem Anschlußsatz nahelegt, unter
dem Einfluß der LXX[26].

2. In Q 8,8c begegnet die Parataxe mit vorangehendem Imp. und
folgendem Fut. (εἰπὲ λόγῳ καὶ ἰαθήσεται ὁ παῖς μου). Diese
Konstruktion erscheint im Semitischen gehäuft[27]. Ausgesprochen semitisch ist sie freilich nur in den Fällen wo das Imp.
uneigentlich gemeint ist, und zwar als Ausdruck einer Bedin-
gung[28]. Weniger typisch semitisch sind die Fälle, in denen
durch den Imp. zugleich ein konkreter Befehl erteilt wird,
wie es bei Q 8,8c der Fall ist[29], da hier der Modus nicht
mehr uneigentlich gebraucht wird. Immerhin wird im Aramäischen der Imp. mit folgendem syndetischen Fut. vielfach so
verwendet, daß das syndetische Fut. als hypotaktischer fina-
ler Nebensatz fungiert[30], so daß καὶ ἰαθήσεται möglicherweise
unter Einfluß dieser aramäischen Konstruktion steht und ebenfalls als "konjunktionsloser hypotaktischer Finalsatz gemeint" sein könnte und daher mit "daß er geheilt werde" o.ä.
wiederzugeben wäre[31].

3. In Q 8,9a (καὶ γὰρ ἐγὼ ἄνθρωπός εἰμι ὑπὸ ἐξουσίαν, ἔχων
ὑπ'ἐμαυτὸν στρατιώτας) wird wohl infolge seiner inhaltlichen
Spannung gegenüber 8,9b[32] mit einer bei der Übertragung ins
Griechische falsch entstandene Periodisierung der Parataxe

---

26 Vgl. dazu o.S. 126; Beyer, Syntax 42.56.59f und Johannessohn, Das biblische καὶ ἐγένετο 184f.196.

27 Vgl. dazu Beyer, a.a.O. 238-255.

28 Vgl. dazu Beyer, a.a.O. 240f.252.

29 Vgl. dazu Beyer, a.a.O. 241.252.

30 Vgl. Beyer, a.a.O. 245 mit Anm. 2.

31 Vgl. Beyer, a.a.O. 252, Anm. 2, dem Bl/Deb/Rehkopf, Grammatik § 442, 2, Anm. 7 folgen.

32 Die Spannung besteht darin, daß nach Mt 8,9a der Zenturio
   als einer, "der Kommandogewalt unterstellt" (Bauer, Wörterbuch 551 sub 4.a.), dargestellt wird, während 8,9b gerade
   seine eigene Befehlsgewalt unterstreicht.

zu rechnen sein[33]. Demnach wurde hier als Hauptverb nicht
ἔχειν, sondern das urspr untergeordnete Verb εἶναι wiedergegeben, wogegen eigentlich εἶναι im Ptz. (= ὤν) und ἔχειν im
Präsens (= ἔχω) zu erwarten wäre[34].

4. In Q 8,9b wird sehr wahrscheinlich die grammatische Parataxe für die logische Hypotaxe verwendet. Da im Semitischen
konditionale (und temporale) Parataxen in Haupt- und Nebensätzen geläufig sind[35], könnte die 3x vorkommende Parataxe
innerhalb der Hauptsätze in 8,9b (καὶ λέγω τούτῳ...καὶ ἄλλῳ
...καὶ τῷ δούλῳ μου κτλ.) unter semitischen Einfluß stehen.
Stimmt diese Annahme, so hätten wir in Q 8,9b 3x die Verwendung einer konditionalen Parataxe im Hauptsatz[36], wobei die
Hauptsätze urspr als Bedingungssätze gemeint und daher auch
konditional zu übersetzen wären, etwa: "Wenn ich zu diesem
sage... und zu einem anderen (sc sage)...und zu meinem Sklaven (sc sage)..."[37]

c) ἄνθρωπος steht in Q 8,9 für das indefinite τις. Da im Hebräischen und Aramäischen die Indefinitpronomina häufig durch
איש o.ä. bzw. בר אנוש/בר אנש o.ä. wiedergegeben werden[38],
könnte die Verwendung von ἄνθρωπος in 8,9 unter semitischem
Einfluß stehen[39].

d) Beachtung verdient auch der im synonymen Parallelismus
aufgebaute Dreizeiler in Q 8,9b. Da im Semitischen der Pa-

---

33 Dies vermuten etwa Wellhausen, Einleitung 14; Jeremias, Verheißung 26, Anm. 98; ders., Theologie 161; Beyer, a.a.O.
278, Anm. 1 und Klostermann, Mt 74f; s. auch o.S. 85 und
388f.

34 So nach den in der vorigen Anmerkung genannten Forschern.

35 Vgl. dazu Beyer, Syntax 271ff.259ff.

36 So Beyer, a.a.O. 278 und Jeremias, Gleichnisse 196 mit
Anm. 6.

37 Vgl. dazu den Übersetzungsvorschlag Beyers in ders., a.a.O.
278.

38 Vgl. zum Hebräischen Gesenius/Kautzsch, Grammatik § 139
und Grether, Grammatik § 78,d. und zum Aramäischen Black,
Aramaic approach 106, Anm. 2 und 318f; Dalman, Grammatik
122f sub 2. und Fitzmyer, Methodology 93f.

39 So Black, a.a.O. 107 und Turner, Style 35.

rallelismus membrorum ein geläufiges Stilmittel ist[40], ist
auch von dieser Konstruktion her die Annahme einer semitischen
Beeinflussung wahrscheinlich[41].

e) Burney[42] macht darauf aufmerksam, daß bei Sätzen, die mit
οὐκ εἰμὶ ἄξιος (bzw. ἱκανός) beginnen, im Griechischen sowohl der Infinitiv als auch ein ἵνα + Verbum finitum folgen
kann, wofür aber die syrischen Versionen fast ausnahmslos
ein ד (aram.: דְּ bzw. דִי) + Verbum finitum bringen. Da nun die
Konstruktion mit nachfolgendem Inf. gegenüber ἵνα + Verbum
finitum eine deutliche Gräzisierung darstellt, könnten s.M.n.
Joh 1,27 und Mt 8,8/Lk 7,6, die die Konstruktion mit nachfolgendem ἵνα + Verbum finitum enthalten, unter aram. Einfluß stehen, so daß an diesen Stellen das ἵνα für urspr aram.
ד bzw. דִי gesetzt wäre.

f) Eine interessante Vermutung sprach Meyer[43] hinsichtlich
der Wendung καὶ τῷ δούλῳ μου· ποίησον τοῦτο, καὶ ποιεῖ (Mt
8,9b par Lk 7,8b) aus: Übersetzt man es nämlich ins Aramäische, so könnte urspr in dieser Sprache ein Wortspiel zwischen עֶבֶד (= Knecht, Sklave) und עָבַד (= tun, machen) intendiert worden sein. Nach Meyers Rückübersetzung und Transkrip-
tion wäre der urspr Wortlaut folgender:
"ולעבדי עבד והוא עביד   ʿabdī: ᵉbᵃd: ʿabēd"[44]. Diese Vermutung
ist sicherlich sehr hypothetisch. Meyer selbst fragt: "Aber

---

40 Vgl. dazu Burney, Poetry 15ff. Was das Aramäische anbelangt, vgl. nun die einschränkenden Bemerkungen von Fitzmyer, Methodology 95-98.

41 So Black, a.a.O. 159. Nach ihm findet sich der Parallelismus membrorum auch in Lk 7,6f: ebd. 158.

42 Vgl. ders., Aramaic origin 72f.

43 Vgl. ders., Jesu Muttersprache 123, der sich auf einen Hinweis von Lewis, A translation of the four Gospels XV, beruft.

44 Vgl. ders., Jesu Muttersprache 123. Vgl. zu Mt 8,9b auch
   die entsprechenden Formulierungen in syᴾ:
   ܘܠܚܕ، ܐܡܪ ܐܢܐ ܙܠ ܘܐܙܠ ܘܠܚܕ ، ؛ syˢ·ᶜ: ܡܚܕ܂ ܘܠܚܕ، ܗܕܐ ܘ ܗܘ ܘܚܕ܂
   und syʲ: ܚܕ܂ ܚܕ ܘܣܘ ܣܘ ، ܘܠܚܕ (vgl. Lewis/Gibson, Palestinian syriac lectionary 72).

sollte hier wirklich ein Wortspiel beabsichtigt sein?"[45]
Immerhin dürfte auf Grund der Häufigkeit, mit der Allitera-
tion, Paronomasie und Assonanz im Semitischen gebraucht werden[46], die Vermutung Meyers zumindest als Indiz für aramäische Beeinflussung unserer Perikope angebracht sein.
g) Nach Schlatter[47] ist παρ'οὐδενί (Mt 8,10b) gegenüber dem
lk οὐδέ (Lk 7,9b) eine sek Gräzisierung. Dieser Meinung können wir nicht beipflichten. Gewiß ist παρ'οὐδενί insofern
eine Gräzisierung, als ja die Konstruktion aram. in dieser
Form nicht möglich ist. Andererseits kann aber das Indefinitpronomen οὐδείς sowohl im Hebräischen als auch im Aramäischen vielfach umschrieben werden[48], so daß von hieraus Mt
durch παρ'οὐδενί durchaus den urspr Gehalt der Aussage Jesu
wiedergeben könnte[49]. Als Vergleich dazu sei auf die Um-
schreibungen dieser Wendung in Mt 8.10b durch sy[c] und sy[j] verwiesen: (sy[c]) ܪܒܬܐ ܐܝܟ ܗܕܐ ܒܒܝܬ ܐܝܣܪܝܠ ܐܫܟܚܬ ܗܝܡܢܘܬܐ ܐܦܠܐ[50]
(sy[j]) ܒܝܬ ܐܝܣܪܝܠ ܠܐ ܐܫܟܚܬ ܗܝܡܢܘܬܐ ܐܝܟ ܗܕܐ ܒܐܢܫ[51].

---

45 Vgl. ders., a.a.O.

46 Vgl. dazu Black, Aramaic approach 160ff und zur Literatur, Sellin/Fohrer, Einleitung 44.570 und Alonso-Schökel,
   Das AT als literarisches Kunstwerk 1-10.

47 Vgl. ders., Mt 276; ders., Lk 493.

48 Vgl. zur Umschreibung im Hebräischen Gesenius/Kautzsch,
   Grammatik § 139 d und § 152 b, 1; Grether, Grammatik § 78,
   a-g; im Aramäischen Dalman, Grammatik 121f sub § 20,1 und
   Burney, Aramaic Origin 98f.

49 Dies stimmt insofern mit dem bei der Wortstatistik zu
   παρ'οὐδενί gewonnenen Ergebnis überein (s.o.S. 216-221),
   als sich ja auch dort Gründe für die Ursprünglichkeit dieser Wendung gegenüber dem lk οὐδέ anführen ließen.

50 Wörtlich: Auch nicht bei einem Menschen des Hauses Israels
   (= Bei keinem des Hauses Israels) fand ich einen derartigen
   Glauben.

51 Wörtlich nach der urspr Wortfolge: "Bei einem Menschen einen derartigen Glauben nicht fand ich in Israel" (= Bei
   keinem Menschen fand ich einen derartigen Glauben in Israel).
       Bei der Rückübersetzung von Mt 8,10b ins Hebräische gibt
   Delitzsch den Versteil nach der Lk-Fassung wieder (vgl.
   ders., ספרי 12.111), während Resch (Die Logia Jesu 30) die
   Wendung παρ'οὐδενί...εὗρον durch לא מצאתי אצל איש wiedergibt.

h) Jeremias und Haenchen[52] deuten das ἐλθών in Mt 8,7 (vgl.
Lk 7,3) pleonastisch und verstehen es als Semitismus. Dafür
spricht, daß pleonastisches ἐλθών (bzw. ἐρχόμενος) sowohl dem
Hebräischen als auch dem Aramäischen geläufig ist: Es entspricht der pleonastischen Verwendung von בוא bzw. הָלַךְ (hebr.)
und אתא bzw. אזל (aram.)[53]. Hinzu kommt, daß nach Mt 8,6 der
Befehlshaber keine explizite Bitte um Jesu Kommen äußert, so
daß in der Antwort Jesu der Verweis auf θεραπεύειν eigentlich
genügen würde.

Andererseits zeigen die Mt- und Lk-Fassung, daß ἐλθών in
Mt 8,7 und Lk 7,3 insofern sachlich berechtigt sein könnte,
als das Motiv des Kommens neben dem der Heilung im weiteren
Verlauf der Erzählung ausdrücklich wiederaufgenommen wird. In
der Lk-Fassung wird sogar berichtet, daß Jesus ἐπορεύετο σὺν
αὐτοῖς (Lk 7,6). Aber auch die nach der Ablehnung der Bitte
(Q 8,7) von Q bezeugte Antwort des Hauptmannes ("Denn nicht
bin ich würdig, daß du unter mein Dach εἰσέλθῃς: Mt 8,8b/
Lk 7,6c) setzt doch voraus, daß Jesu Kommen zuvor erbeten
und/oder abgewiesen wurde. Aus diesen Gründen wird das ἐλθών
in Q 8,7 eher als sachlich berechtigt denn als semitisch-pleo-
nastisch zu betrachten sein: Die Ursache für das Kommen Jesu
war einfach dadurch gegeben, daß der erkrankte παῖς nicht an-
wesend war, sondern infolge seiner Erkrankung im Hause zurück-
blieb.

i) Griechische (und lateinische) Redeweise verrät nach Joüon[54]
das ὑπὸ τὴν στέγην (Mt 8,8/Lk 7,6) im Sinne von "in das Haus".
S.M.n. wird es so weder im Hebräischen noch - vermutlich - im
Aramäischen verwendet. Da die Wendung innerhalb der Haupt-
mannsworte begegnet, folgert er: "Si le centurion a parlé en
grec, nous pouvons avoir ici ses mots mêmes"[55].

---

52 Vgl. Jeremias, Sprache 133 und Haenchen, Johanneische Probleme 82, Anm. 1.
53 Vgl. dazu Dalman, Worte Jesu 16f und Black, a.a.O. (Anm.
   46), 125f; weitere Literatur ist o.S. 157, Anm. 37 angegeben.
54 Vgl. ders., L'Évangile 46; ferner Gaechter, Mt 266.
55 Vgl. ders., a.a.O.

j) Für einen Septuagintismus wird man wohl die Wendung καὶ
ἀποκριθείς...ἔφη (oder καὶ ἀποκριθείς...εἶπεν, falls ἔφη als
mt Ersatz für εἶπεν gebraucht wurde[56]) halten können: Q 8,8.
Sie entspricht der LXX-Wiedergabe des hebr. ויען ויאמר   durch
(καὶ)ἀποκριθεὶς (δὲ) εἶπον (bzw. εἶπε, εἶπαν o.ä.)[57].

k) Unter semitischen Einfluß könnte nach Harnack[58] die Wendung εἰπὲ λόγῳ stehen: Q 8,8. Zahn[59] setzt sie im Zusammenhang mit Wendungen wie προσευχῇ προσεύχεσθαι (Jak 5,17) und
ἀπειλῇ ἀπειλεῖν (vgl. Apg 4,17: v.l.)[60]. Da derartige Konstruktionen - Verbum finitum mit dem Dativ eines wurzel- oder
sinnverwandten Substantivs - in der LXX häufig für die Wiedergabe des hebr. Inf.abs. gebraucht werden[61], könnte εἰπὲ
λόγῳ in der Tat unter dem Einfluß des Hebräischen oder der
LXX entstanden sein[62]. Bedenkt man nun, daß der hebr. Inf.
abs. häufig zur Verstärkung des Verbalbegriffes dient[63], würde die Übersetzung durch "impera" wohl dem urspr Sinn der
Formel am ehesten entsprechen[64]. Zugleich muß freilich bedacht werden, daß ähnliche Konstruktionen auch im Griechischen außerhalb der LXX und des NT mehrfach zu belegen sind[65].

---

56 Vgl. dazu o.S. 158-160 sub Nr. (34c) und (34d) und 270
   mit Anm. 8.

57 Vgl. Moulton, Grammar II, 453f; Jcüon, "Respondit et dixit" 313; Dalman, Worte Jesu 19f und Jeremias, Sprache 39f.

58 Vgl. ders., Sprüche 115.

59 Vgl. ders., Mt 339, Anm. 21.

60 Vgl. zu den weiteren Wendungen dieser Art im NT Bl/Deb/
   Rehkopf, Grammatik § 198, 6, Anm. 8-10.

61 Vgl. dazu Thackeray, Grammar I, 48-50.

62 Dies gilt freilich nicht auch in Bezug auf das palästinische Aramäisch: vgl. Dalman, a.a.O. (Anm. 57) 27f.

63 Vgl. Gesenius/Kautzsch, Grammatik § 45 und 113. Zum Inf.
   abs. nach Imperativen, vgl. ders., ebd. § 113, 3.r.

64 Vgl. Lohmeyer/Schmauch, Mt 158: "Der Dativ λόγῳ - nur wenige Hs. verbessern in λόγον - gibt dem εἰπέ den Sinn von
   impera!"

65 Vgl. dazu Bl/Deb/Rehkopf, a.a.O. § 198, 6, Anm. 8 (Lit!)
   und Radermacher, Grammatik 128f (Lit!). Bauer, Wörterbuch
   943 s.v. λόγος (1.a.α) verweist zum Vergleich mit εἰπὲ λόγῳ
   auf Phalaris, ep. 121, 1 (λόγῳ λέγειν: λόγῳ δ'οὐδὲν δέομαι
   λέγειν αὐτός τε εἰδὼς καὶ πρὸς εἰδότας γράφων - s. Hercher, Epistolographi Graeci 444) und auf die Wendung ἐν
   λόγῳ μόνον εἰπεῖν einer Platonscholie.

1) Nach Lohmeyer/Schmauch und McNeile[66] steht βέβληται
(Q 8,6) im Sinne von "daniederliegen" vermutlich unter Einfluß des aram. רמא[67]. Lagrange[68] hält diese Annahme zwar
prinzipiell nicht für unmöglich, verweist aber zugleich auf
Belege aus der Profangräzität, wodurch der Gebrauch auch vom
Griechischen her erklärlich wird[69]. Eine sichere Entscheidung
ist daher nicht mehr möglich.

Diese Beobachtungen sind nun noch durch drei weitere Hinweise zu ergänzen, die Jesu eigenen Sprachgebrauch berühren:
m) Falls das in Q 8,7 vorangestellte ἐγώ (hebr.: אני/אנכי ;
aram.: נא/אנא) urspr ist[70] und die Voranstellung auf eine
besondere Betonung hinweist[71], so hätten wir bei diesem Per-
sonalpronomen vielleicht ein Merkmal der Sprache Jesu, wodurch er seinem Hoheitsbewußtsein Ausdruck verleiht[72], auSt
wohl das Bewußtsein seiner primären Sendung an Israel[73].
n) Auf jesuanischen Sprachgebrauch könnte die Verwendung von
ὕπαγε in Q 8,13 hinweisen. Schürmann[74] rechnet es unter die
Kennzeichen der befehlenden, aufrüttelnden Sprache Jesu, da

---

66 Vgl. Lohmeyer/Schmauch, Mt 157, Anm. 2 und McNeile, Mt 103;
ferner Allen, Mt 77.

67 Vgl. zu רמא/רמי im Aramäischen Jastrow, Dictionary II,
1482; Levy, Wörterbuch IV, 454 und Dalman, Handwörterbuch
404. Syᶜ gibt βέβληται durch וארמא, syˢ, syᵖ und syʲ übereinstimmend durch רמא wieder.

68 Vgl. ders., Mt 164f.

69 Lagrange, a.a.O. verweist auf Epictet II, 20,10; IX (sic!),
10,29 (s. IV, 10,29!) und Aesopus, Fabulae CCLVII (editio
Hausrath: Nr. 166!); weitere Belege aus dem Griechischen
bei Bauer, Wörterbuch 260 sub b (s.v. βάλλω).

70 D.h. nicht auf die mt Red zurückzuführen ist: vgl. dazu
o.S. 153f sub Nr. (30).

71 Und daher nicht auf die unemphatische Verwendung des Personalpronomens im Hebräischen (vgl. Gesenius/Kautzsch, Grammatik § 135, 1.a,b und Howard, Ego Jesu 20: Lit!) oder Aramäischen (vgl. Burney, Aramaic Origin 81) zurückzuführen
ist.

72 Zur Verwendung des Personalpronomens als Ausdruck des Ho-
heitsbewußtseins Jesu s. die o.S. 154, Anm. 31 angegebene
Literatur.

73 Vgl. dazu Betz, Mattäus 8,5-13, 17.

74 Vgl. ders., Sprache, TU 105 (sub VII, c).

ὕπαγε/ὑπάγετε von geringen Ausnahmen abgesehen, ausschließlich in Worten Jesu verwendet werden[75]. Im Hebräischen entspricht der Imp.Sing. dem Imp. לֵךְ (הלך) während der von sy[c.s]
und sy[p] für πορεύου in Mt 8,13 übereinstimmend gebrauchte
Imp. זֵל auf aram. זִיל bzw. אִיזִיל zurückschließen läßt[76].

o) Ebenfalls auf jesuanischen Sprachgebrauch deutet - falls
urspr[77] - das nichtresponsorische ἀμήν in Q 8,10 hin (ἀμήν
λέγω ὑμῖν)[78]. Die Versuche, den Gebrauch von nicht-responsori-
schem ἀμήν auch im antiken Judentum nachzuweisen, konnten sich
in der Forschung bis heute nicht überzeugend durchsetzen[79].

Zusammenfassend zum Kriterium der Sprache läßt sich sagen:
Mag auch das eine oder andere Indiz für semitisches Sprach-
kolorit bzw. für den Hinweis auf jesuanischen Sprachgebrauch
wegen Unsicherheiten der Literarkritik und des Aufweises von
Belegen auch innerhalb der Profangräzität mehrdeutig sein
und daher an einzelnen Punkten der semitische Hintergrund
unsicher bleiben, so wird man doch unter sprachlichen Gesichtspunkten infolge der kumulativen Anhaltspunkte eine semitische Beeinflussung der Perikope kaum bestreiten können.
Aus b(1), j und vielleicht auch k ist zu schließen, daß der
(die) Übersetzer möglicherweise unter LXX-Einfluß standen.

---

75 Schürmann, ebd. nennt als Ausnahmen lediglich Joh 7,3;
   Jak 2,16 und Apk 10,8; 16,1.
76 Vgl. dazu Levy, Wörterbuch I, 51; Jastrow, Dictionary I,
   37 und Dalman, Handwörterbuch 11, jeweils s.v. אזל; zu אזל
   im Syrischen, Smith, Thesaurus I, 106ff.
77 Vgl. dazu o.S. 214-216 sub Nr. (96).
78 Zu ἀμήν als Kennzeichen der Sprache Jesu vgl. Jeremias,
   Kennzeichen (in ders., Abba) 148-151 und Schürmann, Sprache, TU 96f. Die Formel dient "als Ersatz für schwurartige
   Bekräftigungsformeln, deren Verwendung Jesus nach Mt. 5,33-
   37 als Mißbrauch des göttlichen Namens bekämpfte; noch näher liegt es, in der ᵓamen-Formel einen den Gottesnamen
   meidenden Ersatz der prophetischen Vollmachtsformel 'So
   spricht der Herr' zu sehen" (vgl. Jeremias, a.a.O. 149).
79 Vgl. dazu Jeremias, Zum nicht-responsorischen Amen, passim;
   Kuhn, EWNT I, 166-168, 168 s.v. ἀμήν und Riesner, Lehrer
   379-382.

Für unsere historische Frage bedeutet nun dieser Befund
zweierlei:

1. Es muß damit gerechnet werden, daß die Hauptmannserzählung noch vor ihrer Übertragung ins Griechische eine aramäische Tradierungsphase durchlaufen hat.

2. Der Übersetzer ins Griechische kann von dieser aramäischen
Tradierungsphase zeitlich kaum allzusehr distanziert gewesen
sein, da andernfalls die semitische Beeinflussung größten-
teils unverständlich bliebe. Da, wie aus Apg 6,1ff zu entnehmen ist[80], sehr früh bereits in der jerusalemischen Urgemeinde die Jesusüberlieferung für griechischsprechende Judenchristen aus dem Aramäischen übersetzt werden mußte, wird
man eine frühe Übertragung der HP ins Griechische zumindest
nicht prinzipiell ablehnen können[81].

Was den genaueren Ort der schriftlichen griechischen Fassung
anbelangt, so ist Sicheres nicht mehr festzustellen. Negativ
läßt sich auf Grund der semitischen Beeinflussung allerdings
soviel sagen, daß für die Annahme einer Übertragung ins Griechische außerhalb Palästinas keine stichhaltige Gründe vorliegen[82].

3) Das Kriterium des zeitgeschichtlichen Kolorits[83].

Dieses Kriterium basiert darauf, daß Erzählungen oder Worte, die in Übereinstimmung mit der kulturellen, politischen,

---

80 Vgl. dazu Hengel, Zwischen Jesus und Paulus, passim, bes.
202-204.

81 Da die griechische Sprache zur Zeit Jesu auch in Palästina
allgemein verbreitet war (vgl. vor allem Sevenster, Do you
know Greek?, passim; ferner: Hengel, Judentum und Hellenismus, bes. 108-120.191-195; Fitzmyer, The languages of Palestine, bes. 507-518; Schürer, History II, 74-80 und Mussies, Greek in Palestine and the diaspora 1040-1064 [1060ff:
Lit!]) erwägt neuerdings Riesner, Lehrer 392 sogar die
Möglichkeit, daß manche Worte Jesu bereits vorösterlich
ins Griechische übersetzt sein könnten. Diese Möglichkeit
ist um so wahrscheinlicher, als schon innerhalb des Jünger-
kreises Jesu mit der Kenntnis des Griechischen zu rechnen
ist: vgl. Riesner, a.a.O. 69.411-414 und Hengel, a.a.O.
194.

82 Nach Bultmann, GST 354 stammt die Hauptmannsgeschichte
"vielleicht" aus der hellenistischen Gemeinde

83 Vgl. dazu etwa McEleney, Authenticating criteria 443f;
Riesner, Lehrer 94; Stein, The 'criteria' for authenticity
236-238 und Mußner, Methodologie 127

religiösen und sozio-ökonomischen Situation Palästinas z.Z.
Jesu stehen, die Historizität des jeweiligen Abschnittes begünstigen. Im Hinblick auf unsere Perikope wären bei der Besprechung dieses Kriteriums vor allem die Angaben über den
Zenturio von Wichtigkeit. Im einzelnen konnte dazu aus den
vorangegangenen Analysen folgendes festgestellt werden:
1. Die Präsenz eines heidnischen Hauptmannes bzw. einer kleinen Militärgarnison in Kafarnaum kann angesichts der sehr
wahrscheinlich gemischten (aus Juden und Heiden) Zusammensetzung des Heeres von Antipas[84] und angesichts der Lage Kafarnaums als Zollstation und als Grenzstadt zwischen den
Tetrarchien des Antipas und Philipus[85] für wahrscheinlich gehalten werden.
2. Nicht im Gegensatz zu den palästinischen Verhältnissen
steht auch die Tatsache, daß der in Q 8,5ff erwähnte Zenturio
möglicherweise einen Sklaven besaß (falls παῖς mit Lk 7,1ff
als δοῦλος zu deuten ist[86]): Das stimmt nicht nur mit der
großen Verbreitung der Sklaverei im damaligen Palästina überein[87], sondern legt sich auch vom relativ hohen Lebensstan-
dard der Zenturionen nahe[88].

Lediglich die in der Lk-Fassung mitgeteilten Einzelheiten,
die über die im Q-Bericht enthaltenen Angaben hinausgehen -
so etwa die Mitteilung, daß der Zenturio eine Synagoge erbauen ließ und daß er sich durch Gesandtschaften an Jesus
wendete -, erwecken in ihrer Historizität gewisse Bedenken[89].

4.32. Bemerkungen zum Gesprächsteil Jesu.

Auf Jesusworte wird innerhalb Q 8,5-10 nur zweimal verwiesen:
in V 7b und V 10b. Was den erstgenannten Versteil betrifft,

---

84 S. dazu o.S. 70 mit Anm. 78.
85 S. dazu o.S. 374f.
86 S. dazu o.S. 43-46.
87 S. dazu o.S. 46 Anm. 33.
88 S. dazu o.S. 63.
89 S. dazu o.S. 255-262.

so ist zu sagen, daß seine Deutung als eine positive Antwort
ihn in eine gewisse Spannung mit Jesu Verhalten gegenüber der
Syrophoenizierin (vgl. Mk 7,27 und Mt 15,23a.26) bringen würde. Doch sahen wir oben[90], daß diese Deutung dem Gehalt der
folgenden Vv8-10 kaum gerecht wird, so daß V 7b als abwehrende Frage die höhere Wahrscheinlichkeit für sich hat. Als abwehrende Frage fügt er sich aber gut in den Gesamtrahmen der
Verkündigung Jesu, da sich eine primäre Abwehr der Bitte des
heidnischen Hauptmanns mit dem sonstigen Befund der Evv deckt,
wonach sich Jesus in erster Linie als Gesandter Gottes zur
Erlösung des eigenen Volkes verstand[91].

Auch im Hinblick auf das Wort Jesu über den "großen Glauben" (V 10b) sprechen mehrere Indizien dafür, daß es historisch vorösterlich sein könnte. Als solche seien erwähnt:
1. Daß Jesus selbst seine Wunder in Zusammenhang mit dem
Glauben setzte, dürfte angesichts der Häufigkeit, mit der er
auch in anderen Wundergeschichten auf den Glauben verweist
(vgl. Mk 5,34 par Mt 9,22 und Lk 8,48; 5,36 par Lk 8,50; 10,52
par Lk 18,42; 9,23 und Lk 17,19[92]), schwerlich zu bestreiten
sein.
2. Anders als in der nachösterlichen Zeit, wo der Glaube explizit in Beziehung zu Jesus gesetzt wird (vgl. etwa Apg
16,31)[93], halten Mt 8,10b und die anderen, soeben erwähnten
Stellen an dem absoluten Gebrauch von πίστις fest[94].
3. Vor allem Roloff wies überzeugend darauf hin, daß in Mt
8,10 wie in den anderen, als echt zu betrachtenden Glaubens-
logien (s.o.) dem von Jesus gewährten Glauben "jede Andeutung
eines habituellen Momentes" fehle: "Der Glaube kommt hier nur
als konkret sich ereignender innerhalb des Aktes der Begegnung mit Jesus in den Blick, er bleibt gewissermaßen punktuell
und ohne zeitliche Dimension"[95]. Zutreffend macht er darauf

---

90 S.o.S. 375-380.

91 S.o.S.380f mit Anm. 38.

92 Vgl. zur Analyse der Stellen Roloff, Kerygma 153-158. In
   Mt 8,13; 9,29 und 15,28 ist der Hinweis auf den Glauben
   wahrscheinlich sekundär, was aus dem Vergleich mit den Parallelen in Mk und Lk hervorgeht.

93 Vgl. dazu Bauer, Wörterbuch s.v. πίστις, 1315 (sub 2.bß).

94 Darauf verweisen mit Nachdruck etwa Roloff, a.a.O. 173;
   Goppelt, Theologie 200 und Jeremias, Theologie 159f u.a.

95 Vgl. ders., a.a.O. 170.

aufmerksam, daß beispielsweise die "Tradition..nirgends in
der Weise korrigiert" werde, "daß die Begegnung mit Jesus,
in der Glaube zugesprochen wird, in Richtung auf die Begründung von Nachfolge verlängert würde"[96].

4. Jeremias[97] schließlich macht darauf aufmerksam, daß in den
synoptischen Glaubensaussagen mit Ausnahme von Mk 15,32 jegliche christologischen Hoheitsattribute fehlen. Aus diesem Befund und anderen Beobachtungen zum fundamentalen Unterschied
zwischen der Verwendung von πίστις/πιστεύειν in den synoptischen Evv im Vergleich mit der Urkirche folgert er:

"Das Fehlen aller christologischen Hoheitsattribute (mit al-
leiniger Ausnahme von Mk 15,32) in den synoptischen Glaubensaussagen, ja auch nur der ausdrücklichen Erwähnung der Bezo-
genheit auf Jesus, ist ein Altersindiz allerersten Ranges und
ein Hinweis auf vorösterliche Herkunft jedenfalls des Kerns
der synoptischen Glaubensaussagen"[98].

Anhand dieser Indizien besteht kaum ein Grund, als Urheber
der πίστις-Aussage von V 10b etwa die nachösterliche Gemeinde
in ihrer konkreten Situation zu postulieren. Dabei wären nach
Roloff zwei Möglichkeiten zu erwägen:

"Entweder könnte dem *Glauben paradigmatische Funktion* im
Blick auf den urgemeindlichen Thaumaturgen beigelegt werden,
oder das von Jesus gewirkte *Wunder* könnte in der Gemeinde als
glaubenschaffende Demonstration verstanden und als solche
parallel zu analogen Demonstrationen in ihrer eigenen missionarischen Praxis gedeutet worden sein"[99].

Von diesen beiden entfällt die erstere Möglichkeit schon aus
dem Grunde, daß Jesu eigener Glaube selbst gar nicht in den
synoptischen Wundergeschichten als Gegenstand der Reflexion
thematisiert wird; die zweite ist deshalb unwahrscheinlich,
weil die Erzählungen, die Jesu Glaubensaussagen enthalten,
das konkret-punktuelle Moment gegenüber dem habituellen ganz
im Vordergrund stehen lassen[100].

Scheidet die Urgemeinde als Schöpferin des synoptischen
Grundbestandes der πίστις-Aussagen in den Wundergeschichten
aus, so verdient noch Beachtung, daß das Glaubensmotiv, so

---

96 Vgl. ders., a.a.O. 173.

97 Vgl. ders., Theologie 159f.

98 Vgl. ders., a.a.O. 160.

99 Vgl. ders., Kerygma 172 (Hervorhebung im Original).

100 Vgl. dazu Roloff, a.a.O. 169-173.203, woher auch die Argumente entnommen sind.

wie es Jesus verwendet, weder in rabbinischen noch in hellenistischen Wundergeschichten erscheint. Während es in den
rabbinischen Wundergeschichten ganz fehlt[101], wird der Glaube
in einigen hellenistischen Wundergeschichten sehr wohl thematisiert, doch erscheint er dort entweder als Folge des Wunders, oder er wird durch andere Begriffe, wie εὐθυμία, ἐλπίς
o.ä. wiedergegeben[102]. Läßt sich aber der spezifische Gebrauch von πίστις bei Jesus weder aus den jüdischen noch aus
den von der nachösterlichen Kirche geformten Wundergeschichten ableiten, so wird die πίστις-Verwendung in V 10b den An-
forderungen des Kriteriums der doppelten Abgrenzung[103] gerecht, das Käsemann mit folgenden Worten formulierte: "Einigermaßen sicheren Boden haben wir nur in einem einzigen Fall
unter den Füßen, wenn nämlich Tradition aus irgendwelchen
Gründen weder aus dem Judentum abgeleitet noch der Urchristen-
heit zugeschrieben werden kann..."[104]

4.33. Bemerkungen zum Gesprächsteil des Hauptmanns.

In Q 8,5ff werden an zwei Stellen Worte des Hauptmanns berichtet, in den Vv 6 und 8f. Da die drei Fassungen der Erzählung (Mt-, Lk- und JoEv) hinsichtlich der Beschreibung der
Krankheit teilweise erhebliche Unterschiede aufweisen, ist
aus V 6, historisch betrachtet, kaum noch etwas Sicheres zu
entnehmen[105].

Anders verhält es sich freilich mit dem Gesprächsteil in
den Vv 8f. Konnte schon die starke semitische Färbung dieser
Verse als hohes Altersindiz gedeutet werden[106], so spricht
entscheidend für die Historizität der Aussage die in ihr

---

101 Vgl. dazu McGinley, Form-criticism 114.148 und Grundmann,
    Der Begriff der Kraft 67f.

102 Vgl. dazu Theißen, Wundergeschichten 133-136.142f mit
    zahlreichen Belegen; ferner Grundmann, Begriff der Kraft
    68, Anm. 15.

103 Vgl. zu diesem Kriterium etwa Lehmann, Synoptische Quel-
    lenanalyse 178-186; Lentzen-Deis, Kriterien 97-99; Mußner,
    Methodologie 132-134; McEleney, Authenticating criteria
    440-442; Stein, The 'criteria' 240-245; Nielsen, Kriterien
    8-11 und Riesner, Lehrer 89-91 u.a.

104 Vgl. ders., Das Problem des historischen Jesus 205.

105 Die Unsicherheit rührt daher, daß die erwähnten Unter-
    schiede sich nicht redaktionell erklären lassen: s.o.S.
    46-50.

106 S.o.S. 409-418.

enthaltene vage, bloß implizite Christologie[107]. Das läßt
sich schon aus der Anrede κύριε (urspr wohl   מרי [108]) entnehmen, deren Gebrauch mehrdeutig war und u.a. auch als bloße
Höflichkeitsformel verwendet werden konnte[109]; bei Annahme
einer späteren Formung wäre eher ein Titel wie υἱὸς τοῦ θεοῦ
(vgl. etwa Mt 4,6 par Lk 4,9) o.ä. zu erwarten. Ferner paßt
zu dieser vagen Christologie, daß die Macht des Wortes Jesu
nicht direkt mit Gott in Verbindung gesetzt wird: Nur implizit ist aus den Vv 8f herauszulesen, daß der Zenturio dem
Worte Jesu in der Tat die schöpferische und heilsschaffende
Kraft des Wortes Gottes selbst zutraut[110].

Koppelmann meint demgegenüber - allerdings ohne jede nähere
Begründung - daß "die längeren Ausführungen des Hauptmanns
über seine militärische Befehlsgewalt...durchaus nicht historisch zu sein" brauchten[111]. Dem können wir nicht beipflichten. Der in V 9 angeführte Vergleich sprengt mit keinem Wort
die Grenzen der Erfahrungswelt des befehlenden Militärs, paßt
daher zu ihm selbst besser als zu irgend einem anderen: Warum sollte er unter diesen Bedingungen nicht für einen urspr
Zug eines tatsächlich stattgefundenen Dialogs gehalten werden?
Wenn außerdem die Ausführungen des Hauptmanns als "lang" empfunden werden, dann wird das nicht so sehr mit ihrem hypo-
thetisch-sek Charakter zusammenhängen, als vielmehr von der
Tatsache her zu erklären sein, daß nach Jesu primärer Abweisung der Bitte (V 7!) dem Hauptmann umsomehr daran gelegen
sein müßte, sein Vertrauen auf Jesus unmißverständlich zum
Ausdruck zu bringen.

   4.34. Die Heilung als Fernheilung.

Konnte noch Bultmann in seiner "Geschichte der synoptischen
Tradition" schreiben: "Auch wird sich kaum Jemand für die Geschichtlichkeit der Fernheilungen einsetzen"[112], so sind
skeptische Äußerungen dieser Art heutzutage kaum noch berech-

---

107 Zu dieser "vagen", "impliziten" oder "indirekten" Christo-
    logie als Indiz für die Historizität einer Stelle, vgl.
    Mußner, Methodologie 133 (sub e.α) und Blank, Zur Chri-
    stologie 106f.116f.

108 S.o.S. 381f.

109 S.o.S. 382.

110 S.o.S. 389f.

111 Vgl. ders., Jesus nicht Christus 210.

112 Vgl. ders., GST 39.

tigt. Dies geht daraus hervor, daß Fernheilungen keineswegs
einem antiken, überholten Weltbild angehören, sondern auch
weiterhin innerhalb des gegenwärtigen Zeitalters mehrfach bestätigt werden konnten, wie aus zahlreichen Fällen hervorgeht[113]. Die Forscher sind sich zwar in der wissenschaftlichen Erklärung von Fernheilungen und ähnlichen paranormalen
Phänomenen keineswegs einig[114], doch an der prinzipiellen
Möglichkeit der Phänomene selbst wird kaum gezweifelt. Für
die in der Hauptmannsgeschichte berichtete Fernheilung (vgl.
Mt 8,13; Lk 7,10 und Joh 4,51-53) enthält dieser Tatbestand
vor allem eine negative Bedeutung, insofern er zeigt, daß
eine prinzipielle Skepsis gegenüber dem Phänomen an sich
kaum berechtigt ist. Wäre der Tatbestand anders, so müßte
freilich zugleich bedacht werden, daß ein demütiges Zutrauen
an Jesu Wundermacht - auch gegenüber Fernheilungen - nicht
einfach davon abhängig gemacht werden kann, was einzelne Personen (auch Forscher) in der Zeit, in der sie leben und nach
dem Stand der in dieser Zeit gegebenen wissenschaftlichen Erkenntnis für möglich halten oder nicht. R. Pesch schreibt
zutreffend: "Weltanschauliche Vorentscheidungen darüber, was
möglich oder nicht möglich sei, sind keine Kriterien historischen Urteils"[115]. Wir können also aus dem Gesagten kaum
mehr als die oben erwähnte negative Feststellung entnehmen.
Von dieser bis hin zur demütigen Annahme dieses Wunders Jesu im Glauben besteht ein langer Weg, zu dem uns weder ein
bloßes Für-Wahr-Halten noch etwaige rationalistische Erklärungen der Parapsychologie hinführen können.

---

113 Beispiele dazu geben Fascher, Die Formgeschichtliche Methode 130f, Anm. 1 und Bender, Unser sechster Sinn 126-
128. Eine große Anzahl von Fällen paranormaler Heilungen
- darunter auch Fernheilungen! - bespricht Schilling im
Materialdienst aus der evangelischen Zentralstelle für
Weltanschauungsfragen der EKD, Nr. 17 und 18 (1976).

114 Eine Übersicht über Erklärungsversuche geben Schilling,
a.a.O. Nr. 18, 274-281; Hammers, Parapsychologie 63-83;
Bender, a.a.O. 129-133 und Koppelmann, Jesus nicht Christus 96-101; vgl. ferner Betz/Grimm, Wunder 62f. Für Hinweise im Gebiet der Parapsychologie sind wir Herrn Dr.
Jürgen Heinzelmann aus der Neurologisch-Psychiatrischen
Klinik der Krankenanstalten Sarepta in Bethel zu Dank
verpflichtet.

115 Vgl. ders., Jesu ureigene Taten? 142.

4.35. Die HP: eine von der nachösterlichen Gemeinde verfaßte ideale Szene im Hinblick auf die Heidenmission?[116]

Gegen diese von Bultmann vertretene These wollen wir nun abschließend gesondert Stellung nehmen. Abgesehen von den zahlreichen Indizien, die für die Historizität der Begebenheit
sprechen und die bereits erwähnt wurden (s.o.), läßt sich
gegen seine Annahme noch folgendes anführen[117]:

1. Wenn Bultmann Mt 8,5ff "aus der Zeit des Streitens um die
Heidenbekehrung" entstanden sein lassen will, so muß beachtet werden, daß die Judenchristen wohl kaum eine Heidenmission jeweils prinzipiell abgelehnt haben[118]. Wohl aber war
es ihr Anliegen, durch die Beschneidung die Heiden dem jüdischen Gesetz zu unterwerfen (vgl. etwa Apg 15,2 mit Gal 5,3).
Was das beispielsweise für Konsequenzen in Bezug auf die Er-
haltung von Reinheitsvorschriften haben konnte, zeigen Apg
10 und Gal 2,11f zur Genüge. Entscheidend gegen die Annahme
Bultmanns spricht nun aber, daß gerade diese spezifische
Problematik keineswegs im Text transparent wird. Das Gegenteil ist der Fall: Weder von Beschneidung noch von Gesetz ist
die Rede; ja, noch nicht einmal die Reinheitsvorschriften
werden ausdrücklich erwähnt! Man vergleiche nur Q 8,8bα mit
Apg 10,28f, und die Differenz wird offenkundig.

2. Ist Mt 8,5-13, wie Bultmann es vermutet, hellenistischen
Ursprungs, so wirkt der Zug, wonach Jesus die Heilung anfänglich verweigert, um sie dann später doch noch zu voll-
ziehen - freilich als Fernheilung, also ohne wirklich ins
heidnische Haus einzutreten - recht befremdend: Wäre in diesem Falle nicht eher zu erwarten, daß die "a u f h e l l e -
n i s t i s c h e m B o d e n"[119] tätige Gemeinde, in der
ja die Heidenmission kein Problem mehr darstellte, zwecks

---

116 So Bultmann, GST 39 und ders., Jesus 41; s.o.S. 405f.
117 Vgl. zum Folgenden Roloff, Kerygma 161, Anm. 201 und
    Voigt, Der schmale Weg 113.
118 Darauf verweisen Goppelt, Christentum und Judentum 40,
    Anm. 1 und Roloff, a.a.O.; ferner ders., Neues Testament
    53 (sub 2.2.7.1.).
119 Vgl. Bultmann, GST 254 (Sperrung im Original).

einer Apologie eben dieser Mission und darüber hinaus noch
bei einer frei erfundenen Geschichte, Jesus selbst in das
heidnische Haus eintreten lassen würde? Es ist daher wohl
Voigt Recht zu geben, wenn er der Annahme Bultmanns entgegnet:

"Und die Barriere, die der Heidenmission auf judenchristli-
chem Boden durch die Reinheitsgebote gesetzt war (vgl. etwa
Apg. 10,9ff.), wird in unserer Perikope gerade *nicht* nieder-
gelegt; der 'Dichter' hätte dann Jesus wenigstens in das
heidnische Haus gehen lassen müssen"[120].

3. Schließlich paßt auch der Schluß in Q 8,13 (vgl. Lk 7,10) -
er beschränkt sich lediglich auf die Konstatierung der Heilung - nicht recht zu Bultmanns Annahme. Hier wäre - bei Annahme einer von der hellenistischen Gemeinde idealisierten
Szene - doch eher eine Formulierung, wie sie aus Mk 5,18-20
(vgl. auch Apg 9,35.42) hervorgeht, zu erwarten, wodurch sich
der heidnische Leser bzw. Hörer ebenfalls zum Glauben heraus-
gefordert fühlen könnte. Doch das Gegenteil ist der Fall:
Auch in ihrem Schlußteil fehlt der Hauptmannsgeschichte jegliche missionarische Ausrichtung. Ein Hinweis auf die Beke-
rung des Hauses des Zenturio, wie es in der joh Fassung enthalten ist (vgl. Joh 4,53), gehörte nicht zum urspr Bestandteil der Geschichte; ja, noch nicht einmal von einer Freude
Jesu über den heidnischen Glauben ist die Rede, sondern lediglich von einem Staunen weiß man zu berichten.

Von hieraus bestätigt sich übrigens wiederum unsere bereits
in der formgeschichtlichen Analyse geäußerte Meinung[121], wonach der Sitz im Leben der urspr Hauptmannserzählung nicht in
der Apologie der Heidenmission, sondern in der Polemik gegen
die Juden bestand.

Aus dem Gesagten geht hervor, daß die Annahme Bultmanns
einer näheren Überprüfung nicht standhält. Sie muß daher
infolge allzu schwacher Begründung abgelehnt werden.

Zusammenfassung von 4. (Frage nach der Historizität):

Das Ergebnis der historischen Hinterfragung unserer Perikope kann als positiv bewertet werden, da stichhaltige Gründe

---

120 Vgl. ders., Der schmale Weg 113 (Hervorhebung im Original).
121 S.o.S. 368-370.

gegen die Historizität der Begebenheit nicht gefunden werden
konnten. Mehrere Indizien konnten demgegenüber dafür aufge-
bracht werden, daß die Hauptmannsperikope tatsächlich als
ein Ereignis des Lebens Jesu aufzufassen ist. Die wichtigsten seien nochmals kurz zusammengestellt:

1. Die Perikope ist in der Sprache semitisch gefärbt.

2. Das in ihr Vorausgesetzte steht nicht im Widerspruch zum
palästinischen Milieu der Zeit Jesu.

3. Die in ihr enthaltene Begebenheit wird auch vom JohEv bezeugt.

4. Interpretiert man Mt 8,7 als abwehrende Frage, so handelt
Jesu hier in Kohärenz mit seiner Haltung gegenüber der ebenfalls heidnischen Syrophoenizierin (Mk 7,24ff).

5. Das in ihr enthaltene Wort Jesu über den "großen Glauben"
verrät keinen Einfluß des Sprachgebrauchs der nachösterlichen
Gemeinde.

6. Die in ihr dem Hauptmann zugeschriebenen Worte (Q 8,8f)
enthalten in christologischer Hinsicht kein offenes und ein-
deutiges Bekenntnis zur Hoheit Jesu, wie es bei einer nachösterlichen Bildung zu erwarten wäre.

7. Es findet sich in ihr keine Thematisierung besonderer im
Zusammenhang mit der Heidenmission entstandener Fragen, wie
der des Gesetzes, der Beschneidung oder der Reinheitsvorschriften, was gegen eine Entstehung aus den Bedürfnissen
der Apologetik der Heidenmission spricht.

Geht daher Q 8,5-10.13 mit hoher Wahrscheinlichkeit auf
eine Begebenheit des Lebens Jesu zurück, so muß zugleich bedacht werden, daß die Erzählung natürlich nicht in dem Sinne
historisch aufzufassen ist, als ob wir etwa im Gesprächsteil
der Vv 6-10 eine protokollartige, wörtliche Niederschrift
des für wahrscheinlich zu haltenden Dialogs hätten[122]. Viel-

---

122 Darauf wies bereits Goppelt hin: "Die Haltung, in die der
    Zuspruch: 'Dein Glaube hat dich gerettet'..einweist, wird
    in der Begegnung mit dem Hauptmann von Kapernaum in ei-
    nem Dialog herbeigeführt. Dieser Dialog, Mt. 8,8-10, den
    Matthäus und Lukas übereinstimmend wiedergeben, gehört -
    natürlich ohne Nachschrift zu sein - seiner Terminologie
    nach in die Situation der Erdentage"; vgl. ders., Begrün-
    dung des Glaubens 52.

mehr werden wir die historische Fundierung so aufzufassen
haben, als der Dialog wesentliche Momente der urspr Begegnung zwischen Jesus und dem Hauptmann sachlich korrekt arti-
kuliert. Als solche dürften gelten:

a. Die Bitte des Hauptmanns um die Heilung seines παῖς mit
   Verweis auf dessen Krankheit.

b. Die primäre entrüstete Abwehr dieser Bitte durch Jesus.

c. Den darauf folgenden Hinweis des Zenturio auf seine Unwürdigkeit, verbunden mit seiner Vertrauensäußerung an die
   Macht des Wortes Jesu, die zusätzlich durch ein Beispiel
   über die Macht seines eigenen Befehlswortes bekräftigt
   wurde.

d. Jesu Wort über den "großen Glauben" als Ausdruck seiner .
   Verwunderung über Haltung und Worte des Befehlshabers
   einerseits, und Haltung seines eigenen Volkes andererseits.

ZUSAMMENFASSUNG

Im ersten Teil unserer Arbeit ging es uns darum, die Hauptmannsgeschichte von ihrer Niederschrift in den Evangelien des Mt und Lk bis hin zu ihrer frühesten erreichbaren literarischen Fassung zu verfolgen. Die Untersuchungen zur Begriffs- und Stilverwendung in der Mt- und Lk-Fassung der Erzählung führten uns zu folgenden Ergebnissen:

1. Die *Mt-Fassung* steht der urspr Q-Erzählung am nächsten.

Das hat zur Folge, daß eine Erklärung für die kürzere Fassung des ersten Evangelisten, die mit dem Verweis auf das bei Mt mehrfach zu beobachtende Kürzungsverfahren argumentiert, sich im Laufe der Arbeit nicht bestätigen ließ. Sachlich gewichtige Eingriffe des Mt in seine Vorlage konnten nur in Mt 8,13 festgestellt werden, weshalb sich auch dieser Vers - zusammen mit dem sek Einschub der Vv 11f - für die redaktionsgeschichtliche Fragestellung als fruchtbar erwies.

2. Bei der *Lk-Fassung* ließ sich eine red Entstehung der Vv 2-6ab.7a.10 nicht bestätigen, obwohl sich mehrere Indizien dafür finden ließen, daß der dritte Evangelist sie stilistisch überarbeitete. Diese Verse, die in der Mt-Fassung nicht oder zumindest in ganz anderer Formulierung vorkommen, erwiesen sich mit hoher Wahrscheinlichkeit als Traditionsmaterial des lk Sg. Eine Reihe von Indizien sprach sogar dafür, daß Lk in 7,1-10 eine Vorlage benutzte, die bereits vorlk die urspr Q-Erzählung bearbeitete und erweiterte. Bei der Niederschrift seines Ev ersetzte Lk wahrscheinlich die urspr HP durch die erwähnte überarbeitete Fassung; der Grund dazu mag der gewesen sein, daß die überarbeitete Fassung, mit dem Hinweis auf die guten Werke des Zenturio und der Unterstreichung seiner Demut, dem Anliegen des dritten Evangelisten in seiner konkreten Situation besser entsprechen konnte. Nicht mit letzter Sicherheit ließ sich die Frage beantworten, ob und inwieweit die in den Vv 3-6ab über den Q-Bericht hinaus enthaltenen Angaben bzgl. des Baues der Synagoge und der Ge-

sandtschaften von "Ältesten" und Freunden zuverlässiges historisches Gut enthalten.

Die Erzählung in Joh 4,46ff, die sich als Traditionsvariante zur HP erwies, wurde zu Beginn der literarkritischen Untersuchung mit einbezogen. Dadurch gelang es uns, überlieferungs- und traditionsgeschichtliche Urteile über die Q-Erzählung in manchen Punkten zu präzisieren und in einigen Fällen sogar wesentlich zu vertiefen.

Im zweiten Teil der Arbeit wurde die durch die Wortstatistik und Stilkritik ermittelte literarische "Ur"-Fassung der Erzählung näher ins Auge gefaßt. Sie gehörte urspr der Q-Quelle an, wurde aber an diesen Traditionsstoff wahrscheinlich erst in einer späteren Sammlungsphase angeschlossen. Die Annahme, daß aus der HP auf eine Praxis der Heidenmission in der Q-Gruppe zu schließen ist, hat sich nicht bestätigt; dasselbe gilt für die Annahme, die HP widerspiegele eine Q-Polemik gegen eine θεῖος ἀνήρ-Christologie mk Prägung.

Formal erwies sich die HP als eine Mischform von Wundergeschichte und Apophthegma. Der religionsgeschichtliche Vergleich mit anderen Fernheilungen ergab, daß in Bezug auf die Motivwahl die HP sich vor allem dadurch von anderen Fernheilungen unterschied, daß nur bei ihr das Motiv der Admiration von seiten des Wundertäters aus zu treffen ist (V 10). Zwei weitere Motive - das der Erschwernis der Annäherung und das der Bitte und Vertrauensäußerung - sind außer in der HP sonst nur noch in der Geschichte der Syrophoenizierin Mk 7,24ff par Mt 15,21ff zu finden. Als "Sitz im Leben" unserer Erzählung wurde die polemische Verkündigung gegen die Juden bestimmt.

Was die Einzelauslegung betrifft, so schien uns die Deutung von V 7 als eine abwehrende Frage, wie sie etwa von Zahn vertreten wurde, nach wie vor das Richtige zu treffen. Bei der Auslegung der Vv 8f erwiesen sich die Angaben von Lk ,7,3ff als wichtig, wonach der Zenturio möglicherweise unter die Gottesfürchtigen zu zählen ist und daher auch am synagogalen Gottesdienst teilgenommen haben könnte. Worte wie ἀλλὰ εἰπὲ λόγῳ καὶ ἰαθήσεται ὁ παῖς μου erhalten unter dieser Voraussetzung atl. Konnotationen, denen die Auslegung gerecht zu werden versuchte. Der V 9 wurde so ausgelegt, daß er die Aussage von V 8 lediglich durch ein Beispiel bekräftigt, nicht

aber so, daß er einen neuen Vergleichspunkt, außer dem der
Wirkkraft des Wortes, in die Argumentation des Hauptmanns
hineinträgt. Bei dieser Interpretation mußte freilich vorausgesetzt werden, daß das καὶ γὰρ ἐγὼ ἄνθρωπός εἰμι ὑπὸ
ἐξουσίαν, ἔχων ὑπ'ἐμαυτὸν στρατιώτας im Prozeß der Übertragung ins Griechische falsch periodisiert wurde. Was schließlich Jesu Worte in V 10b betrifft, so konnte festgestellt werden, daß "Glaube" für Jesus notwendigerweise eine Stellung
zu seiner Person als dem von Gott gesandten Heilbringer impliziert. "Groß" wurde der Glaube des Hauptmannes deshalb genannt, weil die Anerkennung der Sendung Jesu bei seinem eigenen Volk eher als bei einem Nicht-Juden zu erwarten war.
Aus der negativen Formulierung des Satzes in V 10b - παρ'
οὐδενί...ἐν τῷ Ἰσραήλ - konnte endlich geschlossen werden,
daß er neben dem Lob an den Heiden auch und zugleich einen
Tadel an das erwählte Volk enthält.

Anschließend an die Einzelauslegung versuchten wir die
Perikope theologisch zu würdigen. Dabei stellte sich heraus,
daß die Erzählung ein Zeugnis von der gnädigen und über alle
Volksbarrieren erhabenen Liebe Jesu darlegt und daher, pau-
linisch ausgedrückt, in den Bereich des Rechtfertigungsge-
schehens hineingehört.

Der letzte Abschnitt unserer Untersuchung befaßte sich mit
der Frage nach der Historizität der Erzählung. Hier konnte
festgestellt werden, daß die HP historisch zuverlässige Tradition enthält; dies bezieht sich nicht nur auf das Geschehen
der Heilung an sich, sondern ebensogut auch auf das im Bericht enthaltene Gespräch zwischen Jesus und dem heidnischen
Fürbitter.

LITERATURVERZEICHNIS

1. Quellen und Übersetzungen

ÄgU.G: Aegyptische Urkunden aus den königlichen Museen zu
    Berlin. Griechische Urkunden, hg. v. der Generalverwal-
    tung, Bd. I-IV, Berlin 1895-1912 (Nachdr. Milano o.J.).

Aeschylus: Aeschyli. Septem quae supersunt tragoedias, hg.
    v. D. Page, in: SCBO, Oxford 1972.

--, Aischylos. Die Tragödien und Fragmente auf Grundlage der
    Übersetzung v. J.G. Droysen bearbeitet, eingeleitet und
    teilweise neu übersetzt v. F. Stoessl, in: BAW.GR, Zürich
    1952.

Aesopus: Corpus Fabularum Aesopicarum, hg. v. A. Hausrath
    und H. Hunger, Bd. I-II, in: BSGRT, Leipzig 1959 (Bd. I =
    ^{4}1970).

Anonymi Periplus Maris Erythraei: hg. v. K. Müller, in: Geo-
    graphi Graeci Minores, Bd. I, Paris 1855 (Nachdr. Hildes-
    heim 1965), 257-305.

Aristophanes: Aristophanes, Bd. I-III mit einer englischen
    Übersetzung v. B.B. Rogers, in: LCL, London und Cambridge
    1924 (Nachdr. 1960-1963).

Baltzer, E., siehe s.v. Philostratus.

Die Bibel. Die heilige Schrift des Alten und Neuen Bundes.
    Deutsche Ausgabe mit den Erläuterungen der Jerusalemer
    Bibel, hg. v. D. Arenhoevel, A. Deissler und A. Vögtle,
    Freiburg, Basel und Wien 1968.

Biblia Hebraica Stuttgartensia, hg. v. K. Elliger und W. Ru-
    dolph, Stuttgart 1967-1977.

Buchwald, G., Predigten D. Martin Luthers auf Grund von Nach-
    schriften Georg Rörers und A. Lauterbachs, Bd. I-II, Gü-
    tersloh 1925-1926.

Burkitt, F.C., Evangelion da-mapharreshe. The curetonian ver-
    sion of the four gospels, with readings of the Sinai pa-
    limpsest and the early syriac patristic evidence, Bd. I:
    Text, Cambridge 1904.

CIJ: Corpus Inscriptionum Iudaicarum. Recueil des inscrip-
    tions juives qui vont du IIIe siècle avant Jésus-Christ
    au VIIe siècle de notre ère, hg. v. J.-B. Frey, Bd. II:
    Asie - Afrique, in: SSAC III, Rom 1952.

CIL: Corpus Inscriptionum Latinarum consilio et auctoritate
    Academiae Litterarum Borussicae editum, Berlin, hg. v.
    T. Mommsen, A. Huebner u.a., Bd. I-XVI, Leipzig und Ber-
    lin 1863-1943, ^{2}1893ff.

CPJ: Corpus Papyrorum Judaicarum, hg. v. V.A. Tcherikover un-
    ter der Mitarbeit v. A. Fuks, Bd. I, Cambridge 1957.

Delitzsch, F.,   **ספרי הברית החדשה**   (Delitzsch's hebrew New
    Testament) Leipzig [11]1892.

Delling, G., Antike Wundertexte, in: KlT 79, Berlin [2]1960.

Dessau, H., Inscriptiones Latinae Selectae (zit.: ILS), Bd.
    I-III, Berlin 1892-1916 (Nachdr. Berlin 1962).

Diodorus Siculus: Diodorus Siculus, Bd. X, mit einer engli-
    schen Übersetzung v. R.M. Geer, in: LCL, London und Cam-
    bridge 1954 (Nachdr. 1962).

Epictetus: Epictetus. The discourses as reported by Arrian,
    the Manual, and fragments, Bd. I-II, mit einer engli-
    schen Übersetzung v. W.A. Oldfather, in: LCL, London und
    Cambridge 1925-1928 (Nachdr. 1959-1961).

Fiebig, P., Rabbinische Wundertexte des neutestamentlichen
    Zeitalters in vokalisiertem Text mit sprachlichen und
    sachlichen Bemerkungen, in: KlT 78, Berlin [2]1933.

Freimark, P./Krämer, W.-F., Die Tosefta: siehe s.v. Tosephta.

Frey, J.-B., siehe s.v. CIJ.

Goldschmidt, L., siehe s.v. Talmud.

GCS: Die griechischen christlichen Schriftsteller der ersten
    drei Jahrhunderte, hg. v. der Kommission für spätantike
    Religionsgeschichte der Deutschen Akademie der Wissen-
    schaften zu Berlin, Berlin und Leipzig 1897ff.

GNT[3]: The Greek New Testament, hg. v. K. Aland, M. Black
    u.a., Stuttgart [3]1975.
    Rez.: G.D. Kilpatrick, ThLZ 104 (1979), 260-270

Die heilige Schrift des Alten und Neuen Testaments, hg. v.
    Verlag der Züricher Bibel, Zürich 1971.

Hercher, R., Epistolographi Graeci, Paris 1873 (Nachdr. Am-
    sterdam 1965.

Herodotus: Herodot. Historien, hg. v. J. Feix, Bd. I, München
    1963.

Herzog, R., siehe unter "Aufsätze und Monographien" s.v.

Homerus: Homer. Ilias, übertragen v. H. Rupé, mit Urtext, An-
    hang und Registern, Freising [2]1961 (Nachdr. 1970).

Hunt, A.S., siehe s.v. P. Oxy.

IG.EMi: Inscriptiones Graecae. Consilio et avctoritate Acade-
    miae Litterarvm Borvssicae editae, Bd. IV (editio minor):
    Inscriptiones Argolidis. Fascicvlvs primvs: Inscriptio-
    nes Epidavri, hg. v. F.H. von Gaertringen, Berlin 1929.

IGRR: Inscriptiones Graecae ad res romanas pertinentes avcto-
    ritate et impensis Academiae Inscriptionvm et Litterarvm
    Hvmaniorvm collectae et editae, hg. v. R. Cagnat unter
    der Mitarbeit v. J. Tovtain und P. Jovgvet, Bd. I, Paris
    1911.

ILS: siehe s.v. Dessau.

Josephus: Flavius Josephus. De bello judaico. Der jüdische
    Krieg. Griechisch und Deutsch, hg. und mit einer Einlei-
    tung sowie mit Anmerkungen versehen v. O. Michel und O.
    Bauernfeind, Bd. I-III, München 1959-1969 (Bd. I = [2]1962).

--, Des Flavius Josephus Jüdische Altertümer, übersetzt und mit Einleitung und Anmerkungen versehen v. H. Clementz, Bd. I-II, Wiesbaden o.J.

--, (Gesammelte Werke) Bd. I-IX, mit einer englischen Übersetzung v. H.S. Thackeray, R. Marcus und L. H. Feldman, in: LCL, Cambridge und London 1926-1965.

JSHRZ: Jüdische Schriften aus hellenistisch-römischer Zeit, hg. v. W.G. Kümmel in Zusammenarbeit mit C. Habicht u.a., Gütersloh 1973ff.

Kautzsch, E. (Hg.), Die Apokryphen und Pseudepigraphen des Alten Testaments, Bd. I: Die Apokryphen des Alten Testaments; Bd. II: Die Pseudepigraphen des Alten Testaments, Tübingen, Freiburg i.B. und Leipzig 1900 (Nachdr. Darmstadt 1962).

Lewis, A.S., A translation of the four gospels from the Syriac of the sinaitic palimpsest, London und New York 1894.

--, (Hg.), The old syriac gospels or evangelion da-mepharreshê; *being the text of the sinai or syro-antiochene palimpsest, including the latest additions and emendations...*, London 1910.

--, Gibson, M.D., Palestinian syriac lectionary of the gospels. Re-edited from two Sinai Mss. and from P. de Lagarde's edition of the "Evangeliarum Hierosolymitanum", London 1899 (Nachdr. Jerusalem 1971).

Lifshitz, B., Donateurs et fondateurs dans les synagoges juives. Répertoire des dédicaces grecques relatives à la construction et à la réfection des synagoges, Paris 1967.

Lohse, E. (Hg.), Die Texte aus Qumran. *Hebräisch und Deutsch.* Mit masoretischer Punktation, Übersetzung, Einführung und Anmerkungen, Darmstadt [2]1971.

Lucianus von Samosata: Lucian, Bd. I-VIII, mit einer englischen Übersetzung v. A.M. Harmon und M.D. MacLeod, in: LCL, Cambridge und London 1913-1967.

LXX: Septuaginta. Id est Vetus Testamentum graece iuxta LXX interpretes, hg. v. A. Rahlfs, Bd. I: Leges et historiae; Bd. II: Libri poetici et prophetici, Stuttgart [8]1965.

Maier, J./Schubert, K., Die Qumran-Essener. Texte der Schriftrollen und Lebensbild der Gemeinde, München und Basel 1973.

Marmardji, A.-S., Diatessaron de Tatien. Texte arabe établi, traduit en français..., Beyrouth 1935.

Migne, J.-P., siehe s.v. PG.

Mischna: Die Mischna. Text, Übersetzung und ausführliche Erklärung..., hg. v. G. Beer, O. Holtzmann u.a., Gießen (Berlin und New York), 1912ff.

Müller, K., siehe s.v. Anonymi.

NTG[26]: Novum Testamentum Graece, hg. v. K. Aland, M. Black u.a., Stuttgart [26]1979.
   Rez.: G.D. Kilpatrick, ThLZ 104 (1979), 260-270.

The New Testament in Syriac, hg. v. der British and Foreign Bible Society, London 1955.

P. Oxy.: The Oxyrhynchus Papyri, veröffentlicht v. Egypt Exploration Fund (später: Egypt Exploration Society), Graeco-Roman Branch, hg. v. B.P. Grenfell, A.S. Hunt u.a., Bd. Iff, London 1898ff (bis 1981 erschienen 48 Bände).

PG: Patrologiae cursus completus seu bibliotheca universalis... Series graeca, hg. v. J.-P. Migne, Bd. Iff, Paris 1857ff.

Periplus Maris Erythraei: siehe s.v. Anonymi.

Philostratus: The life of Apollonius of Tyana, Bd. I-II, mit einer englischen Übersetzung v. F.C. Conybeare, in: LCL, London und Cambridge 1912 (Nachdr. 1960-1969).

--, Flavius Philostratus. Apollonius von Tyana. Aus dem Griechischen übersetzt und erläutert v. E. Baltzer, Rudolstadt i/Th. 1883 (Neudr. Aalen 1970).

Plato: Platon. Werke in acht Bänden. Griechisch und Deutsch, hg. v. G. Eigler, Bd. VI.VIII, Darmstadt 1970.1977.

Plinius d.J.: Epistularum libri decem. Briefe. Lateinisch-deutsch, hg. v. H. Kasten, München ⁴1979.

Plutarchus: Plutarch's Moralia, Bd. I-XV, mit einer englischen Übersetzung v. F.C. Babbitt u.a., in: LCL, London und Cambridge 1927-1969.

--, Plutarch. Große Griechen und Römer, eingeleitet und übersetzt v. K. Ziegler, Bd. I, in: BAW.GR, Zürich und Stuttgart 1954.

Polybius: The Histories, Bd. I-III, mit einer englischen Übersetzung v. W.R. Patton, in: LCL, London und Cambridge 1922-1923 (Nachdr. 1967-1972).

--, Polybios Geschichte, Bd. I, eingeleitet und übertragen v. H. Drexler, in: BAW.GR, Zürich und Stuttgart 1961.

Preuschen, E., Tatians Diatessaron aus dem Arabischen übersetzt, mit einer einleitenden Abhandlung und textkritischen Anmerkungen, Heidelberg 1926.

Probus: Probus, in: The scriptores historiae augustae, mit einer englischen Übersetzung v. D. Magie, in: LCL, Bd. III, London und Cambridge 1932 (Nachdr. 1954), 334-385.

Pusey, P.E./Gwilliam, G.H., Tetraeuangelium sanctum juxta simplicem syrorum versionem..., Oxford 1901.

SGUÄ: Sammelbuch griechischer Urkunden aus Ägypten, hg. v. F. Preisigke und fortgeführt v. F. Bilabel, E. Kießling und H.-A. Rupprecht, Bd. Iff, Berlin, New York u.a. 1915ff (bis 1981 erschienen 14 Bände).

Seneca: L. Annaeus Seneca. Philosophische Schriften. Lateinisch und Deutsch, hg. v. M. Rosenbach, Bd. I, Darmstadt ²1976.

Soden, H.F. von, Die Schriften des Neuen Testaments in ihrer ältesten erreichbaren Textgestalt, hergestellt auf Grund ihrer Textgeschichte, II. Teil: Text mit Apparat nebst Ergänzungen zu Teil I, Göttingen 1913.

SC: Sources chrétiennes, hg. v. H. de Lubac, J. Daniélou
    und C. Mondésert, Bd. Iff, Paris 1942ff.

SIG: Sylloge Inscriptionum Graecarum, hg. v. W. Dittenberger,
    Bd. I-III, Leipzig ³1915-1920.

Tacitus: Tacitus (Gesamtwerke in 5 Bänden), Bd. II-V, mit ei-
    ner englischen Übersetzung v. J. Jackson und C.H. Moore,
    in: LCL, London und Cambridge 1925-1937 (Nachdr. 1968-
    1970).

Talmud: Der babylonische Talmud mit Einschluß der vollständi-
    gen Mišnah, hg. v. L. Goldschmidt, Bd. I-IX, Haag 1933-
    1935.

--, Der jerusalemische Talmud (nach der Krotoschiner Ausga-
    be 1865/66), Berlin 1920.

Tasker, R.V.G., The Greek New Testament being the text trans-
    lated in the New English Bible 1961, edited with intro-
    duction, textual notes and appendix, Oxford 1964.

Tcherikover, V.A./Fuks, A. (Hg.), siehe s.v. CPJ.

Thucydides: Thycydides, Bd. I, mit einer englischen Überset-
    zung v. C.F. Smith, in: LCL, London und Cambridge 1919
    (Nachdr. 1969).

Tischendorf, C., Novum Testamentum Graece. Ad antiquissimos
    testes... Bd. I, editio octava critica maior, Lipsia
    1869 (Nachdr. 1965).

Tosephta: Tosephta based on the Erfurt and Vienna codices
    and variants, hg. v. M.S. Zuckermandel, with "Supplement
    to the Tosephta" by Rabbi S. Liebermann, Jerusalem 1970.

--, Die Tosefta. Seder I: Zeraim; 2: Demai - Schebiit, in:
    RT, erste Reihe. Die Tosefta, Bd. I/2, übersetzt und er-
    klärt v. P. Freimark und W.-F. Krämer. Mit Beiträgen v.
    D. Correns und K.H. Rengstorf, Stuttgart usw. 1971.

UUC: Umwelt des Urchristentums, hg. v. J. Leipoldt und W.
    Grundmann, Bd. II: Texte zum neutestamentlichen Zeitalter,
    Berlin ⁴1975.

WA (Weimarer Ausgabe): D. Martin Luthers Werke. Kritische Ge-
    samtausgabe, Bd. XXXIV, erste Abteilung, Weimar 1908.

Wilcken, U., Griechische Ostraka aus Ägypten und Nubien. Ein
    Beitrag zur antiken Wirtschaftsgeschichte, Bd. II, Leip-
    zig und Berlin 1899.

2. *Hilfsmittel: Wörterbücher, Grammatiken, Einleitungen usw.*

Abbott, E.A., Johannine grammar, London 1906.

Abel, F.-M., siehe unter "Aufsätze und Monographien" s.v.

Aland, K., Synopsis quattuor evangeliorum. Locis parallelis
    evangeliorum apocryphorum et patrum adhibitis. Editio no-
    na et recognita ad textum editionum ²⁶Nestle-Aland et
    ³Greek New Testament aptata, Stuttgart ⁷1976.

--, Vollständige Konkordanz zum griechischen Neuen Testament
     unter Zugrundelegung aller modernen kritischen Textaus-
     gaben und des Textus Receptus, Bd. I, in Verbindung mit
     H. Riesenfeld, H.-U. Rosenbaum und C. Hannick, Lieferung
     1ff, Berlin und New York 1975ff (zur Arbeit benutzt bis
     Lieferungen 11/12).

--, (Hg.), Vollständige Konkordanz zum griechischen Neuen
     Testament, in Verbindung mit H. Bachmann und W.A. Slaby,
     Bd. II: Spezialübersichten, Berlin und New York 1978.

     /Aland, B., Der Text des Neuen Testaments. Einführung in
     die wissenschaftlichen Ausgaben sowie in Theorie und Pra-
     xis der modernen Textkritik, Stuttgart 1982.

ANRW: Aufstieg und Niedergang der römischen Welt. Geschichte
     und Kultur Roms im Spiegel der neueren Forschung, II.
     Principat, hg. v. H. Temporini (und W. Haase), Bd. Iff,
     Berlin und New York 1974ff.

Antoniadis, S., L'Évangile de Luc. Esquisse de grammaire et
     de style, in: Collection de l'Institut néo-hellénique 7,
     Paris 1930.

Bauer, H./Leander, P., Grammatik des Biblisch-Aramäischen,
     Halle 1927 (Nachdr. Hildesheim 1962).

--, --   , Kurzgefaßte biblisch-aramäische Gram-
     matik mit Texten und Glossar, Hildesheim 1965.

Bauer, W., Griechisch-Deutsches Wörterbuch zu den Schriften
     des Neuen Testaments und der übrigen urchristlichen Lite-
     ratur, Berlin und New York ^{5}1971.

Benoit, P./Boismard, M.-E., Synopse des quatre Évangiles en
     français avec parallèles des apocryphes et des pères,
     Bd. I: Textes, Paris ^{4}1972.

Beyer, K., Semitische Syntax im Nauen Testament, Bd. I/1:
     Satzlehre, in: StUNT 1, Göttingen ^{2}1968.

Blass, F./Debrunner, A., Grammatik des neutestamentlichen
     Griechisch, bearbeitet v. F. Rehkopf, Göttingen ^{15}1979
     (zit.: Bl/Deb/Rehkopf, Grammatik).

Brockelmann, C., Lexicon syriacum, Halle ^{2}1928.

Bruder, C.H., Tamieion τῶν τῆς καινῆς διαθήκης λέξεων sive
     concordantiae omnium vocum Novi Testamenti Graeci, Lip-
     siae ^{7}1900.

Burkitt, F.C., Evangelion da-mapharreshe. The curetonian ver-
     sion of the four gospels, with the readings of the Sinai
     palimpsest and the early syriac patristic evidence, Bd.
     II: Introduction and notes, Cambridge 1904.

Computer-Konkordanz zum Novum Testamentum Graece von Nestle-
     Aland, 26. Auflage und zum Greek New Testament, 3rd edi-
     tion, hg. v. Institut für neutestamentliche Textforschung
     und vom Rechenzentrum der Universität Münster, unter be-
     sonderer Mitwirkung v. H. Bachmann und W.A. Slaby, Ber-
     lin und New York 1980.

Cremer, H., Biblisch-theologisches Wörterbuch des neutesta-
     mentlichen Griechisch, mit Nachträgen und Berichtigungen,
     hg. v. J. Kögel, Gotha ^{11}1923.

Dalman, G.H., Aramäisch-Neuhebräisches Handwörterbuch zu Tar-
    gum, Talmud und Midrasch. Mit Lexikon der Abbreviaturen v.
    G.H. Händler und einem Verzeichnis der Mischna-Abschnitte,
    Göttingen 1938 (Nachdr. Hildesheim 1967).

--, Grammatik des jüdisch-palästinischen Aramäisch nach den
    Idiomen des palästinischen Talmud, des Onkelostargum und
    Prophetentargum und der jerusalemischen Targume. Aramäi-
    sche Dialektproben, Leipzig [2]1905 (Nachdr. Darmstadt
    1960).

Edwards, R.A., A concordance to Q, in: SBibSt 7, Missoula
    1975.

EJ: Encyclopedia Judaica, hg. v. C. Roth und G. Wigoder u.a.,
    Bd. VIII, Jerusalem 1971.

Farmer, W.R., Synopticon. The verbal agreement between the
    greek texts of Matthew, Mark and Luke contextually exhi-
    bited, Cambridge 1969.

Galling, K. (Hg.), Biblisches Reallexikon, Tübingen [2]1977.

Gaston, L., Horae synopticae electronicae. Word statistics of
    the synoptic Gospels, in: SBibSt 3, Missoula 1973.
    Rez.: W. Schenk, ThLZ 101 (1976), 38-40;
          H.F.D. Sparks, JThS 26 (1975), 146-149.

Gesenius, W./Buhl, F., Hebräisches und aramäisches Handwör-
    terbuch über das Alte Testament, Berlin, Göttingen und
    Heidelberg 1962 (= [17]1915).

Gesenius, W./Kautzsch. E., Hebräische Grammatik, Leipzig
    [28]1909.

Grether, O., Hebräische Grammatik für den akademischen Unter-
    richt, München 1951.

Guthrie, D., New Testament introduction, London [3]1970.

Haacker, K., Neutestamentliche Wissenschaft. Eine Einführung
    in Fragestellungen und Methoden, Wuppertal 1981.

Hatch, E./Redpath, H.A., A concordance to the Septuagint and
    other greek versions of the Old Testament (including the
    apocryphal books), Bd. I-II und Supplement, Oxford 1897
    und 1906 (Neudr. Graz 1954).

Hawkins, J.C., Horae synopticae. Contributions to the study
    of the synoptic problem, Oxford [2]1909 (Nachdr. 1968).
    Rez.: H.J. Holtzmann, ThLZ 35 (1910), 331f.

Heine, G., Synonymik des neutestamentlichen Griechisch, Leip-
    zig-R., 1898.

Holtzmann, H.J., Die Synoptiker, in: HC I/1 (Die Einleitung
    zu den synoptischen Evangelien: S. 1-108), Tübingen und
    Leipzig [3]1901.

Huck, A., Synopse der drei ersten Evangelien. Unter Mitwir-
    kung v. H.G. Opitz, völlig neu bearbeitet v. H. Lietz-
    mann, Tübingen [9]1936 (= [12]1975).

--, /Greeven, H., Synopse der drei ersten Evangelien mit Bei-
    gabe der johanneischen Parallelstellen. 13. Auflage völ-
    lig neu bearbeitet v. H. Greeven, Tübingen 1981 (zit.:
    Huck/Greeven, Synopse).

IDB: The Interpreter's Dictionary of the Bible, hg. v. G.A.
Buttrick, T.S. Kepler u.a., Bd. I-IV, New York und Nash-
ville 1962.

Itala. Das Neue Testament in altlateinischer Überlieferung.
Nach den Handschriften hg. v. A. Jülicher. Durchgesehen
und zum Druck besorgt v. W. Matzkow und K. Aland, Bd. I:
Matthäusevangelium, Berlin und New York [2]1972; Bd. III:
Lucasevangelium, Berlin 1954 (zit.: Jülicher, Itala I
usw.).

Jacques, X., List of New Testament words sharing common elements. Supplement to concordance or dictionary, in: SPIB
119, Rom 1969.

Jastrow, M., A dictionary of the Targumim, the Talmud Babli
and Yerushalmi, and the midrashic literature, Bd. I-II,
New York 1950 (= London und New York 1903).

Jenni, E.: siehe s.v. THAT.

Jennings, W., Lexicon to the syriac New Testament (Peshiṭṭa)
with copious references, dictions..., bearbeitet v. U.
Gantillon, Oxford 1926 (Nachdr. 1962).

Jülicher, A.: siehe s.v. Itala.

--, /Fascher, E., Einleitung in das Neue Testament, in: GThW
I/3, Tübingen [7]1931.

Koehler, L./Baumgartner, W., Lexicon in veteris testamenti
libros mit Supplementum, Leiden 1958.

Köster, H., Einführung in das Neue Testament im Rahmen der
Religionsgeschichte und Kulturgeschichte der hellenistischen und römischen Zeit, Berlin und New York 1980.

KP: Der Kleine Pauly. Lexikon der Antike. Auf der Grundlage
von Pauly's Realencyclopädie der classischen Altertums-
wissenschaft unter Mitwirkung zahlreicher Fachgelehrten
bearbeitet und hg. v. K. Ziegler, W. Sontheimer (und H.
Gärtner), Bd. I-V, München 1979.

Kühner, R./Gerth, B., Ausführliche Grammatik der griechischen
Sprache, 2. Teil, Bd. I-II, Hannover und Leipzig [3]1898.
[3]1904 (Neudr. Darmstadt 1966).

Kümmel, W.G., Einleitung in das Neue Testament, Heidelberg
[20]1980.

Lagrange, M.-J., Critique textuelle, Bd. II: La critique ra-
tionelle, avec la collaboration du R.P.St.Lyonnet, in:
EtB, Introduction a l'étude du Nouveau Testament, 2. Teil,
Paris [2]1935.

Larfeld, W., Griechische Synopse der vier neutestamentlichen
Evangelien nach literarhistorischen Gesichtspunkten und
mit textkritischem Apparat, Tübingen 1911.

Levy, J., Wörterbuch über die Talmudim und Midraschim nebst
Beiträgen von H.L. Fleischer und den Nachträgen und Be-
richtigungen zur zweiten Auflage v. L. Goldschmidt, Bd.
I-IV, Berlin und Wien [2]1924 (Nachdr. Darmstadt 1963).

Liddell, H.G./Scott, R., A Greek-English Lexicon, bearbeitet
und erweitert v. H.S. Jones und R.McKenzie, Oxford [9]1940
(Nachdr. 1961).

Lidell, H.G./Scott, R./Jones, H.S., Greek-English Lexicon.
    A Supplement, hg. v. E.A. Barber mit Hilfe v. P. Maas,
    M. Scheller und M. L. West, Oxford 1968.

Loccumer Richtlinien: siehe s.v. ÖVBE.

Marxen, W., Einleitung in das Neue Testament. Einführung in
    ihre Probleme, Gütersloh ⁴1978.

Metzger, B.M., Index to periodical literature on Christ and
    the Gospels, in: NTTS 6, Leiden 1966.

--, Der Text des Neuen Testaments. Eine Einführung in die
    neutestamentliche Textkritik, Stuttgart 1966.

--, The early versions of the New Testament. *Their origin,
    transmission, and limitations*, Oxford 1977.

Meyer, E., Einführung in die lateinische Epigraphik, in: Die
    Altertumswissenschaft, Darmstadt 1973.

Michaelis, W., Einleitung in das Neue Testament. Die Entste-
    hung, Sammlung und Überlieferung der Schriften des Neuen
    Testaments, Bern ³1961.

Moffatt, J., An introduction to the literature of the New
    Testament, Edinburgh ³1918 (Nachdr. 1940).

Morgenthaler, R., Statistik des neutestamentlichen Wortschat-
    zes, Zürich und Frankfurt a.M. 1958.
    Rez.: E. Fascher, ThLZ 84 (1959), 519f;
          R. Schnackenburg, BZ 4 (1960), 156 f.

--, Statistische Synopse, Stuttgart und Zürich 1971.

Moulton, J.H., A grammar of New Testament Greek, Bd. I: Pro-
    legomena, Edinburgh ³1908 (Nachdr. 1949); in deutscher
    Übersetzung: Einleitung in die Sprache des Neuen Testa-
    ments, in: Indogermanische Bibliothek, 1. Abteilung: Samm-
    lung indogermanischer Lehr- und Handbücher, 1. Reihe,
    Bd. 9, Heidelberg 1911.

--, A grammar of New Testament Greek, hg. v. W.F. Howard,
    Bd. II: Accidence and word-formation, Edinburgh 1919.

--, A grammar of New Testament Greek, verfaßt v. N. Turner,
    Bd. III: Syntax, Edinburgh 1963.

--, A grammar of New Testament Greek, verfaßt v. N. Turner,
    Bd. IV: Style, Edinburgh 1976 (Nachdr. 1980).

--, /Milligan, G., The vocabulary of the Greek Testament il-
    lustrated from the papyri and other non-literary sources,
    London 1930 (Nachdr. 1957).

Moulton, W.F./Geden, A.S., A concordance to the Greek Testa-
    ment according to the texts of Wescott and Hort, Tischen-
    dorf and the english revisers, 4. v. H.K. Moulton bear-
    beitete Auflage, Edinburgh ⁴1963 (Neudr. 1975).

Nestle, E., Syrische Grammatik mit Literatur, Chrestomathie
    und Glossar, Berlin ²1888.

NIDNTTh: The New International Dictionary of New Testament
    Theologie, hg. v. C. Brown, Bd. I-III, Exeter 1975-1978.

ÖVBE: Ökumenisches Verzeichnis der biblischen Eigennahmen
nach den Loccumer Richtlinien, hg. v. den deutschen Bi-
schöfen, dem Rat der Evangelischen Kirche in Deutschland
und dem Evangelischen Bibelwerk, erarbeitet nach den Weisungen der Ökumenischen Übersetzungskommission v. K.D.
Fricke und B. Schwank, Stuttgart 1971.

Pape, W., Griechisch-deutsches Handwörterbuch, Bd. I-II,
Nachdr. der 3. Auflage (= Braunschweig 1914, 6. Abdruck),
bearbeitet v. M. Sengebusch, Graz 1954.

Passow, F., Handwörterbuch der griechischen Sprache, neube-
arbeitet und zeitgemäß umgestaltet v. V.C.F. Rost, F.
Palm u.a., Bd. I/1.2 und II/1.2, Leipzig ⁵1852 (Nachdr.
Darmstadt 1970).

Polag, A., Fragmenta Q. Textheft zur Logienquelle, Neukirchen 1979.
Rez.: F. Neirynck, EThL 55 (1979), 373-381.

PRE: Paulys Real-Encyclopädie der classischen Altertumswis-
senschaft. Neue Bearbeitung, begonnen v. G. Wissowa und
fortgeführt v. W. Kroll und K. Mittelhaus, 1. Reihe, Bd.
Iff, Stuttgart 1894ff; 2. Reihe, Bd. Iff, Stuttgart
1920ff und Supplementbände, Stuttgart 1903ff.

Preisigke, F., Wörterbuch der griechischen Papyrusurkunden
mit Einschluß der griechischen Inschriften Aufschriften
Ostraka Mumienschilder usw. aus Ägypten (zit.: WGPU),
hg. und teilweise bearbeitet und vollendet v. E. Kießling, Bd. I-IV, Berlin 1925-1944; Supplement I (1940-
1966), hg. v. E. Kießling, Amsterdam 1971.

Radermacher, L., Neutestamentliche Grammatik. Das Griechisch
des NT im Zusammenhang mit der Volkssprache dargestellt,
in: HNT 1, Tübingen ²1925.

RAC: Reallexikon für Antike und Christentum, hg. v. T. Klau-
ser und C. Colpe, Bd. Iff, Stuttgart 1950ff (bis 1981 erschienen 11 Bände).

Reicke, B./Rost, L.(Hg.), Biblisch-historisches Handwörterbuch, Bd. I-III, Göttingen 1962-1966.

RGG: Die Religion in Geschichte und Gegenwart. Handwörterbuch für Theologie und Religionswissenschaft, hg. v. K.
Galling, Bd. I-VI, Tübingen ³1957-1962.

Renehan, R., Greek lexicographical notes. A critical supplement to the Greek-English Lexicon of Liddell-Scott-Jones,
in: Hyp. 45, Göttingen 1975.

Rengstorf, K.H. (unter Mitarbeit v. E. Buck, E. Güting u.a.)
(Hg.), A complete concordance to Flavius Josephus, Bd.
I-III, Leiden 1973-1979.

Resch, A., Die Logia Jesu nach dem griechischen und hebräischen Text wiederhergestellt, Leipzig 1898.

Robinson, T.H., Paradigms and exercises in syriac grammar,
4. v. L.H. Brockington durchgesehene Auflage, Oxford
1962.

Rosenthal, F., A grammar of biblical aramaic, in: PLO.NS 5,
Wiesbaden 1961.

Schenk, W., Synopse zur Redenquelle der Evangelien. Q-Synop-
    se und Rekonstruktion in deutscher Übersetzung mit kur-
    zen Erläuterungen, Düsseldorf 1981.

Schenke, H.M./Fischer, K.M. (unter der Mitarbeit v. H.-G.
    Bethge und G. Schenke), Einleitung in die Schriften des
    Neuen Testaments, Bd. II: Die Evangelien und die ande-
    ren neutestamentlichen Schriften, Gütersloh 1979.

Schulthess, F., Lexicon syropalaestinum, Berlin 1903 (Nachdr.
    Jerusalem 1971).

--, Grammatik des christlich-palästinischen Aramäisch, hg.
    v. E. Littmann, mit Nachträgen v. Th. Nöldeke und dem
    Herausgeber, Tübingen 1924.

Schulz, S., Griechisch-deutsche Synopse der Q-Überlieferungen
    zu: S. Schulz, "Q - Die Spruchquelle der Evangelisten",
    Zürich 1972.

Schwertner, S., Theologische Realenzyklopädie. Abkürzungsver-
    zeichnis, Berlin und New York 1976.

Schwyzer, E., Griechische Grammatik auf der Grundlage von K.
    Brugmanns griechischer Grammatik, Bd. I-II und Register,
    in: HAW, 2. Abteilung, 1. Teil, München 1953.

Sellin, E./Fohrer, G., Einleitung in das Alte Testament, Hei-
    delberg [12]1979.

Smith, R.P., Thesaurus syriacus, Bd. I-II, Oxford 1879.1901.

Solages, B. de, Synopse grecque des Évangiles - Méthode nou-
    velle pour résoudre le problème synoptique, Leyden 1959.

Strack, H.L., Einleitung in Talmud und Midrasch. Mit einem
    Vorwort und einem bibliographischen Anhang v. G[6] Stem-
    berger, in: Beck'sche Elementarbücher, München [6]1976.

--, /Stemberger, G., Einleitung in Talmud und Midrasch, in:
    Beck'sche Elementarbücher, München [7]1982.

Thackeray, H.J., A grammar of the Old Testament in Greek ac-
    cording to the Septuagint, Bd. I: Introduction, ortho-
    graphy and accidence, Cambridge 1909 (Nachdr. Tel-Aviv
    1970).

TRE: Theologische Realenzyklopädie, hg. v. G. Krause und G.
    Müller, Bd. Iff, Berlin und New York 1977ff (bis 1981 er-
    schienen 8 Bände).

TBLNT: Theologisches Begriffslexikon zum Neuen Testament, hg.
    v. L. Coenen, E. Beyreuther und H. Bietenhard, Bd. I-III,
    Wuppertal [3]1972.

THAT: Theologisches Handwörterbuch zum Alten Testament, hg.
    v. E. Jenni unter der Mitarbeit v. C. Westermann, Bd. I-
    II, München und Zürich 1971.1976.

ThWAT: Theologisches Wörterbuch zum Alten Testament, hg. v.
    G.J. Botterweck und H. Ringgren, (bis z.Z. erschienen)
    Bd. I-II, Stuttgart, Berlin usw. 1973.1977.

ThWNT: Theologisches Wörterbuch zum Neuen Testament, hg. v.
    G. Kittel und G. Friedrich, Bd. I-X, Stuttgart, Berlin
    usw. 1933-1979.

Trench, R.C., Synonyma des Neuen Testaments, Tübingen 1907.

Vielhauer, P., Geschichte der urchristlichen Literatur. Einleitung in das Neue Testament, die Apokryphen und die
apostolischen Väter, Berlin 1975.

Vogels, H.J., Handbuch der Textkritik des Neuen Testaments,
Bonn [2]1955.

Weiss, B., Lehrbuch der Einleitung in das Neue Testament,
Berlin [2]1889.

Wellhausen, J., Einleitung in die drei ersten Evangelien,
Berlin [2]1911.

Westcott, B.F./Hort, F.J.A., The New Testament in the original Greek. Introduction. Appendix, Cambridge und London
1881.

Wikenhauser, A./Schmid, J., Einleitung in das Neue Testament,
Basel und Wien [6]1973.

WGPU: siehe s.v. Preisigke.

Young, R., Concordance to the Greek New Testament, Edinburgh
1884.

Zahn, T., Einleitung in das Neue Testament, Bd. II, Leipzig
[3]1924.

Zimmermann, H., Neutestamentliche Methodenlehre. Darstellung
der historisch-kritischen Methode, Stuttgart [6]1978.

Zorell, F., Lexicon graecum Novi Testamenti, in: CSS, 1. Teil,
Bd. VII, Paris 1931.

3. Kommentare

Albright, W.F./Mann, C.S., Matthew. Introduction, translation and notes, in: AncB 26, New York 1971.

Allen, W.C., A critical and exegetical commentary on the Gospel according to S. Matthew, in: ICC, Edinburgh [3]1912
(Nachdr. 1951).

Barrett, C.K., The Gospel according to St John. An introduction with commentary and notes on the greek text, London
[2]1978.

Bauer, W., Das Johannesevangelium, in: HNT 6, Tübingen [3]1933.

Bauernfeind, O., Kommentar und Studien zur Apostelgeschichte,
mit einer Einleitung v. M. Hengel, hg. v. V. Metelmann,
in: WUNT 22, Tübingen 1980.

Beare, F.W., The Gospel according to Matthew. A commentary,
Oxford 1981.

Becker, J., Das Evangelium nach Johannes, in: ÖTK 4/1.2, Gütersloh und Würzburg 1979.1981.

Bensinger, I., Die Bücher der Könige, in: KHC 9, Freiburg
i.B., Leipzig und Tübingen 1899.

Bernard, J.H., A critical and exegetical commentary on the
Gospel according to St. John, Bd. I-II, in: ICC, Edinburgh 1928.

Boismard, M.-E., (unter der Mitarbeit v. A. Lamouille und
    P. Sandevoir) Synopse des quatre Évangiles en français,
    Bd. II: Commentaire, Paris 1972.

Bonnard, P., L'Évangile selon Saint Matthieu, in: CNT(N) 1,
    Neuchâtel 1963.

Brown, R.E., The Gospel according to John (i-xii). Introduc-
    tion, translation, and notes, in: AncB 29, New York 1966.

Büchsel, F., Das Evangelium nach Johannes, in: NTD 4, Göttin-
    gen [3]1937.

Bultmann, R., Das Evangelium des Johannes, in: KEK, 2. Abt.,
    Göttingen [10]1941 (Nachdr. [20]1978).

--, Das Evangelium des Johannes. Ergänzungsheft, in: KEK,
    2. Abt., Göttingen 1957.

Charles, R.H., A critical and exegetical commentary on the
    book of Daniel with introduction, indexes and a new eng-
    lish translation, Oxford 1929.

Conzelmann, H., Die Apostelgeschichte, in: HNT 7, Tübingen
    [2]1972.

Creed, J.M., The Gospel according to St. Luke. The greek text
    with introductions, notes and indices, London 1930
    (Nachdr. 1957).

Dausch, P., Die drei älteren Evangelien, in: HSNT II (Das
    Matthäusevangelium: S. 6-369), Bonn [4]1932.

--, Die drei älteren Evangelien, in: HSNT II (Das Lukasevan-
    gelium: S. 423-567), Bonn [4]1932.

Easton, B.S., The Gospel according to St. Luke. A critical
    and exegetical commentary, Edinburgh 1926.

Ellis, E.E., The Gospel of Luke, in: CeB, London [2]1974.

Ernst, J., Das Evangelium nach Lukas, in: RNT, Regensburg
    1977.

Filson, F.V., A commentary on the Gospel according to St.
    Matthew, in: BNTC, London 1960 (Nachdr. 1967).

Gaechter, P., Das Matthäusevangelium, Innsbruck, Wien und
    München 1963.

Geldenhuys, N., Commentary on the Gospel of Luke, in: NLC,
    London und Edinburgh 1950 (Nachdr. 1961).

Gnilka, J., Das Evangelium nach Markus, in: EKK II/1.2, Neu-
    kirchen 1978.1979.

Godet, F., Kommentar zu dem Evangelium des Lukas (Deutsch be-
    arbeitet v. E.R. und K. Wunderlich), Hannover [2]1890.

Gray, J., I & II Kings. A commentary, in: The Old Testament
    Library, London 1964.

Grundmann, W., Das Evangelium nach Matthäus, in: ThHK 1, Ber-
    lin [4]1975.

--, Das Evangelium nach Markus, in: ThHK 2, Berlin [7]1977.

--, Das Evangelium nach Lukas, in: ThHK 3, Berlin [8]1978.

Haenchen, E., Der Weg Jesu. Eine Erklärung des Markus-Evange-
liums und der kanonischen Parallelen, in: STö.H 6, Berlin
[2]1968 (zit.: Haenchen, Weg).

--, Das Johannesevangelium. Ein Kommentar aus den nachgelas-
senen Manuskripten, hg. v. U. Busse mit einem Vorwort v.
J.M. Robinson, Tübingen 1980.

--, Die Apostelgeschichte, in: KEK, 3. Abt., Göttingen [6]1968.

Hahn, G.L., Das Evangelium des Lukas, Bd. I-II, Breslau 1892.
1894.

Hauck, F., Das Evangelium des Lukas, in: ThHK 3, Leipzig 1934.

Heitmüller, W., Das Johannes-Evangelium, in: SNT 4, Göttingen
[3]1920, 9-184.

Hill, D., The Gospel of Matthew, in: NCeB, London 1972.

Holtzmann, H.J., Die Synoptiker, in: HC I/3 (Das Evangelium
nach Matthäus: S. 185-299), Tübingen und Leipzig [3]1901.

--, Die Synoptiker, in: HC I/4 (Das Evangelium nach Lukas:
S. 303-424), Tübingen und Leipzig [3]1901.

Hoskyns, E.C., The fourth Gospel, hg. v. F.N. Davey, London
[2]1947.

Jackson, F.J.F./Lake, K., The Beginnings of Christianity.
Part I: The Acts of the Apostles, Bd. IV: English transla-
tion and commentary, London 1933 (Nachdr. Michigan 1979);
Bd. V: Additional notes to the commentary, London 1933
(Nachdr. Michigan 1979).

Jeremias, J., Die Sprache des Lukasevangeliums. Redaktion und
Tradition im Nicht-Markusstoff des dritten Evangeliums,
in: KEK Sonderband, Göttingen 1980 (zit.: Jeremias, Sprache).
Rez.: G. Schneider, ThRv 77 (1981), 20f.

Kittel, R., Die Bücher der Könige, in: HK I/5, Göttingen 1900.

Klostermann, A., Die Bücher Samuelis und der Könige, in: KK,
A. Altes Testament, 3. Abt., Nördlingen 1887.

Klostermann, E., Das Matthäusevangelium, in: HNT 4, Tübingen
[3]1939 (Nachdr. 1971).

--, Das Markusevangelium, in: HNT 3, Tübingen [4]1950.

--, Das Lukasevangelium, in: HNT 5, Tübingen [2]1929.

Lagrange, M.-J., Évangile selon Saint Matthieu, in: EtB, Paris [7]1948.

--, Évangile selon Saint Marc, in: EtB, Paris [3]1929.

--, Évangile selon Saint Luc, in: EtB, Paris [4]1927.

--, Évangile selon Saint Jean, in: EtB, Paris [6]1936.

Leaney, A.R.C., A commentary on the Gospel according to St.
Luke, in: BNTC, London 1958.

Lindars, B., The Gospel of John, in: NCeB, London 1972.

Lohmeyer, E., Das Evangelium des Markus. Nach dem Handexemplar des Verfassers durchgesehene Ausgabe mit Ergänzungsheft, in: KEK I/2, Göttingen [17]1967.

--, /Schmauch, W., Das Evangelium des Matthäus. Nachgelas-
    sene Ausarbeitungen und Entwürfe zur Übersetzung und Er-
    klärung v. E. Lohmeyer. Für den Druck erarbeitet und her-
    ausgegeben v. W. Schmauch, in: KEK Sonderband, Göttingen
    [4]1967 (zit.: Lohmeyer/Schmauch, Mt).

Loisy, A., Les Évangiles synoptiques, Bd. I-II, Ceffonds
    1907-1908 (zit.: Loisy, Évangiles I usw.).

--, L'Évangile selon Luc, Paris 1924.

--, Le quatrième Évangile, Paris 1903.

Manson, W., The Gospel of Luke, in: MNTC, London [8]1955.

Marshall, I.H., The Gospel of Luke, in: NIGTC, Exeter 1978.

McKenzie, J.L, The Gospel according to Matthew, in: JBC II/43
    (S 62-114), London 1968 (Nachdr. 1970).

McNeile, A.H., The Gospel according to St. Matthew. The greek
    text with introduction, notes and indices, London 1915
    (Nachdr. 1957).

Merx, A., Das Evangelium des Matthaeus nach der syrischen im
    Sinaikloster gefundenen Palimpsesthandschrift, in: Die
    vier kanonischen Evangelien nach ihrem ältesten bekannten
    Texte. Übersetzung und Erläuterung der syrischen im Si-
    naikloster gefundenen Palimpsesthandschrift, 2. Teil, er-
    ste Hälfte, Berlin 1902.

--, Die Evangelien des Markus und Lukas nach der syrischen
    im Sinaikloster gefundenen Palimpsesthandschrift, in: Die
    vier kanonischen Evangelien... 2. Teil, zweite Hälfte, Ber-
    lin 1905.

--, Das Evangelium des Johannes nach der syrischen im Sinai-
    kloster gefundenen Palimpsesthandschrift, mit Registern
    für das ganze Werk nach dem Tode des Verfassers hg. v.
    J. Ruska, in: Die vier kanonischen Evangelien... 2. Teil,
    zweite Hälfte, Berlin 1911.

Metzger, B.M., A textual commentary on the Greek New Testa-
    ment, London 1971.

Michaelis, W., Das Evangelium nach Matthäus, Bd. I-II, in:
    Proph., Zürich 1948.1949.

Montefiore, C.G., The synoptic Gospels, Bd. II (Matthew: S.
    1-359), in: LBS, London [2]1927 (Nachdr. 1968).

--, The synoptic Gospels, Bd. II (Luke: S. 360-646), in: LBS,
    London [2]1927 (Nachdr. 1968).

Morris, L., The Gospel according to John. The english text
    with introduction, exposition and notes, in: NLC, Grand
    Rapids 1971.

Paulus, H.E.G., Philologisch-kritischer und historischer Com-
    mentar über die drey ersten Evangelien in welchem der
    griechische Text... durch Einleitungen, Inhaltsanzeigen...
    bearbeitet ist. Erster Theil. Der drey ersten Evangelien
    erste Hälfte, Leipzig [2]1812.

Pesch, R., Das Markusevangelium, in: HThK II/1.2, Freiburg,
    Basel und Wien 1976-1977.

Plummer, A., The Gospel according to S. Luke, in: ICC, Edin-
    burgh [5]1922.

Radermakers, J., Au fil de l'Évangile selon Saint Matthieu.
    1. Texte; 2. Lecture continue, Institut d'études théo-
    logiques, Louvain 1972.

Rengstorf, K.H., Das Evangelium nach Lukas, in: NTD 3, Göt-
    tingen [15]1974.

Rienecker, F., Praktischer Handkommentar zum Lukas-Evangeli-
    um, Gießen 1930.

Robinson, T.H., The Gospel of Matthew, in: MNTC, London
    [8]1951.

Roloff, J., Die Apostelgeschichte, in: NTD [17]5, Göttingen
    1981.

Schlatter, A., Der Evangelist Matthäus. Seine Sprache, sein
    Ziel, seine Selbständigkeit, Stuttgart 1929.

--, Das Evangelium des Lukas aus seinen Quellen erklärt,
    Stuttgart [2]1960.

--, Der Evangelist Johannes. Wie er spricht, denkt und glaubt,
    Stuttgart 1930 (Nachdr. 1948).

Schmid, J., Das Evangelium nach Matthäus, in: RNT 1, Regens-
    burg [5]1965.

--, Das Evangelium nach Lukas, in: RNT 3, Regensburg [4]1960.

Schmithals, W., Das Evangelium nach Lukas, in: ZBK, Zürich
    1980.

Schnackenburg, R., Das Johannesevangelium, in: HThK IV/1:
    Einleitung und Kommentar zu Kap. 1-4, Freiburg i.B.
    [3]1972; IV/2: Kommentar zu Kap. 5-12, Freiburg i.B. [2]1977;
    IV/3: Kommentar zu Kap. 13-21, Freiburg i.B. [2]1976.

Schneider, G., Das Evangelium nach Lukas, in: ÖTK III/1.2, Gü-
    tersloh 1977.

--, Die Apostelgeschichte, in: HThK V/1.2, Freiburg, Basel
    und Wien 1980.1982.

Schneider, J., Das Evangelium nach Johannes, in: ThHK Sonder-
    band, Berlin [2]1978.

Schniewind, J., Das Evangelium nach Matthäus, in: NTD 2, Göt-
    tingen [10]1962.

Schulz, S., Das Evangelium nach Johannes, in: NTD [12]4, Göt-
    tingen 1972.

Schürmann, H., Das Lukasevangelium. 1. Teil: Kommentar zu
    Kap. 1,1 - 9,50, in: HThK III/1, Freiburg 1969.

Schweizer, E., Das Evangelium nach Matthäus, in: NTD [14]2,
    Göttingen 1976.

--, Das Evangelium nach Markus, in: NTD [14]1, Göttingen 1975.

--, Das Evangelium nach Lukas, in: NTD [18]3, Göttingen 1982.

Stade, B., The books of Kings. Critical edition of the he-
    brew text, in: SBOT 9, Leipzig 1904.

Strack, H./Billerbeck, P., Kommentar zum Neuen Testament aus
    Talmud und Midrasch, Bd. I-IV/1.2, München 1922-1928,
    Nachdr. [6]1974-1975 (zit.: Strack/Billerbeck, I usw.).

Strathmann, H., Das Evangelium nach Johannes, in: NTD [6]4,
    Göttingen 1951.

Stuhlmueller, C., The Gospel according to Luke, in: JBC II/44
    (S. 115-164), London 1968 (Nachdr. 1970).

Taylor, V., The Gospel according to St. Mark, New York [2]1966.

Temple, S., The core of the fourth Gospel, London 1975 (zit.:
    Temple, Joh!).

Weiss, B., Das Matthäusevangelium und seine Lucas-Parallelen,
    Halle 1876 (zit.: Weiss, Das Matthäusevangelium und sei-
    ne Lucas-Parallelen).

--, Das Matthäus-Evangelium, in: KEK I/1, Göttingen [10]1910.

--, Die Evangelien des Markus und Lukas, in: KEK I/2 (Evange-
    lium des Lukas: S. 250-694), Göttingen [9]1901.

--, Das Johannes-Evangelium, in: KEK, 2. Abt., Göttingen
    [9]1902.

--, /Bousset, W., Die drei älteren Evangelien, in: SNT 1 (Das
    Matthäus-Evangelium: S. 226-392), Göttingen [3]1917.

--, --   , Die drei älteren Evangelien, in: SNT 1 (Das Lu-
    kas-Evangelium: S. 392-511), Göttingen [3]1917.

Wellhausen, J., Das Evangelium Matthaei, Berlin 1904.

--, Das Evangelium Lucae übersetzt und erklärt, Berlin 1904.

--, Das Evangelium Johannis, Berlin 1908.

Wette, W.M.L. de, Kurze Erklärung des Evangeliums Matthäi,
    in: KEH.NT I/1, Leipzig [4]1857.

--, Kurze Erklärung der Evangelien des Lukas und Markus, in:
    KEH.NT I/2 (Evangelium des Lukas: S. 5-168), Leipzig
    [3]1846.

Wikenhauser, A., Das Evangelium nach Johannes, in: RNT 4, Re-
    gensburg [2]1957.

Zahn, T., Das Evangelium des Matthäus, in: KNT 1, Leipzig
    und Erlangen [4]1922.

--, Das Evangelium des Lucas, in: KNT 3, Leipzig und Erlangen
    [3-4]1920.

--, Das Evangelium des Johannes, in: KNT 4, Leipzig und Er-
    langen [5-6]1921.

--, Die Apostelgeschichte des Lucas. Erste Hälfte Kap. 1-12,
    in: KNT 5, Leipzig und Erlangen [3]1922: Zweite Hälfte Kap.
    13-28, Leipzig und Erlangen [1-2]1921.

Zehrer, F., Synoptischer Kommentar zu den drei ersten Evange-
    lien, Bd. II: Jesu Wirken in Galiläa (Mt 5,1 - 13,58; Mk
    1,40 - 6,13; Lk 5,12 - 9,6), Klosterneuburg 1963.

4. *Aufsätze und Monographien*

Abel, E.L., Transmission and their bearing on theories of
    oral transmission in early christianity, in: JR 51 (1971),
    270-281.

Abel, F.-M., Géographie de la Palestine, Bd. II: Géographie politique. Les villes, Paris ²1967.

Achtemeier, P.J., Gospel miracle tradition and the Divine Man, in: Interp. 26 (1972), 174-197.

--, The lucan perspective of the miracles of Jesus: a preliminary sketch, in: JBL 94 (1975), 547-562.

--, : siehe auch s.v. Theißen.

Aland, B., Neutestamentliche Textkritik heute, in: VF, Heft 2 (1976), 3-22.

Albertz, M., Die synoptischen Streitgespräche. Ein Beitrag zur Formgeschichte des Urchristentums, Berlin 1921.

Albrecht, E., Zeugnis durch Wort und Verhalten untersucht an ausgewählten Texten des Neuen Testaments, in: ThDiss 13, Basel 1977.

Aletti, J.-N., Une lecture en questions, in: X. Léon- Dufour (Hg.), Les miracles de Jésus (s.d.), 189-208.

Allen, W.C., The book of sayings used by the editor of the first Gospel, In: W. Sanday (Hg.), Studies in the synoptic problem (s.d.), 235-286.

--, The aramaic background of the Gospels, in: W. Sanday (Hg.), Studies in the synoptic problem (s.d.), 287-306.

Alonso-Schökel, L., Das Alte Testament als literarisches Kunstwerk, Köln 1971.

Alt, A., Die Stätten des Wirkens Jesu in Galiläa territorialgeschichtlich betrachtet, in: ders., Kleine Schriften zur Geschichte des Volkes Israel, Bd. II, München ²1953, 436-455 (zuerst: 1949).

--, Galiläische Probleme, ebd. 363-435 (zuerst: 1937-1940).

Annen, F., Heil für die Heiden. Zur Bedeutung und Geschichte der Tradition vom besessenen Gerasener (Mk 5,1-20 parr.), in: FTS 20, Frankfurt a.M. 1976.

Argyle, A.W., The Greek of Luke and Acts, in: NTS 20 (1974), 441-445.

--, Scriptural quotations in Q material, in: ET 65 (1953/54), 285f.

Aune, D.E. (Hg.), Studies in New Testament and early christian literature. Essays in honor of A.P. Wikgreen, NT.S 33, Leiden 1972.

Avi-Yonah, M., Geschichte der Juden im Zeitalter des Talmud, in: SJ, Bd. II, Berlin 1962.

--, Historical geography of Palestine, in: CRI (s.d.) I/1, 78-116.

Balz, H.R., Methodische Probleme der neutestamentlichen Christologie, in: WMANT 25, Neukirchen 1967.

Barr, J., Bibelexegese und moderne Semantik. Theologische und linguistische Methode in der Bibelwissenschaft, München 1965.

Barth, G., Das Gesetzesverständnis des Evangelisten Matthäus,
    in: G. Bornkamm/G. Barth/H.J. Held, Überlieferung und
    Auslegung im Matthäusevangelium, WMANT 1, Neukirchen
    1975, 54-154.

--, Glaube und Zweifel in den synoptischen Evangelien, in:
    ZThK 72 (1975), 269-292.

Barth, K., Die Lehre von der Versöhnung, in: ders., Kirchli-
    che Dogmatik Bd. IV/1, Zürich 1975.

Bartlet, J.V., The sources of St. Luke's Gospel, in: W. San-
    day (Hg.), Studies in the synoptic problem (s.d.), 315-
    363.

Bauernfeind, O., Art. στρατεύομαι κτλ ., in: ThWNT VII, 701-
    713.

Baumbach, G., Die Mission im Matthäusevangelium, in: ThLZ 92
    (1967), 889-893.

Beare, F.W., The earliest records of Jesus. *A companion to
    the* synopsis of the first three Gospels, Oxford 1962.

Becker, J., Wunder und Christologie. Zum literarkritischen
    und christologischen Problem der Wunder im Johannesevan-
    gelium, in: NTS 16 (1969/70), 130-148.

Beer, (ohne Vornamen), Art. Kapernaum, in: PRE X, 1889-1891.

Ben-David, A., Talmudische Ökonomie. Die Wirtschaft des jüdi-
    schen Palästina zur Zeit der Mischna und des Talmud, Bd.
    I, Hildesheim und New York 1974.

Bender, H., Unser sechster Sinn. Telepathie, Hellsehen und
    Psychokinese in der parapsychologischen Forschung, Stutt-
    gart 1971.

Berger, K., Die Amen-Worte Jesu. Eine Untersuchung zum Pro-
    blem der Legitimation in apokalyptischer Rede, in: BZNW
    39, Berlin 1970.

--, Exegese des Neuen Testaments. Neue Wege vom Text zur Aus-
    legung, in: UTB 658, Heidelberg 1977.

--, Zur Geschichte der Einleitungsformel "Amen, ich sage
    euch", in: ZNW 63 (1972), 45-75.

Bertram, G., Art. θαῦμα κτλ ., in: ThWNT III, 27-42.

Betz, H.D., The early christian miracle story: some observa-
    tions on the form critical problem, in: Semeia 11: Early
    christian miracle stories, hg. v. R.W. Funk, Missoula
    1978, 69-81.

Betz, O., The concept of the so-called "Divine Man" in Mark's
    Christology, in: D.E. Aune (Hg.), Studies in New Testa-
    ment... (s.d.), 229-240.

--, Jesu heiliger Krieg, in: NT 2 (1958), 116-137.

--, Mattäus 8,5-13, in: ders., Begegnungen mit Jesus. Sie-
    ben Abschnitte aus dem Matthäus-Evangelium (Zur 40. Bi-
    belwoche 1977/78), Essen 1977, 11-27.

--, Das Problem des Wunders bei Flavius Josephus im Vergleich
    zum Wunderproblem bei den Rabbinen und im Johannesevan-
    gelium, in: O. Betz/K. Haacker/M. Hengel (Hg.), Josephus-
    Studien. Untersuchungen zu Josephus, dem antiken Judentum
    und dem Neuen Testament, FS f. O. Michel, Göttingen 1974,
    23-44.

--, Wie verstehen wir das Neue Testament?, Wuppertal 1981.

--, /Grimm, W., Wesen und Wirklichkeit der Wunder Jesu. Hei-
lungen - Rettungen - Zeichen - Aufleuchtungen. Jes. 60,5
"Da wirst du schauen und strahlen, dein Herz wird beben
und weit werden", in: Arbeiten zum Neuen Testament und
Judentum (ANTI), hg. v. O. Betz, Bd. 2, Frankfurt a.M.,
Bern und Las Vegas 1977.

Beyer, H.W., Art. θεραπεία κτλ ., in: ThWNT III, 128-132.

Bieler, L., ΘΕΙΟΣ ANHP. Das Bild des "Göttlichen Menschen"
in Spätantike und Frühchristentum, Wien 1935/36 (Neudr.
Darmstadt 1967).

Black, M., An aramaic approach to the Gospels and Acts (With
an appendix on the Son of Man by Geza Vermes), Oxford
³1967.
Rez.: J.A. Fitzmyer, CBQ 30 (1968), 417-428.

Blank, J., Zur Christologie ausgewählter Wunderberichte, in:
Schriftauslegung in Theorie und Praxis, BiH 5, München
1969, 104-128.

Blinzler, J., Johannes und die Synoptiker. Ein Forschungsbe-
richt, in: SBS 5, Stuttgart 1965.

Böcher, O./Haacker, K. (Hg.), Verborum veritas. FS f. G.
Stählin, Wuppertal 1970.

Boers, H., siehe s.v. Theißen.

Boismard, M.-É., Saint Luc et la rédaction du quatrième Évangile (Jn, IV, 46-54), in: RB 69 (1962), 185-211.

--, Synopse, Bd. II: siehe unter "Kommentare" s.v.

Boman, T., Die Jesusüberlieferung im Lichte der neueren Volks-
kunde, Göttingen 1967.

Bornkamm, G., Art. Evangelien, formgeschichtlich, in: RGG,
Bd. II, 749-753.

--, Art. Evangelien, synoptische, in: RGG, Bd. II, 753-766.

--, Art. πρέσβυς κτλ ., in: ThWNT VI, 651-683.

--, Der Auferstandene und der Irdische. Mt 28,16-20, in:
E. Dinkler (Hg.), Zeit und Geschichte, FG f. R. Bultmann,
Tübingen 1964, 171-191.

--, Enderwartung und Kirche im Matthäusevangelium, in: G.
Bornkamm/G. Barth/H.J. Held, Überlieferung und Auslegung
im Matthäusevangelium, WMANT 1, Neukirchen ⁷1975, 13-47.

Bosch, D.J., Die Heidenmission in der Zukunftsschau Jesu.
Eine Untersuchung zur Eschatologie der synoptischen Evangelien, in: AThANT 36, Zürich 1959.

Bousset, W., Wellhausens Evangelienkritik, in: ThR 9 (1906),
1-14.43-50.

--, /Gressmann, H., Die Religion des Judentums im späthelle-
nistischen Zeitalter, in: HNT 21, Tübingen ⁴1966.

Bovon, F., Luc le théologien. Vingt-cinq ans de recherches
(1950-1975), in: Le monde de la Bible, Neuchâtel und
Paris 1978.

Braun, H., Qumran und das Neue Testament, Bd. I-II, Tübingen 1966.

Breeze, D.J., The career structure below the centurionate during the Principate, in: ANRW II/1, 435-451.

--, : siehe s.v. Dobson.

Broer, I., Art. ἐξουσία , in: EWNT II, 23-29.

Broughton, T.R.S., The roman army, in: F.J. Jackson/K. Lake (Hg.), The beginnings of christianity. Part I: The Acts of the Apostles, Bd. V: Additional notes to the commentary (hg. v. K. Lake und H.J. Cadbury), London 1933 (Nachdr. Michigan 1979), 427-445.

Brown, J.P., The form of "Q" known to Matthew, in: NTS 8 (1961/62), 27-42.

Brown, S., The matthean community and the gentile mission, in: NT 22 (1980), 193-221.

Bruners, W., Die Reinigung der zehn Aussätzigen und die Heilung des Samariters Lk 17,11-19. Ein Beitrag zur lukanischen Interpretation der Reinigung von Aussätzigen, in: FzB 23, Würzburg 1977.

Bucher, E.-J., Religiöse Erzählungen und religiöse Erkenntnis. Erste Schritte zur Bestimmung des kognitiven Gehalts religiöser Texte, in: Forum theologiae linguisticae 6, Bonn 1978.

Bultmann, R., Art. πιστεύω κτλ ., in: ThWNT VI, 174-182.197-230.

--, Die Erforschung der synoptischen Evangelien, in: AWR.NT 1, Berlin [4]1961.

--, Zur Frage des Wunders, in: ders., GuV I, Tübingen [4]1961, 214-228.

--, Die Geschichte der synoptischen Tradition, in: FRLANT 29, Göttingen [6]1970 (zit.: Bultmann, GST).

--, Die Geschichte der synoptischen Tradition. Ergänzungsheft, Bearbeitet v. G. Theißen und P. Vielhauer, Göttingen [4]1971.

--, Jesus, Tübingen 1926 (Nachdr. 1958).

--, Theologie des Neuen Testaments, Tübingen [6]1968.

Burger, C., Jesu Taten nach Matthäus 8 und 9, in: ZThK 70 (1973), 272-287.

Burney, C.F., The poetry of our Lord. An examination of the formal elements of hebrew poetry in the discourses of Jesus Christ, Oxford 1925.

Burrows, E.W., A study of the agreements of Matthew and Luke against Mark, Diss.masch., Oxford 1969.

Burrows, M., Principles for testing the translation hypothesis in the gospels, in: JBL 53 (1934), 13-30.

Bussby, F., Is Q an aramaic document?, in: ET 65 (1953/54), 272-275.

Busse, U., Die Wunder des Propheten Jesus. Die Rezeption, Komposition und Interpretation der Wundertradition im Evangelium des Lukas, in: FzB 24, Stuttgart ^{2}1979.

Bussmann, W., Hat es nie eine schriftliche Logienquelle gegeben?, in: ZNW 31 (1932), 23-32.

--, Synoptische Studien, Bd. I: Zur Geschichtsquelle, Halle 1925

--, Synoptische Studien, Bd. II: Zur Redenquelle, Halle 1929. Rez.: J. Jeremias, ThLBl 52 (1931), 66-68.

--, Synoptische Studien, Bd. III: Zu den Sonderquellen, Halle 1931.

Butler, B.C., The originality of St. Matthew. A critique of the Two-Document-Hypothesis, Cambridge 1951.

Cadbury, H.J., Four features of Lucan style, in: E. Keck/ J.L. Martin (Hg.), Studies in Luke-Acts (s.d.), 87-102.

--, The making of Luke-Acts, London 1927 (Neudr. 1957).

--, The style and literary method of Luke, Bd. I-II, in: HTh 6, Cambridge 1920 (Neudr. 1969).

Cadoux, C.J./Farmel, G., S. Matthew viii.9, in: ET 32 (1920/ 21), 474.

Carlston, C.E./Norlin, D., Once more - statistics and Q, in: HThR 64 (1971), 59-78.

Carrez, M., L'héritage de l'Ancien Testament, in: X. Léon-Dufour (Hg.), Les miracles de Jésus... (s.d.), 45-58.

Cerfaux, L., L'utilisation de la source Q par Luc. Introduction du Séminaire, in: F. Neirynck (Hg.), L'Évangile de Luc... (s.d.), 61-69.

Chilton, B.D., God in strength. Jesus' announcement of the kingdom, in: SNTU, Serie B, Bd. 1, Freistadt 1979.

Cichorius, C., Art. cohors, in: PRE IV, 231-356.

Comber, J.A., The verb *therapeuō* in Matthew's Gospel, in: JBL 97 (1978), 431-434.

CRI: Compendia rerum Iudaicarum ad Novum Testamentum, hg. v. M. de Jonge und S. Safrai u.a., (bis z.Z. erschienen) section one: Safrai, S./Stern, M. (Hg.), The Jewish people in the first century. Historical geography, political history, social, cultural and religious life and institutions, Bd. I-II, Assen (/Amsterdam), 1974.1976 (zit.: CRI I/1 usw.).

Connolly, D., Ad miracula sanationum apud Matthaeum, in: VD 45 (1967), 306-325, 320ff.

Conzelmann, H., Geschichte des Urchristentums, in: GNT 5, Göttingen ^{2}1971.

--, Grundriß der Theologie des Neuen Testaments, in: EETh 2, München ^{3}1976 (Studienausgabe).

--, Literaturbericht zu den synoptischen Evangelien, in: ThR 37 (1972), 220-272; 43 (1978), 3-51.321-327.

--, Die Mitte der Zeit. Studien zur Theologie des Lukas, in: BHTh 17, Tübingen ^{5}1964.

--, /Lindemann, A., Arbeitsbuch zum Neuen Testament, in: UTB 52, ²1976.

Crum, J.M.C., The original jerusalem Gospel. Being essays on the document Q, London 1927.

--, The "Q" Document, in: HibJ 24 (1925/26), 346-349.537-562.

Cullmann, O., Die Christologie des Neuen Testaments, Tübingen ²1958.

Curtis, K.P.G., In support of Q, in: ET 84 (1973), 309-310.

Dalman, G., Jesus-Jeschua. Die drei Sprachen Jesu. Jesus in der Synagoge, auf dem Berge, beim Passamahl, am Kreuz, Leipzig 1922 (Nachdr. Darmstadt 1967).

--, Orte und Wege Jesu. Im Anhang: Die handschriftlichen Berichtigungen und Ergänzungen in dem Handexemplar Gustaf Dalmans, zusammengestellt v. A. Jepsen, in: BFChTh, 2. Reihe, Bd. 1, Darmstadt ⁴1967.

--, Die Worte Jesu mit Berücksichtigung des nachkanonischen jüdischen Schrifttums und der aramäischen Sprache, Bd. I: Einleitung und wichtige Begriffe. Mit Anhang: A. Das Vaterunser. B. Nachträge und Berichtigungen, Leipzig 1930 (Nachdr. Darmstadt 1965).

Davies, R.W., The daily life of the roman soldier under the Principate, in: ANRW II/1, 299-338.

Davies, W.D., The setting of the Sermon of the Mount, Cambridge 1964.

Deissmann, A., Licht vom Osten. Das Neue Testament und die neuentdeckten Texte der hellenistisch-römischen Welt, Tübingen ⁴1923.

Delling, G., Zur Beurteilung des Wunders durch die Antike, in: ders., Studien zum Neuen Testament und zum hellenistischen Judentum, hg. v. F. Hahn, T. Holtz und N. Walter (s.d.), 53-71 (zuerst: 1955/56).

--, Das Verständnis des Wunders im Neuen Testament, ebd. 146-159.

--, Botschaft und Wunder im Wirken Jesu, in: H. Ristow/K. Matthiae (Hg.), Der historische Jesus und der kerygmatische Christus. Beiträge zum Christusverständnis in Forschung und Verkündigung, Berlin 1960, 389-402.

--, Wort Gottes und Verkündigung im Neuen Testament, in: SBS 53, Stuttgart 1971.

Derrett, J.D.M., Law in the New Testament: The syro-phoenician woman and the centurion of Capernaum, in: NT 15 (1973), 161-186 (auch veröffentlicht in ders., Studies in the New Testament, Bd. I: Glimpses of the legal and social presuppositions of the authors, Leiden 1977, 143-169; zit. nach NT 15!).

Detweiler, R., Generative poetics as science and fiction, in: Semeia 10: Narrative syntax, translations and reviews, hg. v. J.D. Crossan, Missoula 1978, 137-156.

Devisch, M., Le document Q, source de Matthieu: Problématique actuelle, in: M. Didier (Hg.), L'Évangile selon Matthieu: Rédaction et théologie (s.d.), 71-98.

--, La relation entre l'Évangile de Marc et le document Q, in: M. Sabbe (Hg.). L'Évangile selon Marc. Tradition et rédacton, BEThL 34, Gembloux 1974, 59-91.

Dibelius, M., Die Bekehrung des Cornelius, in: ders., Aufsätze zur Apostelgeschichte, hg. v. H. Greeven, Berlin 1956, 96-107.

--, Die Botschaft von Jesus Christus. Die alte Überlieferung der Gemeinde in Geschichten, Sprüchen und Reden wiederhergestellt und verdeutscht, in: Siebenstern Taschenbuch 99, Tübingen 1967 (Nachdr. der Ausgabe 1935).

--, Die Formgeschichte des Evangeliums. 6. Auflage. 3. photomechanischer Nachdruck der dritten Auflage mit einem erweiterten Nachtrag v. G. Iber, hg. v. G. Bornkamm, Tübingen 1971 (zit.: Dibelius, FE).

--, Zur Formgeschichte der Evangelien, in: ThR 1 (1929), 185-216.

--, Geschichte der urchristlichen Literatur. Neudruck der Erstausgabe von 1926 unter Berücksichtigung der Änderungen der englischen Übersetzung von 1936, hg. v. F. Hahn, in: TB 58, München 1975.

Didier, M. (Hg.), L'Évangile selon Matthieu: Rédaction et théologie, in: BEThL 29, Gembloux 1972.

Dobschütz, E. von, Matthäus als Rabbi und Katechet, in: ZNW 27 (1928), 338-348.

Dobson, B., The centurionate and social mobility during the Principate, in: Recherches sur les structures sociales dans l'Antiquité classique, CAEN 25-26 avril 1969, Paris 1970, 99-115.

--, The significance of the centurion and 'primipilaris' in the roman army and administration, in: ANRW II/1, 392-434.

--, /Breeze, D.J., The rome cohors and the legionary centurionate, in: Epigraphische Studien 8. Sammelband, Düsseldorf 1969, 100-124.

Dodd, C.H., Historical tradition in the fourth Gospel, Cambridge 1963 (Nachdr. 1965).

Domaszewski, A. von, Die Rangordnung des römischen Heeres. Mit Einführung, Berichtigungen und Nachträge v. B. Dobson, in: BoJ.B 14, Köln 1967.

--, Art. Centuria, in: PRE III, 1952-1960.

--, Art. Centurio, ebd. 1962-1964.

Dormeyer, D., "Narrative Analyse" von Mk 2,1-12. Möglichkeiten und Grenzen einer Verbindung zwischen "Generativer Poetik" und Didaktik neutestamentlicher Wundererzählungen, in: LingBibl 31 (1974), 68-88.

Downing, F.G., Toward the rehabilitation of Q, in: NTS 11 (1964/65), 169-181.

Duling, D.C., The therapeutic Son of David: an element in Matthew's christological apologetic, in: NTS 24 (1978), 392-410.

Dungan, D.L., Mark - The abridgment of Matthew and Luke, in: Jesus and man's hope, Bd. I, Pittsburgh Theological Seminary, Pittsburgh 1970, 51-97.

Dupont, J., Les béatitudes, Bd. I: Le problème littéraire. Les deux versions du Sermon sur la montagne et des béatitudes, Louvain ²1958 (Nachdr. Paris 1969, in: EtB); Bd. II: La bonne nouvelle, in: EtB, Paris 1969.

--, "Beaucoup viendront du levant et du couchant..."(*Matthieu* 8,11-12; *Luc* 13,28-29), in: ScEc 19 (1967), 153-167.

--, (Hg.), Jésus aux origines de la christologie, in: BEThL 40, Gembloux 1975.

Easton, B.S., Linguistic evidence for the Lucan source L, in: JBL 29 (1910), 139-180.

--, The special source of the third Gospel, in: JBL 30 (1911), 78-103.

Ebeling, G., Jesus und Glaube, in: ZThK 55 (1958), 64-110.

Ebstein, W., Die Medizin im Neuen Testament und im Talmud, München 1965 (Neudr. der Ausgabe 1903).

Edwards, R.A., A theology of Q. Eschatologie, prophecy and wisdom, Philadelphia 1976.

--, An approach to a theology of Q, in: JR 51 (1971), 247-269.

Egelkraut, H.L., Jesus' mission to Jerusalem: A redaction critical study of the Travel Narrative in the Gospel of Luke, Lk 9:51 - 19:48, in: EHS.T 80, Frankfurt a.M. und Bern 1976.

Eichhorn, J.C., Einleitung in das Neue Testament, Bd. I, Leipzig 1804.

Ellis, E.E., New directions in form criticism, in: ders., Prophecy and Hermeneutic, WUNT 18, Tübingen 1978, 237-253 (zuerst: 1975).

Emmet, C.W., Professor Harnack on the second source of the first and third Gospels, in: ET 19 (1907/08), 297-300. 358-363.

Erdozáin, A., La función del signo en la fe según el cuarto evangelio. Estudio critico exegético de las pericopas Jn IV, 46-54 y Jn XX, 24-29, in: AnBib 33, Rom 1968.

Ewald, P., Das Hauptproblem der Evangelienfrage und der Weg zu seiner Lösung. Eine akademische Vorlesung nebst Exkursen, Leipzig 1890.

Farmer, W.R., The synoptic problem. A critical analysis, New York und London 1964 (Neudr. Dillsboro 1976).

--, A fresh approach to Q, in: J. Neusner (Hg.), Christianity, Judaism and other greco-roman cults. Studies for M. Smith at sixty, SJLA XII/1, 39-50.

Farrer, A.M., On dispensing with Q, in: D.E. Nineham (Hg.), Essays in memory of R.H. Lighfoot, Oxford 1954,55-88.

Fascher, E., Die formgeschichtliche Methode. Eine Darstellung und Kritik. Zugleich ein Beitrag zur Geschichte des synoptischen Problems, in: BZNW 2, Gießen 1924. Rez.: R. Bultmann, ThLZ 14 (1925), 313-318.

Feine, P., Eine vorkanonische Überlieferung des Lukas in
    Evangelium und Apostelgeschichte, Gotha 1891.

--, Theologie des Neuen Testaments, Leipzig [5]1931.

Fenner, F., Die Krankheit im Neuen Testament. Eine religions-
    und medizingeschichtliche Untersuchung, in: UNT 18,
    Leipzig 1930.

Feuillet, A., La signification théologique du second miracle
    de Cana (Jo. IV, 46-54), in: RSR 48 (1960), 62-75.

Fiebig, P., Der Erzählungsstil der Evangelien im Lichte des
    rabbinischen Erzählungsstils untersucht. Zugleich ein
    Beitrag zum Streit um die "Christusmythe", Leipzig 1925.

--, Jüdische Wundergeschichten des neutestamentlichen Zeit-
    alters unter besonderer Berücksichtigung ihres Verhält-
    nisses zum Neuen Testament bearbeitet. Ein Beitrag zum
    Streit um die "Christusmythe", Tübingen 1911.

Fitzmyer, J.A., Art. κύριος κτλ ., in: EWNT II, 811-820.

--, The aramaic language and the study of the New Testament,
    in: JBL 99 (1980), 5-21.

--, The contribution of Qumran aramaic to the study of the
    New Testament, in: NTS 20 (1974), 382-407.

--, The languages of Palestine in the first century A.D.,
    in: CBQ 32 (1970), 501-531.

--, Methodology in the study of the aramaic substratum of
    Jesus' sayings in the New Testament, in: J. Dupont (Hg.),
    Jésus aux origines de la christologie (s.d.), 73-102.

--, The priority of Mark and the "Q" source in Luke, in:
    Jesus and man's hope, Bd. I, Pittsburgh Theological Se-
    minary, Pittsburgh 1970, 131-170.

--, Der semitische Hintergrund des neutestamentlichen Kyrios-
    titels, in: G. Strecker (Hg.), Jesus Christus in Historie
    und Theologie (s.d.), 267-298.

Flender, H., Die Botschaft Jesu von der Herrschaft Gottes,
    München 1968.

--, Heil und Geschichte in der Theologie des Lukas, in: BEvTh
    41, München 1965.

Foerster, W., Art. ἔξεστιν κτλ ., in: ThWNT II, 557-572.

--, Art. κύριος κτλ ., in: ThWNT III, 1038-1056.1081-1098.

Fortna, R.T., The Gospel of Signs. A reconstruction of the
    narrative source underlying the fourth Gospel, in: MSSNTS
    11, Cambridge 1970.

France, R.T., Exegesis in practice: two samples, in: I.H.
    Marshall (Hg.), New Testament interpretation... (s.d.),
    252-281.

Frankemölle, H., Jahwebund und Kirche Christi. Studien zur
    Form- und Traditionsgeschichte des "Evangeliums" nach
    Matthäus, in: NTA 10, Münster 1974.

Freed, E.D., John IV.51 ΠΑΙΣ or ΥΙΟΣ ?, in: JThS 16 (1965),
    448f.

Freyne, S., Galilee from Alexander the Great to Hadrian 323
    B.C.E. to 135 C.E. A study of Second Temple Judaism, in:
    Center for the study of Judaism and Christianity in Anti-
    quity 5, Wilmington 1980.

Fridrichsen, A., The problem of miracle in primitive Christia-
    nity, Minneapolis 1972 (Übersetzung der französischen
    Ausgabe 1925).

--, Quatre conjectures sur le texte du Nouveau Testament, in:
    RHPhR 3 (1923), 439-442.

Friedrich, G., Ein Tauflied hellenistischer Judenchristen,
    1. Thess. 1, 9f., in: ThZ 21 (1965), 502-516.

Friedrich, J., Gott im Bruder? Eine methodenkritische Unter-
    suchung von Redaktion, Überlieferung und Tradition in Mt
    25, 31-46, in: CThM (Reihe A. Bibelwiss.) 7, Stuttgart
    1977.

--, Wortstatistik und Quellenfragen. Einige Beobachtungen zur
    Frage einer Sonderquelle bei Matthäus, insbesondere in Mt
    13, in: O. Beyer/G.-U. Wanzeck (Hg.), Festgabe f. F. Lang
    zum 65. Geburtstag, masch., Tübingen 1978, 212-234.

Frost, M., 'I also am a man under authority', in: ET 45
    (1933/34), 477f.

Frövig, D.A., Das Selbstbewußtsein Jesu als Lehrer und Wun-
    dertäter nach Markus und der sogenannten Redequelle un-
    tersucht. Ein Beitrag zur Frage nach der Messianität Jesu,
    Leipzig 1918.

Frye, R.M., The synoptic problems and analogies in other lite-
    ratures, in: W.O. Walker (Hg.), The relationships among
    the Gospels (s.d.), 261-302.

Fuchs, A., Die Entwicklung der Beelzebulkontroverse bei den
    Synoptikern. Traditionsgeschichtliche und redaktionsge-
    schichtliche Untersuchung von Mk 3,22-27 und Parallelen,
    verbunden mit der Rückfrage nach Jesus, in: SNTU, Serie
    B, Bd. 5, Linz 1980.

--, Sprachliche Untersuchungen zu Matthäus und Lukas. Ein
    Beitrag zur Quellenkritik, in: AnBib 49, Rom 1971.

--, Die Wiederbelebung der Griesbachhypothese oder Wissen-
    schaft auf dem Holzweg, in: SNTU, Serie A, Bd. 5, Linz
    1980, 139-149.

Fuller, R.H., Classics and the Gospels: the seminar, in: W.O.
    Walker (Hg.), The relationships among the Gospels (s.d.),
    173-192.

Funk, R.W., The form of the New Testament healing miracle
    story, in: Semeia 12: The poetics of faith. Essays of-
    fered to A. Niven Wilder, hg. v. W.A. Beardslee, Missoula
    1978, 57-96.

Gaston, L., No stone on another. Studies in the significance
    of the fall of Jerusalem in the synoptic Gospels, in:
    NT.S 23, Leiden 1970.

Gatzweiler, K., L'exégèse historico-critique. Une guérison à
    Capharnaüm. Mt 8,5-13; Lc 7,1-10; Jn 4,46-54, in: FoiTe
    9 (1979), 297-315.

--, Les récits des miracles dans l'Évangile selon Saint Matthieu, in: M. Didier (Hg.), L'Évangile selon Matthieu... (s.d.), 209-220.

Geist, H., Jesus vor Israel - Der Ruf zur Sammlung, in: K. Müller (Hg.), Die Aktion Jesu und die Re-Aktion der Kirche. Jesus von Nazareth und die Anfänge der Kirche, Würzburg 1972, 31-64.

George, A., Guérison de l'esclave d'un centurion. Lc 7,1-10, in: ASeign 40 (1972), 66-75.

--, Miracles dans le monde hellénistique, in: X. Léon-Dufour (Hg.), Les miracles de Jésus... (s.d.), 95-108.

--, Le miracle dans l'oeuvre de Luc, ebd. 249-268.

--, Paroles de Jésus sur ses miracles (Mt 11,5.21; 12, 27.28 et par.), in: J. Dupont (Hg.), Jésus aux origines de la christologie (s.d.), 283-301.

--, La relation entre l'Évangile de Marc et le document Q, in: M. Sabbe (Hg.), L'Évangile selon Marc. Tradition et rédaction, BEThL 34, Gembloux 1974, 59-91.

Georgi, D., Die Gegner des Paulus im 2. Korinterbrief. Studien zur religiösen Propaganda in der Spätantike, in: WMANT 11, Neukirchen 1964.

Gerhardson, B., Die Anfänge der Evangelientradition, in: Glauben und Denken, Wuppertal 1977.

--, Memory and manuscript. Oral tradition and written transmission in rabbinic Judaism and early Christianity, in: ASNU 22, Uppsala 1961.

--, The mighty acts of Jesus according to Matthew, in: Scripta Minora 1978-1979: 5, Lund 1979.

Giblin, C.H., Suggestion, negative response, and positive action in St John's portrayal of Jesus (John 2.1-11.; 4.46-54.; 7.2-14.; 11.1-44.), in: NTS 26 (1980), 197-211.

Gilbert, G.H., The Jesus of "Q" - The oldest source in the Gospels, in: HibJ 10 (1911/12), 533-542.

Gnilka, J., Jesus Christus nach frühen Zeugnissen des Glaubens, in: BiH 8, München 1970.

--, Die Verstockung Israels. Isaias 6,9-10 in der Theologie der Synoptiker, in: StANT 3, München 1961.

Goppelt, L., Begründung des Glaubens durch Jesus, in: ders., Christologie und Ethik. Aufsätze zum Neuen Testament, Göttingen 1968, 44-65.

--, Christentum und Judentum im ersten und zweiten Jahrhundert. Ein Aufriß der Urgeschichte der Kirche, Gütersloh 1954.

--, Theologie des Neuen Testaments, Bd. I: Jesu Wirken in seiner theologischen Bedeutung; Bd. II: Vielfalt und Einheit des apostolischen Christuszeugnisses, hg. v. J. Roloff, Göttingen 1975 (Nachdr. 1978 in: UTB 850).

Goulder, M.D., On putting Q to the test, in: NTS 24 (1978), 218-234.

--, Midrash and lection in Matthew, London 1974.

Grant, F.C., The Gospels. Their origin and their growth, London 1957.

Grant, R.M., Miracle and natural law in graeco-roman and early christian thought, Amsterdam 1952.

Grässer, E., Jesus und das Heil Gottes. Bemerkungen zur sog. "Individualisierung des Heils", in: G. Strecker (Hg.), Jesus Christus in Historie und Theologie (s.d.), 167-184.

--, Das Problem der Parusieverzögerung in den synoptischen Evangelien und in der Apostelgeschichte. Dritte, durch eine ausführliche Einleitung und ein Literaturverzeichnis ergänzte Auflage, in: BZNW 22, Berlin und New York ³1977.

Grelot, P., Les miracles de Jésus et la démonologie juive, in: X. Léon-Dufour (Hg.), Les miracles de Jésus... (s.d.), 59-72.

Grimm, W., Zum Hintergrund von Mt 8,11f/Lk 13,28f, in: BZ 16 (1972), 255f.

--, Weil ich dich liebe. Die Verkündigung Jesu und Deuterojesaja, in: Arbeiten zum Neuen Testament und Judentum (ANTI), hg. v. O. Betz, Bd. 1, Frankfurt a.M. 1976.

--, Wesen und Wirklichkeit der Wunder Jesu: siehe s.v. Betz,O.

Grobel, K., Formgeschichte und synoptische Quellenanalyse, in: FRLANT 35, Göttingen 1937.

Grundmann, W., Der Begriff der Kraft in der neutestamentlichen Gedankenwelt, in: BWANT, 4. Folge, Heft 8, Stuttgart 1932.

--, Die Geschichte Jesu Christi, Berlin o.J.

Gunkel, H., Naeman, in: ders., Meisterwerke hebräischer Erzählkunst, Bd. I: Geschichten von Elisa, Berlin o.J., 31-45.

Gutbrod, K., Die Wundergeschichten des Neuen Testaments. Dargestellt nach den drei Evangelien, Stuttgart 1967.

Gutbrod, W., Art. Ἰσραήλ κτλ ., in: ThWNT III, 370-394.

Güttgemanns, E., Einleitende Bemerkungen zur strukturalen Erzählforschung, in: LingBibl 23/24 (1973), 2-47.

--, Narrative Analyse synoptischer Texte, in: LingBibl 25/26 (1973), 50-72.

--, Offene Fragen zur Formgeschichte des Evangeliums. Eine methodologische Skizze der Grundlagenproblematik der Form- und Redaktionsgeschichte, in: BEvTh 54, München 1970.
Rez.: K. Koch, ThLZ 98 (1973), 801-813, 801ff.
Bespr.: H. Thyen, EvTh 31 (1971), 472-495 (siehe s.v. Thyen).

Guttmann, A., The significance of miracles for talmudic Judaism, in: HUCA 20 (1947), 363-406.

Gutwenger, E., Die Machterweise Jesu in formgeschichtlicher Sicht, in: ZKTh 89 (1967), 176-190.

Haacker, K., Leistung und Grenzen der Formkritik, in: ThBeitr 12 (1981), 53-71.

Haenchen, E., Faith and miracle, in: Studia Evangelica, TU
      V/18, Berlin 1959, 495-498.

--, Johanneische Probleme, in: ders., Gott und Mensch. Ge-
      sammelte Aufsätze, Tübingen 1965, 78-113 (zuerst: 1959).

--, Der Weg Jesu: siehe unter "Kommentare" s.v.

Hanhart, K., The structure of John i 35 - iv 54, in: Studies
      of John, FS f. J.N. Sevenster, NT.S 24, Leiden 1970, 22-
      46.

Hahn, F., Christologische Hoheitstitel. Ihre Geschichte im
      frühen Christentum, in: FRLANT 83, Göttingen ³1966.
      Bespr.: P. Vielhauer, EvTh 25 (1965), 24-72.

--, Methodologische Überlegungen zur Rückfrage nach Jesus,
      in: K. Kertelge (Hg.), Rückfrage nach Jesus (s.d.), 11-
      77.

--, Das Verständnis der Mission im Neuen Testament, in: WMANT
      13, Neukirchen 1963.

--, /Holtz, T./Walter, N. (Hg.), Gerhard Delling. Studien zum
      Neuen Testament und zum hellenistischen Judentum, Gesam-
      melte Aufsätze 1950-1968, Göttingen 1970.

Hammers, A.J., Die Parapsychologie im Urteil katholischer
      Theologen, Bamberg 1974.

Harbarth, A., "Gott hat sein Volk heimgesucht". Eine form-
      und redaktionsgeschichtliche Untersuchung zu Lk 7,11-17:
      "Die Erweckung des Jünglings von Nain", Heidelberg 1978.

Harnack, A. von, Die Mission und Ausbreitung des Christentums
      in den ersten drei Jahrhunderten, Bd. I-II, Leipzig ⁴1924.

--, Sprüche und Reden Jesu. Die zweite Quelle des Matthäus
      und Lukas, in: Beiträge zur Einleitung in das Neue Testa-
      ment, Bd. II, Leipzig 1907.
      Rez.: A.v. Harnack, ThLZ 32 (1907), 136-138.
            F.C. Burkitt. JThS 8 (1907), 454-459.
      Bespr.: C.W. Emmet, ET 19 (1907/08), 297-300.358-363.
              J.H. Moulton, Exp., Serie 7, Bd. 7 (1909), 411-
              423.

Harrison, R.K., Art. Disease, in: IDB I, 847-854.

--, Art. παραλυτικός, in: NIDNTTh III, 999f.

Hasler, V., Amen. Redaktionsgeschichtliche Untersuchungen
      zur Einführungsformel der Herrenworte "Wahrlich ich sage
      euch", Zürich und Stuttgart 1969.

Hauck, F., Art. βάλλω κτλ., in: ThWNT I, 524-526.

--, Art. καθαρός κτλ., in: ThWNT III, 416-421.427-434.

Haupt, W., Worte Jesu und Gemeindeüberlieferung. Eine Unter-
      suchung zur Quellengeschichte der Synopse, in: UNT 3,
      Leipzig 1913.

Hawkins, J.C., Probabilities as to the so-called double tradi-
      tion of St. Matthew and St. Luke, in: W. Sanday (Hg.),
      Studies in the synoptic problem... (s.d.), 96-138.

--, Horae synopticae: siehe unter "Hilfsmittel" s.v.

Held, H.J., Matthäus als Interpret der Wundergeschichten, in:
    G. Bornkamm/G. Barth/H.J. Held, Überlieferung und Ausle-
    gung im Matthäusevangelium, in: WMANT 1, Neukirchen
    ⁷1975, 155-310.

Hendriks, W., Zur Kollektionsgeschichte des Markusevangeliums,
    in: M. Sabbe (Hg.), L'Évangile selon Marc. Tradition et
    rédaction, BEThL 34, Gembloux 1974, 35-57.

Hengel, M., Christologie und neutestamentliche Chronologie.
    Zu einer Aporie in der Geschichte des Urchristentums, in:
    Neues Testament und Geschichte. Historisches Geschehen
    und Deutung im Neuen Testament, FS f. O. Cullmann, hg.
    v. H. Baltensweiler und B. Reicke, Tübingen und Zürich
    1972, 43-67.

--, Die christologischen Hoheitstitel im Urchristentum, in:
    Der Name Gottes, hg. v. H. v. Stietencron, Düsseldorf
    1975, 90-111.

--, Judentum und Hellenismus. Studien zu ihrer Begegnung un-
    ter besonderer Berücksichtigung Palästinas bis zur Mitte
    des 2. Jh. v. Chr., in: WUNT 10, Tübingen ²1973.

--, Kerygma oder Geschichte? Zur Problematik einer falschen
    Alternative in der Synoptikerforschung aufgezeigt an Hand
    einiger neuer Monographien, in: ThQ 151 (1971), 323-336.

--, Nachfolge und Charisma. Eine exegetisch-religionsge-
    schichtliche Studie zu Mt 8,21f. und Jesu Ruf in die
    Nachfolge, in: BZNW 34, Berlin 1968.

--, Die Synagogeninschrift von Stobi, in: ZNW 57 (1966), 145-
    183.

--, Die Ursprünge der christlichen Mission, in: NTS 18 (1971/
    72), 15-38.

--, Die Zeloten. Untersuchungen zur jüdischen Freiheitsbewe-
    gung in der Zeit von Herodes I. bis 70 n. Chr., in: AGJU
    1, Leiden und Köln ²1976.

--, Zwischen Jesus und Paulus. Die "Hellenisten", die "Sie-
    ben" und Stephanus (Apg 6,1-15; 7,54-8,3), in: ZThK 72
    (1975), 151-206.

--, /Hengel, R., Die Heilungen Jesu und medizinisches Denken,
    in: P. Christian und D. Rössler (Hg.), Medicus viator.
    Fragen und Gedanken am Wege Richard Siebecks, FG f. F.
    Siebeck, Tübingen und Stuttgart 1959, 331-361.

Herrenbrück, F., Jesus und die Zöllner. Historische und neu-
    testamentlich-exegetische Untersuchung, Diss.masch., Tü-
    bingen 1979.

Herzog, R., Die Wunderheilungen von Epidaurus. Ein Beitrag
    zur Geschichte der Medizin und der Religion, in: Ph.S
    22/3, Leipzig 1931.

Hirsch, E., Frühgeschichte des Evangeliums, Bd. I: Das Werden
    des Markusevangeliums; Bd. II: Die Vorlagen des Lukas
    und das Sondergut des Matthäus, Tübingen 1941.

Hodges, Z.C., The centurion's faith in Matthew and Luke, in:
    BS 121 (1964), 321-332.

Hoeferkamp, R.T., The relationship between S̄ēmeia and believing in the fourth Gospel, Michigan und London 1980
(facsimile der Diss.masch. 1978).

Hoehner, H.W., Herod Antipas, in: MSSNTS 17, Cambridge 1972.

Hoffmann, P., Die Anfänge der Theologie in der Logienquelle,
in: J. Schreiner (Hg.), Gestalt und Anspruch des Neuen
Testaments (s.d.), 134-152.

--, Jesusverkündigung in der Logienquelle, in: Jesus in den
Evangelien, SBS 45, Stuttgart 1970, 50-70.

--, Πάντες ἐργάται ἀδικίας . Redaktion und Tradition in Lc
13,22-30, in: ZNW 58 (1967), 188-214.

--, Studien zur Theologie der Logienquelle, in: NTA 8, Mün-
ster 1972.
  Rez.: R.A. Edwards, JBL 92 (1973), 606-608.
        H. Merklein, BZ 18 (1974), 112-114.
        W. Schmithals, ThLZ 98 (1973), 348-350.
  Bespr.: H. Conzelmann, ThR 37 (1972), 220-272, 242.
          U. Luz, EvTh 33 (1973), 527-533, 532f.
          R.D. Worden, JBL 94 (1975), 532-546, 541-543.

--, (in Zusammenarbeit mit N. Brox und W. Pesch) (Hg.), Orientierung an Jesus. Zur Theologie der Synoptiker, FS f.
J. Schmid, Freiburg 1973.

Hogg, C.F., The Lord's pleasure in the centurion's faith, in:
ET 47 (1935/36), 44f.

Holladay, C.R., Theios Aner in Hellenistic-Judaism: A critique of the use of this category in New Testament christologie, in: SBL.DS 40, Missoula 1977.

Holtz, T., Art. δώδεκα , in: EWNT I, 874-880.

Holtzmann, H.J., Lehrbuch der neutestamentlichen Theologie,
in: Sammlung theologischer Lehrbücher, Bd. I, Tübingen
²1911.

--, Die synoptischen Evangelien. Ihr Ursprung und geschichtlicher Charakter, Leipzig 1863.

Honoré, A.M., A statistical study of the synoptic problem,
in: NT 10 (1968), 95-147.

Hooke, S.H., Jesus and the centurion: Matthew viii, 5-10, in:
ET 69 (1957/58), 79f.

Horkel, W., Botschaft von drüben? Parapsychologie und Chri-
stenglaube, Lahr/Schwarzwald ⁵1975.

Horn, H.-J., Art. Fieber, in: RAC VII, 877-909.

Howard, V., Das Ego Jesu in den synoptischen Evangelien, in:
MThSt 14, Marburg 1975.

Hruby, K., Perspectives rabbiniques sur le miracle, in: X.
Léon-Dufour (Hg.), Les miracles de Jésus... (s.d.), 73-
94.

Hübner, H., Das Gesetz in der synoptischen Tradition. Studien
zur These einer progressiven Qumranisierung und Judaisie-
rung innerhalb der synoptischen Tradition, Witten 1973.

Hummel, R., Die Auseinandersetzung zwischen Kirche und Judentum im Matthäusevangelium, in: BEvTh 33, München 1963.

Hüttenmeister, F./Reeg, G., Die antiken Synagogen in Israel,
    in: Beihefte zum Tübinger Atlas des Vorderen Orients,
    Reihe B (Geisteswissenschaften), Nr. 12/1: Die jüdischen
    Synagogen, Lehrhäuser und Gerichtshöfe (zit.: Hüttenmei-
    ster/Reeg, Synagogen I usw.); Nr. 12/2: Die samaritani-
    schen Synagogen, Wiesbaden 1977.

Iber, G., Zur Formgeschichte der Evangelien, in: ThR 24 (1957/
    58), 283-338.

Jakobson, A.D., Wisdom christologie in Q, London 1980 (facsi-
    mile der Diss.masch. 1978).

Jepsen, A., Art. אָמַן , in: ThWAT I, 313-348.

Jeremias, J., Abba. Studien zur neutestamentlichen Theologie
    und Zeitgeschichte, Stuttgart 1966. Darin:

--, Zur Hypothese einer schriftlichen Logienquelle, ebd. 90-
    92 (zuerst: 1930).

--, Perikopen-Umstellungen bei Lukas?, ebd. 93-97 (zuerst:
    1957/58).

--, Kennzeichen der ipsissima vox Jesu, ebd. 145-152 (zuerst:
    1954).

--, Art. Amen (I), in: TRE II, 386-391.

--, Die Abendmahlsworte Jesu, Göttingen [4]1967.

--, Die Gleichnisse Jesu, Göttingen [9]1977.

--, Jerusalem zur Zeit Jesu. Eine kulturgeschichtliche Unter-
    suchung zur neutestamentlichen Zeitgeschichte, Göttingen
    [3]1969.

--, Jesu Verheißung für die Völker, Stuttgart [2]1959 (1. Aufl.:
    1956).

--, Neutestamentliche Theologie. Bd. I: Die Verkündigung Je-
    su, Gütersloh [2]1973.

--, Tradition und Redaktion in Lukas 15, in: ZNW 62 (1971),
    172-189.

--, Zum nicht-responsorischen Amen, in: ZNW 64 (1973), 122f.

--, Die Sprache des Lukasevangeliums: siehe unter "Kommentare".

Jervell, J., Luke and the people of God. A new look at Luke-
    Acts, Minneapolis 1972.

Johannessohn, M., Das biblische καὶ ἐγένετο und seine Ge-
    schichte, in: ZVSF 53 (1925), 161-212.

Joüon, P., L'Évangile de Notre-Seigneur Jésus-Christ. Traduc-
    tion et commentaire du texte original grec, compte tenu
    du substrat sémitique, in: VSal 5, Paris 1930.

--, "Respondit et dixit" (ענה en hébreu et en araméen bib-
    lique, ἀποκρίνεσθαι dans les Évangiles), in: Bib. 13
    (1932), 309-314.

Kasch, W., Art. στέγω , in: ThWNT VII, 585-587.

Käsemann, E., Art. Wunder im Neuen Testament, in: [3]RGG VI,
    1835-1837.

--, Das Problem des historischen Jesus, in: ders., Exegeti-
    sche Versuche und Besinnungen, Bd. I, Göttingen [6]1970,
    187-214 (zuerst: 1951/52).

--, Die Anfänge christlicher Theologie, in: ders., ebd. Bd.
    II, Göttingen [3]1970, 82-104 (zuerst: 1960).

--, Zum Thema der urchristlichen Apokalyptik, in: ders.,
    ebd. 105-131 (zuerst: 1962).

Kasting, H., Die Anfänge der urchristlichen Mission, in: BEvTh
    55, München 1969.

Katz, F., Lk 9,52 - 11,36: Beobachtungen zur Logienquelle und
    ihrer hellenistisch-judenchristlichen Redaktion, Diss.
    masch. Mainz 1973.

Kautzsch, E., Ein althebräisches Siegel vom Tell el-Mutesel-
    lim, in: MNDPV 10 (1904), 1-14.

Keck, E./Martyn, J.L. (Hg.), Studies in Luke-Acts, FS f. P.
    Schubert, London 1968.

Keck, L.E., Oral traditional literature and the Gospels: The
    Seminar, in: W.O. Walker (Hg.), The relationships among
    the Gospels (s.d.), 103-122.

Kee, H.C., Jesus in history. An approach to the study of the
    Gospels, New York usw. [2]1977.

Kelber, W.H., Markus und die mündliche Tradition, in: Ling
    Bibl 45 (1979), 5-57.

Kertelge, K., Zur Interpretation der Wunder Jesu. Ein *Litera-
    turbericht*, in: BuL 9 (1968), 140-153.

--, Die Überlieferung der Wunder Jesu und die Frage nach dem
    historischen Jesus, in: ders. (Hg.), Rückfrage nach Jesus
    (s.d.), 174-193.

--, Die Wunder Jesu im Markusevangelium. Eine redaktionsge-
    schichtliche Untersuchung, in: StANT 23, München 1970.

--, Die Wunder Jesu in der neueren Exegese, in: ThBer 5
    (1976), 71-105.

--, (Hg.), Rückfrage nach Jesus. Zur Methodik und Bedeutung
    der Frage nach dem historischen Jesus, in: QD 63, Frei-
    burg, Basel und Wien 1974.

Kilpatrick, G.D., The historic present in the Gospels and
    Acts, in: ZNW 68 (1977), 258-262.

--, John IV.51 ΠΑΙΣ OR ΥΙΟΣ ?, in: JThS 14 (1963), 393.

--, The origins of the Gospel according to St. Matthew, Ox-
    ford 1950.

Kingsbury, J.D., Matthew: Structure, christology, kingdom,
    Philadelphia 1975.

--, Observations on the "Miracle Chapters" of Matthew 8-9,
    in: CBQ 40 (1978), 559-573.

Kittel, G., Art. ἀκολουθέω κτλ., in: ThWNT I, 210-216.

--, Art. λέγω κτλ., in: ThWNT IV, 100-147.

Klug, H., Ist die Heilung des Beamtensohnes Jo 4,46ff das
    zweite Wunder Jesu in Galiläa?, in: BZ 9 (1911), 24-26.

Knox, W.L., The sources of the synoptic Gospels, Bd. I: St
    Luke & St Matthew, hg. v. H. Chadwick, Cambridge 1957.

Koch, D.A., Die Bedeutung der Wundererzählungen für die Chri-
    stologie des Markusevangeliums, in: BZNW 42, Berlin 1975.

Koch, K., Reichen die formgeschichtlichen Methoden für die Ge-
    genwartsaufgaben der Bibelwissenschaft zu?, in: ThLZ 98
    (1973), 801-814.

--, Was ist Formgeschichte? Methoden der Bibelexegese. Mit
    einem Nachwort: Linguistik und Formgeschichte, Neukirchen
    ³1974.

Kohl, H./Watzinger, C., Antike Synagogen in Galilaea, Leipzig
    1916.

Kopp, C., Die heiligen Stätten der Evangelien, Regensburg
    1959.

Koppelmann, F., Jesus nicht Christus. Doch Wunder und Gegen-
    wart der Gotteswelt, Berlin 1973.

Köster, H./Robinson, J., Entwicklungslinien durch die Welt
    des frühen Christentums, Tübingen 1971.

Kovacs, B.W., Philosophical foundations for structuralism, in:
    Semeia 10: Narrative syntax, translations and reviews, hg.
    v. J.D. Crossan, Missoula 1978, 85-105.

Krauss, S., Griechische und lateinische Lehnwörter im Talmud,
    Midrasch und Targum, mit Bemerkungen v. I. Löw, Bd. I-II,
    Berlin 1898-1899.

--, Synagogale Altertümer, Wien 1922 (Nachdr. Hildesheim
    1966).

Kretzer, A., Die Herrschaft der Himmel und die Söhne des Rei-
    ches. Eine redaktionsgeschichtliche Untersuchung zum Ba-
    sileiabegriff und Basileiaverständnis im Matthäusevange-
    lium, in: SBM 10, Stuttgart und Würzburg 1971.

Kromayer, J./Veith, G., Heerwesen und Kriegführung der Grie-
    chen und Römer (unter Mitarbeit v. A. Köster, E. v. Ni-
    scher und E. Schramm), in: HAW, 4. Abt., 3. Teil, Bd. II,
    München 1928.

Kuhn, H.W., Art. ἀμήν , in: EWNT I, 166-168.

Kümmel, W.G., Der Glaube im Neuen Testament, seine katholi-
    sche und reformatorische Deutung, in: ders., Heilsgesche-
    hen und Geschichte. *Gesammelte Aufsätze 1933-1964*, hg. v.
    E. Grässer, O. Merk und A. Fritz, MThSt 3, Marburg 1965,
    67-80 (zuerst: 1937).

--, Die Naherwartung in der Verkündigung Jesu, ebd. 457-470
    (zuerst: 1964).

--, Äußere und innere Reinheit des Menschen bei Jesus, in:
    ders., Heilsgeschehen und Geschichte, Bd. II: *Gesammelte
    Aufsätze 1965-1977*, hg. v. E. Grässer und O. Merk, MThSt
    16, Marburg 1978, 117-129 (zuerst: 1973).

--, Jesu Antwort an Johannes den Täufer. Ein Beispiel zum Me-
    thodenproblem in der Jesusforschung, ebd. 177-200 (zu-
    erst: 1974).

--, Jesusforschung seit 1950, in: ThR 31 (1965/66), 15-46.
    289-315.

--, Ein Jahrzehnt Jesusforschung (1965-1975), in: ThR 41 (1976), 197-258.295-363.

--, Jesusforschung seit 1965, 4. Teil, in: ThR 43 (1978), 105-161.233-265.

--, Jesusforschung seit 1965: Nachträge 1975-1980, in: ThR 46 (1981), 317-363.

--, Theologie des Neuen Testaments nach seinen Hauptzeugen, in: GNT 3, Göttingen 1969.

--, Verheißung und Erfüllung. Untersuchungen zur eschatologischen Verkündigung Jesu, in: AThANT 6, Zürich ³1956.

Künzel, G., Studien zum Gemeindeverständnis des Matthäus-Evangeliums, in: CThM, Reihe A: Bibelwiss. 10, Stuttgart 1978.

Künzi, M., Das Naherwartungslogion Matthäus 10,23. Geschichte seiner Auslegung, in: BGBE 9, Tübingen 1970.

Lane, W.L., *Theios anēr* christologie and the Gospel of Mark, in: R.N. Longenecker und M.C. Tenney (Hg.), New dimensions in New Testament study, Michigan 1974, 144-161.

Lange, J., Das Erscheinen des Auferstandenen im Evangelium nach Matthäus. Eine traditions- und redaktionsgeschichtliche Untersuchung zu Mt 28,16-20, in: FzB 11, Würzburg 1973.

Larfeld, W., Die neutestamentlichen Evangelien nach ihrer Eigenart und Abhängigkeit, Gütersloh 1925.

Lasserre, F., Art. Periplus Maris Erythraei, in: KP IV, 641f.

Latourelle, R., Authenticité historique des miracles de Jésus. Essai de critériologie, in: Gr. 54 (1973), 225-262.

Laufen, R., Die Doppelüberlieferungen der Logienquelle und des Markusevangeliums, in: BBB 54, Bonn 1980.

Légasse, S., L'historien en quête de l'évenement, in: X. Léon-Dufour (Hg.), Les miracles de Jésus... (s.d.), 109-145.

--, Les miracles de Jésus selon Matthieu, ebd. 227-247.

Lehmann, M., Synoptische Quellenanalyse und die Frage nach dem historischen Jesus. Kriterien der Jesusforschung untersucht in Auseinandersetzung mit Emanuel Hirschs Frühgeschichte des Evangeliums, in: BZNW 38, Berlin 1970.

Lentzen-Deis, F., Kriterien für die historische Beurteilung der Jesusüberlieferung in den Evangelien, in: K. Kertelge (Hg.), Rückfrage nach Jesus (s.d.), 78-117.

--, Die Wunder Jesu. Zur neueren Literatur und zur Frage nach der Historizität, in: ThPh 43 (1968), 393-402.

Léon-Dufour, X. (Hg.), Les miracles de Jésus selon le Nouveau Testament, in: Parole de Dieu, Paris 1977. Darin:

--, Approches diverses du miracle, ebd. 11-39.

--, Les miracles de Jésus selon Jean, ebd. 269-286.

--, Structure et function du récit de miracle, ebd. 289-353.

--, Conclusion, ebd. 355-374.

Lerle, E., Proselytenwerbung und Urchristentum, Berlin 1960.

Levesque, E., Quelques procédés littéraires de Saint Matt-
    hieu, in: RB 13 (1916), 5-22.387-403.

Ley, J., Die metrischen Formen der hebräischen Poesie, Leip-
    zig 1866.

Liechtenhan, R., Die urchristliche Mission. Voraussetzungen,
    Motive und Methoden, in: AThANT 9, Zürich 1946.

Lindars, B., Elijah, Elisha and the Gospel miracles, in: C. F.
    D. Moule (Hg.), Miracles (s.d.), 61-79.

--, Traditions behind the fourth Gospel, in: M. de Jonge
    (Hg.), L'Évangile de Jean. Sources, rédaction, théologie,
    BEThL 44, Gembloux 1977, 107-124.

Lindeskog, G., Logia-Studien, in: StTh 4 (1951/52), 129-189.

Linnemann, E., Studien zur Passionsgeschichte, in: FRLANT
    102, Göttingen 1970.

Linton, O., Das Dilemma der synoptischen Forschung, in: ThLZ
    101 (1975), 881-890.

--, The Q problem reconsidered, in: D.E. Aune (Hg.), Studies
    in New Testament... (s.d.), 43-59.

Littmann, E., Torreys Buch über die vier Evangelien, in: ZNW
    34 (1935), 20-34.

Lohfink, G., Jetzt verstehe ich die Bibel. Ein Sachbuch zur
    Formkritik, Stuttgart ³1974.

--, Die Sammlung Israels. Eine Untersuchung zur lukanischen
    Ekklesiologie, in: StANT 39, München 1975.

--, Universalismus und Exklusivität des Heils im Neuen Testa-
    ment, in: W. Kasper (Hg.), Absolutheit des Christentums,
    QD 79, Freiburg, Basel und Wien 1977, 63-82.

Loos, H. van der: siehe s.v. Van der Loos.

Lord, A.B., The Gospels as oral traditional literature, in:
    W.O. Walker, (Hg.), The relationship among the Gospels
    (s.d.), 33-91.

Lührmann, D., Die Redaktion der Logienquelle. Anhang: Zur
    weiteren Überlieferung der Logienquelle, in: WMANT 33,
    Neukirchen 1969.
    Rez.: H.K. McArthur, CBQ 33 (1971), 445-447.
          P.D. Meyer, JBL 89 (1970), 367f.

    Bespr.: H. Conzelmann, ThR 37 (1972), 220-272, 241f.
            M. Hengel, ThQ 151 (1971), 323-336, 333-335.
            U. Luz, EvTh 33 (1973), 527-533, 528f.
            R.D. Worden, JBL 94 (1975), 532-546, 538-541.

--, Pistis im Judentum, in: ZNW 64 (1973), 19-38.

--, Art. Glaube, in: RAC XI, 48-122.

--, Glaube im frühen Christentum, Gütersloh 1976.

Lundgreen, F., Das palästinische Heerwesen in der neutesta-
    mentlichen Zeit, in: PJ 17 (1921), 46-63.

Luz, U., Die wiederentdeckte Logienquelle, in: EvTh 33 (1973),
    527-533.

Maisch, I., Die Botschaft Jesu von der Gottesherrschaft, in:
    P. Fiedler und D. Zeller (Hg.), Gegenwart und kommendes
    Reich. Schülergabe A. Vögtle zum 65. Geburtstag, SBB,
    Stuttgart 1975, 27-41.

Mahnke, H., Die Versuchungsgeschichte im Rahmen der synopti-
    schen Evangelien. Ein Beitrag zur frühen Christologie,
    in: BET 9, Frankfurt a.M., Bern und Las Vegas 1978.

Manson, T.W., The sayings of Jesus as recorded in the Gospels
    according to St. Matthew and St. Luke arranged with intro-
    duction and commentary, London 1949 (Nachdr. 1977).

--, Only to the House of Israel? Jesus and the Non-Jews, in:
    FB.B 9, Philadelphia 1964.

--, Some outstanding New Testament problems. XII. The prob-
    lem of aramaic sources in the Gospels, in: ET 47 (1935/
    36), 7-11.

--, The teaching of Jesus. Studies of its form and content,
    Cambridge ²1935 (Nachdr. 1963).

Marshall, I.H., Historical criticism, in: ders. (Hg.), New
    Testament interpretation (s.d.), 126-138.

--, I believe in the Historical Jesus, London usw. 1977
    (Nachdr. 1979).

--, Luke: Historian and theologian, Exeter 1970.

--, (Hg.), New Testament interpretation. Essays in principles
    and methods, Exeter 1977.

Martin, R.A., The perikope of the healing of the "centurion's"
    servant/son (Matt 8:5-13 par. Luke 7:1-10): Some exegeti-
    cal notes, in: R.A. Guelich (Hg.), Unity and diversity in
    New Testament theology, Essays in honor of G.E. Ladd, Mi-
    chigan 1978, 14-22.

--, Syntactical evidence of semitic sources in greek docu-
    ments, in: SCSt 3, Dubuque 1973.

Martitz, W. von, Art. υἱός κτλ., in: ThWNT VIII, 334-340.

McArthur, H.K., The origin of the 'Q' symbol, in: ET 87 (1976/
    77), 119f.

McEleney, N.J., Authenticating criteria and Mark 7:1-23, in:
    CBQ 34 (1972), 431-460.-

McGinley, L.J., Form-Criticism of the synoptic healing narra-
    tives. A study in the theories of Martin Dibelius and Ru-
    dolf Bultmann, Woodstock 1944.

McKnight, E.V., Generative poetics as New Testament hermeneu-
    tics, in: Semeia 10: Narrative syntax, translations and
    reviews, hg. v. J.D. Crossan, Missoula 1978, 107-121.

McMullen, R., Soldier and civilian in the later Roman Empire,
    in: HHM 52, Cambridge 1963.

Meinertz, M., Jesus und die Heidenmission, in: NTA I/1-2, Mün-
    ster i.W. ²1925.

Merkel, H., Die Pluralität der Evangelien als theologisches
    und exegetisches Problem in der alten Kirche, in: TC 3,
    Bern, Frankfurt a.M. und Las Vegas 1978.

--, Die Widersprüche zwischen den Evangelien. Ihre polemische und apologetische Behandlung in der alten Kirche bis zu Augustin, in: WUNT 13, Tübingen 1971.

Merklein, H., Die Gottesherrschaft als Handlungsprinzip. Untersuchung zur Ethik Jesu, in: FzB 34, Wuppertal ²1981.

Meyer, A., Jesu Muttersprache. Das galiläische Aramäisch in seiner Bedeutung für die Erklärung der Reden Jesu und Evangelien überhaupt, Freiburg i.B. und Leipzig 1896.

Meyer, E., Ursprung und Anfänge des Christentums, Bd. I: Die Evangelien, Stuttgart und Berlin ¹⁻³1921.

Meyer, P.D., The community of Q, Diss.masch. Iowa 1967.

--, The Gentile Mission in Q, in: JBL 89 (1970), 405-417.

Meyer, R., Art. καθαρός κτλ., in: ThWNT III, 421-427.

Michaelis, W., Das unbetonte καὶ αὐτός bei Lukas, in: StTh 4 (1951), 86-93.

Michel, O., Art. τελώνης, in: ThWNT VIII, 88-106.

--, Der Anfang der Zeichen Jesu (Johannes 2,11), in: O. Michel und U. Mann (Hg.), Die Leibhaftigkeit des Wortes, FG f. A. Köberle, Hamburg 1958, 15-22.

Minear, P.S., Jesus' audiences, according to Luke, in: NT 16 (1974), 81-109.

Miyoshi, M., Der Anfang des Reiseberichts Lk 9,51 - 10,24. Eine redaktionsgeschichtliche Untersuchung, in: AnBib 60, Rom 1974.

Montefiore, C.G., Rabbinic literature and Gospel teachings, in: LBS, New York 1970 (Nachdr. der Ausgabe 1930).

Moore, G.F., Judaism in the first century of the christian era. The age of the Tannaim, Bd. I-III, Cambridge ¹⁰1966.

Morgenthaler, R., Die lukanische Geschichtsschreibung als Zeugnis. Gestalt und Gehalt der Kunst des Lukas. 1. Teil: Gestalt; 2. Teil: Gehalt, Zürich 1949.

Moule, C.F.D. (Hg.), Miracles. Cambridge studies in their philosophy and history, London ²1966. Darin:

--, The vocabulary of miracle, ebd. 235-238.

--, The classification of miracle stories, ebd. 239-243.

Moulton, J.H., Synoptic studies III: Some criticism on professor Harnack's "Sayings of Jesus", in: Exp., Serie 7, Bd. 7 (1909), 411-423.

Mouson, J., De sanatione pueri centurionis (Mt. VIII, 5-13), in: CMech 44 (1959), 633-636.

Muhlack, G., Die Parallelen von Lukas-Evangelium und Apostelgeschichte, in: TW 8, Frankfurt a.M., Bern und Las Vegas, 1979.

Müller, G.H., Zur Synopse. Untersuchung über die Arbeitsweise des Lk und Mt und ihre Quellen, namentlich die Spruchquelle, im Anschluß an eine Synopse Mk-Lk-Mt, in: FRLANT 11, Göttingen 1908.

Mussies, G., Greek in Palestine and the Diaspora, in: CRI I/2 (s.d.), 1040-1064.

Mußner, F., Gab es eine galiläische Krise?, in: P. Hoffmann (N. Brox und W. Pesch) (Hg.), Orientierung an Jesus. Zur Theologie der Synoptiker (s.d.), 238-252.

--, Ipsissima facta Jesu?, in: ThRv 68 (1972), 177-184.

--, (und Mitarbeiter), Methodologie der Frage nach dem historischen Jesus, in: K. Kertelge (Hg.), Rückfrage nach Jesus (s.d.), 118-147.

--, Wege zum Selbstbewußtsein Jesu. Ein Versuch, in: BZ 12 (1968), 161-172.

--, Die Wunder Jesu. Eine Einführung, in: SK 10, München 1967.

Neirynck, F., Duality in Mark. Contributions to the study of the marcan redaction, in: BEThL 31, Leuven 1976.

--, Hawkin's additional notes to his "Horae Synopticae", in: EThL 46 (1970), 78-111.

--, (unter der Mitarbeit v. J. Delobel, T. Snoy, G. van Belle und F. van Segbroeck), Jean et les synoptiques. Examen critique de l'exégèse de M.-E. Boismard, in: BEThL 49, Leuven 1979.

--, John and the synoptics, in: M. de Jonge (Hg.), L'Évangile de Jean. Sources, rédaction, théologie, BEThL 44, Gembloux 1977, 73-106.

--, La matière marcienne dans l'Évangile de Luc, in: F. Neirynck (Hg.), L'Évangile de Luc (s.d.), 158-201.

--, (unter der Mitarbeit v. T. Hansen und F. van Segbroeck), The minor agreements of Matthew and Luke against Mark with a cumulative list, in: BEThL 37, Leuven 1974.

--, La rédaction matthéenne et la structure du premier Évangile, in: Potterie, I. de la (Hg.), De Jésus aux Évangiles. Tradition et rédaction dans les Évangiles synoptiques, BEThL 25, Gembloux 1967, 41-73 (auch erschienen in: EThL 43, 1967, 41-73).

--, The Sermon on the Mount in the Gospel synopsis, in: EThL 52 (1976), 350-357.

--, The symbol Q (=Quelle), in: EThL 54 (1978), 119-125.

--, Once more: The symbol Q, in: EThL 55 (1979), 382f.

--, The synoptic Gospels according to the new Textus Receptus, in: EThL 52 (1976), 364-379.

--, (Hg.), L'Évangile de Luc. Problèmes littéraires et théologiques. Mémorial Lucien Cerfaux, in: BEThL 32, Gembloux 1973.

Neuhäusler, E., Anspruch und Antwort Gottes. Zur Lehre von den Weisungen innerhalb der synoptischen Jesusverkündigung, Düsseldorf 1962.

Neumann, A., Art. vexillatio, in: PRE (2. Reihe) VIII/2, 2442-2446.

Neumann, A.R., Art. Centuria. Centurio, in: KP I, 1111f.

--, Art. Evocati, in: KP II, 471f.

Nevius, R.C., The divine names in the Gospels, in: StD 30,
　　Salt Lake City 1967.

Nicol, W., The Semeia in the fourth Gospel. Tradition and re-
　　daction, in: NT.S 32, Leiden 1972.
　　Rez.: N. Walter, ThLZ 99 (1974), 826-828.

Nicolardot, F., Les Procédés de rédaction des trois premiers
　　évangélistes, Paris 1908.

Nielsen, H.K., Ein Beitrag zur Beurteilung der Tradition über
　　die Heilungstätigkeit Jesu, in: SNTU, Serie A, 3, Wien
　　und München 1978, 58-90.

--, Kriterien zur Bestimmung authentischer Jesusworte, in:
　　SNTU, Serie A, 4, Linz 1979, 5-26.

Nilsson, M.P., Geschichte der griechischen Religion. Bd. I:
　　Die Religion Griechenlands bis auf die griechische Welt-
　　herrschaft, in: HAW, 5. Abt., 2. Teil, München ²1955;
　　Bd. II: Die hellenistische und römische Zeit, ebd., Mün-
　　chen ²1961.

Norden, E., Agnostos Theos. Untersuchungen zur Formgeschichte
　　religiöser Rede, Leipzig und Berlin 1913 (Nachdr. Darm-
　　stadt ²1971).

Oepke, A., Art. ἰάομαι κτλ., in: ThWNT III, 194-215.

--, Art. παῖς κτλ., in: ThWNT V, 636-653.

Olrik, A., Epische Gesetze der Volksdichtung, in: ZDA 51
　　(1909), 1-12.

Orchard, B., The Griesbach solution to the synoptic question,
　　Bd. I: Matthew, Luke & Mark, Manchester ²1977.

O'Rourke, J.J., The construction with a verb of saying as an
　　indication of sources in Luke, in: NTS 21 (1975), 421-
　　423.

--, The military in the NT, in: CBQ 32 (1970), 227-236.

--, Some observations on the synoptic problem and the use of
　　statistical procedures, in: NT 16 (1974), 272-277.

Ott, H., Um die Muttersprache Jesu. Forschungen seit Gustav
　　Dalman, in: NT 9 (1967), 1-25.

Palmer, N.H., Lachmann's argument, in: NTS 13 (1966/67), 368-
　　378.

Parker, P., The Gospel before Mark, Chicago ²1955.
　　Rez.: J. Schmid, ThRv 52 (1956), 49-62, 53f.

Patte, D., Universal narrative structures and semantic frame-
　　works, in: Semeia 10: Narrative syntax, translations and
　　reviews, hg. v. J.D. Crossan, Missoula 1978, 123-135.

Patton, C.S., Sources of the synoptic Gospels, New York und
　　London 1915 (Nachdr. 1967).

Percy, E., Die Botschaft Jesu. Eine traditionskritische und
　　exegetische Untersuchung, in: Lunds Universitets Arss-
　　krift, N.F. Avd. 1, Bd. 49, Nr. 5, Lund 1953.

Perels, O., Die Wunderüberlieferung der Synoptiker in ihrem
　　Verhältnis zur Wortüberlieferung, in: BWANT IV/12, Stutt-
　　gart und Berlin 1934.
　　Rez.: P. Fiebig, ThLZ 23 (1934), 416-418.

Pernot, H., Etudes sur la langue des Évangiles, in: Collection de l'Institut Néo-Hellénique 6, Paris 1927.

Perrin, N., Was lehrte Jesus wirklich? Rekonstruktion und Deutung, Göttingen 1972.

Pesch, R., Jesu ureigene Taten? Ein Beitrag zur Wunderfrage, in: QD 52, Freiburg 1970.

--, Zur theologischen Bedeutung der "Machttaten" Jesu. Reflexionen eines Exegeten, in: ThQ 152 (1972), 203-213.

--, /Kratz, R., So liest man synoptisch. Anleitung und Kommentar zum Studium der synoptischen Evangelien, Bd. II: Wundergeschichten. Teil I: Exorzismen - Heilungen - Totenweckungen;
Bd. III: Wundergeschichten. Teil II. Rettungswunder - Geschenkwunder - Normenwunder - Fernheilungen, Frankfurt a.M. 1976.

Petrie, S., 'Q' is only what you make it, in: NT 3 (1959), 28-33.

Petzke, G., Die historische Frage nach den Wundertaten Jesu, in: NTS 22 (1975/76), 180-204.

--, Historizität und Bedeutsamkeit von Wunderberichten. Möglichkeiten und Grenzen des religionsgeschichtlichen Vergleichs, in: H.D. Betz und L. Schottroff (Hg.), Neues Testament und christliche Existenz. FS f. H. Braun zum 70. Geburtstag, Tübingen 1973, 367-385.

--, Die Traditionen über Apollonius von Tyana und das Neue Testament, in: SCHNT 1, Leiden 1970.

Pokorný, P., Die Worte Jesu nach der Logienquelle im Lichte des zeitgenössischen Judentums, in: Kairos 11 (1969), 172-180.

Polag, A., Die Christologie der Logienquelle, in: WMANT 45, Neukirchen 1977.
Rez.: D. Lührmann, ThLZ 105 (1980), 193f.

--, Historische Bemerkungen zum Leben Jesu, in: LebZeug, Heft 3 (1971), 33-46.

--, Der Umfang der Logienquelle, Diss.masch. Trier 1966.

--, Zu den Stufen der Christologie in Q, in: StEv IV, Texte und Untersuchungen 102, Berlin 1968, 72-74.

Preisker, H., Neutestamentliche Zeitgeschichte, in: STö.H 2, Berlin 1937.

Preuss, J., Biblisch-talmudische Medizin. Beiträge zur Geschichte der Heilkunde und der Kultur überhaupt, Berlin 1911.

Propp, W., Morphologie des Märchens, hg. v. K. Eimermacher, in: Literatur als Kunst, hg. v. W. Höllerer, München 1972.

Pryke, E.J., Redactional style in the marcan Gospel. A study of syntax and vocabulary as guides to redaction in Mark, in: MSSNTS 33, Cambridge usw. 1978.

Rad, G. von, Theologie des Alten Testaments, Bd. I: Die Theologie der geschichtlichen Überlieferungen Israels; Bd. II: Die Theologie der prophetischen Überlieferungen Israels, in: EETh 1, München [2]1966 bzw. [4]1965.

--, Naaman (Eine kritische Nacherzählung), in: P. Christian und D. Rössler (Hg.), Medicus viator. Fragen und Gedanken am Wege Richard Siebecks, FG f. R. Siebeck, Tübingen und Stuttgart 1959, 297-305.

Rehkopf, F., Grammatisches zum Griechischen des Neuen Testaments. Die Umarbeitung der Grammatik Blaß-Debrunner, in: E. Lohse/C. Burchard/B. Schaller (Hg.), Der Ruf Jesu und die Antwort der Gemeinde. Exegetische Untersuchungen Joachim Jeremias zum 70. Geburtstag gewidmet von seinen Schülern, Göttingen 1970, 213-225.

--, Die lukanische Sonderquelle. Ihr Umfang und Sprachgebrauch, in: WUNT 5, Tübingen 1959.

Reicke, B., Neutestamentliche Zeitgeschichte. Die biblische Welt 500 v. - 100 n. Chr., in: STö.H 2, Berlin 1965.

Reitzenstein, R., Hellenistische Wundererzählungen, Leipzig 1906 (Nachdr. Darmstadt 1963).

Rengstorf, K.H., Art. δοῦλος κτλ., in: ThWNT II, 264-283.

--, Art. δώδεκα κτλ., in: ThWNT II, 321-328.

--, Art. ἱκανός κτλ., in: ThWNT III, 294-297.

--, Art. σημεῖον κτλ., in: ThWNT VII, 199-268.

Richardson, A., The miracle-stories of the Gospels, London 1941 (Nachdr. 1956).

Richter, G., Zur sogenannten Semeia-Quelle des Johannesevangeliums, in: ders., Studien zum Johannesevangelium, hg. v. J. Hainz, Regensburg 1977, 281-287 (zuerst: 1974).

Riddle, D.W., The logic of the theory of translation Greek, in: JBL 51 (1932), 13-30.

Riesner, R., Jesus als Lehrer. Eine Untersuchung zum Ursprung der Evangelien-Überlieferung, Diss.masch. Tübingen 1980, veröffentlicht in: WUNT, 2. Reihe, Bd. 7, Tübingen 1981 (zit. nach WUNT 7!).

--, Wie sicher ist die Zwei-Quellen-Theorie?, in: ThBeitr 8 (1977), 49-73.

Rife, M.J., The mechanics of translation Greek, in: JBL 52 (1933), 244-252.

Ritterling, E., Art. Legio, in: PRE XII, 1186-1829.

Rohde, J., Die redaktionsgeschichtliche Methode. Einführung und Sichtung des Forschungsstandes, Hamburg 1966.

Roller, O., Münzen, Geld und Vermögensverhältnisse in den Evangelien, Karlsruhe 1929.

Roloff, J., Apostolat - Verkündigung - Kirche. Ursprung, Inhalt und Funktion des kirchlichen Apostelamtes nach Paulus, Lukas und den Pastoralbriefen, Gütersloh 1965.

--, Das Kerygma und der irdische Jesus. Historische Motive in den Jesus-Erzählungen der Evangelien, Göttingen 1970.

--, Neues Testament, Neukirchen [2]1979.

Rosché, T.R., The words of Jesus and the future of the "Q" hypothesis, in: JBL 79 (1960), 210-220.

Rosenthal, F., Die aramaistische Forschung seit Th. Nöldeke's Veröffentlichungen, Leiden 1964 (Nachdr.).

Rostowzew, M., Geschichte der Staatspacht in der römischen Kaiserzeit bis Diokletian, in: Ph.S 9, Leipzig 1904, 329-512.

Ruckstuhl, E., Die literarische Einheit des Johannesevangeliums. Der gegenwärtige Stand der einschlägigen Forschungen, in: SF 3, Freiburg 1951.

--, Johannine language and style. The question of their unity, in: M. de Jonge (Hg.), L'Évangile de Jean. Sources, rédaction, théologie, BEThL 44, Gembloux 1977, 125-147.

Sabourin, L., Les miracles de Jésus, in: BTB(F) 1 (1971), 59-80.

--, Les miracles de l'Ancien Testament, ebd. 235-270.

--, Miracles hellénistiques et rabbiniques, in: BTB(F) 2 (1972), 283-308.

--, The miracles of Jesus, in: BTB 4 (1974), 115-175; BTB 5 (1975), 146-200.

--, Recent Gospel studies, in: BTB 3 (1973), 283-315.

Sanday, W. (Hg.), Studies in the synoptic problem. *By members of the University of Oxford*, Oxford 1911.

--, Conditions under which the Gospels were written, in their bearing upon some difficulties of the synoptic problem, ebd. 3-26.

Sanders, E.P., The tendencies of the synoptic tradition, in: MSSNTS 9, Cambridge 1969.

Schalit, A., König Herodes. Der Mann und sein Werk, in: SJ 4, Berlin 1969.

Schenk, W., Der Einfluß der Logienquelle auf das Markusevangelium, in: ZNW 70 (1979), 141-165.

--, Das Präsens Historicum als makrosyntaktisches Gliederungssignal im Matthäusevangelium, in: NTS 22 (1976), 464-475.

Schenke, L., Die Wundererzählungen des Markusevangeliums, in: SBB, Stuttgart o.J.

Schille, G., Anfänge der Kirche. Erwägungen zur apostolischen Frühgeschichte, in: BEvTh 43, München 1966.
Rez.: W. Schmithals, ThLZ 93 (1968), 184f.

--, Der Mangel eines kritischen Geschichtsbildes in der neutestamentlichen Formgeschichte, in: ThLZ 88 (1963), 491-502.

--, Die Topographie des Markusevangeliums, ihre Hintergründe und ihre Einordnung, in: ZDPV 73 (1957), 133-166.

--, Die urchristliche Kollegialmission, in: AThANT 48, Stuttgart 1967.

--, Die urchristliche Wundertradition. Ein Beitrag zur Frage nach dem irdischen Jesus, in: AzTh I/29, Stuttgart 1967.

Schillebeeckx, E., Jesus. Die Geschichte von einem Lebenden, Freiburg, Basel und Wien ³1975.

Schilling, B., Die Frage nach der Entstehung der synopti-
    schen Wundergeschichten in der deutschen neutestamentli-
    chen Forschung, in: SEA 35 (1971), 61-78.

Schilling, H., Paranormale Heilung, in: Materialdienst aus
    der Evangelischen Zentralstelle für Weltanschauungsfra-
    gen der EKD 17 (1976), 258-267; 18 (1976), 274-281.

Schlatter, A., Die beiden Schwerter. Lukas 22,35-38. Ein Stück
    aus der besonderen Quelle des Lukas, in: BFChT, 20. Jrg.,
    Heft 6, Gütersloh 1916.

--, Die Evangelien und die Apostelgeschichte, in: EzNT, Bd. I:
    Das Evangelium nach Matthäus, S. 5-426; Das Evangelium
    nach Lukas, S. 153-406 S. 1-152: Das Evangelium nach
    Markus , Stuttgart ^{5}1936.

--, Der Glaube im Neuen Testament, Stuttgart ^{5}1963.

--, Die Geschichte des Christus, mit einem Vorwort v. H. Stroh
    und P. Stuhlmacher, Stuttgart ^{3}1977 (Nachdr. der 2. Aufl.,
    Stuttgart 1923).

--, Die Theologie der Apostel, mit einem Vorwort v. H. Stroh
    und P. Stuhlmacher, Stuttgart ^{3}1977 (Nachdr. der 2. Aufl.,
    Stuttgart 1923).

--, Die Theologie des Judentums nach dem Bericht des Josephus,
    in: BFChTh.M 26, Hildesheim und New York 1979 (Nachdr. der
    Ausgabe Gütersloh 1932).

--, Das Wunder in der Synagoge, in: BFChTh XVI/5, Gütersloh
    1912.
    Rez.: W. Staerk, ThLZ 39 (1914), 260-262.

Schleiermacher, F., Über die Schriften des Lukas. Ein kriti-
    scher Versuch, in: Friedrich Schleiermacher's sämtliche
    Werke, 1. Abt., Bd. II, Berlin 1836, 1-220 (zuerst: 1817).

Schlier, H., Art. ἀμήν , in: ThWNT I, 339-342.

Schmid, J., Matthäus und Lukas. Eine Untersuchung des Ver-
    hältnisses ihrer Evangelien, in: BSt 23/2-4, Freiburg i.B.
    1930 (zit.: Schmid, Mt und Lk).
    Rez.: P. Dausch, ThRv 30 (1931), 252-255.
          P. Gaechter, ZKTh 55 (1931), 622-630.

Schmidt, K.L., Art. ἔϑνος ϰτλ ., in: ThWNT II, 366-370.

--, Jésus de Nazareth, Messie et Fils de l'Homme, in: ders.,
    Le problème du christianisme primitiv. Quatre conférences
    sur la forme et la pensée du Nouveau Testament, in: RHPhR
    18 (1938), 1-53.126-173 (=S. 26-53).

--, Der Rahmen der Geschichte Jesu. Literarkritische Untersu-
    chung zur ältesten Jesusüberlieferung, Darmstadt 1919
    (Nachdr. 1964).

Schmidt, P.W., Die Geschichte Jesu, Bd. II: Die Geschichte Je-
    su, erläutert, Tübingen und Leipzig 1904.

Schmithals, W., Kritik der Formkritik, in: ZThK 77 (1980),
    149-185.

--, Wunder und Glaube, in: BSt 59, Neukirchen 1970.

Schmitt, H.-C., Elisa. Traditionsgeschichtliche Untersuchungen
    zur vorklassischen nordisraelitischen Prophetie, Güters-
    loh 1972.

Schmitt, J.J., In search of the origin of the *Siglum* Q, in: JBL 100 (1981), 609-611.

Schmitz, O., Art. παρακαλέω κτλ ., in: ThWNT V, 771-777.790-798.

Schnackenburg, R., Zur Traditionsgeschichte von Joh 4,46-54, in: BZ 8 (1964), 58-88.

--, /Ernst, J./Wanke, J. (Hg.), Die Kirche des Anfangs. FS f. H. Schürmann, Freiburg, Basel und Wien 1978.

Schneider, C., Der Hauptmann am Kreuz. Zur Nationalisierung neutestamentlicher Nebenfiguren, in: ZNW 33 (1934), 1-17.

Schneider, G., Art. ἀκολουθέω , in: EWNT I, 117-125.

--, Verleugnung, Verspottung und Verhör Jesu nach Lukas 22,54-71. Studien zur lukanischen Darstellung der Passion, in: StANT 22, München 1969.

Schneider, J., Art. βάσανος κτλ ., in: ThWNT I, 559-561.

Schnider, F./Stenger, W., Johannes und die Synoptiker. Vergleich ihrer Parallelen, in: BiH 9, München 1971.

Schniewind, J., Die Parallelperikopen bei Lukas und bei Johannes, Leipzig 1914 (Nachdr. [2]1958).

--, Zur Synoptiker-Exegese, in: ThR 2 (1930), 129-189.

Schottroff, L., Der Glaubende und die feindliche Welt. Beobachtungen zum gnostischen Dualismus und seiner Bedeutung für Paulus und das Johannesevangelium, in: WMANT 37, Neukirchen 1970.

Schrage, W., Art. συναγωγή κτλ., in: ThWNT VII, 798-850.

Schramm, T., Der Markus-Stoff bei Lukas. Eine literarkritische und redaktionsgeschichtliche Untersuchung, in: MSSNTS 14, Cambridge 1971.
Rez.: K. Weiß, ThLZ 97 (1972), 507-509.

Bespr.: F. Neirynck, La matière marcienne dans l'Évangile de Luc (s.d.).

Schreiner, J. (unter Mitwirkung v. G. Dautzenberg) (Hg.), Gestalt und Anspruch des Neuen Testaments, Würzburg 1969.

Schrot, G., Art. Equites romani, in: KP II, 339f.

Schult, H., Naemans Übertritt zum Jahwismus (2 Kön 5,1-19a) und die biblischen Bekehrungsgeschichten, in: DBAT 9 (1975), 2-20.

Schulz, S., "Die Gottesherrschaft ist nahe herbeigekommen" (Mt 10,7/Lk 10,9). Der kerygmatische Entwurf der Q-Gemeinde Syriens, in: H. Balz und S. Schulz (Hg.), Das Wort und die Wörter, FS f. G. Friedrich, Stuttgart usw. 1973, 57-67.

--, Maranatha und Kyrios Jesus, in: ZNW 53 (1962), 125-144.

--, Die Stunde der Botschaft. Einführung in die Theologie der vier Evangelisten, Hamburg und Zürich, [2]1970.

--, Die Spruchquelle der Evangelisten, Zürich 1972.
    Rez.: P. Hoffmann, BZ 19 (1975), 104-115.
          D. Lührmann, EvKom 6 (1973), 244f.
          O. Michel, TBei 5 (1974), 93f.

    Bespr.: H. Conzelmann, ThR 43 (1978), 3-51, 16-18.
            U. Luz, EvTh 33 (1973), 527-533, 529-532.

Schürer, E., Die Geschichte des jüdischen Volkes im Zeitalter
    Jesu Christi, Bd. I-III, Leipzig 1901-1909 (Nachdr. Hil-
    desheim 1964).

--, The history of the jewish people in the age of Jesus
    Christ (175 B.C. - A.D. 135) by Emil Schürer. A new eng-
    lish version revised and edited by G. Vermes, F. Millar
    (and M. Black), (bis z.Z. erschienen) Bd. I-II, Edinburgh
    1973.1979 (zit.: Schürer, History I usw.).

Schürmann, H., Der Paschahmahlbericht Lk 22,(7-14.) 15-18.
    I. Teil einer quellenkritischen Untersuchung des lukani-
    schen Abendmahlsberichtes Lk 22,7-38, in: NTA XIX/5, Mün-
    ster ^{2}1968 (zit.: Schürmann, PB).

--, Der Einsetzungsbericht Lk 22,19-20. II. Teil einer quel-
    lenkritischen Untersuchung des lukanischen Abendmahlsbe-
    richtes Lk 22,7-38, in: NTA XX/4, Münster ^{2}1970 (zit.:
    Schürmann, EB).

--, Jesu Abschiedsrede Lk 22,21-38. III. Teil einer quellen-
    kritischen Untersuchung des lukanischen Abendmahlsberich-
    tes Lk 22,7-38, in: NTA XX/5, Münster ^{2}1977 (zit.: Schür-
    mann, AR).

--, Traditionsgeschichtliche Untersuchungen zu den synopti-
    schen Evangelien. Beiträge, in: KBANT, Düsseldorf 1968
    (zit.: Schürmann: TU oder Trad. Untersuchungen). Darin:

--, Der Bericht vom Anfang, ebd. 69-80 (zuerst: 1964).

--, Die Dubletten im Lukasevangelium, ebd. 272-278 (zuerst:
    1953).

--, Die Dublettenvermeidungen im Lukasevangelium, ebd. 279-
    289 (zuerst: 1954).

--, Das hermeneutische Hauptproblem der Verkündigung Jesu,
    ebd. 13-35 (zuerst: 1964).

--, Mt 10,5b-6 und die Vorgeschichte des synoptischen Aussen-
    dungsberichtes, ebd. 137-149 (zuerst: 1963).

--, Protolukanische Spracheigentümlichkeiten?, ebd. 209-227
    (zuerst: 1961).

--, Die Sprache des Christus, ebd. 83-108 (zuerst: 1958).

--, Sprachliche Reminiszenzen an abgeänderte oder ausgelasse-
    ne Bestandteile der Redequelle im Lukas - und Matthäus-
    evangelium, ebd. 111-125 (zuerst: 1959/60).

--, Zur Traditions- und Redaktionsgeschichte von Mt 10,23,
    ebd. 150-156 (zuerst: 1959).

--, Das Thomasevangelium und das lukanische Sondergut, ebd.
    228-247 (zuerst: 1963).

--, Die vorösterlichen Anfänge der Logientradition, ebd. 39-
    65 (zuerst: 1960)

--, Die Warnung des Lukas vor der Falschlehre in der "Predigt am Berge" Lk 6,20-49, ebd. 290-309 (zuerst: 1966).

--, "Wer daher eines dieser geringsten Gebote auflöst...", ebd. 126-136 (zuerst: 1960).

Schweizer, E., EGO EIMI... Die religionsgeschichtliche Herkunft und theologische Bedeutung der johanneischen Bildreden, zugleich ein Beitrag zur Quellenfrage des vierten Evangeliums, in: FRLANT 38, Göttingen 1939.

--, Eine hebraisierende Sonderquelle des Lukas?, in: ThZ 6 (1950), 161-185.

--, Die Heilung des Königlichen: Joh 4,46-54, in: ders., Neotestamentica. Deutsche und englische Aufsätze 1951-1963, Zürich und Stuttgart 1963, 407-415 (zuerst: 1951).

--, Matthäus und seine Gemeinde, in: SBS 71, Stuttgart 1974.

Segalla, G., La cristologia escatologica della *Quelle*, in: Teologia 4 (1979), 119-167.

Sellin, G., Komposition, Quellen und Funktion des Lukanischen Reiseberichtes (Lk ix 51 - xix 28), in: NT 20 (1978), 100-135.

Senior, D.P., The passion narrative according to Matthew. A redactional study, in: BEThL 39, Gembloux 1975.

Sevenster, J.N., Do you know Greek? How much Greek could the first Jewish Christians have known?, in: NT.S 19, Leiden 1968.

Sherwin-White, A.N., Roman society and roman law in the New Testament. The Sarum Lectures 1960-1961, Oxford 1963.

Siegert, F., Gottesfürchtige und Sympathisanten, in: JSJ 4 (1973), 109-164.

--, Narrative Analyse als Hilfe zur Predigtvorbereitung - ein Beispiel, in: LingBibl 32 (1974), 77-90.

Siegman, E.F., St. John's use of the synoptic material, in: CBQ 30 (1968), 182-198.

Silbermann, L.H., Whence siglum Q? A conjecture, in: JBL 98 (1979), 287f.

Simon, M., Art. Gottesfürchtiger, in: RAC XI, 1060-1070.

Soiron, T., Die Logia Jesu. Eine literarkritische und literargeschichtliche Untersuchung zum synoptischen Problem, in: NTA VI/4, Münster i.W. 1916.

Solages, B. de, La composition des Évangiles de Luc et de Matthieu et leur sources, Leiden 1973.

--, Jean et les synoptiques, Leiden 1979.

Soltau, W., Unsere Evangelien, ihre Quellen und ihr Quellenwert vom Standpunkt des Historikers aus betrachtet, Leipzig 1901.

Sparks, H.F.D., The centurion's παῖς, in: JThS 42 (1941), 179f.

Sperber, D., The centurion as a tax-collector, in: Latomus 28 (1969), 186-188.

--, Roman Palestine 200-400. Money and Prices, in: Bar-Ilan studies in near eastern languages and culture, Ramat-Gan 1974.

Spitta, F., Das Johannes-Evangelium als Quelle der Geschichte Jesu, Göttingen 1910.

Stainsby, H.H., 'Under authority', in: ET 30 (1918/19), 328f.

Stanton, G.N., On the christologie of Q, in: B. Lindars und S.S. Smalley (Hg.), Christ and spirit in the New Testament, in honour of C.F.D. Moule, Cambridge 1973, 27-42.

Stanton, V.H., The Gospels as historical documents, Bd. II: The synoptic Gospels, Cambridge 1909.

Stauffer, E., Art. ἐγώ , in: ThWNT II, 341-360.

-, Die Theologie des Neuen Testaments, Stuttgart [3]1947.

Steck, O.H., Israel und das gewaltsame Geschick der Propheten. Untersuchungen zur Überlieferung des deuteronomistischen Geschichtsbildes im Alten Testament, Spätjudentum und Urchristentum, in: WMANT 23, Neukirchen 1967.

Stegemann, W., Wanderradikalismus im Urchristentum? Historische und theologische Auseinandersetzung mit einer interessanten These, in: W. Schottroff und W. Stegemann (Hg.), Der Gott der kleinen Leute. Sozialgeschichtliche Bibelauslegung 2, Neues Testament, München 1979, 94-120.

Stein, R.H., The "criteria" for authenticity, in: R.T. France und D. Wenham (Hg.), Gospel perspectives. Studies of history and tradition in the four Gospels, Bd. I, Sheffield 1980, 225-263.

Stenger, W., Art. βασανίζω κτλ ., in: EWNT I, 479-481.

--, : siehe auch s.v. Schnider.

Stoevesandt, H., Jesus und die Heidenmission. Diss.masch., Göttingen 1943.

Stoldt, H.-H., Geschichte und Kritik der Markushypothese, Göttingen 1977.

Strauss, D.F., Das Leben Jesu, kritisch bearbeitet, Bd. I-II, Darmstadt 1969 (Nachdr. der Ausgabe 1835).

Strecker, G., Der Weg der Gerechtigkeit. Untersuchung zur Theologie des Matthäus, in: FRLANT 82, Göttingen [3]1971.

--, (Hg.), Jesus Christus in Historie und Theologie, FS f. H. Conzelmann, Tübingen 1975.

Streeter, B.H., The four Gospels. A study of origins treating of the manuscript tradition, sources, authorship, & dates, London [4]1930 (Nachdr. 1956).

--, On the original order of Q, in: W. Sanday (Hg.), Studies in the synoptic problem (s.d.), 141-164.

--, The original extent of Q, ebd. 185-208.

--, The literary evolution of the Gospels, ebd. 210-227.

--, Synoptic criticism and the eschatological problem, ebd. 425-436.

Stuhlmacher, P., Zur Methoden- und Sachproblematik einer interkonfessionellen Auslegung des Neuen Testaments, in: EKK.V, Heft 4, 11-55.

--, Das paulinische Evangelium, Bd. I: Vorgeschichte, in: FRLANT 95, Göttingen 1968.

Sundkler, B., Jésus et les païens, in: B. Sundkler und A. Fridrichsen, Contributions a l'étude de la pensée missionaire dans le Nouveau Testament, AMNSU 6, Uppsala 1937, 1-38 (zuerst: 1936).

Talbert, C.H./McKnight, E.V., Can the Griesbach hypothesis be falsified?, in: JBL 91 (1972), 338-368.

--, Oral and independent or literary and interdependent? A response to Albert B. Lord, in: W.O. Walker, The relationships among the Gospels (s.d.), 93-102.

Taylor, V., The formation of the Gospel tradition. Eight lectures, London ^1935 (Nachdr. 1949).

--, Behind the third Gospel. A study of the Proto-Luke Hypothesis, Oxford 1926.

--, Is the Proto-Luke Hypothesis sound?, in: JThS 29 (1928), 147-155.

--, The order of Q, in: ders., New Testament essays, London 1970, 90-94 (zuerst: 1953).

--, The original order of Q, in: ders., ebd. 95-118 (zuerst: 1959).

--, Some outstanding New Testament problems. I. The alusive Q, in: ET 46 (1934/35), 68-74.

Temple, S., The two signs in the fourth Gospel, in: JBL 81 (1962), 169-174.

--, The core of the fourth Gospel: siehe unter "Kommentare" s.v.

Theißen, G., Synoptische Wundergeschichten im Lichte unseres Sprachverständnisses, in: WPrKuG 65 (1976), 289-308.

--, Urchristliche Wundergeschichten. Ein Beitrag zur formgeschichtlichen Erforschung der synoptischen Evangelien, in: StNT 8, Gütersloh 1974.
    Rez.: G. Schille, ThLZ 100 (1975), 430-433.

    Bespr.: P.J. Achtemeier, An imperfect union: Reflections on Gerd Theißen, Urchristliche Wundergeschichten, in: R.W. Funk (Hg.), Semeia 11: Early christian miracle stories, Missoula 1978, 49-68.
    H. Boers, Sisyphus and his rock. Concerning Gerd Theißen, Urchristliche Wundergeschichten, in: R. W. Funk (Hg.), ebd. 1-48.
    H. Frankemölle, Exegese und Linguistik - Methodenprobleme neuer exegetischer Veröffentlichungen, in: ThRv 71 (1975), 1-12, 8ff.

--, Wanderradikalismus. Literatursoziologische Aspekte der Überlieferung von Worten Jesu im Urchristentum, in: ders., Studien zur Soziologie des Urchristentums, WUNT 19, Tübingen 1979, 79-105 (zuerst: 1973).

--, Legitimation und Lebensunterhalt: Ein Beitrag zur Sozio-
    logie urchristlicher Missionare, in: ders., ebd. 201-
    230 (zuerst: 1975).

Thompson, W.G., Reflections on the composition of Mt 8:1 -
    9:34, in: CBQ 33 (1971), 365-388.

Thyen, H., Positivismus in der Theologie und ein Weg zu sei-
    ner Überwindung?, in: EvTh 31 (1971), 472-495.

--, Art. καθαρός κτλ ., in: EWNT II, 535-542.

Tödt, H.E., Der Menschensohn in der synoptischen Überliefe-
    rung, Gütersloh ²1963.

Torrey, C.C., The four Gospels. A new translation, New York
    und London ²1947.

Trautmann, M., Zeichenhafte Handlungen Jesu. Ein Beitrag zur
    Frage nach dem geschichtlichen Jesus, in: FzB 37, Würzburg
    1980.

Trench, R.C., Die Wunder des Herrn, Neukirchen o.J.

Trilling, W., Das wahre Israel. Studien zur Theologie des
    Matthäus-Evangeliums, in: StANT 10, München ³1964.

Turner, N., Grammatical insights into the New Testament, Edin-
    burgh 1965.

--, Q in recent thought, in: ET 80 (1968/69), 324-328.

--, Style: siehe unter "Hilfsmittel" s.v. Moulton.

--, Syntax: siehe unter "Hilfsmittel" s.v. Moulton.

Untergaßmair, F.G., Art. ἑκατοντάρχης , in: EWNT I, 983f.

Vaganay, L., Le problème synoptique. Une hypothèse de tra-
    vail, in: BT.B 1, Tournai 1952.
    Rez.: P. Vielhauer, ThLZ 80 (1955), 647-652.

Van der Loos, H., The miracles of Jesus, in: NT.S 8, Leiden
    1965.

Vassiliadis, P., The nature and extent of the Q-Document, in:
    NT 20 (1978), 49-73.

Vermes, G., Hanina ben Dosa, in: ders., Post-biblical jewish
    studies, SJLA 8, Leiden 1975, 178-214.

--, Jesus the Jew. A historian's reading of the Gospels, Lon-
    don 1973.

Vogels, H.J., Die altsyrischen Evangelien in ihrem Verhältnis
    zu Tatians Diatessaron, in: Bst(F) XVI/5, Freiburg i.B.
    1911.

--, St Augustins Schrift De Consensu Evangelistarum unter
    vornehmlicher Berücksichtigung ihrer harmonistischen An-
    schauungen. Eine biblisch-patristische Studie, in: Bst
    (F) XIII/5, Freiburg i.B. 1908.

Vögtle, A. Der Einzelne und die Gemeinschaft in der Stufen-
    folge der Christusoffenbarung, in: J. Daniélou und H. Vor-
    grimler (Hg.), Sentire Ecclesiam. Das Bewußtsein von der
    Kirche als gestaltende Kraft der Frömmigkeit, Freiburg,
    Basel und Wien 1961, 50-91.

Voigt, G., Der schmale Weg. Homiletische Auslegung der Pre-
    digttexte. Neue Folge, Reihe I, Göttingen 1978, 107-114.

Volkmann, H., Art. Sklaverei, in: KP V, 230-234.

Walker, R., Die Heilsgeschichte im ersten Evangelium, in:
    FRLANT 91, Göttingen 1967.

Walker, W.O., Jr. (Hg.), The relationship among the Gospels.
    An interdisciplinary dialogue, in: TUMSR 5, San Antonio
    1978.

Weinreich, O., Antike Heilungswunder. Untersuchungen zum Wun-
    derglauben der Griechen und Römer, in: RVV VIII/1, Gies-
    sen 1910.

Weir, T.H., St. Matthew viii.9, in: ET 33 (1921/22), 280.

Weiser, A., Eine Heilung und ihr dreifacher Bericht (Matthäus
    8,5-13; Lukas 7,1-10; Johannes 4,43-54), in: Werkstatt
    Bibelauslegung. Bilder - Interpretationen - Texte, Stutt-
    gart 1976, 64-69.

--, Die Knechtsgleichnisse der synoptischen Evangelien, in:
    StANT 29, München 1971.

Weiser, A., Art. πιστεύω κτλ ., in: ThWNT VI, 182-197.

Weiss, B., Die Quellen des Lukasevangeliums, Stuttgart und
    Berlin 1907 (zit.: Weiss, Quellen des Lukas).

--, Die Quellen der synoptischen Überlieferung, in: TU XXXII/
    3, Leipzig 1908 (zit.: Weiss, Quellen).
    Rez. (beider Werke): A. von Harnack, ThLZ 16 (1908), 460-
    467.

Weiße, C.H., Die evangelische Geschichte kritisch und philoso-
    phisch bearbeitet, Bd. I-II, Leipzig 1838.

--, Die Evangelienfrage in ihrem gegenwärtigen Stadium, Leip-
    zig 1856.

Weizsäcker, C., Untersuchungen über die evangelische Geschich-
    te, ihre Quellen und den Gang ihrer Entwicklung, Tübingen
    und Leipzig [2]1901 (1. Aufl.: Gotha 1864).

Wendland, P., Die urchristlichen Literaturformen, in: HNT
    I/2.3. Die hellenistische Kultur in ihren Beziehungen zu
    Judentum und Christentum, Tübingen [2-3]1912.

Wendling, E., Synoptische Studien. II. Der Hauptmann von Ka-
    pernaum, in: ZNW 9 (1908), 96-109.

Wendt, H.H., Die Lehre Jesu, Göttingen [2]1901.

Wernle, P., Die synoptische Frage, Leipzig und Tübingen 1899.

Westermann, W.L., Art. Sklaverei, in: PRE, Suppl. VI, 894-
    1068.

Wiederanders, J.C., Traces of oral tradition in the Gospels,
    Master Thesis masch., 1980 o.O.

Wifstrand, A., A problem concerning the word order in the
    New Testament, in: StTh 3 (1950/51), 172-184.

Wilcken, U., Griechische Ostraka aus Ägypten und Nubien. Ein
    Beitrag zur antiken Wirtschaftsgeschichte, Bd. I, Leipzig
    und Berlin 1899.

Wildberger, H., Art. אמן , in: THAT I, 177-209.

Wilcox, M., The semitisms of Acts, Oxford 1965.

Wilke, C.G., Der Urevangelist oder exegetisch kritische Un-
    tersuchung über das Verwandschaftsverhältnis der drei
    ersten Evangelien, Dresden und Leipzig 1838.

Wilkens, W., Zeichen und Werke. Ein Beitrag zur Theologie des
    4. Evangeliums in Erzählungs- und Redestoff, in: AThANT
    55, Zürich 1969.

Wilms, F.E., Wunder im Alten Testament, in: Schlüssel zur Bi-
    bel, Regensburg 1979.

Wilson, S.G., The gentiles and the gentile mission in Luke-
    Acts, in: MSSNTS 23, Cambridge 1973.

Wire, A.C., The structure of the Gospel miracle stories and
    their tellers, in: Semeia 11: Early christian miracle
    stories, hg. v. R.W. Funk, Missoula 1978, 83-113.

Worden, R.D., Redaction criticism of Q: A survey, in: JBL 84
    (1975), 532-546.

Wrege, H.-T., Die Überlieferungsgeschichte der Bergpredigt,
    in: WUNT 9, Tübingen 1968.
    Rez.: J. Dupont, RSLR 4 (1968), 558-560.
          M.D. Goulder, JThS 20 (1969), 599-602.
          P. Hoffmann, ThRv 68 (1972), 115-117.
          D. Lührmann, ThLZ 95 (1970), 199f.
          H.K. MacArthur, JBL 88 (1969), 91f.

Zeller, D., Der Zusammenhang der Eschatologie in der Logien-
    quelle, in: P. Fiedler und D. Zeller (Hg.), Gegenwart und
    kommendes Reich. Schülergabe A. Vögtle zum 65. Geburts-
    tag, in: SBB, Stuttgart 1975, 67-77.

--, Das Logion Mt 8,11f/Lk 13,28f und das Motiv der "Völker-
    wallfahrt", in: BZ 15 (1971), 222-237; 16 (1972), 84-93.

--, Wunder und Bekenntnis. Zum Sitz im Leben urchristlicher
    Wundergeschichten, in: BZ 25 (1981), 204-222.

Zimmerli, W., Art. παῖς θεοῦ, in: ThWNT V, 653-676.

Zimmermann, F., The aramaic origin of the four Gospels, New
    York 1979.

Zuntz, G., The 'Centurion' of Capernaum and his authority
    (Matt. VIII.5-13), in: JThS 46 (1945), 183-190.

Zwicky, H., Zur Verwendung des Militärs in der Verwaltung der
    römischen Kaiserzeit, Winterthur 1944.

STELLENREGISTER

Es sind alle angeführten Stellen aufgenommen. Nicht besonders gekennzeichnet wurde, ob sie im Text oder in den Anmerkungen erscheinen.

I. Altes Testament

Genesis
1,6.9.11	389
2,23	223
8,13	294
19,18	294

Exodus
7,3	25
14,31	399
21,24	332

Leviticus
24,20	332
27,30	332

Numeri
18,12	332

Deuteronomium
1,3	58
4,34	25
14,23	332
19,21	332
24,1	332
31,1	76
31,24	76
32,45	76

I Samuel
29,3	71

II Samuel
15,34	71

II Könige
5,1ff	348.352-354
5,1-14.15-19a	350-354
5,1-10.14	360
5,1	352
5,10-13	353.360
5,10	54.352
5,11f	352
5,13f	352
5,13	352f
5,14	352
5,14b	353
5,15-19a.19b-27	353
19,20ff	256
22,12	71
25,8	71

Esra
6,4	294

Hiob
29,5	42

Psalter
32,9	382
33,6	389
33,9	389
104,7	389
107,17-22	390
107,19-21	390
147,4.5-18	389
148,3-5	389

Sprüche Salomos
4,1	42
20,7	42
29,15	42

Jesaja
6,5	385
7,9	399
9,2	328
24,13	328
27,11f	328
30,15	399
40,26	389
44,24-28	389
48,13	389

II. Apokryphen des Alten Testaments

III. Pseudepigraphen

IV. Neues Testament

27,9	116	2,10	47.244
27,11	135.159	2,11	224.231f
27,13	135	2,12	175
27,14	118.124.133	2,13	204
27,17	135	2,15-17	303
27,21	160	2,15	104
27,22b	152	2,17	142.233
27,23	135.159	2,18-22	303
27,31	106	2,18	137
27,34	133	2,19	179
27,35	133	2,23	106
27,42	394	2,25	106.185
27,46	135	3,1ff	342
27,47	176	3,1-6	303.321
27,48	133	3,5	200.390
27,49	135	3,7	122
27,54	60.66.78.129.	3,8	204
	223	3,13	106
27,72	176	3,20-30	278
28,5	159f	3,31	164.173f
28,7	176.224	3,33	160
28,12	241	4,1	139
28,16	208	4,2	137
28,18f	307	4,4	106
28,19	264.268	4,6	106
		4,10	106
Markus		4,12	121
1,1-13	278	4,24	179
1,7	199.294.346	4,30-32	305
1,9	104	4,37	104.191
1,11	183	4,38	137
1,15	115f	4,39	104
1,21	102.155.184	4,40	222
1,22	102.126.346	4,41	137
1,23	346	5,1-20	338
1,25	390	5,7	141
1,27	175.346	5,12	177.195
1,28	121	5,13	222.224
1,29-31	49.263	5,15	204
1,29	155	5,17	167
1,30	41	5,18-20	426
1,31	46f.176	5,19	224.231f
1,32-34	142	5,21ff	33
1,32	106.142f	5,21-43	202.346
1,34	142f	5,21-	366
1,38	180	24.35ff	
1,40-45	102.126.262f.	5,21-	405
	292f.335	24.35-43	
1,40	39.56.128.138.	5,22	128.155.179.184
	204.292	5,23	38f.155.168.177
1,41	137.390	5,24	33.224
1,44	137.224.293	5,27	128
1,45	204	5,27a	51
2,1ff	14.33.342	5,33	222
2,1-12	48.140	5,34	211.224.228.393.
2,1-10	375		420
2,1	33	5,35	14.175.201
2,3	47.138.244	5,36	53.207.420
2,4	294	5,38	139.155
2,5	47.53		

20,9	43		27,34	177
20,12	43.178		27,43	68.169
20,16	178		27,44	169
20,18	173		28,1	169
20,24	148		28,4	169
21,11	168.205		28,14	130.177
21,12	130.210		28,15	52.162
21,13	207		28,16	68.129
21,27	144		28,19	187
21,32	68		28,20	130.177
21,37	188		28,22	205
22,10	208		28,23	205.208
22,13	168.205		28,25	118
22,14	188		28,26	121
22,18	178			
22,21	192		Römer	
22,25f	68		4,5	401
22,25	68.78.129		9-11	402
22,27	188		10,9	281
23,14	165		11,9	225
23,17	68		13,1	208
23,18	167		15,8	380
23,20	167.176		15,19	35
23,23	68			
23,24	169		I Korinther	
23,29	181		11,24f	402
24,1	165		15,9	385
24,2	187		16,15	208
24,4	130.177			
24,10	187		II Korinther	
24,17	173.187.254		12,12	35
24,21	176			
24,23	68		Galater	
24,24	52.162		1,17	230
24,27	116		2	312
25,2	130		2,8f	321
25,8	176		2,11ff	425
25,11	181		5,3	425
25,15	165f			
25,22	188		Philipper	
25,24	181		2,28	178
26,2	202-204		2,29	148
26,4	187			
26,13	190		II Thessalonicher	
26,15	188		1,5	203
26,17	164		2,9	35
26,20	181			
26,25	118.188		II Timotheus	
26,29	207		1,17	178
26,31	176.181			
27,1	68		Titus	
27,3	68		3,13	178
27,6	68			
27,9	191		Hebräer	
27,10	207		2,4	35
27,11	68		7,1	230
27,18	178		11,22	144
27,31	68			
27,33	144.176f		Jakobus	
			2,8	57
			2,16	417
			5,17	415

V. Rabbinisches Schrifttum

VI. Jüdisch-hellenistisches Schrifttum

5,474   58
7,105   58f

Vita
52   58
400   59
402   59

VII. *Griechisch-römische Profanschriftsteller*

Aeschylus:
Choephori
653   42

Prometheus Vinctus
869   58

Aesopus:
Fabulae
CCLVII   416

Aristophanes:
Acharnenses
395   42

Nubes
132   42

Ranae
37   42

Auctores Historia Augustae:
Probus
9,4   260

Diodorus Siculus:
Historicus
20,22,1   42

Epictetus:
II,20,10   416
IV,10,29   416

Herodotus:
Historicus
1,27   42

Homerus:
Ilias
1,20   42
1,443   42
2,205   42
2,609   42
3,175   42

Lucianus:
Dialogi deorum
20,1   58

de saltatione
8   58

Periplus Maris Erythraei:
19   65

Phalaris:
ep. 121,1   415

Philostratus:
Vita Apollonii
3,38   53f.359f

Plato:
Leges
7,798e   42

Politicus
279a   58

Plinius:
Ep 10,77f   64

Polybius:
Historicus
6,21,9   61
6,24   60
6,24,1   61
8,10,8   59
8,10,10   59

Plutarchus:
de adulatore et amico
24(Moralia   42
   65c)
31(Moralia   42
   70e)

de sui laude
19(Moralia   58
   546e)

Solon
27   59

Seneca:
de ira
1,18,4   66

Tacitus:
Annales
2,65   64
13,9   64
15,5   64

Historia
2,58   64

Thucydides:
Historicus
I,4   42

VIII. Inschriften, Papyri, etc.

AgU.G			2664	61
(Ägyptische Urkunden)			2665	61
I,12	59		2666b	61
I,82	59		2667	61
I,108	59		2705	64
I,168	59		2741	67
			4664	62
CIL			5864	63
(Corpus inscriptionum			5864a	63
Latinarum: T. Mommsen u.a.)			5889	63
II,2552	63		5949	64
III,25	64		5950	64
III,199-201	63		8716a	64
III,1480	62		9057	67
III,6359	61		9118	63
III,6745	63		9125	63
III,7334	61		9168	67
III,7449	63		9200	64
III,7514	63			
III,9832	64		IG.EMi	
III,9864a	64		(Inscriptiones Graecae:	
III,12048	63		F.H. v. Gaertringen)	
III,12411	61		IV/1,73:	357
III,13483a	67		Stele XXI	
III,13580	63			
III,14215	63		IGRR	
III,14433	63		(Inscriptiones Graecae ad	
V,698	63		res Romanas pertinentes:	
V,7160	61		R. Cagnat u.a.)	
V,7865	62		I,1255	64
VI,3584	62			
VIII,217	61		Papyri:	
VIII,14698	62		Papyrus Oxyrhynchus	
X,5064	61		(Hunt u.a.)	
XI,19	61		III,513	59
XI,395	61		IV,724	42
XI,707	64		IX,1185	65
XI,5646	61			
XI,6117	67		P. Lipsiae (L. Mitteis)	
XII,2234	61		10	42
XIII,7556	61		40	42
XIV,171	67			
XVI,106	67		P. Lille (P. Jouguet u.a.)	
			27	42
ILS				
(Inscriptiones Latinae			P. Iandanae (C. Kalbfleisch)	
Selectae: H. Dessau)			II,20	42
2080	61			
2081	61		P. Strassburg	
2086	61		(F. Preisigke)	
2342	61		I,40	42
2612	64			
2648	61		CIJ	
2649	61		(Corpus Inscriptionum Ju-	
2654	62		daicarum: Frey)	
2655	62		II,Nr. 776	258
2656	62		II,Nr. 861	259
2658	61		II,Nr. 981	258
			II,Nr. 1404	258
			II,Nr. 1443	258

IX. Altchristliches Schrifttum

Eusebius Cesariensis:
de vita Constantini
1,16   59

Homiliae Clementinae
IX,21   78

GRIECHISCHE BEGRIFFE

ἀγαπάω 182.186f.239.243.249.
  ἀγάπη/ἀγαπητός 182f

αἰτέω 130.167.171.245.

ἀκαταστασία 121

ἀκοή 120f.125

ἀκολουθέω 212.238.265f.393.

ἀκούω 20.33f.50ff.114.161f.213
  - + περὶ (τοῦ Ἰησοῦ) 20.
  50ff.73.162.170.249.

ἀληθῶς 214

ἀλλογενής 349

ἀμήν 89.213ff.220f.417

ἄνεμος 298

ἄνθρωπος 275.411

ἄξιος/ἀξιόω 6.8.142.178f.181.
  203f.205f.241.246.249.412.
  ἀνάξιος/ἀναξίως/ἀξίως/
  καταξιόω 203

ἀπέρχομαι 33.128.190

ἀπέχω 88.194.197f.198.249.
  - + ἀπό 194.197f.250.
  μακράν-: s.sub μακράν.

ἀπό 194

ἀποθνῄσκειν 26.144f.244.

ἀποκρίνομαι 157f.160.240.273.
  καὶ ἀποκριθείς 81.157ff
  ἀποκριθεὶς δέ 81.159f.240.
  τότε ἀποκριθείς 159f.222.
  240.
  - + εἶπεν 159

ἀποστέλλω 128.133.163.171.195
  - + πρός 164.170.250.
  - + εἰς 164

ἄρα 206

ἄρχειν 129

ἀρχισυνάγωγος 184f

ἀσθενέω 90

αὐτός 86.112.119f.123f.126.
  131.148.153.156.164.168.
  170.177.185f.190f.196.198.
  210.238.243.257.
  καί - 185
  αὐτῶν 199f

βάλλω(βέβληται) 138f.141.237.
  270.272.416.

βασανίζω 141.242.244.273.375.
  βασανιστής/βασανισμός/βά-
  σανος 141.

βασιλεία 268

βασιλικός 21.29.57ff.69ff.74.
  79.128.372.
  - γραμματεύς 59.70

βασιλίσκος 79

γάρ 183.198.201f.238.

γενεά 95.
  - ἄπιστος 399

γίνομαι 29.105.150.225f
  καὶ ἐγένετο: s.sub καί
  γενηθήτω 225f

δαιμονίζομαι 273

δέ 81f.131f.133f.157.162.172
  191.198.213.238.276.342.409.
  δ - usw.: s.sub δ.

δεινῶς 141.242.244.

δέομαι 130.167.171.245.

διά 169

διασῴζω 156.169.171.238.244.

διδάσκαλε 137.381.

διό 202.205f.238
  διότι

δοῦλος 6.8.15.20f.41ff.87.90.
  138.142.149.169.171.229f.233.
  234f.244.261.419.

δώδεχα 380

δῶμα 294